✢ 지은이 **베어드 T. 스폴딩**Baird T. Spalding

미국인이며, 광산기사였고, 1953년 95세를 일기로 애리조나 주
템프에서 사망했다는 사실 외의 개인사는 대부분 베일에 싸여
있다. 19세기 말 인도, 티베트, 히말라야 고원 일대에서 기적을
일상적으로 행하는 초인들을 만나 그들의 삶과 가르침을 낱낱이
기록했고, 그것을 책으로 발표한 1920년대 이후 사실 여부에 대한
뜨거운 논쟁 속에서 '믿어지진 않지만 믿을 수밖에 없는 사실'임을
거듭 밝혔다. 100여 년이 지난 지금까지도 전 세계의 영성가와
구도자들에게 위대한 선구자이자 메신저로 존경받고 있다.

✢ 옮긴이 **정창영**

번역가, 천문 해석가. 30년 넘게 고전과 경전을 번역하였으며,
천문 정보를 쉬운 일상 언어로 풀어내는 책을 쓰고 강의를
하였다. 옮기거나 엮은 책으로 《파탄잘리의 요가 수트라》, 《티벳
사자의 서》, 《탈무드》, 《라마크리슈나》, 《별들에게 물어봐》,
《별자리 출생차트 해석 가이드북》, 《있는 그대로》, 《선심초심》,
《켄 윌버의 통합비전》, 《열자》, 《도덕경》, 《우파니샤드》, 《행복한
지구 생활 안내서》, 《예언자》 등이 있다.

디자인 변영욱

KB189259

超人生活

Life and Teaching of the Masters of the Far East

Baird T. Spalding

✢

베어드 T. 스폴딩 지음 | **정창영** 옮김

✢

초
인
생
활
—
탐
사
록

✢

超
人
生
活

정신세계사

✛ 일러두기

이 책은 2005년에 발행된《초인들의 삶과 가르침을 찾아서》중 탐사록에 해당하는 전반부(1~3부)의 개정판입니다.
참고로, 1992년에 발행된 구판《초인생활》과 구성이 동일합니다. 원서 정보는 아래와 같습니다.

Life & Teaching of the Masters of the Far East vol. I (1924)
Life & Teaching of the Masters of the Far East vol. II (1927)
Life & Teaching of the Masters of the Far East vol. III (1935)

초인생활 ✛ 탐사록

베어드 T. 스폴딩이 짓고 정창영이 옮긴 것을 정신세계사 정주득이 2005년 11월 1일 처음 펴내고,
김우종이 2020년 8월 25일 다시 펴내다. 배민경이 다듬고, 변영옥이 꾸미고, 한서지업사에서 종이를,
영신사에서 인쇄와 제본을, 하지혜가 책의 관리를 맡다. 정신세계사의 등록일자는 1978년 4월 25일
(제2018-000095호), 주소는 03965 서울시 마포구 성산로4길 6 2층, 전화는 02-733-3134, 팩스는 02-733-
3144, 홈페이지는 www.mindbook.co.kr, 인터넷 카페는 cafe.naver.com/mindbooky 이다.

2024년 6월 19일 펴낸 책(개정판 제6쇄)
ISBN 978-89-357-0441-5 04290
    978-89-357-0440-8 (세트)

이 도서의 국립중앙도서관 출판시도서목록(CIP)은 서지정보유통지원시스템 홈페이지(http://
seoji.nl.go.kr)와 국가자료공동목록시스템(http://www.nl.go.kr/kolisnet)에서 이용하실 수
있습니다. (CIP제어번호: CIP2020032395)

차 례

✛

메이지 시대 일본의 난인 선사에 얽힌 재미있는 이야기를 읽은 일이 있다. 하루는 어떤 대학교수가 선(禪)을 배우려고 이 선사를 찾아갔다. 난인 선사는 그 교수에게 차를 대접했다. 선사가 찻잔에 차를 따랐다. 잔이 차서 차가 흘러넘치려고 하는데도 선사는 계속 차를 따랐다. 드디어 차가 흘러넘치기 시작했다. 교수는 더 이상 참지 못하고 입을 열었다. "차가 넘치고 있습니다. 그만 따르시지요!" 그러자 선사가 말했다. "당신은 꼭 이 잔을 닮았소. 당신의 생각과 견해로 가득 차 있단 말이오. 당신의 생각과 견해를 버리고 마음을 비우기 전에는 내가 무슨 이야기를 한들 그게 어디 먹혀들 틈이 있겠소?"

새로운 앎이란 이미 알고 있는 것을 넘어서는 것이다. 너무나 당연한 이야기이지만, 대부분의 사람들은 자신의 경험과 지식 밖에 있는 것들은 무시하거나 배척하는 경향을 가지고 있다. 이런 자세를 끝까지 고집한다면 앞으로 열리는 미래는 과연 어떤 모습일까? 하지만 다행스럽게도 새로운 미래는, 사고의 도약을 통해 일상성을 초월하는 낯선 경험을 한 사람들에 의해 열려왔고, 또 열려가고 있다.

현대 물리학자들은 물질이 입자 형태로 존재하는 것이 아니라 원자핵과 전자의 진동이 마치 입자처럼 보이는 것일 뿐이라고 말한다. 물질은 고유한 성질을 가지고 있는 입자들이 모여 이루어진다는 식의 데카르트-뉴턴적(Cartesian-Newtonian) 사고방식으로는 감히 상상도 할 수 없었던 이야기들이 이제는 아무도 의심하지 않는 너무나 당연한 진리로 받아들여지고 있다. 물론 현대물리학적 개념만 옳고 뉴턴 물리학은 틀린 것이라고는 말할 수 없다. 프리초프 카프라^{Fritjof Capra}가 《새로운 과학과 문명의 전환》(the Turning Point)에서 말하고 있는 것처럼 "모든 과학적 이론은 실재의 진정한 본질에 대한 어림셈이며, 각 이론은 특정한 범주의 현상에 대해서만 유효한" 것이기 때문이다.

이 책 《초인생활: 탐사록》은 인류의 사고방식이 데카르트-뉴턴적인 '물질-기계론적인 세계관'에서 현대물리학의 '에너지-의식 차원의 세계관'으로 선회를 시작하던 무렵인 20세기 초에 쓰였다. 물론 이 책에서는 현대물리학적 개념들이 학문적으로 다루어지고 있지는 않다. 오히려 공상소설에서나 나올 법한 이야기들, 예를 들면 죽었던 노인이 젊은이의 모습으로 다시 살아난다든지, 필요한 것은 무엇이든지 상념의 힘으로 만들어낸다든지 하는 등등의 일견 황당무계한 이야기들이 논픽션 형태로 서술되고 있다. 하지만 책을 읽어나가다 보면, 저자가 당시로서는 대단히 낯설 수밖에 없었을 새로운 과학적인 이론들에 대해 폭넓은 지식과 깊은 통찰력을 지니고 있던 인물임을 알게 된다.

이 책은 3년 반에 걸쳐, 인도, 히말라야, 티베트, 중국 일대를 돌아다니며 탐사 활동을 벌인 저자 자신의 체험기 형식으로 되어 있다. 그러나 실제로 있었던 일이라고는 보기 힘들 정도로 불가사의한 이야기투성이이다. 하지만 "실제가 허구보다 훨씬 더 놀랍다"는 저자 자신의 말처럼, 우리의 생명과 우리가 사는 세계는 실로 상상을 초월하는 놀라운 면을 간직하고 있다. 이 점을 인정할 수 있다면, 그리고 열린 마음으로 저자의 이야기에 귀를 기울인다면, 이 책을 통해 의미심장한 메시지를 들을 수도 있으리라.

정창영

✦

1895년

머리말

✛

나는 이 책을 독자들 앞에 내놓으면서 먼저 나 자신이 1894년에 동아시아[*]를 방문했던 11인의 탐사대 대원이었음을 밝히고 싶다.

우리는 그곳에서 3년 반 동안 정신세계에 대한 탐사 활동을 벌이면서 히말라야의 위대한 대사들(Great Masters)과 접촉을 가졌다. 그들은 기록을 번역하는 일을 도와주었는데, 이는 우리의 탐사 작업에 도움이 많이 되었다. 그들은 또한 우리가 그들의 생활에 긴밀하게 접할 수 있도록 허락해주었다. 그래서 우리는 그들을 통해 '위대한 법칙(the great Law)'이 구체적인 현실로 나타나는 것을 목격할 수 있었다.

우리는 그들 대사들과 함께 생활하며 체험한 것들에 대한 기록과 증거물들을 잘 간수해두고 있었다. 그러나 나는 그 당시 세상이 아직 이 메시지를 받아들일 준비가 되어 있지 않다고 생각했다. 나는 11인의 탐사대 대원이었지만 스스로 생각하고 판단할 수 있는 자유가 있었다. 그래서 이제 이 메시지를 받아들이거나 거부하는 것은 독자들의 자유에 맡기기로 하고 내가 기록해두었던 것을 《초인생활》이라는 제목으로 세상에 내놓는다.

이 책 1부에는 동아시아 대사들에 관해 탐사를 시작한 첫해의 경험과 대사들의 허락을 받고 속기로 기록한 그들의 가르침이 담겨

---

[*] 원문에는 'far east'라고 되어 있지만, 이는 유럽 중심의 표현이므로 이 책에서는 '동아시아'라고 번역한다. 이하 모든 각주는 옮긴이가 붙인 주이다.

있다.

그들 대사들은 붓다를 '깨달음에 이르는 길'의 상징으로 받아들이고 있었다. 그러면서 그리스도에 대해서는 '그리스도가 곧 깨달음'이라는 견해를 분명히 밝혔다. 즉 그들에게 그리스도란 한 개인의 고유명사가 아니라 우리 모두가 도달하고자 애쓰는 의식 상태를 가리키는 말이었다.

1

요즘 들어 영적인 분야를 다룬 책이 대단히 많이 출판되고 있으며, 세계 곳곳의 위대한 스승들에 대한 관심이 고조되고 있다. 그래서 나도 동아시아의 대사들과 함께한 나의 체험을 독자들 앞에 펼쳐놓고자 하는 자극을 받게 되었다.

나는 새로운 종파나 종교를 해설하려고 이 글을 쓰는 것이 아니다. 나는 단지 그들 대사들과 함께한 우리의 경험에 대한 개요를 제공하고, 진리에 대한 그들의 가르침 중에서도 아주 중요하고 기본적인 것들만 소개하려고 한다.

대사들은 여러 곳에 흩어져 살고 있었고, 우리의 형이상학적인 탐사도 인도, 티베트, 중국, 페르시아 등 광범위한 지역을 대상으로 수행되었다. 만약 이 글들의 진심 여부를 검증하려 한다면 우리의 탐사 기간만큼의 세월이 필요한 것이다.

우리 탐사대 대원 열한 명은 과학적인 훈련을 받은 현실 감각이 있는 사람들이었다. 그리고 생애의 대부분을 조사와 연구로 보낸 사람들이기 때문에 확실히 입증되기 전에는 아무것도 받아들이지 않는 습성이 몸에 배어 있었다. 그래서 우리는 무엇인가를 당연한 것으로 받아들이거나 인정하는 일은 결코 하지 않았다. 우리는 몹시 회의적인 태도로 출발했다. 그러나 돌아올 때는 완전한 확신과 변화된 마음을 가지고 있었다. 우리가 겪은 변화와 확신은 대단히 컸다. 심지어 대원들 중 세 명이 그들 대사들이 행하는 것과 같은 기적을 행하고 그들이 살아가는 방식처럼 살 수 있게 되기 전에는 결코 돌아오지 않겠다는 각오를 하고 대사들에게로 돌아갔을 정도였으니까.

탐사 작업에 큰 도움이 되어주었던 대사들이 우리의 탐사 체험기를 출판할 때, 자기들의 이름을 밝히지 말아달라고 부탁했으므로 나는 그들의 실명을 쓰지 않을 것이다. 대신 나는 가능한 한 탐사 중에 만나서 함께 생활했던 사람들의 말과 표현을 그대로 사용해서 있었던 일을 사실 그대로 이야기할 것이다.

탐사 작업에 들어가기 전에 우리는 다음과 같이 뜻을 모았다. 즉 우리가 보고 들은 것을 먼저 사실로 받아들이고, 탐사가 충분히 이루어지기 전까지는 우리가 보고 들은 사실들에 대한 어떠한 설명도 요구하지 않고 대사들의 가르침을 받아들일 것이며, 그들과 함께 생활하면서 그들의 삶을 관찰하겠다는 것이었다. 그래서 우리는 대사들을 따라다니며 함께 생활하고 난 다음에 우리 스스로 결론을 내리기로 하였다.

우리에게는 자유가 있었다. 우리는 원하는 만큼 그들과 함께 있을 수 있었고, 무엇이라도 질문할 수 있었으며, 일어난 일들을 충분히 관찰하고 어떻게 그렇게 될 수 있었을까를 나름대로 추론해볼 수도 있었다. 우리가 목격한 것을 사실로 받아들이든지 속임수로 받아들이든지 우리 스스로 선택할 자유가 있었다. 대사들이 우리의 결정과 판단에 영향을 주기 위해서 어떤 식으로든 노력했던 적은 한 번도 없었다. 그들은 오히려 우리가 심사숙고하지 않고 전적인 신뢰를 보낼까 염려하였다. 그래서 나도 내가 보고 들은 것들을 사실 그대로 독자들 앞에 제시하고, 그것을 받아들이거나 거부하는 것은 대사들이 우리에게 그랬던 것처럼 독자들 나름의 판단에 맡길 것이다.

우리 탐사대는 인도에서 약 2년간 머물면서 탐사 활동을 정규적으로 벌였다. 나는 우리 탐사대의 정규 탐사 활동 이후에, 내가 이 책에서 에밀이라는 이름으로 부르게 될 대사를 만났다. 나는 우리가 머물고 있던 도시의 거리를 걷다가 사람들이 몰려 있는 것에 관심이 끌렸다. 사람들은 인도에서 흔히 볼 수 있는 거리의 마술사인 화키르fakir*들의 마술을 구경하고 있었다. 나는 구경꾼들 틈에 함께 서 있다가 그들과는 신분이 다른 중년 남자가 내 곁에 서 있는 것을 알았다. 그는 나를 쳐다보면서 인도에 온 지 얼마나 되었느냐고 물었다. 내가 "약 2년 정도 됩니다" 하고 대답하자 그가 다시 "영국분이십니까?" 하고 물었다. 그래서 나는 "아니오, 미국인입니다" 하고 대답했다. 나는 영어를 하는 사람을 만나게 되어서 놀라긴 했지만 한편으론 몹시 흥미를 느꼈다.

나는 그에게 지금 보고 있는 마술에 대해서 어떻게 생각하느냐고 물었다. 그는 대답했다. "아, 인도에서는 이런 것을 흔히 볼 수 있지요. 사람들은 이런 것을 행하는 자를 화키르나 마술사 또는 최면술사라고 부르는데, 사실 그들은 이름이 뜻하는 그대로죠. 그러나 이들이 행하는 마술의 근저에는 깊은 영적인 의미가 있는데, 그것을 알아차리는 사람은 거의 없습니다. 하지만 언젠가는 알게 될 겁니다. 마술 현상은 그러한 현상이 나타나도록 만든 근원의 그림자에 지나지 않습니다. 이 같은 마술 현상을 설명하기 위한 수많은 시도가 있었지만 마술의 진정한 의미를 밝혀내지는 못한 것 같습니다. 그도 그럴 것이 진리는 항상 현상의 근저에 있기 때문이지요."

---

* 이슬람교의 고행자나 종교적 수행자들을 막연히 지칭할 때 사용하는 명칭이다.

이러한 대화를 나눈 후에 우리는 헤어졌다. 그리고 이후 넉 달 동안은 어쩌다 한 번씩 그를 볼 수 있을 뿐이었다. 한번은 우리의 탐사 작업이 모종의 문제에 부딪혀 큰 곤란을 겪던 중에 에밀을 만나게 되었다. 그는 만나자마자 무슨 걱정거리가 있느냐고 물으면서 우리가 직면하고 있던 문제에 대해서 이야기하기 시작했다. 나는 놀랐다. 왜냐하면 우리 탐사 대원들 중에서 우리 일행이 아닌 다른 사람에게 우리의 문제에 대해 이야기한 사람은 아무도 없다고 알고 있었기 때문이었다. 그는 우리가 부딪힌 문제 전체를 훤히 알고 있는 듯이 보였고, 그에게 솔직하게 말하는 게 좋겠다는 생각이 들어 나는 우리의 고민을 편하게 털어놓았다. 그는 우리의 문제를 풀 수 있는 해결책이 있다고 하면서 도와주겠다고 하였다. 그리고 그 문제는 하루 이틀 사이에 말끔히 해결되었다. 우리는 그렇게 된 것에 대해 놀라움을 금할 수 없었지만 이내 그 사건을 잊어버렸다. 그 후부터는 무슨 문제든 생기기만 하면 에밀과 상의하는 것이 나의 습관이 되었고, 상의를 시작하면 곧바로 곤란한 문제들이 사라져버리는 것처럼 느껴졌다.

나의 동료들도 에밀과 만나 이야기를 나누었다. 그러나 나는 동료들에게 에밀에 대해서 거의 말하지 않았다. 그 당시 나는 에밀이 골라준 인도의 민간전승이 담겨 있는 책을 상당량 읽었으며, 에밀이 분명히 아뎁트adept*들 중 한 명이라고 믿고 있었다. 그래서 에밀에 대

---

* 이 용어는 비교(esotericism)의 용어이다. 비교에 의하면 이 우주의 영적인 문제에 대한 근원적, 포괄적 지식(지혜)이 존재하며, 이 지혜를 획득한 자, 전수하는 자의 '숨은' 집단이 존재한다. 이 지혜는 적어도 현 단계 인류 수준에서는 '자연적'인 노력으로 얻을 수 있는 수준을 넘어 있기 때문에 이 '전수자'에게 배우는 수밖에 없다. 적절한 '준비'가 되어 이를 배우게 되는 사람을 입문자(initiate), 배우는 과정을 입문(initiation), 가르쳐주는 사람을 전수자(initiator)라고 한다. 이러한 문맥에서 '일정 수준' 이상 '배운 사람' 그래서 '전수자'의 위치에 오른 사람을 아뎁트라고 한다.

한 강렬한 호기심이 생겼고 날이 갈수록 점점 더 관심이 깊어지게 되었다.

어느 일요일 오후 에밀과 나는 들판을 거닐고 있었다. 그런데 그가 우리 머리 위에서 원을 그리며 날고 있는 비둘기 한 마리를 가리키며 그 비둘기가 자기를 찾고 있는 중이라는 말을 했다. 그렇게 말하고 나서 에밀은 그 자리에서 꼼짝도 하지 않고 멈추어 섰다. 그러자 잠시 후 그 비둘기가 날아와 에밀 대사의 내뻗은 팔 위에 앉았다. 그는 그 비둘기가 북쪽에 사는 자기 동생이 전하는 소식을 가지고 왔다고 말했다. 함께 구도의 길을 걷고 있는 그의 동생은 아직 의사를 직접 전달하는 수행 단계까지 도달하지 못했기 때문에 새를 통하여 의사를 전달하는 방법을 사용했던 것이다. 나중에 가서야 우리는 대사들이 그들 자신들의 표현대로 전기나 무선 전신보다도 훨씬 더 미묘한 힘으로 생각을 직접 교환할 수 있다는 사실을 알았다.

나는 에밀에게 여러 가지를 질문했다. 그러자 그는 나의 질문에 대한 대답으로 새들을 자기에게로 불러오고, 날아가는 새의 나는 방향을 바꿀 수 있음을 보여주었다. 그리고 꽃과 나무들로 하여금 자기에게 고개를 끄덕이게 하고 들짐승들이 아무런 두려움 없이 다가오도록 할 수 있음도 보여주었다. 그는 들개 두 마리가 함께 잡은 작은 동물의 시체를 서로 먹으려고 싸우고 있는 것을 보고 두 마리를 떼어놓기도 했다. 그가 싸우고 있는 들개를 향하여 가까이 다가가자 들개들은 싸움을 멈추고 완전한 신뢰심으로 에밀이 내민 손에 머리를 맡겼다. 그리고 나서는 싸우지 않고 조용히 다시 먹이를 먹기 시작했다.

그는 손으로 잡아보라고 하면서 들짐승 새끼 한 마리를 나에게 건네주기도 했다. 그리고 말했다. "이러한 일들은 필멸의(mortal) 자아가 아니라 내면의 깊은 참자아가 행하는 것이지요. 즉 당신들이 하느님이라고 알고 있는, 내 안에서 나를 통하여 일하시는 전능한 하느님께서 이 같은 일을 하시는 것입니다. 필멸의 자아는 아무것도 하지 못합니다. 현상적인 자아를 완전히 초극하여 참자아로 하여금 말하고 일하게 하고, 참자아인 하느님의 위대한 사랑이 흘러나오게 해야만 당신이 본 이러한 일들을 행할 수가 있는 것입니다. 하느님의 사랑이 당신을 통하여 만물에게 쏟아부어지도록 당신 자신을 준비한다면 아무것도 당신을 두렵게 하거나 해칠 수 없을 것입니다."

나는 그동안 매일 에밀의 가르침을 받았다. 그는 나의 방에 불쑥불쑥 나타나곤 하였다. 심지어는 쉬기 위해 방문을 꼭 잠가놓아도 그렇게 나타났다. 그가 처음 그렇게 내 방에 나타났을 때 나는 무척 당황했다. 그러나 나는 그가 그렇게 불쑥 나타나는 것을 내가 당연히 이해하고 있을 것이라고 생각하고 있다는 사실을 곧 알게 되었다. 시간이 지나면서 나는 그가 취하는 방법들에 익숙해졌고, 그가 마음대로 출입할 수 있도록 아예 문을 열어놓았다. 그는 나의 그러한 신뢰심에 기뻐하는 것 같았다. 나는 그 당시에는 아직 동아시아 체재 중에 보았던 다른 모든 것들과 마찬가지로 그의 가르침을 완전히 이해할 수는 없었고, 또 완전히 수용할 수도 없었다. 내가 이들 대사들의 삶에서 깊은 영적인 의미를 깨닫게 된 것은 여러 해에 걸친 명상과 사색이 있은 후에야 가능했다.

그들은 꾸밈없는 어린아이와 같은 지극히 단순한 마음으로 자기들의 일을 수행해나갔다. 그들은 사랑의 힘이 자신들을 보호해주고 있다는 사실을 알고, 모든 자연 만물이 자신들과 사랑으로 하나가 되어 친밀해질 때까지 사랑을 키워나가고 있었다. 해마다 수많은 사람들이 뱀이나 들짐승에게 물려 죽어갔지만, 이들 대사들은 사랑의 힘을 방출하고 있었기 때문에 뱀이나 들짐승들도 그들을 해치지 못했다. 그들은 때로는 거친 밀림 지대에서 살기도 하고 때로는 들짐승으로부터 마을을 보호하기 위하여 자기들의 몸을 마을 입구에 뉘어놓기도 한다. 그렇게 하면 마을이 해를 받지 않게 되고 또 그렇게 해도 그들 자신은 상하지 않는다. 그들은 상황이 요구하면 물 위를 걷기도 하고, 불 속을 통과하기도 한다. 또 육체의 모습을 숨긴 상태로 여행을 하기도 하고, 그 외에도 우리가 초자연적인 능력을 가지고 있다고 생각하는 사람들만이 행할 수 있는 여러 가지 기적들을 행한다.

이들 대사들의 일상생활을 보면, 이들의 삶과 가르침이 나사렛 예수의 삶과 가르침과 지극히 유사하다는 사실을 알게 된다. 인간에게는, 일상생활에 필요한 것들을 보편 세계(the Universal)에서 직접 끌어내오고, 죽음을 극복하는 등 예수께서 이 땅에 있을 동안에 행했던, 소위 기적이라는 여러 가지 일들을 행하는 것이 불가능하다고 여겨왔다. 그러나 대사들에게는 이러한 기적들을 행하는 것이 일상사가 되어 있다. 그들은 음식과 의복과 돈을 비롯하여 일상생활에 필요한 모든 것들을 보편 세계에서 직접 끌어다 쓴다. 또 죽음까지도 극복해오고 있어서 현재로서 500살이 넘은 대사들이 상당히 많다. 이러한 사실은 우리가 그들의 호적을 조사해본 결과 확실히 입증된 것이다.

인도에서 거주하고 있는 이러한 대사들은 비교적 소수이며, 나머지 모든 종교인들은 이들 대사들의 가르침에서 뻗어나온 가지에 지나지 않는 것처럼 보인다. 그들은 자기들 대사들의 수가 얼마 되지 않으며, 자기들에게 올 수 있는 사람들도 극소수에 불과하다는 사실을 알고 있다. 그러나 대사들은 눈에 보이지 않는 차원에서 거의 무한정한 수의 사람들과 접촉할 수 있으며, 보이지 않는 차원으로 들어가서 자신들의 가르침을 받을 만한 모든 사람들을 돕는 것이 더 큰 일상사가 되어 있는 것처럼 보인다.

에밀의 가르침은 몇 해 후에 갖기로 되어 있던 우리의 제3차 인도 탐사 작업의 기초가 되었다. 제3차 탐사 기간 내내 우리는 3년 반을 계속 대사들과 함께 지냈다. 그때 우리는 그들과 함께 여행하고 그들의 일상생활도 관찰하면서 동아시아 전역(인도, 티베트, 중국, 페르시아)에 걸친 탐사 작업을 진행했다.

2

형이상학적인 탐사를 수행할 제3차 탐사를 시작하기 위해서 소규모인 우리 탐사대는 인도의 외딴 지방에 있는 포탈이라는 작은 마을에 모였다. 나는 그때 포탈에 머물고 있던 에밀에게 우리가 그곳으로 갈 것이라는 편지를 보냈다. 그러나 우리가 그곳으로 가는 목적과 몇 명이 갈 것인지에 대해서는 알리지 않았다. 그런데 우리는 깜짝 놀랐다. 왜냐하면 우리가 포탈에 도착해보니 우리 대원 모두를 위한 충분한 준비가 되어 있었을 뿐만 아니라 에밀과 그의 동료들이 우리의 계획을 속속들이 알고 있었기 때문이었다. 에밀은 이전에 우리가 남인도에 있었을 때 도움을 많이 주었던 적이 있다. 그런데 제3차 탐사를 시작하면서부터 그가 또다시 우리에게 베풀어준 은혜는 말로는 이루다 표현할 수 없을 정도였다. 나는 우리의 탐사 작업의 성공을, 에밀과 우리가 만났던 위대한 정신의 소유자들의 덕으로 돌린다.

우리는 1894년 12월 22일에 탐사의 출발 예정지였던 포탈에 도착했다. 그리고 모든 준비를 완료하고 크리스마스 아침에 우리의 생애에서 가장 기억될 만한 탐사를 시작하려고 했다. 나는 그날 아침에 에밀이 우리에게 해준 말을 결코 잊지 못할 것이다. 그는 영어를 배웠다고 자랑하지도 않았고 동아시아 지역 밖으로는 한 번도 나가본 일이 없음에도 불구하고 유창한 영어로 말했다. 그는 다음과 같이 말하기 시작했다.

"크리스마스 아침이군요. 여러분에게는 아마 오늘이 그리스도이신 나사렛 예수께서 태어난 날이 되겠지요. 여러분은 예수를, 죄를 용서해주기 위해서 하느님이 보내신 분으로 생각할 것입니다. 또 여러분에게는 예수가 여러분과 여러분의 하느님 사이에 선 위대한 중재자의 표상이 될 것입니다. 그래서 여러분은 여러분과 여러분의 하느님, 즉 하늘 어디엔가에 앉아서 때에 따라서는 분노하기도 하는 엄격해 보이는 하느님 사이에 선 중재자인 예수께 호소하는 것 아닙니까. 하지만 저는 인간의 의식 외에 하느님이 계시는 하늘이 달리 어디에 있는지 알지 못합니다. 어쨌든 여러분은 오늘 우리가 그의 강림을 축하하는 그분을 통해서만, 즉 하느님보다 다소 덜 엄격하고 사랑이 많은 하느님의 아들을 통해서만 하느님께 도달할 수 있다고 생각하고 있습니다.

우리는 그분을 '축복받으신 분'이라고 부릅니다만, 그분이 태어난 오늘은 우리에게는 다른 더 깊은 의미가 있습니다. 우리는 크리스마스를 그리스도이신 예수가 이 세상에 강림한 날로 받아들일 뿐만 아니라, 그리스도 예수의 강림은 모든 인간의 의식 속에 있는 그리스도의 탄생을 대표한다고 생각하고 있습니다. 크리스마스는 최고의 '대사'이자 '스승'이며, 인류를 물질세계의 구속과 제약에서 해방시키는 위대한 '해방자'가 탄생한 날입니다. 우리는 이 위대한 영혼이 이 땅에 내려온 것은 전지전능하고 무소부재한 참하느님께 이르는 길을 보여주기 위해서, 그리고 하느님은 모든 '선', 모든 '지혜', 모든 '진리'이며 모든 것의 모든 것이 되신다는 사실을 좀더 확실히 보여주기 위해서였다고 생각합니다. 오늘 이 세상에 오신 그분은 우리 밖에 존재할 뿐만 아니라 우리 안에 거하시는 하느님을 좀더 완전하게 보여주기 위해서 하느님께서 보내신 분입니다. 다시 말해서 그분이 이 땅에 오신 것은, 하느님은 우리 인간을 비롯한 모든 피조물들과 결코 떨어져 있지도 않고 또 떨어져 있을 수도 없는 분이라는 사실과, 하느님은 항상 의롭고 공정하고 사랑이 많은 분이라는 사실, 그리고 하느님은 모든 것이며, 모든 것을 알고 계시고, 모든 진리를 알고 있을 뿐만 아니라 진리 자체이시라는 점을 좀더 확실히 가르쳐주기 위해서이지요. 인간적인 이해력으로는 이 '거룩한 탄생'이 우리에게 의미하는 바를 어설프게 표현하기도 불가능합니다.

우리는 이 위대한 대사이자 스승이신 분이 우리에게 오신 것은 우리로 하여금 여기 이 땅에서의 삶의 의미가 무엇인지에 대해서, 그리고 인간이 느끼는 모든 제약들은 인간이 만들어낸 것일 뿐이며 그러한 제약들이 실제로 존재하는 것은 아니라는 사실에 대해서 충분히 이해하도록 하기 위함이었다고 확신하고 있는데, 여러분도 그렇게 알게 되기를 바랍니다. 우리는 이 가장 위대한 스승이, 자기 안에 거하면서 능력 있는 일을 행하는 그리스도와, 나나 여러분 그리고 모든 인간들 속에 살고 있는 그리스도가 같은 그리스도이며, 그렇기 때문에 우리도 그의 가르침에 따라 그가 행한 모든 일을 행할 수 있을 뿐만 아니라 오히려 그보다 더 큰 일도 할 수 있다는 사실을 좀더 확실히 보여주기 위해서 오셨다고 알고 있습니다. 또 우리는 하느님이 만물의 유일한 '원인'이며 '모든 것'이라는 사실을 보여주기 위해 예수가 이 땅에 오셨다고 믿고 있습니다.

여러분은 우리가, 젊은 시절의 예수가 우리 사이에서 훈련을 받았다고 믿고 있다는 얘기를 들으신 적이 있을 겁니다. 아마 우리 중 어떤 이들은 그렇게 믿고 있을 겁니다. 그러나 그것은 아무래도 상관이 없습니다. 그의 훈련이 우리 사이에서 나왔든, 모든 존재의 유일한 근원인 하느님의 직접적인 계시에 의한 것이든, 그런 것이 중요할까요? 어떤 사람이 하느님의 생각을 깨닫고 그것을 말로 전파했다면, 보편 세계에서는 모든 인류가 다시 그 생각에 접할 수 있습니다. 어떤 사람이 무엇인가를 깨닫고 다른 사람에게 그것을 전했다고 해서 그 깨달음이 그 자신의 개인적인 소유일 수는 없습니다. 만일 어떤 사람이 깨달음을 얻고 그것을 자기 것으로 삼아 움켜쥐고 있다면 그에게 다른 깨달음이 들어올 여지가 있겠습니까? 더 받기 위해서는 이미 받은 것을 내주어야만 합니다. 받은 것을 움켜쥐고 내주지 않는다면 정체 현상이 일어나고 받은 것도 쓸모없는 것이 되어버립니다. 그것은 마치 흐르는 물에서 힘을 얻는 물레방아가 자기가 받은 물을 흘려보내지 않고 가두어두고 있을 때 그 물레방아는 쓸모없는 것이 되어버리는 것과 마찬가지 이치입니다. 물레방아는 물을 자유롭게 흐르도록 해야만 흐르는 물로부터 힘을 얻는 물레방아로서의 가치를 가지게 됩니다. 우리 인간도 그와 같습니다. 우리가 하느님의 뜻을 깨닫고 그 깨달음의 덕을 보고자 한다면 우리가 깨달은 바를 다른 사람들에게 전해주지 않으면 안 됩니다. 자신이 성장하듯 남들도 성장할 수 있도록 전해주어야 합니다.

저는 우리의 위대한 스승들의 경우와 마찬가지로 예수의 가르침도 하느님의 직접적인 계시에서 온 것이라고 생각하고 있습니다. 하느님 것이 아닌 게 어디 있겠습니까? 한 인간이 할 수 있는 것이라면 다른 사람도 그와 같이 할 수 있지 않겠습니까? 우리는 여러분이, 하느님께서 예수와 다른 사람들에게 당신 자신을 계시해주셨던 것처럼 항상 모든 인간들에게도 자신을 드러내 보이길 바라며 준비하고 계시다는 사실을 확신하게 될 날이 있으리라고 믿습니다. 필요한 것은 하느님께서 나타나실 수 있도록 준비하는 것뿐입니다. 우리는 모든 사람이 동등하게 창조되었으며 너와 내가 하나라는 사실, 그리고 예수께서 행하신 능력 있는 일들을 다른 모든 사람들도 행하게 될 것이라는 사실을 진심으로 믿고 있습니다. 여러분에게도 이러한 일들이 하나도 신비스러울 게 없다는 것을 알게 될 날이 있을 것입니다. 신비란 이러한 일들을 인간의 육체적인(mortal) 눈으로 바라볼 때에만 존재하는 것입니다.

우리는 여러분이 다소 회의적인 마음으로 우리에게 오셨다는 것을 잘 알고 있습니다. 그러나 우리는 여러분이 우리와 함께 생활하면서 우리 자신의 진정한 모습을 보게 되리라 믿습니다. 우리가 행하는 일과 그 결과를 받아들이든지 거부하든지 그것은 여러분 자유에 맡깁니다.”

✛ ✛ ✛
3

　우리는 약 150킬로미터 떨어진 아스마라는 작은 마을로 가기 위해서 포탈을 떠났다. 에밀 대사는 두 사람을 우리에게 붙여 동행하게 하였다. 이들 두 사람은 잘생긴 전형적인 힌두인으로서, 탐사에 관계된 모든 일을 돌봐주는 책임을 맡도록 되어 있었다. 전에도 우리는 도움을 받기 위해서 인도인들과 동행했던 적이 있었지만, 이들만큼 침착하고 완벽하게 일을 처리하는 사람들은 만나보지 못했었다. 이들 두 사람의 이름을 편의상 자스트와 네푸로라고 부르기로 하자. 에밀 대사는 우리가 탐사를 시작하기 위해서 포탈에 도착할 때부터 우리를 따뜻하게 맞아주었고 여러 가지로 우리의 편의를 돌보아주었다. 그는 자스트와 네푸로보다 연륜이 깊었다. 하여튼 자스트는 우리 탐사대의 각종 업무를 지휘하는 책임자 역할을 수행했고, 조수인 네푸로는 자스트의 지시가 그대로 시행되는지 어떤지를 감독하는 일을 했다.

　에밀 대사는 우리를 떠나보내면서 다음과 같이 말을 했다. "여러분은 이제 여러분을 수행할 자스트와 네푸로와 함께 탐사 길에 오릅니다. 150킬로미터 정도 떨어진 다음 목적지까지는 대략 닷새 정도 걸릴 것입니다. 저는 여러분이 그곳에 도착할 때까지 여기에서 며칠 더 묵으려고 합니다. 그것은 제가 그곳에 가는 데에는 그렇게 많은 시간이 필요치 않기 때문입니다. 그러나 여기에서 며칠 더 머물 제가 여러분보다 먼저 그곳에 도착해서 그곳에서 여러분을 맞이할 것입니다. 그래서 제가 바라는 것은 여러분 대원 중 한 명이 이곳에 남아서 제가 이곳에 계속 있었다는 것을 확인해주십사 하는 것입니다. 그렇게 하면 시간도 절약될 것이고, 증인 격으로 여기에 남아 있던 대원도 열흘 안에 여러분과 다시 합류할 수 있을 것입니다. 우리는, 여기 남게 될 증인 격의 대원이 잘 관찰하고 자신이 본 대로 보고해주기를 청할 뿐입니다." 우리는 자스트와 네푸로와 함께 출발하게 되었는데, 그들은 상상할 수 없을 정도로 일을 잘 처리해나갔다. 그들은 모든 일을 완벽하게, 그리고 리듬과 선율이 조화를 이루는 음악처럼 빈틈없이 처리해나갔다. 그들은 3년 반이 걸린 탐사 기간 내내 이렇게 완벽히 조화를 이루며 일을 처리해나갔다.

나는 여기서 자스트와 네푸로에게서 받은 인상을 말해두고 싶다. 자스트는 친절하고 유능한 사람이었다. 그는 가식과 난폭함이 전혀 없었으며, 어떠한 상황에서도 흥분되지 않는 목소리로 명령을 내렸고, 신속하고 주도면밀하게 일을 처리해나가는 솜씨로 우리를 놀라게 했다. 그의 그러한 성격과 능력은 우리와 동행하기 시작한 처음부터 나타났고, 그래서 그 점은 우리 사이에서 칭찬의 대상이 되었다. 그런가 하면 네푸로는 언제 어디서나 놀라울 만큼 냉정하고 침착했다. 그는 경탄할 만한 사고 능력과 실행 능력을 가지고 대단히 능률적으로 일을 처리해나갔는데, 항상 침착하였고 행동 하나하나가 정확하였다. 네푸로의 이러한 점 또한 우리 탐사대 대원들의 놀라움과 칭찬의 대상이었다. 우리 탐사대의 대장은 이렇게 말했다. "이 친구들은 정말 훌륭해요. 사고 능력과 실행 능력을 갖춘 이런 친구들을 만나게 되어서 안심이 되는군요."

우리는 닷새째 되는 날 오후 4시쯤에 목적한 마을에 도착했다. 그런데 에밀 대사는 우리를 떠나보내면서 말했던 것처럼 우리보다 먼저 그곳에 도착하여 우리를 기다리고 있었다. 독자들은 우리가 얼마나 놀랐는지 상상할 수 있을 것이다. 포탈에서 아스마로 통하는 길은 하나밖에 없었고, 우리는 그 길을 그 나라에서 가장 빠른 교통수단을 이용해서 왔다. 물론 릴레이식으로 밤낮 쉬지 않고 달리는 전령들이라면 우리보다 빨리 도착할 수 있었을 것이다. 하지만 나이도 많고, 그래서 우리보다 먼저 그곳에 도착할 수 있으리라고는 도저히 생각할 수 없는 사람이 우리보다 먼저 도착해 있었다. 우리는 어떻게 그런 일이 있을 수 있는가를 묻지 않을 수 없었다.

그러자 에밀 대사는 이렇게 대답했다. "저는 여러분이 포탈을 떠날 때 제가 먼저 이곳에 와서 여러분을 맞이하겠다고 말했습니다. 그리고 말씀드린 대로 여러분보다 먼저 이곳에 이렇게 왔습니다. 저는 여러분이 인간은 그 실상實相에서 시간과 공간의 제약을 받지 않는 무한한 존재라는 사실을 좀더 확실히 알게 되기를 바랍니다. 인간은 본래적인 자기 자신을 깨닫게 되면 150킬로미터의 길을 가는 데 피곤하게 닷새 동안이나 소비할 필요가 없습니다. 실상의 차원, 즉 본래적인 자기는 그 거리가 얼마나 되든지 간에 즉시 이곳에서 저곳으로 옮아갈 수가 있습니다. 저는 방금 전까지도 여러분이 닷새 전에 떠난 그 마을에 있었습니다. 여러분이 그 마을에서 보셨던 제 몸은 아직 그곳에 있습니다. 증인 격으로 그 마을에 남아 있던 여러분의 동료가 오늘 4시 직전까지도 제가 그곳에 있었다는 사실과, 제가 이 시간이면 여러분이 이곳에 도착할 것이니 여러분을 맞이하기 위해서 떠나야겠다고 말한 사실을 증언해줄 것입니다. 비록 활동은 하지 않는 상태이지만, 여러분이 포탈에서 보셨던 제 몸은 아직도 그곳에 있으며 거기에 남아 있는 여러분의 동료가 제 몸을 보고 있을 것입니다.

초인생활 ✚ 탐사록

제가 이렇게 한 것은, 우리는 언제 어디서나 육체를 떠나 여러분과 약속한 시간과 장소에서 여러분을 만날 수 있다는 사실을 보여주기 위해서입니다. 여러분을 수행하고 있는 저 두 청년도 저처럼 그곳에서 이곳으로 즉시 옮아올 수 있는 사람입니다. 하지만 그렇게 하지 않은 것은 여러분이 여러분과 똑같은 인간으로 보고 있는 저 두 청년이 저와 같이 할 수 있다면, 여러분도 그렇게 할 수 있다는 사실을 깨닫고, 그래서 우리나 여러분이 모두 동일한 인간이라는 사실을 인정하게 되기를 바라는 마음에서였습니다. 이러한 순간적인 공간 이동은 신비한 것이 아닙니다. 여러분과 저희들의 차이는 단 하나, 전능한 유일자이신 아버지로부터 물려받은 능력을 여러분보다 저희가 좀 더 많이 개발했다는 것뿐입니다. 저는 저의 몸을 포탈에 그대로 두었다가 오늘 밤에 이곳으로 끌어올 것입니다. 그리고 여러분의 동료는 여러분과 똑같은 방법으로 길을 떠나 닷새 후쯤이면 이곳에 도착하게 될 것입니다. 자, 그러면 오늘 하루는 여기서 쉬기로 하고 내일은 여기서 하룻길 되는 작은 마을을 방문해보기로 합시다. 그 마을에서 하룻밤을 지내고 돌아오면 여러분의 동료도 이곳에 도착할 테니, 그때 그의 이야기를 들어보도록 하지요. 저녁에 숙소에서 다시 만납시다. 그러면 잠깐 쉬십시오."

에밀 대사는 저녁에 우리가 숙소에 모여 있을 때 문을 열지도 않고 갑자기 우리 앞에 나타나서 이렇게 말했다. "여러분은 제가 지금 이렇게 이 방에 나타난 것을 마술이라고 하시겠지요. 하지만 이것은 결코 마술이 아닙니다. 여러분이 보실 수 있도록 간단한 실험을 하나 해보이겠습니다. 그러면 여러분은 제 말을 믿게 되실 것입니다. 이제 모두 다 잘 보실 수 있도록 빙 둘러앉으셔서, 여러분 중의 한 분이 방금 샘에서 떠온 이 컵에 담긴 물에 주목해주시기 바랍니다. 잘 보시기 바랍니다. 자, 이제 컵에 담긴 물 한가운데에서 얼음이 한 조각 얼어붙기 시작하는 것이 보이시지요. 중앙에서 형성된 얼음 조각에 주위의 물이 엉기면서 얼음 조각이 점점 더 커지는 것도 보이시지요. 자, 이제는 컵에 담긴 물 전체가 얼어버렸습니다. 잘 보셨지요? 이게 과연 어찌 된 일입니까? 저는 물의 중앙에 있는 원자들이 형체를 취할 때까지, 보편 세계(the Universal)에서 물의 중앙에 있는 원자들이 얼어붙는 상념想念을 품고 있었습니다. 다른 말로 하자면 상념의 힘으로 중앙에 있는 원자들의 진동을 떨어뜨려 얼게 한 후, 컵에 담겨 있는 물 전체가 얼어붙을 때까지 점점 그 주위의 입자들의 진동을 떨어뜨린 것입니다.

이런 식으로 한 컵의 물뿐만 아니라 큰 통이나 연못이나 호수나 바다 그리고 온 세상의 물 전체를 얼어붙게 할 수 있습니다. 그러나 그렇게 할 수는 있지만 그렇게 할 이유나 목적은 없습니다. 여러분은 어떻게 그렇게 할 수 있겠느냐고 물으시겠지만, 소위 완전한 법칙(a perfect law)을 사용하면 그러한 일이 가능합니다. 그러나 온 세상의 물을 얼린다고 해서 유익할 것은 없습니다. 또 유익한 그 무엇이 나타날 가능성도 없습니다. 그럼에도 불구하고 제가 끝까지 물을 얼려나간다면 어떻게 될까요? 만약 그렇게 한다면 제 행위의 반작용이 저에게로 되돌아올 것입니다. 저는 표현*한 그대로 되돌아오는 것이 우주의 법칙이라는 것을 알고 있습니다. 그래서 저는 선善만을 표현하는 것이고 당연히 선한 것만이 저에게로 되돌아옵니다. 여러분은 제

---

* 원서에 'express'라고 되어 있는 이 '표현'이란 말은 행동뿐만 아니라 말, 생각, 감정 등도 포함된다.

초인생활 ✦ 탐사록

가 세상의 물을 계속 얼려나가다 보면 온 세상의 물을 다 얼리기 전에 차가운 기운이 저를 엄습하게 되고, 급기야는 제 욕망의 결과로 저 자신도 얼어버리게 될 것이라는 점을 쉽게 아실 수 있을 것입니다. 그러나 제가 계속 선한 행위만 한다면 영원토록 선한 열매만을 거두게 될 것입니다.

오늘 밤 제가 문을 열지도 않고 이 방에 나타난 것도 같은 원리입니다. 저는 제 방에서 상념을 통하여 저의 육체의 진동을 높여 저의 육체를 보편 세계로 환원시켰습니다. 즉 저의 육체를 모든 실체(substance)가 존재하는 보편 세계로 끌어들인 것입니다. 그리고 거기서 저의 신적인 자아의 상념인 그리스도 의식(Christ Consciousness)을 통하여 저의 육체가 지금 이렇게 보이는 모습으로 형태를 취할 때까지 육체의 진동을 떨어뜨렸습니다. 여기에는 아무런 신비도 없습니다. 저는 아버지께서 '사랑하는 자녀'를 통하여 저에게 주신 능력과 법칙을 사용한 것일 뿐입니다. 그런데 아버지의 '사랑하는 자녀'는 밖에 있는 그 누가 아니라 바로 여러분과 저, 그리고 인류 전체가 아니겠습니까? 그렇다면 신비란 없는 것 아닙니까?

이 세상에서 가장 작은 겨자씨가 땅에 심어져 자라면 공중의 새들이 깃들일 수 있는 커다란 나무가 된다는 예수의 겨자씨 비유를 생각해보십시오. 우리가 바라는 것은 우리 내면의 그리스도를 통하여 보편 세계에서부터 우리에게 주어집니다. 즉 아주 작은 겨자씨 속에 미래의 커다란 나무가 배태되어 있는 것처럼 우리가 바라는 것들은 우리 안에 이미 탄생되어 있는 것이지요. 우리가 바라는 것들은 보편 세계와 연결된 우리 안에 있는 일종의 수용 기관인 그리스도 의식을 통하여 우리에게 들어옵니다. 그리고 일단 그리스도 의식을 통하여 어떤 상념이 들어오면 그 상념을 우리 의식의 가장 높은 곳까지 끌어올려 거기 머물도록 해야만 합니다. 그런 다음에는 성령의 역사에 모든 것을 맡겨야만 합니다.

성서에 기록되어 있는 '네 마음을 다하고 목숨을 다하고 뜻을 다하여 주님이신 너희 하느님을 사랑하라'는 말씀을 생각해보십시오. 의미가 잡힙니까? 마음과 목숨과 뜻. 모든 것을 우주적인 자아(Whole-I-Spirit)인 성령의 활동에 맡기라는 의미가 아니겠습니까? 받아들여지기를 바라며 우리의 마음 문을 두드리는 이 하느님의 성령은 여러 가지 방법으로 우리에게 들어오는데, 대개는 겨자씨처럼 미미한 존재로 들어옵니다. 우리는 겨자씨처럼 미미한 존재로 들어오는 성령을 받아들여 믿음의 씨앗과 결합시킨 다음, 주변의 물이 중앙에 형성된 얼음 조각에 엉기면서 점차 얼음으로 변해간 것처럼 그것을 중심으로 삼아 나머지 생각들을 회전시켜야 합니다. 그러면 무슨 일이 벌어질까요? 그것은 점점 외부로 표현되기 시작하고 우리가 지속할수록 믿음의 씨앗이 자라나 마침내 태산처럼 커다란 문제라도 '움직여 바다에 빠지라'고 명령하면 그대로 실현될 것입니다. 이것을 4차원이든 뭐든 여러분이 원하는 대로 부르십시오. 우리는 내재한 그리스도를 통한 하느님의 자기표현이라고 부릅니다.

그리스도가 탄생한 경위도 마찬가지입니다. 먼저 위대한 어머니 마리아가 그리스도의 이상을 품고, 그 이상을 자신의 영혼이라는 토양 속에 잉태한 후 때가 되자 가장 좋은 첫 열매인 하느님의 독생자 그리스도가 태어난 것입니다. 아기 그리스도는 위대한 어머니 마리아의 자애로운 양육과 보호를 받으며 자라나 마침내 성인이 되었습니다. 그리스도가 우리에게 오는 방법도 똑같습니다. 하느님이 거하시는 우리의 영혼이라는 토양에 완전한 이상인 그리스도의 이상이 씨앗으로 심어지고, 그것이 싹이 나 아기 예수가 탄생하는 것이지요.

여러분은 오늘 여기서 일어난 일을 보고 자신의 눈을 의심하고 있습니다. 하지만 저는 여러분을 책망하고 싶지 않습니다. 저는 지금 여러분 중의 몇 분이 오늘 일어난 일이 최면술이 아닌가 하고 의심하고 있다는 것을 염파念波를 통해 감지했습니다. 그러나 형제 여러분, 여러분에게는 여러분이 오늘 밤에 목격한 것과 같은, 하느님께서 주신 능력을 구사할 힘이 있습니다. 제가 여러분의 생각이나 시력視力을 지배하여 허깨비를 보이게 했다고 생각하십니까? 혹은 제가 하고자 한다면, 여러분에게 최면술을 걸어 여러분으로 하여금 있는 것을 있는 그대로 볼 수 없도록 할 수도 있지 않겠는가 하고 생각하십니까? 여러분, 여러분의 위대한 성서에는 문을 잠가놓은 방에 예수가 나타나셨다는 기록이 있습니다. 그는 오늘 밤 제가 이 방에 들어온 것과 같은 방법으로 그 방에 들어간 것입니다. 여러분은 위대한 대사이자 스승이신 예수께서 굳이 최면술을 사용할 필요가 있었다고 생각하십니까? 아닙니다. 그는 최면술을 사용한 것이 아니라 오늘 밤 제가 행한 것과 마찬가지로 하느님께서 주신 자신의 능력을 사용하셨을 뿐입니다. 저는 여러분 모두가 행할 수 있는 것만을 행했습니다.

분명히 말씀드립니다만, 저나 여러분뿐만 아니라 이 세상에 태어난 사람은 누구라도 오늘 밤에 여러분이 목격하신 것과 같은 일을 행할 수 있는 능력을 가지고 있습니다. 여러분은 누구나 낱낱의 인간 자체(individual)이지 인간의 외적인 틀(personality)이 아닙니다. 여러분은 자유 의지를 가진 사람이지 자동 인형이 아닙니다. 예수는 최면술을 사용할 필요가 없었고 우리 또한 그러합니다. 우리의 진실성을 확실히 믿게 될 때까지 우리를 철저히 의심해도 상관없습니다. 하지만 우리가 최면술을 사용한다는 생각은 잠시 접어두셨으면 합니다. 그것이 안 되면 여러분의 탐사가 좀더 깊이 진행될 때까지는 일어나는 일을 그저 수동적인 태도로 지켜봐주셨으면 합니다. 우리는 여러분이 열린 마음으로 탐사에 임하시기를 바랍니다."

✢✢✢
4

    다음 날 아침 우리는 에밀 대사의 권유대로 30킬로미터쯤 떨어진 작은 마을을 방문하기 위해서 길을 떠났다. 잠깐 들르고 돌아올 것이기 때문에 대부분의 중요한 장비는 남겨놓고 출발했다. 그리고 자스트만 우리와 동행했다. 그 마을로 가는 길은 험했고, 그 지역 특유의 울창한 수풀 속으로 꼬불꼬불하게 나 있었기 때문에 때때로 길을 따라가기가 어려웠다. 점심 식사를 하기 위해서 잠시 쉬었던 것을 제외하고는 하루 종일 걸었기 때문에 지치고 배고픈 상태로 해 지기 직전에야 목적지에 도착했다.

    그 지역은 대체로 거칠고 울퉁불퉁했으며, 길도 사람이 별로 다니지 않은 듯했다. 빽빽하게 뒤엉킨 덤불을 쳐내며 나아가야만 할 경우도 있었다. 그래서 간혹 지체되기도 했는데 그때마다 자스트는 초조한 빛을 감추지 못했다. 우리는 그동안 침착한 모습을 보여온 그가 초조해하는 모습을 보고 의아스럽게 생각했다. 그가 그렇게 초조한 모습을 보인 것은 우리와 함께 출발한 이후 3년 반을 함께하는 동안 처음이자 마지막으로 있었던 일이다. 그러나 우리는 우리가 목적했던 마을에 도착한 지 얼마 지나지 않아 그가 초조해했던 이유를 알게 되었다.

    우리는 해 지기 약 반 시간 전에 200명 정도의 주민이 살고 있는 그 마을에 도착했다. 우리가 도착하자 남녀노소를 불문하고 마을 사람들이 모두 나와서 우리를 환영했고, 심지어는 애완동물과 가축들까지도 우리를 환영했다. 그런데 내가 생각하기에는 자스트가 왔다는 것이 알려졌기 때문에 그랬던 것이 분명했다. 우리도 어느 정도는 호기심의 대상이 되었던 것이 사실이지만, 그들의 관심은 온통 자스트에게로 쏠려 있었다. 그 마을 주민들은 지극히 존경하는 태도로 자스트를 맞이했다. 잠시 후 자스트가 마을 주민들에게 무어라 말을 하자 몇 명만 남고 대부분의 사람들은 돌아갔다. 자스트는 밤을 지내기 위한 캠프가 준비될 동안 잠시 산책을 하지 않겠느냐고 제의했다. 우리 대원들 중 다섯 명은 하루 종일 걷느라고 피곤해져서 좀 쉬어야겠다고 했다.

그래서 그들을 제외한 나머지 대원들만이 자스트와 몇 명의 마을 사람들을 따라나섰다. 우리는 마을을 빙 둘러싸고 있는 개간지를 지나 밀림 지대로 들어갔다. 그런데 얼마 들어가지 않았을 때, 죽은 것처럼 보이는 — 우리가 받은 첫인상은 그러했다 — 사람이 땅바닥에 누워 있는 것을 발견하게 되었다. 그러나 다시 보니 그 사람은 죽은 것이 아니라 쉬고 있는 듯이 보였다. 우리는 그 자리에서 얼어붙은 듯이 서버리고 말았다. 그것은 거기 누워 있는 사람이 바로 우리와 함께 온 자스트였기 때문이다. 자스트가 다가가자 누워 있던 몸이 살아서 일어났다. 누워 있다가 일어난 존재와 자스트는 일순간 마주쳤다. 상대도 어김없는 자스트였다. 우리 대원 모두의 눈에 그는 분명히 자스트로 보였다. 어쨌든 그 둘이 마주치자마자 우리와 함께 온 자스트는 사라지고 한 명의 자스트만이 우리 앞에 남았다.

물론 이 모든 일은 일순간에 일어났으며, 우리는 너무나 놀란 나머지 꿀 먹은 벙어리처럼 아무 말도 할 수 없었다. 더더욱 놀라운 것은 아무도 신호를 보내지 않았음에도 불구하고 캠프에 남아 있던 다

초인생활 ✦ 탐사록

섯 명의 대원이 우리가 있는 곳으로 뛰어온 점이다. 나중에 우리가 그들에게 왜 오게 되었느냐고 묻자 자신들도 모르겠다고 대답했다. "모르겠어요. 정신을 차려보니 우리가 당신들 쪽으로 뛰어가고 있었어요. 정말 왜 그랬는지 모르겠어요. 우리 중에 지시나 신호를 받은 사람은 아무도 없었는데, 우리가 무엇을 하고 있는지 깨닫기도 전에 이미 당신들이 있는 쪽으로 뛰어오고 있었던 거예요."

대원들 중 한 사람이 이렇게 말했다. "나는 죽음의 골짜기 너머를 볼 수 있는 눈이 활짝 열렸어요. 우리 앞에 펼쳐진 이 놀라운 일들은 인간적인 머리로는 상상할 수도 없는 것이지요." 그러자 다른 대원이 말했다. "저는 온 세상이 죽음을 극복해나가고 있다는 사실을 깨달았어요. '최후의 대적大敵인 사망이 극복될 것'이라는 성서의 말씀이 이토록 생생하게 되살아날 줄은 정말 몰랐어요. 오늘 우리가 목격한 사건이야말로 이 말씀의 실현 아니겠습니까? 죽음의 극복이라는 이 간명하지만 거대한 깨달음에 비하면 우리의 지성이라는 것은 얼마나 보잘것없는 것입니까. 그런데도 우리는 스스로 지성의 거인인 체하고 있으니 정말 어리석은 일입니다. 저는 이제야 '누구든지 거듭나지 아니하면 하느님 나라를 볼 수 없다'는 예수의 말씀이 무슨 뜻인지 알 것 같아요. 이 말씀은 틀림없는 진리인 것이 분명해요."

우리가 얼마나 놀라고 당황했는지는 독자들도 능히 상상할 수 있을 것이다. 우리와 매일 함께 생활하며 우리를 섬기던 사람이, 우리와 함께 있으면서도 다른 사람들을 보호하기 위하여 자신의 몸을 땅바닥에 뉘어놓을 수 있었던 것이다. 실로 "너희 중에 큰 자는 남을 섬기는 자니라"라는 성서의 말씀이 생각나지 않을 수 없었다. 나는 이 사건 이후로 우리 대원들 사이에서 죽음에 대한 두려움이 사라져버렸다고 생각한다.

그곳 사람들은 마을 입구 정글 지대에 사람의 몸을 뉘어놓음으로써 약탈자나 맹수의 습격으로부터 보호받을 수 있다는 생각에서 늘 그렇게 해오고 있었다. 자스트의 몸이 상당히 오랫동안 그곳에 뉘여 있었던 것은 틀림없는 사실이다. 그것은 그의 모발이 길게 자라서 덤불같이 되어 있었으며, 작은 새들이 그의 헝클어진 머리칼에 둥지를 틀고 있었던 것으로 미루어 충분히 짐작하고도 남음이 있었다. 그의 머리칼에 둥지를 틀고 있던 새들은 거기에서 알을 깠고, 알을 깨고 나온 새끼들도 자라서 다른 곳으로 날아간 흔적이 있었다. 그러니 자스트의 몸이 상당히 오랫동안 그곳에서 움직이지 않고 있었던 것이 분명했다. 그곳에 둥지를 틀고 있던 새들은 무척 겁이 많아서 둥지가 조금만 흔들려도 둥지를 버리고 다른 곳으로 날아가버리는 새들이었다. 그러나 그러지 않았던 것은 그 작은 새들이 자스트의 몸을 대단히 신뢰하고 있었음을 보여준다.

식인 호랑이들은 마을 사람들에게 위협적인 존재였다. 어떤 때는 마을 주민 전체가 한 명도 남기지 않고 모두 희생되는 경우도 있었다. 그들은 식인 호랑이들에게 잡아먹히는 것을 어쩔 수 없는 일로 여기고 있었다. 식인 호랑이들은 시시때때로 마을로 들어와 닥치는 대로 사람을 잡아먹었다. 우리가 주민들을 보호하기 위해서 자신의 몸을 땅에 눕혀놓은 사람을 본 것은 빽빽한 밀림 가운데에 있는 어떤 마을에서였다. 그 마을은 주민이 200명 가까이 희생될 때까지 식인 호랑이의 습격에 속수무책이었다. 우리는 식인 호랑이 한 마리가 몸을 눕혀놓은 그 사람 발치에서 어슬렁거리는 것을 보았다. 호랑이의 움직임은 몹시 조심스러워 보였다. 우리 대원 중 두 명은 거의 3개월 동안 매일 이 광경을 목격했다. 우리 대원들이 그 마을을 떠날 때까지 땅바닥에 자신의 몸을 눕혀놓은 그 사람의 몸은 상처 하나 받지 않은 채 그 자리에 있었다. 물론 마을 사람은 한 명도 다치지 않았다. 그 사람 자신은 후에 티베트에서 우리 대원들과 합류했다.

그날 우리는 대단히 흥분했었다. 그래서 자스트를 제외하고는 아무도 잠을 이루지 못했다. 자스트는 마치 어린아이처럼 잠들어 있었다. 우리는 번갈아가면서 벌떡 일어나서 자스트의 자는 모습을 바라보고 다시 자리에 눕곤 하였다. 그리고 이렇게 말했다. "좀 꼬집어보시오. 이게 도대체 꿈인지 생시인지 모르겠소." 개중에는 더 강하게 표현하는 대원도 있었다.

✠ ✠ ✠
5

　우리는 다음 날 아침 동이 틀 때 일어나서 장비를 남겨두고 떠났던 아스마를 향해 출발했다. 해가 지기 직전에 그 마을에 도착한 우리는 커다란 보리수 밑에 천막을 쳤다. 이튿날 아침 에밀 대사가 인사하러 우리가 있는 곳으로 왔다. 그래서 우리는 전날 있었던 일에 대해 일제히 질문을 했다.

　그러자 에밀 대사가 말했다. "여러분이 질문하시는 것도 무리는 아니라고 봅니다. 지금 가능한 것은 모두 기꺼이 대답해드리고 나머지는 여러분이 우리 일에 좀더 깊이 개입할 때까지 남겨둡시다. 제가 여러분의 언어인 영어를 사용하는 것이, 우리 믿음의 토대를 이루는 대원리大原理를 여러분에게 좀더 효과적으로 전달하기 위해서라는 것은 이해하고 계실 줄 믿습니다.

　진리를 알고 올바로 이해하기만 한다면 참으로 진리는 같은 근원에서 나온 하나라는 사실을 알 수 있을 것입니다. 우리 모두는 우주적인 마음인 보편적 실체, 즉 신과 하나입니다. 우리는 모두 하나의 대가족을 이루는 구성원입니다. 이 세상에 태어난 모든 사람은 신분이나 신념에 관계없이 이 대가족의 일원입니다.

　여러분은 우리에게 죽음을 피할 수 있다고 믿느냐고 질문하셨습니다. 저는 싯다Siddha*의 말을 빌려 여러분의 질문에 대답하고자 합니

---

* 큰 깨달음을 얻은 자를 일컫는다.

다. '우리가 우리보다 어리고 덜 발달된 형제들이라고 부르기 좋아하는 식물이나 동물들과 마찬가지로, 인간의 육체는 낱 세포로부터 지어졌다. 낱 세포는 육체를 이루는 가장 작은 단위이다. 그런데 하나의 세포는 성장과 분열을 반복하는 과정을 통해서, 셀 수 없을 정도로 많은 세포로 구성된 완전한 인간이 된다. 육체를 구성하고 있는 낱 세포들은 각기 저마다의 독특한 기능을 가지고 있다. 그럼에도 불구하고 근본에서만은 자기들의 근원이 되는 처음 낱 세포의 특질을 그대로 가지고 있다.

이 낱 세포는 생명이라는 횃불을 전달하는 성화 봉송 주자와도 같다. 신성한 횃불인 만물의 생명력은 세포를 통하여 세대에서 세대로 전달된다. 그래서 한줄기 생명의 빛은, 거슬러 올라가보면 이 행성에 생명체가 출현하는 시점에까지 다다르는 것이다.' 그런데 낱 세포는 계속 새로운 생명을 낳는 영원한 젊음을 간직하고 있으며, 육체라고 부르는 세포 집단도 그러합니다. 세포 집단은 하나의 낱 세포가 성장과 분열을 반복한 결과로 생겨난 것이며, 처음 낱 세포의 특질을 그대로 가지고 있습니다. 그래서 세포 집단인 육체 속에 처음 낱 세포 속에 들어 있던 생명의 잠재적인 불꽃, 혹은 영원한 젊음이 간직되어 있는 것입니다. 그러나 여러분이 알고 계시는 바와 같이, 육체라고 부르는 세포 집단은 낱 세포가 생명력을 전달해나가는 마당을 제공하고 있지만 그 생존 기간은 대단히 짧습니다.

우리의 옛 스승들은 영감을 통하여 식물과 동물의 생명 반응이 근본적으로 같다는 진리를 알고 있었습니다. 우리는 이들 옛 스승들이 보리수 그늘에서 제자들에게 다음과 같이 가르치는 모습을 상상할 수 있습니다. '이 거대한 나무를 보라. 우리의 형제인 이 나무에서 작용하고 있는 생명 과정과 우리 안에서 작용하고 있는 생명 과정은 근본적으로 동일하다. 오래된 나뭇가지에서 새로 피어나는 잎사귀와 터나오는 움을 보라. 나무가 자라나온 씨처럼 젊지 않은가. 우리는 식물에서 일어나는 이러한 현상을 보고 배워야 한다. 그것은 생명 작용은 식물에게나 우리 인간에게나 근본적으로 동일한 것이기 때문이다. 오래된 나뭇가지 끝에서 터나오는 움이나 잎사귀가 씨앗처럼 부드럽고 싱싱한 것처럼, 인간의 육체를 구성하고 있는 세포들도 육체의 시발점인 난자 세포, 즉 날 세포와 같이 싱싱함을 유지하는 것이다. 세포의 생명력은 결코 늙거나 죽지 않는다. 그러므로 너희의 육체는 씨앗의 생명력과 같이 항상 젊고 싱싱할 수 있다. 계속 새로운 잎사귀와 움을 틔워내는 영원한 생명의 상징인 보리수는 사고와 같은 외부적인 원인 없이는 결코 말라 죽는 법이 없다. 보리수 자체에는 세포들의 생명력에 해를 끼쳐 늙게 하거나 썩게 하는 법칙이 내재되어 있지 않다. 이 점은 근본적으로 신성神性의 한 형태인 인간에게도 마찬가지이다.' 사고와 같은 외부적인 요인이 없으면 인간에게 죽음이나 노쇠의 법칙은 적용되지 않습니다.

인간의 육체 또는 세포 집단 자체에는 소위 피할 수 없는 노쇠 과정이라는 법칙이 내재되어 있지 않으며, 인간을 점차 무기력하게 만드는 것은 아무것도 없습니다. 그렇다면 죽음이란 일종의 외적인 사고이며 피할 수 있는 것이라고 결론지을 수 있습니다. 질병(disease)은 '평안에서의 분리(dis-ease)', 즉 마음을 통하여 육체에 반영된 영혼의 기쁜 평안을 의미하는 산티Santi의 결여 상태를 가리키는 말입니다. 인간이 공통적으로 체험하고 있는 노쇠 현상은 마음과 육체의 평안하지 못한 상태인, 원인의 무지를 덮어두는 표현에 지나지 않습니다.

외적인 사고조차도 사실은 정신 자세에 따라 피하거나 막을 수 있습니다. 싯다는 이렇게 말하고 있습니다. '정상 상태의 육체는 전염병이나 역병, 감기와 같은 질병을 이겨낼 수 있는 자연 생명력을 가지고 있다.' 싯다는 세균이 우글거리는 음료수를 마시고도 아무 이상이 없을 수 있습니다.

젊음이란 인간 속에 깃들어 있는 '인간 형태로 나타난 하느님'의 사랑의 씨앗이라는 사실을 기억하십시오. 실로 젊음이란 인간 속에 내재된 신성이며, 아름답고 영적인 생명입니다. 살고 사랑하는 것은 이 한 생명 — 영원한 생명입니다. 나이를 먹는다거나 늙는다는 것은 영적이지 못할 뿐만 아니라 실제와도 거리가 멉니다. 두려운 생각, 고통스러운 생각, 슬픈 생각 등이 늙음이라는 추한 환상을 창조해냅니다. 반면에 기쁨과 사랑과 이상理想은 젊음이라는 아름다움을 창조합니다. 나이를 먹는다고 늙는 것이 아닙니다. 늙음이란 그 안에 젊음이라는 생명의 진주를 품고 있는 조개껍데기에 지나지 않는 것입니다.

어린아이와 같은 마음을 갖도록 훈련하십시오. 자기 자신의 내면에 있는 신성한 어린이의 상像을 그려보십시오. 잠들기 전에 스스로에게 이렇게 말하십시오. '나는 지금 내 속에 영원히 아름답고 젊은 영적인 몸이 깃들어 있다는 것을 알고 있다. 신성한 어린이의 몸인 나의 아름다운 영적인 몸은 마음, 눈, 코, 입, 귀, 피부 모두가 완전하다.' 이러한 긍정을 스스로에게 계속 말하고, 이러한 명상이 고요하게 지속될 수 있도록 하십시오. 아침에 일어날 때에는 큰 소리로 이렇게 말하십시오. '(자신의 이름을 부르며) 사랑하는 자여, 네 안에 신적인 연금술사가 계시다.' 잠자는 동안 고요한 명상을 통하여 계속 키워온 긍정의 영적인 힘은 여러분의 삶에 변형을 가져다줄 것입니다. 그리고 여러분의 내면세계를 열어줄 것입니다. 그리하여 하느님의 영이 영적인 성전인 여러분의 몸으로 스며들 것입니다. 그러면 내면에 깃들인 그 연금술사는 낡고 피폐한 세포를 치워버리고 건강하고 아름다운 새 세포를 탄생시킬 것입니다. 진정으로 말씀드립니다만, 하느님의 사랑은 영원한 젊음이라는 모습으로 나타납니다. 우리의 내면에 있는 신적인 연금술사는 새롭고 아름답고 싱싱한 세포를 계속 만들어내고 있습니다. 인간이라는 모습으로 나타난 신성神性인 이 몸, 하느님의 영靈이 거하는 성전인 이 몸속에 영원한 젊음이 있습니다. 모든 것이 완전합니다. 옴 산티! 산티! 산티!

어린아이와 같이 사랑스러운 모습으로 미소 짓는 법을 배우십시오. 영적인 평안함의 표시인 마음에서 비롯되는 참된 미소는 '불멸하는 내면의 주재자'의 예술작품으로서 진실로 아름다운 것입니다. '나는 온 세상을 위하여 친절한 생각을 품고, 세상 만물이 행복하기를 원한다'고 긍정하는 것이 좋습니다. 하루 일과를 시작하기 전에 스스로 '내 안에 완전한 신성이 거하고 있다. 나는 매일 나의 아름다운 실상이 현실로 나타날 때까지 그것을 마음속에 그린다. 나는 신성한 어린이이고, 나에게 필요한 것은 지금 채워지고 있으며 앞으로도 영원히 부족함 없이 채워질 것이다'라고 긍정하십시오.

스스로의 존재에 대해 감동하는 법을 배우십시오. '무한한 사랑이 나의 마음을 채우고, 완전한 생명력으로 나의 육체를 전율시키고 있다'고 긍정하십시오. 여러분 주위를 밝고 아름답게 유지시키십시오. 여유 있는 마음을 가지도록 노력하고 햇빛을 즐기십시오.

지금까지의 권고는 여러분이 아시는 바와 같이 싯다의 가르침을 인용한 것입니다. 그들의 가르침은 기록된 역사보다 수천 년 전부터 전해온 것입니다. 그들은 열심히 사람들을 가르쳤으며, 오랜 옛날 인간이 문명의 혜택을 받기 전부터 좀더 나은 삶의 방식을 보여주었습니다. 지배자들에 의한 통치 제도도 원래는 그들 스승들의 가르침에서 나온 것입니다. 그러나 얼마 지나지 않아서 지배자들은 자기들이 하느님의 통치를 실현하는 중개자들이라는 사실을 잊어버리고 방황하기 시작했습니다. 그들은 자기들 자신이 통치하는 자라고 생각하며, 모든 것이 유일한 근원인 하느님으로부터 온다는 사실을 잊고 이기적인 물질문명을 산출해냈습니다. 이들 지배자들의 이기적인 생각은 인류의 믿음과 사상을 엄청난 규모로 분열시켰습니다. 우리는 성서에 나오는 바벨탑 사건이 이러한 상황을 전해주는 이야기라고 믿고 있습니다. 싯다들은 신이 모든 것이며 신은 만물을 통하여 자기자신을 나타낸다는 사실을 깨닫고 오랜 세월 동안 이 진리를 보존해왔습니다. 그들은 결코 이 진리에서 떠나지 않았고, 그래서 이 가장 위대한 근본 진리가 오늘날까지 전해오게 된 것입니다."

6

우리에게는 히말라야 산맥을 넘기 전에 해야 할 일이 많이 있었다. 그래서 아스마를 기지로 삼고 그 일을 수행하기로 했다. 에밀 대사의 동정을 살피고 그 결과를 보고하기 위하여 포탈에 남았던 대원도 여기서 합류하였다. 그 대원은 에밀 대사가 아스마에 도착한 우리 앞에 나타났던 시간인 그날 오후 4시경까지 에밀 대사와 대화를 하고 있었다고 보고했다. 4시쯤 되자 에밀 대사는 이제는 약속을 지켜야겠다고 말하고 나서 카우치에 누워 마치 잠든 것처럼 움직이지 않았다고 한다. 그의 몸은 움직이지 않고 계속 그 자세로 있다가 저녁 7시쯤 되자 육체의 윤곽이 점점 흐려지다가 마침내는 사라져버리고 말았다고 한다. 그런데 그의 육체가 사라진 그 시간은 에밀 대사가 아스마의 숙소에 있던 우리에게 방문을 열지도 않고 나타났던 바로 그 시간이었다.

그 당시는 우리가 히말라야 산맥을 넘어가기에 적당한 계절이 아니었다. 여기서 우리라 함은 에밀 대사와 자스트와 네푸로를 제외한 탐사대 대원들을 말한다. 그 당시 우리는 우리 자신이 에밀 대사, 자스트, 그리고 네푸로에게는 골칫거리일 것이라고 생각하고 있었다. 그것은 이 위대한 세 친구 ― 이 사람들을 위대하다고 하는 것은 그들이 실제로 위대하기 때문이다 ― 는 우리가 여러 날 걸려서 갈 길을 단숨에 갈 수 있는 능력이 있음에도 불구하고 불평 한마디 없이 우리와 동행하고 있다는 것을 깨달았기 때문이었다.

아스마에 기지를 두고 있는 동안 여러 차례 짧은 여행을 했는데, 자스트와 네푸로는 매번 우리와 동행하면서 놀라운 능력과 자질을 보여주었다. 한번은 에밀 대사도 함께 동행해서 '침묵의 사원(The silence Temple)'이라 불리기도 하고 '비인조非人造 사원(The Temple Not Made By Hands)'이라 불리기도 하는 사원이 있는 마을을 방문했던 적이 있었다. '침묵의 사원'을 지키며 안내하는 사람들이 살고 있는 그 마을은 옛날에 야생동물과 전염병의 피해로 거의 전멸된 마을이 있던 자리에 있었다. 우리가 들은 바로는, 옛날에 대사들이 이 마을을 방문했을 때는 3,000명가량이나 되던 주민이 거의 다 죽고 몇 명 남아 있지 않았다 한다. 대사들의 도움으로 야생동물과 전염병의 피해는 그치게 되었고, 그 과정에서 몇 명 남아 있지 않던 마을 사람들은 목숨만 부지하게 된다면 여생을 바쳐 신의 명령에 따라 봉사하겠다고 맹세했다고 한다. 그런데 대사들이 그 마을을 떠났다가 얼마 후에 돌아와보니 그 사원이 서 있었고 마을 주민들이 거기서 봉사하고 있었다는 것이다.

매우 아름다운 그 사원은 마을 전체가 내려다보이는 높은 언덕 위에 자리 잡고 있었다. 세워진 지 거의 6,000년이나 되는 그 사원은 흰 돌로 건축되어 있었는데, 부서져나가거나 손상된 부분은 저절로 수리되기 때문에 전혀 보수할 필요가 없다고 한다. 부서진 부분이 저절로 수리되는 것은 우리 대원들도 직접 목격한 바 있다.

에밀 대사는 이렇게 말했다. "이곳은 '침묵의 사원' 또는 '권능의 장소'라고 불립니다. 침묵은 권능입니다. 왜냐하면 침묵 속에 깊이 침잠할 때 하느님의 자리, 즉 모든 것이 하나이고, 한 권능인 신으로 존재하는 자리에 도달하게 되기 때문입니다. 성서는 이렇게 말하고 있습니다. '침묵 속에서 자신의 신 됨을 알라.' 흐트러진 힘은 소음이고, 집중된 힘은 침묵입니다. 우리는 집중을 통해서 우리가 가지고 있는 모든 힘을 한곳에 모을 수 있습니다. 그때 우리는 침묵 속에서 하느님과 하나가 되고, 결과적으로 그의 모든 권능과도 하나가 됩니다. 이것이 인간에게 주어진 유산입니다.

예수께서는 이렇게 말씀하셨습니다. '나와 아버지는 하나이다.' 하느님과 하나가 되고 그래서 하느님의 권능과 하나가 되는 길은 하나밖에 없습니다. 외면에서는 하느님의 권능과 하나 되는 길을 찾을 수 없습니다. 왜냐하면 하느님은 우리의 내면에서 활동하기 때문입니다. 성서는 이 점에 대해서 이렇게 말하고 있습니다. '주님은 거룩한 성전에 계시니, 온 땅이여 너희는 그 앞에서 잠잠하라.' 외면에서 내면의 침묵으로 돌이켜야만 하느님과 의식적으로 하나가 될 수 있고, 하느님의 권능이 우리에게 주어져 있으며 우리는 언제라도 그 권능을 사용할 수 있다는 것을 깨닫게 될 것입니다. 그리고 하느님의 권능과 우리가 하나라는 사실도 알게 될 것입니다.

그러면 인간은 자기 자신의 무지와 편협함을 깨닫고, 자아라고 하는 환상과 허영에서 벗어나 자기 자신의 실상을 이해하게 될 것입니다. 그리고 교만한 자는 깨우침을 얻을 수 없고, 겸손한 자만이 진리를 얻을 수 있음을 깨닫고, 겸손한 자세로 배울 준비를 하게 될 것입니다. 그는 반석 위에 굳게 서서, 더 이상 걸려 넘어지지 않고 확고부동한 평안을 누리게 될 것입니다.

처음에는 하느님만이 유일한 권능이요, 실체요, 지성이라는 사실을 깨닫게 되면 혼란을 경험하게 될지도 모릅니다. 하지만 하느님의 참다운 속성을 깨닫고 내가 아니라 그가 활동하도록 한다면 인간은 언제나 하느님의 권능을 사용하며 살아갈 수 있을 것입니다. 그리고 항상 하느님의 권능과 연결되어 있음을 의식하며 살아가게 될 것입니다. 즉 음식을 먹을 때나 뛰어갈 때, 또는 숨을 쉬거나 일을 하면서도 자신은 항상 하느님의 권능으로 그렇게 하고 있음을 알게 될 것입니다. 그러나 지금까지 사람들은 자신의 일을 한다고 생각했지 하느님의 위대한 일을 한다고는 생각지 못했습니다. 그것은 하느님의 위대한 권능을 깨닫지 못했고, 하느님의 권능이 필요에 따라 쓰라고 인간들에게 주어지고 있다는 것을 알지 못했기 때문입니다.

하느님은 큰 소리로 부르짖는다거나 의미 없는 말을 되풀이하는 기도를 들으시지 않습니다. 우리는 우리 내면에 있는 하느님과의 연결점인 내적인 그리스도를 통해 하느님을 찾아야만 합니다. 우리가 우리 내면에 있는 아버지를 영과 진리로 예배할 때, 그때 그는 자신을 향해 열린 우리 영혼의 간구를 들으십니다. 내면 깊은 곳에서 아버지와 은밀한 관계를 맺은 사람은 자신의 모든 소망을 이루는 힘이 자신을 통하여 흘러넘치는 것을 느끼게 될 것입니다. 다시 말해서 그는 자신의 영혼 은밀한 곳에 거하시는 아버지를 보게 되고, 아버지께서는 그의 기도를 들어주실 것입니다.

예수는 자신이 아버지와 이러한 인격적인 관계를 맺고 있다는 것을 자주 말했습니다. 그는 항상 자신의 내면에 있는 하느님과 의식 차원에서 교류하며 살았습니다. 그는 자신의 내면에 있는 하느님을 마치 자기 앞에 앉아 있는 사람인 것처럼 느끼며 그와 대화했습니다. 바로 이러한 내적인 은밀한 관계가 그를 능력 있는 사람이 되게 했습니다. 그는 하느님은 불이나 지진이나 폭풍 가운데서 말씀하시는 것이 아니라 작고 고요한 음성으로 우리의 영혼 속에서 말씀하신다는 것을 분명히 깨닫고 있었습니다.

자신의 내면에 하느님이 계시고 영혼 속에서 작고 고요한 음성으로 말씀하신다는 사실을 깨닫게 되면 영혼의 평화를 누리게 될 것입니다. 사물이나 사건의 실상을 꿰뚫어보는 눈이 뜨이고, 혼란했던 낡은 사고방식을 버리고 정리된 새로운 생각을 가지게 될 것입니다. 그렇게 되면 어떠한 일을 해결하는 효과적인 방법을 쉽게 발견할 수 있을 것이며, 결국에는 자신을 혼란스럽게 하는 모든 문제들을 침묵 속으로 가지고 오는 법을 배우게 될 것입니다. 침묵 속으로 문제들을 가지고 오는 것은 해결책을 찾기 위해서가 아니고, 침묵 속에서 그저 바라봄으로써 그 문제들과 친숙해지기 위해서입니다. 만약 침묵 속에서 그저 바라보는 과정을 통해 자기를 혼란스럽게 하는 문제들과 친숙해질 수만 있다면, 자기가 바라는 바가 즉시 이루어지지 않는다고 해서 좌절감을 느끼거나 그것을 이루기 위해서 하루 종일 바쁘게 뛰어다니지 않아도 될 것입니다.

만일 자기가 알지 못하고 있던 진정한 자기 자신을 알고자 한다면 자신의 은밀한 골방인 내면으로 들어가 문을 닫아야 합니다. 그러면 거기에서 자기의 가장 위험한 적을 발견하게 될 것이고, 얼마 지나지 않아 그 적을 다스리는 법을 터득하게 될 것입니다. 그 적은 다름 아닌 자기 자신이고, 그 적을 다스릴 수 있게 되면 자기 자신이 가장 진실한 친구로 또 가장 지혜로운 스승이자 조언자로 변한다는 것을 알게 될 것입니다. 그는 자신의 내면에서 모든 권능과 힘과 선의 원천인 하느님의 불꽃이 영원히 타오르고 있는 제단을 발견하게 될 것이며, 자기 자신이 바로 영원히 꺼지지 않는 불을 담고 있는 하느님의 제단이라는 사실을 깨닫게 될 것입니다. 그는 또 하느님은 깊은 침묵 가운데에 계시며, 자기 속에 하느님이 거하시는 깊은 침묵에 휩싸인 지성소(the Holy of holies)가 있음을 깨닫게 될 것입니다. 그러한 깨달음이 주어지면 자신의 모든 소원이 자신의 소원이 아니라 하느님의 마음 안에 있는 하느님의 소원이라는 사실을 알게 되고, 하느님과 인간, 아버지와 아들 혹은 영혼과 육체 간의 친밀한 관계를 느끼게 됩니다. 이러한 깊은 의식 차원에 도달하면 서로 별개의 존재로 보이는 하느님과 인간이 사실은 떼려야 뗄 수 없는 하나라는 점을 분명히 인식하게 됩니다.

하느님은 천지간을 가득 채우고 있습니다. 물질 차원을 상징하는 돌을 베개 삼아 잠이 들었던 야곱이 침묵 속에서 받은 계시가 바로 이것입니다. 그는 번쩍이는 신적인 광채의 조명을 받아 물질세계는 내면의 이미지가 형상화된 것일 뿐이라는 사실을 깨달았습니다. 그래서 그는 이렇게 외쳤습니다. '참말로 주(또는 법칙)께서 여기(땅 혹은 육체)에 계셨는데도 내가 모르고 있었구나. 여기가 바로 하느님의 집이요, 하늘의 문이로구나.' 그렇습니다. 모든 인간은 야곱과 마찬가지로 자기 자신의 깊은 의식이 하늘 차원에 들어가는 문이라는 사실을 깨달아야 합니다.

야곱은 자기가 누워 있던 땅에서 하늘 꼭대기까지 사다리가 걸쳐져 있는 비전을 보았습니다. 그런데 야곱이 보았던 사다리는 지극히 높으신 분의 침묵의 처소에 들어가기 위해서는 누구라도 꼭 타고 올라가야 하는 의식의 여러 차원을 상징합니다. 그 의식의 사다리를 타고 한 차원 한 차원 깊이 들어가 근원에 이르면 우리와 모든 유형의 물질세계와 무형의 정신세계가 하나라는 사실을, 그리고 이 모든 것이 무소부재하신 하느님 안에 있으며 하느님의 자기표현이라는 것을 알게 됩니다.

야곱은 땅에서부터 하늘에 닿은 사다리에서 하느님의 천사들이 오르내리고 있는 비전을 보았습니다. 그가 보았던, 사다리를 오르내리던 천사들은 영적 차원에서 물질 차원으로 또 물질 차원에서 영적 차원으로 움직이고 있는 하느님의 생각들을 가리킵니다. 예수가 요단 강에서 세례를 받으면서 자기 위에서 하늘이 열리는 것을 보았을 때, 그리고 말씀(하느님의 마음속에 간직된 생각)이 형태를 가진 육신이 되는 위대한 법칙을 깨달았을 때, 그도 야곱과 똑같은 계시를 받은 것입니다. 그는 하느님의 현현법칙顯現法則을 분명히 깨달았습니다. 그래서 그는 의식 상태를 변화시킴으로써 물질의 형태를 변하게 할 수 있음을 알았습니다.

그의 첫 번째 유혹은 돌로 떡을 만들어 주린 배를 채우라는 것이었습니다. 그러나 그는 현현법칙에 대한 깨달음을 통하여, 돌도 다른 물질과 마찬가지로 보편적인 실체인 하느님의 마음으로부터 나온 것이며, 따라서 하느님의 마음의 표현임을 알고 있었습니다. 뿐만 아니라 자기가 마음속으로 바라는 모든 것들은, 아직 구체적인 형상으로 나타나지 않았을지라도 보편적인 실체인 하느님의 마음속에서는 형태를 가진 물질로 나타나 마음의 소원을 충족시켜줄 준비가 되어 있음도 알고 있었습니다. 다시 말해서 예수는 떡이나 다른 모든 필요한 물질이 창조되어 나오는 실체의 세계가 자기 앞에 열려 있기 때문에, 돌이 거기에서 창조되어 나올 수 있었던 것처럼 빵도 거기에서 언제고 만들어낼 수 있음을 알고 있었던 것입니다. 인간이 가지고 있는 모든 선한 소원은 하느님의 소원입니다. 따라서 선한 동기에서 비롯되는 모든 필요는 보편적인 실체인 하느님으로부터 무제한적으로 공급됩니다. 우리에게 필요한 것은 하느님께서 우리를 위해 이미 창조해놓으신 것을 사용하는 법을 배우는 일입니다. 하느님은 우리가 모든 제한에서 해방되어 풍성한 자유를 누리기를 바라십니다.

예수께서는 '나는 문이다' 하고 말씀하셨습니다. 그것은 모든 사람의 내적인 '참자아(I AM)'가 하느님의 생명과 능력과 실체가 구체적으로 현상화되는 문이라는 의미입니다. 관념이나 생각 또는 말이나 행위를 통해서 자기 자신을 드러내는 하느님의 현현 양식은 의식意識을 통하는 길 하나밖에 없습니다. 권능이요, 실체요, 지성인 자존자自存者 하느님은 의식이라는 매개를 통하여 형태를 취합니다. 그래서 예수께서는 '네 믿음대로 되리라' 그리고 '믿는 자에게 능치 못함이 없다'고 말씀하신 것입니다.

하느님은 권능과 실체와 지성 — 영적으로 말한다면 지혜와 사랑과 진리 — 으로 우리 영혼 속에 존재하며, 의식을 통하여 구체적인 형상으로 형태화됩니다. 인간의 무한한 마음속에 내재하는 의식 하느님은 우리가 마음속으로 품는 생각이나 믿음에 의하여 그 상태가 결정되며, 의식 상태에 따라 그에 상응하는 현상이 나타납니다. 그래서 우리의 육체가 하느님의 영靈과 분리되어 있다는 믿음은 늙음과 죽음을 가져옵니다. 그러나 모든 것이 하느님의 영이며 이 세상에 나타나는 모든 것들은 하느님의 영으로부터 말미암는 것이라는 점을 깨닫게 되면 영에서 나온 것은 영이라는 사실을 이해하게 될 것입니다.

의식에 관해 이러한 깨달음을 얻게 되면, 다음에는 자연히 모든 개인이 하느님의 마음속 생각의 표현이며, 따라서 하느님의 마음속에서 완전한 모습으로 그려진 존재라는 진리를 깨닫게 됩니다. 그러므로 우리 자신이 나는 이러이러했으면 좋겠다든지 아니면 어떻게 되고 싶다는 식의 생각을 가질 필요가 없는 것입니다. 우리는 이미 하느님의 완전한 마음속에서 완전한 존재로 그려져 있으며 항상 완전한 존재로 유지되기 때문입니다. 깊은 의식 차원에서 이러한 깨달음을 얻음으로 해서 우리는 하느님의 마음과 접촉할 수 있고, 이미 하느님의 마음속에 그려져 있는 우리의 상像을 우리 자신이 그려볼 수 있습니다. 예수는 이러한 상태가 되는 것을 '거듭남'이라고 했습니다. 이러한 거듭남은 침묵이 가져다주는 최상의 선물입니다. 왜냐하면 우리는 하느님의 마음에 닿음으로 해서 우리의 마음이 아니라 하느님의 마음으로 생각할 수 있고, 우리가 스스로 생각해온 우리 자신이 아니라 진정한 우리 자신을 알 수 있게 되기 때문입니다.

올바른 생각을 가지고 하느님의 마음에 닿게 되면 참된 표현이 나타납니다. 그러나 우리가 지금까지 그래온 것처럼, 잘못된 생각을 가지고 있으면 거짓된 현실이 나타납니다. 그런데 외적인 형태가 완전하든지 불완전하든지 간에 어떤 형태를 낳게 한 존재 자체는 하느님의 완전한 권능이요, 실체요, 지성이라는 점을 기억해야 합니다. 우리가 변화되기를 바라는 것은 형태의 존재가 아니라 존재가 취한 형태입니다. 이러한 일은 마음을 새롭게 함으로써 또는 불완전한 생각에서 완전한 생각으로 사고를 전환함으로써 이룰 수 있습니다. 즉 인간의 생각에서 하느님의 생각으로 사고의 주체가 전환됨으로 해서 존재가 취하는 외적인 형태의 변화가 가능해진다는 말입니다.

하느님을 발견하고 그와 만나 하나가 되고 그가 현실로 표현되도록 하는 것은 대단히 중요한 일입니다. 그러기 위해서는 만물 속에 깃들어 있는 하느님의 마음의 빛이 의식을 비추도록 우리 마음의 움직임이 침묵 속에서 잠잠해져야 합니다. 그러면 '치유의 빛을 발하는 의義[righteousness : 올바른 사용(right-use-ness)]의 태양이 떠오르는 것'을 깨닫게 될 것입니다. 어두운 방에 찬란한 햇살이 쏟아져 들어오듯이 하느님의 마음이 의식 전체를 적실 것입니다. 보편자의 마음이 한 개인의 마음속으로 유입되는 것은 마치 밀폐된 방에 오랫동안 갇혀 있던 혼탁한 공기 속에 신선한 바깥바람이 쏟아져 들어오는 것과 같습니다. 그 상태가 되면 큰 것과 작은 것이 함께 어우러져서 하나가 됩니다. 불순함은 큰 것에서 작은 것을 분리해낼 때 생깁니다. 반면에 순수함은 큰 것과 작은 것이 하나로 결합되고 그래서 더 이상 큰 것도 작은 것도 존재하지 않을 때 생겨납니다. 그렇게 되면 전체가 아름답고 순수한 분위기에 휩싸이게 됩니다. 우리는, 하느님은 분리할 수 없는 하나이고 유형의 물질세계와 무형의 정신세계가 모두 하느님과 하나라는 사실을 알아야만 합니다. 하느님과 분리되어 있다는 의식은 죄와 질병과 가난과 죽음을 낳습니다. 그러나 하느님과 하나라는 의식은 우리를 전체적인 존재 혹은 전체 의식적인 존재가 되게 합니다.

의식의 사다리를 타고 내려오고 있는 천사들은 하느님의 뜻이 '하나임(unity)' 상태에서 다양성의 세계로 내려오는 것을 상징합니다. 반면에 사다리를 올라가고 있는 천사들은 '하나임' 상태로의 회귀를 상징합니다. 하느님의 뜻이 '하나임' 상태에서 내려와 다양한 모습을 취하는 것은 아름다운 일입니다. 다양한 모습을 취했다고 해서 근원에서 분리된 것은 아닙니다. 다양성을 근원에서 분리된 것으로 보는 것은 외적인 관점에서만 바라본 착각입니다. 우리는 외적인 관점을 승화시켜 개개의 인간과 사물들이 모두 전체와 하나라는 의식 상태를 이루기 위해 수행해야 합니다. 그것이야말로 인간이 할 수 있는 위대한 일입니다.

유형의 물질세계와 무형의 정신세계를 포함하는 만물이 하느님한 분으로부터 비롯되었음을 깨닫게 되는 의식 상태에 도달할 때, 즉 온 우주가 '한 곳에서 하나가 될 때', 그때 우리는 예수의 모습이 영광스러운 광채로 휩싸였던 '변화산(Mount of Transfiguration)' 위에 서는 것입니다. 변화산에 서게 되면 예수의 제자들이 그랬던 것처럼, 먼저 구약성서를 이루고 있는 율법을 상징하는 모세와 예언을 상징하는 엘리야, 그리고 인간 속에 내재한 하느님을 아는 힘을 상징하는 그리스도를 따로따로 보게 됩니다. 그래서 세 개의 성전을 짓고자 하는 생각이 듭니다. 그러나 얼마 지나지 않아 인간의 불멸에 대한 깨달음이 찾아옵니다. 즉 신성은 결코 소멸하지 않으며, 따라서 본질적으로 신성으로 이루어진 인간도 죽지 않고 영원히 산다는 깨달음입니다. 이러한 깨달음 뒤에는 율법을 상징하는 모세와 예언을 상징하는 엘리야는 사라지고 그리스도만이 지고한 자태로 남아 있게 되며, 우리 각자의 내면에 살아 계신 하느님의 성전 하나만을 세워야 한다는 깨달음이 따라옵니다. 그러면 하느님의 거룩한 영이 의식 전체를 가득 채우고 죄와 질병과 가난과 죽음 등과 같은 망상이 사라지게 됩니다. 이렇게 되는 것이 바로 침묵 수행의 중요한 목적입니다.

여러분이 이 '침묵의 사원'의 어느 부분을 손상시키더라도 그것은 즉시 원상대로 복구될 것입니다. 이러한 특징을 가지고 있는 이 '침묵의 사원'은 예수께서 당신의 몸을, 손으로 짓지 아니한 하늘에 있는 영원한 성전이라고 말씀하신 바와 마찬가지로 손으로 짓지 아니한 우리의 영원한 몸을 상징적으로 보여주시고 있는 것입니다. 우리는 이 땅에서 이러한 몸을 이루어내야만 하는데, 그것은 만물의 '하나임' 상태에 대한 의식 차원의 깨달음을 통해서만 가능합니다."

7

다시 기지가 있는 마을로 돌아왔을 때 우리는 상당수의 낯선 사
람들이 모여 있는 것을 발견하게 되었다. 그들은 약 360킬로미터 정
도 떨어진 어떤 마을로 순례를 떠나기 위해 그 지역 일대에서 모여든
사람들이었는데, 그들 중에는 대사도 여러 명 포함되어 있었다. 우리
는 의아스럽게 생각했다. 왜냐하면 그들이 순례를 떠나고자 하는 마
을은 우리가 이전에 한 번 통과한 적이 있던 110킬로미터에 이르는
길을 통해서 가야 하는데, 그 길은 우리가 거길 통과할 때 하도 험악
해서 모래사막이라고 불렀을 정도였기 때문이었다. 그 길은 실제로
식물도 거의 자라지 못하고 바람이 불면 이리저리 자리가 옮겨지는
모래 둔덕으로 덮인 고원 지대를 통과하여, 그 고원 사막 지대를 지
나서 히말라야 산맥의 한 줄기를 넘어가도록 되어 있었다. 어쨌거나
그날 저녁 우리는 순례에 동참할 것을 권유받았다. 그리고 히말라야
산맥의 주맥은 넘지 않고 돌아올 것이기 때문에 장비와 식량을 많이
가지고 갈 필요가 없다는 말도 들었다. 순례를 겸한 우리의 이번 탐
사는 돌아오는 월요일에 출발할 예정이었다.

물론 자스트와 네푸로가 만반의 준비를 해주었고, 월요일 아침이
되어 300명의 순례단과 합세하여 가벼운 기분으로 출발했다. 순례
자들 대부분은 질병이나 결함이 있었으며 치료를 위해서 순례에 나
선 사람들이었다. 토요일까지는 모든 일이 순조로웠다. 그러나 토요
일부터는 우리가 생전 처음 경험해보는 맹렬한 폭풍우가 몰아닥치기

시작했다. 엄청난 폭우가 주야를 가리지 않고 사흘 동안 쏟아졌다. 그들은 그것이 여름이 시작되는 전조라고 했다. 우리는 안전한 장소에서 야영을 했기 때문에 폭우로 인한 피해는 보지 않았다. 그러나 폭우로 인해 일정이 연기될 것을 감안하지 않고 식량을 준비해왔기 때문에 식량이 모자라 많은 사람들이 어려움을 겪게 될 것이 큰 걱정이었다. 중간에 모자라는 식량을 보충할 수 있는 마을이 없었고, 그렇다고 다시 돌아가려면 190킬로미터은 족히 되는 거리를, 대부분은 앞서 말한 고원 지대의 사막을 통과해야 하는데 이만저만한 고생이 아닐 것 같았다. 정말 걱정이 되지 않을 수 없는 상황이었다.

목요일 아침이 되자 날이 개어 햇살이 청명하게 비쳤다. 우리는 이제 길을 떠날 수 있을 것이라고 생각했다. 그러나 길이 마르고 강물이 줄어들 때까지 기다려야 한다고 했다. 그래야 어렵지 않게 나아갈 수 있다는 것이었다. 우리는 식량이 바닥나면 어떻게 하나 하고 내심 걱정하지 않을 수 없었다. 대원들 중에는 그 걱정을 드러내놓고 말하는 사람도 있었다. 그때 모든 장비와 식량을 책임진 에밀 대사가 우리에게 와서 이렇게 말했다. "겁내지 마십시오. 하느님께서는 큰 자, 작은 자를 막론하고 당신의 자녀들을 보살펴주시지 않겠습니까? 그리고 우리는 그분의 자녀들 아닌가요?

여기 몇 개의 밀알이 있습니다. 제가 이것을 심겠습니다. 이렇게 함으로써 저에게 밀이 필요함을 분명히 말했습니다. 나는 나의 마음에 밀을 형상화했습니다. 나는 법칙을 수행했고, 그것은 때가 되면 나타날 겁니다. 보통의 경우 씨앗을 심고 열매를 거두기까지는 오랜 시간이 필요합니다. 그렇다면 지금 막 심은 씨앗에서 밀을 거두려면 상당한 시간 동안 기다려야만 할 것입니다. 그러나 저는 아버지께서 우리에게 주신, 보다 더 완전하고 고귀한 법칙을 사용했습니다. 이 법칙을 사용하기 위해서는 거두고자 하는 밀을 침묵 속에서 구체적으로 형상화하기만 하면 됩니다. 즉 마음속으로 거두고자 하는 밀의 형상을 그리기만 하면 됩니다. 그러면 여러분이 보시는 바와 같이 이렇게 잘 여문 밀을 거두게 되는 것입니다. 이게 진짜 밀인가 의심스러우시다면 지금 거둔 이 밀을 갈아 빵을 만들어보십시오." 우리 앞에는 잘 여문 밀이 생겨나 있었고 우리는 그것을 모아서 가루로 만든 다음 빵을 만들었다.

그러자 에밀 대사가 말을 이었다. "여러분은 보다 더 완전한 법칙이 어떻게 작용하는지 눈으로 보고 믿게 되었습니다. 그런데 여러분은 왜 여러분이 원하는 빵을 만드는 데 이 법칙을 사용하지 않으십니까? 여러분은 이제 제가 여러분이 미묘한 법칙이라고 부르는 보다 더 완전한 법칙을 사용하여 필요로 하는 빵을 직접 만들 수 있다는 것을 아시게 될 것입니다." 그가 말을 마치자마자 그의 손에 커다란 빵이 나타났다. 우리는 넋을 잃고 바라보고 있었다. 빵은 40개가 될 때까지 계속 생겨났고 에밀 대사는 그것들을 식탁 위에 내려놓았다. 그가 말했다. "이 정도면 충분하겠지요. 만약 모자란다면 우리 모두가 먹고도 남을 만큼 더 만들어낼 수도 있습니다." 우리 모두 그 빵을 먹었다. 아주 맛있었다.

"갈릴리에서 예수께서는 빌립에게 '우리가 어디에서 빵을 구할 수 있겠느냐?' 하고 물으셨습니다. 그것은 빌립의 믿음을 시험해보기 위해서였습니다. 왜냐하면 예수 자신은 광야로 모여든 군중들을 먹이기 위해서 빵을 사지 않아도 충분히 공급할 수 있다는 사실과 또 그 당시 시장에서는 그 많은 사람이 먹을 만한 양의 빵을 살 수도 없다는 것을 잘 알고 있었기 때문입니다. 그는 그때를, 하느님의 영적인 권능으로 빵을 부풀려낼 수 있다는 사실을 제자들에게 입증할 수 있는 절호의 기회로 보았습니다. 사람들은 대개 빌립처럼 물질주의적인 사고방식을 가지고 있었습니다. 빌립은 오늘날에도 인간적인 사고방식을 가진 사람들이 그렇게 하는 것처럼 눈에 보이는 것을 기준으로 생각을 전개했습니다. 그는 그 많은 사람들이 먹으려면 얼마만큼의 빵이 있어야 하며, 그만한 빵을 사기 위해서는 돈이 얼마나 필요한지 재빠르게 계산했습니다.

그러나 예수는 그리스도 의식 가운데에 있는 자에게는 아무런 한계도 없다는 것을 알고 있었습니다. 그래서 그는 그리스도 의식 가운데에서, 만물의 근원이자 창조자이신 하느님을 우러러보며 자기에게 모든 필요를 충족시켜줄 수 있는 능력을 주신 것에 대해서 감사를 드렸습니다. 그리고 나서 제자들을 시켜 굶주린 사람들에게 빵을 떼어나누어주도록 했습니다. 빵은 모든 사람이 배불리 먹을 때까지 계속 공급되었고, 그러고도 열두 광주리 이상이 남았습니다. 그런데 예수께서는 다른 사람이 먹고 남은 빵을 가지고 그러한 기적을 일으킨 것이 아닙니다. 그는 우리가 필요로 하는 것들은 모두 만물이 생성되어 나오는 보편적인 실체세계(Universal Substance)에 이미 존재하고, 그 실체세계는 '지금-여기'에 현존한다는 것을 잘 알고 있었습니다.

엘리사가 과부의 기름병을 채워준 것도 같은 종류의 사건입니다. 엘리사는 다른 사람의 남는 기름을 가져다가 과부의 기름병을 채워준 것이 아닙니다. 만약 그랬다면 기름을 제공하는 데 한계가 있었을 것입니다. 그는 보편적인 실체세계로부터 기름이 생성되어 나오도록 했습니다. 기름은 과부가 가지고 있던 모든 기름병이 다 채워질 때까지 계속 공급되었습니다. 만약 기름을 받을 그릇이 더 있었다면 오늘날까지도 기름은 계속 공급될 수 있었을 것입니다."

에밀 대사는 말을 계속했다. "이것은 최면술이 아닙니다. 여기 계신 여러분 중에 자신이 지금 최면에 걸려 있다고 생각하시는 분은 하나도 없을 것입니다. 저는 최면은 오직 하나, 즉 우리 인간들은 하느님처럼 행동할 수 없으며 따라서 바람직한 환경과 필요한 것들을 창조해낼 수 없다고 믿는 자기 최면밖에는 없다고 생각합니다. 무엇이 필요하다고 느끼는 것은 필요하다고 느끼는 그것을 창조해내고 싶다는 소원일 따름입니다. 그런데 여러분은 하느님께서 우리가 창조해내기를 바라는 그것을 창조하거나 드러내는 대신 여러분 자신을 작은 껍질 속에 가두어버리고 '나는 할 수 없다'고 말합니다. 그리고 스스로 하느님과는 별개의 존재라고 생각함으로써 자기 최면 상태에 빠지고 있습니다. 그래서 여러분은 완전히 창조하거나 완전히 표현하지 못하게 되는 것입니다. 여러분은 지금 하느님께서 여러분을 통하여 하느님 자신의 소원을 완전히 표현하는 길을 막고 있습니다.

예수께서는 이렇게 말씀하셨습니다. '내가 하는 일을 너희도 할 수 있고, 이보다 더 큰 일도 할 수 있다.' 사실 예수께서 이 땅에서 하신 일의 핵심은 모든 사람은 진정한 의미에서 하느님의 자녀이며, 따라서 모든 사람이 하느님처럼 완벽하고 조화롭게 창조할 수 있다는 것을 보여주는 것 아니었던가요? 예수께서 눈먼 소경에게 실로암 못에 가서 눈을 씻으라고 명령하셨을 때 그것은 우리 모두의 눈을 뜨이게 해주려는 의도를 가지고 있었던 것입니다. 우리가 알아야 할 것은 하느님께서는 우리 인간이 하느님처럼 창조하는 존재가 되기를 바라고 계시다는 것을 보여주시기 위해서 예수를 보내셨다는 것입니다.

바꾸어 말하자면 하느님께서는 우리도 예수처럼 자기 자신과 모든 사람들 속에 깃들어 있는 그리스도를 의식함으로써 완전한 일을 이룰 수 있다는 것을 보여주기 위해서 예수를 보내신 것이라는 말입니다.

이제 다른 것을 좀 생각해봅시다. 자, 여기 제 손에 받아 쥐고 있던 빵이 불에 타버린 것처럼 재로 변했습니다. 어떻게 해서 이런 일이 일어났을까요? 이것은 제가 상념의 법칙을 오용했기 때문에 생긴 현상입니다. 음악이나 수학이나, 소위 자연 법칙이라고 불리는 것들과 똑같이 정확한 법칙인 완전한 법칙도 오용하거나 옳지 못하게 사용하면 이런 결과가 옵니다. 만약 제가 이 완전한 법칙을 계속 오용한다면 제가 창조해낸 것뿐만 아니라 창조자인 저 자신도 파괴되어버립니다.

그런데 빵은 과연 완전히 없어져버린 것일까요? 그렇지 않습니다. 빵 덩어리가 한줌의 재로 변한 사실은 인정할 수 있습니다. 그러나 실제로는 빵은 없어진 것이 아니고, 그 빵이 생성되어 나온 보편적인 실체세계로 되돌아간 것입니다. 그 빵은 지금 다시 형태를 가지고 현상세계에 나타나기를 기다리며 보편적인 실체세계에서 무형의 질료質料로 존재하고 있습니다. 불에 탄다든지 썩는다든지 아니면 기타 여하한 원인에 의해서 우리의 시야에서 사라지는 모든 것들은 그것들이 생성되어 나온 보편적인 실체세계인 하느님에게로 되돌아가는 것입니다. '하늘에서 내려온 자는 하늘로 올라가야만 한다'는 성서의 말씀도 바로 이러한 것을 두고 일컫는 말입니다.

여러분은 얼마 전에 여러분이 생각하시기에는 이렇다 할 원인이 없는 상태에서 물이 얼음으로 변하는 장면을 보셨습니다. 그런데 그때 얼음이 만들어진 것과 오늘 빵이 생성된 것은 같은 원리입니다.

나의 행동이 인류에게 도움이 되는 것이라면, 또 내가 상념의 법칙에 따라 살며 활동한다면, 그리고 내가 만들어내는 것이 하느님께서 모든 사람이 그렇게 하기를 바라시는 바처럼 상념의 법칙을 사용하여 얻어내는 것이라면 저는 언제든지 빵이나 얼음을 만들어낼 수 있습니다. 모든 사람이 빵이나 얼음이나 아니면 자신이 원하는 그 무엇을 만들어내는 것은 바람직한 일입니다. 아니 모든 사람이 그렇게 자기가 원하는 것들을 보편적인 실체세계에서 직접 끌어올 수 있는 경지까지 가야 합니다.

예수와 같이 우리 모두가 하느님의 자녀임을 깨닫고, 최고의 법칙인 하느님의 절대 법칙을 사용하여 우리가 원하는 것 또는 우리가 마음속에 품고 있는 이상이 현실로 나타나게 할 수 있습니다. 그렇게 한다면 하느님께서 점점 더 풍성하게 당신 자신을 드러내실 것입니다.

말씀이 육신이 되는 하느님의 절대 법칙을 사용한다면 이윤을 추구하는 상업주의의 굴레를 비롯한 인간의 자유를 속박하는 모든 억압에서 해방될 수도 있지 않겠습니까? 제가 보기에는 인간의 자유를 속박하는 여러 가지 억압 중에서 상업주의라는 굴레가 머지않아 가장 강력한 구속력을 가지게 될 것 같습니다. 지금과 같은 추세로 상업주의가 번져나간다면 머지않아 인간의 영혼과 육체가 모두 금전의 힘 앞에서 무릎을 꿇지 않을 수 없게 될 것이고, 상업주의 자체와 거기에 관심을 가지고 있는 사람이 모두 파멸되는 상황이 오지 않을 수 없을 것입니다. 상업주의가 처음에는 고상한 이상에서 출발했다는 것은 의심할 여지가 없습니다. 그러나 어느 사이엔가 물질 만능주의가 기어들어와서 상업주의가 가지고 있던 창조력조차도 파괴력으로 변해버렸습니다.

사실 모든 창조력은 잘못 사용하면 예외 없이 파괴력으로 변해버립니다. 그러나 상업주의를 비롯한 여러 가지 제약들이 우리를 억압하고 있다면 우리는 그것을, 그러한 부자유한 상황을 극복해야만 한다는 다그침으로 받아들일 수도 있지 않겠습니까? 그런데 인간을 억압하고 있는 부자유한 상황을 극복하려면 우리의 의식을 그리스도 의식에까지 끌어올려야 하며, 우리도 하느님의 완전한 일을 할 수 있다는 것을 깨달아야만 합니다. 예수께서는 이 땅에 계시는 동안 바로 이것을 가르쳐주셨으며 자신의 온 생애로 모범을 보여주신 것 아닙니까?

사랑하는 형제 여러분, 여러분은 왜 성서에 기록되어 있는 '태초에 말씀이 있었고, 그 말씀이 하느님과 함께 있었다'는 구절의 의미를 살펴보지 않으십니까? 형태를 지니고 현상화될 모든 것들은 이미 보편적인 실체세계에서 무형의 질료 상태로 존재하고 있습니다. 혹자는 만물이 생성되어 나오는 이 보편적인 실체세계를 '카오스^{chaos}(혼돈)'라고 부르는데, 카오스는 원래 '현실(actuality)'을 뜻하는 낱말입니다. 사람들은 이 말을 오해해서 일종의 혼란한 전쟁 상태로 잘못 이해하고 있지만, 사실은 마음에서 비롯되는 창조력 있는 말을 통하여 형태를 띠고 현상세계에 나타날 준비를 갖추고 있는 깊은 '영적인 상태의 현실'을 가리킵니다.

창조 원리 자체이신 하느님은 보편적인 실체세계로부터 이 세상을 만들어내실 때 침묵 속에서 만들어내고자 하는 세상의 형상을 마음으로 응시하셨습니다. 다른 말로 하자면 하느님께서는 이상적인 세상의 형상을 마음으로 보시며, 자신이 마음속으로 보고 있는 세상이 형성되어 나올 질료의 진동을 떨어뜨리셨습니다. 그러자 하느님께서 마음속으로 그린 그대로 세상이 형성되어 나왔습니다. 이것이 바로 하느님께서 말씀으로 세상을 창조하셨다는 말의 의미입니다. 그것은 말씀이란 마음의 구체적인 표현 이외에 다른 무엇이 아니기 때문입니다. 이렇게 말할 수도 있습니다. 즉 하느님께서 마음속으로 어떤 온전한 정신적인 형태를 그리자 그 형태 속으로 실체세계의 질료가 흘러들어왔고, 그 결과 하느님께서 마음속으로 그린 그대로 형상세계가 형성되어 나왔다고 말입니다.

이 세상이 끝날 때까지 존재할 모든 것들은 무한한 능력이신 하느님께서 생각하신 그대로 생겨난 것입니다. 하느님께서 만들어내시고자 하는 세상을 오랫동안 마음속으로 생각하고 계셨는지는 알 수 없지만, 하느님께서 바라신 대로 이 세상이 눈에 보이는 형태로 형성되어 나온 것입니다. 마음에서 비롯되는 창조력 있는 구체적인 말씀이 없었다면 만물이 생성되어 나온, 형태가 없는 에테르(精氣)는 무형의 상태로 그대로 남아 있었을 것이고, 형태를 가진 사물을 하나도 생성시켜내지 못했을 것입니다. 눈에 보이는 것을 만들어내기 위해서는 아무리 전능한 창조자라 하더라도 자신의 생각과 소원을 질서 있게 정리해서 '그것이 있으라'라고 명확히 말해야만 합니다. 마찬가지로 우리도 창조주 하느님께서 우리에게 바라시는 대로 창조자가 되고자 한다면 바라는 것을 마음속으로 분명히 그린 다음 '그것이 있으라'라는 식의 확신 있는 태도를 취해야만 합니다.

하느님은 가장 작은 부분에 이르기까지 이 세상에 대한 이상적인 완벽한 상(像)을 마음속으로 그리고 계십니다. 그래서 이 세상은 천국 혹은 하느님의 자녀들인 모든 피조물이 머무는 완전한 가정이 될 수밖에 없는 것입니다. 그리고 이 하느님의 가정 안에서는 모든 피조물이 평화 속에서 조화롭게 살아갈 것입니다. 하느님께서는 태초에 이런 완전한 세상을 마음속으로 그리셨고, 지금도 그러하십니다. 그러나 그러한 세상이 나타나는 것은 받아들이는 우리의 마음 자세 여하에 달려 있습니다. 우리가 하나라는 마음을 가질 때, 즉 우리 모두가 하나이며, 마치 우리 몸의 각 지체들이 서로 연결되어 한 몸을 이루고 있는 것과 마찬가지로 우리 각자도 연결되어 하느님의 몸을 이루고 있다는 사실을 깨달을 때, 그때 우리는 하느님 나라 안에서 하느님 나라의 백성이 되는 것입니다. 바로 '지금-여기' 이 땅에서 말입니다.

천국이 나타나게 하기 위해서는 먼저 천국에는 물질적인 것이 없다*는 것을 깨달아야 합니다. 천국은 영적이며, '지금-여기'에 존재하고 있는 의식의 완전한 상태를 가리킵니다. 우리가 해야 할 것은 '지금-여기'에 존재하고 있는 천국을 받아들이는 일뿐입니다. 그러기 위해서는 우리의 내면의 눈(靈眼)이 열려야만 합니다. 나의 육체는 내면의 눈을 통하여, 해나 달의 빛이 아니라 '지금-여기'에서 나의 존재의 중심에 자리하고 있는 아버지의 빛과 하나가 될 것입니다. 거듭 말씀드리지만 분명히 알아야 할 것은 물질적인 것은 없고 모든 것은 영적이라는 사실입니다. 이것을 깨달을 수만 있다면 '지금-여기'에 현존하는 영적인 세계의 경이로움을 경험하게 될 것입니다.

하느님께서는 동일한 방법으로 만물을 창조하셨습니다. 침묵 속에서 마음으로 빛을 그리시고 그것을 응시하셨습니다. 그리고 '빛이 있으라' 하시자 빛이 생겨났습니다. 그리고 똑같은 방법으로 '창공이 있으라' 하시자 창공이 생겨났습니다. 다른 모든 것들도 이렇게 해서

---

* 우리가 물질이라고 하는 것까지도 모두 영靈의 표현이므로 영적이라는 뜻.

생겨났습니다. 즉 하느님께서 어떤 이상적인 형상을 마음속으로 명확하게 그리시고 그것이 있으라고 말씀하시자 그 이상적인 형상이 생성되어 나온 것입니다. 인간이라고 예외가 아닙니다. 하느님께서 '나를 닮은 사람을 만들자! 그래서 만물을 다스리게 하자!' 하시자 인간이 창조되어 나온 것입니다.

하느님께서 창조하신 만물은 최고의 것들이었고, 맨 나중에 창조된 인간은 만물을 다스리는 가장 위대한 존재로 지음을 받았습니다. 그래서 처음에 인간이 본 것은 좋은 것밖에 없었습니다. 그 좋은 상태는 인간이 하느님으로부터 분리되어서 하느님과 자신을 둘이라고 생각하는 이원론二元論에 빠지기 전까지는 그대로 유지되었습니다. 이원론에 빠지게 된 인간은 실제로는 그런 것이 존재하지 않은데도 불구하고, 자신의 생각 속에서 선과 악이라는 서로 반대되는 개념을 구체적으로 형성시켰습니다. 그래서 마음으로 응시하는 것을 그대로 생성해낼 수 있는 인간의 완전한 능력을 통하여 악이 이 세상에 들어오게 되었습니다.

만약 인간이 악을 마음속으로 그리지 않았다면 악은 출현할 힘을 받지 못했을 것이고 좋은 것만 나타났을 것입니다. 그리고 우리 인간들도 하느님께서 마음속으로 그리고 계신 것처럼 완전하였을 것입니다. 하느님은 항상 이 세상을 천국처럼 완전한 모습으로 그리고 계십니다. 그러므로 우리는 하느님께서 그리고 계신 이 세상의 모습을 우리의 마음으로 응시하여 그러한 세상이 나타나도록 하여야만 합니다. 예수는 자신이 하늘에서 왔다고 말씀하셨는데, 그에게는 그렇게 말할 권리가 있었습니다. 왜냐하면 보편적인 실체세계인 하늘로부터 오지 않은 것은 아무것도 없기 때문입니다.

인간은 하느님의 모양을 따라 하느님의 형상대로 지음을 받았습니다. 그래서 인간에게는 하느님께서 창조하시는 것처럼 창조하는 능력이 주어져 있습니다. 하느님은 인간들도 자신처럼 또 자신과 똑같은 방법으로 창조력을 자유롭게 사용하게 되기를 바라고 계십니다. 하느님의 창조 과정이나 방법은 이러합니다. 처음에는 필요를 느끼고, 그다음에는 만들어내고자 하는 것의 이상적인 모습을 그려서 의식 속에서 그것을 확고히 한 다음, 보편적인 실체세계에서 질료를 이끌어와 필요로 하는 것을 창조해냅니다. 그리하여 하느님께서 마음속에서 형상화해서 '있으라!'라고 한 그대로 아름다운 현상세계가 이루어지는 것입니다.

예수께서는 십자가에서 고난당하실 때 우리가 몸이라고 생각하는 육체를 버리셨는데, 그것은 육체라는 껍질보다 더 깊은 영적인 몸이 있음을 보여주시기 위해서였습니다. 그리고 그는 무덤에서 나와 사람들에게 자신의 영적인 몸을 보이셨습니다. 그는 이 부활의 영적인 몸에 대해서 말했습니다. '이 성전을 허물라. 내가 사흘 안에 다시 일으키리라.' 그는 자신의 영적인 몸에 대해 말씀하셨던 것입니다. 그리고 그 말씀 그대로 자신의 영적인 몸을 나타내 보이셨는데, 그가 그렇게 자신의 영적인 몸을 나타내 보이신 것은 우리도 모두 그와 똑같은 영적인 몸을 가지고 있으며 그가 행한 일을 우리도 행할 수 있다는 것을 보여주시기 위함이었습니다. 예수께서 자신의 육체를 건지고자 했다면 분명히 건질 수도 있었다는 것은 의문의 여지가 없습니다. 그러나 그는 자신의 몸에 중대한 변화가 일어나고 있다는 사실을 알고 있었을 뿐만 아니라, 자신을 주목하고 있는 사람들은 자신이 나타내 보일 영적인 몸을 보지 못하면 영적인 몸이 있다는 사실조차 알 수 없으리라는 것도 잘 알고 있었습니다. 그들은 계속 예수의 외적인 모습만을 바라보고 있었습니다. 그래서 예수는 어떤 충격적인 방법을 통하지 않고 자연스럽게 자신의 영적인 몸을 나타내 보인다면 그들은 물질적인 몸과 영적인 몸을 구별조차 할 수 없을 것임을 알았습니다. 그래서 그는 변화의 매개체로 십자가에서의 죽음을 택했던 것입니다.

우리 모두가 사랑하고 존경하는 최고의 대사였던 예수께서 진정으로 보여주시고자 했던 것은 모든 사람들 속에 있는 내면의 그리스도입니다. 그는 이 땅에서의 삶을 통해 하느님께 이르는 완전한 길을 보여주셨습니다. 우리가 일단 이 완전하고 이상적인 길을 깨닫기만 한다면 어떤 상황에서도 이 길을 따르고자 애쓰게 될 것입니다. 씨앗을 심는다든지 빵을 만든다든지 또는 살아가는 데 필요한 다른 무슨 일을 할 때라도 이 완전하고 이상적인 방법대로 하고자 할 것입니다. 이러한 것들은 우리로 하여금 우리의 실상實相을 완전히 깨닫는 경지로 인도해주는 안내자에 불과합니다. 언젠가는 우리도 종이 아니라 자녀이며, 그것도 아버지께서 가지고 계신 것을 모두 가지고 있으며 아버지께서 하시는 일을 아버지처럼 모두 할 수 있는 자녀라는 것을 깨달아야 할 것입니다.

이러한 깨달음을 얻기 위해서는 강한 신앙심에서 출발해야 합니다. 그리고 꾸준한 연습을 통해서 음악이나 수학에 능숙하게 되는 것처럼 깨달음을 향해 한 걸음 한 걸음 전진해나가야만 합니다. 그러면 엄청난 자유를 누리게 될 것입니다. 이러한 자유로움의 가장 좋은 예는 예수의 삶입니다. 그리스도를 나타내신 예수, 또는 자신의 육체를 통해 하느님의 모습을 드러내신 예수 안에 있는 능력을 깨달아야 합니다. 예수께서는 전적으로 하느님에 대한 심원한 깨달음에 의존해서 사셨습니다. 그가 행한 능력 있는 모든 일들은 그러한 깨달음에서 비롯된 것입니다. 그는 자신의 의지력이나 강력한 정신 집중의 힘으로 능력 있는 일을 행한 것이 아닙니다. 마찬가지로 우리도 우리 자신의 의지력이나 정신 집중의 힘에 의지할 것이 아니라 하느님의 뜻에 의지해야만 합니다. 예수는 '내 뜻대로 마시옵고 아버지의 뜻대로 하옵소서'라고 기도하며 하느님의 뜻대로 행하고자 했습니다. 진정으로 예수께서는 모든 일을 하느님의 뜻에 따라 하느님께서 원하시는 대로 행하고자 하셨던 것입니다.

여러분은 예수께서 높은 산에 올라가셨다는 기록이 성서에 여러 번 언급되어 있는 것을 잘 알고 계실 것입니다. 저는 예수께서 실제로 높은 산에 올라가셨었는지 어쨌는지는 알지 못합니다. 하지만 한 가지 분명히 알고 있는 것은 깨달음의 빛을 받기 위해서는 의식의 가장 높은 곳까지 올라가지 않으면 안 된다는 것입니다. 여기서 의식의 가장 높은 곳이란 머리 꼭대기, 즉 정수리를 가리킵니다. 만약 정수리의 기능이 개발되지 않았다면 영적인 사고思考를 통해서 그 기능을 활성화시켜야만 합니다. 그런 다음 사랑의 센터인 가슴으로부터 모든 만물을 향한 사랑이 공평하게 흘러나오도록 해야 합니다. 이렇게 할 때 우리 내면에 있는 그리스도가 그 모습을 드러냅니다. 그러면 사람의 아들인 우리가 하느님의 아들*임을, 그것도 아버지께서 기뻐하시는 외아들임을 깨닫게 될 것입니다. 우리는 이러한 사실을 깨

---

* Son of Man, Son of God은 서양 신비주의의 전통적 표현. 여성을 물질 원리, 남성을 영적 원리의 비유로 사용했음.

닫기 위하여 끊임없는 열정을 쏟아부어야만 하며, 그것은 모든 인류에게 유익을 가져다줄 것입니다.

잠깐 멈추어서 바닷가에 쌓여 있는 셀 수 없이 많은 모래알과 하늘에서 내려와 강과 바다와 호수를 이루는 무수한 물방울, 그리고 물속에 살고 있는 수많은 종류의 생명체들을 한번 생각해보십시오. 또한 온 지면에 널려 있는 수많은 돌멩이와 땅에 뿌리를 내리고 있는 풀과 나무와 꽃들, 그리고 땅 위에 살고 있는 수없이 많은 동물들을 한번 생각해보십시오. 이 모든 것들은 하느님의 보편심普遍心 속에 간직된 이상이 형태를 띠고 나타난 것들입니다. 이들 속에는 모두 하느님의 생명이 현존하고 있습니다.

더 나아가 이 세상에 태어난 무수한 영혼들을 생각해보십시오. 이들은 모두 하느님의 이상적인 형상의 완전한 표현이며, 이들에게는 하느님과 똑같은 권능과 만물을 다스리는 권세가 주어져 있습니다. 하느님은 인간이 하느님으로부터 받은 자신의 신성을 깨닫고, 하느님이 주시는 힘으로 만물 안에 계시고 만물 위에 계시며, 만물을 통해 일하시는 하느님처럼 창조를 수행해나가게 되기를 바라고 계십니다.

모든 사람은 눈에 보이지 않는 하느님의 영으로부터 나와 눈에 보이는 형태를 띠고 나타난 하느님의 자기표현이며, 하느님은 이 인간이라는 형태를 통하여 당신 자신을 나타내는 것을 좋아하십니다. 이러한 사실을 깨닫고 받아들일 때, 우리는 예수와 마찬가지로 '보라, 여기 그리스도(a Christ)가 있다'고 말할 수 있습니다. 예수께서도 이렇게 하여 세속적이고 육적인 자아를 극복하셨습니다. 그는 자신의 신성을 깨닫고 받아들인 다음 자신의 신성을 선언하셨습니다. 그리고 우리가 살아야 하는 형태의 삶을 사셨습니다."

✢✢✢
8

　우리는 예정된 일정보다 여드레나 지체한 후인 월요일 아침에 캠프를 철수하여 목적지를 향해 출발했다. 그리고 사흘째 되는 날 해질 무렵에는 큰 강을 만났다. 강폭은 약 60미터나 되었고 양쪽 강 언덕까지 꽉 채우고 흐르는 물이 적어도 시속 15킬로미터의 속도는 될 듯싶었다. 보통 때 같으면 우리가 도착해 있던 그 지점에서 강을 건너는 데에 별다른 어려움이 없었다고 한다.

　우리는 캠프를 치고 이튿날 아침까지 물이 불어나는지 빠지는지 지켜보기로 했다. 우리는 강을 한참 거슬러 올라가면 다리가 있고, 그 다리로 강을 건너갈 수 있다는 얘기를 들었다. 그러나 그 다리까지 가기 위해서는 험한 길을 나흘간이나 돌아가야 했다. 그래서 우리는 그렇게 먼 길을 고생하며 돌아가느니 물이 빠지기만 한다면 며칠 동안 그대로 기다리는 편이 더 나을 것이라고 생각했다. 식량에 대해서 걱정할 필요가 없다는 것은 앞선 경험을 통해 충분히 알고 있었다. 사실 식량이 바닥날 때마다 우리가 영계靈界라고 불렀던 보이지 않는 세계에서 300명이 넘는 일행이 먹을 수 있는 충분한 양식이 공급되곤 하였다. 그러한 식량의 공급은 우리가 출발했던 마을로 되돌아가기까지 64일 동안이나 계속되었다. 그러나 그 당시에는 우리 중의 누구도 우리가 경험했던 여러 가지 기적의 진정한 의미나 중요성에 대해 이렇다 할 생각을 정리하지 못하고 있었다. 또한 그러한 기적들이 분명한 법칙에 따라 일어난 것이며, 우리도 그 법칙을 사용하여 같은 일을 행할 수 있다는 것을 깨달은 사람도 없었다.

다음 날 아침, 식사를 하기 위해서 모였을 때 낯선 사람 다섯 명이 우리 캠프에 와 있는 것을 발견했다. 그들이 소개되고 나서, 그들은 강 건너편 캠프에서 온 사람들로서 우리가 목적지로 삼고 있는 마을을 순례하고 돌아가는 길이라는 말을 들었다. 우리는 그들이 배를 타고 강을 건넜을 것이라고 생각하고 별로 이상하게 여기지 않았다. 그런데 우리 대원 중 한 사람이 "이 사람들이 배를 가지고 있다면 그 배를 빌려 우리도 강을 건널 수 있지 않겠습니까?" 하고 물었다. 우리 대원들은 모두 그것이야말로 당시 처해 있던 어려움에서 벗어날 수 있는 최상의 방법이라고 생각했다. 그러나 평상시에는 그 강이 물이 많지 않기 때문에 배를 늘 준비해둘 필요가 없으며, 그래서 배는 없다는 대답을 들었다.

아침 식사를 마친 후 우리 모두는 강 언덕으로 나갔다. 그때 에밀 대사와 자스트와 네푸로 그리고 우리 일행 네 명과 앞서 소개된, 강을 건너온 낯선 사람들이 이야기를 나누고 있었다. 잠시 후에 자스트가 우리에게 말했다. 자기들이 어제 강물이 줄어들지 어쩔지를 지켜보기 위해서 오늘 아침까지 기다리기로 결정했던 대로 강 건너편에 있는 캠프를 방문하고 싶다고 했다. 우리는 호기심이 생겼다. 그러나 아무리 우정의 표시로 방문하는 것이라고 해도 저렇게 세차게 물이 흐르는 강을 헤엄쳐서 건너는 것은 무모한 일이라고 생각했다. 우리는 그때 강을 건너기 위해서는 헤엄을 치는 길밖에는 없다고 생각했던 것이다.

자스트가 그들에게로 돌아가자 그들 열두 명은 강가로 다가가더니 옷을 입은 채로 아주 침착하게 강물 위로 발을 내디뎠다. 나는 그들이 급하게 흐르는 강물 속이 아니라 강물 위에 발을 내딛던 순간에 받은 감동을 평생 잊을 수 없을 것이다. 나는 그들이 물 속으로 가라앉아 사라져버릴 것이라고 생각하고 숨을 죽이며 바라보고 있었다. 나는 후에 우리 대원들 모두가 같은 생각을 하고 있었다는 사실을 알았다. 그들은 신발 밑바닥 이외에는 잠기지 않고 태연히 물 위를 걸어서 강을 건너고 있었다. 우리는 놀라운 눈으로 그 광경을 지켜보았다. 그들이 강 저편 언덕에 무사히 도착했을 때 나는 무거운 짐이 어깨에서 벗겨져나가는 듯한 느낌을 받았다. 그리고 마지막 사람이 강 언덕으로 올라갔을 때에는, 우리 대원들 모두가 안도의 한숨을 내쉬며 나와 같은 홀가분한 기분을 느꼈을 것이 분명했다.

참으로 그 경험은 말로는 표현할 수 없는 것이었다. 강을 건너갔던 열두 명 중에 우리 일행인 일곱 명은 점심때 돌아왔다. 그들이 다시 강을 건너올 때의 흥분은 그다지 심하지 않았지만 그들이 다시 안전하게 건너오자 비로소 편안히 숨을 쉴 수 있었다. 강 이편에 남은 우리 대원들 중에서, 그들 열두 명이 강을 건너갈 때부터 우리 일행 일곱 명이 되돌아올 때까지 강 언덕을 떠난 사람은 한 사람도 없었다. 그때 우리는 우리가 목격하고 있는 사건에 대해서는 별로 얘기를 나누지 않았다. 각기 자기 생각에 너무 몰두해 있었다.

우리는 그날 오후에 강을 건너기 위해서 상류에 있는 다리까지 돌아가기로 결정했다. 그래서 우리는 다음 날 아침 일찍 일어나서 먼 길을 돌아갈 준비를 했다. 그런데 출발에 앞서 일행 쉰두 명이 하루 전에 열두 명이 강을 건넜던 것처럼 태연히 물 위를 걸어서 강을 건너갔다. 그들은 우리도 자기들처럼 강을 건너갈 수 있다고 말하였으나 우리 중에 누구도 그렇게 할 믿음을 가지고 있지 못했다. 자스트

초인생활 ✦ 탐사록

와 네푸로는 강을 건너가지 않고 우리와 동행하겠다고 했다. 우리는 그 두 사람의 불편을 덜어주고 싶었다. 그래서 우리는 다른 사람들을 따라가면 될 것이니 그냥 강을 건너가라고 말했지만, 우리와 동행하는 것이 자기들에게는 아무런 불편이 될 것이 없다면서 굳이 함께하겠다고 했다.

강을 건너간 사람들과 합류하기까지 나흘 동안 우리의 생각과 대화의 주제는 물 위를 걸어서 강을 건너간 놀라운 사람들과 함께 지낸 짧은 기간 동안에 일어난 신기한 일이었다. 다리가 있는 상류를 향해 출발한 지 이틀째 되는 날, 뜨거운 햇볕을 받으며 가파른 산언덕을 기어오르고 있을 때 지난 이틀 동안 별말이 없던 대장이 갑자기 입을 열었다. "여러분, 인간은 왜 땅을 이렇게 기어다녀야만 하는 거지요?" 대원들은 자신들도 같은 의문을 가지고 있다고 이구동성으로 대답했다.

그가 말을 이었다. "비록 소수이긴 하지만 우리가 본 것과 같은 일을 행할 수 있는 사람이 있는데 우리는 그렇게 하지 못하는 이유가 무엇입니까? 어째서 인간은 기어다니는 데 만족합니까? 그뿐만 아니라 왜 기어다니지 않으면 안 되는 것입니까? 인간에게 만물을 지배하는 권한이 주어져 있다면 새들 위로 날아다닐 수 있는 힘도 주어져 있어야 하는 것 아닙니까? 만약 그러한 힘과 권한이 주어진 것이 사실이라면, 어째서 인간은 그 힘과 권한을 행사하지 못하는 것입니까? 잘못은 분명히 인간의 마음에 있는 것 같습니다. 인간이 헛된 망상에 사로잡힌 결과 이렇게 된 것이라는 말입니다. 스스로 자신을 기어다니는 존재로 여겼기 때문에 기어다닐 수밖에는 없게 된 것이겠지요."

그러자 그 말을 받아 자스트가 입을 열었다. "그렇습니다. 모든 것이 인간의 마음 또는 의식 여하에 달려 있습니다. 인간은 자기가 생

각하기에 따라서 유한하기도 하고 무한하기도 하며 속박된 존재이기
도 하고 자유로운 존재이기도 합니다. 여러분이 보신 바와 같이 어제
물 위를 걸어 강을 건너가서 이렇게 불편한 여행을 하지 않아도 되는
사람들은 여러분과는 다른 특별한 존재라고 생각하십니까? 아닙니
다. 그들은 여러분과 하나도 다를 바가 없는 똑같은 인간입니다. 그
들이 가지고 있는 능력과 여러분이 가지고 있는 능력은 조금도 차이
가 없습니다. 그들은 다만 상념의 힘을 올바로 사용해서 하느님께서
자신들에게 주신 능력을 개발했을 뿐입니다. 여러분도 우리와 함께
계시는 동안 목격하신 여러 가지 일을 아무런 제약 없이 그대로 실현
하실 수 있습니다. 여러분이 목격하신 일들은 명확한 법칙에 따라 일
어난 것이며, 그 법칙은 바라기만 하면 누구라도 사용할 수 있는 것
입니다."

자스트는 여기서 말을 끝냈다. 우리는 계속 전진하여 앞서 물 위
를 걸어 강을 건너갔던 쉰두 명과 합류했다. 그리고 목적지를 향해
앞으로 나아갔다.

9

우리가 방문 목적지로 삼고 있던 마을에는 '치유治癒의 사원(The Healing Temple)'이 있었다. 이 사원 안에서는 사원이 건립될 당시부터 생명과 사랑과 평화라는 말만 되뇌어왔고, 그래서 그 말의 진동이 쌓여 이 사원을 지나가기만 해도 거의 모든 병이 즉각적으로 낫는다고 한다. 그리고 거기서 발산되어 오랜 세월 동안 쌓여온 생명과 사랑과 평화라는 말의 진동이 너무나 강력해서 그 안에서는 조화롭지 못하고 불완전한 말을 해도 그 말이 힘을 발휘하지 못한다고 한다. 우리는 그러한 현상이 인간에게 일어나는 현상과 똑같다는 얘기를 들었다. 만약 어떤 사람이 생명, 사랑, 조화, 평화, 그리고 완전과 관련된 말만을 계속한다면 머지않아 조화롭지 못한 말은 할 수 없게 된다는 것이다. 우리는 그 사원 안에서 조화롭지 못한 말을 내뱉어보려고 시도해보았지만 번번이 실패했다. 그 사원 안에서는 조화롭지 못한 말이 입 밖으로 나오지 않았다. 병 고침을 구하는 사람들이 목적하고 있던 곳이 바로 이 '치유의 사원'이었다.

이 사원 근처에 있는 대사들은 어느 일정한 기간을 헌신과 교육의 시기로 정하고 자신들의 도움을 필요로 하는 사람들을 돕기 위하여 '치유의 사원'이 있는 이 마을에 모이는 것이 습관화되어 있었다. '치유의 사원'은 전적으로 병 고침을 위하여 존재했고 항상 개방되어 있었다. 병자들이 대사들에게 항상 갈 수 있는 것이 아니었기 때문에, 대사들은 병 고침을 원하는 자들에게 이 사원을 방문할 것을 권하고 있었다. 대사들이 '치유의 사원'을 순례하기 위해 모인 병자들을 직접 고쳐주지 않는 이유가 바로 그것이었다.

대사들이 순례 행렬에 동참하는 것은 병을 고치기 위해서 순례를 떠나는 무리들과 자기들이 하나도 다르지 않으며, 내면에는 자기들이나 그들이나 똑같이 하느님이 주신 능력을 소유하고 있다는 것을 보여주기 위함이었다. 나는 그들이 물 위를 걸어서 강을 건넜을 때도 똑같은 목적으로 그렇게 했다는 것을 알아차렸다. 즉 자기들이 어떠한 돌발 사태에 당면해서도 능히 그것을 헤쳐나갈 수 있는 것처럼 우리 또한 그렇게 할 수 있다는 것을 보여주기 위해서 물 위를 걸어서 강을 건넜다는 말이다.

'치유의 사원'까지 오기 쉽지 않은 지역에 사는 사람들은 대사들을 직접 찾아와 도움을 청했고, 도움을 청하는 사람들은 모두 큰 은혜를 입는다. 물론 단순한 호기심으로 찾아오는 사람이나 믿음이 없는 사람은 아무런 도움도 받지 못하는 것이 사실이다. 그러나 우리는 적게는 200명에서 많게는 2,000명에 이르는 순례자의 무리 중에서 원하는 사람은 모두 고침을 받은 사실을 두 눈으로 똑똑히 보았다. 그리고 고침을 받은 사람들 중에서 마음속으로 온전하게 되기를 원한다고 조용히 염원함으로써 깨끗하게 치유되었다고 말하는 사람이 대단히 많았다.

우리는 서로 다른 시기에 고침을 받은 수많은 사람들을 만나볼 수 있었는데 그들 중에 90퍼센트 정도는 완전히 나아 있었다. 사원에서의 치유는 100퍼센트 완전한 것 같았다. 우리는 그 사원이 구체적인 장소에 자리 잡고 있는 구체적인 건물로서, 마치 모든 그리스도 교회가 하느님 또는 내재하는 그리스도의 상징이 되는 것과 마찬가

78 　　　　　　　　　　　　　　　　　　　　　　　초인생활 ✛ 탐사록

지로 그 사원 역시 내재하는 그리스도의 표상이며, 원하는 사람은 언제든지 그 안에 들어갈 수 있다는 설명을 들었다. 그리고 방문 횟수나 머무는 기간도 제한되어 있지 않아서, 반복해서 그 사원을 방문하는 동안 처음에 마음속에 형성되었던 이상理想이 점점 더 확고해져간다고 한다.

에밀 대사가 말했다. "바로 여기에서 우상 숭배가 어떻게 해서 생겨나게 되었는가에 대한 암시를 받을 수 있습니다. 옛날에 사람들은 마음속에서 이상으로 품고 있는 형상을 나무나 돌 또는 금, 은, 놋쇠 등에 새겼습니다. 그러나 그렇게 만든 형상들이 이상을 완전하게 표현할 수는 없었습니다. 사람들은 우상을 만든 지 얼마 되지 않아서 우상은 마음속의 이상에 훨씬 못 미친다는 것을 알게 되었습니다. 사랑만을 바라보며 안으로부터 나타내고자 소망하는 것을 스스로 이상화하여야 함을 알게 되었습니다. 그래서 자기들의 이상을 외적인 형태를 가진 우상을 통해서 표현하는 일이 점차 사라지게 된 것이지요. 그런데 후에 또 다른 우상 숭배 형태가 나타나게 되었는데, 자기들이 생각하는 이상적인 인간을 우상화하는 것이 그것입니다. 어떤 이상적인 인간이 있다면, 그를 우상화하기보다는 그가 나타내 보이고 있는 이상을 우리 자신의 이상으로 받아들여야 합니다.

예수께서도 이러한 점을 잘 알고 계셨습니다. 그래서 그는 사람들이 자신이 나타내 보인 이상이 아니라 인간인 자기 자신을 이상화하고 있다는 사실을 알고는 그들에게서 떠나시기로 결심했던 것입니다. 사람들은 예수를 왕으로 삼고자 했습니다. 그러나 그것은 예수가 자기들의 육신 생활에 필요한 것을 공급해줄 수 있다는 생각에서 비롯된 행동이었습니다. 그들은 필요한 것을 생성해낼 수 있는 능력이 자기들의 내면에 깃들어 있다는 사실과 예수께서 행하신 것을 자기들도 행해야만 한다는 것을 깨닫지 못하고 있습니다.

그래서 예수께서 말씀하셨습니다. '내가 떠나는 것이 너희에게 유익하다. 만일 내가 가지 않으면 돕는 자인 보혜사^{保惠師}가 오지 않을 것이다.' 이 말씀의 의미는 분명합니다. 즉 사람들이 자기들 내면의 참자아를 바라보지 않고 예수라는 인간만을 바라보고 있다면 그들 자신의 능력을 깨닫지 못할 것이라는 뜻입니다. 다른 사람이 당신을 가르치거나 말을 해줄 수는 있지만, 일은 당신 스스로 해야 합니다. 만약 그렇지 않고 다른 사람을 바라본다면 이상이 아니라 우상을 만들어낼 것입니다."

우리는 여러 가지 놀라운 치유 사실을 목격했다. 사원을 지나가기만 했는데도 병이 나은 사람들도 있었으며, 사원 안에서 상당한 시간을 보낸 후에 깨끗하게 된 사람들도 있었다. 그런데 병이 낫게 해달라고 제사를 드리는 사람은 하나도 없었다. 그것은 사원에 누적되어 있는 긍정적인 말의 진동의 힘이 강력해서 그 안에 들어가는 사람은 모두 그 진동의 영향으로 병이 치유되기 때문이었다. 우리는 들것에 실려 사원 안으로 옮겨진 골연화증^{骨軟化症} 환자가 완전히 치유되는 광경을 목격했다. 들것에 실려 들어온 사람이 한 시간도 채 못 돼서 걷는 것이었다. 그 사람은 후에 우리 탐사대를 위해 넉 달 동안이나 봉사를 했다. 잘려나간 손가락이 완벽하게 되살아난 것도 보았다. 팔다리가 말라비틀어지고 온몸이 뒤틀린 소년이 금방 고침을 받아 사원 밖으로 걸어나가는 광경도 목격했다. 나병 환자, 장님, 귀머거리 등 온갖 질병에 시달리던 사람들이 모두 그곳에서 고침을 받았다. 실제로 그 사원에 들어온 모든 사람이 고침을 받았다. 우리는 그때 고침을 받은 사람들을 2~3년 후에 다시 만나볼 기회가 있었는데, 모두 건강한 상태였다. 우리는 병이 완전히 낫지 않고 재발하는 일이 있다면 그것은 그 사람의 영적인 이해가 부족하기 때문이라는 얘기를 들었다.

✛ ✛ ✛

10

　본부로 돌아와보니 산맥을 넘을 만반의 준비가 갖추어져 있었다. 우리는 하루 쉬고 나서 짐을 운반하는 인부와 말을 교체한 다음 히말라야 산맥을 넘는 제2단계 여행에 돌입했다. 그리고 출발한 지 20일이 되는 날까지는 별다른 일이 없었다. 에밀 대사는 그리스도 의식을 깨닫는 것에 대해서 말했다.

　"그리스도 의식은 마음의 힘이나 생각의 힘을 통해서 나타나게 할 수 있습니다. 우리는 생각의 힘을 통해서 우리의 실체나 외부 조건, 환경을 변형시키고 진화시킬 수 있습니다. 그러한 변형과 진화는 우리 내면에 깃들어 있는 그리스도 의식을 통해서 이루어지는 것이며, 일단 변형되고 진화되면 절대로 죽음을 경험하지 않게 됩니다. 이러한 일은 전적으로 마음으로 이상적인 상(像)을 그리고 품은 다음, 자기가 마음으로 응시하는 것을 나타나게 하는 정신 능력의 활동으로 이루어지는 것입니다. 그런데 이러한 일은 우리 속에 그리스도가 있다는 것을 깨닫고 믿는 데서부터 시작됩니다. 달리 말하자면 예수의 가르침의 진정한 의미를 깨닫고, 하느님의 모양을 따라 하느님의 형상대로 지어진 우리의 몸을 완전한 하느님의 몸에 흡수시켜 하나가 됨으로써 변형되고 진화되어 죽음을 초월하게 됩니다. 그것은 하느님께서 마음속에 품으셨던 이상적인 인간상의 구현입니다. 우리는 마음속으로 완전한 하느님의 몸을 그렸고, 그린 모습 그대로의 몸을 이루어냈습니다. 우리는 진정으로 영적인 하느님 나라에서 그 나라의 시민으로 거듭난 것입니다.

우리가 만물을 그것들이 생성되어 나온 자궁인 보편적인 실체세계에 환원시키거나 아니면 그 세계로부터 완전한 형태를 가지고 있는 사물을 이끌어낼 수 있는 것은 바로 마음 또는 생각의 힘에 의한 것입니다. 순수하고 영적인 상태에서 어떤 사물의 형태를 마음속으로 그리고 있으면 진동이 점점 낮추어져서 우리가 바라는 사물이 완전한 모습으로 창조되어 나옵니다. 우리는 이러한 방법으로 모든 거짓된 믿음과 죄악과 구습에 젖은 옛 생활을 청산할 수 있습니다. 그것이 무엇이든지, 좋아 보이는 것이든지 혹은 나쁘게 보이는 것이든지에 관계없이 모두 새롭게 할 수 있습니다. 우리 자신이나 다른 사람이 세워놓은 거짓된 믿음과 의심과 불신 등의 모든 걸림돌은 마음의 힘으로 제거할 수 있는 것입니다.

우리는 그러한 인생의 걸림돌을 향해 마음속으로 이렇게 말할 수 있습니다. '지금 내가 너를 만물이 생성되어 나오는 자궁인 보편적인 실체세계로 돌려보낸다. 너는 그 세계에서 나왔으며, 모든 것이 완전한 상태로 존재하는 그 세계에서 네가 현상세계에 나타나기 이전의 질료 상태로 되돌아갈 것이다. 그러면 내가 하느님께서 마음속에 그리시는 모습 그대로의 완전하고 순수한 모습의 너를 그 실체세계에서 불러내 항상 완전한 모습을 유지하도록 하겠다.' 또 우리 자신에게는 이렇게 말할 수 있습니다. '내가 이전에는 스스로 불완전한 존재라고 생각했기 때문에 불완전한 존재가 되었다. 그러나 진리를 깨달은 지금은 하느님께서 마음에 품으신 모습 그대로의 완전한 내가 되었다. 나는 내가 마음에 그린 그대로 완전한 존재로 거듭났다.'

우리가 마음으로 그러한 완전한 상을 그리면, 이전에 우리가 생성시켜낸 불완전하게 보이는 것들을 우리 내면에 있는 연금술사인 하느님께서 완전한 형태로 새롭게 변형시켜 현상세계로 다시 돌려보내신다는 사실을 깨달아야만 합니다. 우리는 그렇게 해서 되돌아온 사물은 마치 새롭게 변형된 우리의 몸이 완전히 새로운 몸인 것처럼 완전히 새로운 것이며, 그것이 바로 완전하고 자유로운 육신*이 된 하느님의 말씀**이라는 사실을 깨달아야 합니다. 그리고 마지막으로 이러한 모든 일들, 즉 만물을 보편적인 실체세계로 되돌려보내고 거기에서 다시 새롭게 된 만물을 이끌어오는 일은 모든 사람의 내면에 존재하는 완전한 그리스도 의식을 통해서 이루어지는 것이라는 점을 깨달아야 합니다. 이것이 '그리스도와 함께 하느님의 품에 거함'입니다."

7월 4일 아침에 우리는 넘고자 하는 산의 고갯마루에 도착했다. 하루 전인 3일 저녁에 에밀 대사가 말하기를 내일은 경축일이기 때문에 하루 쉬는 것이 좋겠다고 했다. 아침 식사 시간에 에밀 대사가 말했다.

"오늘 7월 4일은 여러분의 조국 독립을 축하하는 매우 뜻깊은 날이지요.

저는 여러분 모두가 어느 정도는 우리를 신뢰하고 있다는 것을 알고 있습니다. 그래서 부담 없이 이야기해볼까 합니다. 아마 며칠 지나지 않아서 제가 오늘 드리는 말씀이 사실이었다는 것이 확실히 입증될 수 있을 것입니다.

우리는 여러분의 조국을 '아메리카'라고 부르고 아메리카에 살고

---

* 물질.

** 뜻, 생각.

있는 모든 사람을 '아메리카인'이라고 부르기를 좋아합니다. 여러분은 모두 아메리카인이고, 한 분을 제외하고는 모두 아메리카에서 태어나셨습니다. 여러분은 우리 모두가 아메리카인 여러분과 비록 짧은 기간이기는 하지만 얼굴과 얼굴을 맞대고 지내면서 얼마나 큰 기쁨을 경험하고 있는지를 잘 모르실 것입니다.

사실 우리 중에는 콜럼버스가 기념비적인 탐험을 시작하기 오래 전부터 여러분의 조국을 지켜보는 특권을 누려온 사람들이 있습니다. 콜럼버스 이전에도 신대륙을 발견하고자 하는 시도가 여러 차례 있었지만 모두 실패로 끝나고 말았습니다. 왜 실패한 것입니까? 그것은 오직 하느님께서 주신 자질인 믿음이 결여되어 있었기 때문입니다. 비전을 보고 그것을 성취할 수 있는 용기와 믿음을 가진 자가 아직 깨어나지 못한 상태였던 것입니다. 지구 반대편에는 분명히 신대륙이 있을 것이라는 믿음을 가지고 그 믿음을 확증하고자 하는 영혼이 깨어나는 순간 위대한 새 역사의 장이 열리게 되리라는 것을 우리는 알고 있었습니다.

그런데 모든 것을 알고 계시는 전능하신 분께서 콜럼버스의 영혼 속에 잠들어 있던 작은 믿음의 씨앗을 깨워내셨습니다. 그는 여왕 앞에서 이렇게 말했습니다. '경애하옵는 여왕 폐하, 소인은 지구가 둥글다는 것을 확신하고 있습니다. 그래서 배를 타고 항해를 하여 소인의 확신을 사실로 입증하고 싶습니다.' 여러분이 인정하실지 어쩔지 모르지만 콜럼버스의 이 말은 하느님의 영감에서 비롯된 것이며, 결국 콜럼버스는 신대륙을 발견하는 탐험을 수행할 결단력이 있는 자로 인정받았습니다.

그다음에는 여러분이 아시는 바와 같이 여러 가지 사건들이 뒤따라 전개되기 시작했습니다. 우리는 어떠한 사건이 어떻게 전개될지 미리 알고 있었습니다. 물론 앞으로 일어날 사건 전체를 일시에 알게 된 것은 아닙니다. 하지만 일어날 사건이 하나하나 단계적으로 알려져서 사건의 추이를 따라가기에는 부족함이 없었습니다. 물론 우리는 믿기 어려울 만큼 놀라운 일들이 단시간 안에 성취되어 역사에 남게 되리라는 꿈을 꾸고 있었습니다. 그러나 오늘날까지도 죽지 않고 살아 있는 우리 동료들은 이전에 우리가 꿈에 그렸던 것보다 훨씬 더 놀라운 일들이 아메리카에서 일어나리라는 것을 충분히 인지하고 있습니다. 우리는 여러분의 조국이 자신의 진정한 영적 의의意義를 깨달을 날이 왔다고 느끼고 있으며, 그러한 깨달음을 위해서 최선을 다해서 돕고자 합니다."

나는 우리 대원들에 대한 대사들의 관심이 아메리카가 그리스도 의식을 깨닫고 자신의 가능성을 실현시키기를 바라는 소망에서 비롯된 것이었다고 생각한다. 그들은 아메리카라는 나라가 세워진 것은 참으로 영적인 사건이며, 그래서 아메리카는 세계의 영적 발전에 주도적 역할을 감당할 사명이 있는 나라라고 여기고 있었다.

"지금까지의 아메리카의 발전이 한 사람의 의식 속에 심어진 아주 작은 믿음의 씨에서 비롯된 것이라는 점을 생각해보십시오. 여러분은 무슨 일이 어떻게 일어났는지를 잘 알고 계실 것입니다. 콜럼버스는 그 시대에 비현실적인 몽상가 취급을 당했습니다. 그러나 우리는 항상 우리가 믿고 바라는 그 자리에 도달합니다. 다른 말로 하자면 어제의 꿈이 오늘의 현실로 나타난다는 말입니다. 소위 '몽상가'가 아닌 사람이 무엇인가를 이룬 적이 있습니까? 사실 그의 비전vision이 몽상이었을까요? 자신의 비전이 진리였음을 입증해낸 사람들이 꿈꾸던 이상은 다름 아닌 보편심普遍心, 즉 하느님의 마음속에 그려져 있던 이상이었습니다. 콜럼버스는 자신의 마음속에 그려진 신대륙을 향해 지도에도 없는 항로를 따라 파도를 헤쳐나갔습니다. 저는 자기가 발견할 신대륙이 품고 있는 약속과 탁월함을 콜럼버스가 알고 있었는지, 또는 그 신대륙이 아메리카라는 이름으로 불리게 되리라는 것을 알고 있었는지 아닌지는 알지 못합니다. 그러한 문제들은 모두 콜럼버스가 아니라 콜럼버스의 후대 사람들에게 속한 것입니다. 여기서 중요한 것은 후대의 상황이 어떻게 전개되었든지 간에 그것은 모두 하나의 꿈 또는 비전에서 시작된 것이라는 점입니다.

우리는 이미 여러 가지 놀라운 일들이 아메리카에서 전개되었다는 것을 알고 있습니다. 그리고 콜럼버스 한 사람의 비전에서 시작된 놀라운 일들이 앞으로도 계속 실현되어나가는 모습을 마음속으로 그리고 있습니다. 우리는 아메리카에 대한 비전뿐만 아니라, 이 세상을 살기 좋은 곳으로 만드는 데 도움이 되어온 다른 여러 가지 비전들도 같은 방법으로 마음속에서 영상화하고 있습니다. 그것은 이렇게 하여 만물을 통해 자기 자신을 드러내는 하느님의 뜻이 이루어져간다고 믿기 때문입니다. 의식적이건 무의식적이건 하느님에 대한 믿음이 큰 자가 꿈을 현실로 만들어냅니다. 온갖 시련과 좌절을 극복하면서 마음속으로 그리는 마지막 목적지를 향해 전진해가던 영혼, 지도에도 없는 미지의 대륙을 향해 거친 파도를 헤쳐나가던 그 영혼을 생각해보십시오.

아메리카 대륙이 발견된 이후 여러 가지 사건이 계속 전개되어갔고, 마침내는 자기들 방식으로 하느님을 섬기고자 하는 일단의 사람들이 메이플라워 호를 타고 신대륙에 발을 내딛게 되었습니다. '자기들 방식'이라는 말에 주목할 필요가 있습니다. 그들이 아메리카에 발을 내디딘 사건은 영적인 차원에서, 그리고 그 뒤에 일어난 사건들을 통해서만 진정한 의미가 밝혀집니다. 그들은 자기들이 생각했던 것보다 훨씬 더 위대한 일을 성취했습니다. 여러분은 그들의 머리 위에 전능하신 하느님의 손이 올려져 있었다는 것을 아실 수 있을 것입니다. 물론 최초의 개척지들이 황폐화될 것처럼 보였던 암흑의 시기가 있었지만, 하느님 손의 이끌림을 받는 사람들은 승리할 수밖에 없었습니다.

그 후 독립선언서에 서명하는 날, 즉 하느님과 억압자 중에서 어느 쪽을 선택할 것인가를 결정하는 중대한 날이 왔습니다. 그러나 지금까지 승리해온 하느님 편에 선 자들이 앞으로도 승리하리라고 하는 것은 자명한 이치입니다. 여러분이 깨닫고 계신지 어떤지는 모르겠습니다만, 그 시대에 있었던 적은 무리의 투쟁과 그들이 독립선언서에 서명한 것은 예수께서 이 땅에 오신 이래 가장 위대한 사건들 중 하나입니다.

그리하여 독립을 선포하는 자유의 종이 울렸습니다. 그때 우리는 그 첫 번째 종소리를 마치 종탑 아래에서 듣듯이 생생하게 들었습니다. 제 말을 믿지 않으셔도 상관이 없습니다만, 하여간 그 작은 종의 중심에서부터 울려퍼지는 자유의 진동은 점점 더 멀리 퍼져나가 어느 날엔가는 이 지구상의 가장 어둡고 깊은 곳에까지 이르러 어두운 의식에 빛을 비출 것입니다.

독립이 쟁취될 때까지의 시련과 역경을 생각해보십시오. 어찌 아메리카의 독립을 위대한 아기의 탄생이 아니라고 말할 수 있겠습니까? 그 아기가 태어날 때까지 죽음을 무릅쓰고 싸운 위대한 영혼들을 생각해보십시오. 그들이 희망을 잃어버렸다면 어떤 결과가 왔겠습니까? 그러나 그들은 용기를 잃지 않고 희망을 버리지 않았습니다. 그리하여 이 지구상에서 가장 위대한 나라가 탄생된 것입니다. 독립을 선언한 이후의 고난과 역경은 또 무엇을 말해주고 있습니까? 위대한 영혼이었던 나사렛 예수가 유아 시절에 겪었던 시련과 지극히 유사하지 않습니까? 그리고 그날 독립선언서에 서명한 사람들은 인간 속에 깃들어 있는 그리스도 의식을 상징하는 아기가 말구유에서 태어났다는 것을 알리는 별을 보았던 동방의 현자*들에 비유될 수 있지 않겠습니까? 그렇습니다. 그들은 옛날에 동방의 현자들이 보았던 것처럼 새 시대를 알리는 별을 보았던 것입니다.

독립선언서의 내용을 살펴보면 그것이 하느님의 영감으로 이루어졌음을 의심할 수 없습니다. 생각해보십시오. 역사상 아메리카의 독립선언서와 비교할 만한 것은 없었습니다. 그 선언서의 표본이 될 만한 다른 문서도 없었습니다. 그것이 보편적인 실체세계에서 직접 주어진 것이라고 하는 데에는 의심의 여지가 없습니다. 아메리카 독립선언서의 출현은 위대한 창조 계획의 일부가 실현된 것입니다. 다시 말해 아메리카의 독립선언서는 하느님의 위대한 창조 계획이 실현되는 과정 중의 한 단계에서 나타난 것이라는 말입니다.

'여럿으로 이루어진 하나'라는 뜻을 가지고 있는 'e pluribus unum'이라는 아메리카의 표어를 생각해보십시오. 이 표어는 분명히 진리의 영靈이 자기 자신을 전개시켜가는 과정에서 채택된 것입니다.

---

* 원서에는 'Wise Men'이라 되어 있고, 흔히 관례적인 표현으로는 '박사'라고 하지만, 원어는 'Magus'로서 현자, (마기교의) 사제, 점성술사, 마법사 등의 뜻이 있다.

결코 세속적인(mortal) 인간 정신에서 나온 것이 아닙니다. 그러면 또 다른 상징적인 어구 'In God We Trust(우리는 하느님을 신뢰한다)'에 대해 생각해봅시다. 이 말은 만물의 창조자이신 하느님에 대한 활기 넘치는 신앙심 또는 신뢰심을 보여주고 있지 않습니까? 아메리카는 또 수컷과 암컷이 하나로 표현되어 있는 독수리를 국가의 상징으로 채택하였습니다. 그것은 독수리를 국가의 상징으로 선택한 사람들의 영성이 심오함을 보여줍니다. 아니면 그들은 자신들이 아는 것보다 나은 것을 건설한 것이지요. 이런 여러 가지 점들로 미루어보아 아메리카 건설이라는 창조적인 임무를 수행하던 사람들은 전적으로 하느님 영의 인도를 받았다는 사실과, 아메리카의 어깨 위에는 온 세계를 인도해나갈 사명이 지워져 있음이 분명해집니다.

여러분 조국의 역사를 돌이켜보십시오. 이 세상에 여러분 조국의 역사와 비교할 만한 역사를 가진 나라는 없습니다. 역사의 각 단계가 성취를 향해 전진해나가고 있지 않습니까? 여러분의 역사가 어떤 위대한 정신에 의해 전개되어가고 있으며, 그 위대한 정신이란 다름 아닌 여러분의 운명을 이끌어가는 전능하신 하느님이라는 사실은 의심할 여지가 없습니다.

겨자씨는 씨 중에서 가장 작지만 다른 모든 풀보다 크게 자라날 가능성, 즉 '공중의 새들이 그 가지에 깃들일 만큼 큰 나무로 자라날' 힘이 그 안에 잠재되어 있습니다. 겨자씨뿐만 아니라 모든 씨가 크게 자라날 힘을 자기 속에 가지고 있습니다. 그와 마찬가지로 우리 속에도 위대한 것을 산출해낼 수 있는 능력이 깃들어 있음을 알아야만 합니다. 예수께서 말씀하신 겨자씨 비유는 믿음의 양이 아니라 질에 관계된 것입니다.

예수께서 이렇게 말씀하셨습니다. '너희에게 겨자씨 한 알만 한 믿음이라도 있다면 이 산더러 여기서 저리로 옮아가라 해도 그대로 될 것이며, 너희가 못할 일이 하나도 없을 것이다.' 그렇습니다. 연약한 양귀비씨에서 거대한 보리수에 이르기까지, 모든 풀과 나무의 씨는 크게 자라날 가능성을 그 자체 속에 간직하고 있습니다. 그것들은 모두 미래에 나타날 나무나 풀의 완전한 형상을 품고 있습니다. 우리도 그래야만 합니다. 즉 우리가 실현하기를 바라는 바를 구체적으로 마음속에 품고 있어야 한다는 말입니다. 그러면 적절한 준비가 갖추어졌을 때 마음속에 그리고 있던 형상이 완전한 형태로 나타날 것입니다.

완전한 모습을 추구하는 내적인 힘이 없이 피어난 꽃은 없습니다. 완전을 추구하는 내적인 힘이 작용하면 방금 전까지만 해도 꽃받침 속에 숨겨져 있던 봉오리가 아름다운 꽃으로 활짝 피어나는 것입니다. 땅에 떨어진 씨가 자라나 번성하려면 먼저 자신의 껍질을 깨고 밖으로 나오지 않으면 안 됩니다. 그와 마찬가지로 우리도 우리의 실상을 깨닫고 그것을 실현하기 위해서는 먼저 자아라고 하는 껍질을 벗어야만 합니다. 씨가 자라기 위해서는 먼저 껍질을 벗어야만 하는 것처럼, 우리도 성숙하기 위해서는 스스로 유한한 존재라고 생각하는 자아의 껍질을 벗지 않으면 안 됩니다. 그러면 자아의 껍질을 벗은 후, 완전을 추구하는 내적인 힘이 계속 작용하여 꽃처럼 아름답게 활짝 피어날 것입니다. 국가의 경우도 개인의 경우와 마찬가지입니다. 어떤 한 나라의 그리스도 의식이 개화하면, 그 나라나 그 나라의 국민들은 모두에게 유익한 일만을 수행하게 될 것입니다. 그것은 행위자의 의식이 모든 행위의 중심이자 뿌리이기 때문입니다.

그러나 그 후에 중대한 잘못이 생겨나 지금까지도 고쳐지지 않고 있는데, 그것은 자기들의 영적 의의를 깨닫지 못하고 아직까지도 국민 대다수가 물질주의에 깊이 빠져 있기 때문입니다. 저는 위대한 정신의 소유자들이 여러분의 나라를 이끌어왔다는 사실을 잘 알고 있습니다. 그러나 그들이 거의 정당한 평가를 받지 못했다는 것도 잘 알고 있습니다. 아메리카는 역경과 곡절이 많은 험난한 길을 걸어왔습니다. 그 이유는 자신을 유한하다고 생각하는 사람들이 자신의 좁아터진 소견으로 무엇인가를 하려고 했기 때문입니다. 그럼에도 불구하고 놀라운 일들을 성취했습니다. 그러나 영적인 차원을 보다 더 깊이 이해했었다면 그보다 훨씬 더 놀라운 일들을 성취할 수 있었을 것입니다. 다시 말해 그리스도가 아메리카라는 배의 키를 잡았더라면, 그리고 모든 국민이 예수와 같은 깨달음, 즉 모든 사람 속에는 그리스도가 있고 너와 내가 하나라는 깨달음을 가지고 있었다면 엄청나게 더 놀라운 일들이 생겨났을 것입니다. 그러나 저는 지금이라도 '여럿으로 이루어진 하나'라는 표어의 깊은 영적인 의미를 이해하기만 한다면, 그 순간 그러한 영광이 나타날 것이라고 확신하고 있습니다. 하나는 여럿을 통하여 나타나고, 여럿에 의하여 이루어지며, 여럿을 위하여 존재한다는 것은 하느님의 위대한 법칙 중 하나입니다.

이 세상에 존재했던 모든 나라들을 살펴보십시오. 진정한 영적 지각知覺 위에 설립된 나라들은 오랜 세월을 견뎌왔습니다. 물질주의 사상의 침투를 받지 않았다면 그러한 나라들은 아마 영원히 사라지지 않을 수도 있었을 것입니다. 그러나 일단 물질주의 사상이 기어들어온 후에는 국가의 토대가 점차 흔들리기 시작하고, 급기야는 비정상적인 자신의 무게에 눌려 허물어지든지 아니면 자기들을 탄생시켰던 법칙을 오용함으로써 멸망당하고 말았습니다. 그렇다면 한 나라가 멸망하고 나면 그다음은 어떻게 되는 것입니까? 한 나라가 멸망해도 하느님의 법칙은 사라지지 않습니다. 역사를 살펴보면 하느님의 법칙은 한 나라의 멸망 이후에도 오히려 새롭게 설립되는 다른 나라를 통하여 더 발전된 형태로 전개되었다는 것을 알 수 있습니다. 하느님의 법칙의 이러한 발전적인 전개는 모든 나라가 '여럿으로 이루어진 하나'인 하느님의 차원에 도달할 때까지 계속될 것입니다. 형제 여러분, 이러한 사실을 깨닫기 위해서 예언자가 있어야 하는 것은 아닙니다. 너무나도 자명한 이치이기 때문이지요.

콜럼버스가 신대륙을 발견하기 위해서 탐험을 떠나던 당시의 스페인은 어떤 나라였습니까? 그리고 그 시대 이후의 스페인은 어떠했으며 지금은 또 어떠합니까? 스페인은 콜럼버스 이후 얼마 되지 않아서 자신의 식민지 국가와 전쟁을 벌었습니다. 그리고 그 싸움에서 실패하여 무력한 나라가 되어버렸습니다. 스페인의 무력함을 어떻게 보십니까? 스페인은 활력을 완전히 잃어버렸습니다. 활력이 없는 이러한 무력함은, 탐욕이나 정욕을 추구함으로써 육체적인 만족을 누리고자 할 때 국가나 개인이 공통적으로 경험하게 되는 상태입니다. 아마 성공을 거두며 번영하는 듯이 보였던 때도 있었을 것입니다. 하지만 그것은 잠시일 뿐, 곧이어 숨가쁜 노인의 휘청거리는 발걸음처럼 노쇠하고 쇠진한 모습이 나타났습니다. 그러나 자신의 영적인 힘을 보존하고 발전시켰더라면 오백 년, 오천 년, 일만 년 아니 영원토록 활기에 넘치는 모습으로 전성기 때와 같은 영화를 누릴 수 있었을 것입니다.

우리는 순수하고 밝은 영靈의 빛으로 충만한 '수정시대水晶時代'의 여명이 밝아오기를 얼마나 고대하고 있는지 모릅니다. 그런데 그 시대의 도래가 임박했습니다. 우리는 머지않아 이 다가오는 시대의 영광을 보게 될 것입니다. 그때가 되면 어둠과 모든 제약이 사라질 것입니다. 그리고 그 시대는 영원히 발전해나갈 것입니다. 만약 그렇지 못하다면 만물은 자신들이 생성되어 나온 보편적인 실체세계로 되돌아가고 말 것입니다. 만물은 앞으로 전진해가든지 아니면 해체되어 태초의 자궁으로 되돌아가고야 맙니다. 이것도 저것도 아닌 그 중간이나 정지는 없습니다. 여러분의 조국 아메리카가 자신의 실상實相 혹은 사명을 깨닫고 하느님의 영靈과 결합하여 하느님께서 바라시는 바대로 행한다면, 다시 말해 내면에 깃들어 있는 하느님의 영으로 하여금 스스로 자신의 역사를 전개시켜가도록 자신을 맡긴다면 인간의 말로는 표현할 수 없는 경이를 이루게 될 것입니다.

발전 과정 중에는 강인한 독수리의 발톱과 부리로 나라를 지켜야 할 필요가 있었던 것은 당연한 일입니다. 그러나 진정한 영적인 빛이 비치기 시작하면 성령의 상징인 비둘기가 독수리보다 훨씬 더 강하다는 것을 알게 될 것입니다. 그때가 되면 지금은 독수리가 지키고(guard) 있는 것을 비둘기가 지키게(protect) 될 것입니다. 여러분이 세계 각처의 무역 상대국들과 거래할 때 사용하는 동전에 새겨진 문구를 생각해보십시오. '우리는 하느님을 신뢰한다'는 뜻의 'In God We Trust'와 '여럿으로 이루어진 하나'라는 뜻의 'e pluribus unum'이라는 두 문구야말로 비둘기가 독수리를 대신해서 국가의 장래를 인도해나가는 시대의 영적인 표어가 아니겠습니까."

에밀 대사는 여기서 가르침을 끝냈다. 그리고 우리와 잠시 헤어져 320킬로미터쯤 떨어진 동네에 모여 있는 몇 사람을 만나고 돌아오겠다고 했다. 그리고 우리가 나흘쯤 걸려서 도착하게 될 95킬로미터 떨어진 작은 동네에서 다시 만나자고 했다. 이렇게 말하고 나서 그는 사라졌으며, 나흘 뒤에 국경 지방의 작은 마을에서 네 명의 다른 사람들과 함께 나타나 우리와 합류했다.

11

그 마을에 도착하던 날은 비가 몹시 내려 온몸이 비에 흠뻑 젖었다. 우리는 잘 정돈된 큰 방을 배정받았다. 그 방은 매우 안락했으며 우리는 그 방을 식당 겸 거실로 쓰기로 했다. 그 방은 기분 좋을 만큼 따뜻했다. 대원 중 한 명이 어디서 열이 발산되느냐고 물었다. 주위를 돌아보았으나 난로도 없었고 열이 생길 만한 설비도 없었는데, 따뜻한 기운이 분명히 발산되고 있었다. 우리는 놀랐다. 하지만 놀라는 데 이미 익숙해져 있었고 우리가 놀라고 이상하게 생각하는 모든 것들이 얼마 지나지 않아 명백하게 규명될 것이라고 확신하고 있었기 때문에 거기에 대해서는 더 이상 말하지 않았다. 저녁 식사를 하려고 식탁에 모여 앉아 있을 때 에밀 대사와 함께 네 사람이 방에 나타났다. 우리는 그들이 어디로 들어왔는지 알지 못했다. 그들은 방의 한쪽 문이나 창이 없는 벽 쪽에서 동시에 나타났던 것이다. 그들은 우리가 앉아 있는 식탁을 향해 조용히 다가왔다. 에밀 대사가 낯선 사람들을 우리에게 소개했다. 그런 다음 그들은 마치 자기 집에 온 것처럼 편안한 자세로 자리에 앉았다. 그런데 이상한 일이 생겼다. 우리가 미처 깨닫기도 전에 먹음직스러운 음식이 식탁 위에 차려져 있었던 것이다. 그러나 고기는 없었다. 그들은 의식이 있는 생명체의 고기는 먹지 않기 때문이었다. 식사를 마친 후 둘러앉은 자리에서 우리 대원 한 명이 어디에서 따뜻한 열이 나오는지 물었다.

그러자 에밀 대사가 대답했다. "여러분이 이 방에서 느끼고 있는 따뜻함은 우리 모두가 사용할 수 있는 어떤 힘에서 오는 것입니다. 이 힘은 여러분이 사용하는 그 어떤 기계적인 힘보다 고차원적이고 강하지만 분명히 사람이 사용할 수 있는 힘입니다. 우리는 이 힘을 사용하여 빛이나 열이나 힘을 발산시킬 수 있으며 심지어 기계를 움직이게 할 수도 있습니다. 우리는 이 힘을 '우주력' 또는 '보편 세계의 힘(universal force)'이라고 부릅니다. 여러분이 만약 이 힘이 존재하는 차원에 도달해서 이 힘을 사용하게 된다면, 여러분은 이 힘을 '영구 운동(perpetual motion)'이라고 부르실지도 모릅니다. 하여간 우리는 이 힘을 '보편 세계의 힘' 또는 '하느님의 힘'이라고 부르는데, 이 힘은 아버지께서 그의 자녀들이 쓸 수 있도록 제공해주시는 것입니다.

우리는 이 힘을 사용하여 아무런 연료도 소모시키지 않고 기계나 도구나 자동차와 같은 운송수단을 움직이게 할 수 있으며, 빛이나 열도 발산시킬 수 있습니다. 이 힘은 어디에나 존재하고 있어서 누구나 사용할 수 있으며, 이 힘을 사용하는 데에는 돈이 들지 않습니다." 대원 한 명이 우리가 먹은 음식도 그 힘으로 만들어낸 것이냐고 물었다. 그러자 지금까지 빵과 식량을 보편 세계로부터 제공받아온 것처럼 우리가 저녁에 먹은 음식도 그 세계에서 직접 온 것이었다고 했다. 에밀 대사 일행은 우리를 자기들의 집으로 초청했다. 그들이 살고 있는 마을은 약 320킬로미터 정도 떨어진 곳에 있었는데, 우리는 거기에 가면 에밀 대사의 어머니도 만날 수 있을 것이라는 얘기를 들었다.

에밀 대사가 계속 말했다. "저의 어머니는 자신의 육체를 완전하게 변형시키셨기 때문에, 육체를 가진 채 고차원의 영계에 들어가 가르침을 받을 수 있게 되셨습니다. 그래서 저의 어머니는 항상 불가시 不可視 세계에 살고 계십니다. 저의 어머니가 항상 그 세계에서 사시는 것은 최고의 가르침을 받기 위해서 스스로 선택하신 것입니다. 어머니는 최고의 가르침을 받으심으로 말미암아 우리를 크게 도우실 수 있게 되셨습니다. 이 점을 분명히 하기 위해서 꼭 말씀드리고 싶은 것이 있습니다. 즉 저의 어머니는 여러분이 '천계(Celestial Realm)'라고 부르기도 하고 때에 따라서는 '제7천(Seventh Heaven)'이라고 부르기도 하는 예수께서 계신 차원에 도달하셨다는 것입니다. 여러분에게는 제 말이 신비스럽게 들리겠지요. 하지만 이것은 전혀 신비스러운 것이 아닙니다. '천계'는 공간상에 존재하는 것이 아니라 모든 신비가 밝혀지는 일종의 의식 상태입니다. 이 의식 상태에 도달하면 육안肉眼에서 사라집니다. 그러나 육체를 가지고 나타날 수도 있고 받을 만한 준비가 된 사람을 가르칠 수도 있습니다. 이러한 상태에 도달한 사람은 언제든지 육체로 돌아올 수 있으며, 이미 육체를 완성시켰기 때문에 자신의 육체를 가지고 어디든지 원하는 곳에 갈 수 있습니다. 다시 말해 환생還生 과정을 거치지 않고 이 땅으로 돌아올 수 있다는 말입니다. 그러나 죽은 사람은 이 땅에 다시 돌아오려면 반드시 환생 과정을 거쳐야만 합니다. 우리의 육체는 원래 영적이고 완전한 몸입니다. 우리는 이러한 사실을 깨닫고 우리의 육체가 영적인 상태가 되도록 잘 보존하고 완성시키지 않으면 안 됩니다. 이미 육체를 떠나 영계에 들어간 사람들도 이제는 이 땅에 다시 태어나 육체를 완성시켜야만 한다는 사실을 깨닫고 있습니다."

그날 저녁 헤어지기 전에 우리는 탐사대를 다섯 그룹으로 나누기로 결정했다. 그리고 불쑥 나타나 함께 저녁 식사를 한 에밀을 포함한 다섯 대사에게 각 그룹을 인도해줄 것을 부탁했다. 그렇게 하면 좀더 넓은 범위를 조사할 수 있어서 훨씬 더 생산적일 뿐만 아니라,

초인생활 ✦ 탐사록

불가시 차원에서의 공간 이동이나 멀리 떨어져 있는 사람 사이의 상념을 통한 의사 전달 같은 것을 직접 확인할 수 있을 것이라고 생각했다. 각 그룹은 두 명 이상의 우리 대원과 한 명의 인도자로 구성되었다. 우리는 서로 멀리 흩어질 예정이었다. 그러나 우리에게 대단히 우호적이고 자기들이 하는 일을 확인할 수 있는 기회를 주었던 대사들이 서로 연락을 취해주기로 했다.

✜ ✜ ✜

12

우리는 다음 날 상세하게 계획을 짰다. 나를 포함한 대원 세 명은 에밀 대사와 자스트를 따라가기로 했다. 이튿날 아침, 인도자와 짐꾼을 포함한 우리 각 그룹은 서로 다른 방향으로 출발할 준비를 했다. 우리는 일어나는 모든 사건을 자세히 관찰하고 기록하기로 했다. 그리고 60일 후에 앞서 말한 320킬로미터 떨어진 곳에 있는 에밀 대사의 집에서 만나기로 했다. 우리는 각 그룹의 인도자인 대사들을 통해서 서로 연락을 취하기로 했고, 계획대로 매일 밤 연락이 이루어졌다. 대사들은 상념 전달에 의해 서로 대화하거나 왕래함으로써 이 일을 했다. 대장이나 다른 대원들에게 연락을 취하고 싶을 때에는 전하고자 하는 내용을 대사들에게 부탁하기만 하면 실로 놀랄 만큼 짧은 시간 안에 회답을 받아볼 수 있었다. 우리는 몇 시 몇 분에 이 전갈을 보낸다는 발신 시간을 표시해서 자세하게 기록한 전갈을 주고받았다.

후에 다시 만나서 주고받은 교신 내용을 서로 확인해보았을 때 정확하게 소식이 오간 것을 알게 되었다. 대사들은 우리의 전갈을 전하는 것 외에도 이 캠프 저 캠프를 오가면서 우리 대원들과 대화를 나누기도 했다. 우리는 그들이 나타나고 사라지는 것도 정확한 시간과 장소를 병기해서 자세하게 기록해놓았다. 후에 각 그룹에서 기록해놓은 그 기록도 낱낱이 대조해보았다. 물론 나타남과 사라짐 사이에 전혀 오차가 없었던 것이 확인되었다.

우리는 넓게 흩어져 있었다. 우리 다섯 그룹은 각각 페르시아, 중국, 티베트, 몽골, 그리고 인도 지방을 탐사했다. 물론 인도자 대사가 항상 각 그룹과 동행하였다. 인도자 대사들은 때로는 1,600킬로미터가 넘는 거리를 불가시 차원에서의 공간 이동을 통하여 오가며 각 그룹에서 일어난 일과 탐사의 진행 과정을 소상히 알려주었다.

내가 속해 있던 그룹은 히말라야 산록의 고원 지대에 있는 작은 마을을 목적지로 정했다. 그 마을은 남서쪽으로 약 130킬로미터 지점에 있었다. 우리는 그 여행을 위해서 아무런 식량도 준비하지 않았지만, 항상 충분한 음식을 제공받았으며 늘 편안한 숙소에서 쉴 수 있었다. 우리는 출발한 지 닷새째 되는 날 오후에 목적지에 도착하였다. 부락민 대표는 우리를 기쁘게 맞아주었고 편안한 숙소를 제공해주었다. 마을 사람들은 에밀 대사와 자스트를 극진히 모셨다.

에밀 대사는 이 마을을 한 번도 방문한 일이 없었으나 자스트는 이전에 방문했던 일이 있었다고 했다. 히말라야 산맥의 몇몇 오지에는 설인ᵇˢ들이 살고 있는데, 자스트는 그 설인들에게 사로잡힌 마을 사람 세 명을 구해달라는 요청을 받고 이 마을을 처음 방문했었다는 것이다. 이번 방문도 비슷한 요청을 받고 이루어진 것이며, 마을을 떠나 움직일 수 없는 중환자를 치료해달라는 부탁도 있었다고 한다. 소위 설인이라는 사람들은 버림받거나 추방당한 후에 히말라야 산맥의 눈과 얼음이 뒤덮인 지역으로 들어가, 산속 요새에서 모든 문명을 등지고 살면서 종족을 형성하기에 이른 자들이라고 한다. 그들은 수가 많은 것은 아니지만, 매우 사납고 호전적이어서 사람들을 사로잡아서 괴롭히는 일이 종종 있다고 한다. 우리가 그 마을에 도착했을 당시에도 마을 사람 네 명이 난폭한 설인들에게 사로잡혀 있는 상황이었다. 마을 사람들은 어찌해야 좋을지 망설이다가 자스트에게 사람을 보내 도움을 청했으며, 그래서 자스트는 설인들에게 사로잡힌 사람들을 구출하기 위해서 에밀 대사를 모시고 우리와 동행하여 이 마을에 왔던 것이다.

우리는 물론 실제로는 존재하지 않을 것이라고 생각했던, 말로 만 듣던 설인을 볼 수 있을 것이라는 기대에 부풀어 흥분하지 않을 수 없었다. 우리는 구조대가 조직되면 우리도 거기 끼일 수 있을 것 이라고 생각했다. 그러나 에밀 대사가 자기와 자스트 두 사람만이 지 금 곧 사로잡힌 마을 사람들을 구출하기 위해서 떠날 것이라고 말했 을 때 우리의 희망은 물거품이 되어버렸다. 에밀 대사와 자스트는 잠 시 후에 모습을 감추고 사라졌다가 이틀째 되는 날 저녁에 설인들에 게 잡혀 있던 네 사람을 데리고 돌아왔다. 돌아온 사람들은 자기들을 사로잡았던 기괴한 사람들과 자기들이 겪은 무시무시한 경험을 들려 주었다. 다음은 그들의 이야기에 따른 것이다.

설인들은 거의 벌거벗은 채 살아가고 있지만 야생동물처럼 온몸 이 털로 뒤덮여 있어서 산악 지대의 혹한에도 견딜 수 있다. 그들은 또 자기들이 거주하고 있는 지역에 살고 있는 야생동물들을 뛰어서 사로잡을 수 있을 만큼 대단히 빠르다. 이 거친 사람들은 에밀 대사 와 자스트를 '태양에서 오신 분들'이라고 불렀으며, 이들 두 대사가 포로를 구출하기 위해서 자기들 사이로 들어와도 저항하지 않았다. 그런데 두 대사가 그들에게 접근해보려고 여러 차례 시도했을 때는 그들이 두려워했기 때문에 번번이 허사로 돌아가고 말았다.

만약 대사들이 그들이 살고 있는 곳으로 들어간다면 그들은 너무 두려운 나머지 침식을 거른 채 밤낮 밖에서 지낼 것처럼 보였다. 그 들은 문명과는 완전히 단절된 상태로 살아가고 있었다. 그래서 심지

　　　　　　　　　　　　　　　　　　초인생활 ✦ 탐사록

어는 자기들도 과거에는 다른 종족들과 접촉하며 살았고 본래 그들 종족들 중 하나였다는 사실마저도 까맣게 잊어버리고 있었다. 그만큼 그들은 다른 사람들과 단절되어 있는 것이다. 우리는 에밀 대사와 자스트로부터 그 기이한 종족에 대한 이야기를 더 듣고자 했으나 그들은 별로 이야기해주지 않았다. 그리고 그들이 있는 곳으로 데려가 달라고 하였으나 그것도 거절당했다. 그들에 대해 질문했을 때 우리가 들은 대답은 다음과 같은 짤막한 말뿐이었다.

"그들도 우리와 똑같은 하느님의 자녀입니다. 다만 그들은 오랜 세월 동안 이웃에 대한 증오와 두려움 속에서 살아오면서 증오심과 두려움을 키웠고, 그 결과 자기들이 인간 가족의 후예임을 완전히 잊고 스스로를 야생동물이라고 생각할 정도에 이르기까지 이웃으로부터 고립되어 살게 된 것입니다. 그들은 지금 야생동물적인 본능마저도 잊어버린 상태입니다. 야생동물도 누군가가 자기를 사랑할 때 본능으로 그것을 알아차리고 응답하는데 저들은 그렇지 못합니다. 우리가 말할 수 있는 것은 사람은 누구나 자기가 마음으로 바라는 것을 산출하며, 하느님과 인간으로부터 고립되는 것은 누군가가 억지로 그렇게 만드는 것이 아니라 자기 스스로의 결정에 따라 그렇게 되는 것이라는 사실뿐입니다. 인간은 이러한 과정을 통해서 스스로 동물보다 더 저급한 차원으로 떨어질 수도 있습니다. 지금 여러분을 그들이 있는 곳으로 데려다주는 것은 아무 의미가 없습니다. 그렇게 하는 것은 그들의 상태를 오히려 더 악화시킬 것입니다. 우리는 어느 날엔가 그들 중에서 우리의 가르침을 받아들이는 사람이 나타나서 그의 영향으로 그들 모두가 변화되기를 바라고 있습니다." 그러면서 말하기를 굳이 원한다면 그 기이한 사람들을 보러 가도 좋다고 했다. 간다면 에밀과 자스트 두 대사가 여러 가지 위험으로부터 보호해줄 것이고, 만약 포로로 잡혀도 구출해주겠다고 했다.

그날 밤, 우리는 묵고 있던 마을에서 약 50킬로미터 떨어진 곳에 있는 아주 오래된 사원을 방문하기 위해서 다음 날 출발하기로 계획을 짰다. 나의 두 동료는 그 사원을 보기에 앞서 가까이 가서 설인들을 보고 싶어했다. 그들은 마을 사람 두 명에게 같이 가달라고 부탁했다. 그러나 일언지하에 거절당했다. 그 마을 사람 중에는 마을을 떠나 설인이 출몰하는 지역에 가까이 다가가려고 하는 사람이 하나도 없었기 때문이다. 그래서 나의 두 동료는 자기들끼리만 가기로 결정했다.

그들은 에밀 대사와 자스트로부터 대체적인 방향과 길을 알아본 다음 허리에 총을 차고 출발 준비를 마쳤다. 에밀 대사와 자스트는 그들이 출발하기 전에 극한 상황에 처했을 때만 총을 쏘겠다는 분명한 약속을 받았다. 공포를 쏘는 것은 무방하지만 최후의 상황이 아니면 설인을 쏘아 죽여서는 안 된다는 제한을 두었던 것이다. 나는 우리가 아무런 무기도 가지고 오지 않았는데 그들이 권총을 가지고 있어서 놀랐다. 그중에 하나는 45구경 콜트였다. 나는 내가 가지고 있던 45구경 콜트를 오래전에 버린 터라 그 권총이 어디서 나온 것인지 알 수 없었다. 알아보니 일을 돌봐주던 일꾼 한 명이 우리의 짐짝 속에 권총 두 자루를 넣어두었는데 그것이 딸려온 것이었다.

✢✢✢
13

에밀 대사와 자스트와 나는 두 동료가 떠난 다음, 방문하고자 하는 사원을 향해 출발하여 다음 날 오후 5시 30분에 거기에 도착했다. 그 사원은 두 명의 노인이 지키고 있었고, 나는 편안하게 밤을 보낼 수 있었다. 그 사원은 높은 산의 정상에 다듬지 않은 돌로 건축되어 있었다. 그리고 지은 지 2,000년이 넘는다고 하는데 잘 수리되어 완전한 상태로 보존되어 있었다. 그 사원은 싯다들이 세운 최초의 사원들 중의 하나인데, 침묵 수행을 하기 위한 도장으로 건립된 것이었다. 나는 침묵 수행을 하기 위해서 그보다 더 좋은 장소는 없을 것이라고 생각했다.

사원은 그 산맥에서 가장 높은 봉우리 꼭대기에 있었다. 높이는 계곡으로부터 1,500미터가 넘으며 해발로는 3,300미터였다. 그리고 마지막 11킬로미터 정도는 깎아지른 듯한 벼랑으로 길이 나 있는 것 같았다. 거기에는 위에 있는 바위에 밧줄로 묶어서 이쪽 언덕에 걸쳐 놓은 장대로 엮어 만든 다리가 벼랑 사이에 군데군데 놓여 있었다. 그 다리는 적어도 180미터 이상의 허공에 매달려 있었다. 낭떠러지 위에서 아래로 내려놓은 줄사다리를 타고 기어올라가야 하는 경우도 있었고, 마지막 90미터 정도는 수직으로 깎아지른 듯한 절벽으로서 줄사다리를 타고서만 올라갈 수 있었다. 꼭대기에 다다랐을 때 나는 마치 세계의 정상에 올라선 듯한 느낌을 받았다.

다음 날 아침 해 뜨기 전에 일어나서 사원 옥상으로 올라가보니 어제 올라오면서 겪었던 어려움을 말끔히 씻어줄 정도로 시원한 경치가 펼쳐졌다. 사원은 벼랑 끝에 서 있었는데, 900미터 아래에서부터는 아무것도 보이지 않아서 마치 사원 전체가 허공에 떠 있는 듯한 느낌이었고, 허공에 떠 있는 것이 아니라는 생각을 갖기에 상당한 곤란을 느낄 정도였다. 멀리에 세 개의 산이 있었는데, 그 세 개의 산에 모두 내가 서 있는 사원과 입지 조건이 비슷한 사원들이 세워졌다고 했다. 그러나 너무 먼 곳에 있어서 내가 가지고 있던 망원경으로는 볼 수가 없었다.

가장 멀리 보이는 산에 있는 사원에, 우리가 이 사원에 도착한 시간과 거의 같은 시간에 탐사대 한 그룹이 도착했다고 에밀 대사가 말했다. 그리고 그 그룹에는 우리 탐사대 대장이 포함되어 있다고 했다. 그러면서 말하기를 대장과 연락하기를 원한다면, 그들도 지금 우리처럼 사원 옥상에 올라가 있기 때문에 서로 연락이 가능하다고 했다. 나는 노트를 꺼내서 나는 지금 해발 3,300미터 높이에 있는 사원 옥상에 있으며 나에게는 마치 이 사원이 허공에 떠 있는 듯한 느낌이라고 썼다. 그리고 현재 시각은 내가 가지고 있는 시계로 오전 4시 55분이며 오늘은 8월 2일 토요일이라고 시간과 날짜를 병기했다. 에밀 대사는 이 메시지를 읽은 후에 잠시 침묵 상태로 서 있었다.

잠시 후 에밀 대사는 다음과 같은 회신이 왔다고 했다. "현재 시각은 내가 가지고 있는 시계로 오전 5시 1분. 여기도 허공에 떠 있는 듯한 느낌. 높이는 해발 2,550미터. 오늘은 8월 2일 토요일. 경치가 장관이며 이 사원은 대단히 놀라운 위치에 세워져 있음."

에밀 대사가 말했다. "만약 당신이 원한다면 제가 당신의 노트를 가지고 저쪽으로 갔다가 돌아올 때 회답을 받아올 수도 있습니다. 괜찮으시다면 제가 지금 저쪽으로 가서 그쪽 사람들과 이야기를 좀 나누고 돌아올까 합니다." 나는 기꺼이 노트를 건네주었고, 그는 이내 모습을 감추고 사라져버렸다. 그는 대장이 친필로 기록한 쪽지를 가지고 한 시간 45분 후에 돌아왔다. 그 쪽지의 내용은 이러했다. "에밀 대사는 오전 5시 16분에 이곳에 도착했으며, 우리는 앞으로 일어날 일들을 생각하면서 함께 좋은 시간을 보냈다." 중간에 약간의 시간 공백이 생긴 것은 양 지점의 경도 차이에 따른 시차 때문에 두 사람의 시계가 서로 다른 시간을 가리키고 있었기 때문이었다. 우리는 그 사원에서 사흘간 머물렀다. 그동안 에밀 대사는 다른 그룹들을 방문하면서 나의 노트를 전달하고, 그쪽의 회답을 받아오곤 했다.

　나흘째 되는 날 아침, 우리는 나의 두 동료와 헤어진 마을로 돌아갈 채비를 했다. 에밀 대사와 자스트는 산으로 올라가는 길과 계곡 길이 만나는 지점에서 약 50킬로미터 정도 떨어진 곳에 있는 다른 작은 마을을 방문하고자 했다. 그래서 나는 그들과 함께 가기로 했다. 그날 밤은 목자들이 사용하는 움막에서 지내고 다음 날 아침 일찍 일어났다. 우리가 방문했던 사원으로 가는 길은 앞에서 말했듯이 말을 타고 갈 수 있는 길이 아니었기 때문에 걸어왔고, 어두워지기 전에 우리가 목적하던 마을에 도착하려면 일찍 출발하지 않으면 안 되었기 때문이었다.

　오전 10시쯤 되어서 천둥과 번개가 치며 바람이 몹시 세차게 일었다. 소나기가 한차례 퍼부을 것 같았다. 그러나 비는 오지 않았다. 그 지역은 울창한 산림이 꽉 들어차 있었는데, 지면이 마른 풀로 뒤덮여 있는 걸로 보아서 비가 잘 오지 않는 건조 지대인 것처럼 보였다. 여기저기 벼락이 떨어져 마른 풀에 불이 붙었고 우리는 순식간에 들불 사이에 포위되고 말았다. 미친 사람처럼 맹렬한 기세로 타오르는 불이 세 방향에서 급행열차처럼 세차게 우리 쪽으로 달려왔다. 하늘은 짙은 연기로 뒤덮였으며 나는 공포에 사로잡혔다. 그러나 에밀 대사와 자스트는 침착하고 냉정한 모습이었다. 그래서 나는 어느 정도 마음을 놓을 수 있었다.

그들이 말했다. "이 불길에서 벗어나는 방법은 두 가지가 있습니다. 하나는 깊은 계곡 사이로 흐르는 개울이 있는 곳까지 가는 것입니다. 그 개울은 여기서 약 8킬로미터 거리에 있는데, 만약 거기까지 갈 수 있다면 불이 마른 풀을 다 태우고 저절로 꺼질 때까지 안전하게 몸을 피할 수 있을 것입니다. 다른 하나는 당신들이 우리를 전적으로 신뢰한다면 우리와 함께 저 불을 통과하여 지나가는 것입니다." 그 말을 듣는 순간 모든 두려움이 사라졌다. 그들이 어떠한 어려운 상황에서도 그것을 완전무결하게 처리하고 극복해왔다는 사실을 잘 알고 있었기 때문이었다.

우리는 불이 가장 맹렬하게 타오르고 있는 듯이 보이는 쪽을 향해 걸어나갔다. 그때 나는 에밀 대사와 자스트 두 사람 사이에서 그들과 함께 걸었다. 불길을 향해 다가가자 커다란 아치형의 길이 열렸고 우리는 그 길을 통해 불길 속으로 들어갔다. 연기 때문에 숨이 막힌다거나 열 때문에 뜨겁다거나 하는 일이 전혀 없었다. 발밑에 널려 있는 불똥에 발을 데지도 않았다. 우리가 통과한, 불이 휩쓸고 지나간 지역은 최소한 10킬로미터는 되었다. 거기를 통과하면서 나는 마치 평탄한 길을 차분하게 걷는 듯한 느낌을 받았다. 맹렬하게 타오르고 있는 불과는 아무 상관이 없었다. 결국 우리는 작은 시내를 건너

화염에서 완전히 벗어날 때까지 아무 문제 없이 불길 속을 통과했다. 그리고 나는 나중에 돌아오는 여행에서 우리가 통과했던 길을 충분히 살펴볼 기회가 있었다. 불길 속을 통과해 나오고 있는 중에 에밀 대사가 말했다.

"꼭 필요할 때 저차원적인 법칙을 이렇게 하느님의 고차원적인 법칙으로 대체하여 사용하는 것이 얼마나 쉽습니까? 우리는 지금 우리 몸의 진동을 불의 진동보다 더 높인 상태이기 때문에 불의 피해를 받지 않는 것입니다. 지금 우리는 다른 사람 눈에는 보이지 않습니다. 만약 누군가가 우리를 보고 있었다면 그는 우리가 갑자기 사라져버렸다고 생각할 것입니다. 그러나 우리는 지금 이전과 똑같은 모습을 이렇게 그대로 가지고 있습니다. 그리고 아무 문제도 없습니다. 그러나 육체적인 감각에만 의지하는 사람은 우리를 인지하지 못합니다. 그들은 분명히 우리가 하늘로 올라가버렸다고 생각할 것입니다.

그렇습니다. 사실 우리는 육체적인 감각에 의지하는 사람들이 인지할 수 없는 의식 차원으로 올라온 것입니다. 이러한 의식 차원으로의 상승은 누구나 할 수 있는 일입니다. 우리는 지금 아버지께서 우리에게 쓰라고 주신 법칙을 사용하고 있는 중입니다. 우리는 이 법칙을 사용하여 우리의 몸을 순식간에 원하는 곳으로 가져갈 수 있습니다. 우리가 문득 나타나고 또 문득 사라지는 것을 당신들은 공간 초월이라고 부르는데, 그렇게 할 때 우리가 사용하는 것이 바로 이 법칙입니다. 우리는 어떤 어려움이 있을 때 그 어려움의 진동보다 우리 의식의 진동을 더 높임으로써 극복해냅니다. 우리는 이렇게 의식의 진동을 높이는 방법을 사용하여 인간이 감각적인 의식으로 스스로에게 부과한 모든 제약을 뛰어넘을 수 있습니다."

그때 나는 지면에서 가볍게 뜬 상태로 걸어가고 있는 것처럼 느꼈다. 불길을 빠져나와 무사히 시내를 건너고 나서 나는 마치 깊은 잠에서 깨어난 듯했고, 불길을 통과해 지나온 과정이 꿈처럼 느껴졌다. 그러나 나는 나에게도 그러한 일이 일어날 수 있다는 사실과 경험한 사건의 진정한 의미를 점차 깨닫게 되었고, 나의 의식에는 새벽빛이 비치기 시작했다. 우리는 시냇가의 나무 그늘에서 점심 식사를 마친 후 한 시간 정도 휴식을 취했다. 그런 다음 목적지를 향해 다시 출발했다.

✢ ✢ ✢
14

　우리가 도착한 마을은 대단히 흥미로운 곳이었다. 거기에는 세례 요한이 약 5년간 그 마을에서 거주했다는 사실에 대한 결정적인 증거가 될 듯싶은 고대의 기록물이 잘 보존되어 있었다. 우리는 또 그가 이 나라에서 약 12년 동안 체류했다는 것을 입증할 수 있을 것 같은 기록도 보았다. 그리고 세례 요한이 약 20년에 걸쳐 이곳 사람들과 더불어 티베트, 중국, 페르시아, 인도 각처를 여행한 사실을 증명할 수 있으리라 추측되는 기록물도 보았다. 우리는 후에 이 기록들을 모두 번역했는데, 우리의 여행 계획은 당시 세례 요한의 발자취를 실제로 거의 그대로 따라가고 있다는 생각이 들 정도로 세례 요한의 행적과 일치했다.

　이것은 대단히 흥미로운 일이었다. 그래서 우리는 그 기록들에 언급되어 있는 여러 마을을 방문하여 광범위한 현지 조사를 수행한 다음 거기서 얻은 자료를 비교해보았다. 그 결과 우리는 그곳 사람들과 더불어 세례 요한이 여행한 지도를 정확하게 그릴 수 있었다. 이 일을 진행해가는 동안 우리는, 옛날에 세례 요한이 지나간 그 길을 따르고, 그 대지 위에 서 있다는 사실을 생생하게 체험한 경우도 여러 번 있었다.

　우리는 그 마을에서 사흘간 머물렀다. 나는 그동안 비밀에 싸여 있던 과거의 사실들이 그 베일을 벗고 생생하게 눈앞에 펼쳐지는 것을 경험했다. 나는 대사들의 가르침이, 만물이 그 근원인 하느님으로부터 생성되어 나오던 아득한 과거로부터 전해온 것이라는 사실을 깨달을 수 있었다. 그리고 이 가르침에 개인적인 생각이 덧붙여진 결과 분파가 여럿 생겨났고, 사람들은 이렇게 자기 생각을 보태서 이것이야말로 하느님께서 자기에게만 계시해주신 것이라고 고집하며 자기만이 이 세상에 진리를 전달하는 유일한 사자使者라고 생각하게 되었다는 사실도 알게 되었다. 즉 종교적인 분파와 부조화는 진정한 계시에 육체적인 인간의 생각이 혼합된 결과로 생겨났음을 분명히 깨달을 수 있었던 것이다. 그러나 대사들은 진정한 영성의 토대 위에 굳게 서서, 진정으로 인간은 죄가 없고 영원불멸하는 존재이며 하느님의 형상과 모양이라는 사실을 분명히 인지하고 있었다.

나는 앞으로 계속 조사해보면 이 위대한 사람들이 오랜 세월 동안 진리를 순수한 상태로 보존하여 전승했다는 사실이 분명히 밝혀질 것이라는 생각이 들었다. 그들은 자만하거나 다른 사람들에게 자기들의 가르침을 받아들이라고 강요하는 법이 없었다. 그들은 어떠한 권위도 내세우지 않고 행동을 통해서 묵묵히 진리를 증명했다.

사흘 후 에밀 대사와 자스트와 나는, 설인을 만나러 간 두 동료와 헤어진 마을로 돌아갈 채비를 했다. 에밀 대사와 자스트가 세례 요한에 대한 흥미로운 기록물이 보존되어 있는 이 마을을 방문한 것은 순전히 병자를 치료해주기 위해서였다. 산꼭대기 절벽 위에 세워진 사원에 갈 때나 이 마을에 올 때, 그들은 분명히 나처럼 오랜 시간 힘든 여행을 하지 않을 수도 있었다. 그럼에도 불구하고 그들은 나와 계속 동행해주었다.

마을에 도착해보니 헤어졌던 두 동료가 우리를 기다리고 있었다. 설인을 보고자 했던 그들의 목적은 수포로 돌아가버렸다고 했다. 그들의 이야기는 대략 이렇다. 그들은 닷새 동안을 찾아 헤매다가 지치고 싫증이 나서 포기하고 돌아오는 중에 1.6킬로미터쯤 떨어진 산마루에 사람 같은 모습이 허공을 배경으로 서 있는 것을 보았다. 그들은 즉시 망원경을 꺼내 그곳을 살펴보았지만 초점을 채 맞추기도 전에 그 모습이 멀리 사라져버리고 말았다. 그래도 사라지는 모습을 언뜻 볼 수는 있었는데, 털로 뒤덮인 원숭이같이 느껴졌다. 그들은 서둘러서 그 모습이 나타났던 장소로 가보았지만 아무런 흔적도 발견하지 못했다. 물론 그들은 그날 해 질 때까지 그 근처를 돌아다니며 설인을 찾아보았다. 그러나 아무 단서도 찾지 못하고 결국 탐색을 포기했다.

나의 이야기를 들은 동료들도 내가 방문했던 사원을 방문해보고 싶어했다. 그러나 에밀 대사는 며칠 내에 그와 비슷한 사원을 방문하게 될 것이니 계획대로 다음 여행을 계속해나가자고 말했다.

우리가 그 마을에 돌아왔을 때에는 그 일대에 살고 있는 수많은 병자들이 치료를 받기 위해서 모여 있었다. 우리의 짐을 나르는 일꾼들이 그 근처를 돌아다니며 설인들에게 사로잡혔다가 구출된 사람들에 대한 이야기를 퍼뜨렸기 때문이었다. 우리는 다음 날까지 그곳에 머물면서 병자들이 모여 치료를 받는 광경을 목격했다. 그중에는 지난겨울에 발에 동상이 걸린 스무 살쯤 되어 보이는 처녀도 있었다. 우리는 그의 발에 새 살이 돋아나와 완전히 치료되어 가볍게 걸어가는 모습을 직접 볼 수 있었다. 소경 두 명이 시력을 회복하기도 했다. 그중에 한 명은 날 때부터 소경이었다고 했다. 그리고 기타 여러 가지 병이 치유되었다. 모두가 깊은 감명을 받은 듯이 보였다.

병자들을 치료하는 일이 끝난 다음 우리는 에밀 대사에게 회심자가 많이 생겼는가 물어보았다. 그 질문에 대한 에밀 대사의 대답은 이러했다. 실제로 도움을 받은 다음에는 많은 사람들이 대사들의 가르침에 관심을 기울인다. 대사들을 따라다니며 봉사하겠다고 나서는 사람도 많다. 그러나 대사들의 가르침대로 살려면 대단한 노력이 필요하다는 것을 알고 나면, 얼마 지나지 않아 대부분의 사람들이 자신들의 옛 생활로 돌아간다. 거의 모든 사람들이 쉽게 살려고 하기 때문에 진심으로 믿음을 고백하는 사람은 백 명 중 한 명 정도밖에 되지 않는다. 나머지 사람들은 어려움에 처하면 다른 사람이 도와주기만을 바란다. 그런데 사실은 대부분의 곤경이 이렇게 남의 도움만을 구하는 정신 때문에 생겨나는 것이다. 대사들이 진정으로 도움을 구하는 자들을 도와줄 수는 있지만 그들을 대신해서 행동할 수는 없다. 그들 대사들에게서, 엄청나게 놀라운 일들이 각 사람을 위해 예비되어 있다는 가르침을 받을 수는 있지만, 그것을 깨닫고 행동으로 옮김으로 말미암아 놀라운 삶을 구현하는 것은 전적으로 각자에게 달려 있는 것이다.

✢ ✢ ✢

15

우리는 이튿날 아침 출발하였다. 따라다니며 봉사하기로 결심한 듯한 두 사람이 우리와 동행하였다. 사흘째 되는 날 저녁 무렵에는 내가 세례 요한에 대한 기록을 보았던 마을에서 20킬로미터 정도 떨어져 있는 한 마을에 도착했다. 나는 동료들에게도 그 기록을 보여주고 싶은 마음에 대단히 흥분되었다. 그래서 우리는 도착한 마을에서 하루 머문 다음 자스트를 안내자로 하여 기록물이 보존되어 있는 마을을 방문하기로 했다. 그 마을에 도착하여 기록물을 읽어본 나의 동료들은 대단히 깊은 인상을 받았다. 그래서 우리는 그 기록물에 대략적으로 서술되어 있는 세례 요한의 발자취를 지도 위에 그린 다음 그 뒤를 따라가볼 계획을 세웠다. 그날 저녁 우리는 제4그룹을 인도하는 대사가 나타나서 함께 시간을 보냈다.

그는 제1그룹과 제3그룹에서 보내는 전갈도 함께 가져왔다. 그는 세례 요한에 대한 기록이 보존되어 있는 마을에서 태어나 자랐고, 그의 조상들이 그것을 기록했으며 그 기록은 대대로 자기 집안에서 보존해온 것이라고 한다. 그는 또 자신은 세례 요한에 대한 기록을 남긴 분의 5대손인데 그들은 모두 자신의 몸을 가지고 영계로 옮아갔으며 언제든지 이 세상에 다시 돌아올 수 있다고 한다. 즉 그들 중에 죽음을 경험한 사람이 하나도 없다는 것이다. 우리는 그렇게 어려운 일이 아니라면 세례 요한에 대해 기록한 분과 이야기를 나누어보았으면 좋겠다고 요청했다. 그는 어려운 일이 아니라고 대답했다. 그래서 우리는 그날 저녁 그 만남을 위한 준비를 했다.

우리는 모두 자리에 앉아 있었다. 그러자 얼마 지나지 않아서 서른다섯 살쯤 되어 보이는 남자가 불쑥 방에 나타났다. 우리는 그가 바로 세례 요한에 대해 기록한 사람이라는 소개를 받고 악수를 나누었다. 우리는 귀신에 홀린 듯한 기분이었다. 왜냐하면 우리는 그가 대단히 늙은 노인일 거라고 상상하고 있었기 때문이다. 그는 약간 큰 키에 억센 인상을 풍겼다. 하지만 이전에는 결코 본 일이 없는 자애로움이 얼굴에 넘치고 있었고 몸짓 하나하나에서 강인한 성격이 배어나오고 있었다. 한마디로 그의 존재 전체에서 우리가 이해할 수 없는 어떤 빛이 발산되었다. 우리가 다시 자리에 앉기 전에, 방 한가운데에서 에밀 대사와 자스트, 제4그룹을 인도하는 대사가 방에 나타난 사람과 악수를 나누고 잠시 침묵한 채로 서 있었다. 그러고 나서 모두 자리에 앉자 방금 나타난 사람이 말하기 시작했다.

"이 만남은 여러분이 읽고 해석한 기록에 대해 좀더 아시고자 하여 이루어진 것이지요. 여러분이 들으신 대로 이 문서는 제가 기록하고 보관했던 것입니다. 이 문서에 위대한 영혼 세례 요한에 대한 기록이 포함되어 있는 것을 보고 놀라셨겠지요. 하지만 그것은 모두 그가 우리와 함께 여기에 있을 때 실제로 있었던 일을 기록한 것입니다. 이 기록이 말하고 있는 대로 그는 대단히 폭넓은 학식과 놀라운 지성의 소유자였습니다. 그는 우리의 가르침이 진리임을 지각했습니다. 그러나 우리의 가르침을 자신의 삶에서 구현하지는 못했지요. 만약 그랬다면 그는 결코 죽지 않았을 것입니다.

저는 이 방에 앉아서 저의 아버지와 요한이 이야기를 나누는 것을 지켜보았습니다. 그는 바로 이 방에서 가르침을 많이 받았어요. 저의 아버지는 이 방에서 육체를 그대로 가지고 영계로 옮아가셨지요. 요한도 그 광경을 지켜보았어요. 저의 아버지 쪽이나 어머니 쪽 친척들은 모두 육체를 그대로 가지고 영계로 옮아갔습니다. 육체를 영적으로 완성시켜나가서 생명 또는 하느님의 깊은 영적인 의미에 대한 완전한 깨달음에 도달할 때 이러한 '옮아감(passing)'이 일어납니다. 그러면 인간의 눈으로가 아니라 하느님의 눈으로 인생을 보게 되지요.

이 상태에 도달하면 최고의 가르침을 받을 특권이 주어지고, 모든 사람을 진정으로 도와줄 수 있게 됩니다. 이러한 의식층에 도달한 사람은 결코 아래로 내려가지 않으며 내려가려고 하지도 않습니다. 그들은 삶이란 앞으로 전진해가는 과정이라는 사실을 잘 알고 있기 때문입니다. 그래서 뒤로 되돌아가거나 그렇게 하고자 하는 사람이 없는 겁니다. 우리는 모두 더 밝은 깨달음을 얻고자 노력하는 사람들을 돕기 위해 손을 뻗고 있습니다. 우리는 보편 차원(the Universal) 속으로 계속 메시지를 보내고 있는데, 그 메시지는 그것을 받는 세계 각처의 하느님의 자녀들에 의해 해독되고 있습니다. 고차원의 의식층이나 고차원의 의식 상태에 도달하고자 하는 주요 목적은 남을 돕기 위한 것입니다. 왜냐하면 그 상태에 이르면 어떤 식으로든 다른 사람을 도울 수 있기 때문이지요.

우리는 받아들일 준비가 되어 있는 사람이나, 자신의 노력으로든 다른 사람의 도움을 받아서든 높은 의식층을 향해 전진해가는 사람들과 대화를 나누고 그들을 가르칠 수 있습니다. 그러나 여러분을 대신해서 여러분의 의식 상태를 높여줄 수는 없으며, 무한정 여러분을 이끌고 갈 수도 없습니다. 여러분은 스스로 의식 상태를 높이기로 결정하고 그렇게 해야 합니다. 그러면 여러분은 독립된 자유자가 됩니다. 예수처럼 높은 의식층에 도달하여, 썩어질 육체를 파괴되지 않는 영적인 몸으로 변화시키고 늘 그 상태에 머물게 될 때, 그때 우리는 우리가 받은 것을 수많은 사람들에게 나누어주며 그들과 교통할 수 있을 것입니다. 또 다른 사람들도 우리가 성취한 것을 그대로 성취할 수 있다는 사실을 알게 되고, 삶에서 일어나는 모든 문제를 풀 수 있을 것입니다. 그렇게 되면 어렵게 보이던 문제와 신비스럽게만 보이던 현상들이 아주 단순하고 자명한 사실로 드러나게 되겠지요.

저는 여러분이 매일 만나는 사람들과 하나도 다르지 않습니다. 저는 여러분과 똑같은 사람이라는 말씀입니다." 우리가 그에게 당신에게는 우리보다 훨씬 더 신묘한 그 무엇이 있다고 생각한다고 말하자 그가 대답했다.

"여러분의 생각은 육체적인 것과 영적인 것을 구분하고 비교하는 데서 비롯된 것입니다. 다른 사람을 볼 때 그에게 내재되어 있는 신성만을 바라보고 육체적이다 영적이다 하는 식의 비교를 하지 않는다면, 모든 사람이 저처럼 보일 것입니다. 즉 다른 사람의 얼굴에서 그리스도의 모습을 찾아내고자 애쓰면 모든 사람에게서 신성인 그리스도가 나타날 것이라는 말씀입니다. 우리는 어떠한 비교도 하지 않습니다. 우리는 다른 사람을 볼 때 항상 그리스도만을 봅니다. 이것이 우리가 여러분과 다른 점입니다. 여러분은 다른 사람의 불완전함을 보지만 우리는 완전함을 봅니다.

훌륭한 스승을 만나 가르침을 받든지 아니면 지금 여러분이 하고 계신 것처럼 우리를 보며 대화를 나눌 수 있는 상태에까지 의식을 높일 수 있기 전에는, 지금 드리고 있는 말이 무슨 영감을 주는 것 정도로밖에는 생각되지 않을 것입니다. 하지만 우리가 누구와 대화하면서 전하고자 하는 것은 영감이 아닙니다. 우리가 전하는 말씀은 진정한 영감을 받을 수 있는 지점까지 인도하는 일종의 교훈과 같은 성격을 가지고 있습니다. 영감은 하느님으로부터 직접 오는 것입니다. 여러분은 진짜 영감을 받아야 합니다. 즉 하느님께서 여러분을 통하여 자신의 뜻을 펼치시도록 여러분 자신을 맡겨야 한다는 말씀입니다. 그렇게 한다면 여러분은 우리와 같은 상태에 있게 될 것입니다.

꽃씨 속에는 앞으로 피어날 꽃의 완전한 모습이 세세한 부분에 이르기까지 이상적인 형상으로 간직되어 있습니다. 그것은 때가 되면 싹이 나고 자라서 꽃으로 피어납니다. 그런데 씨 속에 잠재되어 있는 내적인 형상이 세세한 부분에까지 완전하면 거기에서 피어나는 꽃은 아름답습니다. 그와 마찬가지로 하느님도 모든 인간의 이상적인 형상을 마음속에 품고 계십니다. 그 이상적인 형상은 하느님께서 그것을 통해서 자신을 표현하시고자 하는 완전한 것입니다.

그러므로 우리가 만약 하느님께서 생각하신 대로의 우리가 되도록 우리 자신을 맡긴다면 꽃보다 훨씬 더 아름답게 피어날 수 있겠지요. 어떤 일이든지 나 자신이 한다고 생각할 때 문제가 생기고 어려움이 따라옵니다. 이것은 모든 사람에게 해당되는 얘기입니다. 우리는 여러분과 하나도 다르지 않다는 사실을 잘 알고 있습니다. 여러분과 우리는 단지 이해 정도에서 차이가 있을 뿐입니다.

신앙의 여러 가지 외적 양식, 즉 여러 가지 다른 주의主義와 종교, 제도 그리고 서로 다른 신앙의 관점과 고백은 모두 좋은 것입니다. 그것들은 결국 추종자들로 하여금 자기들이 따르고 있는 외적 양식의 근저에는 그동안 간과해왔던, 본래 자기들이 소유할 수 있고 또 정당하게 소유하여야만 하는, 깊이 실재하는 요소가 있다는 깨달음을 얻을 수 있도록 인도해갈 것이기 때문입니다. 우리는 인간을 몰아가서 종국에는 만물의 주인임을 깨닫는 데까지 이르게 하는 것이 바로 종교의 외적 양식이라고 생각합니다. 원래 소유할 수 있었지만 지금은 소유하지 못한, 소유할 그 무엇이 있다는 것을 알면 그것을 소유하게 될 때까지 자극을 받게 될 것입니다. 만물은 이상을 추구하는 이러한 자극을 통하여 발전됩니다.

이상은 먼저 하느님에게서 나와 인간의 의식 속에 각인됩니다. 전진해가고자 하는 뜻을 가지고 있는 사람은 자기 앞에 성취해야 할 그 무엇이 있다는 것을 압니다. 그런데 통상적으로는 여기에서 실패합니다. 즉 성취해야 할 그 무엇이 하느님의 뜻이라는 사실을 깨닫지 못하고 자신의 이상인 것처럼 착각하는 것입니다. 그런 착각에 빠지게 되면 자기를 통해 하느님의 뜻이 펼쳐져서 하느님의 완전한 이상이 성취되도록 자신을 맡기는 대신 자기 방법대로 일을 추구해나가게 됩니다. 그 결과 완전하게 나타나야 할 것이 불완전하게 나타나고 마는 것이지요.

모든 생각(idea)은 하느님으로부터 직접 오는 완전한 것임을 깨닫고, 좋은 생각이 떠오르자마자 그것을 자기가 구현해야 할 하느님의 뜻으로 받아들임과 동시에, 자기가 하고자 하던 노력을 거두고 자기를 통해 하느님께서 완전한 방법으로 역사하시도록 자기를 맡긴다면 그 생각은 완전한 형태로 현실화될 것입니다. 여기서 우리가 깨달아야만 하는 것은, 하느님은 필사의(mortal) 인간을 초월한 존재이며 필사의 인간은 하느님의 뜻이 이루어지는 데 도움이 되지 않는다는 사실입니다. 이러한 사실들을 깨닫는다면 빠른 시간 안에 자신의 완전한 실상을 구현하는 법을 배우게 될 것입니다. 꼭 알아야 할 중요한 사실 한 가지는 자신의 심령의 힘이나 마음의 힘을 통해서 무엇인가를 이루어내는 행위를 영원히 중지하고, 하느님께서 원하시는 바를 그저 가감 없이 직접 표현해야 한다는 것입니다. 왜냐하면 모든 심령의 힘은 전적으로 인간의 창조물이고 그것이 인간을 잘못된 길로 인도하기 십상이기 때문입니다."

16

다음 날 아침 식사 때 다시 모이기로 하고 대화는 여기서 끝났다. 우리는 다음 날 아침 일찍 일어나서 아침 식사를 하려고 6시 30분에 숙소를 나섰다. 식당으로 가는 길에 보통 사람들처럼 대화를 하며 우리와 같은 방향으로 걸어가고 있는 대사들을 만났다. 그들은 우리에게 인사를 했고, 우리는 그들에게 당신들이 보통 사람들처럼 행동하는 것에 놀랐다고 말했다. 그러자 그들이 대답했다. "우리도 여러분과 똑같은 인간입니다. 여러분은 왜 우리를 계속 별난 사람처럼 생각하십니까? 우리는 하느님께서 주신 능력을 여러분보다 더 많이 발전시켰을 뿐, 여러분과 하나도 다르지 않은 똑같은 인간입니다." 우리가 다시 물었다. "그러면 여러분이 행하시는 일을 우리는 왜 하지 못하는 것입니까?" 그들이 대답했다. "우리가 만나는 모든 사람들은 왜 우리와 같은 삶을 살지 않고 우리처럼 행동하지 않는 것일까요? 우리는 우리 삶의 방식을 다른 사람에게 강요할 수도 없고 또 강요하는 것을 원치도 않습니다. 모든 사람들에게는 자기가 살고 싶은 방식대로 살아갈 자유가 있습니다. 우리는 단지 우리가 애써서 발견한 매우 만족스러우면서도 아주 쉽고 단순한 삶의 방식을 보여주고자 노력할 따름입니다."

우리는 식당에 들어가 자리를 잡았고 이런저런 일상적인 대화가 오고 갔다. 나는 경이로움에 빠져들었다. 식탁 맞은편에는 네 명이 앉아 있었다. 그중에 한 명은 이 지상에서 1,000년 이상을 살았던 사람이다. 그는 자신의 몸을 완성시켰기 때문에 영계든 물질계든 어디든지 원하는 곳에 자신의 몸을 가지고 나타날 수 있다. 그는 서른다섯 살 청년의 기력과 젊음을 가지고 있는데, 거의 2,000년 동안이나 그러한 상태를 유지해왔다. 그 옆에는 그의 5대손 되는 사람이 앉아 있었다. 그는 이 세상에 태어난 지 700년이 넘는 사람인데 기껏해야 마흔 살이 된 것 같은 모습이었다. 그들은 보통 사람들이 대화하듯이 우리와 이야기를 나눌 수 있었다. 거기에는 에밀 대사도 있었다. 그도 이 세상에서 500년 이상을 산 사람인데 예순 살 정도로밖에 보이지 않았다. 또 마흔 살 정도로 보이는 자스트도 있었다. 물론 그의 나이는 마흔 살 정도였다. 그들은 형제처럼 친밀하게 이야기를 주고받았다. 아무도 우월감을 나타내 보이지 않았다. 그들의 말은 부드럽고 단순했지만 분명한 근거와 논리를 갖추고 있었다. 그들의 대화는 전혀 신비하거나 기이하게 느껴지지 않았다. 그들은 보통 사람들이 일상적인 이야기를 주고받듯이 이야기를 나누었다. 나는 그러한 그들과 마주 앉아 이야기를 주고받는 것이 꿈이 아닌 현실이라고 인식하기가 몹시 힘들었다.

식사를 마치고 자리에서 일어나면서 우리 대원 중 한 명이 음식값을 지불하려고 했다. 그때 에밀 대사가 "여기서 여러분은 우리의 손님이시지 않습니까. 계산은 제가 하지요" 하면서 여자 종업원에게 손을 내밀었다. 우리는 그가 빈손을 내미는 것으로 생각했다. 그러나 다시 보니 꼭 음식값만큼의 돈이 그의 손에 있었다. 우리는 그들에게는 돈이 없었고 또 누구에게 빌린 적도 없다는 것을 알고 있었다. 그들은 음식이나 옷과 마찬가지로 그렇게 필요한 때는 돈도 보편 차원의 실체세계로부터 끌어내오는 것이었다.

식당에서 나오자 제5그룹을 인도하는 대사가 이제는 그만 돌아가야겠다고 말하며 우리와 악수를 나누었다. 그리고 사라졌다. 우리는 그가 사라진 시간을 기록해두었다. 그리고 후에 그가 제5그룹 대원들이 있는 곳에 나타난 시간과 비교해보니, 그가 우리에게서 떠난 후 10분 이내에 그곳에 도착했다는 것을 확인할 수 있었다.

우리는 그날 에밀 대사와 자스트와 요한에 대한 기록을 남긴 대사와 함께 그 마을 여기저기를 돌아보았다. 요한에 대한 기록을 남긴 대사는 요한이 그 마을에서 12년 동안 체재할 당시에 있었던 여러 가지 일들을 설명해주었다. 그의 이야기를 들으면서 우리는 마치 아득한 과거로 돌아가서 신화적인 인물로만 보이던 위대한 영혼인 세례 요한이 우리 앞에 나타나 함께 걸으며 이야기를 나누고 있는 듯한 생생한 착각에 빠져들었다. 그날 이후 세례 요한은 나의 삶에서 살아 있는 인물이 되었다. 나는 그가 우리처럼 마을 여기저기를 돌아다니는 모습과 위대한 스승들에게 가르침을 받으며 근본적인 진리를 깨달으려고 애쓰는 광경을 눈앞에서 보고 있는 듯했다.

우리는 종일 돌아다니며 역사상 가장 흥미 있는 사건들에 대한 이야기를 바로 그 사건들이 있었던 장소에서 들었다. 그리고 1,000년도 훨씬 넘은 그 사건들에 대해 기록한 문서를 번역해서 읽어주는 것을 귀담아 들었다. 그리고 어두워지기 직전에 마을로 돌아왔다. 우리는 온몸이 축 처질 정도로 지쳐 있었다. 그러나 우리와 줄곧 동행한 세 명의 대사들에게서는 지치거나 피곤한 모습을 전혀 찾아볼 수 없었다. 우리는 먼지를 뒤집어썼고 옷은 땀에 절어 있었다. 그런데 그들의 옷은 아침에 나갈 때 그대로 희고 깨끗했으며 기분도 상쾌한 듯이 보였다. 우리는 그들과 함께 돌아다니는 동안 그들의 옷이 더러워지지 않는 것에 주목했었다. 그래서 그 이유를 여러 차례 물어보았지만 대답을 들을 수 없었다. 그런데 그날 밤 요한에 대한 기록을 남긴 대사가 말했다.

"여러분에게는 우리의 옷이 더러워지지 않는 것이 매우 이상해 보일 것입니다. 그러나 우리에게는 하느님의 어떤 창조물이 자기 자리가 아닌 원하지도 않는 다른 창조물에게 달라붙는다는 것이 더 이상합니다. 그것은 분명히 잘못된 것입니다. 왜냐하면 모든 물질은 하느님께서 창조하신 신적인 것이고, 신적인 물질이 원치 않는 다른 자리에 놓인다는 것은 있을 수 없는 일이기 때문입니다." 그런데 그 순간 우리가 입고 있던 옷과 몸이 대사들처럼 깨끗해졌다. 그 변형은 서 있는 자리에서 우리 동료 세 명에게 동시에 일어났다. 그것은 실로 우리에게는 변형이었다. 피곤이 사라지고 아침에 일어나 목욕을 하고 나올 때처럼 상쾌한 기분이었다. 이것이 우리의 질문 전체에 대한 대답이었다.

우리는 그날 밤 그들과 함께 여행하면서 이전에는 느껴보지 못했던 깊은 안온함 속에서 휴식을 취했다. 그들에 대한 존경심은 사랑으로 바뀌어가고 있었다. 실로 우리는 깨끗하고 자비로운 마음으로 인류, 그들의 말로 형제들의 유익을 위해서 봉사하는 그들을 사랑하기 시작했다. 우리는 그들을 형제처럼 여기기 시작했다. 그들은 모든 것이 하느님께서 하시는 일이라고 말하며 결코 자기를 자랑하지 않았다. 그들은 "나는 내 마음대로 하는 것이 아니라 아버지께서 내 안에 계셔서 자기의 일을 행하시는 것"이라는 예수의 말씀대로 살아가고 있었다.

17

다음 날 아침에는 오늘은 과연 무슨 놀라운 일이 또 일어날까 하는 기대에 온 신경을 곤두세우고 자리에서 일어났다. 그 당시 우리는 하루하루를 진리에 대한 새로운 깨달음을 얻는 계시의 날로 여기기 시작했으며, 우리가 체험하고 있는 일들의 깊은 의미를 깨닫기 시작하고 있음을 느끼고 있었다.

우리는 그날 아침 식사 자리에서 다음 계획에 대한 이야기를 들었다. 일단 산속 높은 곳에 있는 마을로 간 다음, 거기에서 앞서 설명한 사원 옥상에서 보았던 높은 산 위에 있는 사원을 방문하게 될 것이라는 얘기였다. 이번 여행에서 말을 타고 갈 수 있는 거리는 24킬로미터 정도뿐이기 때문에 마을 사람 두 명이 우리와 동행할 것이며, 더 이상 말을 타고 갈 수 없는 지점에서 그들이 우리와 헤어져 다른 마을로 말을 끌고 가 거기서 우리가 그곳에 도착할 때까지 기다리게 될 것이라는 얘기도 들었다. 우리는 지정된 지점에서 마을 사람 두 명에게 말을 넘겨주고 나서 좁은 산길을 따라 산 위에 있는 마을을 향해 올라갔다. 그 길은 부분적으로는 바위를 쪼아내서 만든 계단으로 되어 있었다. 그날 밤은 여관에서 묵었다. 그 여관은 말에서 내린 지점과 목적지의 중간쯤 되는 곳에 있는 고개 위에 자리 잡고 있었다. 여관 주인은 쾌활한 성격의 노인이었다. 그는 엄청나게 뚱뚱했다. 얼마나 뚱뚱한지 걸어가는 것인지 굴러가는 것인지 분간할 수 없을 정도였고, 눈이 어디에 붙어 있는지도 모를 정도였다. 우리가 후에 들은 바로는 그는 에밀 대사를 알아보자마자 만약 도와주지 않으면 분명히 죽게 될 것이라고 하면서 자기의 병을 고쳐달라고 요청했다 한다. 그는 수백 년 동안 여관을 통하여 사람들의 편익을 도모해 온 선조들의 대를 이어 약 70년 정도 그 여관을 지켜온 사람이었다.

그의 이야기는 이러했다. 여관 경영을 책임질 당시 그는 불치의 유전병을 치료받은 일이 있었다. 그 후 약 2년 동안은 열심히 봉사했는데, 시간이 지나면서 봉사하고자 하는 의욕이 점차 식어지고 오히려 어려운 일들을 남에게 의지해서 해결해보려는 의타심이 생기기 시작했다. 그러한 상태로 20년 정도를 지내는 동안 겉으로는 사업이 번창하는 듯했고 건강도 좋아 보였다. 그러나 사실은 그가 옛 생활 방식으로 되돌아가면서는 거기서 벗어나기 위해 어떠한 노력도 기울이지 못하는 무기력증에 시달려왔다. 우리는 그의 경우가 비일비재하게 일어나는 일의 한 예에 불과하다는 사실을 알았다. 이런 부류의 사람들은 편하고 쉽게 살기만을 바란다. 그래서 어떠한 노력이 요구되면 그것을 짐으로 생각한다. 그들은 삶의 의미를 찾고자 하는 의욕을 상실하게 되며, 도움을 청하는 그들의 기도는 간절한 소원이 담긴 것이 아니라 같은 말을 반복하는 기계적인 소리에 지나지 않게 된다.

우리는 다음 날 아침 일찍 출발하여 오후 4시경에 목적지 마을에 도착하였다. 방문하고자 하는 사원은 머리 위로 솟아 있는 바위산 꼭대기에 있었다. 그 바위산은 거의 절벽으로 이루어져 있었기 때문에 밧줄에 매달린 바구니를 타고 올라갈 수밖에 없었다. 바구니는 위에 있는 바위에 단단히 고정시킨 나무 대들보에 달아놓은 도르래를 이용하여 오르락내리락하도록 되어 있었다. 바구니를 매단 밧줄은 도르래를 거쳐 줄을 감아올리는 기계에 연결되어 있었고, 줄을 감아올리는 기계는 절벽 중간쯤에 튀어나와 있는 거대한 선반 모양의 바위에 만들어진 작은 암실巖室에 설치되어 있었다. 그리고 도르래를 매단 나무 대들보가 선반 모양의 바위 끝에서 허공으로 걸쳐지게 한 다음 바구니를 끌어올리고, 다 올라오면 대들보를 다시 안쪽으로 끌어들여 선반 모양의 바위에 만들어진 작은 암실에 안착시키는 구조로 되어 있었다.

선반 모양의 바위는 절벽에서 상당히 멀리까지 돌출해 있었다. 그래서 바구니가 오르내릴 때에는 허공에서 15미터 정도 흔들렸다. 신호가 가자 위에서 바구니가 내려왔다. 우리는 한 사람씩 바구니를 타고 120미터 높이에 있는 선반 모양의 바위 위로 올라갔다. 선반 모양의 바위에 올라가서 보니 150미터 높이의 절벽이 또 있었고, 그 끝에 사원의 벽이 연결되어 있는 것을 볼 수 있었다. 그 절벽도 앞에서 선반 모양의 바위까지 올라올 때 사용한 것과 똑같은 방법으로 올라가도록 되어 있었다. 우리가 서 있던 선반 모양으로 돌출한 바위 끝에 설치되어 기중기 역할을 하는 나무 대들보와 비슷한 나무 대들보가 사원 옥상에 설치되어 있었고, 우리는 거기에서 내려진 밧줄에 아래에서 타고 올라온 바구니를 옮겨 묶고 한 사람씩 그 바구니를 타고 150미터 높이의 절벽 끝에 있는 사원 옥상에 도착했다.

거기서 나는 또다시 세계의 정상에 서 있는 듯한 느낌을 받았다. 사원은 주위의 산들보다 270미터나 높은 바위산 꼭대기에 자리 잡고 있었다. 앞서 언급한 히말라야 산맥을 넘는 고갯마루에 있는 마을은 270미터 아래에 있었다. 나는 이 사원이 앞서 에밀 대사와 자스트와 함께 방문했던 사원보다 300미터나 낮은 곳에 있다는 얘기를 들었

　　　　　　　　　　　　초인생활 ✦ 탐사록

다. 그럼에도 불구하고 시계視界는 먼젓번 사원보다 훨씬 더 넓게 트여서 마치 무한한 공간을 바라볼 수 있을 것 같이 느껴졌다.

우리는 편안히 쉴 수 있는 방으로 안내되었다. 우리와 동행한 세명의 대사들은 다른 그룹의 동료들을 만나러 떠나려고 하니까 전할말이 있으면 적어달라고 하였다. 우리는 간단한 메모와 함께 날짜와시간과 장소를 정확하게 기록한 쪽지를 건네주었다. 후에 다른 그룹의 대원들을 만났을 때 확인해본 결과 우리가 대사들에게 쪽지를 건네준 지 20분 이내에 그 쪽지를 받아볼 각 그룹에 정확히 전달되었다는 것을 알았다. 그러자 그들은 내일 아침에 돌아오겠다고 말하면서손을 내밀어 우리와 악수를 나누었다. 그리고 한 사람씩 사라졌다.

우리를 수행한 사람들이 정성들여 차려준 저녁을 먹은 다음 잠자리에 들었다. 그러나 체험한 일들이 깊은 감명으로 다가왔던 까닭에잠을 이루지 못했다. 우리는 거의 2,700미터 높이의 공중에 있었다.수행원 몇 사람을 제외하고는 사람의 그림자도 비치지 않았다. 우리가 이야기하는 소리 이외에는 아무런 소리도 없었다. 바람도 일지 않는 고요한 밤이었다. 한 동료가 말했다. "사람들이 이런 곳에명상을 위한 사원을 건립한 것은 이상할 것도 없군요. 정적이 몸에스며드는 것 같아요. 이곳은 정말 명상하기에 최적의 장소인 것 같군요." 이렇게 말하고 나서 그는 한번 둘러보겠다면서 밖으로 나갔다. 그러나 안개가 너무 짙어서 아무것도 볼 수 없다면서 잠시 후에돌아왔다.

나의 두 동료는 이내 잠이 들었다. 그러나 나는 잠을 잘 수 없었다. 그래서 일어나 옷을 입고 옥상으로 올라가서 다리를 낭떠러지 아래로 내리고 담에 걸터앉았다. 달빛이 없었다면 칠흑같이 깜깜했을 텐데 다행히 안개 사이로 비치는 달빛이 어느 정도 어둠을 밝혀주고 있었다. 달빛 속에서 안개구름이 굽이치고 있었다. 그것이 없었다면 아래 어디쯤엔 대지가 있고 나는 그 대지에 연결된 자리에 앉아 있다고는 생각하지 못하고 망망한 허공에 떠 있다고밖에 생각할 수 없었을 것이다. 나는 문득 환상에 빠져들었다. 커다란 빛줄기에서 부챗살처럼 퍼져나오는 빛이 나를 비추었다. 나는 끝없이 넓게 퍼져나가는 빛살의 중앙부 끝에 앉아 있었는데, 그 중앙의 빛살이 가장 밝았다. 퍼져나가는 빛살은 각기 지상의 어느 한 지점을 비추었다. 그래서 빛이 만물을 비추었고, 결국 만물은 하나의 빛 속에 들어오게 되었다. 그렇게 만물을 비추는 빛살들은 모두 너무 밝아 투명한 수정처럼 보이는 강렬한 백색으로 빛나는 중앙부에서 퍼져나온 것이었다. 나는 문득 마치 허공에 떠서 이 광경을 보고 있는 듯이 느꼈다.

빛줄기 저 아래에는 아득한 과거의 망령들이 그 수가 점점 불어나면서 줄을 지어 질서정연하게 행진하고 있는 모습이 보였다. 그러다가 어떤 장소에 도달하자 옆으로 넓게 퍼져나가, 빛이 비치는 지역 전체를 뒤덮었다. 그리하여 과거의 망령들이 세상 전체를 뒤덮게 되었다. 그들은 모두 처음에는 백색으로 빛나는 빛의 중심부에서 나온 것처럼 보였다. 그들은 처음에는 하나, 그다음엔 둘, 그다음엔 넷 하는 식으로 빛의 중심부에서부터 퍼져나와 흡사 백 개의 부챗살이 펼쳐져 있는 모양으로 대단히 넓게 확산될 때까지 그 수가 증가하였다. 그러다가 어느 일정한 지점에 이르러서는 갑자기 넓게 흩어지기 시작하여 각자 자기의 길로 달려가 온 세상을 뒤덮어버렸다. 그들이 온 세상을 뒤덮어버렸을 때 확산은 끝난 것처럼 보였다. 확산이 끝난 거기에서부터 그들을 실어온 빛줄기의 폭이 점차 좁아지기 시작하였

　　　　　　　　　　　　　　　　　초인생활 ✦ 탐사록

다. 그리하여 마침내는 그들이 처음 출발해나왔던 빛의 중심부에 이르러서는 한 점이 되어버렸다. 이렇게 하여 우주의 한 주기週期가 완성되었고, 빛의 중심 한 점에서 나온 만물은 자기가 나온 빛의 중심으로 하나하나 돌아갔다. 빛의 중심으로 돌아가기 전의 그들의 모습은 흡사 손잡이를 향하여 부챗살이 집중되는 모습이었고, 그렇게 중심을 향하여 모여와서 하나가 된 상태로 태초의 자궁인 빛의 중심으로 들어갔다. 나는 내가 앉아 있는 자리가 그런 꿈을 꾸기에 안전한 곳이 못 된다고 생각하며 퍼뜩 환상에서 깨어났다. 나는 안으로 들어가 잠자리에 들었다.

18

우리는 수행원 한 사람에게 날이 밝기 전에 깨워달라고 부탁해놓았었다. 그래서 문 두드리는 소리가 나자마자 침대에서 벌떡 일어났다. 그만큼 높은 곳에서 날이 밝아오는 광경을 보고 싶었던 것이다. 우리는 재빨리 옷을 주워입고 흥분된 초등학생들처럼 소란을 피우며 옥상으로 우르르 몰려 올라갔다. 시끄럽게 올라가는 소리에 무슨 일이 생긴 것이 아닌가 하고 수행원들이 놀라서 뛰어나올 정도였다. 그 사원은 만 년 전에 건립된 것이라고 하는데, 그 사원이 건립된 이래 우리가 피워댄 소란보다 더 시끄러웠던 적이 없었을 것이라는 생각이 들었다. 사원은 하도 오래되어서 아래에 있는 바위산의 일부분이 된 것처럼 보였다.

옥상에 올라가보니 말문이 막힐 정도의 광경이 펼쳐졌다. 그래서 조용히 하라고 말할 필요도 없었다. 나의 두 동료는 너무 감탄한 나머지 눈을 휘둥그렇게 뜨고 입을 벌린 채 서 있었다. 그때 누가 나의 모습을 보았다면 나 역시 같은 모습이었을 것이다. 나는 동료들의 입에서 과연 무슨 말이 터져나올까 기대하고 있었다. 그들은 거의 동시에 "와, 우리가 지금 공중에 떠 있는 것 아닙니까?" 하고 감탄의 소리를 냈다. 그들은 이전에 내가 다른 사원 옥상에서 느꼈던 것과 똑같은 느낌, 즉 발아래 무엇이 있다는 것을 잠시 잊고 허공에 둥둥 떠 있다고 느끼고 있었던 것이다. 한 동료가 말했다. "이런 경험을 하고 나니 대사들이 하늘을 날 수 있다는 것도 이상할 것이 없군요." 뒤에서 웃음소리가 들려 우리는 몽상에서 깨어났다.

돌아다보니 에밀 대사, 자스트, 그리고 세례 요한에 대한 기록을 남긴 대사가 바로 뒤에 서 있었다. 나의 동료 한 명이 재빨리 그들에게 다가가 그들의 손을 한꺼번에 잡으려고 하면서 말했다. "정말 장관입니다. 여러분이 이런 곳에서 지내신 후에 하늘을 날 수 있게 되었다는 게 하나도 이상하지 않습니다." 그러자 그들은 미소 지었다. 그리고 그중에 한 명이 말했다. "여러분도 우리처럼 자유롭게 날 수 있습니다. 여러분 자신에게 그럴 수 있는 능력이 있다는 사실을 알고 그 능력을 사용하기만 하면 됩니다." 우리는 다시 앞에 펼쳐진 광경으로 눈을 돌렸다. 낮게 깔린 안개가 굽이치며 움직이고 있었다. 때문에 어딜 보아도 지면이 보이지 않았다. 그리고 마치 소리 없는 날개를 타고 안개 위를 날아다니는 기분이었다. 멀리 바라다보고 있노라면 자기가 지금 어디에 서 있는지 까맣게 잊어버리고 허공에 떠 있다는 생각을 가지지 않을 수가 없었다. 먼 곳을 응시했을 때, 나는 실제로 체중 감각을 잃어버리고 사원 옥상 위에 떠 있는 것처럼 느꼈다. 나는 동료 한 사람이 무어라고 말하는 소리에 깨어날 때까지 그런 망아의 경지에 빠져 있었다. 나는 그때 동료가 말하는 소리에 퍼뜩 놀라면서 옥상에 발을 부딪혔는데, 며칠 후까지 통증을 느꼈다.

그날 아침 식사를 하면서 그곳에서 사흘간 머물기로 결정했다. 우리 대원들이 만나기로 약속한 곳으로 가기 전에 방문할 장소가 한 군데밖에 더 남아 있지 않았기 때문이었다. 에밀 대사가 가져온 메시지를 읽어보고 우리 대장이 속해 있는 그룹이 불과 사흘 전에 이 사원을 방문했다는 사실을 알았다. 식사를 마친 후 다시 밖으로 나갔다. 안개가 서서히 걷히고 있었다. 우리는 안개가 완전히 걷히고 해가 떠오를 때까지 그 광경을 바라보았다. 비로소 벼랑 바로 밑에 아늑하게 자리 잡고 있는 마을과 그 아래 계곡이 눈에 보였다.

대사들이 마을을 방문하겠다고 하여 우리도 함께 갈 수 있겠느냐고 물었다. 그랬더니 그들은 웃으면서 함께 갈 수는 있지만 자기들 같은 공간 이동 방식이 아니라 바구니를 타고 내려가는 것이 좋을 것이라고 말했다. 그래서 우리는 한 사람씩 바구니를 타고 선반 모양으로 돌출한 바위로 내려가 거기서 다시 바구니를 타고 마을 위에 있는 고원 지대로 내려갔다. 우리는 마을로 내려가 거의 하루 종일 거기서 시간을 보냈다. 그 마을은 아주 예스러웠다. 집들은 바위 절벽에 구멍을 파고 입구를 바위로 막아놓은 산악 지대 특유의 가옥 양식을 하고 있었다. 그런 집이 약 스무 채가량 있었다. 겨울에 폭설의 피해를 막기 위해서 그러한 양식으로 집을 지은 것이라고 했다. 얼마 지나지 않아 마을 사람들이 모여들었고 에밀 대사가 그들과 잠시 이야기를 나누었다. 에밀 대사는 다음 날 오후에 그들과 모임을 갖기로 합의를 보았다고 했다. 마을 사람들은 이웃으로 사자使者들을 보내어 원하는 사람은 그 모임에 참석해도 좋다는 소식을 알렸다.

세례 요한은 이 마을에 체류하면서 사원에 올라가서 가르침을 받았으며, 사원은 요한 당시에도 우리가 보았던 것과 똑같은 모습이었다고 한다. 우리는 부서진 상태로 남아 있는 요한이 살던 집을 보고 오후에 다시 사원으로 올라갔다. 날씨가 매우 쾌청했기 때문에 그 지역 일대를 멀리까지 내려다볼 수 있었다. 요한이 사원을 오가던 길과 그가 머물던 다른 부락들도 보였다. 사람들은, 산 아래 마을은 요한이 그곳에 오기 6,000여 년 전부터 있었고, 사원은 마을이 형성되기 전에 세워진 것으로 추측하고 있었다. 우리가 떠날 때 지나갈 길도 보였는데, 그 길은 사원이 세워질 당시부터 사용해온 것이라고 했다. 오후 5시쯤 되어서 요한에 대한 기록을 남긴 대사는 잠시 다녀올 데가 있다고 하면서 악수를 청했다. 그는 우리와 악수를 하고 사라졌다.

이제까지 여러 지역에서 해 지는 광경을 볼 수 있었던 것은 큰 행운이었다. 그런데 그날 저녁, 나는 사원 옥상에서 그때까지 보았던 것 중에서 가장 인상적인 일몰을 보았다. 어둠이 내려앉기 시작하면서 눈 아래로 내려다보이는 고원과 경계를 이루는 나지막한 산맥 위에 노을이 물들기 시작했다. 지는 해가 봉우리에 걸릴 즈음에는 온 세상이 황금바다로 변해버렸다. 곧이어 석양빛을 받은 봉우리들이 불타오르는 듯이 보였다. 멀리 보이는 눈 덮인 봉우리는 불을 뒤집어쓴 듯하였고, 계곡의 빙하는 혀를 날름거리는 불꽃처럼 보였다. 그리고 그 불꽃은 다른 색조를 띠고 있는 하늘과 만나 섞여들어가고 있었다. 평야 지대의 호수들은 불을 뿜어내는 화산으로 변했고, 그 화산에서 뿜어내는 불은 위로 올라가 하늘의 색조 속으로 녹아들어갔다. 순간적으로 내가 지금 불바다 언저리에 서 있구나 하는 착각에 빠졌다. 그러나 잠시 후 모든 색조들이 하나로 녹아들어 조화를 이루고 말로 표현할 수 없는 평화롭고 고요한 밤이 찾아왔다. 우리는 그날 밤 사원 옥상에 앉아서 12시가 넘도록 에밀 대사, 자스트와 함께 대화를 나누었다. 대화는 주로 그 나라 사람들과 역사에 관한 것이었다. 에밀 대사는 그들의 기록을 자유롭게 인용하며 우리의 질문에 대답했다.

그들의 기록에 따르면, 그 나라에는 우리가 알고 있는 서양의 역사가 시작되기 수천 년 전부터 사람들이 거주하고 있었다 한다. 에밀 대사는 이렇게 말했다. "저는 여러분의 역사나 그것을 기록한 사람들을 무시하거나 비난하고 싶은 생각이 없습니다. 저는 다만 서양의 역사가 시작될 당시의 역사가들이 자기들의 과거를 깊이 연구해보려고 하지 않고 이집트라는 이름이 내포하고 있는 의미를 당연한 것으로 받아들였다는 점만을 지적하고자 합니다. '이집트^{Egypt}'라는 말은 '외적인 어둠' 또는 '황무지'라는 의미를 함축하고 있는데, 사실은 사상의 불모지를 의미합니다. 지금처럼 그 당시에도 대부분의 사람들이 사상의 빈곤 속에 잠자고 있었고, 보다 더 깊은 의미를 찾기 위하여 현상의 배후로 깊이 파들어가는 일이 없었습니다. 그들은 눈에 보이고 손으로 만질 수 있는 표면적인 것들만 받아들였고, 또 그런 외적인 것들만 역사로 기록했습니다. 여러분의 역사는 이렇게 시작된 것입니다. 여러분의 역사와 우리의 역사를 연관시키기는 대단히 어렵습니다. 그렇다고 해서 우리의 역사가 진정한 역사이고 여러분의 역사는 가짜라고 주장하고 싶지는 않습니다. 그것은 여러분 스스로가 결정하실 문제입니다."

저 멀리 산 위로 달이 떠올랐다. 우리는 달이 거의 머리 위로 올라올 때까지 그것을 쳐다보며 앉아 있었다. 간간이 머리 위로 얇은 구름이 달을 가리며 지나가는 모습도 아름다웠다. 구름이 지나가고 난 다음에는 달도 구름도 정지하고 오히려 우리가 떠내려가는 듯했다. 그렇게 약 한 시간 정도 지났을 때 갑자기 뒤에서 무언가가 떨어지는 소리가 났다. 모두 깜짝 놀라 일어나서 주위를 둘러보니 한 중년 부인이 놀라셨느냐고 물으면서 미소 지으며 서 있었다. 처음에는 그가 옥상 난간에서 뛰어내린 것으로 생각했다. 그러나 그는 우리 주의를 끌기 위해 발을 두드렸을 뿐이었다. 주위가 너무 조용했던 까닭에 우리 귀에 크게 들렸던 것이었다. 에밀 대사는 그에게 반갑게 인사하고 나서, 그를 자기의 누이라고 소개했다. 그는 우리의 꿈에 방해가 되지 않았느냐고 물으면서 미소를 지어 보였다. 우리는 다시 앉아서 이야기를 주고받기 시작했다.

얼마 지나지 않아서 대화의 주제는 그의 경험담 쪽으로 흘러가기 시작했다. 그에게는 아들이 셋, 딸이 하나 있는데, 그들 모두를 하느님의 일을 하는 자세로 키웠다고 했다. 맨 아래 두 남매는 늘 자기와 함께 있다고 했다. 우리가 그들을 볼 수 없겠느냐고 하자 그는 오늘 밤 당장 그럴 수 있을 것이라고 대답했다. 그 말이 떨어지기가 무섭게 두 남녀가 나타났다. 그들은 외삼촌인 에밀 대사와 어머니인 중년 부인에게 인사를 했다. 그리고 우리 세 명에게 소개되었다. 아들은 꼿꼿한 자세의 큰 키에 남자다운 매력을 지닌 서른 살 정도 되어 보이는 청년이었다. 반면에 딸은 키가 크지는 않았지만 호리호리한 몸매에 아름다운 용모를 지닌 스무 살 정도 되어 보이는 차분한 처녀였다. 그런데 후에 아들이 115세이고 딸은 128세라는 사실을 알았다. 그들은 내일 있을 모임에 참석할 것이라고 말하고는 아래로 내려갔다.

그들이 내려간 뒤에도 우리는 계속 그들에 대한 이야기를 주고받았다. 그러자 어머니 되는 중년 부인이 말했다. "아이들은 본래 선하고 완전합니다. 악한 아이란 없습니다. 완전하고 순결한 상태에서 잉태되었든지 감각적이고 육체적인 방법으로 잉태되었든지에 상관없이 태어난 모든 아이는 선하고 완전하다는 말씀입니다. 완전하고 순결한 상태에서 잉태된 아이는 어린 시절에 자기가 하느님의 아들 그리스도임을 인식하고 빠른 시일 안에 자신의 그리스도 성(性)을 구현하게 될 것입니다. 그러면 그는 완전한 이상만을 품고 완전한 삶을 살게 되겠지요. 육체적인 감각을 통해서 잉태된 아이도 마찬가지입니다. 그도 자기 속에 있는 그리스도를 깨닫고 자기 내면의 이상적인 그리스도를 통해서 완전한 형태의 삶을 구현하게 될 것입니다. 그는 자기가 마음속에서 이상으로 품고 있는 그리스도를 사랑하며 귀하게 여김으로써, 결국은 그리스도를 출현시키게 되겠지요. 이렇게 해서 그는 완전한 상태로 거듭나서 완전한 형태의 삶을 이루어내게 되는데, 그 완전함이란 애당초 그의 내면에 존재하고 있던 것입니다. 차이가 있다면, 완전하고 순결한 상태에서 잉태된 아이는 처음부터 완전한 반면에 육체적인 감각을 통해서 잉태된 아이는 자기 속의 그리스도를 인지한 후에 그리스도를 구현시켜낸다는 것뿐입니다. 전자의 경우가 완전함을 계속 유지하고 발전시키는 것이라면 후자의 경우는 본래의 완전함을 회복하는 것이라고 말할 수도 있겠지요. 아무튼 악한 아이는 없습니다. 모두가 하느님에게서 온 선한 존재들입니다."

그가 여기까지 말하고 났을 때 우리 단원 중 한 사람이 12시가 지났으니 이제 들어가 잠자리에 들자고 했다.

$$\maltese\ \maltese\ \maltese$$

19

다음 날 아침 5시에 우리는 다시 사원 옥상으로 올라가 아침 인사를 나누고 둥그렇게 둘러앉았다. 그리고 관례에 따라 경전을 읽었다. 그날 아침에 읽은 부분은 그 사원에 보관되어 있는 기록 중에서 뽑은 것이었다. 자스트가 통역을 했는데 첫 번째로 읽은 것은 그 내용이 요한복음 1장과 대단히 유사했고 두 번째로 읽은 것은 누가복음 1장과 유사했다. 우리는 놀랐다. 그래서 다 읽고 난 후에 우리가 가지고 있는 성경과 비교해봐도 되겠느냐고 물었다. 그들은 즉시 동의했다. 그래서 우리는 자스트의 도움을 받아가면서 성경과 그 사원의 기록을 비교해보았는데 너무나도 유사해서 놀라지 않을 수 없었다. 비교 대조하는 일을 가까스로 끝냈을 때 아침 식사 준비가 끝났다는 연락이 왔다. 들어가서 식사를 마친 후에는 마을로 내려갈 준비를 했다. 그래서 성경과 그 사원의 기록에 대해서는 한동안 생각하지 않았다.

마을에 도착해보니 이미 인근 지역에서 상당히 많은 사람들이 모여 있었다. 자스트는 모인 사람들 대부분이 여름에는 고산 지대의 초원에서 가축을 치는 목자들인데 이제 곧 낮은 지역으로 내려갈 때가 되었다고 일러주었다. 그리고 그들이 낮은 지역으로 이동해가기 전에, 해마다 같은 시기에 그날 오후에 열기로 예정한 것과 같은 모임이 있다고 했다.

우리는 마을을 지나가던 중에 에밀 대사의 조카를 만났다. 그는 점심때까지 잠시 여기저기 둘러보자고 했다. 우리도 마침 마을 주변을 살펴보려고 하던 참이었기 때문에 그의 제의를 즉시 받아들였다. 그는 우리와 함께 걸으면서 특별히 흥미로운 곳이라고 하면서 계곡 사이에 있는 몇 군데를 지적해주었다. 그 지역의 이름을 번역해보니 복음서에 나오는 지명과 극히 유사했다. 그러나 마을로 돌아와 점심을 먹고 모임에 참석한 이후에야 그곳 지명들이 성서에 나오는 지명과 유사한 이유를 알았다.

사원에 남아 있던 대사들이 내려왔을 때에는 이미 200명 정도의 군중이 모여 있었다. 에밀 대사의 조카가 일어나서 큰 책처럼 보이는 것을 들고 있는 두 사람 곁으로 다가갔다. 그런데 그들이 들고 있던 것은 책이 아니라 책처럼 생긴 상자였다. 상자를 들고 있던 사람이 뚜껑을 열고 그 안에서 넓은 나뭇잎을 엮어 만든 기록물을 한 꾸러미 꺼낸 다음 상자를 땅에 내려놓았다. 그는 자기가 꺼낸 것을 옆에 서 있는 사람에게 넘겨주었다. 그러자 넘겨받은 사람이 그것을 펴더니 에밀 대사의 조카에게 첫 번째 나뭇잎을 건네주었다. 에밀 대사의 조카는 나뭇잎에 써 있는 글을 다 읽은 다음 옆에 있는 다른 사람에게 나뭇잎 기록 꾸러미를 넘겼다. 그러자 그는 그것을 다시 상자 속에 집어넣었다. 읽어나가는 동안 자스트가 계속 통역해주었는데, 그 내용은 신약성서의 요한복음과 극히 유사하였으며 오히려 훨씬 더 상세했다. 두 번째로 읽은 것은 누가복음과 비슷했고 세 번째로 읽은 것은 마가복음과 비슷했다. 마지막 것은 마태복음과 비슷했다. 읽기를 마친 다음 사람들은 여기저기에 몇 명씩 모여 앉았다.

우리는 도대체 어떻게 이런 일이 있을 수 있는가를 물어보고 싶었기 때문에 자스트와 함께 에밀 대사를 찾았다. 에밀 대사의 대답은 이러했다. "방금 읽은 기록은 해마다 갖는 모임에서 늘 읽어오던 것이지요. 그 기록에 나오는 사건들은 실제로 오랜 옛날에 이곳을 중심으로 일어났던 일들입니다. 여러분은 그 내용들이 성서와 유사하다고 말씀하셨는데, 사실은 예수의 초기 사건에 대한 성서의 몇몇 기록들이 여기에 보관되어 있는 기록에서 인용해간 것입니다. 확실히 그렇습니다. 그러나 십자가에서의 수난과 같은 예수의 후기 사건은 이곳이 아닌 다른 곳에서 일어났습니다. 하지만 그 모든 성서의 기록이 우리가 가지고 있는 기록과 마찬가지로 그리스도의 탄생과 생애에 초점이 맞추어져 있는 것이 사실입니다. 우리가 가지고 있는 기록이나 성서나 근본 사상에서는 차이가 없습니다. 즉 이 두 기록은 인간의 내면에 그리스도가 있으며, 그 사실을 잊고 방황하는 사람들에게 그들 속에 늘 존재하고 있는 그리스도를 보여주고자 쓰인 것입니다. 중요한 것은 그 사건이 어디서 일어났느냐가 아니고 그 사건 배후에 깔려 있는 영적인 의의意義입니다. 우리는 그 영적인 뜻에 따라 살고자 합니다."

그날 오후의 남은 시간과 다음 날은 두 기록을 비교하며 노트를 작성하면서 보냈다. 그때 작성한 노트를 여기서 다 소개할 수는 없으나, 지금까지의 이야기를 미루어 대충 그 영적인 뜻은 짐작할 수 있으리라 본다. 기록을 읽어준 에밀 대사의 조카의 아버지는 세례 요한의 직계 자손이며 그 마을에서 태어났다고 한다. 그리고 그의 가족 중에는 해마다 같은 시기에 이 마을에 와서 우리가 본 기록물을 읽는 사람도 여러 명 있으며, 세례 요한과 그의 아버지 사가랴는 바위산 위의 사원에서 함께 하느님을 예배했다고 한다.

그때까지 함께했던 대사들은 자기들의 계획대로 떠나려고 했다. 자스트는 남아서 우리와 함께 있고, 나머지 대사들은 각자 자기 갈 길을 가기로 합의를 보았다. 기록물에 대한 조사는 다음 날이 되어서야 끝났다. 그래서 우리는 그 이튿날 아침에 사원을 떠났다. 매우 이른 아침이었는데도 온 마을 사람들이 나와서 행운을 빌어주었다.

20

다음 닷새 동안은 옛날에 세례 요한이 여행했던 지역을 통과하면서 전진해나갔다. 닷새째 되는 날에는 말을 끌고 먼저 간 사람들이 기다리고 있는 마을에 도착하였다. 거기서 우리는 에밀 대사와 다시 만났다. 거기에서 에밀 대사의 집이 있는 마을까지 가는 길은 비교적 평탄했다.

그 길을 가는 도중에는 군데군데 민가가 보였고, 길 또한 그때까지 우리가 지나온 다른 길보다 훨씬 좋았다. 골짜기 사이에 비옥한 농토가 있는 지역을 따라 올라가다가 골짜기가 끝나는 지점에 고원이 앞을 가로막고 있었는데, 그 고원 지대에 에밀 대사의 집이 있는 마을이 있었다. 골짜기는 앞으로 나가면서 점점 좁아지다가 마지막에는 양쪽 산이 거의 붙다시피 한 계곡으로 변했고, 그 사이로 시내가 흐르고 있었다. 우리는 그날 오후 4시경에 마을에 도착했다. 그러나 마을로 들어가는 입구에 깎아지른 듯한 절벽을 타고 쏟아져 내리는 90미터 정도 높이의 폭포가 앞을 가로막고 있었다. 폭포 가까이 벼랑 밑까지는 평지로 길이 나 있었다. 절벽 아래에 도달해보니 사암砂岩으로 된 벼랑에 구멍이 뚫려 있었고 구멍 안으로 45도 경사의 길이 나 있었는데, 바위를 쪼아내어 계단을 만들어놓았기 때문에 우리는 어렵지 않게 위에 있는 고원 지대로 올라갈 수 있었다. 벼랑 아래 입구에는 침입자를 막기 위한 커다란 돌로 된 문이 있었다. 고원 지대에 올라갔을 때, 우리가 올라온 경사진 계단이 그 마을의 유일한 출입구라는 사실을 알게 되었다. 그 계단 길은 원래 물이 흐르면서 사암으로 된 바위에 골을 낸 자리였다. 한때는 출입구가 셋 있었는데 마을 둘레에 방어벽을 칠 때 두 곳은 막아버렸다고 한다.

대부분의 집들은 마을을 둘러친 방어벽에 이어붙이는 식으로 지어져서 집의 한쪽 벽 자체가 방어벽이 되어 있었다. 그렇게 방어벽에 이어붙여 지은 집들은 대개 3층으로 되어 있었는데, 벽 역할을 하는 쪽 아래층에는 창이 없고 3층에 가서야 밖으로 창이 나 있었다. 그리고 창마다 두세 명이 넉넉하게 설 수 있을 정도의 발코니가 달려 있었다. 우리는 항시 망을 보기 위해서 발코니를 그렇게 설치한 것이라고 생각했다. 들은 바에 의하면, 옛날에는 그 지역에 원주민 한 종족이 살고 있었는데 그들의 수가 점점 줄어들면서 몇 명은 다른 종족에 동화되었다 한다.

에밀 대사의 고향이 바로 이 마을이었다. 여러 지역을 탐사하기 위해서 다섯 그룹으로 나뉘어 흩어졌던 대원들은 이 마을에서 합류하기로 약속했었다. 마을 사람들에게 물어보니 우리가 맨 먼저 도착했고 나머지 그룹들은 다음 날쯤이나 도착할 것 같다고 대답해주었다. 우리는 방어벽에 붙여 지어진 한 집에 안내되었다. 건물 3층에 있는 남쪽 창으로 멀리 울퉁불퉁한 산악 지대가 내다보였다. 우리는 잠시 편안하게 휴식을 취했다. 저녁 식사가 맨 아래층에 준비되어 있다는 전갈이 왔다. 그래서 내려가보니 에밀 대사와 그의 누이 부부, 그리고 얼마 전에 사원에서 만났던 그들의 아들과 딸이 자리에 앉아 있었다. 식사가 막 끝났을 때 집 맞은편에 있는 작은 광장에서 시끌벅적한 소리가 들렸다. 마을 사람 하나가 달려 들어와 다른 일행이 도착했다고 소리쳤다. 그들은 우리 탐사대 대장 일행이었다. 그들도 일단 저녁을 먹고 휴식을 취한 다음 우리와 함께 옥상으로 올라갔다.

해는 이미 산을 넘어갔고 노을만 하늘을 붉게 물들이고 있었다. 우리가 서 있는 고원 지대는 마을 위로 보이는 높은 산에서 계곡을 타고 흘러 내려오는 여러 갈래의 개울물을 받는 커다란 대야처럼 보였다. 여러 갈래의 작은 개울물들은 고원 지대를 빠져나가기 전에 큰 개울물에 합류하여, 고원 지대를 빠져나가면서부터는 우리가 지나온 바위 절벽을 타고 쏟아지는 폭포를 이루었다. 이 큰 개울물은 깊은 계곡에서 흘러나와 계곡 사이를 흐르고 있었다. 그러나 고원 지대로는 불과 몇십 미터밖에 흐르지 못하고 벼랑을 만나 아래로 떨어지는 것이었다. 여러 작은 시내들은 큰물이 흐르면서 파놓은 계곡 양쪽의 수직에 가까운 바위벽을 타고 흘러내리고 있었는데, 그중에 어떤 것들은 폭포처럼 물거품을 뿜으면서 떨어져 내리고 있었다. 30미터에서 60미터 정도의 낭떠러지에서 수직으로 떨어지는 것이 있는가 하면 물이 흐르면서 암벽에 파놓은 골을 따라 흘러내리는 것도 있었다. 이렇게 여러 작은 시내들이 커다란 계곡 양쪽 바위벽을 타고 나란히 흘러내려 계곡 사이를 흐르는 큰 개울에 합류하고 있었다.

멀리 올려다보이는 산의 정상은 눈으로 뒤덮여 있었고 그 아래 협곡들은 빙하로 채워져 있어서 마치 정상에서 거인이 손가락을 아래로 펴고 있는 듯이 보였다. 방어벽은 큰 계곡이 끝나는 지점에서 시작하여 평원 지대를 지나 마을 아래로 물이 떨어지는 낭떠러지까지 연결되어 있었다. 큰 계곡이 끝나는 지점부터는 600미터 높이의 산이 수직으로 서 있어서 자연적인 방어벽을 이루고 있었다. 그 고원 지대는 동서로 100킬로미터, 남북으로는 넓은 곳이 약 50킬로미터 정도 된다고 한다. 그리고 고원 지대의 폭이 가장 넓은 쪽으로 들어오는 고갯길이 하나 있는데, 그곳도 우리가 있던 곳처럼 방어벽이 쳐 있다고 한다.

우리가 그 위치의 자연적인 지리적 장점에 대해서 이야기하고 있는 동안 에밀 대사의 누이와 그의 조카딸이 올라왔다. 그리고 잠시 후에는 에밀 대사와 에밀 대사 누이의 남편과 그의 조카도 뒤따라 올라왔다. 그들은 겉으로는 아무 일 없는 듯했지만 속으로는 왠지 흥분하고 있는 것처럼 보였다. 그들이 왜 그랬는지는 에밀 대사 누이의 말을 통해서 곧 알게 되었다. 즉 그날 저녁에 그들의 어머니가 찾아오기로 되어 있었던 것이다. 그가 말했다. "우리가 그렇게도 사랑하는 어머니께서 오신다니 정말 말할 수 없을 정도로 기쁩니다. 우리는 높은 경지에 이른 분들을 모두 사랑합니다. 그들은 아름답고 고상하고 여러 가지 가르침을 주시기 때문이지요. 그런데 우리는 어머니를 천 배나 더 사랑합니다. 그만큼 인자하고 사랑이 깊으시기 때문입니다. 게다가 우리는 어머니의 피를 받은 혈육이니까요. 여러분도 저희 어머니를 우리처럼 사랑하시게 될 것입니다." 우리는 어머니께서 자주 찾아오시느냐고 물었다. 그랬더니 그들이 대답했다. "예, 우리가 어머니를 필요로 할 때는 언제든지 오십니다. 하지만 일이 바빠 정기적으로는 1년에 두 번밖에 못 오시는데, 오늘 방문이 그중의 하나입니다. 이렇게 정기적인 방문을 하실 때에는 일주일 동안 머무십니다. 그러니 우리가 어찌할 바를 모를 정도로 기뻐하는 것도 당연하지 않겠어요?"

대화는 다시 서로 흩어져서 여행하는 동안 경험한 일들에 대한 이야기로 옮아갔다. 대화가 한창 무르익어가고 있을 때 돌연 정적이 찾아왔고, 우리는 서로 아무 말도 없이 동상처럼 앉아 있었다. 저녁 어둠이 멀리 눈을 이고 있는 산봉우리를 감싸고 있었고, 거기에서 뻗어내려온 빙하 계곡은 마치 계곡 아래를 향해 펼친 괴물의 손가락처럼 보였다. 정적 속에서 새가 내려앉는 듯한 부드러운 소리가 획 하고 들렸다. 그리고 그와 동시에 동쪽 난간 위로 엷은 안개 같은 것이 모여드는 것이 보였다. 그 안개가 형태를 이루더니, 갑자기 대단히 아름다운 용모의 여인이 나타나 난간 위에 서 있었다. 눈부실 정도로 강렬한 빛이 그에게서 방사되고 있었다. 그의 가족은 일제히 일어나서 "어머니" 하고 부르면서 팔을 벌리고 그에게 다가갔다. 그는 난간에서 옥상으로 가볍게 내려서더니 세상의 다정한 어머니들이 모두 그러하듯이 가족 모두와 따뜻하게 포옹을 했다. 그러고 나서 우리에게 소개되었다.

그가 말했다. "아, 여러분이 바로 멀리 아메리카에서 오신 형제들이시군요. 저는 여러분께서 오신 것을 정말 기쁘게 생각합니다. 우리는 모든 사람들을 향해서 가슴을 열어놓고 있습니다. 그러므로 만약 누가 우리를 원한다면 우리는 언제라도 팔을 벌려 조금 전에 제가 저의 가족들과 포옹한 것처럼 그들을 끌어안을 것이고, 또 그렇게 할 수 있게 되기를 바랍니다. 진정으로 우리 모두는 아버지이자 어머니인 한 분 하느님의 자녀들이기 때문이지요. 그런데 우리는 왜 이렇게 한 형제로 만나지 못하는지 모르겠습니다."

우리는 그가 나타나기 바로 전에 저녁 날씨가 꽤 쌀쌀해졌다는 얘기를 했었다. 그런데 에밀 대사의 어머니가 나타나자 그에게서 따뜻한 기운이 방출되어 마치 한여름 밤 같았다. 공기는 꽃향기를 머금은 듯했고, 마치 주위의 모든 것들 위에 보름달이 비치고 있는 것처럼 주위가 환해졌다. 말로는 설명할 수 없는 따뜻함과 빛이 넘쳐흐르고 있었다. 그럼에도 불구하고 아무도 자랑스러워하는 기색을 보이지 않았고, 오히려 심오하면서도 어린아이같이 단순하고 부드러운 분위기만이 감돌고 있었다.

누군가가 아래로 내려가자고 했다. 에밀 대사의 어머니와 다른 여인들이 앞서고 우리는 그 뒤를 따라 내려갔다. 그리고 그 집안 남자들이 우리 뒤에서 내려왔다. 우리는 평상시처럼 걸었다. 그런데 이상하게도 옥상에서나 계단에서나 발소리가 나지 않았다. 특별히 조용하게 걸으려고 노력한 것도 아니었다. 심지어는 우리 대원 한 명은 일부러 시끄럽게 소리를 내보려고까지 했지만 허사였다. 마치 발이 옥상이나 계단에 닿지 않는 것 같았다. 우리는 깔끔하게 정돈된 방으로 들어갔는데, 말로는 설명할 수 없는 부드러운 빛과 따뜻한 기운이 방 안을 가득 채우고 있었다.

잠시 모든 사람이 깊은 침묵을 지키고 있었다. 에밀 대사의 어머니가 여행은 즐거웠는지 또 보살핌은 제대로 받았는지, 그리고 지금 있는 곳은 편안한지 어떤지를 물으면서 대화가 시작되었다. 대화 중에 우리의 고향 이야기가 나왔다. 에밀 대사의 어머니는 우리 부모와 형제자매들의 이름을 모두 알고 있었다. 그리고 고향에서 우리가 무엇을 하며 어떻게 살았는지를 상세하게 알고 있었다. 우리에게 한마디도 묻지 않았고 또 우리가 얘기하지도 않았는데 우리 각자의 삶을 어떻게 그렇게 상세하고 정확하게 알 수 있는지 놀라지 않을 수 없었다. 그는 우리가 방문했던 지역들을 열거하면서, 우리가 어디에서 성공하고 어디에서 실패했는지도 말했다. 그의 말에는 애매모호함이 전혀 없었다. 그는 우리 자신이 회고해도 그보다는 더 자세하게 할 수 없을 정도로 우리의 과거를 상세하게 알고 있었다.

그 집안 사람들이 저녁 인사를 하고 자리를 뜬 후, 생각이 그들의 나이에 미치자 우리는 그저 경탄할 수밖에 없었다. 그 사람들 중 100살 이하인 사람은 하나도 없었고, 에밀 대사의 어머니는 700살이 넘었는데 이 땅에서 육체를 가지고 600년을 살았다고 한다. 그럼에도 불구하고 그들은 모두 스무 살 먹은 청년처럼 마음이 쾌활하고 밝았다. 그들은 결코 잘난 체하거나 거들먹거리지 않았다. 우리는 마치 활기가 넘치는 청년들과 함께 있는 듯이 느꼈다. 그들은 자리를 뜨기 전에, 다음 날 저녁에 집회소에서 모임이 있을 예정인데 그 모임에 참석할 수 있으면 좋겠다고 말했다.

✥ ✥ ✥

21

이튿날 오전에 탐사대의 나머지 그룹이 모두 도착하였다. 오후 시간은 서로 노트를 비교하면서 보냈다. 우리는 각 그룹에서 기록한 노트를 엄밀하게 대조해보았다. 지면이 부족해 자세히 소개하지 못하는 것이 유감이다. 저녁이 되어 노트 대조하는 작업을 마치고 만찬이 준비되어 있는 집회소로 갔다. 우리가 도착했을 때에는 이미 남녀노소 모두 합하여 약 300명 정도가 긴 연회용 테이블에 앉아 있었다. 우리의 자리는 테이블 한쪽 끝에 마련되어 있었다. 그래서 우리는 앉은 자리에서 실내 전체를 한눈에 볼 수 있었다. 테이블은 깨끗한 흰 천으로 덮여 있었으며, 그 위에는 정식 만찬 때처럼 도자기 그릇과 은 접시들이 놓여 있었다. 그러나 실내는 별로 밝지 않은 등불이 하나만 켜 있었기 때문에 침침했다. 아마 자리에 앉아서 약 20분쯤 지났을 때였다. 몇 개의 자리를 제외하고 거의 모든 테이블이 채워질 때 즈음 조용한 실내가 백색 빛으로 밝아지기 시작했다. 그 빛은 점점 더 강해져서 마침내는 실내에 있는 모든 것들이 마치 감추어두었던 수천 개의 백열등을 모두 차례로 켠 것처럼 밝은 빛을 반사했다. 그리하여 온 방이 환해졌다. 후에 안 사실이지만, 그 마을에는 전기 같은 것이 없었다.

방이 빛으로 가득 찬 후에도 고요함은 15분 정도 더 지속되었다. 그러다가 돌연 안개가 나타나 그것이 서로 모이는 듯하더니 전날 저녁에 에밀 대사의 어머니가 나타날 때와 마찬가지로 새가 내려앉는 듯한 부드러운 소리가 들렸다. 안개가 걷히자 거기에 아홉 명의 남자와 세 명의 여인이 서 있었다. 나는 그때의 그 황홀한 광경을 설명할 재주가 없다. 그들이 천사들처럼 나타났다고 해도 결코 과장은 아니다. 물론 그들은 날개가 없었다. 그들은 가볍게 머리를 숙이고 잠시 동안 꼼짝도 않고 서서 무엇인가를 기다리는 듯했다. 그러자 보이지 않는 데서 웅장한 노랫소리가 들려왔다. 나는 천상의 노래가 있다는 얘기를 들어보긴 했어도 그 노래를 직접 들어보기는 그날이 처음이었다. 우리는 붕 뜨는 듯한 기분이었다. 노래가 끝나가자 그들은 자기들의 자리를 향해 걸어갔다. 그들은 일부러 조용하게 걸으려고 하지 않았다. 그럼에도 불구하고 아무런 소리도 나지 않았다.

그들 열두 명이 그들을 위해 준비된 자리에 앉자 또다시 안개가 방 안을 채웠다. 안개가 걷히자 열두 명의 사람이 또 나타났다. 이번에는 여자가 한 명 남자가 열한 명이었는데, 그중에는 세례 요한에 대한 기록을 남긴 대사도 포함되어 있었다. 그들도 먼젓번 사람들과 마찬가지로 잠시 그 자리에 서 있었다. 그러자 다른 노랫소리가 들려왔다. 노래가 거의 끝나갈 무렵 그들은 자기들을 위해 준비된 자리로 걸어갔다. 물론 이들이 걸어갈 때에도 아무런 소리가 나지 않았다.

그들이 자리에 앉자마자 안개가 다시 나타났고 그 안개가 걷히자 열세 명의 남녀가 나타나 홀의 맞은편 끝에 서 있었다. 남자가 여섯 명, 여자가 일곱 명이었는데, 중앙에 있는 여인을 중심으로 양쪽으로 남자 세 명, 여자 세 명씩 서 있었다. 중앙에 있는 여인은 아리따운 십 대 소녀처럼 보였다. 모든 여인들이 다 아름다웠지만 그중에서도 중앙에 서 있는 여인이 특히 아름다웠다. 그들은 머리를 숙인 채로 잠시 서 있었다. 그러자 노랫소리가 다시 들리기 시작했다. 노랫소리는 잠시 후 합창으로 변했다. 우리는 모두 자리에서 일어났다. 눈에 보이지 않는 수천 명의 합창대가 방 안을 돌면서 한목소리로 노래를 부르는 것처럼 들렸다. 노랫가락에는 슬픔이 전혀 없었고 영혼에서 흘러나오는 환희만이 충만했다. 그 노랫소리는 우리의 심금을 울렸고, 땅에 발을 딛고 서 있다는 것을 잊을 만큼 황홀했다.

노래가 그치자 열세 명의 남녀는 각자 자기들 자리로 가서 앉았다. 중앙에 서 있던 여인은 다른 여인들과 함께 우리가 앉아 있는 테이블로 다가왔다. 그가 다가오는 동안 우리는 그에게서 눈을 떼지 못했다. 그는 우리 테이블의 상석에 앉았다. 그는 자리에 앉자마자 왼손에 접시를 포개어 올려놓았다. 잠시 실내가 점점 어두워졌고, 안개 속에서 나타난 서른일곱 명 모두에게서 원형의 빛이 방사되고 있는 것이 보였다. 우리는 퍽 의아스러워했다. 그 빛은 마지막에 나타난 사람들 중앙에 서 있었고, 지금은 우리 테이블에 앉아 있는 여인의 머리 위에서 가장 아름답게 빛나고 있었다. 그런데 그와 같은 광경에 감동하는 사람은 우리뿐이었다. 나머지 사람들은 모두 당연한 일이라는 듯이 앉아 있었다.

모두 자리에 앉은 후에도 잠시 침묵이 계속되다가, 나타난 서른일곱 명을 따라서 방 안에 있던 모든 사람이 기쁨에 넘치는 노래를 부르기 시작했다. 노래가 끝나자 우리 테이블 상석에 앉아 있던 여인이 자리에서 일어나 허공을 향해 손을 폈다. 그러자 그 손 위에 두께와 폭이 5센티미터, 길이가 35센티미터 정도 되는 빵 덩이가 나타났다. 안개 속에서 나타난 서른여섯 명의 남녀가 앞으로 나와서 그에게서 같은 크기의 빵을 차례로 받은 다음 자리에 앉아 있는 회중에게 나누어주었다. 우리 테이블 상석에 앉아 있던 그 여인도 자신이 가지고 있던 빵을 돌아가며 옆 사람에게 나누어주었다.

우리 각자에게 빵을 나누어주며 그가 말했다. "그리스도는 여러분 속에 그리고 모든 사람 속에 계십니다. 여러분의 몸은 항상 젊고 아름답고 순수하고 완전한 신적인 몸입니다. 여러분은 하느님의 모양과 형상대로 지음을 받은 존재라는 사실을 아셔야 합니다. 여러분은 어머니요 아버지이신 하느님께서 기뻐하시는 독생자입니다. 즉 여러분은 하느님의 완전한 자녀 그리스도인 것입니다. 여러분은 순수하고 완전한 신성神性입니다. 그리고 여러분은 하느님과 하나이며, 따라서 모두 선한 존재입니다. 여러분뿐만 아니라 이 세상에 태어난 모든 사람이 자신을 하느님의 자녀라고, 즉 자신의 신성을 선언할 권리를 가지고 있습니다." 그가 이렇게 말하는 동안 모든 사람이 자기 몫의 빵을 다 받았다. 그는 자리에 앉았다. 그런데 온 회중에게 빵이 배분된 후에도 그가 가지고 있던 빵은 조금도 줄지 않고 그대로 남아 있었다.

이 의식을 마친 후 다른 음식들이 나타나기 시작했다. 그 음식들은 뚜껑이 덮인 여러 개의 큰 그릇에 담긴 채로 나타났는데, 마치 눈에 보이지 않는 사람들이 중앙에 앉아 있는 여인 앞에 가져다놓는 것 같았다. 그는 그릇의 뚜껑을 모두 열어 옆으로 치워놓은 다음, 음식을 나누어주기 시작했다. 음식을 접시에 담아서 오른쪽 옆에 있는 여인에게 건네주고 다음에는 왼쪽에 있는 여인에게 건네주었다. 그러면 그들은 또 자기 옆으로 그 음식 접시를 돌리는 방식으로 배분이 진행되었다. 회중 모두에게 충분한 음식이 돌아갈 때까지 그렇게 배분이 진행되었다. 그리고 모두가 맛있게 음식을 즐겼다.

식사가 시작된 지 얼마 되지 않아서 우리 탐사대 대장이 중앙에 앉은 여인에게 하느님의 속성 중에서 가장 기본적인 것이 무엇이냐고 물었다. 그는 잠시도 머뭇거리지 않고 "사랑"이라고 대답했다. 그는 계속 말을 이었다. "사랑이 바로 하느님의 낙원 중앙에 있는 생명나무입니다. 우리의 영혼이 하느님의 낙원이기 때문에, 하느님의 낙원 중심에 심어져서 생명을 주는 과실을 풍성하게 맺는 생명나무란 다름 아닌 우리 영혼 중심에서 작용하여 삶을 풍요롭게 해주는 사랑인 것입니다. 사랑의 진정한 성격을 깨닫고 있는 사람들은 이 세상에서 가장 위대한 것이 사랑이라는 것을 압니다. 사랑은 모든 병적인 현상을 치료하는 가장 강력한 힘입니다. 사랑은 모든 인간의 마음의 소원을 이루어줍니다. 슬픔, 질병, 역경, 그리고 인류를 괴롭히는 모든 결핍을 치유하는 데 신적인 사랑의 원리를 사용할 수 있습니다. 사랑의 미묘하고 무한한 영향력을 바로 이해하고 그 힘을 사용한다면 세상의 모든 상처가 치유되고, 사랑에서 나오는 천상의 자비가 모든 부조화와 무지와 잘못을 따뜻하게 감쌀 것입니다.

사랑은 무미건조한 마음과 황무지 같은 삶 위에 그 날개를 펴서 인간성을 마술처럼 회복시키고 세상을 변형시킵니다. 사랑이 곧 하느님입니다. 사랑은 영원히 변하지 않으며 인간의 모든 이해를 초월한 무한한 것입니다. 우리는 사랑의 끝이 어디인지를 알지 못합니다. 사랑은 스스로 자신의 법칙에 따라 모든 일을 완전하게 성취합니다. 또 모든 영혼 속에 깃들어 있는 그리스도를 깨닫게 해주는 것도 사랑입니다. 사랑은 항상 가장 좋은 것으로 자신을 쏟아주기 위하여 각 사람의 영혼 속으로 들어갈 문을 찾고 있습니다. 만약 편견과 부조화한 생각으로 사랑의 힘을 흐트러뜨리지만 않는다면, 영원히 변치 않는 하느님의 사랑은 영혼 속으로 흘러들어가 영혼의 평화를 깨뜨리고 있는, 조화롭지 못한 모든 추악한 현상들을 광대한 망각의 바닷속으로 밀어넣을 것입니다. 사랑은 상처를 싸매주고, 민족과 민족을 하나로 묶어주고, 평화와 번성을 가져다주는 성령의 가장 좋은 열매입니다. 그것은 진정으로 세계의 맥박이요, 우주의 박동입니다. 만약 인류가 예수의 일을 하고자 한다면, 먼저 무소부재하신 하느님의 생명에서 흘러나오는 이 사랑으로 자신의 가슴을 채워야만 할 것입니다.

삶이 여러분을 짓누르고 있습니까? 여러분이 직면하고 있는 문제와 맞서 싸울 힘과 용기가 필요합니까? 질병으로 괴로워하거나 두려워하고 있지는 않습니까? 만약 그렇다면 위를 향해 마음을 열고 여러분의 길을 인도하시는 분께 기도하십시오. 그러면 하느님은 꺼지지 않는 사랑으로 여러분을 감싸주실 것입니다. 결코 두려워할 필요가 없습니다. 하느님은 분명히 이렇게 말씀하실 것입니다. '그들이 부르기 전에 내가 대답하고 그들이 아직 말하기 전에 내가 들으리라.' 그렇습니다. 이렇게 말씀하시는 분의 은혜의 보좌 앞으로 담대하게 나아가십시오. 그러나 엎드려 탄원하는 자세가 아니라, 필요한 것은 이미 나의 것으로 주어져 있다는 분명한 믿음을 가지고 기도해야 합니다. 의심하지 말고 적극적으로 구하십시오. 예수께서 하셨던 것처럼 여러분도 살아 계신 하느님의 자녀라는 자신의 권리를 주장하십시오. 우리는 무한한 보편적인 실체세계 속에서 살아 움직이며 존재하고 있습니다. 그런데 이 무한한 보편적인 실체세계 속에는 인간이 욕구하고 나타나기를 바라는 모든 선하고 완전한 것들이 믿음에 의하여 현상으로 나타나기를 기다리며 이미 존재하고 있습니다. 여러분의 성서 고린도전서 13장에서 바오로가 사랑에 대해서 읊고 있는 것을 읽어보십시오. 그가 자비나 자선이 아니라 '사랑'이라는 말을 사용하고 있다는 사실에 유의하셔야 합니다.

하느님을 체험하던 날 밤의 솔로몬을 생각해보십시오. 그는 애타게 모든 일을 제쳐두고 지혜를 구했는데 자신의 지적인 욕망을 충족시키기 위해서 그렇게 한 것이 아니었습니다. 그는 올바른 통치를 통해서 다른 사람을 도와주기 위해서는 지혜가 꼭 필요하기 때문에, 백성들을 사랑하는 마음에서 지혜를 구한 것입니다. 그러한 솔로몬에게는 지혜에 더하여 구하지도 아니한 부와 명예가 함께 주어졌습니다. 그의 지혜는 사랑에서 비롯된 것이고, 사랑은 끝없는 부요富饒를 그에게 선물한 것입니다. '솔로몬 시대에 은銀은 셈에도 들지 않았다'는 기록처럼 이 사랑의 대왕에게는 술잔까지도 순금제였습니다.

사랑은 하느님의 무한한 보물 창고를 엽니다. 우리가 누군가를 사랑한다면 그에게 좋은 것을 주지 않고는 견디지 못할 것입니다. 사랑의 법칙은 주는 것을 통해서 성취됩니다. 그리고 사랑의 법칙 속에서는 주는 것이 곧 받는 것이 됩니다. 그것은 무엇인가를 내주는 순간에 인과응보의 법칙이 철저하게 작용을 시작하기 때문입니다. 보상을 생각지 않고 주었어도 받지 않을 수는 없습니다. 여러분이 내준만큼 여러분에게 돌아오는 것이 법칙이기 때문이지요. '남에게 주어라. 그러면 너희도 받을 것이다. 누르고 흔들어 넘치도록 후하게 담아서 너희에게 안겨주실 것이다. 너희가 남에게 주는 분량만큼 너희도 받을 것이다'라는 예수의 말씀 그대로입니다. 사랑의 정신으로 일하려면 우리의 의식 속에 하느님이 계셔야 합니다.

우리가 의식적으로 하나가 되고자 할 때 하느님의 생명과 사랑과 지혜와 하나가 됩니다. 그리고 의식적으로 하느님과 접촉하게 되면 오늘 밤 우리에게 풍성한 음식이 제공된 것과 같은 풍성함이 따라옵니다. 여러분이 보신 대로 하느님의 풍성함에는 부족함이 없습니다. 이러한 하느님의 풍성함을 깨닫게 된다면 제약과 한정이라는 사슬이 벗겨져나갈 것이고, 또 자질구레한 것들에 마음이 묶이지도 않을 것입니다. 하느님의 풍성함이 주어졌다면 소소한 것들에 신경을 쓸 필요가 없지 않겠습니까. 그렇습니다. 우리는 항상 광대무변한 보편 세계에 마음을 두고, 완전한 자유가 주는 즐거움을 누리며 살아가야 합니다.

그런데 이 자유를 아무렇게나 해도 좋다는 면허증처럼 생각해서는 안 됩니다. 우리의 모든 생각과 행동에는 책임이 따르기 때문입니다. 그리고 이러한 자유는 순식간에 주어지는 것이 아닙니다. 모든 제약이 깨지는 마지막 순간만 놓고 본다면 순식간에 이루어지는 것이 사실이지만, 거기까지 도달하기 위해서는 오랜 준비가 선행되어야만 한다는 점을 잊어서는 안 됩니다. 모든 사건은 내적인 준비의 결과로 나타나는 것입니다. 그것은 하나하나의 꽃잎이 봉오리 속에서 완성된 내적인 형상 그대로 피어나오는 것과 같은 이치입니다. 꽃은 내적인 형상을 완성시키는 준비가 끝나면 봉오리를 터뜨리고 아름답게 피어납니다. 그와 마찬가지로 인간도 자아의 껍질을 깨뜨려야만 자신의 실상을 구현할 수 있습니다.

하느님의 법칙은 어제나 오늘이나 영원히 변하지 않습니다. 하느님의 법칙은 선하기 때문에 모든 이에게 이로움을 가져다줍니다. 그러한 하느님의 법칙에 따라 산다면, 그 법칙은 우리에게 건강과 행복과 평화와 안정과 성공을 가져다줄 것입니다. 우리가 하느님의 법칙에 전적으로 순응한다면 어떠한 악도 우리를 넘어뜨리지 못할 것이며, 치료받을 필요도 없는 온전한 존재가 될 것입니다.

인간의 가슴 속 깊은 곳에는 아버지 하느님을 명확히 깨닫기 이전에는 결코 채워지지 않는, 고향을 그리는 마음이 있습니다. 하느님을 찾는 간절한 부르짖음은 떠나온 고향을 그리워하는 마음에서 나오는 것입니다. 인간의 가장 근본적인 소원은 하느님을 아는 것이며, 성서에 기록된 대로 '올바로 아는 자에게 영원한 생명이 있습니다'. 사람들은 무엇인가를 성취하거나 어느 정도 물질을 소유함으로써 만족과 안식을 얻으려는 세속적인 욕망을 좇아 이리저리 헤매고 있습니다. 그들은 무엇인가를 추구하여 어느 정도 얻기는 하지만 항상 불만족스러운 상태에 남아 있습니다. 어떤 사람은 큰 집과 넓은 땅을 가지고 싶어하고, 어떤 사람은 백만장자가 되기를 바랍니다. 공부를 많이 해서 박식한 학자가 되기를 원하는 사람도 있습니다. 그런데 우리는 인간이 추구하는 이 모든 것들이 이미 인간 자신 속에 주어져 있다는 사실을 알고 있습니다. 위대한 대사 예수는 바로 이러한 사실을 모든 사람에게 알리려고 애썼습니다. 그래서 우리는 그를 사랑합니다. 그는 인간의 실상을 아름답게 구현했습니다.

우리는 예수께서 도달하신 것과 같은 높은 의식 차원에 이른 모든 사람을 사랑합니다. 우리는 그들이 높은 의식 차원에 도달했기 때문에 그들을 사랑할 뿐만 아니라, 그들의 진정한 존재 자체를 사랑합니다. 예수는 깨달음을 얻은 후에는 다시는 외적인 상태에 빠지지 않았습니다. 그는 자신의 존재의 중심인 그리스도만을 생각했습니다. 예수는 그리스도 또는 모든 사람 속에서 타오르고 있는 하느님이라는 불꽃이 물질적인 육체를 완전히 통제하는 삶을 살았습니다. 그가 여러 가지 기적을 행할 수 있었던 것은 여러분과는 다른 특별한 사람이었기 때문이 아니라, 내면에 존재하는 하느님으로 하여금 물질적인 육체를 지배하도록 하였기 때문에 가능했던 것입니다.

그는 다른 사람들 이상으로 큰 능력을 가지고 있지 않습니다. 그는 하느님의 자녀였지만 여러분은 하느님의 종에 지나지 않는다는 생각은 잘못된 것입니다. 그는 모든 생명과 사랑과 능력의 근원인 하느님과 의식 차원에서 지속적으로 교류하려고 노력함으로써, 자기 내면에서 타오르고 있던 하느님의 불꽃을 점점 더 밝게 타오르도록 했을 뿐입니다. 그런데 그의 내면에서 타오르고 있던 하느님의 불꽃은 이 세상에 태어난 모든 사람들의 가슴속에서도 똑같이 타오르고 있습니다.

예수는 오늘날의 모든 사람들과 똑같은 인간이었습니다. 여러분이 유혹을 받고 시련 속에서 고통을 당하는 것과 똑같이 그도 유혹을 받았고 고통을 당했습니다. 우리는 그가 육체를 가지고 이 땅에 있을 동안 매일매일 홀로 하느님과 함께하는 시간을 보낸 사실을 알고 있습니다. 그리고 청년 시절에는 우리가 지나온 것과 똑같은 길, 즉 여러분이 지금 통과하고 있는 길과 똑같은 성숙의 과정을 겪었다는 것을 알고 있습니다. 모든 인간은 자기 속에 거하는 하느님을 의식하고 완전히 깨닫게 될 때까지 육체적인 욕망과 의심과 두려움을 극복해 나가지 않으면 안 됩니다. 예수는 자기 속에 거하는 하느님을 '내 안에 계신 아버지'라고 부르면서, 자신이 행하는 모든 일을 그분의 역사役事로 돌렸습니다. 그는 여러분이 지금 배우고 있는 것처럼, 그리고 우리가 배운 것처럼 똑같이 배워야만 했습니다. 또 여러분처럼 시행착오를 거듭하면서 계속 노력해야만 했습니다. 여러분과 똑같이 그도 두 주먹을 불끈 쥐고 입을 굳게 다문 채 '내 속에 그리스도가 있다는 것을 알고 있다. 그러므로 나는 해내고야 말겠다'는 식의 굳은 결의를 가져야만 했습니다.

우리는 예수를 예수 되게 만든 것은 그의 내면에 거하는 그리스도였으며, 다른 사람들도 자기 내면의 그리스도를 통하여 예수의 성취에까지 이를 수 있다는 것을 알고 있습니다. 이렇게 말하는 것은 예수를 깎아내리고자 함이 아닙니다. 우리는 예수를 지극히 사랑합니다. 따라서 그를 깎아내리고 싶은 마음은 털끝만큼도 가지고 있지 않습니다. 그는 사람들을 하느님께로 인도하기 위해서, 죄와 질병과 고통에서 벗어나는 길을 보여주기 위해서, 각자의 내면에 하느님이 거하신다는 사실을 알려주기 위해서, 그리고 자기 속에 거하는 똑같은 아버지 하느님이 모든 사람 속에도 거하시며 모든 사람을 사랑하신다는 것을 가르치기 위해서 자아를 완전히 십자가에 못 박았습니다. 그러므로 예수의 삶과 가르침을 따르고자 하는 사람이라면 그를 사랑하지 않을 수 없는 것입니다. 그는 진정으로 우리의 가장 위대한 형제입니다.

그러나 만약 하느님의 법칙을 우습게 여겨 하느님의 자녀라는 권리를 팔아버리고 아버지의 집을 떠나 탕자처럼 먼 나라에서 방황한다면, 우리의 집에 평화가 있고 풍성함이 있고 따뜻함이 있다고 한들 그게 무슨 소용이 있겠습니까? 언젠가 허섭스레기 같은 삶에 지쳐 고향 생각이 간절해질 때, 그때 여러분은 비틀거리며 아버지의 집을 향해 발길을 돌릴 것입니다. 쓰디쓴 실패를 체험한 이후에 그럴 수도 있고, 아니면 물질적인 것들을 기쁘게 버리고 그럴 수도 있습니다. 앎과 이해가 어떻게 얻어졌든 종국에는 위에서 부르시는 부르심을 향해 점점 앞으로 나아가게 될 것입니다. 한 걸음 한 걸음 내디딜 때마다 점점 더 강하고 담대해져서 결국에는 비틀거리거나 망설이지 않는 상태에 도달하게 될 것입니다. 그렇게 되면 여러분 내면에서 빛나는 광채를 보게 되고, 밝게 깬 의식을 통하여 '여기'가 바로 아버지 집이라는 사실을 깨닫게 될 것입니다. 즉 우리는 무소부재하신 하느님 안에서 살아 움직이며 존재하고 있으며, 매 순간 '지금-여기'에서 하느님을 호흡하며 살아가고 있다는 사실을 깨닫게 될 것입니다.

가르침을 받고 깨달음을 얻기 위해서는 우리에게 와야만 한다고 생각하지 마십시오. 교회든 집이든 기도소이든 여러분이 스스로 선택한 곳이라면 어느 곳에나 가십시오. 그러면 위대한 사랑의 주 예수께서 여러분을 도와주실 것입니다. 또 최고의 가르침을 받고 깨달음을 얻은 다른 성인들도 여러분을 도와주실 수 있을 것입니다. 그들은 항상 여러분이 있는 그곳에서 여러분을 돕고자 합니다. 우리는 예수를 비롯한 깨달음을 얻은 다른 모든 성인들이 도움을 청하는 자들을 도우려고 항상 준비하고 있다는 사실을 분명히 알고 있습니다. 그러므로 꼭 우리에게 와야만 할 필요는 없는 것이지요. 여러분은 여러분이 있는 자리에서 도움을 청하기만 하면 됩니다. 그러면 그들은 도움을 청하는 여러분의 기도가 끝나기도 전에 응답해줍니다. 그들은 매 순간 여러분 곁에서 함께 걷고 있습니다.

그들이 여러분 곁에서 함께 걷고 있다는 것을 깨닫기 위해서는 의식의 진동을 높여야만 합니다. 의식의 진동을 높여서 그들이 여러분 곁에서 함께 걷고 있다는 것을 분명히 깨닫고 나면 다시는 비틀거리지 않을 것입니다. 그들은 '나에게 오라. 내가 너희를 쉬게 하리라' 하고 말하며 손을 내밀고 있습니다. '죽은 다음에 오라'는 말이 아니라 '지금 즉시, 있는 그대로의 모습으로 오라'는 뜻입니다. 여러분 의식의 진동을 우리 차원까지 높인다면, 오늘 밤 우리가 도달해 있는 모든 물질적인 제약을 초월한 풍성한 자유의 경지에 설 수 있게 될 것입니다.

건강, 평안, 사랑, 기쁨, 그리고 번영이 '지금-여기'에 있습니다. 이런 것들은 모두 하느님께서 선물로 주시는 성령의 열매입니다. 만약 우리가 하느님만 바라보고 살아간다면 어떠한 재앙이나 불행도 우리를 넘어뜨리거나 덮치지 못할 것입니다. 하느님께 전적으로 의지한다면, 예수의 이름으로 또는 하느님의 법칙으로 우리의 모든 결함은 치유됩니다.

영원하고 무한한 성령의 자녀들인 여러분 속에 하느님이 계십니다. 그러므로 아무것도 여러분을 두려워 떨게 하거나 실망시키지 못합니다. 여러분은 아버지 하느님 품에서 나왔으며, 전능하신 하느님의 숨결이 여러분을 살아 있는 영혼으로 만들었습니다. '여러분은 아브라함이 있기 전부터 있었고, 그리스도와 함께 하느님의 유업을 이어받을 사랑하는 자녀들입니다.' 예수 안에 있던 똑같은 능력이 여러분 안에도 있습니다. 이 능력을 성령의 두루마기라고 부르는데, 이에 대한 올바른 깨달음을 가지기만 한다면 늙음이나 질병이나 사고나 죽음과 같은 인간의 생명에 해가 되는 것은 실제로는 존재하지 않는다는 것을 알게 됩니다.

성령의 두루마기를 단단히 입고 있으면 아무것도 이것을 뚫을 수 없고 따라서 여러분은 아무 해도 받지 않게 됩니다. 지금까지 인간이 만들어낸 모든 파괴력이 여러분을 향해 일시에 쏟아부어진다 해도 여러분은 털끝 하나 상하지 않을 것입니다. 비록 외적인 형태의 육체가 파괴되는 일이 있다고 하더라도, 즉시 똑같은 형태의 영적인 몸이 살아날 것입니다. 성령의 두루마기는 지금까지 인간이 고안해낸 그 어떤 무기보다도 강력합니다. 여러분은 값을 치르지 않고도 성령의 두루마기를 항상 입을 수 있습니다. 여러분은 언제나 '있는 그대로' 살아 계신 하느님의 아들이기 때문입니다.

예수는 이러한 사실을 잘 알고 있었습니다. 그래서 갈보리 산상에서 십자가의 쓰디쓴 체험을 하지 않을 수도 있었습니다. 자신의 능력을 사용하여 대적大敵들로 하여금 자기에게 손끝 하나 대지 못하도록 할 수도 있었습니다. 그러나 자신에게 중대한 영적인 변화가 일어나고 있음을 알고 있던 예수는, 어떤 외적인 변화가 없는 상태에서 즉시 영적인 상태가 되면 자기가 사랑하는 사람들이 그 영적인 의미를 깨닫지 못하고 영적으로 변화된 자기를 계속 육체적인 시각으로 바라보고 의지하려고 할 것이라는 점을 알았습니다. 그는 자신에게 죽음을 극복할 능력이 있음을 알고 있었고, 사랑하는 제자들에게도 자기와 똑같은 능력이 있다는 것을 보여주고 싶었습니다. 그래서 제자들이 보고 믿을 수 있도록 갈보리의 길을 택했던 것입니다. 그는 또한 자신의 육체를 완성시켰기 때문에, 대적들이 자기를 죽여서 무덤에 넣고 돌로 그 입구를 막아놓아도 자신의 참자아는 그 돌을 굴려내고 모든 육체적인 한계를 초월한 영적인 몸으로 살아난다는 것을 보여주려고 했습니다. 그래서 그는 자신의 몸을 사람들의 눈에서 사라지게 할 수도 있었지만 그렇게 하지 않았습니다. 그 대신 그는, 어떠한 외적인 충격이나 사건도 성숙한 영적인 몸은 상하게 할 수가 없으며, 성숙한 영혼은 다른 사람에 의해 결코 생명을 빼앗기지 않는다는 것을 보여주는 길을 택했습니다.

십자가에서 처형당한 후 승천한 예수의 몸은 고도로 발달한 영적인 몸이 되었기 때문에, 예수는 자기를 볼 수 있도록 제자들의 의식의 진동을 높여주어야만 했습니다. 마치 오늘 밤 우리가 사람들이 우리를 볼 수 있도록 하기 위하여 여기에 모인 거의 모든 사람들의 의식의 진동을 높여주어야만 했던 것과 마찬가지로 말입니다. 이른 아침에 예수의 무덤을 찾아갔던 여인들은 무덤을 막았던 돌이 굴려져 있고 빈 무덤 속에 예수의 시신을 쌌던 세마포만 개켜져 있는 것을 보았습니다. 그런데 예수께서 예수를 볼 수 있는 차원까지 그 여인들의 의식을 높여주자 그때야 여인들은 예수를 보았습니다. 그 후에 예수는 엠마오로 가는 두 제자에게 나타났습니다. 예수는 그들과 함께 길을 가며 이야기를 나누었습니다. 그러나 그들은 예수께서 빵을 떼어줄 때까지 그가 누구인지 알아보지 못했습니다. 빵을 떼어주면서 예수는 그들의 의식을 자기를 알아볼 수 있는 차원까지 끌어올리셨고, 그때 비로소 그들은 예수를 알아보았습니다.

부활하신 예수께서 사람들에게 그 모습을 나타내신 것은 모두 같은 상황입니다. 제자들에게서 나타나 함께 걷고 이야기를 나누기도 했지만 그들은 예수를 알아보지 못했습니다. 그것은 제자들의 의식 차원이 아직 예수를 볼 수 있는 차원으로까지 높아지지 않았기 때문입니다. 하지만 그들의 의식이 예수의 의식 차원까지 높아진 순간 그들은 예수를 보았고, 그중에 몇몇은 영적인 실재가 무엇인지를 깨달았습니다. 그러나 대다수 사람들은 예수의 부활을 믿지 않았습니다. 그것은 그들이 볼 수 있는 차원 혹은 깊은 영적인 의미를 깨달을 수 있는 단계에까지 의식이 이르지 못했기 때문입니다.

영적으로 변화된 예수를 봄으로써 인간의 육체적인(mortal) 생각 때문에 드리워진 신비의 장막이 제거되었습니다. '성전 휘장이 위에서부터 아래까지 두 폭으로 찢어졌다'라는 성서의 기록이 바로 그러한 사실을 말해주고 있는 것입니다. 죽음이 극복되었다는 자각이 생겨났고, 죽음뿐만 아니라 인간이 만들어낸 모든 육체적인 제약들은 그런 것들이 더 이상 보이지 않는, 그래서 실제로 존재하지 않게 되는 차원까지 의식 수준을 높임으로써 극복될 수 있고 또 극복될 것이라는 깨달음을 얻게 된 것입니다. 그런데 사랑하는 마음을 가지고 지속적으로 이러한 의식 상태에 도달하기를 바라는 사람이 이러한 의식 상태에 이른다는 것을 기억하시기 바랍니다.

물질을 상징하는 돌을 베고 누워 있던 야곱은 무엇이든지 마음으로 응시하는 것이 현실로 나타난다는 진리를 깨달았습니다. 그는 이 깨달음을 통하여 물질적인 구속에서 해방되었습니다. 그는 후에 마음으로 응시하는 것이 현실로 나타난다는 진리를 응용하여, 양들이 물을 먹는 우물 앞에 껍질을 깎아 얼룩덜룩하게 만든 나무를 세워놓아 양들이 물에 비친 그 나무 그림자를 보면서 물을 먹도록 했습니다. 그래서 얼룩진 양 새끼가 태어나도록 했습니다. 때문에 비천한 신분에서 벗어날 수 있었던 것입니다. 우리는 무형의 이상을 마음속에 명확히 품음으로써 육체적인 의식 상태에서는 보이지 않는 무형의 세계에서 직접 구체적인 사물을 끌어낼 수 있습니다. 양들이 물을 먹는 우물은 마음에 품은 이미지를 영혼 중심에 투영시키는 거울을 상징합니다. 마음에 품은 이미지를 영혼 중심에 투영시켜 그 이미지를 계속 품고 있으면 구체적인 형태가 되어 나옵니다.

오늘 밤 이 자리에 모인 우리도 이 원리를 응용해서 나타난 것입니다. 열성적인 소수의 사람들만이 이 원리를 깨닫고 계속 정진해나가 자신의 실상을 구현하여 진정한 하느님의 일을 합니다. 다른 사람들도 출발은 잘합니다. 그러나 이내 물질이라는 첫 번째 장벽을 극복하는 데 엄청난 노력이 요구된다는 것을 알게 됩니다. 그때 그들은 물결치는 대로 흘러가는 것이 훨씬 더 쉽다고 생각하고 떨어져나가 버립니다. 우리는 늘 눈에 보이는 물질적인 세상에서 살고 있습니다. 사실 우리는 이 세상에서 다른 곳으로 떠나본 적이 없습니다. 육체적인 의식 수준에 머물러 있는 사람들의 눈에만 우리가 보이지 않는 것이지 높은 의식 차원에 도달한 사람들의 눈에는 항상 보입니다.

영혼에 심어진 이상의 씨는 심상이 되고, 마음속에서 점점 생각으로 키워지다가 때가 되면 물질적인 형태를 띠고 구체적인 현실로 나타납니다. 그러므로 완전한 이상을 품으면 완전한 것이 나오게 되어 있습니다. 그 반대도 역시 진리입니다. 똑같은 땅에서 똑같은 햇빛을 받고 자라난 씨도 씨앗 속에 있는 이상에 따라 거대한 나무도 되고 부드러운 꽃도 됩니다. 마찬가지로 똑같은 성령의 역사를 받은 인간도 마음속으로 바라는 것, 즉 자기가 믿고 구하는 것을 받게 됩니다.

죽음이라는 관문을 통과하여 가시적인 세계를 떠난 자는 육체를 떠날 때와 똑같은 정신 상태로 심령계에 나타납니다. 가시적인 이 세상에서 육체적인 생각에 사로잡혀 있던 자는 죽어서 심령계에 가서도 똑같이 육체적인 생각을 합니다. 심령계는 가시적인 물질세계와 진정한 영적인 세계 사이에 놓여 있습니다. 그래서 진정한 영적인 세계를 갈구하는 자는 영적인 차원에 도달하기 전에 심령계를 돌파하여 신께 곧장 가야만 합니다. 죽음은 영혼을 심령계로 옮겨다 놓습니다. 영혼은 죽음을 통하여 육체에서 풀려나 심령 차원에서 자기에게 걸맞은 모습으로 나타납니다.

그런데 죽음을 경험하고 심령계에 나타나는 영혼은 이 땅에서 깨달음을 얻지 못한 사람들입니다. 그들은 하나의 우주적인 영, 하나의 우주적인 혼, 하나의 우주적인 육체만이 존재하며 만물이 그 '하나'에서 나왔고, 그 '하나'로 돌아가야만 한다는 진리를 깨닫지 못한 사람들입니다. '하나'에서 나와 완전한 육체를 부여받은 우리 모두는 우주적인 '하나'의 몸을 이루고 있는, 분리될 수 없는 지체들입니다. 우리의 팔은 몸의 일부분으로서 몸에서 분리되어서는 존재하지 못합니다. 우리 몸을 이루고 있는 각 지체들이 유기적으로 연결되어 전체적으로 한 몸을 이루고 있을 때 온전한 몸이라고 할 수 있습니다. 그와 마찬가지로 하느님의 신성한 표현인 모든 영혼들이 자기를 완성시켜 완전한 존재가 되고자 한다면 서로 결합하여 하나가 되어야만 합니다.

성서는 '그들이 모두 한곳에 모일 것이다'라는 표현으로 우리 모두가 하나의 공통된 근원인 하느님에게서 나온 하느님의 표현이라는 사실을 깨닫게 될 것을 말해주고 있습니다. 우리는 하느님의 모양과 형상대로 창조된 하느님과 똑같은 존재라는 사실을 깨닫는 일, 그리고 우리를 통하여 하느님께서 마음속에 품고 있는 우리에 대한 이상이 구체화된다는 사실을 깨닫는 것이 바로 속죄(atonement), 즉 하나되는 일(at-one-ment)입니다.

'아버지여, 내 뜻대로 마옵시고 당신 뜻대로 하옵소서'라는 예수의 기도는 하느님께서 우리에 대하여 품고 계신 최고의 이상이 완전히 이루어지길 바라며 자기 자신을 하느님께 바친다는 의미입니다. 의식적이건 무의식적이건 하느님의 뜻에 따라 행하지 않고서는 육체적인 생각을 초월할 수 없습니다."

여기서 잠시 말이 중단되었고 그 사이에 우리 대원 하나가 물질의 상관성에 대해서 질문했다. 그러자 그가 대답했다.

"실재 세계는 물질이 아니라 실체입니다. 따라서 실체의 상대성이라 해야겠지요. 이 세계의 다섯 차원에 대해서 잠시 생각해보십시오. 이 세계는 광물 차원, 식물 차원, 동물 차원, 인간 차원, 그리고 하느님 나라로 이루어져 있습니다. 그러면 가장 낮은 광물 차원부터 생각해봅시다. 광물을 형성하는 모든 미세한 입자들은 하느님의 생명이 표현된 것입니다. 광물 덩어리는 부서져서 물, 공기 등과 혼합되어 흙이 됩니다. 흙이 되어도 광물의 입자들 속에서는 여전히 하느님의 생명이 작용하고 있습니다. 광물로 이루어진 흙은 한 차원 높은 식물계의 토대가 됩니다. 그런데 광물로부터 생명의 힘인 영양분을 섭취하는 식물의 생명 역시 같은 하느님의 생명입니다. 하느님의 생명의 작용으로 증식하고 번성하는 식물계는 하느님 나라를 향해 한 단계 더 올라간 상태입니다. 이러한 식물계는 다음 차원인 동물계의 토대가 됩니다. 식물로부터 생명력을 전해 받는 동물의 생명 역시 하느님의 생명입니다. 하느님의 생명의 작용으로 증식하고 번성하는 동물계는 식물계에서 한 차원 더 나아간 표현입니다. 동물계는 다음 차원인 인간 세상의 토대가 됩니다. 생명의 일부를 동물로부터 취하는 인간의 생명 역시 하느님의 생명입니다. 인간 차원은 하느님 나라를 향해 한 단계 더 올라온 표현으로서 궁극적인 차원인 하느님 나라의 토대가 됩니다.

그러므로 하느님 나라는 인간을 통해서 이루어집니다. 인간이 하느님 나라 상태에 도달하게 되면 만물이 하나의 근원에서 나와 하나인 하느님 생명을 간직하고 있다는 것을 알게 되며, 물질에 대한 지배력을 얻게 됩니다. 그러나 여기서 멈추어서는 안 됩니다. 왜냐하면 모든 것은 발전해나가고 있기 때문입니다. 여기까지 도달한 사람은 아직 정복해야 할 새로운 세계가 더 있다는 것을 발견할 것입니다. 이제 우리는 온 세상이 하느님의 생명으로 가득 차 있으며 만물은 하나의 근원 혹은 하나의 실체에서 나왔다는 것을 인정할 수 있게 되었습니다. 그렇다면 모든 것이 서로 상관적인 것이라고 말할 수 있지 않겠습니까?"

그의 말은 여기서 끝났고 만찬도 끝났다. 식탁과 의자를 정리한 후에는 눈에 보이지 않는 성가대의 반주에 맞춰 노래를 부르고 춤을 추며 즐거운 시간을 보냈다. 그날 저녁 모임은 음악과 노래로 끝났다. 나중에는 눈에 보이지 않던 성가대원들이 나타나 회중 사이를 걸어다니거나 회중들의 머리 위를 떠돌아다니기도 했다. 모인 사람들 모두가 음악에 맞추어 노래를 부르며 큰 소리로 웃는 것으로 모임이 모두 끝났다. 이 모든 광경은 일생일대의 인상적인 것이었다.

우리가 조용히 하기만 한다면 언제라도 그날 들은 노래의 곡조를 들을 수 있지만, 그렇게 큰 합창단이 함께 노래를 하는 일은 그날 모임과 같은 경우에만 있다고 했다. 그래서 후에 우리는 그 곡조를 들어보려고 여러 번 시도해보았는데, 그때마다 들을 수 있었다. 그러나 그날 저녁처럼 여러 명의 대사들이 함께 모인 경우가 아니고서는 환희에 넘치는 울림은 들을 수 없었고, 항상 나지막하고 감미로운 소리만이 들렸다. 우리는 그 음악을 흔히 천사들의 합창이라고 부르는데, 그들은 그것을 '조화로운 영혼들의 교향악'이라고 부른다는 말을 들었다.

우리는 그 마을에서 사흘 동안 묵으면서 여러 명의 대사들을 만났다. 사흘째 되는 날 저녁, 그들은 우리가 겨울철을 나게 될 마을에서 만나자고 하면서 작별인사를 했다. 그리고 사라졌다.

22

다음 날 아침 우리는 에밀 대사와 자스트와 함께 그 마을을 떠났다. 다음 목적지는 우리가 숙소를 설치하기로 미리 정해놓은 북쪽 마을이었다. 그 지방의 겨울 날씨는 대단히 매서웠기 때문에 우리는 겨울이 시작되기 전에 편안하게 쉴 수 있는 장소를 마련해놓고 싶었다. 그런데 대개가 그랬듯이 이번에도 우리가 쓸데없는 걱정을 했다는 사실이 드러났다. 목적지에 도착해보니 이미 편안한 숙소가 마련되어 있었고 우리가 할 일은 그저 걱정 없이 머무는 일뿐이었다.

우리는 사흘간 머물렀던 마을에서 고원 지대를 가로지른 다음 꾸불꾸불한 계곡을 따라 고갯마루까지 올라갔다. 고갯마루에는 고원 지대를 방어하기 위한 요새화된 마을이 있었다. 수직으로 깎인 계곡 양측 절벽 높이는 낮은 곳이 60미터, 높은 곳은 150미터 정도 되었다. 그 계곡은 고갯마루에서 끝나는데, 거기에서 머리 위로 600미터나 더 높이 솟은 산맥과 연결되어 있다. 그리고 고개 반대편으로 내려가는 길 역시 깊게 파인 계곡을 따라 나 있었다. 고갯마루는 약 2만 제곱미터 정도의 평평한 지대였는데, 양쪽 끝에는 거대한 바위가 돌출해 있었다.

두 바위 사이의 간격은 180미터 정도였고, 그 두 바위를 연결하는 12미터 높이의 효과적인 방어벽이 만들어져 있었다. 벽의 두께는 밑부분이 18미터였다. 그리고 상단부의 폭은 9미터였는데, 바위를 굴려와서 반대편으로 떨어뜨리기 위한 통로로 사용하도록 되어 있었다.

급경사를 이루고 있는 반대편 지면은 아래로 내려가는 가파른 내리받이 길과 연결되어 있었다. 벽 측면에는 바위가 굴러내려가면서 경사진 벽면에 부딪히지 않도록 30미터 간격으로 활송(滑送) 장치가 설치되어 있었다. 이렇게 해서 지면에 떨어진 바위는 내리받이 길을 통하여 중간에 부서져 가루가 되지 않는 한, 약 6킬로미터의 계곡길을 굴러내려가게 되어 있었다. 6킬로미터 내내 계곡의 폭이 4.5미터를 넘지 않았고 경사도 심했기 때문에 이것은 아주 효과적인 방어책으로 보였다. 거기다가 계곡 양측에서 아래쪽으로 바위를 굴려 길을 막을 수 있는 장소도 만들어져 있었다. 그곳에는 유사시에 사용하기 위해서 방어벽 위에서 굴려 떨어뜨린, 직경이 3.5미터가 넘는 바위가 여러 개 준비되어 있었다.

그러나 지금까지 이 마을에 침입하려던 종족은 하나뿐이었는데, 그들조차도 방어벽 위에서 떨어뜨린 바위에 전멸되었기 때문에 길을 막기 위해 준비해놓은 바위는 전혀 쓸 일이 없다고 한다. 방어벽 위에 준비된 첫 번째 바위를 굴리면 그것이 내려가면서 다른 바위들을 굴러떨어지게 하여 바위 사태가 일어나도록 되어 있었다. 그러나 과거 2,000년 동안은 그곳을 침입한 자가 없었기 때문에 방어벽 위에 준비되어 있는 바위는 2,000년 이상 그 자리에서 잠자고 있다는 것이었다.

방어벽 속에는 3층으로 된 여섯 채의 집이 있었다. 방어벽 상단 부분이 바로 지붕이었고, 각 집마다 아래층 입구에서 지붕까지 통하는 계단이 있었다. 3층 왼쪽 벽에는 집집마다 창문이 나 있었는데, 이 창문과 방어벽 위에서는 아래 계곡과 산자락을 휘감으며 수 킬로미터를 뻗어나간 길이 보였다.

그날 밤은 그 중 어느 한 집의 3층에서 편안하게 쉬었다. 우리는 저녁 식사를 일찍 끝내고 일몰 광경을 보려고 옥상으로 올라갔다. 우리가 올라간 지 얼마 안 되어서 쉰 살쯤 되어 보이는 한 남자가 옥상으로 올라왔다. 자스트는 그를 우리에게 소개했고, 우리는 서로 인사를 나눈 다음 함께 이야기를 시작했다. 우리는 그의 이야기를 통해 그가 우리가 겨울을 나기로 정한 마을 사람이며, 지금 그 마을로 가는 중이라는 것을 알았다. 우리는 그가 우리처럼 여행 중일 것이라고 생각하고 동행하자고 제의했다. 그는 우리 제의에 감사의 뜻을 표한 다음, 자기는 우리보다 훨씬 더 빨리 갈 수 있다고 말했다. 자기는 친척을 만나기 위해서 그곳에 왔는데 그날 밤에 집에 도착할 수 있을 것이라고 했다.

그러고 나서 대화는 에밀 대사와 자스트와 나를 포함한 동료 세 명이 방문했던 절벽 위의 사원 이야기로 돌아갔다. 그는 분명히 이렇게 말했다. "저는 그날 밤 당신이 사원 옥상 난간에 앉아 있는 것을 보았습니다." 그리고 이 책 앞에서 기술한, 그날 밤 내가 보았던 비전을 내가 본 그대로 이야기하기 시작했다. 동료들과 나는 깜짝 놀랐다. 왜냐하면 나는 그 비전을 아무에게도 이야기하지 않았기 때문이었다. 그 사람은 생면부지의 낯선 사람이었다. 그럼에도 불구하고 내가 보았던 개인적인 비전을 생생하게 말하는 것이었다.

그는 계속 말했다. "당신은 우리가 본 것과 똑같은 것을 비전으로 보신 것입니다. 모든 인간은 하나의 근원, 즉 하느님이 현상화되어 드러나는 존재입니다. 그러므로 하나의 근원에서 나왔다는 것을 분명히 깨닫고 자기에게 주어진 힘을 올바르게 사용했다면 이원성二元性은 생겨나지 않았을 것입니다. 이원성은 마음으로 응시하는 것을 나타나게 할 수 있는 능력과, 무엇이든지 생각할 수 있는 자유 의지를 가진

초인생활 ✛ 탐사록

인간이 육체적인 자아의 안목으로 자신과 하느님을 분리해서 생각하는 순간 생겨났습니다. 한번 생겨난 이원성은 점점 더 다양한 차별상을 만들어냈고, 이렇게 해서 온 세상이 분열로 뒤덮이게 되었습니다. 그러나 변화의 시기가 도래하고 있습니다.

분열과 대립은 거의 한계에 도달했고, 인류는 이제 만물이 하나의 근원에서 나왔다는 것을 깨닫기 시작하고 있는 것입니다. 그래서 사람들은 점점 더 가까워지고 있습니다. 그러나 지금은 출발 단계에 지나지 않습니다. 모두가 하나의 근원에서 나온 존재들이라는 사실을 완전히 깨닫게 되면, 하나의 근원에서 나온 존재들인 만큼 그 하나의 근원으로 돌아가 실제로 형제가 되고자 할 것입니다. 그렇게 되면 자기가 지금 천국에 있다는 것과, 천국은 '지금-여기' 이 땅에서 인간이 만들어내는 내적인 평화와 조화의 상태를 가리킨다는 것도 알게 될 것입니다. 천국과 지옥은 인간이 만들어내는 것입니다. 천국에는 평화와 조화가 있다는 생각은 맞습니다. 그러나 천국을, 어떤 공간을 차지하고 있는 도시 정도로 여기는 것은 잘못된 생각입니다. 하느님은 사람 속에 그리고 만물 속에 계십니다. 바위나 나무나 풀이나 꽃이나 기타 모든 만물 속에 하느님이 계십니다. 호흡하는 공기 속에도 계시고, 마시는 물속에도 계시며, 우리가 사용하는 돈 속에도 계십니다. 하느님이 만물의 본체(substance)입니다. 따라서 숨을 쉴 때는 하느님을 들이마시는 것이고, 음식을 먹을 때는 하느님을 먹는 것입니다.

우리는 새로운 종파를 만들 생각을 가지고 있지 않습니다. 오늘날 존재하는 사원들만으로도 충분합니다. 교회는 사람들로 하여금 자신의 내면에 존재하는 그리스도를 통하여 하느님을 깨닫도록 도와

주는 센터입니다. 그러므로 사원과 관련이 있는 사람들은 교회란 모든 인간 속에 내재한 그리스도 의식을 상징적으로 표상하고 있을 뿐이라는 점을 깨달아야만 합니다. 이 점을 깨닫는다면 차별이나 분열은 사라질 것입니다. 그것은 모든 분열은 교회 자체에 문제가 있어서 생겨난 것이 아니고, 인간의 육체적인 마음이 만들어낸 차별상에서 기인된 것이기 때문이지요. 사실 모든 사원이나 사회는 다 같습니다.

오늘날 만연되어 있는 서로 다르다는 생각은 인간의 육체적인 마음속에만 존재하고 있을 뿐, 서로 다름이 실제로 존재하는 것은 아닙니다. 서로 다르다는 생각이 만들어낸 결과를 보십시오. 나라와 나라 사이에, 종족과 종족 사이에, 그리고 심지어는 개인과 개인 사이에까지 미움을 증폭시키고 엄청난 전쟁이 일어나도록 한 것이 다 서로 다르다는 생각 아니겠습니까? 어느 한 교파나 조직의 교리나 신조가 다른 교파나 조직의 교리나 신조보다 우월하다는 생각이 이러한 결과를 낳은 것입니다.

그러나 모든 사원이 지향하는 바가 동일하기 때문에 근본적으로는 같다고 볼 수 있습니다. 어느 한 교파가 자기들만의 천국을 가진다는 것은 불가능한 일입니다. 만약 그럴 수 있는 것이라면, 어떤 특정한 교파에 소속된 교인이 이 세상에서의 신앙생활을 마치고 저세상에 갔을 때 수없이 널려 있는 천국들 중에서 자기에게 할당된 천국을 찾기 위해 여생을 허비하지 않으면 안 될 것입니다. 오늘날에 와서는 모든 사원과 그 구성원들이 점점 더 가까워지고 있습니다. 머지않아 이들 모두가 하나가 될 날이 오겠지요. 그러면 더 이상 조직 같은 것도 필요치 않게 될 것입니다.

잘못이 전적으로 사원 조직에 있는 것은 아닙니다. 인생의 진정한 의미가 무엇인지 깨친 사람은 거의 없습니다. 대부분의 사람들은 불만과 유혹과 좌절과 불확실성 속에서 표류하고 있습니다. 각자가 자신의 인생의 의미를 깨닫고, 하느님께서 주신 힘으로 목표가 분명한 행동을 함으로써 삶의 중심을 잡아야만 합니다. 모든 사람은 다 자기의 삶을 살아야 합니다. 누가 다른 사람의 인생을 대신 살아줄 수는 없습니다. 다른 사람이 여러분의 인생을 대신 살아줄 수도 없으며, 또 이렇게 저렇게 살아야 한다고 말해줄 수도 없습니다. 이런 의미로 예수께서도 '아버지께서 자기 안에 생명을 가지신 것처럼 아들에게도 생명을 주어 그 안에 생명이 있게 하셨다'고 말씀하셨다고 생각됩니다.

그러나 사람들은 자기 인생의 목적이 자신의 참자아인 내면의 하느님을 나타내는 데 있다는 것을 깨닫지 못하고 표류하고 있습니다. 모든 인간은 하느님의 형상이며 또 하느님의 형상이 되어야 합니다. 이것이 인간을 향한 하느님의 뜻입니다. 인간을 향해 하느님께서 품고 계신 뜻이 인생의 목표가 되어야만 합니다. 예수께서 산 위에서 자기에게 나아온 제자들에게 하신 말씀을 생각해보십시오. 예수는 분명히 인생의 참목적을 깨닫고 있었습니다. 산상설교는 분명히 인생의 참의미를 파악해야만 비로소 힘을 다하여 자신의 실상을 구현할 수 있다는 깨달음에서 나온 가르침입니다. 씨는 땅에 심어져야만 자라나올 수 있습니다. 마찬가지로 인간에게 주어진 하느님의 능력이라는 씨도 인간의 영혼이라는 토양에 굳게 심어진 이후에라야, 즉 인간이 자기 속에 하느님의 능력이 있다는 확고한 신념을 가질 때에만 그 힘을 나타낼 수 있는 것입니다. 인간 속에 존재하는 하느님의 힘은 무엇인가를 이루고자 하는 방향성을 가지고 있습니다. 우리는 예수처럼 자신의 마음의 욕구가 하느님의 힘의 방향성과 일치하도록 하여 하느님께서 자신의 일을 하시도록 해야만 합니다.

예수는 '심령이 가난한 자는 복이 있다'고 말씀하셨습니다. 그런데 이 말씀은 삶에서의 제약은 그 제약을 초월하고자 하는 욕구를 낳을 수 있고, 그 욕구를 통하여 자유로운 경지에 도달하게 되는 것은 좋은 일이라는 깨달음에서 비롯된 것입니다. 예수는 필요는 충족을 예언한다는 것을 알고 있었습니다. 그는 모든 필요를 마치 씨를 받아들일 준비가 된 토양처럼 생각했습니다. 씨가 토양 속에 심어지면, 자라나 씨가 품고 있던 욕구나 필요가 충족됩니다. 마찬가지로 무엇인가가 필요한 마음이 생기면, 그 마음속 욕구라는 토양에서 하느님의 능력이라는 씨가 자라나 필요가 충족되는 것입니다. 사람들은 삶속에서 나타나는 필요나 욕구를 나쁜 것이라고 오해하고 있습니다. 마음속에서 욕구를 제거해버려야만 한다고 가르친 위대한 스승들도 있습니다.

그러나 예수는 '너희 만족해하는 자들은 화가 있다'고 말씀하셨습니다. 그렇습니다. 만약 배가 불러 충족함을 느낀다면 거기에서 정지해버릴 것입니다. 그러나 생명을 충분히 꽃피우려면 생명을 더 높은 차원으로 성숙시켜나가고자 하는 욕구를 매 순간 가져야만 합니다. 위로 향하고자 하는 욕구가 있어야 위로 올라갈 수 있습니다. 진흙탕속을 기어다니는 것에 지친 인간은 하늘을 날 수 있기를 동경합니다. 그리고 그 동경이 현재의 제약을 넘어설 수 있는 법칙을 발견하도록 합니다. 그리하여 법칙을 발견하게 되면 시간이나 거리의 제약을 받지 않고 원하는 곳 어디에나 갈 수 있게 됩니다. 계획은 인간이 하지만 이루시는 분은 하느님이라는 말이 있습니다. 하지만 하느님이 계확한 것을 인간이 이룬다는 것도 진리입니다. 인간이 하느님의 뜻을 행한다면 하느님께서 하시는 일을 그도 할 수 있게 됩니다. 아버지께서 하신 일을 아들이 못할 까닭은 없는 것 아니겠습니까?

외적인 것을 통해서 만족을 얻지 못한 사람은 내적인 능력을 추구하게 됩니다. 그리하여 결국은 자기 자신이 '참자아'임을 발견하기에 이르는 것이지요. 그때 그는 자기 속에 모든 욕구를 충족시켜줄 수 있는 능력이 깃들어 있다는 사실을 알고, 그 능력을 사용하여 모든 필요와 욕구를 채워나가게 될 것입니다. 그러나 세파에 시달린 나머지 거기에서 벗어나고자 하는 강한 욕구를 가지고 내적인 평화와 안정을 찾고자 하기 이전에는 그러한 상태는 오지 않을 것입니다. 자기 자신이 '참자아'라는 사실을 깨달을 때 영혼의 근본적인 욕구가 채워집니다. 자신의 참자아인 하느님을 버려두고 밖에서 욕구를 충족시켜보려 하는 것은 바보짓입니다. 자기의 참자아인 하느님이 나타나도록 하는 것은 다른 사람이 해주는 것이 아닙니다. 그것은 전적으로 자기 자신이 해야만 하는 일입니다.

자기 속에 모든 것을 창조해낼 수 있는 능력과 질료와 지혜가 있다는 것을 알고, 자기가 바라는 바를 분명하고 진실하게 마음속으로 그리면 영적인 실체세계로부터 마음속에 그린 이상이 현실화되어 나옵니다. 이러한 상태에 도달하는 것이 곧 자신이 '참자아'임을 아는 것입니다. 이것이야말로 천국의 보물입니다. 우리 내면에 존재하는 무형의 천국에는 무진장한 보물이 감추어져 있습니다. 성서에 기록되어 있는 '너희는 먼저 하느님의 나라와 그의 의(righteousness)를 구하라. 그리하면 이 모든 것을 더하여 주실 것이다'라는 예수의 말씀을 생각해보십시오. 사람들이 바라는 '이 모든 것'은 영적인 차원에서 나오는 것입니다. 그러므로 바라는 '이 모든 것'을 얻기 위해서는 먼저 영적인 차원을 발견해야만 하는 것입니다.

자기 속에 창조의 원리와 힘이 있다는 사실을 인지하는 사람이 깨달은 사람입니다. 깨달은 사람은 마음으로 보고 그것을 이루는 것이 인생이라고 생각합니다. 그는 자기 앞에 놓여 있는 가능성을 깨닫습니다. 즉 비전을 가지는 것이지요. 그는 자기 속에 창조 능력이 있다는 사실을 알고, 바라는 바를 마음속으로 명확하게 그립니다. 그러면 마음속에 품은 이상이 창조 능력을 발동시킵니다. 창조 능력은 마음속으로 그린 이상이라는 거푸집 속에 질료를 채우고, 그러면 바라는 바가 구체적인 형상을 가지고 창조되어 나오는 것입니다. 마음으로 보는 것이 바로 '약속의 땅'입니다. 약속의 땅에 대한 꿈은 믿음으로 바라볼 때 실현됩니다. 아직은 약속의 땅을 차지했다는 자각을 가지지 못했을 수도 있지만, 창조의 법칙을 점차 온전히 사용할 수 있게 됨에 따라 언젠가는 분명히 차지하게 됩니다. 약속의 땅을 차지하기 위해서는 광야의 시련을 극복해내야 합니다. 그러나 광야의 시련을 극복해나가는 과정을 통하여 속죄(at-one-ment)가 이루어져 약속의 땅을 차지할 자격을 얻게 됩니다.

마음속에 품고 있는 비전 또는 이상을 언젠가는 차지하고야 말 약속의 땅으로 본다면, 그 땅을 차지하고자 하는 욕구는 선한 것임을 알 수 있습니다. 그러므로 의심하거나 흔들리거나 주저해서는 안 됩니다. 그런 것들 때문에 약속의 땅에 들어가지 못하고 광야에서 멸절되고 마는 것입니다. 자기의 비전을 굳게 붙잡고 전진해가야만 합니다. 비전은 그림자 내지는 모형입니다. 그러나 집을 짓기 위해서는 계획과 설계도가 필요한 것처럼, 약속의 땅에 도달하기 위해서는 약속의 땅에 대한 비전이 있어야만 합니다. 집을 짓는 사람은 설계 도면을 정확하게 따라야 합니다. 마찬가지로 약속의 땅을 향해 나아가는 사람은 자신의 비전에 충실하게 임하여, 모든 거짓을 버리고 진리만을 따라가야 합니다.

모든 위대한 영혼의 소유자들은 자신의 비전에 충실합니다. 그들이 실현한 모든 것들은 처음에는 다 영혼 속에 심어진 상념의 씨, 즉 비전이었던 것이 싹이 나고 자라서 현실화된 것입니다. 그들은 다른 사람의 불신앙이 자신에게 영향을 끼치는 것을 결코 허용하지 않습니다. 그들은 비전을 성취하기 위하여 기꺼이 자신의 모든 것을 희생할 준비가 되어 있습니다. 그만큼 그들은 자신의 비전에 대해 충실하고, 꼭 그대로 이루어질 것임을 믿습니다. 그러면 모든 것은 그들의 믿음대로 이루어집니다. 예수는 자신의 비전을 굳게 잡고 충실하게 임했습니다. 그는 가장 가까운 사랑하는 제자들까지 자기를 믿지 못하고 신의를 저버렸을 때마저 자신의 비전을 굳게 붙잡고 있었습니다. 그리하여 예수의 내적인 비전은 믿음대로 성취되었습니다. 예수의 이 예는 모든 사람에게도 그대로 통하는 진리입니다.

약속의 땅을 향해 출발하고자 할 때는 어둠의 땅을 포기하고 잊어버려야만 합니다. 암흑의 세계를 떠나 빛의 세계로 나아가야만 하는 것이지요. 떠나면서 동시에 그대로 머문다는 것은 불가능한 일입니다. 옛것을 포기하고 새것을 잡아야만 합니다. 생각되지 않았으면하고 바라는 것은 잊어버리고 실행하기를 원하는 것만 생각해야 합니다. 옛것을 생각지 않는 것과 새것을 생각하는 것은 두 가지 다 중요합니다. 자기가 성취하고자 하는 비전만 생각해야 합니다. 산출해내고자 하는 비전을 마음속에 굳게 붙잡고 그것만을 생각해야 합니다. 나타나기를 바라지 않는 것은 생각하지도 말고, 또 그런 생각이 일어나는 것을 강력하게 거부해야만 합니다. 모든 사고, 생각, 말, 행동을 비전을 성취하는 데 집중해야 합니다. 이렇게 하는 것이 진정한 정신 집중이자 헌신이며, 힘을 본질에 집중시키는 것입니다. 이것이 바로 이상을 사랑하는 행위입니다. 이상은 사랑을 통해서만 표현될 수 있습니다. 즉 사랑이 이상을 현실로 나타나게 만드는 것입니다.

처음에는 실패한다 하더라도 결의를 새롭게 하여 계속 전진해가야만 합니다. 이렇게 자기 신뢰를 가지고 의지를 훈련시킴으로써 이상에 대한 믿음을 키워나가야만 합니다. 의지를 훈련하여 힘을 의식적으로 집중하지 않는 한 이상은 실현되지 않습니다. 그러나 훈련을 통해 강화된 의지의 힘이 이상이 아닌 다른 곳을 지향하게 되면, 그 힘은 이상에 치명적이 됩니다. 이상과 마찬가지로 의지도 남을 섬기고자 하는 방향성을 가져야만 합니다. 섬기고자 하는 욕구가 결여된 의지는 영혼으로부터 힘을 끌어내오지 못합니다. '섬김을 받고자 하는 의지는 생명의 흐름을 역류시킵니다. 그러나 섬기고자 하는 의지는 생명의 흐름이 자기를 통하여 자연스럽게 흐르도록 합니다. 그리고 자연스럽게 생명을 흘러가게 하는 사람은 항상 기쁨과 빛 가운데 있게 됩니다.' 섬기고자 하는 의지가 비전에 목적을 부여하며 삶에 사랑이 넘치도록 합니다. 사랑은 삶을 통해 흘러나갑니다. 의식을 통하여 사랑이 흐를 때 존재 전체가 그 사랑에 감응하며 모든 세포가 진동합니다. 그러면 육체가 조화를 찾고, 영혼이 빛을 발하며, 정신은 깨어납니다. 명확하고 예리한 살아 있는 사고력이 생기고, 적극적이고 진실하고 건설적인 말이 나오며; 육체는 새롭게 되어 정결해지고 활기를 띠게 됩니다. 이렇게 자기를 통해 사랑이 흘러나가게 되면 만

사는 정돈되어 제자리를 찾게 됩니다.

참자아인 '하느님'이 개아個我를 통해서 나타나기 시작하면 개아는 더 이상 참자아를 제압하지 못합니다. 그것은 육체가 정신을 거슬러서는 행동할 수 없는 것과 마찬가지 이치입니다. 참자아의 영, 즉 성령의 능력으로 살아가기를 원한다면, 먼저 의식을 분명히 하여 성령을 찾고 구해야만 합니다. 그리하면 성령이 모든 필요를 충족시킨다는 사실을 배우게 될 것입니다. 그런데 다른 사람을 섬겨 그들의 필요를 채워주는 것이야말로 가장 고차원적인 성령의 역사役事입니다. 다른 사람을 향해서 사랑이 흘러나갈 때 성령의 창고는 열립니다. '섬기고자 하는 의지'가 무한한 하느님의 창고를 열어 사람들에게 보물을 나누어주고, 자기 자신의 영혼의 소원이 성취되도록 해줍니다.

다른 사람을 섬기고자 하는 순간 영혼은 이미 아버지 집에 도착한 것입니다. 탕자가 돌아서서 이웃을 섬기기 시작하면 아버지는 그 아들을 위해 잔치를 베풀어주시며, 그 아들은 쥐엄 열매로 배를 채우던 종의 신세에서 궁궐에 거하는 왕자로 그 신분이 바뀝니다. 즉 가능성이라는 궁전의 주인이 되는 것입니다. 그는 하느님의 사랑을 깨닫게 될 뿐만 아니라, 아버지의 선물이 무엇인지를 이해하고 그것을 자기 소유로 삼습니다. 이 아버지의 선물은 아들 이외에는 받을 수 없습니다. 종이나 품꾼은 항상 받기를 원하지만 아들이 받는 유업을 받지 못합니다. 우리가 아버지 집에 속해 있다는 것과, 아버지가 가지신 모든 것을 물려받을 상속자라는 사실을 깨닫게 되면 아버지께서 원하시는 삶을 살 수 있게 됩니다. 아버지의 뜻대로 사는 자가 아들입니다. 아들이라는 의식意識은 충족을 낳지만 종이라는 의식은 결핍을 낳습니다. 우리가 아들답게 생각하고 아들답게 말하고 아들답게 행동한다면, 그 순간 아버지께서 우리 마음의 소원을 이루어주신다는 것을 발견하게 될 것입니다. 또 하느님의 아들은 아무런 제약도 받지 않는 자유로운 존재라는 사실도 알게 될 것입니다." 여기까지 말하고 그는 일어나 작별인사를 했다. 그는 우리가 겨울철 숙소로 정해둔 마을에 도착하면 거기서 만나자고 말하고 떠났다.

✢ ✢ ✢

23

　우리는 다음 날 아침 그 마을을 떠났다. 이후 사흘 동안은 사람이 거의 살지 않는 거친 산악 지대를 통과해야 했기 때문에 매일 천막을 치고 밤을 지냈다. 우리는 이번 여행에 식량을 전혀 준비하지 않았었다. 그러나 때마다 음식이 제공되었다. 식사를 하기 위해 자리를 마련하기만 하면 항상 음식이 풍성하게 나타났다. 음식은 한 번도 모자란 적이 없었고, 오히려 늘 조금씩 남았다.

　사흘째 되는 날 저녁에는 넓은 골짜기 입구에 도착했다. 이 골짜기를 따라 내려가 목적하고 있는 마을로 가도록 되어 있었다. 우리는 사람도 꽤 살고 있는 넓고 비옥한 골짜기를 통과해서 계속 전진해나갔다. 우리가 그 마을에서 겨울철을 나고자 했던 것은, 그 마을이 우리가 탐사하고 있던 지역의 중심부에 있었기 때문이었다. 또 그 마을에서는 대사들과 좀더 오랜 시간 동안 접촉할 수 있는 기회가 주어질 수 있을 것 같아서였다. 그때까지 우리가 방문했던 다른 지역에서 만났던 대부분의 대사들은 그 마을에 살고 있었고, 그들로부터 자기들의 마을을 방문해달라는 따뜻한 초청도 받았던 터였다. 그래서 겨울철 동안 그 마을에 머무르게 되면 그들의 일상생활을 좀더 가까이에서 관찰할 수 있는 기회가 많을 것으로 생각하고 그렇게 결정했던 것이다.

　우리는 11월 20일에 그 마을에 도착하여 눈이 내려 통행이 곤란해질 때까지 그 마을을 기지 삼아 여러 차례 짧은 여행을 했다. 그곳 사람들은 대단히 친절했고, 우리에게 매우 편안한 숙소를 마련해주었다. 우리는 그 마을에서의 생활을 위해 준비를 했다. 그 마을에 살고 있는 대사들의 집은 우리에게 늘 개방되어 있었다. 그들은 우리를 위해 항상 대문을 열어놓고 있으며, 자기들은 모든 사람을 형제로 생각한다고 말했다. 그 마을에서 머무르는 동안 이전에 만난 적이 있는 여인으로부터 자기 집에 와서 머무르라는 초청을 받았다. 우리는 당시 머무르고 있는 곳도 편안하고 또 그를 불편하게 하고 싶지 않다는 의사를 표시했다. 그러나 그는 자기는 하나도 불편할 것이 없으니 염려 말고 오라고 강권했다. 그래서 우리는 가방과 짐을 그의 집으로 옮기고 그 마을에서의 나머지 기간을 거기서 기거했다.

나는 그와 처음 만났을 때의 놀라움을 결코 잊지 못할 것이다. 국경 근처에 있는 어떤 작은 마을에서였다. 그를 처음 보았을 때, 우리의 눈에는 그가 열여덟 살이 넘지 않은 아리따운 처녀로 보였다. 그러나 그의 나이가 400살이 넘었고, 최고로 존경받는 스승들 중의 한 분이라는 얘기를 듣고는 기절초풍하지 않을 수 없었다. 그는 삶 전체를 구도求道에 바친 여인이었다. 그의 집에 머물면서 그의 삶을 지켜본 후에야, 우리는 그가 사람들로부터 사랑과 존경을 받는 이유를 분명히 알게 되었다. 그를 처음 만났을 때, 우리는 2주일가량을 거의 매일 그와 만났었다. 그러나 그의 집에 묵으면서 그와 접촉하기 전까지는 그의 진정한 모습을 알지 못했다. 그는 누구라도 존경하고 사랑하지 않을 수 없는 그런 여인이었다. 그들을 알게 되면 될수록 더 사랑하고 존경하게 되었다.

우리는 그들이 말하는 나이를 호적을 통해서 확인해볼 기회도 여러 번 가졌다. 그들의 호적은 우리의 호적처럼 정확한 것이었다. 우리는 그해 12월 말경부터 이듬해 4월까지 그의 집에서 숙식했다. 우리는 그와 그 마을에 사는 다른 대사들의 생활을 관찰할 기회를 많이 가졌고, 결국 그들이 이상적인 삶을 살고 있다는 사실을 발견했다.

✢ ✢ ✢
24

어느덧 12월 말이 되어 한 해가 저물어가고 있었다. 우리는 대사들과 구도자들만이 참가하는 축제에 참석하기 위하여 많은 사람들이 그 마을로 모여드는 것을 보았다. 우리는 매일같이 모여드는 낯선 사람들과 인사를 나누었는데, 그들 모두가 영어를 했다. 그즈음 우리는 이미 그 마을 사람이라도 된 듯이 느끼기 시작하였다. 축제는 새해가 시작되기 전날 저녁에 열릴 것이라고 했다. 우리는 그 축제에 초대를 받았다. 그 축제는 외부인들을 위한 것은 아니지만 그렇다고 비밀집회는 아니라는 말을 들었다. 사실 그들은 어떤 집회든 비밀스럽게 거행하지는 않는다고 했다. 그때 준비되고 있던 축제는 열성을 가지고 구도의 길에 들어서서 이미 상당한 경지의 깨달음을 얻은 사람들을 위한 것이었다. 그 축제에 참석할 사람들은 모두 높은 의식 차원에 도달하여 자신들의 삶의 질을 향상시킨 구도자들이었다. 어떤 사람들은 그 모임을 '유월절 축제(Feast of the Passover)'라고 불렀다. 즉 육체적인 차원에서 영적인 차원으로 올라간 것을 기념하는 축제라는 뜻으로 그렇게 부르고 있었다. 하여튼 그 모임은 해마다 같은 시기에 어떤 마을을 정하여 그곳에서 열려왔는데, 그해에는 우리가 있던 마을에서 열기로 정해져 있었던 것이다.

축제가 열리기로 예정된 날 아침이 밝아왔다. 수은주의 눈금은 영도 훨씬 아래로 내려가 있었지만 날씨는 쾌청했다. 그동안 우리는 매우 놀라운 여러 가지를 경험해왔기 때문에, 그날 밤에는 또 무슨 일이 있을까 하여 조바심이 났다. 우리는 저녁 8시에 축제가 열리는 장소에 도착했다. 이미 참석자들 200명가량이 모여 있었다. 실내는 앞서 에밀 대사의 마을 집회 때와 마찬가지 방식으로 빛이 비치고 있었는데 대단히 아름다웠다. 그날 집회의 사회는 우리를 초청해준 부인이 맡기로 되어 있다고 했다. 우리가 자리에 앉자 잠시 후에 그가 실내로 들어왔다. 우리는 젊고 아름다운 그의 모습에 넋을 잃을 정도였다. 그는 아름다운 백색 가운을 입고 있었는데 뽐내거나 교만한 빛이 전혀 없었다. 그는 조용히 자그마한 단상으로 올라가 인사말을 하기 시작했다.

"우리는 오늘 밤 낮은 의식 차원에서 높은 의식 차원으로 올라가는 것의 진정한 의미를 보다 더 확실히 이해하기 위해서 이렇게 모였습니다. 이런 깨달음을 위해 준비하는 마음으로 이 자리에 참석하신 여러분을 진심으로 환영합니다. 여러분은 처음에는 우리가 행하는 일들을 놀라운 눈으로 바라보면서 그것에 흥미가 끌려 따라왔습니다. 그때 여러분은 우리가 하는 여러 가지 일을 보고 마치 기적이라도 보는 양 놀라워했습니다. 그러나 지금은 일상생활에서 당연히 일어나는 자연스러운 일로 바라보게 되었다는 것을 압니다. 여러분은 기적처럼 보이는 그 모든 것들을 마땅히 그렇게 살아야만 되는 것으로, 즉 그런 일을 행하면서 사는 것이 하느님께서 원하시는 삶이라는 것을 아신 것입니다. 여러분은 이제 우리가 어떤 놀라운 기적을 행한 것이 아니라는 사실을 분명히 알고 계십니다. 그리고 스스로 여러분이 행하고 계신 수행의 진정한 영적인 의미를 깨닫고 있습니다.

의식意識이 영적인 차원에서 활동하게 되면, 무슨 일에 처하든 항상 현상의 배후에 있는 근본적인 실상을 보게 됩니다. 그러면 내적인 의미가 밝혀지고, 내적인 의미가 밝혀지면 더 이상 신비나 기적은 없는 것입니다. 이렇게 낮은 차원에서 높은 차원으로 의식이 상승한다고 하는 것은, 조화롭지 못한 물질 차원을 버리고 조화와 아름다움과 완전함이 있는 그리스도 의식을 받아들이는 것을 의미합니다. 그리스도 의식 차원에서 사는 것이 자연스러운 삶입니다. 하느님은 우리가 이렇게 살기를 바라고 계시며, 예수는 이 땅에서 사시는 동안 이러한 삶의 아름다운 모범을 보여주셨습니다. 이와 다르게 사는 것은 모두 부자연스러운 삶이고, 이기적인 삶이며, 동시에 고된 삶입니다. 이 점을 깨닫는다면 그리스도처럼 사는 것이야말로 자연스럽고 쉬운 길이라는 것을 알게 되고, 모두가 그리스도 의식에 이르고자 할 것입니다.

오늘 우리는 이렇게 음식을 차려놓고 축제를 벌이고 있습니다. 그러나 이 축제는 일반 사람들이 생각하는 먹고 마시는 그러한 잔치가 아닙니다. 오늘의 축제는 깨달음과 성취의 축제, 예수의 삶을 상징하는 유월절 축제, 즉 육체 차원에서 그리스도 의식 차원으로의 상승을 상징하는 자리입니다. 사람들은 그리스도 의식 차원으로 올라가는 것을 무슨 신비스러운 일인 것처럼 대단히 오해하고 있습니다. 그러나 우리는 모든 하느님의 자녀들이 언젠가는 이 의미를 깨닫고 이와 같은 축제의 자리에 앉게 될 날이 올 것이라고 믿습니다.

우리는 오늘 밤 자신의 육체를 완성시키신 몇 분과 자리를 함께 할 예정입니다. 그분들은 완성된 육체를 가지고 천계(Celestial Realms)에 들어가서 최고의 가르침을 받으시는 분들입니다. 그분들은 모두 일정 기간 동안 눈에 보이는 육체를 가지고 이 땅에서 사신 일이 있는데, 지금은 육체적인 눈으로는 볼 수 없는 의식 차원으로 올라가셨습니다. 때문에 우리가 그분들과 대화를 하기 위해서는 우리의 의식을 그리스도 의식 차원으로 끌어올려야만 합니다. 하지만 그분들은 자신의 뜻에 따라 천계에 계실 수도 있고 우리에게 나타나실 수도 있습니다. 그분들은 받을 준비가 되어 있는 자들에게 가르침을 주시기 위해서 우리에게 나타나실 수 있습니다. 그분들은 나타나시거나 사라지는 것을 자신들의 뜻에 따라 자유자재로 하실 수 있는 경지에 도달하셨습니다. 우리가 가르침을 받을 준비가 되어 있을 때 그분들은 우리에게 오셔서 가르침을 주십니다. 어떤 때는 직관을 통해서 가르쳐주시고, 어떤 때는 직접 나타나셔서 가르침을 주십니다. 오늘 그런 경지에 올라가신 다섯 분이 오셔서 우리와 함께 빵을 떼실 것입니다. 다섯 분 중에는 우리가 지극히 사랑하는 여인이 한 분 계신데, 이 자리에 함께 참석한 우리 동료 중 한 명의 어머니로서 우리와 함께 살았던 적이 있던 분입니다. (우리는 후에 그분이 에밀 대사의 어머니인 것을 알았다.) 자, 그러면 이제 식탁에 둘러앉읍시다.”

실내가 잠시 어두워졌다. 참석자들은 모두 고개를 숙이고 침묵을 지키고 있었다. 불이 켜지자 남녀 다섯 명이 나타나 있었다. 남자 세 명과 여자 두 명이었다. 그들은 모두 아름다운 광채를 발하는 흰옷을 입고 있었으며, 부드러운 빛이 그들을 감싸고 있었다. 그들은 조용히 앞으로 걸어나와서 각 테이블에 마련해놓은 상석에 앉았다. 에밀 대사의 어머니는 우리가 앉아 있는 테이블에 앉았다. 그 오른쪽에는 우리 탐사대 대장이, 왼쪽에는 에밀 대사가 앉았다. 그들이 자리에 다 앉자 음식이 나오기 시작했다. 야채, 빵, 과일, 그리고 밤이나 호두 같은 견과류였는데 대단히 맛이 좋았다. 식사 후의 대화는 주로 그날 모인 사람들에게 주는 가르침이었다. 그들은 자기 나라 언어로 말했는데 우리에게는 자스트가 영어로 통역해주었다. 그들의 가르침 대부분은 이 책 앞부분에서 이미 언급한 바 있기 때문에 여기서 다시 언급하지는 않겠다.

마지막 설교자였던 에밀 대사의 어머니는 맑고 명료한 목소리로 영어를 능숙하게 구사했다. 그의 설교 내용은 다음과 같다.

"우리는 육체적인 생각에 사로잡힌 사람들이 웃기지 말라는 식으로 비웃는 그런 힘을 매일 사용합니다. 우리에게 이런 힘이 있다는 사실을 깨닫고 사용하는 특권을 부여받은 우리는 다른 사람들도 우리와 같이 깨달을 수 있도록 최선을 다해 돕고 있습니다. 사람들은 완전한 것이 나타날 준비가 이미 완료되었음에도 불구하고 그릇된 사고방식 때문에 그것을 자기 것으로 만들지 못하고 있습니다. 우리는 이러한 사실을 저들에게 보여주어 믿도록 하려는 것입니다. 자기에게 완전한 것을 나타나게 할 수 있는 힘이 있다는 사실을 깨닫고 그 힘을 활용한다면, 썩어질 것에 매달려 필사적으로 발버둥 치는 것보다 훨씬 더 진실하고 생명력이 넘치는 삶을 살게 될 것입니다. 사람들은 제한된 육체의 감각에 매달려 눈에 보이고 손으로 만질 수 있는 것만 추구합니다. 그러나 지금 이 방에서 여러분이 느끼고 있는 편안함이나 누리고 있는 모든 것, 예를 들면 밝은 빛이나 따뜻한 열이나 드신 음식 같은 것은 모두 마음의 힘이 만들어낸 것입니다. 우리는 이 힘을 '우주력' 또는 '보편력(universal power)'이라고 부르는데 이름이야 어떻게 부르든 상관없는 일입니다. 하여튼 이 힘은 증기의 힘이나 전기의 힘이나 아니면 휘발유나 석탄의 힘보다 훨씬 더 강력합니다. 그럼에도 불구하고 이 힘을 사용하는 데에는 대가를 전혀 지불하지 않아도 됩니다.

보편력은 인간이 필요로 하는 모든 힘을 제공해줄 뿐만 아니라, 1

킬로그램의 연료도 소모하지 않고 언제 어디서나 필요한 열을 공급해줍니다. 게다가 보편력은 아무런 소음도 발생시키지 않습니다. 인간이 이 보편력을 사용하게 된다면 불가피한 것처럼 보이는 엄청난 소음과 혼란에서 벗어날 수 있을 것입니다. 이 힘은 사용되기를 기다리며 지금 여러분 곁에 있습니다. 이 힘이 주어져 있다는 사실을 깨닫고 사용할 수 있게 된다면 증기나 전기보다 훨씬 더 사용이 간편하다는 것을 알게 될 것입니다. 그리고 지금까지 인간이 발명하고 고안해낸 모든 동력 기관이나 장치가 제한된 육체적인 안목에서 나온 임시변통에 지나지 않는다는 사실도 깨닫게 될 것입니다.

사람들은 자기들이 무엇인가를 만들어낸다고 생각합니다. 그래서 사람들이 만들어내는 것은 그들의 육체적인 감각 능력의 범위를 벗어나지 못합니다. 그들은 제한된 감각 능력으로 불완전한 것을 만들어냅니다. 그러나 모든 것이 하느님의 것이며, 자기를 통해 하느님으로부터 나오는 것이라는 사실을 깨닫는다면 모든 것이 완전하게 나타날 것입니다. 지금까지 사람들은 자신에게 주어진 자유 의지로 어려운 길을 택해왔습니다. 그들은 하느님의 아들임을 깨닫고 하느님의 능력을 사용하는 쉬운 길 대신에 자신의 제한된 능력에 의지하는 고된 길을 선택해온 것입니다. 그들은 진정으로 그렇게 살아야만 하는 더 나은 길이 있다는 것을 깨닫기 전까지는 계속 그 길을 달려갈 것입니다. 그러나 하느님의 능력으로 살아가고자 하는 사람은 하느님의 길이 유일한 것임을 점차 깨닫고, 항상 하느님께서 원하시는 완전한 것을 표현해낼 것입니다.

여러분은 내면에 계신 아버지 하느님께 의식을 집중하여 모든 것을 거기에서 끌어내야만 합니다. 즉 여러분의 모든 힘이 신적인 자아에서 나오도록 해야 한다는 말입니다. 모든 것이 내면에 계신 아버지 하느님으로부터 표현되어야 합니다. 그렇지 않으면 하느님으로부터 비롯되는 완전한 것이 나올 수 없기 때문입니다."

여기에서 우리 대원 한 사람이 생각이나 말의 힘이 현실에 어떤 영향을 끼치는가에 대해서 질문했다. 그러자 그는 손을 내밀었고, 그 순간 어떤 작은 물체가 그의 손에 나타났다. 그가 말했다.

"이 조약돌을 물이 담긴 그릇에 떨어뜨려보겠습니다. 자, 조약돌 이 떨어진 곳을 중심으로 물결이 원을 그리며 번져나가 물이 끝나 는 그릇 가장자리에까지 이르는 것을 보셨지요. 눈으로 보기에는 물 결이 그릇 가장자리에 닿는 순간 그 힘을 잃어버리고 정지하는 것처 럼 보입니다. 하지만 실제로는 더 퍼져나갈 수 없는 한계에 닿는 순 간, 물결의 힘은 다시 본래 출발해 나온 중심으로 돌아가기 시작합니 다. 조약돌이 떨어진 자리에 다다르기 전에는 그 힘이 결코 소멸되지 않습니다. 그런데 우리의 생각이나 말도 이와 똑같습니다. 생각이나 말의 진동도 원을 그리며 끝없이 퍼져나가, 드디어는 우주를 돌아 본 래 그 생각이나 말의 진동을 내보낸 사람에게로 돌아옵니다. 좋은 것 이든 나쁜 것이든, 우리가 생각하거나 말한 것은 여지없이 우리에게 로 돌아옵니다. 여러분의 성서에서는 이 돌아오는 것을 '심판'이라고 부르며, '매일매일이 심판의 날이 되리라'라고 말하고 있습니다. 좋은 것을 내보내면 좋은 것을 받고 나쁜 것을 내보내면 나쁜 것을 받습니 다. 이것이 바로 심판입니다. 모든 상념은 씨가 되고, 그 씨는 영혼 속 에 심어져 마음속에서 구체적인 생각으로 발전합니다. 그리고 마음 에 품은 그 구체적인 생각이 물질적인 형태의 현상을 나타나게 합니 다. 그러므로 완전한 것을 마음으로 그리면 완전한 것이 나오고 불완전한 것을 그리면 불완전한 것이 나오는 것입니다.

씨가 심어지면 태양과 대지가 협력하여 거대한 보리수나무도 키워내고 연약한 풀꽃도 키워냅니다. 마찬가지로 우리 속에 있는 신적인 영과 혼은 마음의 소원에 응답하여 우리가 생각이나 말로 구하는 것을 제공해줍니다. 천국으로부터 인간을 분리시켜놓는 것은 인간 스스로가 천국 주위에 쳐놓은 물질적인 사고라는 안개뿐입니다. 사람들은 스스로 신적인 것 둘레에 물질적인 사고의 안개를 드리워놓고는 신적인 것을 신비한 것으로 바라봅니다. 그러나 인간이 쳐놓은 신비의 장막이 벗겨지면 아무것도 신비한 것은 없다는 것을 알게 될 것입니다. 여러 가지 종파나 사원 조직을 만든 사람들은 신도들을 자기 조직에 붙잡아두기 위해서는 하느님 주위에 신비의 장막을 쳐놓는 것이 편리하다고 생각하고 그렇게 했습니다. 그러나 이제는 모든 사람이 신적인 심오한 것들이 실제로는 아주 일상적이고 진정한 것임을 깨닫기 시작했습니다. 사실 일상적인 것이 아니라면 어떻게 그것을 사용할 수 있겠습니까?

이제 사람들은 교회는 인간 내면의 그리스도 의식, 즉 영혼 중심에 깃들어 있는 하느님을 상징하고 있을 뿐이라는 사실을 점차 인식해가고 있습니다. 그것은 육체적인 생각이 만들어낸 우상을 숭배하는 대신에 참다운 이상을 인지하고 받아들이는 행위입니다. 수없이 파생되어 나온 종교 조직을 보십시오. 그것들이 지금은 엄청나게 분열되어 있습니다만, 언젠가는 하나가 되어야만 합니다. 하나가 되지 못한다면 결코 진정한 깨달음을 얻지 못할 것입니다.

육체를 완성시켜서 어디든지 원하는 곳에 갈 수 있는 우리는, 여러분이 천계라고 부르는 차원을 깨닫고 거기에 거하는 특권을 부여받았습니다. 이 차원이 많은 사람들이 '제7천(the Seventh Heaven)'이라고 알고 있는 곳*입니다. 사람들은 이 영역을 매우 신비스럽게 생각하고 있습니다만, 이 또한 육체적인 사고에서 비롯된 그릇된 견해입니다. '제7천'은 전혀 신비스러운 곳이 아닙니다. 우리는 예수께서 도달해 계신, 최고의 진리를 깨달을 수 있는 의식 상태에 도달할 뿐입니다. 의식이 이 차원에 이르면 사멸할 육체를 벗어버리고 불멸의 몸을 입을 수 있게 됩니다. 그리고 이 차원에서 보면 모든 인간이 하느님처럼 죄와 사망과는 관계가 없는 영원한 존재라는 사실이 드러납니다. 하느님도 인간을 그러한 존재로 보십니다.

예수께서 변화산(Mount of Transfiguration)에서 모습이 변형되었을 때 도달하신 차원이 바로 이 차원입니다. 우리는 이 차원에서 하느님과 얼굴과 얼굴을 마주하고 이야기를 나눌 수 있습니다. 우리는 모든 사람이 이 차원에 도달하여 우리처럼 될 수 있다는 것을 압니다. 머지않은 장래에 모든 사람의 의식이 우리가 도달한 차원, 즉 하느님과 얼굴과 얼굴을 마주 대하고 이야기를 나눌 수 있는 차원에 도달하게 될 것이라고 생각합니다. 지금 우리의 모습이 저들의 눈에서 사라지는 것은 우리가 실제로 없어지기 때문이 아니라, 우리의 의식이 저들의 육체적인 의식 이상으로 올라가기 때문입니다. 그러므로 육체적인 의식 수준에 머물러 있는 사람들의 눈에만 보이지 않을 뿐, 같은 의식 수준에 올라와 있는 동료들의 눈에서는 사라지는 일이 없는 것입니다.

우리는 다음과 같은 세 가지 일을 고대하고 있습니다. 첫째는 오

---

* 상태 또는 수준.

래전에 있었던 일로, 인간 속에서 그리스도 의식이 탄생하는 것을 상징하는 아기 예수의 탄생입니다. 그리고 그다음은 여러분의 위대한 조국이 그리스도 의식을 깨닫고 받아들이는 일입니다. 우리는 그러한 날이 오고 있음을 알고 있습니다. 마지막으로 우리가 가장 중요하게 생각하는 것은, 모든 사람이 내면의 그리스도를 깨닫고 받아들임으로써 그들의 영혼 속에 그리스도가 재림하는 일입니다. 우리는 모든 사람의 영혼 속에 그리스도가 임하여 그들의 의식 속에서 그리스도가 백합꽃처럼 피어나는 휘황찬란한 광휘의 날을 고대하고 있습니다. 그렇게 되면 속죄(Atonement), 즉 하나 됨(At-one-ment)이 이루어지는 것입니다."

그의 말이 끝나자 눈에 보이지 않는 성가대의 합창이 시작되었다. 그들이 부르는 장엄한 분위기의 송년가가 실내를 엄숙하게 압도했다. 송년가 합창이 끝난 후 잠시 동안 침묵이 흘렀고, 이윽고 각 소절마다 거대한 종이 울리는 것 같은 깊은 울림으로 끝나는 환희에 넘치는 합창이 터져나왔다. 그 종소리와 같은 울림은 열두 번 반복되었다. 그때 우리는 문득 이제 12시가 되어 새해가 시작되었음을 깨달았다.

우리는 이렇게 그 경탄할 만한 사람들과 함께한 탐사 여행의 첫해를 마감하였다.

부기

✢

이렇게 대사들과 함께한 경험의 기록을 출판하면서 나는 대사들의 능력과 그들이 보여준 위대한 법칙의 실현에 대한 나 자신의 개인적인 믿음을 강조하고 싶다. 나는 그 법칙이 전해주는 메시지를 온 인류가 받아들여야만 한다고 생각한다. 대사들은 죽음을 초월하는 법칙이 분명히 존재하고 있다는 사실을 입증해주었다. 그리고 온 인류가 서서히 그 법칙을 이해하고 사용하는 쪽으로 점진적인 진화 과정을 밟아가고 있다는 사실도 증명해주었다. 대사들은 이 법칙이 아메리카에서 출현하여 온 세계로 퍼져나갈 것이며, 그러면 온 인류가 영원한 생명의 길을 알게 될 것이라고 말한다. 그들은 이렇게 되는 것이 다름 아닌 새로운 시대(The New Age)의 열림이라고 선언한다.

이 책에서 언급되고 있는 영적인 법칙의 실현은 일반적으로 얘기하는 물질화와는 거리가 멀다. 오히려 마음먹은 대로 육체를 보이게도 하고 보이지 않게도 하는, 즉 육체를 거룩하게 영화靈化시키는 법칙이다. 이러한 신적인 법칙이 분명히 존재하고 있고, 인간들은 머지않아 이 법칙을 자유자재로 사용할 수 있는 권한을 물려받게 될 것이다. 그리하여 법칙에 대한 이해가 밝아져서 자신의 육체를 자유자재로 통제할 수 있는 완전한 대사의 경지에 이르게 될 것이다.

이러한 경지에 올라간 사람들은 오랜 세월 동안 인류에게 생명의 빛을 비추어주었다. 그리고 오늘날에도 그들은 자신의 삶과 사역使役을 통해, 지금도 생명의 빛이 여전히 인류를 비추고 있음을 증명해주고 있다.

그리고 이 시기에 찍었던 사진들은 그들에게서 발산되는 진리의
실제적인 힘을 뒷받침해주고 있다.

1896년

머리말

✤

나는 이 책을 쓰면서 의도적으로 인명과 지명을 밝히지 않았다.

나는 내 동료들과 예정해놓은 앞으로 3년간의 탐사를 통해, 지도와 지명, 사진과 여행기록까지 포함한 상세한 자료와 결론을 독자들에게 전할 수 있을 것으로 기대하고 있다. 물론 이 추가 연구에도 긴 시간과 적지 않은 노력이 필요하겠지만, 우리의 탐사 대장은 자금 사정의 어려움을 겪으면서도 탐사 자료들이 좀더 확실해질 때까지 공개하지 않기로 했다. 그렇기 때문에 나는 인명과 지명을 밝히지 않을 자유를 가지고 있고, 또 이 책의 이야기를 사실로 받아들이든지 허구로 받아들이든지 그것은 독자들의 권리로 허락할 자유도 가지고 있다고 생각한다. 다만 지적해두고 싶은 것은, 종종 실제가 허구보다 훨씬 더 놀랍다는 점이다.

아직 인도에 남아 있는 세 명의 동료들은 공개하기를 꺼려하는 몇몇 개인의 정보를 제외한 모든 미발표 자료들(지도, 지명 등)이 곧 정식으로 발표될 수 있을 것으로 확신하고 있다.

이 책을 통하여 대사들의 생활을 공개하는 작업을 하면서, 나는 그들의 삶과 가르침에 대하여 확신 있는 결론이 나올 만큼 탐사가 진행되기 전에는 어떤 식으로도 그들의 이야기를 출판하지 않기로 약속한 사실을 분명하게 기억하고 있었다.

그들과의 약속을 깊이 유념하면서 이제《초인생활: 탐사록》제2부를 독자 여러분에게 내놓는다.

아울러 마음을 비우고 받을 준비를 하면 할수록 더 많이 받게 된다는 사실을 진지하게, 또 존경의 마음을 가지고 일깨워드리고 싶다.

✢✢✢

1

1월 1일 아침, 우리는 말짱한 정신으로 아침 일찍 일어났다. 대원들 모두가 지금까지 경험한 일들은 앞으로 일어날 일의 시작에 불과하다고 느끼고 있는 것 같았다.

아침 식사를 위해 식탁에 둘러앉자 에밀의 고향 마을을 떠나오면서 하룻밤 묵었던 집 옥상에서 만났던 친구가 와서 자리를 함께 하였다. 그는 절벽 위에 있는 사원 옥상에서 본 나의 비전을 해석해준 일이 있었다. 서로 인사를 나누고 나서 그가 말했다. "여러분은 이미 1년 이상 우리와 함께 지내셨지요. 저는 여러분이 우리와 함께 여행도 하고 생활도 같이 하시면서 우리를 신뢰하시게 되었다는 것을 압니다. 여러분은 이곳에서 4월이나 5월까지는 머무셔야 할 것입니다. 그래서 제가 'T자형 사원(the temple of Great Tau Cross)'으로 여러분을 안내할까 합니다. 마을 밖 바위 절벽을 파내서 만든 사원인데 여러분도 지나오면서 보셨을 것입니다."

뒤에 알게 되었지만 그 사원의 방들은 180미터 높이의 바위 절벽을 파내서 만든 것이었다. 밖과 통하는 구멍은 각 방에 나 있는 창문밖에 없었는데, 그나마 절벽 깊숙한 곳에 나 있어서 모든 방은 사면이 바위벽이었다. 가로세로 약 70센티미터 정도의 창문은 햇빛과 공기가 통하도록 남쪽으로 향한 외측 절벽으로 뚫려 있었고, 맨 아래층을 제외한 모든 방에 창이 두 개씩 나 있었다. 맨 아래층에는 사원 동쪽 암벽에 커다랗게 갈라진 틈과 통하는 창이 하나 나 있었다. 처음이 사원이 만들어질 당시에는 맨 아래층에는 창문이 없었고, 암벽이 갈라진 틈에서부터 터널로 연결되는 입구만 하나 있었다고 한다. 그런데 절벽에서 떨어져 내려와 선반 모양의 턱에 쌓인 돌더미 중에서 커다란 둥근 바위 하나를 암벽이 갈라진 틈으로 굴려 떨어뜨려서 터널 입구로 통하는 통로를 막아버렸다.

그 바위는 밖에서는 절대로 움직일 수 없도록 되어 있었으며, 터널 입구로 들어가기 위해서는 위에서 떨어져내린 돌더미가 쌓여 있는 바위 턱까지 올라가야만 하는데, 위에서 내려주는 15미터 정도 되는 사다리만이 거기에 올라가는 유일한 수단이었다. 각 방의 창문 앞에는 창문 크기가 똑같은 판판한 바위가 준비되어 있었고, 바닥에는 그 바위를 밀어붙여서 창문을 막을 수 있도록 가는 홈이 파여 있었다. 일단 그 바위로 각 방의 창을 막고 나면 마을에서는 바위 절벽으로만 보이도록 되어 있었던 것이다. 북쪽 지역에서 자주 출몰하는 약탈자들로부터 방어하기 위해 그런 식으로 건축한 것이라고 한다.

약탈자들이 남쪽에 있는 이 마을까지 습격했던 일이 여러 번 있었는데, 그때마다 번번이 마을이 파괴되었지만 주민들은 이 사원으로 피신해서 하나도 다치지 않았다고 한다. 이 사원은 우리 친구들이 직접 만든 것이 아니고, 여러 가지 귀중한 기록물을 보관하기 위해서 마을 사람들로부터 구입했다고 한다. 그리고 우리 친구들이 이 사원을 구입한 이후에는 약탈자들의 침입도 그쳐서 지금까지 한 번도 습격받지 않고 평화롭게 살아오는 중이라고 한다.

그 사원에 보관되어 있는 기록들 중에는 이 땅에 인간이 출현할 당시로 그 기록 연대가 소급한 것들도 있다고 한다. 우리 친구들은 그 기록을 남긴 자들을 나아칼Naacal 족 또는 성 형제단(Holy Brothers)

이라고 불렀다. 인류의 모국(Motherland of Man)에서 직접 온 성 형제단은 버마에 가서 나가^{Naga}* 족을 가르쳤는데, 사원의 기록들은 성 형제단의 가르침을 받은 나가 족의 선조들이 수리야 싯단타$^{Sourya\ Siddhanta}$와 초기 베다(경전)의 저자라고 말하고 있었다. 이들 기록에 의하면 수리야 싯단타는 저작 연대가 3만 5,000년 전인, 현존하는 가장 오래된 천문학 책이다. 이들 기록에 의하면 초기 베다 경전은 4만 5,000년 전에 형성되었다. 그 사원에 보관되어 있는 기록들은 모두 원본이고 보존하기 위해 이곳으로 옮긴 것이라고 주장되지는 않는다. 그 사본들은 바빌론 기록과 마찬가지로 원본인, 오시리스^{Osiris}**의 추종자와 아틀란티스의 후손이 남긴 기록을 필사한 것이라고 한다.

사원의 방들은 겹겹이 쌓인 7층으로 되어 있었고, 각 층은 바위를 깎아 만든 계단으로 연결되어 있다. 방 한쪽 구석에 계단으로 통하는 구멍이 뚫려 있고, 45도 각도의 계단은 다음 층의 발코니나 현관으로 연결되어 있었다. 발코니는 가로세로가 70센티미터 정도인데, 거기에서 위로 입구가 뚫려 있었다. 아래층 천장과 위층 바닥 사이의 두께는 70센티미터 정도였다. 맨 꼭대기인 7층 바로 위에는 선반 모양의 바위가 옆으로 길쭉하게 돌출해 있었다. 그 선반 모양의 바위는 절벽 상단에서 약 30미터 아래에 위치해 있었다. 그 꼭대기 층은 다섯 개의 방이 띠처럼 돌출되어 만들어졌고 가운뎃방과 통하는 계단이 사원 입구까지 이어졌기 때문에 사원은 선반처럼 옆으로 길게 돌

---

* 나가르주나^{Nagarjuna}의 'Naga'가 '龍'이라는 뜻을 가지고 있듯이, 여기서의 'Naga'도 마찬가지로 '龍'의 뜻으로, '지혜의 전승자'를 가리킨다.

** 통상은 이집트 신화에 나오는 신을 말하나, 실제로 존재했던 고대의 현자라는 설도 있다. 여기서는 후자로 해석하는 게 좋을 듯함.

출한 바위와 어우러져서 커다란 T자를 그리고 있었다.

1층을 제외한 각 층 입구에는 앞서 말한 것처럼 발코니가 마련되어 있어서 거기를 거쳐서 방으로 들어가도록 되어 있었다. 바위는 결이 거친 부드러운 화강암이었는데, 예리한 연장으로 바위를 파내고 다듬은 것이 분명하니 건축을 완성하기까지는 여러 해 걸렸을 것이다. 처음 건축할 당시에는 목재를 전혀 사용하지 않았는데 우리 친구들이 구입한 다음에 목재로 방을 장식해서 분위기가 매우 안락해졌으며, 특히 햇빛이 밝게 비치는 날에는 기분이 더욱 유쾌해진다고 한다.

우리 친구들이 그 사원을 구입한 후로는 한 번도 창문을 닫거나 입구를 막은 일이 없었음에도 불구하고, 진정한 영적인 깨달음을 얻은 사람 외에는 극히 소수의 사람들만이 그곳을 방문했다고 한다.

우리의 친구가 계속 말했다. "오늘은 여러분에게는 새해의 첫날입니다. 과거는 이미 여러분의 인생에서 지나가 소멸되어버렸습니다. 그것은 결코 다시 되돌아오지 않고, 다만 여러분의 생각이나 기억 속에서 즐거움이나 슬픔의 기억으로 남아 복잡한 심경이 되게 만들 것입니다. 과거는 지나갔고, 지난해는 여러분의 인생 연감^{年鑑}에서 찢어져나간 것입니다. 그러나 우리는 과거를 성취와 승리의 시기로 여깁니다. 즉 지나간 한 해 동안 보다 더 영광스러운 진보를 성취하여 보다 더 밝은 깨달음을 향해 전진해나갔다고 생각하는 것입니다. 우리는 우리 자신이 지난 한 해를 통하여 보다 더 위대한 봉사를 했고, 삶의 매 순간마다 더 젊어지고 더 강해지고 더 사랑하게 되었다고 여깁니다. 여러분은 '왜 그렇게 생각하느냐?'라고 물으실 것입니다. 그에 대한 우리의 대답은 '여러분은 스스로 결정을 내리고, 스스로 자신의 인생을 선택하면 알게 될 것이다'라는 것입니다."

이때 우리 탐사대 대장이 별생각 없이 "우리는 깨닫기를 원합니다"라고 말했다. 그러자 우리의 친구가 말했다. "삶의 진정한 목적을 깨닫지 못하는 사람들을 위한 분명한 교훈이 있습니다. 제가 훌륭하게 인생을 살았다고 하는 것은 무슨 금욕적인 고행을 했다거나 세상으로부터 분리된 듯한 초연한 자세로 살았다는 것을 의미하지는 않습니다. 저는 기쁨과 즐거움 속에서 인생의 목적을 성취하는 것, 그래서 슬픔과 괴로움이 영원히 사라지게 되는 것을 훌륭한 삶이라고 봅니다." 우리의 친구는 이렇게 말하고 나서, 이번에는 좀더 가볍고 색다른 어조로 말하기 시작했다.

"여러분은 깨닫고 싶다는 소망을 표현하셨습니다. 그런데 소망은 표현되면 즉시 이루어집니다. 여러분이 이렇게 모여 있는 것을 보니 여러분의 성서 가운데에 있는 '두세 사람이 내 이름으로 모이는 곳에는 내가 그들과 함께 있겠다'는 예수의 말씀이 생각나는군요. 많은 사람들이 이 말씀을 실제로 그러한 것으로 받아들이지 않고 단지 비유 정도로 여겨오고 있습니다. 이것이 바로 예수의 가르침을 대하면서 범한 과오 중에서 가장 심각한 것입니다. 여러분은 예수의 가르침을 아득한 과거에 있었던 일종의 신화나 신비로 여깁니다. 원하기만 하면 '지금-여기'에서 실현되는 것임에도 불구하고, 죽고 나서야 얻을 수 있는 그 무엇으로 간주하고 일상생활에서 적용할 생각을 하지 않는 것입니다.

우리는 다른 시대, 다른 민족 중의 많은 스승이나 예언자들이, 크건 작건 그리스도로서의 예수께서 자신의 깨달음을 통하여 보여주신 삶의 차원을 보여주지 못한 것이라고 주장하고 싶은 생각이 없습니다. 우리가 예수의 이야기를 하는 것은 단지 여러분에게는 그분의 이야기가 가장 이해하기 쉬울 것이라 생각하기 때문입니다. 우리는 예수께서 삶을 통해서 자신의 가르침을 살아 있는 것으로 만들었기 때문에, 그래서 그러한 사실이 사람들의 신앙심을 불러일으키기 때문에 예수의 삶을 얘기합니다. 우리가 예수의 삶에 대해서 얘기하는 것은 이 한 가지 이유 때문입니다. 예수께서 인류의 죗값을 대신 치렀다는 대속론代贖論은 오랜 세월 동안 그리스도교 사상을 잘못된 길로 나가게 만든 사변적인 교리입니다. 그와 같은 교리는 결코 산상설교나 탕자의 비유를 말씀하신 분이 만들어낸 것이 아닙니다.

그리스도교 사상의 지도자들은 예수의 가르침을 비유적이거나 신비스러운 것으로 만들어버렸습니다. 그래서 예수를 따르는 자들로 하여금 예수의 가르침을 매일매일의 일상생활에서 적용하거나 하느님의 권능을 실제로 체험하는 일에서 멀어지도록 만들었습니다. 그들은 성서에 기록되어 있는 예수의 가르침을 모든 사람이 이해하고 체험할 수 있는 정밀한 과학적인 원리에 근거한 법칙이라고 가르치지 않고, 예수 이후의 사도들의 경험이라고 가르쳤습니다.

반면에 동양인들은 그들 종교의 과학적인 면을 그들의 연구와 성취의 궁극적인 목표로 삼았습니다. 그 결과 그들은 또 다른 극단으로 치우쳤습니다. 서양인들은 윤리적인 면에 치우치고 동양인들은 과학적인 수행에 치우친 나머지, 자신들의 종교를 일상적인 삶의 차원이 아니라 초자연과 기적의 차원으로 넘겨주고 말았습니다. 그들은 이렇게 '지금-여기'에서 나타나는 종교의 진정한 영성을 닫아버린 것입니다.

불교든 그리스도교든 세상을 피하여 은거하면서 금욕 수행을 하는 것은 꼭 필요한 일도 아닐뿐더러, 영적인 깨달음을 얻기 위한 진정한 방법도 아닙니다. 예수께서 보여주신 지혜와 능력으로 말미암는 완전한 삶은 그런 게 아니었습니다.

수도원식 금욕 수행은 각 종교 속에서 수천 년 동안 존속해 내려왔습니다. 그럼에도 불구하고 금욕 수행 자체만으로는 예수께서 이 땅에서 활동했던 짧은 기간 동안 백성들의 영적인 향상을 도모한 만큼의 성과도 거두지 못한 것이 사실입니다.

예수께서 오시리스의 가르침을 받아들이기까지, 여러 신비 종교에 입문하여 그들의 의식儀式을 연구하고 포용했다는 것은 잘 알려진 사실입니다. 예수께서는 외적인 종교 의식과 형식적인 예배를 초월한 어떤 사제로부터 오시리스의 가르침을 전해받았습니다.

그 사제는 강력한 전제 권력을 가지고 이집트를 제국으로 건설한 이집트 제1왕조의 토트Thoth 대왕 추종자였습니다. 그 땅에 살던 사람들은 제국이 건설되기 수 세기 전에 이미 오시리스와 그의 추종자들의 인도를 받아 형제애로 뭉쳐 찬란한 통일 문명을 건설했지요. 그들은 이스라엘 족속으로 알려진 백인종이었는데, 헤브라이 사람들은 그들에게서 파생되어 나온 한 지파입니다. 토트 대왕은 오시리스의 가르침을 따르며 지혜로운 통치를 했습니다. 그러나 토트 대왕 사후에 남방에서 올라온 피부가 검은 유목민이었던 이집트인들이 지배권을 장악했고, 그와 함께 물질적인 암흑 사상이 침투했습니다. 이후 검은 종족의 암흑 사상이 점점 세력을 확대해가면서 이집트 왕조는 오시리스의 가르침에서 멀어져갔습니다. 그리하여 나라 전체가 흑마술(black magic)로 뒤덮이게 되었습니다. 결국 이집트 제국은 곧 멸망하고 말았습니다. 물질적인 사상의 지배를 받으면 어느 나라를 막론하고 멸망할 수밖에 없는 것이지요.

예수는 그 사제의 지시를 받고 그 가르침의 깊은 내적인 의미를 파악했습니다. 그는 또한 불교의 가르침을 통해서 얻은 통찰력으로, 오시리스의 가르침과 붓다의 가르침이 근본적으로 유사하다는 사실을 알아차렸습니다. 그래서 그는 그 당시 잘 닦여져 있던 대상길을 따라 인도로 갈 결심을 하게 되었습니다.

인도에서 예수는 비교적 순수한 형태로 보존되어 있던 붓다의 가르침을 연구했습니다. 그는 인간이 만들어놓은 외적인 종교 의식이나 교리는 다를지라도 모든 종교는 하나의 근원에서 나온 것임을 깨닫고, 그 하나의 근원, 즉 내면에 존재하는 하느님을 자신의 아버지이자 만물의 아버지라고 불렀습니다. 그리고 종교의 모든 외적인 형식을 버리고 직접 하느님께 나아가 사랑하는 아버지의 중심으로 들어갔습니다. 일단 그 황홀한 경지에 들게 되자 교리나 의식이나 신조 등과 같은 종교 외적인 차원을 오랫동안 헤매지 않고도 깨달음에 이를 수 있다는 것을 알게 되었습니다. 그는 그러한 종교의 외적인 형식들은 사제 계급이 백성들을 무지 속에 가두어놓고 지배하기 위해서 부과한 짐일 뿐이라는 점을 알아차렸습니다. 예수는 이렇게 자신이 찾고 있던 것이 자신의 내면에 이미 존재하고 있었다는 사실을 분명히 깨달았던 것입니다. 그는 자신이 본래 그리스도라는 사실을 확신함으로써 그리스도가 되었습니다. 자신이 그리스도라고 확신하게된 예수는, 자신의 육체 안에서 그리스도가 구체화되도록 하기 위해서는 생각이나 말이나 행동에 있어서 순수한 동기를 가지고 살지 않으면 안 된다는 것을 깨달았습니다. 이렇게 확고한 깨달음을 얻은 예수는 용기를 가지고 세상에 나가 자신의 깨달음을 선포했습니다.

예수께서 어디에서 누구의 가르침을 받고 깨달음을 얻었는가는

초인생활 + 탐사록

중요한 문제가 아닙니다. 실제로 중요한 것은 다른 누가 어떻게 했느냐가 아니라, 예수 자신이 성취한 바로 그것입니다. 예수의 사역에 도움을 입은 사람들은 그의 가르침을 기쁨으로 받아들였습니다. 그는 인도나 페르시아나 이집트 종교에서 빌려온 내용을 가르친 것이 아니라 자신의 깨달음을 전했습니다. 그들의 가르침은 자신의 신성을 발견하여 스스로가 신성의 표현인 그리스도임을 깨닫는 데까지 이끌어준 외적인 안내자였을 뿐, 깨달음 자체는 예수 자신의 내면에서 나온 것입니다. 예수는 자기뿐만 아니라 모든 사람이 신성의 표현인 그리스도라는 것을 깨닫고 그것을 자기 말로 가르쳤던 것입니다.

오시리스는 3만 5,000년도 더 전에 아틀란티스에서 태어났습니다. 그의 사역은 너무나 놀라운 것이었습니다. 그래서 후대의 역사가들은 오시리스를 신으로 묘사했습니다. 그는 인간의 모국에서 명확한 개념을 지켰던, 고귀한 생각을 가지고 있던 사람들의 직계 후손이었습니다.

우리에게 알려진 신화적 인물들의 업적이나 성격은, 대부분 그들에 대한 이야기가 오랜 세월 동안 전해오면서 크게 바뀌거나 왜곡된 것입니다. 그들이 성취한 업적은 본래 신적인 인간[*]이 이룰 수 있는 아주 자연스러운 결과입니다. 그러나 시간을 들여 깊이 생각해보려고 하지 않는 사람들은 그들이 성취한 업적을 초자연적인 것으로 간주해버렸습니다.

오시리스를 신격화시킨 역사가들은 그의 신상을 만들기 시작했습니다. 물론 처음에는 오시리스가 어떤 존재인가를 보여주는 하나

---

[*] 헤라클레스, 크리슈나 등도 고대의 성취자였다고 함.

의 상징물로 만들어졌습니다. 그러나 시간이 지나면서 점차 신상 자체가 마음을 차지하자 신상의 주인공인 오시리스가 실현한 이상은 잊혀지고, 끝내는 공허한 우상만이 남게 된 것입니다.

붓다 또한 후대 역사가들에 의해 신격화된 대표적인 존재입니다. 불상이 세워지자 사람들은 붓다의 이상이 아니라 불상을 숭배하기 시작했습니다. 그 결과 불상 또한 공허한 우상이 되어버렸습니다. 또 다른 붓다의 상징이나 심벌도 똑같은 처지입니다.

붓다가 접한 가르침은 전해받은 방법만 다를 뿐 오시리스가 받은 가르침과 같은 근원에서 나온 것입니다. 붓다는 '인류의 모국'에서 직접 버마의 나아칼 족에게 전해진 가르침을 그들을 통하여 전수받았습니다. 반면에 오시리스는 '인류의 모국'에서 살았던 자신의 선조들로부터 가르침을 이어받았고, 청년 시절에는 배움을 위하여 '인류의 모국'을 직접 방문하기도 했습니다. 공부를 마친 오시리스는 아틀란티스인의 지도자가 되었습니다. 지도자가 된 그는 주위의 검은 종족들의 어두운 사상에 물들어가는 백성들을, 내재하는 하느님을 섬기는 길로 돌아오게 했습니다.

모세 또한 추종자들과 후대 역사가들이 신격화시킨 인물입니다. 이스라엘인*이었던 그는 바빌론인들의 기록을 접하고 거기에서 자신의 가르침을 얻었습니다. 그는 바빌론인들의 기록에서 배운 것을 일정한 형식을 갖추어서 명확한 언어로 기록했고, 그것이 성서의 일부가 되었습니다. 그러나 후대의 번역자들에 의해 그가 기록한 사실

---

* 지금의 이스라엘인이 아님. 이는 우리 민족을 '백의민족'이라 부르는 것과 같이 상징적인 뜻으로, 중동 지역에 살던 영적인 '엘리트 그룹'을 가리키는 이름임.

들이 심하게 왜곡되어버렸습니다. 계속해서 다른 예[**]를 많이 들 수 있습니다.

예수는 그들 모두의 가르침을 접한 다음 자신의 독특한 방식으로 그 핵심을 꿰뚫었습니다. 그리고 한 걸음 더 나아가 자신의 몸을 완성시켜 영광스러운 몸으로 변화시켰습니다. 그의 몸은 살아 있을 때에 이미 완전하게 변화되어 있었기 때문에, 십자가에서 처형당했지만 승리의 부활을 할 수 있었던 것입니다.

오시리스와 붓다와 예수의 가르침을 공부하면 유사성을 많이 발견하실 수 있을 것입니다. 사실 그들이 똑같은 말을 하고 있는 경우도 많습니다. 그러나 누가 누구의 가르침을 모방한 것은 아닙니다. 그들은 모두 외적인 가르침의 안내로 내적인 깨달음을 얻은 존재들입니다. 그들은 내적인 깨달음을 얻은 다음에는 모든 외적인 형태의 가르침과 문자를 초월해버렸습니다. 그들 3인 중 어느 누구도 외적인 형태의 가르침과 문자에 머물러 있지 않았습니다. 그들은 모두 모든 것이 자신의 내면에 존재하는 하느님으로부터 비롯되었다고 하는 깨달음을 얻었습니다. 만약 그렇지 못했다면 그들이 아무리 많은 종교의 가르침을 연구했다고 하더라도, 그들의 삶과 경험이 기록되어 후대에 전해지지는 못했을 것입니다.

그들은 모두 추종자들이 이 세상의 왕으로 삼으려고 했지만 단호하게 거절한 공통된 경험을 가지고 있습니다. 물론 오시리스의 경우는 후대 역사가들이 끝끝내 그를 이집트의 왕으로 묘사하는 어리석음을 범했지만, 추종자들이 그들을 왕으로 삼으려 했을 때 그들은 하

[**] 여기서는 '신격화'의 예(오시리스 등등)를 의미함.

나같이 '나의 나라는 물질적인 세상이 아니고 영적인 나라이다'라는 말로 이 세상의 왕이 되는 것을 거부했습니다."

여기에서 그의 말은 끝났고, 우리는 모두 일어나 T자형 사원을 향해 나아갔다. 사원의 맨 아래층에 도착했을 때 우리의 친구는 다시 말하기 시작했다. "이제 우리는 한 층씩 한 층씩 위로 올라갈 텐데, 여기서 명심할 것은 여러분이 직접 올라가야지 다른 누가 여러분을 대신해서 올라가줄 수 없다는 점입니다. 이해력이 성숙하면 여러분은 모든 사람이 동일한 존재라는 사실을 아시게 될 것입니다. 그리고 자신의 권리를 남에게 넘겨주거나 다른 사람의 권리를 넘겨받으려는 것은 모순된 일이라는 사실도 아시게 될 것입니다. 아무도 자신의 권리를 남에게 넘겨줄 수 없고 다른 사람의 권리를 넘겨받을 수도 없습니다. 동료에게 길을 가르쳐줄 수는 있습니다. 그러면 그 동료는 자신의 시야를 확대하여 좋은 결과를 얻는 자리로 나아갈 수 있을 것입니다. 하지만 아무도 스스로 길을 가지 않는 사람 대신 길을 가서 자신이 딴 열매를 갖다줄 수는 없습니다."

2층에 도착해보니 마을에서 올라온 네 명의 친구들이 이미 와 있었다. 잠깐 이야기를 나눈 후 우리를 안내하던 친구가 말했다.

"여러분의 역사에서 예수는 가장 탁월한 업적을 남긴 인물이지요. 그의 탄생을 기점으로 시대를 구분하고 있을 정도이지 않습니까? 그러나 대부분의 사람들이 예수를 우상화하고 있는데 그게 바로 잘못된 일입니다. 예수를 우상화해서 섬길 것이 아니라 그가 실현한 이상을 받아들여야 합니다. 그는 십자가에 달렸던 바로 그 몸을 가지고 오늘도 살아 계십니다. 그러므로 여러분에게는 그가 조각상이 아니라 살아 있는 존재가 되어야만 합니다. 그는 지금도 살아 계셔서 십자가에서 처형당하기 이전에 사람들과 이야기를 나누었던 것처럼 여러분과도 이야기를 나눌 수 있습니다. 사람들은 입으로는 부활을 믿는다고 하면서도 실제로는 부활 이후의 그의 삶이 십자가 처형 이전의 삶보다 더 큰 부분을 차지한다는 것을 전혀 이해하지 못하고, 그의 삶은 십자가에서의 죽음으로 끝났다고 생각하는 중대한 잘못을 범하고 있습니다. 그는 오늘도 이전보다 더 많이 가르치고 고칠 수 있습니다. 원하기만 한다면 여러분은 언제라도 그의 현존現存에 참여하실 수가 있습니다. 그를 만나길 원하면 만날 수 있다는 말입니다. 그는 여러분이 원하지도 않는데 일방적으로 여러분 앞에 나타나는 폭군이 아니라, 여러분과 세상이 요구하면 언제라도 도울 준비를 하고 있는 능력 있는 형제입니다. 그가 육체를 가지고 이 세상에서 활동할 때에는 한정된 사람들만 만날 수 있었지만, 지금은 그를 찾는 모든 사람과 만날 수 있습니다.

예수께서는 '내가 있는 곳에 너희도 있다'고 말씀하지 않았습니까? 이 말씀이 예수께서는 멀리 하늘나라에 계시기 때문에 죽은 후에나 만날 수 있다는 뜻입니까? 아닙니다. 그분은 여러분이 있는 곳에 계십니다. 그래서 여러분과 함께 걷고 이야기를 나누실 수 있습니다. 눈을 들어 시야를 넓혀보십시오. 여러분의 생각과 뜻이 진정으로 예수를 향하여 있다면 그분을 만나 함께 걸으며 이야기를 나누실 수 있을 것입니다. 자세히 보시면 손바닥의 못 자국과 옆구리의 창 자국 그리고 가시관에 찔린 머리의 상처가 이미 완전히 치료되어 있다는 것을 알게 될 것입니다. 그리고 그를 감싸고 있는 행복과 사랑의 분위기는 과거의 것은 모두 지나가고 용서받았다는 사실을 말해줄 것입니다."

우리의 친구는 여기서 말을 멈추었고, 우리 모두는 깊은 침묵에 잠겼다. 약 5분 정도 지났을 때 갑자기 밝은 빛이 방 안을 가득 채웠다. 이전에는 결코 보지 못했던 찬란한 광채였다. 그리고 멀리서 들려오는 듯한 분명치 않은 목소리가 들렸다. 정신을 집중하여 귀 기울이자 그 소리는 낭랑한 목소리로 매우 뚜렷하게 들리기 시작했다.

대원 중 한 사람이 "누가 말씀하시는 겁니까?" 하고 묻자 우리 탐사대 대장이 "조용히 하십시오. 사랑하는 주 예수님이시지 않습니까" 하고 말했다. 그러자 우리 친구들 중 한 명이 "맞습니다. 예수님이십니다" 하고 말했다.

목소리가 계속 들려왔다. "'내가 길이요, 진리요, 생명이다' 하고 말했을 때, 나는 나만이 유일한 진리의 빛이라는 뜻으로 그렇게 말한 것은 아닙니다.

'하느님의 성령의 인도를 받는 자는 다 하느님의 아들입니다.' '나는 참아들이요, 아버지께서 기뻐하시는 독생자'라고 말했습니다만 그 또한 나만 하느님의 아들이라는 생각으로 그렇게 말한 것은 아닙니다. 그것은 하느님의 자녀들 중 하나인 나 자신의 신성을 깨닫고 이해한 다음, 나 자신이 만물의 어버이인 하느님 안에 존재하며 그 안에서 살고 움직이고 있다는 것을 인류 앞에서 선언한 것입니다. 나 자신의 신성과 존재 방식을 깨달은 저는, 내가 하느님의 독생자 그리스도라는 확신을 가지고 선언했습니다. 그리고 진정한 그리스도가 되기 위한 확고부동한 목적을 가지고 진실한 삶을 살았습니다. 저는 그리스도라는 이상만을 바라보며 저의 전 존재를 그 이상으로 채웠습니다. 이로써 저는 이상을 실현하여 그리스도가 된 것입니다.

그렇게 많은 사람들이 저를 보지 못하는 이유는, 그들이 저를 성전 안에 모셔놓고 접근할 수 없도록 만들어놓았기 때문입니다. 그들은 제 주위에 신비의 장막을 드리워놓고 제가 사랑하는 사람들로부터 격리시켰습니다. 저는 지금 저에게 오지 못하고 있는 그들을 말할 수 없을 만큼 사랑합니다. 저들은 나에게서 떠나갔지만 저는 그들을 떠난 적이 없습니다. 그들은 장막을 치고 담을 쌓고 접근하지 못하도록 구역을 설정해놓았습니다. 그리고 중간에 중재자를 세우는가 하면, 저뿐 아니라 저와 가까이 있는 사도들의 상(像)을 만들어놓기까지 했습니다. 그들은 우리 주위에 신화와 신비의 안개를 드리워놓음으로써, 사랑하는 백성들이 어떻게 우리에게 접근해야 할지를 알지 못하도록 만들어놓았습니다. 그들은 저의 모친 마리아와 사도들에게 기도하고 탄원합니다. 그들은 이렇게 자신들의 속된(mortal) 생각으로 우리를 규정해놓은 것입니다.

그러나 있는 그대로의 우리의 실상을 알게 된다면 우리와 악수하고자 할 것이고 또 그렇게 할 수 있습니다. 우리에 대한 온갖 미신적인 생각과 교조적인 신조를 버리고 있는 그대로의 우리를 알게 된다면, 지금 여러분이 저와 대화하는 것처럼 그들도 우리와 이야기를 나눌 수 있을 것입니다. 우리는 언제나 여러분이 보시는바 그대로입니다. 우리는 온 세상이 이 사실을 알게 되기를 간절히 바라고 있습니다. 이러한 사실을 깨닫게 된다면 맛보게 될 재회의 기쁨이 얼마나 크겠습니까.

오랜 세월 동안 우리를 신비의 장막 안에 가두어놓았었기 때문에, 의심과 불신이 세상을 뒤덮게 된 것도 무리는 아닙니다. 상(像)과 상징물을 많이 만들면 만들수록, 또 우리를 죽음 저편에 있는 존재처럼 여겨 접근할 수 없는 존재로 만들수록, 그리고 다른 중재자를 통하지 않고는 우리에게 올 수 없다는 생각을 고집하면 할수록 의심의 그림자는 더 짙게 드리워지고 미혹의 골은 점점 더 깊어갈 것입니다. 그러나 여러분이 제 손을 잡고 담대하게 '나는 당신을 압니다'라고 말한다면, 다른 사람들도 여러분처럼 우리를 있는 그대로 알게 될 것입니다. 우리에게는 전혀 신비스러운 것이 없습니다. 또 우리가 사랑하는 온 세상에도 신비스러운 것은 없습니다.

많은 사람들이 십자가까지로 일단락된 제 인생의 일부분만을 바라봅니다. 그들은 지금 이렇게 존재하고 있는 제 인생의 더 큰 부분을 보려고 하지 않습니다. 그것은 그들이 파괴적으로 보이는 죽음 이후에도 인간의 생명은 계속되는 것임을 알지 못하기 때문입니다. 그러나 생명은 결코 파괴되지 않는 것입니다. 생명은 사라지지도 않고 퇴보하지도 않으며, 앞으로 앞으로 전진해나갑니다. 심지어는 육체조차도 불멸성을 얻어 결코 변하지 않게 됩니다.

사랑하는 빌라도가 손을 씻으며 '나는 이 사람에게서 죄를 찾지 못했소. 그러니 여러분이 데리고 가서 십자가에 못 박으시오'라고 했을 때, 그는 자기가 하고 있는 일이 어떤 역사를 이룰 것인지 몰랐고, 또 자기가 지금 어떤 예언을 성취하고 있는지를 잘 몰랐습니다. 그때 빌라도와 십자가에 못 박으라고 외치던 군중들이 받은 고통은 제가 받은 고통보다 훨씬 더 큰 것이었습니다. 그러나 그 모든 것은 이미 용서받았고 지나가버린 일입니다. 여러분은 우리 모두가 이 자리에 함께 나타나는 것을 보시고, 그 모든 것이 이미 용서받은, 지나간 일이라는 것에 대한 증거로 삼으실 수 있을 것입니다."

이윽고 두 사람이 모습을 드러냈고 예수께서 그들을 포옹했다. 예수는 그중 한 사람의 어깨에 손을 올려놓고 말씀하셨다. "사랑하는 이 형제는 시종 저와 함께했습니다." 그리고 다른 사람을 가리키면서 "이 형제는 진리에 눈이 열리기까지 여러 길을 헤맸으나, 일단 눈이 뜨인 다음에는 즉시 저를 따랐습니다. 이 형제는 진실한 모습을 보여주었고, 우리는 다른 모든 사람을 사랑하는 것처럼 이 형제도 사랑합니다" 하고 말씀하셨다.

그런 후 이제는 다른 사람이 앞으로 걸어나오더니 그 자리에 잠시 우뚝 서 있었다. 예수는 그를 향하여 팔을 벌리고 "사랑하는 빌라도여" 하면서 그를 끌어안았다. 그들의 포옹은 우애로움이 흘러넘쳤다. 빌라도가 입을 열어 말했다. "저는 그날, 짐을 벗어버리려고 경솔하게 언도를 내린 후 오랜 세월 동안 고통을 받았습니다. 물질세계에 파묻혀 사는 대부분의 사람들은 스스로 책임지지 않으려고 다른 사람의 어깨에 얼마나 많은 짐을 지우고 있는지를 깨닫지 못합니다. 그러나 눈이 열리면, 자기의 짐을 남에게 떠넘기려고 하면 할수록 더 무거운 짐이 자기에게 주어진다는 것을 깨닫게 됩니다. 제가 눈을 뜨고 이러한 사실을 깨닫게 되기까지는 상당히 오랜 고통의 세월이 있었습니다. 그러나 제 눈이 열린 날 저는 말할 수 없이 기뻤습니다."

이때 눈에 보이지 않는 성가대의, 말로 표현하기 어려울 정도의 아름다운 합창이 터져나왔다. 합창이 잠깐 계속된 후에 예수께서 앞으로 걸어나와 말씀하셨다. "저는 오래전에 저를 십자가에 못박은 자들을 용서했습니다. 그런데 사람들은 왜 저처럼 그들을 용서하지 못하는 것입니까? 제가 십자가 위에서 '다 이루었다'고 말했을 때, 저는 모든 사람들을 완전히 용서했던 것입니다. 여러분은 왜 십자가에 달린 모습이 아니라 죽음을 넘어서서 부활한 저의 모습, 즉 있는 그대로의 저의 실상을 보지 않습니까?"

눈에 보이지 않는 성가대의 합창이 다시 시작되었다. 그들은 "찬양하라, 찬양하라. 너희 만물들아, 하느님의 아들께 찬양과 영광을 돌리라. 그의 나라는 세세 무궁토록 사람들 가운데 있으며, 하느님께서는 영원토록 너희와 함께 하시리로다"라고 찬양했는데, 성가대의 합창이 진행될 때 벽면에 그 가사 내용이 나타났다.

이 모든 것은 우리가 있던 방에서 실제로 일어난 일이다. 어디 멀리 떨어진 무대에서 안개에 싸인 듯이 희미하게 나타난 것이 결코 아니다. 우리는 그때 나타난 사람들과 이야기를 나누고 악수를 했으며 함께 사진도 찍었다. 그들은 우리와 함께 있었고, 우리는 분명 그들을 둘러싸고 있었다. 그들과 우리의 차이점은 특이한 빛이 그들을 감싸고 있었다는 것뿐이다. 그 방이 밝아졌던 것은 그들을 감싸고 있던 빛 때문이었다. 방의 어느 구석에도 그림자가 없었다. 그들의 육체는 독특한 반투명체처럼 보였다. 우리는 그들과 악수하고 접촉했을 때 그들의 육체가 마치 반투명한 백색 설화^{雪花} 석고 같다는 느낌을 받았다. 그러나 그들에게서는 다정한 기운이 감도는 따뜻한 빛이 주위에 있는 모든 것을 향하여 방사되고 있었다. 그 따뜻한 빛은 그들이 나간 후에도 계속 그 방에 남아 있었다. 우리는 후에도 여러 번 그 방에 들어갈 기회가 있었는데, 그때마다 그 기운을 느꼈다.

며칠 후 우리 대원들은 그 방에서 다시 모였을 때, 그 방에 감돌고 있는 분위기에 대해 이야기를 나누었다. 그때 우리 대장이 나에게 "이것은 장엄함 그 자체군요" 하고 말했다. 그의 이 말은 우리 대원들 모두가 공통적으로 느끼고 있던 것을 대변한 것이었다. 사실 그 이상 할 말이 없었다. 후에 다시 그 사원을 찾아갔을 때 우리는 그 방에서 오랜 시간 머물렀는데, 그 방이 마치 성소^{聖所}처럼 느껴졌다.

우리는 나타났던 사람들이 방에서 나가는 동안 기다리고 있었다. 그랬더니 빌라도가 맨 마지막으로 나가면서 우리 대장에게 따라오라고 손짓했다. 그래서 우리 모두는 함께 아래층으로 내려갔다. 거기에서 통로를 통해 암벽이 갈라진 틈까지 가서 사다리를 타고 한 사람씩 아래로 내려왔다. 그리고 마을 안에 묵던 집으로 가서 자정이 될 때까지 이야기를 나누었다. 그런 다음에는 일상적인 모임을 끝내는 것처럼 흩어졌다.

손님들이 모두 돌아간 뒤에 우리는 묵고 있던 집의 여주인과 함께 자리에 둘러앉았다. 우리는 어제 저녁 송년 모임에서 경험한 귀중한 체험에 대해 감사의 뜻을 전하며 그와 악수를 나누었다. 대원 한 사람이 이렇게 말했다. "저는 제 좁은 소견과 육체적인(mortal) 사고방식이 더 이상 찾지 못할 정도로 완전히 산산조각났다는 말밖에는 달리 드릴 말씀이 없습니다."

그의 말은 우리 모두의 생각을 대변하는 것이었다. 분명히 우리 모두가 똑같은 생각과 느낌을 가지고 있었다. 나는 내 생각과 느낌을 말로 표현하지는 않았다. 그리고 기록해보려고 하지도 않았다. 나의 생각과 느낌이 어떠했을는지는 독자들이 상상해보시기 바란다. 여주인이 잠자리에 들기 위해 방에서 나간 후에는 아무도 입을 여는 사람이 없었다. 모두가 엄청나게 새로운 세계가 열린 것에 대한 깊은 감상에 젖어 있는 것 같았다.

그리고 우리는 평생 동안 가장 감동적인 새해 첫날로 기억될 하루가 저물었음을 느끼면서 잠자리로 향했다.

✦✦✦

2

다음 날 아침, 아침 식사 자리에서 우리는 여주인에게 어제 예수께서 나타나셨던 일에 대해서 물어보았다. 그의 말에 의하면 예수께서 그렇게 나타나신 것은 이례적인 일이 아니며, 종종 오셔서 다른 대사들과 함께 병을 고쳐주시는 일에 참여하시기도 한다는 것이었다.

아침 식사를 마친 후, 우리의 여주인과 다른 두 명의 여인이 그날 우리와 함께 T자형 사원에 가게 될 것이라는 사실을 알았다. 집을 나서니 두 명의 남자가 우리 일행에 합류했다. 그중 한 사람이 우리 여주인에게 어린아이가 아파서 그를 찾고 있는 집이 있다고 알려주었다. 발길을 돌려 우리는 그 사람을 따라서 아픈 어린아이가 있는 집으로 갔다. 아이는 몹시 심하게 앓고 있었다. 우리의 여주인이 팔을 벌리자 아이의 어머니가 우리의 여주인에게 아이를 넘겨주었다. 그러자 그 즉시 아이의 얼굴이 밝아졌다. 그리고 품속 깊이 안기더니 잠시 후에 깊이 잠들었다. 아이를 어머니에게 돌려주고 우리는 다시 사원을 향해서 발길을 돌렸다.

가는 길에 그가 말했다. "아, 이 사랑하는 백성들이 다른 사람에 의지하지 않고 자기들 스스로 문제를 해결할 수 있으면 얼마나 좋겠습니까. 그것이 그들에게는 훨씬 더 좋을 텐데 말입니다. 저들은 평상시에는 우리의 말에 귀 기울이지도 않고 자기들 멋대로 살다가 무슨 일만 생기면 우리를 부른답니다. 물론 그것도 나쁜 일은 아닙니다만, 계속 그렇게 한다면 언제 자기들 자신의 능력을 깨닫고 스스로 문제를 해결할 수 있겠습니까. 우리는 저들이 스스로의 힘으로 일어서기를 고대하고 있지만, 아직은 모든 점에서 어린애 같기만 합니다."

이때 사다리가 내려져 있는 곳에 도착했다. 우리는 사다리를 타고 올라가 동행한 두 명의 남자와 함께 터널 안으로 들어갔다. 암벽을 뚫어서 만든 터널이었기 때문에 당연히 어두우리라 생각했다. 그런데 터널 안은 뜻밖에도 상당히 멀리 떨어져 있는 물체도 식별할 수 있을 정도로 밝았다. 빛이 우리를 감싸고 있었다. 그래서 그림자가 전혀 없었다. 우리는 어제도 그와 똑같은 현상을 목격한 바 있었지만, 그 순간에는 그에 대해 묻거나 언급한 사람은 하나도 없었다. 우리는 나중에야 질문을 했다. 그리고 다음과 같은 대답을 들었다. 빛이 우리를 감싸고 있는 것이 확실하며, 사람이 없을 때는 터널 안이 어둡다는 것이었다.

우리는 터널과 계단을 거쳐 3층에 있는 방으로 올라갔다. 아래층에 있는 두 방보다 약간 더 큰 그 방에는 돌로 된 서판書板이 벽을 따라 가득 쌓여 있었다. 뒤에 큰 방이 하나 더 있었는데, 그 방에도 마찬가지로 서판이 가득 차 있었다. 서판은 붉은빛을 띠는 암갈색이었는데 매끄럽게 잘 다듬어져 있었다. 어떤 것은 한 장이 가로 35센티미터, 세로 60센티미터, 두께 5센티미터 정도에 무게는 4~5킬로그램 정도 되었고, 그보다 훨씬 더 큰 것들도 있었다. 우리는 이 무거운 것을 어떻게 산맥을 넘어 운반해왔는지 의아스러웠다. 우리가 놀라움을 표시하자 그들은 그것이 산맥을 넘어 옮겨온 것이 아니라고 말했다. 그 서판들은 원래 현재의 고비 사막 지대가 비옥하고 사람이 많이 살고 있을 당시, 그리고 아직은 산맥이 융기해 올라오지 않았을 때 그 지방으로 옮겨와 보관하고 있던 것을, 산들이 솟아올라온 지한참 지난 후에 혹시라도 있을지 모르는 파괴의 위험을 피해 그 사원으로 옮겨와 안전하게 보관하게 된 것이라고 했다.

산들이 융기해 올라오자 지진으로 인한 엄청난 해일이 그 지방을 덮쳤다고 한다. 그로 인해 대부분의 주민이 죽고 토지는 황무지로 변했다. 불행 중 다행으로 살아남은 생존자들은 생계 수단을 찾아 흩어졌고, 지금까지도 가끔 고비 지역에 출몰하는 도적단의 조상이 되었다. 옛날에는 오늘날의 히말라야 산맥과 고비 사막 지역에 위구르 대제국이 있었는데, 이곳에는 거대한 도시들과 고도의 문명이 존재했었다고 한다. 그러나 해일이 덮친 다음 다시 그 위에 바람에 날려온 모래가 쌓여 황폐한 사막으로 변해버렸다는 것이다. 우리는 후에 안내자들의 번역을 통해 사원에 보관되어 있는 서판 몇 장을 읽어보았다. 그리고 위구르 대제국 당시의 도시 세 개를 발견했다. 언젠가 고고학적 탐사가 이루어지면 그 기록과 전설이 참되다는 것이 입증되리라고 믿는다. 우리가 읽은 기록에 의하면 위구르 제국이 누렸던 문명의 기원은 수십만 년 전으로 거슬러 올라간다. 그러나 이 책은 사라진 과거에 대한 조사 논문이 아니기 때문에 이 이야기를 여기서 끝내기로 하자.

우리는 다른 방들도 보았다. 나는 세례 요한이 체류했던 마을에서 세례 요한에 대한 기록을 남긴 대사를 만났던 사실을 1부에서 언급한 적이 있다. 그런데 이런저런 이야기를 하던 중에 아침에 마을에서 합류하여 함께 올라온 두 남자 중의 한 명이 세례 요한에 대한 기록을 남긴 대사의 후손이라는 사실을 알았다. 앞에서도 말했지만 세례 요한에 대한 기록을 남긴 대사는 30대 젊은이의 모습이었다. 그런데 그의 후손인 이 사람은 나이가 지긋한 노인의 모습을 하고 있었다. 그것이 우리에게는 기이하게 보였다.

1층으로 내려오는 중에 탐사대 대장이 기도하기만 하면 소원이 이루어질 수 있는 것이냐고 물었다. 그러자 우리의 여주인은 올바른 방식으로 구하기만 하면 그렇게 된다고 대답하고 말을 이었다. "소원을 품는 것 자체가 이미 기도입니다. 예수의 기도는 모두 응답을 받았으므로 그분처럼 하는 것이 올바로 기도하는 것이라고 볼 수 있습니다. 올바른 방법으로 드리는 기도는 반드시 응답을 받습니다. 따라서 기도의 응답을 받으려면 분명한 법칙에 따라야만 합니다." 그는 계속해서 말했다. "기도의 법칙이란 '이미 얻은 줄로 믿고 구하면 받게 된다'는 것입니다. 구하는 것이 무엇이 되었든지 간에 이미 받았다는 적극적인 믿음을 가지고 기도하는 것이 법칙에 따른 올바른 기도지요.

바라는 소원이 이루어지면 그것으로 우리가 올바른 방법으로 기도했다는 것을 알 터이지만, 이루어지지 않는다면 잘못 구했다는 것을 알아야만 합니다. 기도가 응답되지 않는 잘못은 하느님께 있는 것이 아니라 우리에게 있다는 말씀입니다.

성서의 '네 마음(heart)을 다하고 목숨(soul)을 다하고 생각(mind)을 다하고 힘(strength)을 다하여, 주 너의 하느님을 사랑하라'는 말씀은 기도에 대한 교훈이기도 합니다.

기도가 응답되지 않으면 어쩌나 하는 두려움이나 불신앙을 몰아내고, 영혼 깊은 곳에서 우리에게 필요한 것은 이미 주어졌다는 확신을 가지고 기뻐해야 합니다.

응답받는 기도의 비결은 마음이 흩어지지 않고 하나 되는(at-one-ment) 데 있습니다. 온 세상이 자기를 반대할지라도 정신을 차리고 하느님만 의지하는 흩어지지 않는 마음만이 기도의 응답을 가져옵니다. 예수께서는 이 점을 '나만으로는 할 수 없으나 내 안에 계신 아버지께서 모든 것을 하신다'는 말씀으로 표현했습니다. 하느님에 대한 신앙을 가지고 의심하거나 두려워하지 않는 마음의 소원은 반드시 이루어집니다. 하느님의 권능은 무한하다는 사실을 기억하시기 바랍니다. 하느님은 모든 것을 이루실 수 있는 분이라는 생각을 마음속 깊이 간직하고 기도를 드리라는 말씀입니다.

기도를 드릴 때는 완전한 상태를 구하는 긍정적인 말만을 하고 부정적인 말은 사용하지 않아야 합니다. 그리고 자기가 바라는 이상의 씨를 마음속 깊이 심고 다른 것은 일체 받아들이지 않아야 합니다. 기도할 때는 병을 고쳐달라고 구할 것이 아니라 건강한 상태가 되기를 구해야 할 것이고, 불화와 갈등에서 건져달라고 할 것이 아니라 조화로운 삶이 되기를 구해야 할 것이며, 궁핍을 면하게 해달라는 것이 아니라 풍요로움이 넘치게 되기를 구해야 할 것입니다. 벗어나고 싶은 불만족스러운 상황은 낡은 옷을 벗어버리듯이 마음에서 떼어내고 아예 생각조차 마십시오, 그런 것들은 이미 지나간 것이기 때문에 기쁘게 버릴 수 있을 것입니다. 이미 버렸으면 다시는 되돌아보지 마십시오. 그것들은 이미 용서받았고, 잊혀졌습니다. 먼지가 되어 생겨나기 이전 상태로 되돌아갔습니다. 그것들은 이제 실재하지 않는 것(no-thing), 아무것도 아닌 것입니다(nothing).

마음속의 빈 공간을 무한한 선善이신 하느님에 대한 생각으로 채우십시오. 하느님에 대한 생각이 씨가 되어 그에 상응하는 결과가 반드시 나타난다는 사실을 기억하십시오.

언제 어디서 어떻게 이루어질 것인가는 하느님께 맡기십시오. 여러분은 단지 구하는 순간 이미 얻었다는 확신을 가지고 감사하는 마음으로 원하는 것을 말하기만 하면 됩니다. 나머지는 모두 하느님 아버지께서 하실 일입니다. 여러분은 여러분이 하실 일에만 충실하고 하느님이 하실 일은 하느님께 맡기시라는 말씀입니다. 확신을 가지고 원하는 것을 구하면 하느님께서 이루어주실 것입니다.

하느님의 풍요라는 생각을 지키십시오. 다른 생각이 들면 즉시 하느님의 풍요와 그 풍요에 대한 감사의 마음으로 생각을 돌리십시오. 구한 대로 이루어졌음을 믿고 항상 감사해야 합니다. 의심하는 마음을 가지고 똑같은 것을 반복해서 구하는 것은 미련한 짓입니다. 이미 이루어진 일에 대해서는 감사를 드리고, 하느님께서 여러분 안에 역사하고 계시기 때문에 여러분이 원하는 것은 이루어지고 있고, 또 좋은 것만을 구했기 때문에 좋은 것만을 받아 나누어줄 수 있을 것이라는 믿음을 가지고 그에 대해서도 감사를 드리십시오. 이 모든 것을 여러분의 영혼 깊은 곳에서 은밀하게 아뢰십시오. 그러면 영혼 중심의 비밀을 보시는 아버지께서 다 이루어주실 것입니다.

이렇게 해서 바라던 것이 이루어지고 나면 믿음을 가지고 구하는 것이 얼마나 귀중한 일인지, 그리고 올바른 기도의 법칙이 무엇인지를 확실히 알게 될 것입니다. 또 감사라는 마음과 믿음을 가지고 하는 말이 어떤 힘을 발휘하는지도 깨닫게 될 것입니다. 하느님의 계획은 완전합니다. 그분은 우리가 생각할 수 있는 모든 좋은 것들은 물론이고, 우리가 감히 상상도 할 수 없는 것까지도 아낌없이 부어주셨고 또 부어주고 계십니다. 그분은 오늘도 이렇게 말씀하고 계십니다. '내가 하늘 문을 열어 쌓을 곳이 없도록 너희에게 복을 쏟아붓나 붓지 않나 나를 시험해보아라.' 그러므로 여러분은 이렇게 기도하십시오.

마음을 다하고(With All My Heart)

아버지, 아버지께서 저와 하나이며 만물의 근원적인 존재임을 제 마음 중심이 알고 있습니다. 당신은 전지전능하시고 만물 속에 편재해 계신 영(靈)이십니다. 당신은 사랑과 지혜와 진리이시며, 당신은 지혜와 권능을 통하여 사랑으로 만물을 창조하셨습니다. 아버지, 당신은 제 영혼의 생명이시며 저의 전 존재가 당신께 의지해 있습니다. 당신은 또 제 생각의 주체이십니다. 제 몸과 제가 하는 일을 통해서 당신이 나타납니다. 당신은 제가 행하는 모든 선한 일의 시작이요, 끝이십니다.

제 마음속에 심어진 소원은 당신의 생명에 의해 활기를 띠게 되고, 때가 되면 믿음의 법칙을 통하여 현실로 이루어집니다. 제가 바라는 것은 보이지 않는 형태로 영적인 차원에 이미 존재하고 있음을 알고 있습니다. 저는 그것들이 믿음의 법칙이 완성되어 현실로 나타날 날을 기다리고 있다는 것을 알기 때문에, 제가 이미 그것들을 소유하고 있다는 사실을 잘 알고 있습니다.

목숨을 다하고(With All My Soul)

아버지, 제가 지금 아뢰고 있는 소원은 제 영혼의 토양 속에 씨앗으로 심어졌고 활기를 부여하는 당신의 생명에 의해 싹이 터 현실로 활짝 피어나고야 말 것입니다. 제 영혼이 사랑과 지혜와 진리이신 당신의 영으로 가득 채워지기를 바랍니다. 그리하여 당신의 성령의 역사로 모든 사람의 유익을 위하여 구하는 저의 소원이 이루어지기를 원합니다.

아버지, 당신의 사랑과 지혜와 능력과 영원한 젊음이 저를 통하여 나타나게 해주소서. 조화와 행복과 풍요로움이 넘치게 해주소서. 바라는 것을 보편적인 실체세계에서 이끌어내는 방법을 깨달아, 모든 선한 소원을 성취할 수 있도록 해주소서. 이것은 저 자신을 위해서 구하는 것이 아니라 당신의 모든 자녀들을 위해 구하는 것입니다.

생각을 다하고(With All My Mind)

아버지, 제가 바라고 있는 것은 이미 구체적인 형태를 가지고 있습니다. 저는 마음속으로 제가 바라는 것만 생각합니다. 어두운 침묵의 대지를 뚫고 씨앗에서 싹이 터나오듯이, 제 영혼의 보이지 않는 침묵의 영역 속에서 저의 소원이 형태를 띠고 이루어지고 있습니다. 저는 골방에 들어가 문을 닫고 고요히 그리고 확신을 가지고 제 소원이 이미 이루어진 것을 마음속으로 그리고 있습니다. 아버지, 지금 제가 원하는 것은 완전하게 꽃피어나기를 기다리고 있습니다. 내 속에 계신 아버지시여, 보이지 않는 곳에 계시면서 제 소원을 늘 이루어주심을 감사드립니다. 저는 당신께서 당신의 보화를 아낌없이 부어주심을 알고 있습니다. 당신은 제 삶의 온갖 선한 소원을 만족시켜 주십니다.

저는 당신의 풍요에 참여하게 될 것입니다. 아버지, 저는 당신과 제가 하나이며 당신의 모든 자녀들 또한 당신과 하나임을 압니다. 당신의 모든 자녀가 이같이 깨닫기를. 그러므로 제가 가지고 있는 모든 것을 당신의 자녀들을 위하여 쓰고자 합니다. 아버지여, 저의 모든 것을 당신께 바치나이다.

힘을 다하여(With All My Strength)

아버지, 저는 제가 바라는 것을 성령 안에서 이미 받았다는 사실과 이제 그것이 완전한 모습으로 나타나고 있음을 부정하는 생각이나 행동을 하지 않을 것입니다. 저의 영혼과 육체를 다 바쳐 제가 바라는 소원에 충실하고자 합니다.

마음으로 바라는 것과 모순되는 행동이나 생각은 결코 하지 않겠습니다. 저는 성령 안에서 저에게 아름다운 것이 무엇인지를 알고 있습니다. 저는 그 아름다운 것만을 소원하며, 그것의 완전한 이상을 영혼 속에 품고 있습니다. 이제 저는 저의 이 완전한 소원을 눈에 보이는 구체적인 형태로 이루고자 합니다.

아버지, 아버지의 사랑과 지혜와 능력을 제 안에 있게 하시니 감사합니다. 아버지께서는 저에게 생명과 건강과 영원한 젊음을 주셨습니다. 조화와 행복과 풍요도 허락하셨으며, 보편적인 실체세계로부터 원하는 것을 이끌어내는 방법을 알게 하셔서 모든 선한 소원을 만족시킬 수 있도록 해주셨습니다.

예수께서는 죽은 나사로를 다시 살리기에 앞서 의심하는 마르다에게 '네가 믿으면 하느님의 영광을 보게 되리라고 내가 말하지 않았느냐?'하고 말씀하셨습니다."

우리의 여주인이 여기까지 말을 마치고 입을 다물자 깊은 침묵이 흘렀다. 잠시 후 그가 다시 입을 열었다.

"기도가 이루어지지 않으면 그것은 여러분의 잘못이지 결코 하느님의 잘못이 아니라는 점을 알아야 합니다. 만약 기도가 응답되지 않는다고 해도 요구를 되풀이하지 말고 엘리야처럼 자신의 잔이 채워질 때까지 끈질기게 잔을 들고 있어야 합니다. 엘리야는 자신의 기도가 응답될 때까지 대적大敵과 주위 사람들의 비난과 조롱에도 아랑곳하지 않고 자기의 기도는 이루어지고야 만다는 확신을 가지고 감사하는 마음으로 기다렸습니다. 여러분도 그래야 합니다. 확신을 가지고 계속 나아가면 그 믿음에 합당한 보상이 주어질 것입니다.

만약 얼음이 필요하다고 가정해봅시다. 여러분은 여기저기 돌아다니며 얼음을 달라고 하시겠습니까? 그렇게 하는 것은 정력만 낭비할 뿐 아무 소득도 없는 짓입니다. 얼음이 필요하다면 마음속에 얼음의 이미지가 분명히 그려질 때까지 정신을 집중한 다음, 보편적인 실체세계에 그 이미지를 투사시켜야 합니다. 보편적인 실체는 하느님의 일부분이고 따라서 여러분의 일부분이기도 합니다. 그리고 그 차원에는 여러분이 필요로 하는 모든 것이 잠재되어 있습니다. 그러므로 여러분이 무엇인가를 원하면 하느님, 즉 보편적인 실체세계에서 여러분이 필요로 하는 것이 공급되어 나오는 것입니다. 보편적인 실체세계로부터의 공급은 고갈되는 법이 없습니다. 의식적이든 무의식적이든 인간이 만들어낸 모든 것들은 다 이 보편적인 실체세계에서 나온 것입니다. 그러므로 얼음이 필요하다면 필요로 하는 얼음의 구체적인 이미지를 하나의 중심 입자 위에 확고하게 투사시키고 얼음이 나타날 때까지 그 입자의 진동을 떨어뜨립니다. 그런 다음 계속해서 진동을 떨어뜨려나가면 중심 입자를 중심으로 얼음이 형성되어 짧은 순간에 여러분이 필요로 하는 얼음을 얻게 됩니다. 물도 필요 없습니다. 얼음을 얻기 위해서는 확고한 이상만 있으면 됩니다."

우리는 다시 깊은 침묵에 잠겼다. 잠시 후 벽에 어떤 영상映像이 나타났다. 처음에는 그 영상에 별 신경을 쓰지 않았다. 그런데 그 영상이 움직이기 시작하더니 사람들이 나타나 말을 하는 것처럼 입술이 움직이는 것이 보였다. 우리의 시선은 즉시 그 움직이는 영상에 집중되었다. 그때 우리의 여주인이 말했다. "여러분이 지금 보고 계신 것은 위구르 제국의 전성기 시절의 한 장면입니다. 여러분은 지금 저들의 용모가 얼마나 수려하며, 저들이 살고 있는 땅이 얼마나 살기 좋은 곳인지를 보고 계십니다. 나무들이 미풍에 흔들리는 모습과 그 색깔까지도 보이지 않습니까. 사람들을 못살게 굴고 땅을 황폐하게 만드는 사나운 바람도 없습니다. 귀 기울이면 저들이 말하는 소리도 들을 수 있을 겁니다. 그리고 저들이 사용하는 언어를 안다면 저들이 무슨 얘기를 하고 있는지도 알 수 있을 것입니다. 심지어는 저들이 활동할 때 근육이 움직이는 것조차 보이지 않습니까?" 우리의 여주인은 말을 멈추었다.

그러나 벽에 나타난 영상은 2분 정도의 간격으로 장면이 바뀌면서 계속되었다. 그러다가 우리의 모습과 비슷한 형상이 나타나더니 갑자기 우리 대원 세 명의 모습이 나타났다. 틀림없는 그들이었다. 우리는 그들의 목소리를 들을 수 있었고, 무슨 이야기를 하고 있는지도 분별할 수 있었다. 우리는 뒤에 그 장면이 10년쯤 전에 남아메리카의 어떤 지역에서 실제로 있었던 일이라는 사실을 알았다. 우리의 여주인이 다시 입을 열었다.

"우리는 상념의 진동을 끊임없이 대기 속으로 방사시키고 있을 뿐만 아니라, 과거에 방사된 상념의 진동을 모을 수도 있습니다. 그래서 지금 여러분이 보고 계신 것처럼 어떤 사건이 일어났던 상황을 그대로 재현할 수 있는 것이지요. 여러분에게는 이것이 매우 경이스럽게 보일 것입니다. 하지만 사람들은 머지않아 지금 여러분이 보고 계신 것과 비슷한 작용을 하는 기계를 발명하게 될 것입니다. 차이가 있다면 그들은 사진술과 기계를 이용하겠지만 우리는 그런 것을 전혀 이용하지 않는다는 것뿐입니다.

기독교 사상의 지도자들은 서로 자기가 정통이라는 식의 교파 간 교리 논쟁에 몰두해왔습니다. 그래서 그들은 진정한 영적인 삶의 의미를 거의 상실한 상태입니다. 반면에 동양의 종교인들은 비전秘傳이나 수행에 따르는 과학적인 결과에 치우친 나머지 역시 영적인 차원을 간과하게 되었습니다.

아마 고도로 발달된 기계적인 기술을 통해 움직이는 영상을 개발하게 될 소수의 사람들은 움직이는 영상이 가지고 있는 진정한 영적인 의미, 그리고 그것이 가지고 있는 교육적인 가치와 유익한 점을 깨닫게 될 것입니다. 가능성의 영역에 도전하여 바라던 것을 이루어낸 그들은 자기들이 만들어낸 영상 기술을 온 세상에 공개함과 아울러 한 걸음 더 전진해나갈 용기를 낼 것입니다. 그들의 생각은 물질 차원에서 구체화될 것입니다. 따라서 그들이 개발해낼 기술과 기계는 참된 영적인 이상의 실현이라는 점에서, 지금까지 여러분 나라 사람들이 만들어낸 그 어떤 것보다 강력한 것이 될 것입니다.

이렇게 본다면 극단적으로 물질적인 것처럼 보이는 사람들의 손에 진정한 영적인 것의 운명이 달려 있다고 할 수 있습니다. 여러분은 지금도 계속 전진해나가고 있습니다. 언젠가는 죽은 사람의 목소리를, 살아 있는 사람의 목소리를 재생시키는 지금의 녹음기보다 훨씬 더 정확하게 재생시키는 기계도 만들어낼 것입니다. 그래서 기계의 힘을 빌려, 우리가 상념의 힘을 통해 하는 것들을 어느 정도는 할 수 있게 될 것입니다. 이런 점에서 여러분 나라는 세계에서 가장 뛰어난 발전을 이루어가고 있는 중이라고 할 수 있습니다.

아메리카의 건국은 백색 인종이 고향에 다시 돌아온 것과 다름없습니다. 원래 북아메리카 대륙은 고대에 백색 인종이 뛰어난 영적 진보를 이루었던 곳이기 때문입니다. 그런데 이제 북아메리카 대륙에서 최고의 영적 깨달음이 다시 일어날 것입니다. 머지않아 아메리카는 물질과 기계 차원에서 세계의 으뜸이 될 것입니다. 그리고 물질과 기계의 발전이 극에 달해 영적 차원의 문턱에까지 다다를 것입니다. 그때가 되면 영적 차원을 향해 백척간두 진일보하는 용기가 생기겠지요. 여러분 나라에는 '필요는 발명의 어머니'라는 격언이 있는 줄 압니다. 그렇습니다. 필요는 불가능해 보이는 것을 할 수 있도록 만듭니다. 지금까지 여러분은 물질적 차원에서 대단한 성공을 거두었습니다. 그렇게 된 원인은 아마 물질에 의지하는 삶의 태도 때문일 것인데, 생존을 위해서는 그러지 않을 수 없었을 것입니다. 그러나 국가적인 차원에서 영적 세계에 접하게 된다면, 지금까지 이룩한 물질적 차원에서의 발전이 어린애 장난에 불과하다는 사실을 알게 될 것입니다.

여러분 나라는 여러분이 발전시킨 강한 육체와 명민한 지성을 통하여 세계의 등불이 될 것입니다. 여러분의 조상들은 증기의 힘이 늘 있었는데도 불구하고 역마차를 타고 다녔고 전기를 알지 못해서 양초를 사용했습니다. 지금 여러분은 그것을 기이하게 생각합니다. 그러나 여러분이 지금, 조상들 세대의 삶의 방식을 되돌아보면서 어떻게 그렇게 미련하게 살았을까 하고 기이하게 여기는 것처럼, 현재 여러분의 삶의 방식을 기이하게 여기게 될 때가 올 것입니다. 여러분의 조상들도 법칙을 알고 그대로 살았더라면, 여러분이 지금 누리고 있는 것과 앞으로 누리게 될 것을 그들도 받아 누릴 수 있었을 것입니다.

여러분은 물질이라는 것이 영적인 차원에 둘러싸여 있다는 것을 발견하게 될 것입니다. 또 영적인 차원에는 법칙이 있고, 그 법칙에 따라 살면 은혜를 받게 된다는 것도 알게 될 것입니다. 영적인 것이 물질 위에서 물질을 감싸고 있기 때문에 영적인 법칙에 따르면 물질적인 복은 저절로 임하게 되어 있는 까닭입니다. 그러면 영적인 것이라 해도 기계나 물질 이상으로 신비한 그 무엇이 없다는 사실도 깨닫게 되겠지요. 현재로서는 실현 불가능해 보이는 것들도 장래에는 아주 쉽게 이루어질 것입니다. 즉 여러분이 지금 기계와 물질을 극복해나가고 있는 것처럼 영적인 차원도 빠른 시간 안에 극복하게 될 것이라는 말씀입니다. 다만 그렇게 되기 위해서는 끊임없는 노력이 필요합니다."

이때 노인이 서판을 한 장 꺼내서 옆에 있는 나무 걸이에 올려놓았다. 우리의 여주인이 다시 말했다. "많은 사람들은 훈련을, 목적을 성취하기 위한 수단으로 바라보지 못하는 중대한 잘못을 범하고 있습니다. 그들은 어떤 목적이 성취되면 그 상태에서는 거기까지 오도록 만든 훈련은 더 이상 필요치 않게 된다는 사실을 알지 못하고 있습니다. 하여튼 일단 어떤 목적이 성취된 상태에서 계속 더 전진해가기를 원한다면, 그 상태에서 잠시 머물면서 그때까지 성취한 것을 잠재의식이라고 불리는 자신의 창고에 저장하는 것이 좋습니다. 그런 다음 자기가 바라는 다음 목적을 이루기 위한 훈련을 해나가야 합니다. 그러나 그 목적도 이루게 되면 거기까지 이르도록 한 훈련도 다시 버려야만 합니다. 이런 식으로 궁극적인 목적지를 향해 한 단계 한 단계 올라가는 것이지요. 그러면 훈련이란 위로 올라가기 위한 계단에 불과하다는 것을 알게 됩니다. 여러분이 밟고 올라온 모든 계단을 꼭대기까지 지고 올라가려고 하는 것은 어리석은 짓입니다. 지고 가기 위해서 아래층 계단을 빼낸다면 위에 있는 계단들이 여러분 머리 위로 무너져내릴 것입니다. 뿐만 아니라 여러분 뒤를 따르는 동료들이 밟고 올라올 길도 없어질 것입니다. 여러분이 지나온 계단은 그 자리에 그대로 놔두고 위로 올라가십시오. 그러면 계단들이 여러분이 앞으로 올라갈 위에 있는 계단을 떠받쳐줄 것입니다. 이미 밟고 올라온 계단을 되밟거나 무겁게 지고 갈 필요는 없습니다. 한 단계 올라간 다음에는 잠시 멈추어서, 숨을 깊이 들이마시고 앞으로 나아가는 데 필요한 새로운 영감을 받는 것이 좋습니다. 새로운 영감이 주어지면 앞으로 전진해갈 수 있을 것입니다.

그리고 앞으로 전진해나간 다음에는 지나온 과정, 즉 그때까지 성취한 것을 다시 여러분 자신의 창고에 저장할 수 있을 것입니다. 거기까지 오도록 만든 모든 훈련은 잊어버리십시오. 뒤로 잡아끄는 거추장스러운 것들이 없어야 합니다. 만약 목적지를 향한 비전을 응시하지 못하고 지나온 과정만을 계속 돌아본다면, 훈련이 목적하고 있는 이상理想이 아니라 훈련 자체에 집착하게 될 것입니다. 그리고 훈련 자체에 집착한다면 깨달음을 얻기가 힘들게 됩니다. 지금 제가 드리고 있는 말씀이 여러분을 혼란스럽게 할지도 모르겠습니다. 여러분은 '우리 선조들도 우리가 밟아온 것과 똑같은 길을 밟고 깨달음에 이르렀을까?' 하는 생각을 하시겠지요. 그렇습니다. 제가 보기에는 여러분이 지나온 과거만을 놓고 본다면, 여러분의 선조들이 지나온 길이나 여러분이 지나온 길이 하나도 다르지 않습니다. 과거에는 여러분이나 여러분의 선조들 모두 이마에 땀을 흘리며 수고하는 길을 걸었기 때문입니다. 그러나 앞으로는 다를 것입니다. 왜냐하면 여러분은 이제부터 자신의 노력이 아니라 하느님이 주신 힘을 사용하

초인생활 ✦ 탐사록

게 될 것이기 때문입니다. 만일 여러분이 여러분의 선조들이 걸어온 길을 바라본다면, 알지 못하는 사이에 그들을 숭배하는 결과를 낳게 될 것입니다. 그것은 여러분이 응시하는 것을 산출해내는 창조적인 능력이 있기 때문입니다.

만약 선조들의 삶을 동경한다면 여러분 자신의 표준이 아니라 그들의 표준에 따라 살게 될 것입니다. 그러나 그들과 비슷하게는 살 수 있을지 모르지만, 그들이 성취한 것을 그대로 성취하지는 못할 것입니다. 왜냐하면 다른 사람이 품었던 이상을 자기의 이상으로 삼은 사람은 그 이상을 처음으로 품었던 사람이 성취한 것만큼 성취하기가 어렵기 때문입니다. 여러분은 앞으로 전진하든지 아니면 되돌아갈 수밖에 없습니다. 전진도 퇴보도 아닌 중간길은 없습니다. 조상 숭배는 한 민족을 퇴보시키는 직접적인 원인 중의 하나입니다. 그러나 다행히도 여러분의 나라에서는 조상을 숭배하지 않습니다. 그래서 저는 위대한 미래가 여러분을 기다리고 있다고 생각합니다. 여러분은 여러분의 조상들에 대한 자만심을 거의 가지고 있지 않습니다. 여러분에게는 숭배할 조상이 없으며, 여러분 자신이 만든 토대 외에는 선조들이 만들어놓은 딛고 나아갈 토대가 달리 없는 게 사실입니다. 여러분의 이상은 자유의 나라였고, 그 이상은 실현되었습니다. 여러분은 왕이나 통치자의 억압에서 벗어나 자유를 얻었습니다. 여러분에게는 여러분의 할아버지가 어떻게 했느냐가 아니라 여러분 각자가 무엇을 성취할 수 있느냐가 문제였습니다. 그리고 자유라는 한 가지 목적을 위해서 많은 사람이 하나로 연합했습니다. 그러자 여러분 각자에게 깃들어 있는 창조적인 능력이 서로 교류하여 이상으로 품고 있던 나라가 출현하게 되었고, 이제 여러분은 여러분이 성취한 것을 바라보면서 이상의 완전한 실현을 향해 전진해나가고 있는 것입니다."

우리의 여주인은 서판을 향해 몸을 돌리고 이렇게 말했다. "이 서판들에서는 하느님이 '지도 원리(Directive Principle)', 즉 머리(Head)와 마음(Mind)으로 일컬어지고 있으며, 여러분의 알파벳 M과 비슷한 문자로 표기되고 있습니다. 그리고 그것을 무(M-o-o-h)라고 부르는데, 이는 지휘 감독자 또는 건축자라는 의미입니다.

이 '지도 원리'가 만물 위에서 만물을 조정하고 통제했습니다. 그가 맨 처음에 창조한 으뜸 존재는 '지도 원리'의 표현이라고 불리는데, 그것은 으뜸 존재가 '지도 원리'의 모양 그대로 창조된 까닭입니다. '지도 원리'가 으뜸 존재를 창조할 당시에는 '지도 원리' 자신 이외에도 표본으로 삼을 만한 것이 아무것도 없었기 때문에, 결국 으뜸 존재는 '지도 원리'의 모양을 표본으로 창조될 수밖에 없었던 것입니다. '지도 원리'가 맨 처음에 창조한 으뜸 존재는 '지도 원리'의 외적인 표현으로 '지도 원리' 자신이었습니다. 앞에서도 말씀드렸지만 '지도 원리'가 으뜸 존재를 창조할 당시, 자신 이외에는 표본을 삼을 만한 패턴이 달리 없었기에 자신의 형상대로 으뜸 존재를 창조한 것입니다. '지도 원리'는 으뜸 존재에게 자신의 속성을 모두 부여했습니다. 그래서 으뜸 존재는 '지도 원리'가 가지고 있던 모든 것을 가지게 되었습니다. 그는 모든 외적인 형태의 만물에 대한 지배권을 받았고, 자신을 창조한 창조주의 형상과 속성을 그대로 물려받았습니다. 또 '지도 원리'와 조화를 이루는 한 창조주처럼 만물을 완전하게 창조해낼 수 있는 능력도 부여받았습니다.

으뜸 존재가 가지게 된 속성들은, 창조주가 그의 이상적인 형상을 마음속으로 그리고 그에 대한 완전한 계획을 확고히 세우기 전

초인생활 ✛ 탐사록

까지는 나타나지 않았습니다. 창조주는 자신의 피조물인 으뜸 존재가 자신의 속성을 부여받고 그것을 외부로 표현해낼 수 있는 존재가 될 때까지 자신의 이상 속에서 그 모습을 그려나가고 있습니다. 그래서 으뜸 존재는 자신에 대한 창조주의 완전한 이상화理想化 작업이 끝나기 전까지는 이 세상에 나타나지 못했습니다. 그러나 창조주의 이상화 작업이 끝났을 때, 으뜸 존재는 이 세상에 출현하여 '주 하느님 (Lord God)'이라는 칭호를 얻게 됩니다. 그가 맨 처음 세상에 나타나 거주하던 곳이 무(M-o-o-h 또는 M)로 불리는데, 그곳이 후에는 세상의 '요람' 또는 '어머니'로 일컬어졌습니다.

지금까지의 내용은 여러분이 이해하실 수 있도록 제가 여러분의 언어로 번역을 해드렸습니다. 그러나 여러분이 이 서판의 언어를 공부하여 여러분의 언어로 번역할 수 있다면 더 자세한 내용도 알 수 있을 것입니다. 제가 간략하게나마 내용을 말씀드린 것은 앞으로 이 서판 기록을 번역할 때 지침이 되었으면 하는 생각에서입니다. 저는 여러분이 여러분 나름대로의 연구와 생각으로 이미 가지고 있는 결론을 바꾸라고 강요하고 싶지 않습니다. 그 점은 여러분도 잘 이해해주실 줄로 믿습니다. 제가 바라는 것은 단지 여러분이 가지고 있는 결론을 잠시 접어두고, 색안경을 벗은 상태에서 이 방면을 더 깊이 연구했으면 하는 것입니다. 이 방면의 연구가 깊어진 다음에는, 원한다면 언제라도 여러분이 지금 가지고 있는 결론을 다시 취할 수도 있지 않겠습니까. 저는 여러분의 생각에 방해가 되고 싶은 생각은 없습니다. 모든 훈련은 어떤 결론에 도달하기 위한 외적인 길일 뿐입니다. 만약 목적지에 도달하지 못한다거나 구하던 것을 얻지 못한다면, 그를 위한 훈련은 모두 쓸데없는 짐이 되어버리는 것이지요."

✠ ✠ ✠

3

다음 2개월 동안은 노인의 지도를 받아가면서 문자와 상징* 그리고 그것들이 배치된 상태와 의미 등을 다루고 있는 한 무리의 서판 연구에 몰두했다. 3월 어느 날 이른 아침, 우리는 늘 하던 대로 서판이 보관되어 있는 방으로 올라갔다. 노인은 카우치에 잠자는 듯이 누워 있었다. 대원 한 명이 그를 깨우려고 다가가 그의 팔을 잡았다. 그러더니 기겁을 하고 뒤로 물러서며 "숨을 쉬지 않아요. 죽었나 봐요." 하고 소리쳤다. 우리는 카우치 주위에 둘러서서 대사 중의 하나인 그의 죽음에 대해 각자 생각에 잠겼다.

그래서 방에 누가 들어오는 것도 알아차리지 못했다. 갑자기 "안녕하십니까!" 하는 소리에 몽상에서 깨어나 문 쪽을 바라보니 에밀 대사가 거기 서 있었다. 우리는 그가 1,600킬로미터 정도 떨어진 곳에 있을 것이라고 생각하고 있었기 때문에 그가 갑자기 나타나자 깜짝 놀라 잠시 멍하니 서 있을 수밖에 없었다. 놀라움과 흥분이 가라앉기도 전에 그는 우리에게 다가와 악수를 청했다.

우리와 악수를 나누고 나자 에밀 대사는 즉시 노인이 누워 있는 카우치 곁으로 다가갔다. 그는 누워 있는 노인의 머리 위에 손을 올려놓고 이렇게 말했다. "우리가 사랑하는 이 형제는 자신을 완성하는 일을 끝내지 못하고 이 세상을 떠났습니다. 여러분 나라의 어느 시인

---

* 예를 들어 ✝, 卍, 우, ☧와 같은 상징 연구는 '정신과학' 연구의 중요한 분야이다.

　　　　　　　　　　　　　　　　초인생활 ✠ 탐사록

의 말처럼, 이 형제는 두루마기로 몸이 감싸인 채 즐거운 꿈을 꾸기 위해 뉘어진 것입니다. 여러분은 다른 말로 그가 죽었다고 합니다. 여러분은 누가 죽으면 장의사에게 연락해서 관을 가져오게 하고 썩어가는 육체를 숨길 무덤을 준비하는 일을 먼저 생각할 것입니다.

그러나 여러분, 잠시 생각해봅시다. 예수께서 나사로의 무덤 앞에서 '아버지, 내 말을 들어주셔서 감사하옵니다'라고 말했을 때 누구를 향해 그렇게 말한 것입니까? 껍데기인 자신의 외적인 자아를 향해 그렇게 말한 것입니까? 그것은 아닙니다. 그는 내적인 자아, 즉 무한하사 모든 것을 듣고 보고 아는, 우주에 편재한 전능의 하느님을 인식하고 그를 찬양하면서 그렇게 말한 것입니다. 나사로의 무덤 앞에서 예수는 무엇을 보고 계셨습니까? 여러분 같으면 무덤 속에서 썩어가는 나사로의 시체를 보았을 것입니다.

그러나 그는, 나사로는 시체가 아니라 살아 있는 하느님의 자녀라는 비전을 가지고 있었습니다. 예수의 그 같은 비전은 만물 속에 편재한 영원불멸의 대생명에 대한 확고한 신념에 뿌리를 두고 있는 것이었습니다. 그런데 그 영원불멸의 대생명은 어떠한 상황 속에서도 소멸되지 않는 초월적인 것입니다. 예수처럼 항존恒存하는 실재인 하느님을 향해 흔들리지 않는 비전을 품는다면, 우리도 하느님의 완전한 역사를 볼 수 있을 것입니다.

사랑하는 이 형제는 하느님께 전적으로 의지하지 않고 어느 정도는 자신의 힘에 의지하며 삶을 살았기 때문에 이 상태가 된 것입니다. 이 형제는 완전히 하느님께 의지하지 않았기 때문에 여러분이 죽음이라고 부르는 대부분의 사람들이 범하는 잘못을 하게 된 것이지요. 이 사랑하는 영혼은 의심과 두려움을 완전히 극복하지 못하고 자신의 힘에 의지했습니다. 그래서 모든 인간에게 주어진 사명인 자신을 완성하는 일을 성취할 수 없었던 것입니다. 우리가 이 형제를 이대로 놓아둔다면, 이 형제는 자신을 완성하는 일을 끝내기 위하여 다시 이 땅에 태어나게 될 것입니다. 그러나 이 형제는 완성 단계에 거의 가까이 와 있었기 때문에, 우리는 그가 자신의 몸을 완성할 수 있도록 도와줄 수 있습니다. 우리는 그렇게 하는 것이 우리에게 주어진 특권이자 의무라고 생각합니다.

여러분은 이 사람이 과연 다시 살아날 수 있을까 하고 생각하실 것입니다. 그러나 이 형제는 다시 살아날 수 있습니다. 이 형제뿐만 아니라 비슷한 상태에서 죽은 다른 사람들도 모두 다시 살아날 수 있습니다. 여러분이 보시는 바와 같이 이 형제는 분명히 죽었습니다만 삶의 한 부분을 함께 나누었던 우리는 그를 도울 수가 있습니다. 우리가 도와준다면 그는 빠른 시간 안에 깨달음을 얻어 자신의 몸을 완성시킬 수 있을 것입니다. 죽음이라는 큰 잘못을 범한 이후에도 죽음과 부패 상태에서 육체를 건져낼 수 있습니다." 에밀 대사는 여기서 말을 멈추었다. 그리고 잠시 깊은 명상 상태에 든 것처럼 보였다.

잠시 후 마을에서 올라온 네 명의 대사가 들어왔다. 그들은 함께 모여서 깊은 생각에 잠긴 듯 말없이 서 있었다. 그러더니 그들 중 두 명이 우리를 향해 함께 참여하자고 손짓을 했다. 우리는 그들에게 다가갔다. 서로 상대방의 허리를 감싸고 있던 그들 중 양쪽 끝에 있던 두 명이 각각 우리 대원의 허리를 감쌌다. 그리고 거기에 연결해서 우리도 서로 허리를 감싸고 죽은 사람이 누워 있는 카우치 주위에 빙 둘러섰다. 잠시 아무 말 없이 그렇게 서 있자니 홀연히 방 안이 밝아졌다. 돌아다보니 몇 걸음 떨어지지 않은 곳에 예수와 빌라도가 함께서 있었다. 그들은 우리 쪽으로 오더니 우리 모임에 함께 참여했다. 또다시 깊은 침묵이 흘렀다. 이때 예수께서 침대 의자 앞으로 다가가서 양손을 하늘을 향해 들어올리고 말했다.

"사랑하는 여러분, 잠시 저와 함께 죽음의 골짜기 저편으로 들어가보시지 않겠습니까? 죽음 저편은 여러분이 생각하는 것과는 달리 그렇게 금단 구역이 아닙니다. 여러분이 우리와 함께 죽음의 장막 저편으로 가서 죽음을 바라본다면, 죽음이란 여러분의 관념이 만들어 낸 것에 불과하다는 것을 깨닫게 될 것입니다. 죽음 저편의 세계에도 여기에서와 똑같은 생명이 있기 때문입니다."

그는 이렇게 말하고 손을 뻗은 채로 잠시 그대로 서 있었다. 잠시 후 카우치에 누워 있는 자를 향해 말하기 시작했다. "사랑하는 형제여, 그대는 우리와 함께 있고 우리는 그대와 함께 있소. 그리고 그대와 우리는 모두 하느님과 함께 있소. 하느님의 숭고한 순결과 평화와 조화가 만물을 둘러싸고 있으며 그들의 생명을 더욱 풍성하게 해주고 있소. 사랑하는 자여, 이제 하느님의 이 완전함이 그대에게 생생하게 나타날 것이오. 그대는 살아날 것이며, 아버지께서는 그대를 받으실 것이오. 사랑하는 자여, 그대는 깨닫게 될 것이오. 그대는 먼지는 먼지로, 재는 재로 돌아가는 그런 하찮은 존재가 아니라 영원하고 순수한 대생명이라는 것을 말이오. 그대의 육체를 썩게 놔둘 필요는 없소. 그대에게는 지금 그대의 본향인 하늘나라의 영광이 비치고 있소. 그대는 이제 일어나 '찬양하라 만물들아. 인간 가운데 계신 그리스도, 다시 사신 주님을 찬양하라'라고 외치며 아버지께로 나아갈 것이오."

그때 시체가 일어났다. 시체가 일어날 때 형용할 수 없이 아름답고 순수한 빛이 방 안을 가득 채웠다. 그 빛은 모든 사물을 관통하는 것 같았다. 침대에서 일어난 사람이나 우리한테는 그림자가 전혀 생기지 않았다. 바위벽조차 투명해져서, 마치 벽을 통해서 무한한 공간을 바라보고 있는 듯했다. 그 당시의 찬란한 영광은 도저히 말로는 그려낼 수가 없다. 죽음 앞에 서 있던 우리는 이제 영원한 생명 앞에 서 있는 것이다. 결코 소멸하지 않으며 오히려 영원토록 점점 더 풍성해져가는 장엄한 대생명 앞에 서 있다는 느낌을 받았던 것이다.

우리는 그 장면을 바라보며 서 있을 수밖에 없었다. 달리 무엇을 할 수가 없었다. 우리는 얼마 안 되는 그 시간 동안에 우리가 상상하던 천국과 그 천국의 아름다움을 훨씬 능가하는 상태를 체험했다. 그것은 꿈이 아니라 현실이었다. 이같이 현실은 그 어떤 꿈보다도 놀라울 수 있는 것이다. 하여튼 그때 우리에게는 죽음의 그림자를 넘어서 죽음 저편을 보는 특권이 주어졌던 것이다.

죽은 자가 살아나는 절대 평화의 아름다운 장면과 그때까지 대사들에게 가졌던 신뢰심 덕분에, 그날 우리는 삶과 죽음의 분별을 넘어설 수 있었다. 그리고 삶과 죽음의 분별이 완전히 사라진 평온한 상태가 되었다. 그러나 한 가지 분명히 해두어야 할 것이 있다. 즉 초월 세계의 아름다움을 보려면, 먼저 자기 눈에서 비늘을 벗겨내고 그 세계에 대한 깨달음을 얻어야만 한다는 것이다.

죽음에서 살아난 노인에게는 노인의 흔적이 말끔히 벗겨져 있었다. 그는 일어나 동료 대사들을 향하여 자신의 경험을 말하기 시작했다. 그의 말은 마치 항상 바라보는 좌우명 판에 금으로 써놓은 듯이 나의 뇌리에 선명하게 남아 있다. 나에게는 그의 목소리가 표현하기 어려울 정도로 장엄하게 들렸다. 그의 목소리는 명확했고 깊은 확신에 차 있었다. 그러면서도 감정에 들떠 있지 않았다. 그는 말했다. "존경하는 여러분, 여러분은 여러분이 저를 소생시켜주실 때 제가 받은 기쁨과 평화와 희열이 얼마나 컸는지 모르실 겁니다. 방금 전까지만 해도 저에게는 모든 것이 암흑이었습니다. 저는 앞으로 나아가기가 두려웠습니다. 그러나 다시 돌아올 수도 없었습니다. 제가 설명할 수 있는 것은 오직 한 가지, 칠흑같이 어두운 암흑에 갇혀버린 듯한 상태에서 갑자기 깨어나 지금 이렇게 여러분과 함께 있다는 사실뿐입니다."

진지한 태도로 이렇게 말하는 그의 얼굴은 기쁨으로 밝게 빛나고 있었다. 그는 우리에게 몸을 돌리고는 이렇게 말했다. "사랑하는 여러분, 여러분과 만난 것이 얼마나 기쁜지 모르겠습니다. 여러분은 제가 여러분의 손을 잡고 악수하면서 느낀 기쁨을 상상도 못할 것입니다. 또 여러분이 저의 동역자들에게 신뢰심을 보여주었을 때, 제가 경험한 엄청난 기쁨도 알지 못할 것입니다. 저는 지금 저의 동역자들을 신적인 존재들이라고 말할 수 있습니다. 여러분이 저의 입장에 서서 보신다면 지금 제가 경험하고 있는 이 희열이 어떤 것인지를 알 수 있을 것입니다. 제가 누리는 기쁨 중에서도 여러분 모두가 저와 같은 입장에 서서 제가 알고 있는 것을 알게 되리라는 확신에서 오는 기쁨이 가장 큽니다. 여러분이 저와 같은 처지에 이르신다면 분명히 제가 지금 누리고 있는 기쁨을 맛보실 것입니다. 여러분도 삶의 진정한 의미를 깨닫고 그 의미에 걸맞게 충실하게 살면 지금 제가 누리고 있는 것과 같은 기쁨을 누리게 될 것이라고 생각합니다. 영원의 세계가 활짝 열리고 있는 것을 바라보고 있는 지금 저의 심정이 어떠할지 헤아려보십시오. 저는 지금 소경이 눈을 뜬 것같이 눈 앞에 펼쳐지는 계시에 얼떨떨하고 있습니다. 지금 제 심정은 제가 보고 있는 이 비전을 여러분에게뿐만 아니라 온 세상의 형제자매들에게 나누어주고 싶은 간절한 마음뿐입니다. 만약 제가 여러분을 변형시켜서 지금 제가 서 있는 자리까지 끌어올릴 수만 있다면 저의 기쁨은 한없이 커지겠지요.

그러나 그렇게 해서는 안 됩니다. 여러분은 스스로 팔을 뻗어 변형을 이루어야 합니다. 여러분이 팔을 뻗기만 하면, 여러분의 손을 잡으려고 하느님께서 이미 손을 내밀고 계시다는 것을 알게 될 것입니다. 그때 여러분은 하느님과 동행하며 이야기를 나눌 수 있을 것입니다. 그리고 하느님께서는 만물에게 그렇게 하시듯이 여러분에게 한량없는 은총을 베풀어주실 것입니다. 참으로 기쁜 일은, 하느님께서는 그가 소속된 종교나 신앙 고백과는 상관없이 자기를 향해 손을 내미는 자는 누구나 받아들이신다는 사실입니다."

여기까지 말하고 나서 그는 우리의 시야에서 사라져버렸다. 우리는 그가 살아나 사라진 것이 꿈인지 생시인지 의심이 들었다. 그러나 우리 대원 두 사람이 다시 살아난 그 사람과 악수까지 나누었으니 필시 꿈은 아니었다. 여하튼 이에 대한 판단은 독자 여러분에게 맡겨두겠다.

마을에서 올라온 대사 한 사람이 말했다. "저는 여러분이 지금 의심하고 있다는 것을 압니다. 그러나 이 모든 일은 여러분에게 보이기 위해 꾸민 연극이 아닙니다. 이번 일은 삶에서 가끔 일어나는 긴급한 상황 중 하나였습니다. 긴급 사태가 생기면 우리는 그 사태에 적절하게 대응할 수 있는데, 이번 일이 바로 그러한 경우입니다. 다시 살아난 그 사람은 자신의 힘으로는 죽음의 한계를 극복할 수가 없었습니다. 그래서 여러분이 보신 것처럼 죽었던 것입니다. 그의 영혼은 육체에서 떠났었습니다. 그러나 그와 같은 정도의 깨달음을 얻은 사람은 그 순간에 도움을 받아 육체와 영혼이 다시 결합하여 육체를 완성시킬 수 있습니다. 그리고 그 완성된 육체를 가지고 영계로 들어가는 것이지요. 이 형제는 너무 열렬히 떠나기를 바랐기 때문에 몸을 채 완성시키지 않고 앞서서 떠났습니다. 그래서 죽었던 것입니다. 그러나 죽음을 지나 몇 걸음 더 나아가기 전에 도움을 받아서 죽음의 한계를 극복하고 육체를 완성시켰습니다. 이러한 도움을 주는 것은 우리에게 주어진 특권이지요."

우리는 천천히 팔을 내리고, 그 자리에 꼼짝도 하지 않고 서서 입을 다물고 있었다. 그러던 중에 대원 한 명이 "나의 주, 하느님이시여" 하면서 침묵을 깼다. 나는 아무 말도 하고 싶지 않았다. 다만 생각에 젖어 있고 싶을 뿐이었다.

우리는 모두 자리에 앉았다. 그러나 큰 소리로 얘기하는 사람은 없었다. 다만 몇 사람만이 귓속말로 소곤소곤 이야기를 주고받을 뿐이었다. 그러한 상황이 15~20분 정도 계속된 후에야 보통 목소리로 대화하기 시작했다. 그때 대원 한 명이 창 쪽으로 다가가 밖을 내다보고는 낯선 사람들이 마을에 온 것 같다고 말했다. 이제 막 한겨울이 지났는지라 혹한이 계속되고 있었고, 그런 날씨에 외부 사람이 마을에 오는 것은 흔한 일이 아니었다. 그래서 우리는 그들을 만나보기 위해서 마을로 내려갔다.

마을에 도착해보니 그들은 계곡 아래의, 약 50킬로미터 정도 떨어진 곳에 있는 작은 마을에서 올라온 사람들이었다. 그들은 사흘 전에 폭풍 속에서 길을 잃고 거의 얼어 죽게 된 사람을 들것에 싣고 눈길을 걸어 찾아온 것이었다. 예수께서 들것에 누워 있는 사람 앞으로 다가가더니 그의 머리 위에 손을 올려놓고 잠시 그대로 서 있었다. 그러자 거의 즉각적으로 그 사람이 일어나더니 덮은 것을 제치고 자기 발로 서는 것이 아닌가. 그를 데리고 온 친구들은 일어선 사람을 빤히 바라보더니 두려워하며 도망쳐버렸다. 괜찮으니 돌아오라고 소리쳐도 소용이 없었다. 고침을 받은 사람은 어찌 된 영문인지 몰라 멍하니 서 있었다. 두 대사가 그에게 이야기하여 그를 자기들의 집으로 데리고 갔다. 나머지 사람들은 우리와 함께 우리의 숙소로 가서, 오늘 일어난 일들에 관해 거의 자정이 될 때까지 이야기를 나누었다.

✢ ✢ ✢
4

어느 날 대화 중에 대원 한 명이 지옥이 있는 곳과 악마의 의미에 대해서 물었다. 그러자 예수께서 즉시 그를 향해 몸을 돌리고 말했다.

"지옥이나 악마는 깨닫지 못한 인간의 생각 속에서만 존재하는 것입니다. 지옥이나 악마가 어디에 있다고 생각하든지 그것은 인간의 생각일 뿐입니다. 여러분 정도 깨달은 사람이라면 지구상에 지옥이나 악마가 있을 곳이 없다는 것을 쉽게 알 수 있을 것입니다. 만약 우주 전체가 하느님의 왕국이고, 이 하느님의 왕국이 만물을 감싸고 있다면 과연 지옥이나 악마가 존재할 곳이 어디에 있겠습니까? 하느님께서 모든 것이며 또 모든 것을 통치하신다면 그 하느님의 완전한 계획 속에 지옥이나 악마가 어떻게 끼어들 수 있겠습니까?

물질과학을 예로 들어봅시다. 열과 빛을 비롯한 자연계의 모든 힘은 지구 자체 안에 간직되어 있다는 이야기가 있습니다. 태양 자체는 열이나 빛이 없고 다만 지구로부터 열과 빛을 끌어내는 잠재적인 힘만 가지고 있습니다. 태양이 지구로부터 열을 끌어내면 그 열이 에테르층에 퍼져 있는 대기에 반사되어 지구로 되돌아옵니다. 빛도 마찬가지입니다. 태양이 지구로부터 빛을 끌어내면 그 빛이 에테르층에 반사되어 지구를 비추는 것입니다. 대기는 지구로부터 그리 멀지 않은 곳까지만 분포되어 있으며, 지구 표면을 떠나 대기권을 뚫고 위로 올라가면 올라갈수록 기온은 점점 떨어집니다. 그것은 위로 올라갈수록 공기가 희박해지고 따라서 열의 반사량도 줄어들기 때문입니다. 우리가 태양열이라고 부르는 것이 사실은 이렇게 지구로부터 나와서 대기에 반사된 열이 지구로 되돌아온 것입니다. 그래서 대기층의 한계에 도달하면 열도 없어지고 맙니다. 빛의 경우도 마찬가지입니다. 태양이 지구에서 끌어낸 빛은 에테르층에 반사되어 지구로 되돌아옵니다. 에테르층은 대기권 밖에까지 멀리 퍼져 있습니다. 그래서 빛은 열보다 더 먼 곳에까지 존재합니다. 그러나 에테르층의 한계에 도달하면 빛 역시 사라집니다. 그리하여 열과 빛이 모두 사라진 곳에는 냉한과 암흑만이 존재합니다. 이 암흑과 냉한은 저항할 수 없는 강력한 힘으로 에테르층과 대기권을 감싸고 있습니다. 그 사이에는 빈 공간이 없습니다. 그런데 지옥은 뜨거운 곳이고 마왕은 추운 것을 싫어한다고 합니다. 그렇다면 대기권이나 에테르층 외부에는 지옥이나 마왕이 있을 곳이 없다는 얘기가 됩니다.

위에 있는 세계에 대해서는 이쯤 하기로 하고, 이제는 아래에 있는 세계에 대해 이야기해보도록 합시다. 지표에서 얼마 들어가지 않은 지구 속에는 무엇이라도 녹일 수 있을 정도로 뜨거운 용암이 있다고 합니다. 이 용암이 중심부에서는 천천히 움직이지만 표면으로 올라올수록 빠르게 움직인다고 합니다. 그리고 천천히 움직이는 중심부와 빠르게 움직이는 상층부가 만나는 벨트 지대에서 자연을 움직이는 힘이 생성되어 나온다고 합니다.

그렇다면 만물을 다스리는 하느님의 손이 그곳에서 역사하고 있다고 말할 수 있으며, 그곳에는 마왕이 거하지 않는다고 볼 수 있습니다. 가장 추운 에테르층 밖이나 가장 뜨거운 용암 중심부는 마왕에게도 불편한 곳일 것입니다. 마왕이라도 그러한 냉한이나 뜨거움은 견디기 힘들 것이기 때문입니다. 우리는 위와 아래의 모든 곳을 조사해보았습니다. 그러나 지옥이나 마왕이 있을 만한 곳을 발견하지 못했습니다. 그렇다면 인간이 있는 곳에 지옥과 마왕이 있으며, 인간이 그들에게 힘을 부여해주고 있다는 결론을 내릴 수밖에는 없습니다.

제가 쫓아낸 귀신은 모두 귀신들린 자들이 개인적으로 만들어낸 그들 개인의 적들이었습니다. 여러분은 제가 어떤 사람에게서 귀신을 나오게 하고, 그 귀신을 돼지 떼 속에 들어가도록 허락하여 돼지 떼가 바다에 뛰어들어 몰사하도록 했다고 생각하십니까? 그렇지 않습니다. 저는 어느 누구에게도 귀신을 보지 못했습니다. 귀신은 실재하는 것이 아니라 귀신들린 자들이 스스로 만들어낸 것에 불과합니다. 제가 귀신을 쫓아낸 이후에 그들이 찾은 평화도 제가 준 것이라기보다는 애당초 그들 속에 있었던 것입니다."

그다음에는 하느님에 대한 이야기로 대화의 주제가 옮겨졌다. 대원 하나가 "하느님이 누구신지 또 어떤 존재인지 알고 싶습니다" 하고 말했다.

그러자 예수께서 대답했다. "오늘날 세상에는 하느님에 대한 근원적인 대답이 없이 혼란만 가중시키는 모순되는 생각과 사상이 널리 퍼져 있습니다. 그러나 분명히 말씀드리건대, 하느님은 존재하는 만물의 배후에 있는 원리입니다. 만물의 배후에 있는 그 원리는 전지전능하며 우주 속에 편재한 거룩한 영靈입니다. 또 하느님은 모든 선한 것들을 인도하는 직접적인 원인이 되는 유일심唯一心이며, 우리가 살면서 겪는 모든 것들의 근원이며, 모든 것들을 하나로 결합하는 진정한 사랑의 근원입니다. 하느님은 비인격적인 원리입니다. 개인에게서 사랑하는 부모의 입장이 될 때를 제외하고는 하느님은 항상 비인격적입니다. 개인에게는 하느님이 사랑으로 무한히 베풀어주는 인격적인 부모가 될 수 있습니다. 그러나 하늘이라고 부르는 우주 공간 어디엔가에 앉아 있는 초인적인 존재는 결코 아닙니다. 하느님은 하늘에 있는 보좌에 앉아서 죽은 사람을 심판하는 그런 존재가 아닙니다. 왜냐하면 하느님은 결코 죽는 일이 없는 생명 자체이며, 따라서 죽은 자의 하느님이 아니라 산 자의 하느님이기 때문입니다. 세상에 널리 퍼져 있는, 죽은 자를 심판하는 하느님이라는 생각은 여러분 주위의 수많은 기형적인 사상처럼 인간의 무지에서 비롯된 잘못된 생각입니다. 하느님은 여러분을 심판대 앞에 세우고 강압적으로 자신의 존재를 과시하는 분이 아닙니다. 하느님은 무한한 사랑으로 아낌없이 베푸시는 부모이며, 그를 향하기만 하면 누구라도 따뜻하게 품어주시는 분입니다. 하느님은 여러분이 어떤 사람인지 또 어떤 사람이었는지를 문제 삼지 않습니다. 순수한 의도를 가지고 진정으로 그를 찾기만 하면 여러분은 그의 자녀가 됩니다. 여러분이 아버지의 집을 등지고 허섭스레기 같은 삶을 살며 돼지를 치는 비참한 지경에 처한 탕자라고 할지라도, 아버지의 집을 향해 발길을 돌리기만 하면 아버지께서는 따뜻하게 맞아주실 것입니다. 아버지의 집에는 돌아온 탕자를 위해 잔치를 벌일 준비가 항상 되어 있습니다. 잔칫상은 항상 펼쳐져 있습니다. 또한 여러분이 돌아올 때 여러분보다 먼저 돌아온 형제들이 힐난하지도 않을 것입니다.

하느님의 사랑은 깊은 산에서 솟아오르는 맑은 샘물과도 같습니다. 그 물이 처음에는 맑습니다. 그러나 흘러가면서 더럽혀져서 바다에 들어갈 때에는 처음 샘에서 솟아나올 때와는 전혀 다른 오염된 물이 됩니다. 오염된 물이 바다에 들어가게 되면 찌꺼기와 불순물은 밑에 가라앉게 되고 다시 맑은 물이 파도를 칩니다. 그리고 그 맑은 물은 다시 샘의 원천이 되는 것입니다.

여러분은 부모 형제나 친구들과 이야기하는 것처럼 하느님과 대화할 수 있습니다. 하느님은 그 어떤 사람보다 가까이에 계시며, 어떤 친구보다도 진실합니다. 하느님께서는 결코 벌을 주거나 분노하거나 쫓아내지 않습니다. 하느님은 자신의 자녀들인 피조물들을 파괴하거나 해치지 않습니다. 만약 그렇게 한다면 하느님이 될 수 없습니다. 심판하는 자, 파괴하는 자, 자기의 자녀들인 피조물을 억누르는 자인 신(god)은 인간의 무지한 사고가 불러낸 것입니다. 여러분이 스스로 원하지 않는 한 그런 신을 두려워할 필요가 없습니다. 하느님께서는 우리를 향해 손을 펴고 '내가 가지고 있는 것은 다 네 것이다'라고 말씀하시기 때문입니다. 여러분 나라 시인 중에 '하느님은 호흡보다 가깝고, 손과 발보다도 가까이 계시다'고 읊은 사람이 있는데, 그는 영감을 통해 하느님을 깨닫고 그렇게 노래한 것입니다. 하느님의 영감은 옳고 선한 일을 도모할 때 주어집니다. 그리고 누구나 원하기만 하면 하느님의 영감을 받을 수 있습니다.

저는 '내가 그리스도요, 하느님의 독생자다'라고 말했습니다. 그러나 나만이 그리스도이고 하느님의 독생자라는 뜻으로 그렇게 말한 것이 아닙니다. 만약 그랬다면 저는 그리스도가 되지 못했을 것입니다. 다른 사람들과 마찬가지로, 그리스도가 나타나도록 하기 위해서는 저도 저 자신이 그리스도라는 확신을 가지고 '내가 그리스도'라고 명백히 천명해야 합니다. 그런 다음 그리스도의 삶을 살아야만 비로소 그리스도가 나타납니다. 그러나 자신이 그리스도라는 믿음을 가지고 그렇게 선언하면서도 그리스도의 삶을 살지 않으면 그리스도는 절대로 나타나지 않습니다. 사랑하는 친구들이여, 모든 사람이 자신이 그리스도임을 천명하고 1~5년 정도 그리스도의 삶을 산다면 어떤 일이 벌어질 것인가를 한번 생각해보십시오. 아마 상상할 수 없을 정도의 큰 깨달음이 세상을 뒤덮을 것입니다. 이것이 바로 제가 보았던 비전입니다.

사랑하는 여러분, 제가 서 있는 자리에서 제가 보고 있는 것을 보고 싶지 않으십니까? 왜 제 주위에 미혹의 어두운 수렁을 파놓는 것입니까? 눈을 들고 마음과 생각을 위로 향하여 분명한 비전을 보고자 하지 않는 이유가 무엇입니까? 만약 분명한 비전을 볼 수 있다면 인간적인 생각으로 스스로 만든 것 이외에는 신비한 것이나 기적은 없으며, 고통과 불완전과 부조화와 죽음도 없다는 사실을 알게 될 것입니다. 저는 이미 죽음을 이겼다는 분명한 확신을 가지고 '내가 죽음을 이겼노라'고 말했습니다. 그러나 십자가에 달려 죽음을 경험했던 것은 사랑하는 사람들에게 제가 죽음을 이겼다는 것을 보여주기 위해서였습니다.

다른 사람들이 깨달음을 얻도록 도움을 주는 일에는 수많은 형제들이 동참하고 있습니다. 온 세상이 깨달음을 얻도록 도움을 주는 일은 우리에게 주어진 책무입니다. 우리는 인류를 억압하고 있는 악한 생각과 의심과 불신과 미혹을 몰아내기 위해서 힘을 합쳐 일해오고 있습니다. 몰아내야 할 그런 것들을 악한 세력이라고 불러도 좋습니다. 하지만 우리는 인간이 악하다고 생각하고 그것에 힘을 부여한 것 이외에는 악한 것이 실재하지 않는다는 사실을 잘 알고 있습니다. 그러나 이제는 사랑하는 자들이 하나하나 굴레를 벗어던지는 과정에서 때로는 물질계의 힘에 관심을 가지는 경우도 있습니다. 그러나 그것은 목표를 향해 한 걸음 더 전진해나간 결과입니다. 물질계의 힘에 관심을 가지는 것은 신화와 신비와 미혹에 빠지는 것만큼 영혼을 끈질기게 구속하지는 않습니다. 즉 물질계의 힘에 대한 관심은 이내 그 힘을 주관하는 하느님에게로 관심의 주도권을 넘겨주기 때문입니다. 저의 경우를 예로 들어보자면, 제가 바다 위를 걸었을 때 저는 물질적인 실체인 깊은 물을 바라본 것이 아니라 모든 물질계의 힘을 넘어서는 하느님의 능력만을 응시했습니다. 그 순간 바다는 바위처럼 견고해졌고 저는 안전하게 그 위를 걸을 수 있었던 것입니다."

예수께서 잠시 말씀을 멈추자 대원 하나가 질문했다. "우리와 이렇게 시간을 보내시면 하시는 일에 방해가 되지 않습니까?" 그러자 예수께서 대답했다. "여기 있는 우리 친구들은 여러분을 방해 거리로 여기지 않을 것입니다. 저도 물론 여러분 때문에 방해받는다는 생각은 추호도 없습니다."

그때 누군가가 "당신은 우리의 위대한 형제입니다"라고 말하자 예수께서는 환한 미소를 지으시며 말했다. "고맙습니다. 저는 여러분을 항상 형제라고 불러왔습니다." 대원 한 명이 다시 질문했다. "모든 사람이 자기 내면에 있는 그리스도를 나타낼 수 있을까요?" 예수께서 대답했다.

"그렇습니다. 다른 가능성은 없습니다. 결국에는 모든 사람이 자기 내면의 그리스도를 나타내게 될 것입니다. 인간은 하느님으로부터 나왔고, 기필코 하느님께로 돌아갈 존재입니다. 하늘에서 내려온 자는 자기가 내려온 하늘로 다시 올라가야만 합니다. 그리스도의 역사는 제가 세상에 태어나면서 비로소 시작된 것도 아니고, 제가 십자가에 달림으로써 끝난 것도 아닙니다. 그리스도는 하느님께서 당신의 모양과 형상대로 인간을 창조할 당시부터 존재했습니다. 하느님의 모양과 형상대로 맨 처음 창조된 인간은 그리스도와 하나였으며, 모든 인간은 맨 처음 창조된 인간과 하나입니다. 하느님이 맨 처음 창조된 인간의 아버지입니다. 하느님은 또한 모든 인간의 아버지이며, 모든 인간은 그의 자녀입니다. 자녀는 부모의 형질을 물려받는 법입니다. 그러므로 하느님의 모든 자녀들 속에 그리스도가 있는 것입니다. 오랜 세월이 지난 후에, 하느님의 모양과 형상대로 창조된 인간은 자기 내면에 있는 그리스도를 통하여 자신이 그리스도이며 하느님과 하나라는 사실을 깨달았습니다.

이리하여 그리스도의 역사는 시작된 것입니다. 즉, 그리스도의 역사는 맨 처음 창조된 인간으로부터 시작된다고 말할 수 있습니다. 그리스도는 인간 예수 이상이라고 해도 잘못된 말이 아닙니다. 이러한 사실을 깨닫지 못했다면 저도 내면의 그리스도를 나타낼 수 없었을 것입니다. 제게는 이 깨달음이 대가 없이 주어진 진주와 같았고, 새 가죽 부대에 담긴 오래된 포도주 같았습니다. 즉 제가 내면의 그리스도를 발견한 첫 번째 사람이 아니라, 오랜 세월 동안 많은 사람들이 깨닫고 성취한 바를 제가 다시 입증한 것일 뿐이라는 말씀입니다.

저는 십자가 사건 이후 50년 이상을 제자들을 비롯한 사랑하는 자들과 함께 살면서 그들을 가르쳤습니다. 그 시기에 우리는 유대 지역 외곽의 한적한 곳에서 모임을 갖곤 했는데, 그 무리 중에는 미신적인 생각을 갖고 있는 사람이 없었습니다. 많은 사람들이 하느님께서 선물로 주시는 은사를 받고 능력 있는 일을 행했습니다. 그런데 저는 모든 사람을 돕기 위해서는 잠시 그들에게서 떠나는 것이 좋다는 것을 깨달았습니다. 그래서 그들 곁을 떠났습니다. 그 당시 그들은 자기 내면의 그리스도 대신 저를 의지하고 있었습니다. 그러니 그

초인생활 ✦ 탐사록

들이 스스로를 의지하도록 하기 위해서라도 제가 떠나지 않으면 안 되었던 것입니다. 만약 제가 떠나지 않고 그들과 친밀한 관계를 유지하며 계속 함께 살았다면 그들은 결코 자기들 내면의 그리스도를 발견하지 못했을 것 아니겠습니까?

십자가는 원래 세상이 알고 있던 가장 큰 기쁨의 상징이었습니다. 십자가는 인간이 밟고 있는 땅에서 하늘을 향해 안테나처럼 세워져서, 이 지상에 천국의 여명이 밝아오는 것을 상징합니다. 십자가에 대한 이러한 생각을 발전시키다 보면 십자가는 사라지고 헌신의 자세, 즉 팔을 쳐들고 만물을 축복하는 자세로 서 있는 사람만 남게 됩니다. 그는 천지 사방의 온 인류에게 자신의 선물을 아낌없이 부어주는 자세로 팔을 벌리고 그렇게 서 있는 것입니다.

그리스도는 외적인 형상 속에 내재한 생명, 즉 과학자들이 언뜻 보기는 했지만 어디에서 오는지 알지 못했던 솟아오르는 에너지임을 알 때, 그때 여러분은 이미 그리스도입니다. 여러분이 그리스도라고 자각하게 되면, 생명은 아낄 것이 아니라 살아버려야 하는 것임을 알게 될 것입니다. 또 인간은 외적인 형태를 끊임없이 해체시키면서 살아야만 한다는 사실도 알게 될 것입니다. 그리고 그리스도는 선을 위하여 육체적인 감각이 갈망하는 것을 포기하는 삶을 사는 존재라는 것도 배우게 될 것입니다. 이런 것을 배우고 알았을 때 여러분은 그리스도가 됩니다. 자신을 대생명의 일부분으로 알고 전체의 유익을 위하여 기꺼이 자신을 희생할 줄 알아야 합니다. 보상을 기대하지 않고 올바른 행위를 하는 법과, 세상이 주는 기쁨과 육체적인 삶을 자발적으로 포기하는 법을 배워야 합니다. 이것은 금욕적으로 자기를 포기하거나 빈곤하게 되라는 말이 아닙니다. 주어진 임무가 자기가 가진 모든 것과 심지어는 생명까지도 요구할 때, 그것을 다 내어주어도 하느님께서는 더 줄 수 있도록 여러분을 채워주십니다. 자기의 생명을 구하고자 하면 잃게 되는 것이 하느님의 법칙입니다.

이러한 사실을 모두 배우고 깨닫게 되면 펄펄 끓는 용광로 속에서 불순물이 모두 제거된 순금을 발견할 수 있을 것입니다. 그때 여러분은 여러분이 다른 사람에게 나누어준 생명이 곧 여러분이 얻은 생명이라는 사실을 알고 큰 기쁨을 맛보게 될 것이며, 받기 위해서는 아낌없이 주어야 한다는 것을 확실히 깨닫게 될 것입니다. 외적인 육체의 삶을 포기하면 고차원의 생명이 활기를 띠고 살아납니다. 그리고 그 생명은 개인이 아니라 모든 사람을 위해서 주어지는 것입니다. 여러분은 이 사실을 기쁨으로 확신하게 될 것입니다.

위대한 그리스도의 영혼을 지닌 자도 세파에 발을 들여놓을 수 있습니다. 그러나 그것은 세상을 구하기 위한 동정심에서 비롯된 것이라는 점을 알아야만 합니다. 이렇게 알게 되면 자랑하지 않고 동료 인간들을 도울 수 있습니다. 즉, 여러분의 도움을 구하는 굶주린 영혼에게 생명의 빵을 나누어줄 수 있게 되는 것입니다. 생명의 빵은 아무리 나누어주어도 결코 줄어들지 않습니다. 여러분에게는 병든 자를 고치고 무거운 짐을 지고 신음하는 사람을 쉽게 할 능력이 있음을 알아야만 합니다. 여러분은 진리인 하느님의 말씀으로 그들의 영혼을 온전하게 해줄 수 있습니다. 무지로 인해 소경이 되었든지 아니면 고의적으로 눈을 감아버린 소경이든지 여러분은 그들의 눈을 뜨게 해줄 수 있습니다. 그들이 처한 처지는 문제가 되지 않습니다. 그들은 그리스도를 나타내고 있는 여러분을 통해 자기들도 여러분과 같은 그리스도의 삶을 살 수 있음을 느끼게 될 것입니다. 여러분은 아버지와 아들의 진정한 하나 됨은 외적인 것이 아니라 내적인 내면 세계의 일이라는 것을 알게 될 것입니다. 그러면 이때까지 의지해오던 외적인 하느님이 사라지고 내면의 하느님만이 남아도 흔들리지 않는 평안을 유지할 수 있을 것이며, 사랑과 두려움이 뒤범벅이 된 채 '나의 하느님, 나의 하느님, 어찌하여 나를 버리시나이까?'라고 외치지 않아도 될 것입니다.

홀로 있다는 고독감을 느낄 때라도 하느님과 함께 있다는 것을 알기 때문에 결코 자신이 고독한 섬처럼 느껴지지는 않을 것입니다. 아니 오히려 홀로 있다는 고독감을 느낄 때가 사실은 사랑하는 아버지의 가슴에 가장 가까이 있는 때이며, 깊은 슬픔이 찾아온 그 시간이 바로 위대한 승리가 시작되는 순간입니다. 이러한 사실을 알게 되면 어떠한 슬픔도 여러분을 삼키지 못합니다.

여러분이 그리스도라는 사실을 확실히 알게 된 때부터 여러분의 목소리는 기쁨이 넘치는 노래로 변할 것입니다. 그리고 여러분에게서 나오는 깨달음의 빛이 사람들을 비추기 시작할 것입니다. 여러분은 분명히 알게 될 것입니다. 자기 속에 있는 그리스도를 발견하지 못하면, 즉 험난한 인생길을 가면서 잡아줄 도움의 손길을 만나지 못하면 어둠 속에서 헤매게 된다는 사실을 말입니다.

여러분이 진정한 신적인 존재이며 다른 모든 사람들도 여러분과 똑같은 신적인 존재라는 사실을 알아야만 합니다. 그러나 찬란한 빛이 비치는 최고의 깨달음에 이르러 다른 사람을 도울 수 있는 기쁨의 노래를 부르기 위해서는 어두운 곳을 많이 통과해야만 합니다. 하느님과 연합하는 최고의 깨달음에 이르러 환희의 탄성을 발하기 위해서는 어둠을 뚫고 올라가야만 하는 것입니다.

여러분의 생명으로 다른 사람의 생명을 대신할 수 없고, 여러분의 정결함으로 다른 사람의 죄를 대신 씻어줄 수 없습니다. 모든 사람은 각자 자기 속에서 하느님을 발견해야 합니다. 깨달음을 얻지 못한 사람들은 서로 도울 수가 없습니다. 그러나 여러분은 그들의 영혼을 위해서 여러분의 생명을 내어줌으로써 그들을 도울 수 있습니다. 깨달음을 얻은 자의 행위는 땅에 떨어지지 않고 반드시 풍성한 열매를 맺을 것입니다. 그러나 다른 사람의 영혼을 존중하는 마음을 가져야 합니다. 즉 받아들이고자 마음 문을 열지도 않았는데 강제로 주입시키려고 해서는 안 된다는 말입니다. 스스로 마음 문을 열었을 때 사랑과 생명과 빛을 아낌없이 쏟아부어주십시오. 그러면 그의 열린 마음 문을 통하여 하느님의 빛이 쏟아져 들어가 그의 영혼이 밝아질 것입니다.

한 사람의 그리스도가 탄생할 때마다, 즉 자신이 그리스도라는 확실한 깨달음을 얻을 때마다 인류 전체는 한 단계씩 진보하는 것입니다. 여러분은 아버지가 가지고 계신 모든 것이 여러분 것이며, 모든 사람을 위해서 쓰라고 여러분에게 이미 주어져 있다는 사실을 알아야 합니다. 여러분이 한 단계씩 깨달음을 얻어가면 세상 전체가 여러분과 함께 한 단계씩 진보해 올라가는 것입니다. 또 여러분이 밟고 지나간 길은 평탄해져서 다른 사람들이 그 길을 따르기가 용이해지는 것도 사실입니다. 여러분 속에 하느님이 계심을 확실히 알고 자신에 대한 믿음을 가지시기 바랍니다. 그리고 마지막으로, 여러분 자신이 하늘과 땅에서 영원히 존재할, 손으로 짓지 아니한 하느님의 성전이라는 사실을 명심하시기 바랍니다.

그러면 '만물들아 찬양하라, 만물들아 찬양하라. 왕이신 그가 오신다. 보라, 그가 항상 너희와 함께하시며, 너희는 하느님 안에, 그는 너희 안에 계시다'는 찬송이 자신의 신성을 자각한 여러분을 향하여 울려 퍼질 것입니다."

예수께서는 그날 밤 마을에 있는 다른 대사의 집에 가기로 약속했다고 하시면서 자리에서 일어났다. 거기에 있던 모든 사람들도 자리에서 일어났다. 예수께서는 온 회중을 축복하시고는 다른 대사 두 명과 함께 방에서 나갔다.

5

우리가 다시 자리에 앉았을 때 대원 한 명이 에밀 대사에게 누구나 치료술을 발휘할 수 있는지 물었다. 에밀 대사가 대답했다.

"치료 능력은 사물을 그 근원에서부터 파악하는 법을 익혀야만 얻을 수 있습니다. 모든 부조화는 그것들이 하느님으로부터 온 것이 아니라는 점을 이해하는 수준에서만 극복될 수 있는 것이지요.

여러분의 운명의 꼴을 만들어내는 신성神性은 토기장이가 진흙을 주무르듯이 여러분의 운명을 마음대로 결정하는 초인적 존재가 아닙니다. 신성이란 여러분 안과 주위에, 그리고 모든 물질의 안과 주위에 존재하는 신적인 능력을 일컫는 말이며, 그 능력은 항상 여러분 것이고 여러분이 원하면 언제든지 사용할 수 있는 것입니다. 이 점을 깨닫지 못하면 여러분 자신에 대해 신뢰하지 못합니다. 그리고 하느님께서는 부조화를 창조하지도 않았고 보내지도 않았다는 것을 아는 것이야말로 부조화를 치료하는 첩경입니다.

인간의 두뇌는 눈을 통하여 들어온 사물의 진동을 받아들이고 기록하는 특성을 가지고 있습니다. 빛과 그림자, 그리고 색깔의 진동이 모든 뇌에 기록됩니다. 또한 뇌는 기록해두었던 진동을 재생하여 다시 투사시키는 힘도 가지고 있습니다. 뇌가 기록해두었던 것을 재생시켜 투사하는 경우, 우리는 처음에 눈을 통해서 들어왔던 모습 그대로를 내적인 비전을 통해서 보게 됩니다. 여러분은 카메라를 가지고 감광판을 노출시킴으로써, 이와 비슷한 일을 합니다. 감광판은 여러분이 사진으로 얻고자 하는 사물의 진동을 받아들여 기록합니다.

감광판에 진동이 기록되고 나면 여러분은 현상 작업을 통해 그것을 정착시킵니다. 그것이 끝나면 그 필름으로 여러분이 원하는 사진을 인화해낼 수 있습니다. 지금은 정지된 흑백사진밖에 없지만 머지않아 사물의 움직임과 색깔까지도 기록하여 재생시킬 수 있는 날이 올 것입니다. 그때가 되면 사진을 찍을 때 필름이 받아들여 기록한 것과 똑같은 빛과 색깔이 재생될 것입니다.

인간의 두뇌 속에는 자신의 생각과 말과 행동을 기록해두는 민감한 세포군細胞群이 있습니다. 그 세포들은 각기 자기가 맡은 진동을 받아들여 기록해두었다가 재생시키는 능력이 있습니다. 제 기능을 다하고 있기만 하다면, 그 세포들은 언제라도 받아들일 때와 똑같은 진동을 재생시켜낼 수 있는 것입니다.

인간의 두뇌 속에는 다른 사람의 생각이나 행동 또는 사물의 움직임이나 모양을 받아들여 기록해두는 또 다른 민감한 세포군도 있습니다. 그 세포들도 자기들이 받아들여 기록해두었던 것을 재생시켜내는 능력이 있습니다. 따라서 그 세포들을 조절하는 법을 배우기만 한다면 그 세포들이 기록해둔 다른 사람의 생각이나 행동 또는 사물의 움직임이나 모양을 언제라도 재생시킬 수가 있는 것입니다. 이 세포들을 조절함으로써 다른 사람을 도울 수 있을 뿐만 아니라 그들의 생각을 조절할 수도 있습니다. 전쟁, 지진, 화재, 홍수, 그리고 불행을 가져다주는 그 밖의 모든 재난들은 이 세포군의 활동으로 인한 것입니다.

누군가가 무엇을 보았거나 어떤 일이 일어나는 장면을 상상하게 되면 그 진동이 뇌세포에 기록됩니다. 그리고 그것이 재생되어 방출되면 다른 사람의 뇌세포에 기록됩니다. 이러한 과정이 되풀이되어 결국에는 첫 번째 사람이 생각하고 상상했던 것이 현실에서 일어나는 것입니다.

그러나 나쁜 생각이 들었을 때 뇌세포에 정착되지 않도록 즉시 흘려보내면 그것은 재생되지 않을 것이고, 그러면 해로운 재난은 피할 수 있습니다. 정도의 차이는 있지만 사람은 어느 정도 재난을 예감하는데, 그것은 바로 이러한 뇌세포의 작용으로 인한 것입니다.

인간의 두뇌에는 신적인 마음(Divine Mind)의 생각과 활동을 감지하여 기록하는 민감한 세포군도 있습니다. 신적인 마음은 진실의 진동이 창조하여 방출합니다. 이 신적인 마음 또는 하느님은 만물 속에 두루 퍼져 있으며, 항상 진실한 진동을 흘려 내보내고 있습니다. 이것을 감지하여 기록해두었다가 재생시키는 뇌세포들이 정상적으로 활동한다면 우리는 하느님의 마음을 받아들일 수 있습니다. 뿐만 아니라 우리가 받아들인 것과 똑같은 신적인 마음의 진동을 세상을 향해 방출할 수도 있습니다. 우리는 신적인 마음을 가지고 있지 않습니다. 하지만 그 마음의 진동을 받아들여 다시 방출할 수 있는 뇌세포는 가지고 있습니다."

이야기가 멈추고 잠시 깊은 침묵이 흐르던 중, 벽에 영상映像이 나타났다. 처음에는 정지된 것처럼 보였으나 잠시 후 움직이면서 장면이 바뀌어갔다. 당시 세계에서 가장 번성하고 있는 상업 도시의 모습들이 차례차례 나타났다. 한 장면 한 장면이 매우 빨리 지나갔다. 그러나 어떤 도시의 모습인지를 알아보기에는 충분했으며 우리가 잘 알고 있는 도시도 여럿 있었다. 그중에서도 우리가 1894년 12월에 캘커타에 도착하는 장면도 재생되어 벽에 나타난 것은 특이할 만했다. 이 사건은 우리가 활동사진이나 영화를 알기 훨씬 이전에 일어난 일이다. 그럼에도 불구하고 벽에 나타난 영상들은 사람이나 사물의 모습과 움직임을 살아 있는 듯이 보여주고 있었다. 그때 한 장면이 약 1분씩 비쳐지면서 한 시간 정도 계속 영상이 나타났다.

영상들이 벽에 나타나고 있는 동안에 에밀 대사가 말했다. "이것들은 오늘날 세계의 상황을 묘사해주고 있는 영상입니다. 지구상의 대부분의 지역이 평화롭고, 번영하는 분위기 속에서 사람들이 크게 만족하고 있다는 것을 아실 수 있을 것입니다. 대부분의 사람들은 안정 속에서 행복을 느끼고 있는 것처럼 보입니다. 하지만 그 밑에서는 가마에서 기름이 끓듯이 인간의 무지에서 발생한 불화가 끓어오르고 있습니다. 국가와 국가 사이에는 증오와 음모와 부조화가 자리 잡고 있으며, 사람들은 전대미문의 엄청난 군사력을 증강시키고 있습니다. 우리는 이 세상이 잘 되게 하기 위해서 최선의 노력을 다하고 있습니다만, 우리의 힘만으로는 무력으로 세계를 지배하고자 하는 저들의 노력을 중지시킬 수가 없는 실정입니다. 저들은 엄청난 군사력을 가지고 무력으로 세계를 정복하고자 전쟁을 일으킬 것이 확실합니다. 우리가 그렇게 믿고 있는 것은 세상 사람들과 각 나라들이 깨어 있어야 함에도 불구하고 잠을 자고 있기 때문입니다. 몇 년 안에 그 전쟁은 일어날 것이고, 그러면 여러분은 다음 영상이 보여주는 것과 같은 현실을 목도하게 될 것입니다."

그러자 10~12개 정도의 전쟁 장면이 차례로 벽에 나타났다. 영상이 묘사하고 있는 장면은 실제로 일어날 것이라고는 상상도 할 수 없을 만큼 끔찍했으며 생각조차 하고 싶지도 않은 것들이었다.

에밀 대사가 다시 입을 열었다. "우리는 이러한 전쟁이 필연적으로 일어날 것이라고 생각하지만, 그래도 혹시나 상황이 역전되어 전쟁을 피할 수 있었으면 하는 희망을 가지고 있습니다. 결과는 시간이 말해줄 것입니다만, 다음과 같은 상황이 우리가 바라고 있는 바입니다." 그러자 이번에는 말할 수 없을 정도로 아름다운 평화의 장면이 벽에 스쳐 지나갔다.

에밀 대사가 다시 말했다. "우리는 이러한 장면들이 실제로 일어나기를 희망하고 있습니다. 여기서 여러분에게, 될 수 있는 한 이 평화의 장면을 마음속에 그리고, 그 진동을 내보내주십사 하고 부탁드리고 싶습니다. 그렇게 하면 여러분은 여러분이 생각하는 것 이상으로 우리를 크게 돕게 될 것입니다."

잠시 침묵이 흐른 후에 대원 한 명이 '주 하느님'이라는 말이 의미하는 바에 대해서 질문했다.

그러자 에밀 대사가 대답했다. "'주 하느님'이라는 말은 신적인 원리인 하느님께서 자신의 특성을 드러내기 위해서 창조하여 이 세상에 보낸 완전한 존재자(the Perfect Being)를 일컫는 칭호입니다. 그는 신적인 원리의 모양과 형상대로 창조되었으며, 신적인 원리에 접근하여 그가 가지고 있는 모든 것을 사용할 수 있는 권한을 부여받았습니다. 그에게는 이 세상의 모든 것을 다스리는 지배권이 주어졌습니다. 또 신적인 원리와의 교류를 통하여 신적인 원리 안에 잠재되어 있는 모든 힘을 사용하여 자기가 바라는 것을 산출해낼 수 있는 능력도 받았습니다. 그는 이러한 자신의 능력을 발전시켜갔는데, 이 모든 것이 신적인 원리가 마음속에 품고 있던 이상적인 그의 모습이었습니다. '주 하느님'이라는 칭호는 이 완전한 존재자를 일컫는데, 하느님의 창조적 행위의 표현 또는 하느님의 법칙의 표현이라는 의미로 후대에 그렇게 붙여진 것입니다. 그런데 이 '완전한 존재자'는 신적인 원리가 마음속에 품고 있는 이상적인 인간의 모습입니다. 신적인 원리는 인간을 신적이고 우주적인 인간(Divine and Only Man)으로 창조했습니다. 영적인 면으로 보면 인간은 주 하느님 또는 우주적인 인간이 될 수 있는 존재입니다. 후대에 그리스도라고 일컬어진 이 신적인 인간에게는 하늘과 땅의 모든 권세가 주어졌습니다. 그는 자기의 형상대로 다른 존재들을 창조했습니다. 신적인 인간이 자기의 형상대로 창조한 존재들은 '주 하느님의 자녀들'이라고 불렸고, 그들을 창조한 신적인 인간은 '아버지'라고 불렸습니다. 그리고 신적인 원리 자체는 '하느님'으로 일컬어지게 되었습니다."

그는 여기서 잠시 말을 멈추더니 손을 펼쳐 앞으로 내밀었다. 그러자 진흙처럼 보이는 부드러운 물체가 그의 손 위에 나타났다. 그는 그것을 테이블 위에 올려놓고 키가 15센티미터 정도 되는 인간의 형상을 빚어냈다. 그는 매우 능숙한 솜씨로 만들었기 때문에 작업은 짧은 시간 안에 끝났다. 그는 다 만들어진 형상을 한동안 두 손으로 감싸고 있다가 그것을 들어올리고 그 위에 숨을 불어넣었다. 그러자 그 인간 모양의 형상이 꿈틀대기 시작했다. 그가 그 형상을 잠시 더 손으로 감싸쥐고 있다가 테이블 위에 올려놓자 그 형상이 테이블 위에서 이리저리 움직였다. 그것은 사람이 움직이는 것과 너무나도 똑같은 모양으로 움직였다. 우리는 입을 다물지 못한 채 어안이 벙벙하여 바라보고 있을 수밖에 없었다.

에밀 대사가 성서를 인용하며 말했다. "성서는 '주 하느님께서 진흙으로 사람을 빚어 만드시고 코에 숨을 불어넣으시니 생명체가 되어 살아 움직였다'고 말하고 있습니다. 그런데 신적인 존재인 인간도 그와 같은 일을 할 수 있습니다. 인간이 만약 어떤 형상을 만들거나 그림을 그린 후에 그대로 내버려둔다면, 그것은 다만 형상이나 그림에 지나지 않으므로 인간은 그것을 책임질 필요가 없습니다. 그러나 자신이 가지고 있는 창조적인 힘을 사용하여 만들거나 그린 것에 생명력을 불어넣는다면 자기 작품에 대해 끝까지 책임을 져야 합니다. 즉, 자신의 창조물을 지켜보고 신적인 질서 안에 놓이도록 해야만 하는 것입니다. 어떤 점에서 인간은 이 부분에서 실패하여 하느님과의 관계를 잃어버렸습니다. 인간은 많은 형상(우상)을 만든 다음 열정적으로 생명력을 불어넣었습니다. 그러나 그것들이 신적인 질서 안에 있도록 지켜보지 못하고 방치했기 때문에 세상에는 목적 없이 떠도는 수많은 우상이 존재하게 된 것입니다. 만약 자기들이 불어넣은 생명력을 회수했다면 살아 있는 우상은 그저 그런 조각품 정도가 되었을 것이며, 인간은 그에 대한 책임도 벗을 수 있었을 것입니다."

에밀 대사가 이렇게 말하고 나자 테이블 위에서 움직이던 인간 모양의 형상이 움직임을 멈추었다. 그가 다시 말을 이었다. "여러분은 토기장이가 진흙을 다루는 것을 보셨겠지요. 그때 흙을 다루는 존재는 하느님이 아니라 사람입니다. 만약 토기장이가 자기가 창조되어 나온 보편적인 실체세계로부터 자기의 작품을 끄집어냈다면, 토기장이 자신과 마찬가지로 그의 작품 또한 진정한 하느님의 자녀가 되었을 것입니다. 여러분이 이 서판의 첫 번째 묶음의 번역을 끝낸 후에는 지금 제가 드리는 말씀의 의미를 보다 더 잘 이해하게 되리라 생각합니다. 시간이 꽤 되었군요. 이제 쉬도록 하시지요."

그가 떠난 후, 우리는 최근 며칠간은 계속 넘치도록 충족한 날이었다고 느끼면서 잠자리에 들었다.

✛ ✛ ✛
6

다음 날 아침에는 늘 하던 대로 번역 작업에 들어갔다. 그때 우리는 여주인의 가르침을 받아가면서 서판에 적힌 글자의 뜻을 공부하고 있었는데, 그 고대 문서에 사용된 문자의 의미를 가능한 한 명확히 알려고 공부에 깊이 몰두했다. 이러한 공부가 약 2주간 진행된 어느 날 아침, 우리는 사원에 올라갔다가 얼마 전에 죽었다 살아난 찬더 셴을 만났다. 앞에서도 언급했지만 그는 틀림없이 살아 있는 사람이었고, 노인의 흔적을 완전히 벗어버리고 있었다. 방에 들어가자 그는 자리에서 일어나 우리 쪽으로 다가오더니 악수를 청하며 따뜻하게 맞아주었다. 독자들은 우리가 얼마나 놀랐을지 상상할 수 있을 것이다. 우리는 빙 둘러앉아서 마치 고삐 풀린 망아지 같은 학동들처럼 이것저것 질문을 해댔다. 아마도 특이한 점을 찾아내기 위해 뽑혀온 패거리로 보였을 것이다.

여기서 다시 한번 언급해두고자 하는 것은, 그의 모습과 목소리는 분명히 이전에 그가 보여주었던 특성을 그대로 가지고 있었음에도 불구하고 노인의 흔적을 전혀 찾아볼 수 없었다는 것이다. 그의 목소리와 외모에서는 건강한 중년의 활기가 넘쳐흘렀으며, 쾌활하고 명민한 분위기를 풍기고 있었다. 눈과 얼굴 표정은 말로 표현하기 어려운 그러한 것이었다. 처음 얼마 동안은 그의 이전 모습과 현재 모습을 마음속으로 비교해보느라고 정신이 없었다.

우리가 그를 처음 보았을 때는 지팡이에 몸을 의지하고 힘없이 발걸음을 떼어놓는 노쇠한 백발노인이었다. 그래서 우리 대원 중에 "위대한 영혼의 소유자들 중에도 늙어서 곧 저세상에 갈 사람이 있군요" 하고 말하는 사람이 있을 정도였다. 물론 며칠 전에 목격했던 그의 변형은 우리의 뇌리에 깊은 인상으로 남아 있었다. 하지만 그때 그는 즉시 사라졌고, 그래서 다시는 그를 보지 못할 것이라는 생각과 함께 그 사건이 마음에서 잊혀져가는 중이었다. 그 후에 잇따라 이런저런 일이 생겨서 그를 거의 잊었던 것이다.

그가 이렇게 엄청나게 젊어진 모습으로 다시 나타났을 때, 우리의 놀람은 말로 표현할 수 없었다. 그의 변형은 회춘이나 원기 회복 이상이었다. 나는 그것을 진심으로 사랑하고 존경하는 주 예수의 변형과 비교할 수 있을 뿐이라고 생각한다. 우리가 처음 만났을 때와 비교해보건대, 그는 분명히 다시 태어났다고밖에 볼 수 없었다. 물론 우리가 그를 알고 지낸 기간은 짧았다. 하지만 우리는 그를 매일 만났고, 그가 노쇠한 노인이라는 것을 알기에는 충분한 시간이었다. 어쨌든 그날 이후 거의 2년 동안 그는 우리와 동행했으며, 고비 사막을 건널 때에는 안내자 겸 통역자가 되어주기도 했다. 세월이 지난 후 우리 대원 두세 명이 만나서 탐사 기간 동안에 경험한 일을 회상할 때, 그날 아침 사원에서 찬더 센을 만났던 일을 첫 번째 주제로 삼은 일도 있었다. 우리는 이틀 동안 대부분의 시간을 대화로 보냈으나 그 내용을 상세하게 기록하면 독자들에게는 지루할 것이다. 그러므로 여기서는 요점만 간추려 간략하게 언급하고자 한다.

흥분이 어느 정도 가라앉은 다음 우리는 자리에 앉았다. 그러자 찬더 센이 입을 열었다.

"육체는 가장 낮은 차원의 상념을 표현하는 반면에, 영靈은 신적

초인생활 ✛ 탐사록

인 마음의 가장 고귀한 상념을 표현합니다. 몸이 상념의 외적 표현이 듯 영은 신적인 마음에서 발출하는 충동을 받아들입니다. 그러므로 영은 그 안에 신적인 마음의 모든 잠재력이 깃들어 있는 영원불멸하는 진정한 자아입니다.

상념의 분위기 또는 사고의 진동은 실제적인 것으로서 그 진동이 형체를 만들어냅니다. 사람들은 자신이 눈으로 볼 수 없는 것은 비실체로 여깁니다. 그래서 그들은 생각은 숨길 수 없는 것이라는 얘기를 아무리 들어도 숨길 수 있는 것처럼 행동합니다. 생각해보십시오. 아담과 이브가 주 또는 하느님의 법칙으로부터 도망쳐 숨으려고 했을 때 그들은 과연 숨을 수 있었습니까? 우리는 우리의 생각과 삶이 기록되는 책이 있으며 그 책은 공개되어 있다는 사실을 알아야 합니다. 깨닫든 깨닫지 못하든 우리의 생각은 다른 사람들에 의해서 읽혀집니다. 역으로 우리는 항상 다른 사람의 생각을 읽으며 살아가고 있습니다.

다른 사람의 생각을 읽는 데 어떤 사람은 둔하고 어떤 사람은 민감합니다. 하지만 누구라도 어느 정도는 다른 사람의 생각을 읽을 수 있습니다. 그렇기 때문에 우리는 우리의 생각을 숨길 수가 없는 것입니다. 게다가 우리 생각의 진동은 서서히 응결되어 육체에 표현됩니다. 그러면 모든 사람이 그것을 볼 수 있게 됩니다. 우리 주위를 둘러싸고 있는 생각의 진동은 외적인 세계의 물질과 똑같이 실체이며, 시간이 지나면서 점차 구체적으로 현실화됩니다. 이러한 생각의 진동은 누구나 약간만 훈련하면 느낄 수 있습니다.

저는 인간이 발로 대지를 딛고 있으면서 동경과 열망의 날개로는 천상 세계를 높이 날 수 있는 존재라는 사실을 배웠습니다. 옛 성인들과 마찬가지로 모든 인간은 이 땅에서 하느님과 동행하며 대화를 나눌 수 있습니다. 그런데 그러한 삶이 계속되면 우주적인 생명이 끝나고 개인의 존재가 시작하는 곳이 어디인지를 점점 더 알기 어려워질 것입니다. 그만큼 우주적인 생명은 상상할 수 없을 정도로 광대합니다. 영적인 이해를 통해 하느님과 하나가 되면 인간과 하느님 사이의 경계가 사라집니다. 그런 상태가 되면 '나와 아버지는 하나이다'라는 예수 말씀의 의미를 알게 될 것입니다.

오랜 세월 동안 위대한 철학자들은 인간은 삼위일체적 존재라는 견해를 견지해왔습니다. 그러나 그들은 인격체가 셋이 합쳐져 있다는 의미에서 삼위일체를 주장한 것이 아니라, 한 인간 속에 영(spirit)과 혼(soul)과 육(body)이라고 하는 세 가지 본성이 유기적으로 통일되어 있는 존재라는 의미에서 그렇게 주장했던 것입니다.

하느님을 삼위일체적인 존재라고 할 때, 삼위를 각각 세 개의 독립된 인격으로 보고자 하는 것은 한 존재 속에 세 인격이 있다는 어불성설입니다. 아마 삼위일체는 우주심인 한 하느님의 전지, 전능, 무소부재 내지는 편재함을 일컫는 개념이라고 보는 것이 가장 올바른 이해일 것입니다. 삼위일체를 한 존재 속에 세 인격이 있다는 말이라고 주장하면서, 설명할 수는 없지만 그렇게 받아들여야만 된다고 주장하는 사람이 있다면 그는 의심과 두려움이 판치는 미신의 광야에서 헤맬 수밖에 없을 것입니다.

하느님의 삼위일체적 속성이 물질적인 것이 아니라 영적인 것이라면, 인간의 삼위일체적인 속성도 육체적인 관점에서가 아니라 영적인 관점에서 이해되어야 할 것입니다. 어떤 현자는 이렇게 말했습니다. '지혜로운 사람이라면 일체의 것을 버려두고 자기 자신의 진정한 자아를 찾기 위해 애써야 할 것이다. 왜냐하면 진정한 자아에 대한 앎보다 더 고귀하고 만족을 주는 지식은 없기 때문이다.' 만약 누군가가 자신의 진정한 자아를 알게 되면, 그는 자신 속에 잠재되어 있는 가능성과 감추어진 능력 내지는 잠자고 있는 기능을 발견하지 않을 수 없을 것입니다.

그렇습니다. 예수의 말씀처럼 '사람이 온 세상을 얻고도 자기 영혼을 잃는다면 무슨 소용이 있겠습니까?' 인간의 영혼은 그의 진정한 영적인 자아입니다. 그러므로 자신의 진정한 영적인 자아를 발견한 다음 다른 형제들도 그들 자신의 진정한 자아를 발견할 수 있도록 도움의 손길을 뻗는다면, 그것이야말로 온 세상을 건설하고 얻는 일이 될 것입니다. 궁극적인 목표에 도달하고자 하는 사람은 자신의 진정한 자아를 탐구해야만 하며, 그렇게 하면 자신의 진정한 자아 속에서 선으로 충만한 하느님을 만나게 될 것입니다. 인간은 영, 혼, 육이 유기적으로 통일된 삼위일체적 존재이기 때문에 영적으로 무지하면 가장 저급한 차원인 육체의 관점에서 사물을 바라보는 경향을 가지게 됩니다.

무지한 인간은 육체의 쾌락을 추구합니다. 그러나 육체의 감각을 통하여 고통을 맛보지 않으면 안 되는 때가 옵니다. 지혜를 통해 배워야 할 것을 고통을 통해 배워야 하며, 반복되는 실패를 경험한 이후에 얻는 지혜의 길이야말로 가장 좋은 길임을 알게 됩니다. 예수나 오시리스나 붓다는 모든 노력을 기울여 지혜를 얻어야만 한다고 말했습니다.

지성 차원에서 활동하는 상념은 육체가 액체와 같은 유동성을 띨 때까지 육체의 진동을 높입니다. 상념이 그 상태에 이르면 물질적이라고 할 수도 없고 영적이라고도 할 수 없습니다. 상념은 마치 물질계와 영계 사이를 왔다 갔다 하는 시계추와 같은데, 우리는 어느 한쪽을 선택하지 않으면 안 됩니다. 그런데 만약 물질 쪽을 선택한다면 혼돈과 혼란을 맞게 될 것이지만, 영 쪽을 선택한다면 인간 내면에 존재하는 하느님의 성전 꼭대기에 오르게 될 것입니다. 이러한 차원의 상념은 탄력성과 무한히 뻗어나가는 경향이 있습니다. 그래서 물질의 기화氣化 상태에 비교할 수도 있습니다. 하느님께서는 이러한 상념의 유동적인 흐름을 조정하는 일을 전적으로 인간의 결정에 맡겨 놓으셨습니다. 따라서 의심과 두려움과 죄악과 질병의 안개를 뚫고 하늘로 높이 날아올라가든지 아니면 동물적인 본능이 꿈틀대는 지저분한 곳으로 내려가든지 그것은 전적으로 인간 자신의 결정에 달려 있는 것입니다.

인간을 영과 혼과 육의 삼위일체적 존재라고 할 때 혼, 즉 마음을 중심으로 생각해보면 마음은 낮은 차원의 육체와 높은 차원의 영의 중간에 자리 잡고 있음을 알 수 있습니다. 즉 마음은 보이지 않는 영적인 세계와 보이는 물질적인 세계를 연결하는 고리와도 같은 것입니다. 마음이 육체적인 감각 차원에서 활동한다면, 그때 마음은 동물적인 욕망과 정욕의 자리가 됩니다. 그것이 바로 에덴동산에서 인간을 유혹하여 독이 있는 과일을 따 먹도록 만든 뱀입니다. 즉 에덴동산은 인간 내면에 있으며, 따라서 인간을 유혹하여 타락하도록 만든 에덴동산의 뱀은 인간 속에 있는 감각 차원의 마음을 가리킨다는 말씀입니다. 예수께서 '모세가 광야에서 뱀을 든 것같이 사람의 아들도 들려야 하리라'고 하신 것은 그의 육체가 십자가에 달릴 것을 얘기한 것이 아니라, 육체 차원의 마음을 고양해서 감각의 미혹으로부터 초월하리라는 뜻이었습니다. 인간의 혼, 즉 마음은 영과 육 사이에서 그 둘과 긴밀히 연결되어 있습니다. 그래서 동물보다 더 낮은 차원의 욕망으로 전락할 수도 있고, 평화와 순결과 능력이 풍성한 하느님의 영적 차원과 하나 되는 의식으로 상승할 수도 있는 것입니다.

사람이 오류로 가득 찬 육체적인 사고의 영역을 초월하게 되면 순수 지성 차원에서 생각하고 행동하게 됩니다. 순수 지성 차원에서는 인간이 다른 동물과 공유하고 있는 본능과 하느님과 함께 가지고 있는 신적인 직관 내지는 영감을 구별할 수 있습니다. 저는 인간의 사고가 순수 지성 차원에서 이루어지면 사물 자체가 아니라 사물의 이상理想을 명확히 인식하게 된다는 것을 깨달았습니다. 그렇게 되면 더 이상 육체의 감각에 의존하지 않고 넓게 확대된 명확한 비전을 봅니다. 이런 상태에서는 신적인 지성에 의해 진리가 계시되며, 그런 계시를 통해서라야만 비로소 건강을 가져다주는 영감으로 가득 찬 메시지가 나오는 것입니다.

사람이 물질계를 초월하여 신선하고 아름다운 정신적인 평화의 영상映像에 둘러싸이게 되면, 얼마 지나지 않아 자기가 처한 상태에 만족하지 않고 좀더 높은 영역으로 계속 상승하고자 하는 건전한 불만족에 사로잡히게 됩니다. 그러면 그는 더 이상 영상의 세계에 거하지 않고 영원한 아름다움으로 둘러싸인 평화의 땅에 살게 됩니다. 그런 사람은 이미 내면세계를 본 것이고, 내면세계를 본 사람에게는 내면세계가 모든 것이 됩니다. 즉 그런 사람에게는 외적인 세계가 내면화되어 더 이상 외적이지 않다는 말씀입니다. 그렇게 되면 이전에는 결과의 세계에서 살았지만, 이제는 원인 세계에서 살게 됩니다.

삼위일체인 인간의 영은 순수 지성으로서, 진리를 알기 위하여 감각의 증언이나 어떤 인간적인 견해도 필요로 하지 않는 영역입니다. 그것은 내면에 있는 그리스도이고 사람의 아들 속에 있는 하느님의 자식입니다. 그 차원을 발견하면 모든 의심과 절망은 사라지게 됩니다. 이 차원은 존재의 정상頂上입니다. 훈련을 거친 영혼은 이 존재의 정상에서 사물의 외적인 형상이 아니라 내적인 비전을 봅니다. 그는 어떤 철학이 상상했던 것보다 훨씬 더 많은 것들을 하늘에서, 땅에서 바라보게 됩니다. 사람이 이렇게 마음과 육체의 지배를 초월하여, 오히려 마음과 육체를 자신의 진정한 영적 자아에 복종시키는 법을 배우게 된다면, 그는 하느님으로부터 받은 주권을 회복하고 실현한 것입니다.

영은 인간 존재의 지고한 본질입니다. 그것은 위대한 영혼 에머슨이 '유한한 자는 고통을 받으나 무한한 자는 얼굴에는 미소를 머금고 두 다리를 뻗고 편안히 쉰다'고 말한 것처럼 결코 병에 걸리지도 않으며 불행하지도 않습니다. 여러분의 성서에서 욥은 '인간은 영이라, 전능자의 숨결이 그에게 생명을 불어넣었다'고 말하고 있습니다. 그렇습니다. 실로 인간에게 생명을 주고 보다 낮은 차원의 행동을 지배하는 것이 영입니다. 따라서 영이 권위를 가지고 명령을 내리면 모든 것이 법칙에 따라 질서 있게 복종하게 되는 것입니다.

지금 다가오는 미래의 옷자락 속에서 새 시대의 여명이 밝아오고 있습니다. 그 빛은 인간의 마음에서 비쳐나오고 있으며, 머지않아 순결한 하느님의 영이 세상에 다시 비치고 보다 더 완전한 생명으로 들어가는 문이 활짝 열릴 것입니다. 지금 인류는 영원한 젊음과 희망이 약동하는 새 시대의 문턱에 서 있습니다. 새 시대의 빛은 세상이 창조된 이후 그만큼 밝은 날이 없었을 정도로 찬란할 것입니다. 예수가 탄생했을 때 밝게 빛난 베들레헴의 별은 이제 곧 정오의 태양처럼 밝게 빛날 것입니다. 그것은, 그 별빛이 이번에는 모든 사람의 마음속에서 그리스도가 탄생했다는 것을 알리는 것이기 때문입니다.”

7

다음 날 아침 찬더 센은 이야기를 계속했다. "저는 인간의 지성이
신적 지성으로 바뀐다는 사실을 경험했습니다. 저의 그 경험은 너무
나도 확실하기 때문에 조금도 의심이 들지 않습니다. 저는 하느님의
왕국에 들어갈 수 있었는데, 그 왕국은 저 자신 속에 있다는 사실을
깨달았습니다. 저는 지금 하느님이란 만물 속에 편재한 전지전능한
힘이라는 사실을 알고 있습니다. 그래서 죄, 질병, 부조화, 늙음, 죽음
등은 모두 과거의 깨닫지 못했던 때의 경험이 되어버렸습니다. 저는
지금 실재를 인지認知하고 있으며, 실재를 인지하기 이전에는 환상의
안개 속에서 방황했음을 압니다. 실재를 깨닫고 나서는 시간과 공간
이 사라진 주관 세계(the subjective world)에 거하게 되었다는 사실과, 객
관 세계(the objective world)는 주관 세계에 종속되어 있다는 것을 알게
되었습니다.

이전에도 때때로 미묘한 감각의 반짝임과 충동은 있었습니다. 그
것은 일종의 영감이었는데, 그 방향으로 계속 나아갔다면 그렇게 많
은 시간을 갈등과 피곤함 속에서 보내지 않아도 되었을 것입니다. 저
도 젊었을 때에는 다른 사람들과 마찬가지로 인생은 한 번뿐이라는
생각에서 자기만족을 얻기 위해 인생을 투자하기로 결심했습니다.
그래서 저는 자기 추구를 인생의 제일 목표로 삼고 동물적인 욕정에
끌려다녔습니다. 그 결과 여러분이 저를 처음 보았던 때의 모습처럼
생명의 진액이 말라버린 빈 껍데기 육체만 남게 되었던 것입니다. 그

러면 이러한 제 생각을 회화적으로 묘사하는 그림을 보도록 합시다."
그는 잠시 앉은 채 침묵에 잠겼다. 그러자 앞에서 언급했던 것과 같은 종류의 영상이 벽에 나타났다. 제일 먼저 나타난 영상은 우리가 얼마 전에 보았던 그의 모습, 즉 지팡이에 몸을 의지한 비틀거리는 늙은이의 모습을 비추고 있었다. 그다음에는 오늘 아침에 보았던 노인의 흔적을 말끔히 벗어버린 그의 모습이 나타났다.

그때 그가 입을 열었다. "첫 번째 영상은 생명의 에너지와 진액을 다 소모하고 빈 껍데기만 남은 사람을 보여주는 것이고, 두 번째 영상은 생명의 에너지와 진액을 잘 보존한 사람의 모습을 보여주는 것입니다. 여러분은 이 두 영상이 이렇게 원기를 회복한 저의 경우를 그대로 보여주고 있다고 생각하실 것입니다. 물론 그렇습니다. 이 두 영상은 저의 과거 모습과 현재 모습을 보여주고 있는 것이 사실입니다. 그러나 저는 이 두 영상이 저의 모습을 보여주고 있다는 것에 관심을 가지기보다는, 저들 위대한 대사들의 사랑과 도움을 나만큼 받은 사람이 과연 몇 명이나 있을까 하는 점에서 대단한 감사의 심정을 느끼고 있습니다.

여러분이 제 생각을 이해할 수 있도록 사람의 일생을 탄생으로부터 죽음에 이르기까지 따라가보도록 합시다. 어린아이가 태어납니다. 갓 태어난 어린아이는 그의 육체에 흐르는 생명의 흐름에 대해 무의식적입니다. 그것은 생명의 진액을 생산해내는 기관들이 비활동적이고 아직 개발되지 않은 까닭입니다. 그러나 정상적인 경우라면, 성장하는 과정에 있는 소년 소녀는 아름답고 활동적인 생명력으로 약동합니다. 생명의 진액은 점점 더 강해져서 결국은 생명의 흐름이 완전히 활성화되는 단계에까지 이릅니다. 그러나 대부분의 사람들은 생명의 진액을 낭비해버립니다. 생명력의 낭비가 시작되면 얼마 지나지 않아 나이 먹은 흔적이 나타나기 시작합니다. 눈에 총기를 잃어가고 육체는 매력을 읽고 점점 둔해집니다. 그리하여 점점 경직된 모습으로 변합니다. 몇 년 더 지나면 두뇌는 근육과 협동하는 힘을 잃고, 육체는 노쇠해져서 빈 껍질만 남게 됩니다.

그러나 생명의 진액을 잘 보존하고 그것을 육체 속에서 자연스럽게 순환시키는 사람은 강건하고 활기에 넘칩니다. 생명의 진액을 잘 보존하는 사람은 비록 더 높은 이상을 품지 못하고 다른 사람들처럼 이 땅에서 살다가 죽는다 해도, 생명의 진액을 허비하는 사람보다는 서너 배는 더 오래 살 것입니다. 그런데 만약 자신을 위한 하느님의 위대한 계획이 있다는 사실을 깨닫는다면, 완전한 자아실현을 위해서는 자신의 육체 속에 생명의 진액을 보존하는 일이 꼭 필요하다는 것을 알고, 그렇게 하기 위해 애쓸 것입니다.

그리 오래된 일은 아니지만, 여러분 나라의 학자들은 육체 속에서 순환하는 동맥과 정맥이라고 하는 섬세한 시스템에 대해서 알게 되었습니다. 그러나 그들에게는 아직 육체의 모든 세포에 생명력을 전달하는 보다 더 섬세하고 미묘한 순환 시스템을 발견해야만 하는 과제가 남겨져 있습니다. 생명력은 신경 조직을 통하여 일단 ━━의 뇌세포에 전달됩니다. 그러면 그 뇌세포들은 다시 신경 조직을 통해 각각 자기가 맡은 기관으로 생명력을 분배해 내보냅니다. 그러한 일을 하는 뇌세포들은 신경 조직을 보호하는 역할도 합니다. 그런데 생명력이 소진되면 그러한 역할을 하는 뇌세포들이 경화되어서 새로 생성되는 세포와 교체되지 못합니다. 폐기되어야 할 늙은 세포가 경직된 채로 그 자리에 남아 있게 되어서 오히려 새로 형성된 세포가 폐기되는 일이 발생한다는 말씀입니다. 그러나 생명력이 보존되어 있으면, 500살이 되어도 열 살 때와 마찬가지로 세포 교환이 신속하게 이루어집니다.

생명력을 잘 보존한다면 육체는 생명력으로 꽉 차 있게 될 것이고, 그러면 모든 것들에게 생명을 불어넣을 수 있게 됩니다. 이상을 표현하는 그림을 그리든지 조각품을 만들든지 아니면 그 어떤 것을 만들더라도, 그것들에게 생명의 숨을 불어넣을 수가 있을 것입니다. 그러면 그것들은 살아 있는 작품이 될 것입니다. 여러분이 그러한 작품을 만들었다면 그 작품은, 여러분이 그 작품에 불어넣은 생명의 영감을 느낄 수 있는 사람과 여러분 자신에게 살아 있는 존재가 될 것입니다. 생명을 불어넣은 것은 여러분 속에 있는 주 하느님입니다. 그러므로 주 하느님이 생명의 기운을 불어넣을 때 의도했던 대로 그 작품은 생동감으로 춤출 것입니다. 신적인 생명을 불어넣지 못하면 살아 있는 존재가 되지 못합니다. 그러나 순수한 신적인 생명을 불어넣는다면 살아 있는 작품이 될 것이며, 여러분이 완전한 것같이 그것들도 완전한 작품이 될 것입니다. 그러면 창조자로서 여러분의 책임이 끝나게 됩니다. 진정한 천재天才란 이러한 일을 하는 사람입니다.

저는 여기서 천재에 대해 흔히 잘못 생각하고 있는 점을 하나 바로잡아 드리고자 합니다. 천재성이 계발되기 시작했다는 것은, 의식적이든 무의식적이든 생명력을 보존하고 자연적인 통로를 통해 그것을 순환시키는 능력을 발달시키게 되었음을 뜻합니다. 그런 상태에서는 육체와 창조적인 능력이 생명력을 얻어 살아나게 되어 일반 사람들보다 더 높은 차원의 것을 깨닫고 표현하게 됩니다. 생명력을 잘 보존하며 그것이 자유롭게 표현되도록 하는 동안에는 점점 더 찬란한 업적을 이루어나갑니다. 그러나 성적인 욕망에 사로잡히게 되면 급속하게 창조력이 상실됩니다.

생명력을 잘 보존하고 자연스럽게 순화시키는 동안에는, 천재의 육체가 생명력을 허비하는 사람들보다 훨씬 더 섬세한 세포 조직으로 구성됩니다. 이러한 상황에서 그는 명성을 얻게 되지만, 더 깊은 신적인 능력을 계속 계발해나가지 않으면 이내 자만심에 빠지게 됩니다. 그러면 아직은 완전히 깨달은 상태가 아니므로 인도하는 빛을 잃게 됩니다. 인도하는 빛을 잃게 되면 더 큰 자극을 추구하는 마음에 시달리며 생명력을 소진하기 시작하면서 창조적인 능력을 잃어버리게 됩니다. 깨달음의 길에 들어선 사람이 그의 생각을 동물적인 정욕 이상으로 승화시켜, 육체가 섬세한 조직으로 구성되기 시작하도록 생명력을 잘 보존했다가 다시 타락하여 원점으로 되돌아가면, 그는 깨달음의 길에 들어서지 않았던 사람보다 훨씬 더 빠른 속도로 퇴보하게 됩니다.

깨달음을 얻어 생명력을 잘 보존하고, 그것을 성적 욕망이나 정욕에 의해 일그러뜨리지 않고 자연스럽게 신경 계통을 통해 몸의 구석구석으로 내보낸다면 상쾌함이 넘치는 활기가 계속될 것입니다. 그리고 그 경우에는 성적인 오르가슴을 훨씬 능가하는 쾌감이 있을 것입니다. 그러면 감각적인 욕망의 상징인 뱀이 욕정의 안개와 구렁텅이를 빠져나와 높은 차원으로 기어오르는 영적인 승화가 일어날 것입니다.

만약 생명의 진액이 피보다 몇 배나 더 중요한 생명력을 가지고 있다는 것을 알면 소모하는 대신 보존하고자 할 것입니다. 그러나 무지 때문이기도 하겠지만, 이러한 사실에 아예 눈을 감아버리고 자신의 실상實相을 깨닫지 못한 상태에서 인생의 추수 때를 맞이한다면 슬피 울지 않을 수 없을 것입니다. 왜냐하면 그에게는 추수할 곡식은 없고 빈 쭉정이만 있을 것이기 때문입니다.

여러분은 노인을 존경하고 백발을 영광의 관冠으로 생각합니다. 저는 여러분이 그러는 것을 비방할 생각은 추호도 없습니다. 다만 이것만은 생각해보십시오. 무지한 외고집으로 늙은 백발노인과 보다 더 강하고 생명력이 넘치며 나이에 걸맞게 원숙하고 자애로운 노인을 비교해봐서 누가 더 존경스러운가를 말입니다. 저는 무지 속에서 인생의 종말을 맞이하는 사람들을 불쌍하게 여깁니다. 그러나 자신의 실상을 깨닫고 인생의 종점에 도달한 사람을 바라볼 때 한없는 기쁨을 느끼게 됩니다."

8

이때부터 우리는 찬더 센의 지도를 받아가면서 고대 문서의 알파 벳을 부지런히 배워나갔다. 시간은 빨리 흘러서 어느덧 4월도 다 지 나가고 있었다. 번역해야 할 기록들 대부분이 아직 번역되지 못한 상 태였다. 그러나 나중에 다시 돌아와서 번역을 마무리할 수 있을 것이 라고 생각하며 마음의 위안을 삼았다. 물론 동료 대사들이 많은 부분 을 번역해주었다. 하지만 그들은 우리가 빨리 고대의 문자를 익혀서 우리 스스로 번역할 수 있게 되기를 바랐다.

지난해 9월, 우리는 어떤 탐사대를 고비 사막에서 만나, 폐허가 되어 땅속에 묻혀버린 세 개의 고대 도시가 있던 지역을 함께 탐사해 보기로 약속했었다. 그런데 그 도시의 위치가 우리가 번역하고 있던 문서에 언급되어 있었다. 물론 사원에 보관된 고대 문서를 보기 전에 도 다른 기록을 통하여 과거에 그 도시들이 존재했다는 사실은 알고 있었다. 과거에 우리가 보았을 때 흥미를 끌었던 문서는 사원에 보관 되어 있는 문서의 복사본임이 분명했다. 두 기록이 모두 세 개의 고 대 도시의 연대를 20만 년 전으로 언급하고 있었다. 기록된 바에 의 하면, 그 당시 고도의 문명 제국이 건설되었으며 주민들은 예술과 공 예에 뛰어났을 뿐만 아니라 황금과 쇠를 다룰 줄도 알았다고 한다. 또 그 당시에는 금이 아주 흔했기 때문에 술잔과 물잔을 금으로 만 들고 심지어는 말발굽까지도 금으로 만들었다고 한다. 또 그들은 자 신들에게 주어진 신적인 능력뿐만 아니라 자연의 힘도 적절하게 이용했다고 한다. 그것을 전설이라고 한다면, 그 전설은 그리스 신화와 아주 흡사했다. 두 기록에 따르면 그 고대 문명 제국은 아시아의 대부분과 유럽, 즉 현재 프랑스가 있는 지중해까지를 점하고 있었다. 그 제국은 가장 높은 곳이 해발 180미터 정도밖에 되지 않는 비옥한 평원으로 이루어졌으며, 평원 지대 곳곳에 인구가 고루 분포되어 있었다. 그런데 그 제국은 인류의 모국(the Motherland) '무'의 속국이었다고 한다.

또 두 기록에는 그 고대 제국의 7왕조 동안의 문명은 고대 이집트 문명보다 훨씬 더 화려하고 웅대했다고 되어 있다. 그러므로 그 도시들의 잔재가 발굴되어 공개된다면 역사의 중요한 한 부분이 밝혀질 것이다. 7왕조 시대 이전에도 그 제국은 대단히 번성했다고 한다. 백성들은 자기들이 스스로 다스렸으며 전쟁도 없었고 예속된 종이나 노예도 없었다고 한다. 그들은 자신들의 첫 번째 통치자를 신적인 '지도 원리(Directive Principle)'라고 불렀다. 그들은 신적인 '지도 원리'가 실제로 사람들 사이에 살았으며, 사람들은 그를 사랑하고 그에게 복종했다고 분명히 말한다. 그 기록에 의하면 첫 번째 왕조의 제1대 왕이 신적인 지도 원리를 바탕으로 법을 만들고 왕위에 올랐다고 한다.

시간은 빨리 지나갔다. 우리는 앞서 말한 탐험대와 약속된 장소에서 5월에 만나기로 되어 있었다. 그래서 그들과 만날 준비를 하기에 바빴다. 우리는 그들과 만난 다음 그곳에서 식량과 물자를 보충하고 탐사 여행의 마지막 일정을 시작하려고 계획하고 있었다.

그 마을을 떠날 날이 가까워지면서 내가 느낀 생각과 감정은 말로는 도저히 표현할 수 없는 것이었다. 그 마을에 머무는 동안 우리는 항상 즐거웠고 무료하거나 지루한 시간을 보낸 적이 한 번도 없었다.

우리는 그 마을에서 5개월이 넘는 기간을 지냈지만 불과 며칠밖에 지내지 않은 것 같은 느낌이 들었다. 그만큼 시간이 빨리 지나간 것이다. 그러나 그 기간 동안 가능성의 세계로 들어가는 문이 우리 눈앞에 활짝 열렸다. 대원들 모두가 무한한 가능성을 느끼고 있었다. 그럼에도 불구하고 우리가 형제로 여기게 된 그 위대한 사람들에게서 떠나기를 주저했던 것처럼 그 가능성의 문으로 들어가는 것을 주저하고 있었다.

나는 일생 중에 한 번은 누구나 우리가 그 아름다운 4월에 경험했던 것과 똑같이 가능성의 문이 활짝 열리는 것을 볼 수 있을 것이며, 그렇게 되면 가능성의 세계로 들어갈 수도 있을 것이라고 믿는다. (나는 여기서 독자 여러분에게 잠시 편견을 접어두고 할 수만 있다면 우리가 보듯 보아달라고 청한다. 여러분이 믿기를 기대하지 않지만, 이렇게 그들 대사들에 대한 이야기를 쓰는 것과 그들의 발밑에 앉아서 그들의 이야기를 듣는 것은 전혀 다르다는 사실을 이해해주기 바란다.) 담대하게 일어나 그 문으로 들어갈 수 있었다면 가능성의 세계가 현실이 되었을 것이다. 그러나 우리는 망설였다. 그것은 우리가 아직은 전적으로 믿지 못했기 때문이었다. 그동안 살아온 전통이 우리를 뒤로 잡아끌었고 그래서 그 문은 다시 닫혀버렸다. 우리는 운명의 손이 그 문을 다시 닫았다고 말했다. 그러나 사실은 운명의 손이 닫은 것이 아니라 우리가 닫히도록 한 것이었다. 왜냐하면 우리가 허용하지 않는 운명이란 존재하지 않기 때문이다.

친절하고 단순한, 그러나 대단히 위대한 사람들이 있다. 그들 중 몇몇은 여러 세대 동안 우리가 가능성의 세계라고 부르는 차원에서 현실적으로 살아온 사람들이다. 그들은 이 땅에서 관례나 전통에 속박되지 않고 순수하고 정직하게 바른 삶을 살아가고 있다. 그러면 그

초인생활 ✦ 탐사록

에 반대되는 삶은 어떤 것일까? 그것은 독자들 스스로 생각해보기 바란다.

우리는 몇 달 동안 매우 친밀해진 그 친절한 사람들과 헤어지는 것이 못내 아쉬웠다. 그러나 우리는 우리 앞에 다른 일이 기다리고 있다는 사실을 알고 있었고, 그 일은 우리가 몹시 하고 싶었던 일이었다. 우리는 화사한 4월 어느 날 아침 그들과 작별했다. 다시 오라는 진심 어린 초청을 받으며 서로 손을 잡고 뜨거운 작별인사를 나누었다. 행운을 빌어주는 그들을 뒤로하고 우리는 북쪽으로 향했다. 이제는 말로만 듣던 고비 사막을 실제로 횡단할 참이었다. 고비 사막을 횡단하는 길이 대단히 험난하다는 얘기를 여러 차례 들었지만 두려움은 없었다. 왜냐하면 에밀 대사와 자스트, 그리고 네푸로를 대신하여 찬더 셴이 우리와 동행해주었기 때문이다.

다양한 지역을 탐사해온 우리에게는, 이제 험한 길을 따라 터벅터벅 걷는 것이 큰 문제가 아니었다. 우리 대원 모두는 이번 탐사에 참가하게 된 것을 기쁘게 여기고 있었다. 대원들 모두 새 세계가 눈앞에 펼쳐지기 시작했다는 것을 느끼고 있었다. 우리는 탐사하고자 하는 지역이 아주 외진 곳이며 거기까지 가는 길이 매우 위험하다는 것을 잘 알고 있었다. 그럼에도 불구하고 억제할 수 없는 충동에 밀려 길을 나섰던 것이다. 우리는 우리의 친구들인 세 명의 대사를 전적으로 신뢰하고 있었다. 그래서 모든 두려움과 염려를 훌훌 털어버리고 들뜬 학동들처럼 흥미진진한 세계를 향해 돌진해나갔다.

우리는 나름대로 외딴 지역에 대해서 익숙해 있었다. 그러나 그때 경험한 것과 같은 외딴 지역은 처음이었고, 또 그렇게 외진 곳을 그때처럼 편하고 쉽게 여행해본 적도 없었다. 여러분은 우리가 방문한 지역과 동행한 대사들에게 홀린 것이 아닌가 생각할지도 모르겠지만, 나는 사실대로 말하고 있을 뿐이다. 우리는 북쪽으로 계속 나아가서 북극을 정복할 수도 있을 것 같은 기분이었다. 한참 길을 걷던 중에 대원 한 명이 이렇게 말했다. "우리가 저 대사들처럼 능력이 있다면 훨씬 쉽게 길을 갈 수 있을 텐데. 우리가 저들처럼 걷지 못하니까 저분들이 우리처럼 터벅터벅 걷는군요."

이레째 되는 날 저녁때까지는 별일이 없었다. 우리는 계곡을 빠져나와 멀리 아래가 내려다보이는 시야가 확 트인 곳에 다다랐다. 그날 오후 5시쯤이었다. 대원 하나가 멀리에 말을 타고 있는 사람들이 있다고 말했다. 망원경을 꺼내서 그곳을 보니 말을 타고 있는 사람이 스물일곱 명 있었는데, 모두 무장을 하고 있는 것처럼 보였다. 우리는 이를 자스트에게 알렸다. 자스트는 그들이 그 지역에 떼 지어 다니는 도적단 같다고 했다. 우리가 그에게 그들이 산적단이냐고 물었더니 몰고 다니는 가축이 없는 것을 보니 그런 것 같다고 했다.

우리는 좁은 길을 따라 숲으로 들어가 밤을 지내기 위해 텐트를 쳤다. 캠프가 세워지고 있는 동안 대원 두 사람이 근처에 있는 개울을 건너 그 지역 일대를 내려다볼 수 있는 능선 꼭대기로 올라갔고 마적단을 발견했다. 그들은 정상에 올라가서 잠시 멈추어 서서 망원경으로 여기저기 살피더니 황급히 캠프가 있는 쪽으로 내려오기 시작했다. 그들은 외치는 소리가 들릴 만한 지점에 이르자, 5킬로미터쯤 떨어진 곳에서 마적단이 우리가 있는 쪽으로 달려오고 있다고 소리쳤다. 바로 그때 폭풍이 밀려오고 있는 게 분명하다고 말하는 사람이 있었다. 그래서 둘러보니 북서쪽 하늘에는 시커먼 먹장구름이 깔려 있고 사방에서 짙은 안개가 밀려오고 있었다. 그러는 사이 어느

새 마적단이 우리를 향해 산언덕을 타고 내려오는 모습이 시야에 들어왔다. 우리는 폭풍 사이로 마적단이 우리를 향해 치달아 내려오는 모습을 보고 몹시 불안했다. 우리는 그들 마적단의 출현에 당황했다. 물론 우리 일행은 서른두 명이나 되었다. 하지만 무기라고 할 만한 것은 가지고 있지 않았다. 그때 극렬한 눈보라를 동반한 폭풍이 밀어닥쳤다. 우리는 이미 매서운 눈보라를 경험한 적이 있기 때문에, 점점 더 불안해졌다. 시속 110킬로미터의 강풍이 가는 눈보라를 휘몰아치면서 으르렁거리며 달려들었다. 강풍에 꺾어진 나뭇가지를 피해 캠프를 옮겨야 될 것 같았다.

그런데 잠시 후 우리가 있던 곳에서 바람이 멎고 잠잠해졌다. 그래서 우리는 그 지역에서 흔히 볼 수 있는 잠시 지나가는 돌풍이었구나 하고 생각했다. 아직은 사물을 분별할 수 있을 정도의 어슴푸레한 빛이 남아 있었기 때문에 우리는 돌풍에 어질러진 캠프를 서둘러 정돈하기 시작했다. 캠프를 정돈하는 데는 30분 정도가 걸렸는데, 그 일을 하는 동안에는 바로 전에 우리를 몹시 불안하게 했던 마적단이나 폭풍에 대해 신경을 쓰지 못했다. 그러다가 잠시 숨을 돌리며 쉬고 있을 때 우리 대장이 텐트 입구로 다가가 밖을 내다보더니 돌아서서 이렇게 말했다. "바로 저 앞에는 아직도 폭풍이 휘몰아치고 있는 것 같은데 여기는 바람 한 점 없이 고요하군. 이리 와봐요. 텐트나 주위에 있는 나무가 전혀 움직이지 않고 공기도 아주 따뜻하고 상쾌합니다."

그래서 나와 함께 몇 명의 대원이 대장을 따라 밖으로 나가보았다. 우리는 놀란 채 잠시 멍하니 서 있었다. 우리는 텐트 안에서 물건을 정돈하고 있는 동안에 폭풍이 부는 소리를 어렴풋이 들을 수 있었다. 우리는 그 소리를 폭풍이 계곡을 따라 올라가고 있는 소리라고 생각했었다. 그 지방에서는 돌연히 일어난 회오리바람이 몇 킬로미터를 휩쓸고 지나간 다음 세력을 잃고 잠잠해지는 일이 종종 있었다. 우리는 그때 밀어닥친 폭풍도 그런 바람일 것이라고 생각했다.

그런데 30미터도 떨어지지 않은 곳에서는 차가운 눈보라가 맹렬하게 몰아치고 있는데, 우리가 있는 곳은 따뜻하고 잠잠했다. 우리가 겪은 바에 의하면 그런 눈보라가 불어닥치면 추위가 극심하여 마치 살을 에는 듯했으며 바람에 날리는 눈가루를 맞으면 바늘로 찌르는 듯이 따가웠다. 그것은 거의 질식할 정도로 맹렬했다.

갑자기 마법에라도 걸린 듯이 주위가 밝아졌다. 우리가 놀라서 멍하니 서 있는 중에 폭풍 속에서 사람들이 외치는 소리가 들리는 것 같기도 했다. 그때 저녁 식사가 준비되었다는 전갈이 와서 텐트 안으로 들어가 식사를 시작했다. 식사 도중에 대원 한 명이 아까 산등성이를 타고 내려오던 마적단들은 어떻게 되었는지 궁금하다고 했다. 그러자 다른 대원이 "아까 밖에 있을 때 폭풍 속에서 사람들이 외치는 소리를 들은 것 같은데, 그들이 눈보라 속에서 실종되었으면 우리가 어떻게 도울 수 있지 않을까요?" 하고 말했다. 자스트는 그들이 그 지역 일대를 돌아다니는 극악무도한 산적 떼라고 알려주었다. 또 그들은 오직 마을을 습격하여 약탈하고 가축 떼를 몰고 가는 일밖에는 하지 않는다는 말도 덧붙였다.

폭풍 속의 고요 속에서 저녁 식사를 끝낸 후, 우리는 사람들이 아우성치는 소리와 말들이 이리저리 뛰며 힝힝거리는 소리를 들었다. 그들은 모두 안정을 잃고 제정신이 아닌 것 같았다. 아주 가까운 곳에 있었지만 눈보라가 심해서 그들의 모습은 보이질 않았다. 또 그들 쪽에서 아무런 불빛도 비쳐오지 않아서 그들이 어디쯤에 있는지조차 가늠할 수 없었다. 잠시 후 에밀 대사가 그들을 우리 캠프로 데리고 와야겠다면서 자리에서 일어났다. 사실 날씨가 점점 더 추워지고 있었기 때문에 그대로 놔두었다간 사람이건 동물이건 살아남기 어려울 것 같았다. 그가 텐트를 막 나가려고 할 때 대원 두 명이 함께 가겠다고 따라나섰다. 그러자 에밀 대사는 기뻐하며 함께 폭풍 속으로 들어갔다.

그들은 약 20분쯤 지난 후에 다시 나타났다. 그들 뒤에는 도적 스무 명이 말을 끌고 따라왔다. 후에 그들에게서 들은 바로는 나머지 일곱 명은 폭풍 속에서 서로 떨어졌는데 아마 길을 잃은 것 같다고 했다. 그들은 얼룩덜룩하고 독특한 옷을 걸친, 거의 야생동물같이 생긴 사람들이었다. 밝은 빛이 있는 곳에 들어오는 순간, 그들은 자기들을 잡으려는 계략이 있는 것이 아닌가 하고 의심하면서 경계심을 늦추지 않았다. 에밀 대사는, 가고 싶으면 언제든지 가도 좋으나 당신들이 공격해도 우리는 방어할 아무런 대책도 없다고 말하며 그들을 안심시켰다. 그러자 그들은 비로소 경계심을 풀고 편안한 마음으로 우리와 이야기를 나누게 되었다.

도적단의 두목이 계곡에서 우리를 발견하고 폭풍이 몰아닥치기 전에 우리 캠프를 습격하려고 했다고 말했다. 그러나 폭풍이 들이닥치는 바람에 길을 잃고 자기들의 캠프가 어디 있는지도 알 수 없게 되었다는 것이었다. 에밀 대사와 우리 두 대원이 그들을 발견했을 때, 그들은 개울 아래 약 90미터쯤 되는 곳에 있는 절벽 밑에서 몸을 피하고 있었다고 한다. 그들의 두목이 자기들을 내쫓으면 필경 얼어죽고 말 것이라고 하자 에밀 대사는 그런 일은 없을 것이라고 하면서 그들을 안심시켰다. 그들은 말을 나무에 묶어놓고 자기들끼리 모여 앉아서 말 안장 주머니에서 말린 염소 고기와 야크 버터를 꺼내 먹기 시작했다. 그들은 먹고 있는 동안에도 무기를 옆에 놔두고 무슨 소리라도 나면 즉시 대응할 태세를 갖추고 귀 기울이며 이야기를 나누고 있었다.

자스트는 그들이 우리가 가지고 있는 장비와 우리 주위가 밝은 것에 대해 놀라워하고 있다고 말해주었다. 그들은 우리 캠프 주위에는 어째서 바람도 불지 않고 따뜻한가, 그리고 말들은 어떻게 저리 조용할 수가 있는가에 대해 의아해했다. 그들 중에 가장 말을 많이 하는 사람이 있었는데, 그는 전에 우리 친구 대사들에 대한 이야기를 들은 일이 있다고 한다. 그런데 그가 자기 동료들에게 말하기를 대사들은 신과 같은 사람들이기 때문에 원하기만 하면 자기들을 즉시 해치울 수도 있다고 했다는 것이다. 자스트는 또 말하기를 저들 중에 몇 명이 지금 자기들이 받는 대접이 자기들을 사로잡으려는 음모일 것이라고 생각한 나머지 우리의 물건을 약탈하여 도망치자고 동료들을 설득하려 했지만, 앞서 말한 그 사람이 우리를 해치려 했다가는 도리어 자기들이 죽음을 면치 못할 것이라고 하면서 강력하게 만류했다고 한다.

그들 사이에서 그런 식의 말씨름이 상당 시간 계속된 후에, 그들 중에 여덟 명이 우리에게 오더니 자스트에게 우리 캠프를 떠나겠다고 말했다. 우리 캠프에 있는 것이 두렵고 또 자기들의 캠프가 개울 아래 몇 킬로미터 안 되는 곳에 있기 때문에 그리로 가겠다는 것이었다. 그곳 지리에 익숙한 그들은 우리가 캠프를 치고 있는 숲과 자기들의 캠프가 있는 곳의 위치를 알고 있었다. 결국 그들은 말을 타고 개울을 따라 아래로 내려갔다. 그러나 20분쯤 후에 그들은 모두 되돌아왔다. 눈이 너무 많이 쌓여서 말이 걸을 수 없을 뿐만 아니라 요즘 들어서는 경험해보지 못한 강풍이 불어서 도저히 자기들의 캠프가 있는 곳까지 갈 수 없었다고 했다. 그래서 그들은 우리 캠프 주위에서 밤을 지낼 준비를 했다. 우리 대원 한 사람이 "저들은 폭풍 속으로 들어가는 것보다 두려워도 여기 있는 것이 더 편한가 보군요" 하고 말했다. 그러자 자스트가 말했다.

"여러분이 있는 곳이 바로 아버지의 집입니다. 그리고 아버지의 집에 거한다면 따뜻한 아버지의 영靈 안에 있는 것입니다. 여러분이 아버지 집의 가족이 아니고, 또 아버지의 집에는 따뜻함과 기쁨이 있다는 것을 알지 못한다면, 아무리 아버지 집이 따뜻하고 기쁨이 넘친다고 해도 여러분에게는 아무 필요가 없는 것입니다. 아버지 집에 거하는 여러분은 밖에 남아 있는 사람들을 집 안으로 초청할 수도 있습니다. 그러나 저들은 여러분이 어디에 거하고 있는지 알지 못하기 때문에 여러분의 초청에 응하지 않을 것입니다. 밖에 있는 저 사람들은 따뜻함을 느끼면서도 우리에게 가까이 오려 하지 않습니다. 왜냐하면 저들은 항상 다른 사람들을 해치기만 해왔기 때문에 자기들이 해치려고 했던 사람들이 뚜렷한 이유도 없이 자기들을 도와주려고 하는 것을 이해하지 못하기 때문입니다. 우리가 자기들 패거리가 아니기 때문에 더더욱 믿지도 못하는 것이고요. 저들은 폭설이나 추위나 폭풍 속에도 하느님 아버지가 계시다는 사실을 알지 못할 뿐만 아니라, 아버지의 집을 자기 집으로 삼는 사람에게는 폭풍을 비롯한 자연재해가 임하지 않는다는 것도 알지 못합니다. 자연재해는 하느님과의 관계가 끊어진 상태에서만 임하는 것입니다.

흔들리지 않는 확고부동한 자세로 하느님만을 응시함으로써, 하느님만을 알고 여타의 것에는 일체 관심을 두지 않을 때 지금 여러분이 경험하고 있는 것과 같은 놀라운 상태를 이루어낼 수 있습니다.

우리는 이렇게 기도합니다. '아버지시여, 저는 확고한 자세로 당신만을 바라봅니다. 아버지, 저는 당신 이외에는 일체 관심이 없습니다. 저는 만물 속에서 당신을 봅니다. 저는 거룩한 산에 굳건히 서서 당신의 사랑과 생명과 지혜만을 생각합니다. 아버지, 당신의 거룩한 영이 항상 저를 둘러싸고 있으며 제 안에 넘치도록 충만합니다. 저는 저뿐만이 아니라 당신의 모든 자녀들에게도 아버지의 영이 충만하다는 것을 압니다. 아버지, 제게 있는 것은 당신뿐입니다. 그러므로 당신께 무한한 감사를 드립니다.'

진정한 평화는 폭풍 한가운데에도 존재합니다. 진정한 평화란 밖이 아니라 인간의 가슴 속 깊은 곳에 있는 것이기 때문입니다. 그렇기 때문에 속세를 떠나 깊숙한 광야에서 침묵하고 있다 할지라도 욕정과 두려움의 풍랑에 휩쓸릴 수도 있습니다. 언뜻 보면 자연은 강자에게 탐욕과 힘을 주어 약자의 피를 흘리고 잡아먹을 수 있는 특권을 준 것 같이 보이기도 합니다. 그러나 많은 사람들의 생각이 미치지 못한, 다음과 같은 단순한 사실을 살펴봅시다.

세상에는 사자보다 양이 더 많습니다. 그것은 우연이 아닙니다. 자연은 맹목적이지도 않고 실수를 범하지도 않습니다. 자연은 일하고 있는 하느님이며, 하느님은 우주라는 자신의 건물을 세우는 데 물질을 낭비하지도 않고 실수하지도 않습니다. 자연의 장場에 인간이 출현하기 전까지는, 즉 자연의 힘이 분리되기 이전에는 사자가 양을 잡아먹는 일이 없었습니다. 이 말이 여러분에게는 이상하게 들릴 것입니다. 양은 사자의 밥이 아니라 오히려 생존 경쟁의 마당에서 사자의 번식 욕구를 고무시켜준 경쟁자였습니다. 인간이 사자를 반대하고 양의 편을 든다고 해서 사자보다 양이 많다는 현실에 대한 대답을 찾을 수는 없습니다. 인간은 도살의 경력을, 유순한 동물을 먼저 죽이면서 시작했을 것입니다. 인간이 분명히 사자보다 훨씬 더 많은 양을 죽였습니다. 사자와 같은 육식 동물을 정죄하는 것은 인간이 아니라 자연입니다.

잠깐만이라도 생각해보면, 자연은 한 종류의 동물에게 대조되는 두 가지 힘을 동시에 주지 않았다는 것을 알 수 있을 것입니다. 사자는 힘이 센 위대한 투사입니다. 하지만 번식이 느립니다. 그의 육체 각 부분은 싸우기에 적합하도록 발달되어 있습니다. 그러나 새끼를 배는 것은 사자의 일생에 있어서 별로 유익하지 못한 일종의 돌발적인 사건입니다. 반면에 양은 약합니다. 양은 투사가 아니기 때문에 싸우는 데는 에너지를 소모하지 않지만, 그 대신 번식력이 왕성합니다. 자연은 사자와 같은 육식 동물이 창조된 것이 자신의 실수라는 것을 인식하고 있습니다. 그래서 그 실수를 바로잡아가고 있는 중입니다. 사자를 비롯하여 다른 동물을 죽이는 본능을 가지고 있는 육식 동물은 서서히 사라져가고 있습니다. 이것이 바로 자연의 섭리입니다.

다른 동물을 살육하는 모든 동물에게는 불변하는 자연의 법칙에 따라 멸종이라는 심판이 선언되었습니다. 여기에는 예외가 없습니다. 자연은 만물에게 영원히 공평하며, 싸우는 자는 항상 자기 힘을 소모하며 싸울 수밖에 없는 것이 자연의 법칙입니다. 숲에 사는 동물이건 아니면 도시에 사는 인간이건 간에 같은 법칙의 지배를 받습니다. 과거에도 그랬고 앞으로도 영원히 그럴 것입니다. 사자는 사라져가고 있습니다. 사자가 양을 죽이는 것은 곧 자기를 죽이는 것이며,

승리를 얻는 순간이 곧 패배의 순간입니다. 양을 죽여 그 살점을 뜯어먹는 것은 자신의 동족을 잡아먹는 것과 하나도 다르지 않습니다. 이것이 자연의 법칙입니다. 그러므로 날카로운 발톱으로 양을 공격한 다음 피에 젖은 턱을 치켜들고 승리의 노래를 부르는 것은, 자기가 잡아먹은 가엾은 동물의 죽음이 아니라 자신의 동족의 죽음에 대한 장송곡인 것입니다. 야수성은 그 힘이 점점 약화됩니다. 사자는 떼를 지어 다니지 않고 곰은 무리를 짓지 않습니다. 인간의 경우도 마찬가지입니다. 공격적인 야수성을 가지고 있는 사람들은 끼리끼리 뭉쳐서 서로 물고 뜯고 싸웁니다. 한때 승리할지라도 곧이어 보복이 따라옵니다. 그러므로 공격적인 야수성은 나약함의 원천이 되는 것입니다.

공격적인 동물은 사라질 수밖에 없는 것이 자연의 법칙입니다. 아무리 위대한 장군이라 할지라도 실제로는 정복한 것이 아무것도 없습니다. 그의 승리는 환상일 뿐이며, 무력으로 건설한 제국은 무력의 법칙에 의해 흔적도 없이 사라져버릴 것입니다. 칼을 버리고 정의와 이성에 의지해야 합니다. 그렇지 않으면 멸망을 피할 수 없습니다. 인간이든 야수든, 공격적인 육식 동물은 외로울 뿐만 아니라 희망도 없습니다. 그들은 멸망의 운명에 처해 있습니다. 부드러움이 진정한 힘입니다. 부드러움은 피를 좋아하는 취미를 제외하고는 사자가 가지고 있는 모든 장점을 다 가지고 있습니다. 따라서 사람들은 칼을 가진 자가 아니라 부드러운 자에게 결국 굴복하게 되는 것입니다.

인간은 스스로 자신을 건설하기도 하고 파괴하기도 하는 존재입니다. 인간은 상념이라고 하는 무기 공장에서 자신을 파괴하는 무기를 만들어냅니다. 똑같은 상념의 연장을 사용하여 기쁨과 능력과 평화의 천국을 건설하기도 합니다. 즉 올바른 선택을 하고 진실한 상념을 품음으로써 신적인 완전에 이를 수 있습니다. 그러나 상념의 힘을 잘못 사용하거나 남용하면 짐승 이하 수준으로 전락할 수도 있습니다. 이 두 극단 사이에는 수많은 차원이 있고, 그 차원들을 만드는 것은 인간 자신이며 인간 자신이 그들의 지배자입니다.

이 도적 무리들은 한때 위대한 제국을 건설하고 번성했던 민족의 후예들입니다. 저들의 조상들은 이 지역에 아름답고 번창하는 산업 제국이 건설되었을 당시 그 제국의 백성들이었습니다. 그들은 과학과 예술을 알고 있었습니다. 뿐만 아니라 자기들의 근원과 능력이 무엇인지를 알고 그에 따랐습니다. 그러나 어느 때부터인가 육체의 쾌락을 추구하기 시작했고, 육체가 그들을 타락시켰습니다. 급기야는 이 지역 일대에 큰 지각 변동이 일어났고, 그로 인해 제국 전체가 황폐화되고 고산 지대에 살고 있던 소수의 사람들만이 살아남게 되었습니다. 그들은 후에 일종의 씨족 공동체로 발전하여 현재 유럽에 살고 있는 여러 민족의 조상이 되었습니다.

현재 우리가 있는 이 지역과 고비 사막은 단층 현상으로 인해 통째로 융기하여 불모의 땅이 되어버렸습니다. 주민들은 거의 전멸했고, 외딴 지역에 거주하던 소수의 사람들이나 한두 가구만이 살아남았습니다. 그러나 그들은 서로 싸웠기 때문에 번성할 수가 없었습니다. 그들의 역사와 기원은 사라졌습니다. 하지만 현재까지 남아 있는 그들의 종교와 전설을 추적해보면 그들이 원래 하나의 근원에서 나왔다는 것을 알 수 있을 것입니다. 그들이 현재 유럽에 살고 있건 고비 사막에 살고 있건, 외양은 다를지라도 근본적인 유사성은 아직 그대로 남아 있는 것이 사실입니다."

여기까지 말하고 나서 자스트는, 다른 사람들은 이미 자고 있는데 너무 오랫동안 피곤하게 한 것 같아서 미안하다고 했다. 그래서 마적단이 있는 쪽을 바라보니 아닌 게 아니라 모두 깊이 잠들어 있었다. 폭풍은 아직 누그러들지 않았음에도 불구하고, 그들은 우리와 마찬가지로 폭풍을 전혀 개의치 않고 있었던 것이다. 우리는 텐트로 들어가 위대한 친구들에게 감사하는 마음을 가지고 잠자리에 들었다.

다음 날 아침잠에서 깨어보니, 태양이 밝게 비치는 중에 캠프 전체가 술렁거리며 떠들썩했다. 서둘러 옷을 입고 나가보니 마적단 형제 모두와 우리 일행 짐꾼들이 아침 식사를 위해 우리를 기다리고 있었다. 아침을 먹는 중에 우리는 마적단 형제들과 함께 그들의 캠프로 가기로 했다는 얘기를 들었다. 그렇게 하는 것이 눈 덮인 숲을 헤치고 길을 내기가 훨씬 쉬울 것이기 때문이라고 했다. 마적단 형제들은 기뻐하는 듯했다. 그러나 그들의 캠프에는 150명 정도의 그들 가족이 더 있다는 말을 들은 바 있기 때문에, 우리의 마음은 그리 편치 못했다. 아침 식사를 끝냈을 때에는 언제 폭풍이 불었느냐는 듯이 잠잠해졌다. 그래서 캠프를 철수하여 출발했다. 마적단 형제들과 그들의 말이 길을 내고 우리는 장비와 물자를 짊어진 짐꾼들과 함께 뒤따랐다.

마적단 형제들의 캠프는 개울을 따라 20킬로미터 정도밖에 떨어져 있지 않았다. 그러나 도중에 잠깐 휴식을 취했을 뿐 계속 걸었는데도 정오가 지나서야 도착했다. 캠프는 매우 안락했으며, 우리 대원 모두를 수용할 만한 큰 방도 있었다. 점심 식사를 끝낸 후에, 그들의 캠프에서 하루나 이틀을 더 묵기로 결정했다. 우리가 가야 할 길에는 고도 4,200미터 고개가 가로놓여 있었고, 그 고개를 넘기 위해서는 하루나 이틀 늦어지더라도 새로 쌓인 눈이 굳어지기를 기다리는 편이 나을 것 같았기 때문이었다. 그러나 날씨는 기대했던 것만큼 따뜻해지지 않았다. 그래서 그들의 캠프에서 나흘간이나 체류했다.

온 마을 사람들이 우리를 존경하며 최선을 다해 편의를 제공해주었다. 거기에서 머무는 동안, 마을 사람 두 명이 우리 일행에 참가할 수 없겠느냐고 요청해왔다. 마침 우리는 다음 마을에서 짐꾼을 몇 명 더 보충할 계획을 가지고 있었기 때문에 그들의 요청을 흔쾌하게 받아들였다. 그들은 그해 가을 우리가 되돌아올 때까지 우리와 동행했다.

그 마을을 떠날 때, 거의 마을 사람 절반 정도가 나서서 높이 쌓인 눈을 헤치며 고갯마루까지 길을 내주었다. 우리는 그들의 도움이 대단히 고마웠다. 만약 그들이 그렇게 도와주지 않았다면 고개를 넘기가 매우 어려웠을 것이다. 우리는 고갯마루에서 마적단 형제들과 작별을 고했다. 그리고 계속 전진해나아가 5월 28일에 약속된 장소에 도착했다. 지난해 가을 우리와 약속했던 친구들은 이미 사흘 전에 그곳에 도착해 있었다.

✦ ✦ ✦

9

일주일간 휴식을 취한 후, 합동 탐사대는 장비를 모아 위구르 제국의 고대 도시에 대한 탐사에 착수했다. 우리는 6월 30일에 고대 도시가 있던 첫 번째 지점에 도착했다. 즉시 작업을 시작하여 땅을 파들어갔다. 아래로 15미터쯤 파내려갔을 때 고대 건물의 벽과 마주쳤다. 계속 더 파들어가 27미터가 조금 넘는 지점에 이르렀을 때 방이 나타났고, 그 안에서 황금가면을 쓴 채 앉아 있던 미라들을 발견했다. 또 금, 은, 청동, 진흙 등으로 아름답게 만들어진 조상彫像들이 널려 있었다. 우리는 사진을 찍어두었다. 발굴 작업을 계속한 결과, 과거에 그곳에 대단히 큰 도시가 있었다는 의심할 수 없는 증거를 얻었다. 우리는 예전에 접했던 문서의 내용에 비춰봤을 때 두 번째 도시가 있었다고 추정되는 지점으로 작업 위치를 옮겼다. 거기에서도 고대에 문명이 있었다는 명백한 증거를 얻기까지 15미터 정도 땅을 파내려갔다. 발굴 결과, 그곳도 거대한 고대 도시가 있었던 자리임이 판명되었다.

우리는 세 번째 도시가 세 도시 중에서 가장 규모도 크고 오래되었다는 확실한 증거가 나올 것이라는 기대를 가지고 세 번째 도시가 있었다는 곳으로 작업 위치를 옮겼다.

시간과 물자를 절약하기 위해서 탐사대를 네 그룹으로 나누었다. 그중 세 그룹은 각각 한 명의 리더와 여섯 명의 대원으로 구성했으며, 하루 여덟 시간씩 3교대로 쉬지 않고 발굴해나가기로 했다. 나머

초인생활 ✦ 탐사록

지 사람들로 구성된 네 번째 그룹은 캠프를 관리하고 발굴을 지원하는 임무를 맡았다. 나는 우리 대장이 리더로 있는 그룹에 속했다. 우리 그룹은 밤 12시부터 아침 8시까지의 작업을 맡게 되었다. 첫 번째 파내려간 구덩이에서 땅속에 묻힌 방 네 개를 발견했다. 수북이 쌓여 있는 파편들을 걷어내자 그곳은 셋 중에서 가장 크고 오래된 도시가 있던 자리이며, 그 도시에는 엄청나게 많은 양의 보물이 있었음에 틀림없다는 생각이 들었다.

어느 날 아침, 우리 그룹과 교대한 그룹 대원들은 북쪽에서 말 탄 사람들이 우리를 향해 접근해오고 있다고 알려왔다. 땅 위로 올라와보니 그들은 말머리를 우리 쪽으로 돌리고 접근해오고 있었다. 우리가 지나오면서 만들어놓은 오솔길을 따라 추적해오고 있는 것으로 미루어보아 또 다른 마적단인 것처럼 보였다. 우리가 그저 서서 바라보고 있을 때 자스트가 다가와서 말했다. "저들은 우리 캠프를 습격하려는 마적들입니다. 하지만 걱정하실 필요 없습니다."

우리는 그들이 다가오기를 기다렸다. 그들은 우리 캠프에서 500미터쯤 되는 곳까지 오더니 일단 멈추었다. 잠시 후 두 사람이 우리에게 다가와 인사를 건네더니 무엇을 하고 있느냐고 물었다. 우리는 폐허가 된 고대 도시를 발굴하고 있는 중이라고 대답했다. 그러나 그들은 우리 말을 믿으려고 하지 않고, 우리가 황금을 찾고 있는 것이 아닌가 하고 의심했다. 그들은 우리가 가지고 있는 장비와 식량을 탈취하기 위해서 온 사람들이었다. 우리가 그들에게 정부군이냐고 묻자, 자기들은 어떤 정부도 알지 못하며 이 지역에서는 이긴 사람이 강자라고 대답했다. 그들은 우리가 아무런 무기도 가지고 있지 않은 것을 보고, 자기들이 볼 수 없는 곳에 더 큰 무기가 숨겨져 있을 것이라고 생각하는 듯했다. 그들은 상황을 보고하기 위해서 자기 패거리 들이 있는 곳으로 돌아갔다. 잠시 후 그 두 사람이 다시 와서, 우리가 가진 것을 곱게 내주면 아무도 해치지 않겠지만 만약 그렇지 않으면 즉시 공격해와서 반항하는 자를 모조리 쏘아 죽이겠다고 했다. 또 10 분이 지나도록 아무런 연락이 없으면 예고 없이 쳐들어오겠다고 했 다. 그러자 자스트가 우리는 저항하지도 않겠지만 가진 것을 내주지 도 않을 것이라고 말했다. 이 말이 그들을 몹시 화나게 한 것 같았다. 그들은 말머리를 돌려 총을 흔들며 자기들 패거리가 있는 곳으로 달 려갔다.

잠시 후 전 마적대가 우리를 향해 전속력으로 돌진해오기 시작했 다. 솔직히 나는 그때 대단히 놀랐다. 그런데 그 순간 그림자처럼 보 이는 말을 탄 기사들이 우리 주위를 돌고 있는 것 같은 모습이 보였 다. 그들은 점점 더 살아 있는 존재들처럼 보이기 시작했고 숫자도 늘어났다. 마적들이 급히 고삐를 당겨 멈추는가 하면 말이 저 혼자 서기도 하고, 주인의 명령을 듣지 않고 우왕좌왕하는 것을 보니, 마 적들의 눈에도 우리가 보고 있는 기사들의 모습이 보이고 있음이 분 명했다. 75명쯤 되는 마적들은 순간적으로 걷잡을 수 없는 혼란에 빠 졌다. 그들의 말은 이리 뛰고 저리 뛰면서 주인의 명령을 듣지 않았 다. 결국 그들은 후퇴했으며, 우리의 유령 기사들은 그들의 뒤를 바 짝 쫓았다.

흥분이 지나간 다음, 나는 우리 대장과 다른 대원 한 사람과 함께 마적들이 멈추어 섰던 곳으로 가보았다. 우리는 마적들과 우리를 도 운 유령 기사들이 타고 있던 말발굽 흔적이 모래 위에 남아 있을 것 이라고 생각했다. 그러나 마적들의 말발굽 흔적만 있을 뿐, 유령 기사들의 흔적은 어디에도 없었다. 대단히 신비로운 일이었다. 왜냐하면 유령 기사들은 분명히 실제 인물들처럼 보였을 뿐만 아니라 우리를 사방에서 에워싸고 보호하고 있었기 때문이다.

우리가 돌아오자 자스트가 말했다. "여러분은 유령 기사라는 말을 쓰는데, 하여튼 그 유령 기사들의 모습은 영상映像이었습니다. 그러나 아주 실제적이어서 마적들과 여러분의 눈에 보였던 것입니다. 한마디로 말해서, 여러분이 오늘 보신 그들의 모습은 다른 때 존재했던 사건의 영상인데 우리가 오늘 실제로 있는 일처럼 만든 것입니다. 우리는 우리 자신과 다른 사람들을 보호하기 위해서 그런 영상을 만들어낼 수 있습니다. 그리고 목적했던 바가 다 이루어진다고 해도, 오늘 경우처럼 아무도 해를 입는 일은 없습니다. 마적들은 아무런 방어 수단도 없이 과연 이렇게 멀리까지 탐사를 나올 수 있을 것인가 하고 우리에 대해 의심했습니다. 즉 우리가 무기를 감추어두고 있을 것이라고 생각했다는 말씀입니다. 우리는 이러한 마음을 역이용하여 그들을 놀라게 한 것입니다. 그들은 평소에 계략을 잘 쓰는 사람들입니다. 그래서 다른 사람들에 대해서도 의심이 많은 편이지요. 그러므로 그들은 오늘 자기들이 혹시나 하고 생각하던 것을 보고 제풀에 놀라 도망간 것입니다. 우리가 이런 방법을 사용하지 않았다면, 무력으로 대항해 많은 사람을 죽이기 전에는 결코 물러가지 않았을 것입니다. 그러나 이제 저들은 다시는 나타나지 않을 것입니다." 실제로 우리는 더 이상 그들의 방해를 받지 않았다.

세 개의 도시가 분명히 존재했었다는 확신을 가질 만큼 작업이 진행된 후에, 발굴하기 위해서 파놓은 구덩이를 다시 메우자는 제안이 나왔다. 왜냐하면 도적 떼가 이곳이 고대 도시의 폐허라는 것을 알게 되면 보물을 얻기 위해 대규모의 도굴을 감행할 것이 염려되었기 때문이다. 그러지 않아도 그들 사이에는 고대에 도시들이 있었다는 것과 그 도시들의 폐허에는 황금이 묻혀 있다는 전설이 떠돌고 있던 터였다. 그래서 작업이 끝난 후 모든 구덩이를 메웠다. 우리는 가급적 흔적을 남기지 않으려고 애썼다. 그 지역에서는 항상 모래 바람이 분다. 따라서 우리가 남겨놓은 어느 정도의 흔적은 바람이 불면 모래에 뒤덮여 감쪽같이 사라지고 말 것이고, 그러면 그 고대 도시의 위치는 찾아내기가 거의 불가능할 것이 분명했다. 사실 우리도 친구 대사들의 도움이 없었다면 그 위치를 찾아내지 못했을 것이다. 우리는 그와 비슷한 도시의 유적들이 남부 시베리아 지방에까지 분포되어 있다는 얘기도 들었다.

우리가 발굴해본 결과에 의하면, 그 지역에는 상당히 많은 사람들이 고도의 문명을 건설하고 살았음이 분명했다. 그들이 농업, 광업, 섬유 직조술 등을 알았고 그와 관련된 산업도 번창했으며, 문자가 있었고 여러 분야의 과학도 발달되어 있었다는 증거들이 수없이 나왔다. 그리고 그 사람들이 아리안족이었다는 것도 거의 확실했다.

마지막 날 오후 테이블에 둘러앉아 있을 때, 대원 중 한 사람이 에밀 대사에게 그들의 역사를 추적해서 밝혀낼 수 있는지를 물었다. 에밀 대사는 가능하다고 대답했다. 우리 캠프 아래 도시의 유적에는 그들의 역사가 기록된 문서가 함께 묻혀 있기 때문에, 그것을 찾아내 번역할 수만 있다면 그들의 역사를 정확하게 알 수 있을 것이라고 했다.

이때 텐트 입구에 나타난 어떤 사람이 들어가도 좋으냐고 묻는 소리에 대화는 중단되었다. 에밀과 자스트와 찬더 센은 얼른 일어나 문 앞으로 가서 그를 맞이했다. 반갑게 인사를 나누는 것을 보고, 우리는 그들이 서로 잘 아는 사이라는 것을 알았다. 우리 대장이 일어나서 그들이 있는 문 쪽으로 갔다. 그는 잠시 멈추어 서서 방문객을 바라보더니, 놀라는 기색으로 두 손을 내밀면서 "아니, 이게 누구십니까!" 하면서 그를 반갑게 맞이했다. 이어 우리 친구 대사 셋과 대장이 밖으로 나가 다른 남녀 방문객들과 서로 인사를 나누는 소리가 들렸다. 이때 앉아 있던 모든 대원들도 밖으로 몰려나갔다. 열네 명의 방문객이 와 있었다. 방문객 중에는 에밀 대사의 모친과 지난겨울 동안에 숙소를 제공해준 여주인도 포함되어 있었고, 에밀 대사의 고향 마을에서 있었던 연회에서 사회를 맡았던 미모의 여인과 에밀 대사의 아들과 딸도 함께 있었다.

그들을 만나보니 과거의 일들이 생각났다. 그들은 우리에게 즐겁고 아름다운 추억을 남겨준 사람들이었다. 우리는 모두 놀랐다. 그러나 그중에서도 우리와 합류한 다른 탐사대 사람들이 가장 놀라는 눈치였다. 그들은 이를 매우 기이하게 여겼다. 그들은 대사들이 돌연 나타났다가 사라지곤 하는 광경을 한 번도 본 적이 없었다. 합동으로 탐사를 하는 동안에는, 고대 도시를 발굴하는 작업에 열중한 나머지 우리가 경험한 대사들에 대한 이야기를 들려줄 기회가 별로 없었다. 그래서 맑은 하늘에 번개가 치듯이 불현듯 나타난 대사들을 보고 우리는 대단히 기뻐했지만 그들은 매우 어리둥절해했다. 소개와 인사가 끝난 후에 캠프의 장비와 식량을 담당한 대원이 에밀 대사와 우리 대장을 찾았다. 그는 아주 당혹스러운 표정을 지으며 말했다. "이 사람들 모두에게 어떻게 식사를 제공할 수 있겠습니까? 보충 식량은 아직 도착하지 않았고, 이미 돌아갈 준비를 모두 끝냈기 때문에 식량이라곤 우리가 내일 아침까지 먹을 것밖에는 남아 있지 않습니다."

그들이 가까이 서서 이런 이야기를 나누는 동안 곁에서 그들이 이야기하는 소리를 듣고 있던 합동 탐사대 리더인 레이가 대화에 끼어들었다. 나는 그가 "이 사람들은 하늘에서 떨어진 것입니까?" 하고 말하는 소리를 들을 수 있었다. 그러자 우리 대장이 말했다. "그렇습니다, 레이 씨. 당신 말이 맞아요. 이 사람들은 하늘에서 직접 내려왔습니다. 보십시오, 저들이 타고 온 말이나 다른 교통수단이 없지 않습니까?" 레이가 대답했다. "그러나 저들에게는 날개가 없는 것 같은데 어떻게 하늘에서 내려올 수 있었는지가 수수께끼군요. 날개가 없으니 저 많은 사람들이 모래밭에 떨어질 때 털썩하는 소리가 들렸어야 할 텐데, 그런 소리는 전혀 들리지 않았습니다. 그러니 당신 말대로 하늘에서 직접 왔다는 것이 맞는 말인 것 같군요."

그때 에밀 대사가 대원들을 향해 몸을 돌리고, 식량이 부족할까 봐 안절부절못하고 있는 식량 책임자의 걱정을 덜어주기 위해서라도 방문객들에게 어째서 자기 먹을 것을 가져오지 않았느냐고 물어봐야겠다고 말했다. 그러자 식량 책임자는 매우 난처해했다. 그는 그렇게 대놓고 얘기할 생각은 아니지만 어쨌든 모든 사람이 먹을 식량이 없는 것만은 확실하다고 말했다. 방문객들은 유쾌하게 웃었다. 그것이 그를 더욱 당황하게 했다. 에밀 대사의 어머니가 당황하거나 불편해할 필요가 없다고 말했다. 숙소 여주인과 연회에서 사회를 맡았던 미모의 여인이 저녁 식사는 자신들이 준비할 테니 아무 걱정 하지 말라고 하자, 식량 책임자는 안도하며 그들의 호의를 받아들였다. 그날 오후는 잠깐 동안 고요함이 유지되다가도 일순간 무서운 바람이 몰아치는 고비 사막 특유의 날씨를 보이는 하루였다. 사용할 수 있는 자리를 모두 모아서 캠프 주변 모랫바닥에 넓게 깔았다. 다른 사람이 보면 우리가 마치 즐거운 소풍을 나온 것처럼 보였을 것인데, 사실이 그러했다. 자리를 모두 편 후에, 요리할 때 사용하는 그릇과 음식을 덜어 먹는 그릇이 나왔다. 요리할 때 사용하는 그릇 속에는 음식이 담겨 있었다. 캠프의 모든 사람들은 그 주위에 빙 둘러앉았다. 우리와 합류한 다른 탐사대 대원들은 어찌 된 영문인지 몰라 어리둥절해하는 눈치였다. 그들의 리더인 레이가 그릇들을 뚫어지게 바라보더니, 만약 자기가 그릇에 있는 음식의 양을 정확히 본 것이라면, 그리고 그 음식을 배고픈 군중들이 충분히 배불리 먹게 될 거라면, 그런 기적이 이루어지는 모습을 눈을 크게 뜨고 지켜보겠다고 말했다. 그러자 우리 대원 중 한 사람이 "눈을 크게 뜨고 지켜보시는 게 좋을 겁니다. 곧 기적이 일어나는 것을 보시게 될 테니까요" 하고 말했다. 우리 대장도 "레이 씨는 오늘 벌써 두 번째 정확한 예측을 하신 겁니다" 하고 말했다.

그때 방문객으로 온 여인 세 명이 요리용 그릇에 담겨 있는 음식을 배분하기 시작했다. 돌아가면서 각 사람 앞에 있는 그릇에 음식이 충분하게 배분되었다. 음식이 나누어지는 중에, 우리는 레이가 안절부절못하는 모습을 볼 수 있었다. 그가 음식을 덜 차례가 되었을 때, 그는 자기는 안 먹어도 괜찮다고 하면서 음식 그릇을 그냥 옆으로 넘겼다. 그러자 우리의 여주인이 음식은 모두에게 충분할 만큼 있으니 걱정하지 말고 마음껏 드시라고 권했다. 모든 사람에게 음식이 충분히 나누어진 후에, 레이는 다시 음식이 담겨 있던 요리용 그릇을 들여다보았다. 음식이 줄지 않고 처음 보았을 때와 마찬가지로 그릇에 가득 담겨 있는 것을 보고, 그는 일어나 말했다. "무례함을 용서하십시오. 호기심이 나서 음식을 한 조각도 먹을 수가 없습니다. 죄송하지만 세 분 부인들 옆에 가서 앉아도 될까요?" 여인들은 그가 자기들 옆에 앉겠다는 것은 전혀 결례가 되지 않는다고 말했다. 그래서 그는 자리 가장자리로 가서 에밀 대사의 어머니와 사회를 보았던 아름다운 부인 사이에 앉았다. 그가 자리에 앉았을 때 누군가가 빵이 더 없느냐고 물었다. 쟁반 대신 사용하던 상자 뚜껑 위에는 빵이 한 조각밖에 남아 있지 않았다. 사회를 보았던 아름다운 부인이 손을 내밀었다. 그러자 거의 즉각적으로 그 손 위에 커다란 빵 덩이가 나타났다. 그것을 여주인에게 건네주자, 여주인은 나누어주기 위해 빵 덩이를 자르기 시작했다. 그때 레이가 빵 덩이를 자르지 말고 있는 그대로 보여줄 수 없느냐고 했다. 그는 빵 덩이를 건네받고, 잠시 비판적인 시각으로 살펴보더니 다시 넘겨주었다.

우리는 그가 매우 심하게 동요하고 있음을 알 수 있었다. 그는 몇 걸음 물러났다가 다시 돌아와서는, 우리 여주인에게 "무례한 사람으로 보이는 것은 원치 않지만, 제 생각이 워낙 혼란스러워 몇 말씀 묻지 않을 수가 없군요" 하고 단호한 어조로 말했다. 여주인은 고개를 끄덕이며 물어보고 싶은 것이 있으면 무엇이든지 물어보라고 했다. 그러자 그가 말했다. "당신은 어떻게 아무런 노력도 하지 않고 자연 법칙을, 적어도 우리가 알고 있는 자연 법칙을 제쳐놓고 보이지 않거나 볼 수 없는 곳에서 빵을 가져올 수 있는 것입니까?" 여주인이 대답했다. "당신은 볼 수 없다고 말하지만 우리에게는 그 공급처가 항상 보입니다." 여주인은 이렇게 말하고 나서 빵을 잘라 나누어주었다. 그러나 전체 빵 덩이는 조금도 줄어들지 않았다. 레이는 묵묵히 자기 자리에 가서 앉았다.

아름다운 부인이 말을 이었다. "만약 예수의 삶의 비극이 십자가에서 끝났고 부활로부터 기쁨이 넘치는 그리스도의 삶이 시작되었다는 것을 안다면, 그리고 모든 인생의 목표가 십자가라기보다는 부활이라는 점을 깨닫는다면 모든 사람이 예수처럼 자기 속에 있는 보다 풍성한 그리스도의 삶을 살게 될 것입니다. 내면에 존재하는 그리스도의 능력인 전능한 능력(Mighty Power)과 하나가 되는 것보다 더 기쁘고 풍요로운 삶은 없습니다. 내면의 그리스도, 즉 전능한 능력과 하나가 되면 여러분은 모든 형상과 생각과 언어와 조건에 대한 지배권을 가진 존재로 창조되었다는 것을 알게 될 것입니다. 또 이러한 삶을 살게 되면 모든 필요가 충족되고, 이렇게 사는 것이야말로 진정한 과학적인 삶이라는 사실도 발견하게 될 것입니다.

예수께서는 작은 소년이 가지고 있던 물고기 몇 마리와 빵 몇 조각으로 수많은 군중을 배불리 먹이셨습니다. 그는 군중들로 하여금 기다리는 자세로 질서 있게 앉아서, 법칙에 따라 불어날 음식을 받을 준비를 하도록 시켰습니다. 만약 여러분이 예수의 삶에서와 같은 기쁨과 만족을 경험하고자 한다면, 그의 이상과 조화를 이루고 그가 행한 것처럼 법칙에 따라야만 합니다. 평안히 앉아 있지 못하고, 어떻게 먹을 것을 얻을 수 있을까 하면서 안절부절못할 필요는 없습니다. 그렇게 했다면 예수께서도 결코 군중들을 배불리 먹이실 수 없었을 것입니다. 예수께서는 자기 손에 들려진 적은 양의 음식을 들고 감사하고 축복했습니다. 그러자 그 음식은 모든 사람이 충분히 먹고도 남을 만큼 불어났습니다.

인간이 내면의 목소리를 거부하고 빗나가기 전까지는 삶이 고통스러운 것이 아니었습니다. 따라서 다시 돌아서서 내면의 목소리에 귀 기울이게 되면, 일하는 것이 생존을 위한 고통이 아니라 창조의 즐거움이 될 것입니다. 내면의 목소리에 순종하면, 창조의 즐거움이 넘치는 세계로 들어가 필요한 것들을 주님의 법칙, 즉 하느님의 말씀으로 창조해내는 삶을 살게 됩니다. 그러면 자신은 하느님의 말씀을 통하여 만물의 원천인 실체세계에서 활동하고 있으며, 상념想念으로 품고 있는 모든 이상을 눈에 보이는 현실로 구체화시킬 수 있음을 알게 될 것입니다. 예수께서도 이러한 방법을 통하여 한 걸음 한 걸음 높은 깨달음의 경지를 향해 올라가서, 결국 자신의 내면에 있는 그리스도가 모든 제한된 육체적인 생각을 넘어서는 초월적인 존재임을 입증했습니다. 이러한 상태가 되면 일하는 것이 즐거움이 됩니다.

예수는 진정한 영적인 삶은 즐거움이 넘치는 삶이라는 것을 보이셨습니다. 그는 육체적인 제약된 생각을 넘어섬으로써 존귀와 영광의 옷을 입었으며, 어린아이와 같이 자유로운 존재가 되었습니다. 사실 세상 사람들은 모두 예수와 같이 기쁨과 지복의 상태에 들어가는 것을 추구하고 있습니다. 그럼에도 불구하고 그들은 자기들이 진정으로 무엇을 찾고 있는지를 완전히 깨닫고 있지 못합니다. 사람들은 이기적인 동기를 가지고 구하는 것은 잃게 된다는 법칙을 무시하고, 자신의 욕망을 충족시킴으로써 만족을 얻으려 하고 있습니다. 그러나 이기적인 욕망을 버림으로써 외적인 자아가 죽는 것이 영적으로는 참자아가 고양되는 것이라는 사실을 깨달을 날이 있을 것입니다. 여러분은 인간의 한계에서 비로소 하느님의 기회가 시작된다는 것을 알아야 합니다. 그리고 오늘 보신 일들은 바로 그 하느님의 기회가 아주 충만하게 표현된 것뿐입니다.

여러분에게는 하느님의 모든 선하고 완전한 선물을 받을 권리가 주어져 있음을 알고, 하느님, 즉 여러분 자신의 신적인 본성을 깨달아 그러한 선물을 받을 준비를 해야만 합니다. 하느님과 분리되어 있다고 생각하면 하느님과 분리된 삶을 살 수밖에 없습니다. 삶의 기쁨이 넘치는 세계로 들어가기 위해서는 생명과 기쁨을 추구해야 하는데, 그때 추구하는 생명은 자신만을 위한 것이 아니라 온 인류에게 풍성함과 기쁨을 가져다주는 생명이어야 합니다."

부인은 레이를 돌아보며 말했다. "예수께서는 하늘의 법칙이 이 땅에서도 이루어진다고 가르쳤습니다. 여러분은 오늘 극히 미미하게나마 그 법칙이 이루어진 것을 목격하셨습니다. 이 법칙은 매우 정확하고 과학적입니다. 하느님의 형상이요, 아들인 인간 속에는 아버지인 하느님의 영靈이 간직되어 있습니다. 따라서 원하기만 하면 창조자인 아버지의 법칙을 사용하여 자신이 필요로 하는 모든 것을 현상 세계로 불러올 수 있습니다." 이렇게 말하고 나서, 부인은 무슨 질문이든지 하시면 대답해주겠다고 했다.

레이는 아무것도 묻고 싶은 것이 없다고 했다. 너무 흥분되어서 질문하기보다는 생각에 잠기고 싶다는 것이었다. 그는 하고 싶은 말이 있는데 당돌한 행위로 받아들이지 않았으면 좋겠다고 하며 말했다. "우리는 오랜 옛날에 죽어서 사라진 사람들의 흔적이 있을 것을 기대하고 이곳에 왔습니다. 그런데 죽어서 사라진 사람들의 흔적이 아니라, 이해를 초월하는 놀랍고 활력이 넘치는 삶을 살아가는 여러분을 만나게 되었습니다. 만약 우리가 목격한 이 사실을 세상에 널리 알린다면 온 세상이 여러분의 발밑에 머리를 숙일 것입니다." 그러자 세 명의 부인은 자기들은 자신들의 발밑이 아니라 하느님의 발밑에 온 인류가 머리 숙이기를 바라고 있다고 말했다. 또 사람들은 이미 너무 많은 우상을 가지고 있으며, 참으로 필요한 것은 우상이 아니라 이상이라고 말했다.

　방문객들은 처음에 텐트 입구에 나타났던 한 사람을 제외하고 갈 곳이 있다고 하면서 모두 일어났다. 우리는 작별의 악수를 나누었다. 그들은 언제라도 자기들을 방문해달라고 초청하면서 행운을 빌어주었다. 그들은 처음에 나타났던 때와 마찬가지로 갑자기 사라졌다. 레이와 그의 대원들은 그들 방문객들이 서 있던 자리를 빤히 바라보고 있었다. 잠시 후 레이가 남아 있는 사람에게 이름을 물었다. 그는 바게트 아이랜드라고 대답했다.

　레이가 그에게 말했다. "당신도 방금 우리가 본 것처럼 중력의 법칙이나 다른 물리 법칙을 무시하고, 또 눈에 보이는 교통수단도 없이 마음대로 오거나 갈 수 있습니까?" 바게트 아이랜드가 대답했다. "우리는 어떤 법칙도 무시하지 않고, 인간이나 하느님의 법칙을 조금도 해하지 않습니다. 우리는 자연과 하느님의 법칙에 따라 행동합니다. 우리가 사용하는 교통수단이 여러분 눈에 보이지 않을지 몰라도 우리 눈에는 확실하게 보입니다. 여러분이 혼란스러워하는 것은 보지 못하기 때문입니다. 여러분은 보지 못하기 때문에 믿지도 못합니다. 그러나 우리는 여러분이 보지 못하고 믿지 못하는 그것을 보고 믿고 알고 있으며, 사용할 수 있습니다. 여러분의 눈이 열려서 그것들을 보고 알고 사용할 수 있게 되면, 우리가 사용하는 법칙보다 확실한 법칙도 없으며, 이 법칙이 지금 여러분이 사용하는 법칙보다 인류에게 훨씬 더 유용한 법칙임을 알게 될 것입니다. 언젠가는 여러분도 지금 여러분의 상태가 인간의 무한한 가능성의 표면에서 맴돌고 있는 것이라는 사실을 깨닫게 되겠지요. 우리는 여러분이 그러한 깨달음을 얻도록 기꺼이 최선을 다해서 돕고자 합니다."

찬더 센은 말하기를, 남아 있던 그 사람은 우리가 물자를 보충하기 위해 돌아가는 길에 자기 마을에 들러달라고 초청하기 위해서 온 것이라고 했다. 그 시기에는 그 사람이 사는 마을을 거쳐서 가는 것이 하루쯤 덜 걸리는 지름길이라고 했다. 우리는 그의 초청을 받아들였다. 바게트 아이랜드는 우리와 같이 가겠다고 했다. 후에 알게 된 사실이지만, 그는 한때 고비 지역에서 번창했던 종족의 후손이었다.

✤ ✤ ✤
10

　합동 탐사는 계획대로 끝났다. 다음 날 아침에 탐사 본부가 있는 곳으로 돌아갈 준비를 했다. 본부에 돌아가서는 합동 탐사대를 해산하고, 우리 열한 명의 대원을 제외한 모든 수행원들도 각자 고향으로 돌아갈 예정이었다. 나를 포함한 네 명의 대원은 친구 대사들의 초청을 받아들여 지난겨울을 난 그들의 마을로 돌아가기로 결정했다.

　출발 전날 해 지는 모습을 바라보며 서 있는데, 어느 대원이 도대체 문명과 종교는 얼마나 오랜 역사를 지니고 있는 것인지, 또 그 둘은 얼마나 오랜 세월을 병존하면서 지내온 것인지 신기하다고 말했다.

　자스트가 대답했다. "그것은 종교라는 말을 어떤 의미로 사용하느냐에 따라 다르게 대답할 수 있습니다. 만약 '종교'라는 말을 교리나 신조나 종파 등의 의미로 사용한다면, 종교의 역사는 일천하여 2만 년을 넘지 않습니다. 그러나 생명에 대한 진정한 경외심, 즉 위대한 창조적 동인動因인 하느님에 대한 경외심이라는 의미로 종교라는 말을 사용한다면 그 역사는 매우 오래되어서, 그 기원이 모든 역사와 신화 이전으로 거슬러 올라가 인간이 이 땅에 처음 출현한 시점에까지 이릅니다. 왕이나 황제 또는 그 어떤 인간이 만든 규율이 있기 이전에, 이미 인간의 마음속에는 생명의 아름다움과 그 근원에 대한 지고한 경외심의 불꽃이 타오르고 있었습니다. 순수한 영혼 속에서 타오르고 있는 그 불꽃은 오랜 세월 동안 꺼지지 않고 빛을 비춰왔으며 앞으로도 영원히 꺼지지 않고 타오를 것입니다. 인간이 처음으로 생명을 가지게 되었을 때, 그는 생명의 근원에 대한 확실한 인식을 가지고 있었습니다. 그리고 생명의 근원에 대한 지극한 경외심을 가지고 있었는데, 그것은 내재하는 그리스도에 대한 경외심이었습니다. 그러나 시간의 어두운 통로를 따라 내려오면서 그 경외심은 수많은 교리와 신조와 종파로 나뉘어 그물눈처럼 다양한 분파를 이루었고, 결국 현재와 같은 불신과 미혹의 장막이 드리워지게 된 것입니다. 도대체 누가 그렇게 갈라놓은 것입니까? 하느님입니까, 인간입니까? 분리로 말미암아 생겨난 죄와 부조화의 소용돌이에 대한 책임은 누구한테 있는 것입니까? 그 책임이 하느님에게 있는 것인지 아니면 인간에게 있는 것인지 잠시 숙고해보십시오.

하느님은 하늘 어디엔가에 앉아 계시고, 그 하늘 어디엔가에 앉아 계신 하느님께서 거미줄처럼 복잡하게 얽힌 이 세상을 내려다보시고 이곳저곳의 상황을 변화시킨다든지, 이 세상일에 끼어들어 조정한다든지, 아니면 누구는 칭찬하고 누구는 혼내주고, 또는 어떤 사람은 손을 들어주어 승리자로 삼고 다른 사람은 짓밟는 일을 하실 거라고 생각하십니까? 아닙니다. 만약 진정한 생명의 수여자라면 전지전능하고 만물 속에 두루 편재해 있어야 하며, 자신의 생명을 만물에게 골고루 부어주어야만 할 것입니다. 그렇지 않다면 그는 진정한 생명의 수여자라고 할 수 없습니다. 여러분은 이 사상을 수많은 형태로 표현할 수 있을 것입니다. 하지만 어떤 형태로 표현하든 결론은 똑같습니다.

하나의 형태에서 출발하여 이 형태 저 형태로 바꾸어가면서 이 진리를 표현하더라도, 마지막에 도달하면 처음과 똑같다는 사실을 발견하게 되겠지요. 이렇게 같은 진리를 표현하는 것이라면 처음 형태와 마지막 형태가 하나의 주기를 이루게 되어 결국은 시작도 없고 끝도 없는 것이 되어버리고 맙니다. 진리를 표현하는 다양한 형태는 공통의 근거와 전제를 가지는 것이기 때문입니다."

이때 누군가가 "당신들은 죽음을 극복하고자 하는 것입니까?" 하고 물었다. 그러자 그가 대답했다. "오, 아닙니다. 우리는 죽음을 극복하고자 하는 것이 아니라 생명을 이보다 더 풍요롭게 함으로써 죽음 자체를 초월하고자 하는 것입니다. 우리에게는 보다 더 풍성해지는 생명만이 있기 때문에 죽음이라는 것이 존재하지 않습니다. 대부분의 사람들이 범하는 중대한 실수는 자기들의 종교를 하느님의 순수한 빛 아래 내놓는 대신 장막 뒤에 비밀스럽게 숨기고자 하는 것입니다."

다른 대원이 자스트에게 예수께서는 당신의 동료들과 함께 거하시느냐고 물었다. 자스트는 아니라고 대답했다. "예수는 우리와 함께 거하지 않습니다. 그분은 자기와 동일한 상념을 품은 자들에게 이끌려가십니다. 따라서 우리가 그분과 동일한 상념을 품으면 그때 우리에게 오십니다. 예수는 다른 모든 위대한 영혼들이 그러한 것처럼 다른 사람을 늘 섬기고자 하십니다."

자스트의 말은 계속되었다. "예수께서는 북아라비아에 체재하던 중 인도와 페르시아와 히말라야 건너편 지역에서 수집된 고대의 서적들을 보고, 그때 처음으로 형제단(the Brotherhood)의 비밀 가르침을 접하게 되었습니다. 그 가르침은 이미 자신이 가지고 있던 확신을 보다 더 확고하게 해주었습니다. 즉, 각 사람 속에 내재하는 그리스도를 통해 표현된 하느님이야말로 진정한 생명의 신비라는 사실을 보다 더 확고히 믿게 된 것입니다. 그는 그러한 사실을 완전히 표현하기 위해서는, 여타의 예배 형식을 모두 버리고 개인을 통해서 표현되

　　　　　　　　　　　　　　　초인생활 ✛ 탐사록

는 하느님만을 섬겨야 한다는 점을 인식했습니다. 또 그 사실을 온 세상에 밝히 드러내기 위해서는, 비록 그들이 섭섭해할지라도 자기를 가르쳐준 스승들로부터 떠나야만 한다는 것도 알았습니다. 목적에 대한 신념이 확고했고 세상을 위해 헌신하고자 하는 열의가 뜨거웠기 때문에, 그는 조금도 망설이지 않고 자신의 확신에 따라 행동했습니다.

그는 다음과 같이 믿었습니다. 즉 내재하는 하느님의 위대한 권능의 차원에 도달하려면 자기가 하느님의 아들이며 자기 속에 하느님의 지혜가 충만하게 거한다는 사실을 인식해야 하고, 솟아나는 생명의 원천인 하느님의 풍성한 부요를 소유하려면 자신이, 자비와 지혜의 법칙인 주님께서 육체를 입고 이 땅에 나타난 존재임을 깨닫고, 나아가서 자신이 그러한 존재임을 선포하지 않으면 안 된다고 믿었습니다. 그래서 그는 자기가 선포하고자 하는 인생의 모습에 걸맞은 삶을 살아야만 한다는 순수한 동기를 품고, 자기 속에 그리스도라는 이름으로 내재한 하느님을 드러내는 행위로 일생을 일관했습니다.

예수께서는 분연히 일어나 자기 속에 거하는 그리스도는 모든 사람들 속에도 내재하고 있으며, 천상의 목소리가 신을 사랑하는 아들이라고 선언했을 때, 그것은 다른 모든 사람들도 하느님의 자녀이며 함께 유업을 상속받을 형제라고 선언한 것이라고 담대하게 선포했습니다. 이러한 신기원은 그가 세례를 받을 당시 하늘이 열리고 성령이 비둘기같이 내려와 그의 머리 위에 머물렀을 때 열렸습니다. 그는 더 나아가 모든 인간이, 육체로 나타난 하느님이라고 했습니다.

예수는 무지가 죄의 원인이라고 가르쳤습니다. 그는 죄 사함을 받기 위해서는, 인간은 죄를 용서하고 모든 불화와 부조화를 치유할 수 있는 능력을 가지고 있다는 사실을 깨달아야만 한다는 것을 알았습니다. 죄를 용서해주는 것은 하느님이 아닙니다. 왜냐하면 하느님은 인간의 죄나 질병이나 부조화와는 아무 관계가 없기 때문입니다. 죄와 질병과 부조화는 인간이 만들어낸 것입니다. 따라서 인간만이 그것들을 없애거나 용서할 수 있습니다.

예수는 또 창조의 원리인 하느님의 마음과, 창조의 원리와 자신과의 관계에 대해 이해가 부족하거나 무관심한 것이 무지라는 사실도 알았습니다. 온갖 지식을 겸비하고 세상사에 통달했을지라도, 자기 속에 있는 살아 계신 하느님인 그리스도를 인식하지 못하는 것은 자기 생명을 주관하는 가장 중요한 요소에 대해 무지한 것입니다. 예수는 이러한 점을 깨닫고, 누구에게나 똑같은 사랑을 베푸시는 절대 공정한 아버지 하느님께 병을 고쳐달라고 하거나 죄를 용서해달라고 하는 것은 모순되는 일임을 알았습니다. 그래서 그는 질병은 죄의 결과이기 때문에, 질병 치유를 위해서는 죄의 용서가 선행되어야만 한다고 가르쳤습니다. 질병은 많은 사람들이 생각하고 있는 것처럼 하느님께서 내려보낸 심판이 아닙니다. 질병은 자신의 실상實相에 대한 인간의 오해에서 비롯된 것입니다. 예수께서는 '진리가 너희를 자유롭게 하리라'라고 가르쳤습니다. 그의 가르침은 이렇게 순수했기 때문에 어떤 스승들의 가르침보다도 오래도록 살아 있는 교훈이 되고 있는 것입니다.

베드로가 일곱 번 용서해주면 되겠느냐고 물었을 때 예수께서는 일곱 번씩 일흔 번이라도 용서해주라고 대답하셨습니다. 그것은 완전히 용서하여, 용서의 행위가 보편적인 것이 되어야 한다는 뜻입니다. 그는 자기를 미워하는 자들이 자기의 생명을 노릴 때에도 사랑에 마음을 집중함으로써 그들을 용서했고, 온 세상이 자기를 대적하고 있음을 알았을 때에도 그렇게 했습니다. 그는 모든 사람 속에 진리의 빛이 깃들어 있다는 것을 알고, 그 빛이 그들을 무명의 어둠에서 끌어내리리라고 믿었습니다.

그는 또 어떠한 부조화한 상황과 만나더라도 진리로 대하고 끝없이 용서하겠다고 주님과 언약한 사람이 바로 승리자이며, 그런 승리자의 삶을 사는 것이 곧 아버지의 일을 하는 것이라고 생각했습니다. 그리고 이 길 외에는 세상을 변화시켜 평화와 조화가 넘치게 할 수 있는 길이 없다는 것도 분명히 깨달았습니다. 그는 이렇게 말했습니다. '너희가 형제의 죄를 용서해주면, 하늘에 계신 너희 아버지께서도 너희 죄를 사해주실 것이다.'

여러분은 아버지가 누구시냐고 물을지도 모르겠습니다. 우주적인 생명, 우주적인 사랑, 우주적인 능력, 우주적인 주권이 아버지입니다. 아버지께서는 자신의 이 모든 속성을 자신의 자녀들인 우리에게 합법적으로 상속해주셨습니다. 이것이 바오로 사도가 말한바 '우리는 그리스도와 함께 하느님 나라의 상속자가 되었다'는 구절의 의미입니다. 하느님의 자녀들이 하느님 나라를 상속함에 있어서, 누구는 우월하고 누구는 그보다 못한 일은 없습니다. 맏아들이 유산의 절반을 차지하고 다른 아들들은 나머지 절반에서 각기 자기 몫을 차지하는 그런 일은 없다는 말씀입니다. 그리스도와 함께 하느님 나라의 상속자가 되었다는 것은 모두가 그리스도와 동등한 축복을 받았다는 뜻입니다.

사람들은 때때로 우리를, 예수와 대등하다고 생각하는 교만한 자들이라고 비난합니다. 그러나 그것은 그들이 '함께 상속자가 되었다'

는 말의 의미를 이해하지 못한 데서 비롯된 오해입니다. 우리 중에서 위대한 스승이신 예수와 동일한 차원의 순수한 깨달음에 도달했다고 주장하는 사람은 하나도 없습니다. '함께 상속자가 되었다'는 말은 같은 능력과 같은 정도의 깨달음에 도달할 수 있는 가능성을 가지고 있다는 뜻이지, 현재 수준에서 동일하다는 의미는 결코 아닙니다. 우리는 모두 예수께서 하느님의 모든 자녀들과 당신의 진정한 제자들에게 약속하신 '모두가 자기와 같이 하느님의 분깃(뾨)을 나누어 받은 형제들'이라는 진리의 말씀을 확실히 이해하고 있습니다. 또 '하늘에 계신 너희 아버지께서 온전하신 것 같이 너희도 온전하라'는 그분의 말씀이 무슨 의미인지도 잘 알고 있습니다. 그분은 한 번도 불가능한 것을 요구하지 않았습니다.

그분은 인간이 온전하게 될 수 있다는 것을 분명히 아시고 온전하라고 요구하신 것입니다. 그러나 대부분의 사람들은 자기들은 결코 예수 그리스도와 같이 온전하게 될 수 없다는 그릇된 믿음을 가지고 자신의 현재 처지를 스스로 위안하고 있습니다. 그들은, 예수는 하느님이었기 때문에 인간이 할 수 없는 놀라운 일을 했다고 말하면서, 그러므로 예수처럼 되려고 하는 것은 무모한 짓이라고 주장합니다. 그들은 인간의 운명은 인간 자신의 의지와 선택에 의해 결정되며, 그보다 더 확실한 사실은 없다고 말합니다. 그러나 예수께서는 인간의 의지는 출발점에서 선택할 당시에는 어느 정도 유용하나, 운명을 결정하는 중대한 요소는 인간의 의지가 아니라 자신이 신적인 존재임을 아는, 깨달음이라는 것을 분명히 밝히셨습니다. 그는 '진리를 알지니 진리가 너희를 자유롭게 하리라'는 말씀을 얼마나 많이 하셨는지 모릅니다.

일상적인 예를 들어 생각해봅시다. 우리가 무엇인가에 대한 진리를 깨닫게 되면 이때까지의 무지에서 해방됩니다. 예를 들어 지구는 둥글고 지구가 태양 주위를 돌고 있다는 사실을 아는 순간, 이전에 가지고 있던 무지, 즉 지구는 평평하고 그 평평한 지구 위로 태양이 떴다 졌다 한다는 생각에서 완전히 해방됩니다. 마찬가지로 자기가 하느님의 자녀라는 사실을 깨닫는 순간, 자기는 삶과 죽음의 법칙에 종속된 인간일 뿐이며 인간에게 부과된 모든 제약 속에서 움직이는 존재라는 생각에서 해방됩니다. 자신의 신성神性을 깨닫는 순간 모든 제약에서 풀려나며 하느님의 능력을 소유하게 됩니다. 그리고 자기 내면의 신성이야말로 하느님과 직접 만나 교류하는 자리라는 것을 알게 됩니다. 또 신성이란 밖에서 주입되는 것이 아니라 내면에 깃들어 있으며, 신성에 의한 삶이 진정한 삶이라는 것을 깨닫기 시작합니다.

다른 사람의 삶에서 이상적인 모습을 발견하고 흠모하여 그것을 자기의 삶에 뿌리내리도록 하면, 신적인 법칙에 따라 같은 형태의 삶이 나타납니다. 죄의 힘을 믿고 그 결과를 실재하는 것으로 여기면 죄로 말미암는 고통을 피하지 못합니다. 그러나 자신의 삶이나 다른 사람의 삶에서 조화롭지 못한 상황에 직면하더라도 바른 견해를 가지고 대처한다면, 씨를 뿌리면 열매를 거두듯이 풍성한 영적 수확을 거두게 될 것입니다. 용서는 잘못을 범한 자와 사랑하는 자(용서하는 자)를 함께 자유롭게 하는 두 가지 역할을 수행합니다. 용서의 배후에는 원리에 뿌리를 둔 깊은 사랑이 자리 잡고 있습니다. 그 사랑은 '너는 내가 사랑하는 아들이요, 기뻐하는 자라'라는 아버지 하느님의 승인 외에는 그 어떤 보상도 바라지 않고, 주는 기쁨으로 다른 사람에게 주고자 하는 욕구입니다.

예수를 향한 '너는 사랑하는 아들이요, 기뻐하는 자라'라는 하느님의 음성은 우리에게도 똑같이 주어지고 있습니다. 나무에 붙어 있는 곰팡이나 버섯이 나무의 일부가 아니듯이, 여러분에게 있는 죄와 질병과 부조화는 여러분의 참자아인 하느님의 일부가 아닙니다. 그런 것들은 잘못된 생각의 결과로 여러분의 육체에 붙은 필요 없는 군살과 같은 것으로, 일종의 환영幻影입니다. 질병은 실재하는 것이 아니며, 질병에 대한 생각이 원인이 되어 결과로 나타난 것일 뿐입니다. 원인을 제거하거나 용서하면 결과는 저절로 사라집니다. 따라서 거짓된 믿음을 제거하면 질병과 고통은 사라지는 것입니다.

예수께서 항상 사용하신 치료 방법이 바로 이것이었습니다. 그는 치료를 받는 사람의 의식 속에서 거짓된 이미지를 지워버렸습니다. 그렇게 하기 위해서 먼저 자신의 사고를 하느님의 마음과 연결함으로써 육체의 진동을 높인 후, 인간이 온전하게 되기를 바라는 하느님의 마음과 자신의 상념의 진동을 일치시키고 그 자리에서 흔들리지 않고 굳게 섰습니다. 그러면 자신의 육체의 진동과 하느님의 마음의 진동이 일치하게 됩니다. 이렇게 하느님의 완전만을 생각하면 육체의 진동이 높아지는데, 예수께서는 손이 말라비틀어진 사람의 의식 속에서 손이 말라비틀어진 이미지를 지워낼 수 있는 단계까지 그 진동을 높여갔습니다. 그리고 '네 손을 펴라'고 말하자 말라비틀어진 손이 펴지고 온전하게 된 것입니다.

예수께서는 이렇게 인간이 온전하게 되기를 바라는 하느님의 마음에 자신의 의식을 집중함으로써, 치료하고자 하는 사람의 의식 속에서 불완전에 대한 이미지가 완전히 사라질 때까지 자신의 육체의 진동을 높여나갔습니다. 그리하여 병자는 즉시 질병에서 해방되어 완전한 용서를 받게 되었습니다.

마음을 하느님과 하느님의 완전에 집중하게 되면 육체의 진동이 높아지는데, 높아진 육체의 진동은 하느님의 완전한 진동과 공명하게 되고 결국은 여러분 자신이 하느님과 하나가 됩니다. 그런 상태에 도달하면 하느님의 마음과 일치된 진동을 통해서 여러분과 접촉하는 사람들의 육체의 진동에 영향을 줄 수 있고, 그들로 하여금 여러분이 보고 있는 완전함을 보게 할 수 있습니다. 그러면 여러분의 사명은 끝나는 것입니다.

여러분은 불완전함에 대한 이미지를 품고 그것의 결과가 현실로 나타날 때까지 육체의 진동을 떨어뜨려갈 수도 있습니다. 그러나 그렇게 한다면 자기가 뿌린 씨의 열매를 고통으로 거두지 않으면 안 될 것입니다.

하느님께서는 만물을 통하여 자신의 완전한 계획을 이루어가십니다. 사람들의 마음속에서 끊임없이 흘러나오는 완전함에 대한 상념은 인간이 만들어낸 것이 아니라 하느님께서 당신의 자녀들에게 보내시는 메시지입니다. 하느님의 메시지를 통해 품게 되는 완전함에 대한 상념은 우리 육체의 진동을 하느님의 완전한 진동과 하나 되도록 만듭니다. 완전함에 대한 상념을 갖도록 해주는 메시지는 곧 하느님의 말씀입니다. 이 하느님 말씀의 씨는 자신의 신성에 대한 깨달음이 있든지 없든지 간에 상관없이 받아들일 준비가 되어 있는 자의 마음 밭에 떨어집니다. 하느님의 유업을 보다 더 완전히 물려받기 위해서는, 하느님은 자신이 완전할 뿐만 아니라 여타의 만물도 완전하기를 바라시는 분이라는 생각에 마음을 집중해야 합니다. 육체의 진동을 하느님의 마음의 진동과 일치하도록 늘 하느님의 마음에 의식을 집중해야만 우리가 받은 신성이 완전히 나타난다는 말씀입니다.

풍성한 영적 깨달음의 수확을 거두기 위해서는 우리 마음의 진동이 하느님께서 당신의 사랑하는 아들에게 부어주시는 신적인 마음의 진동과 항상 조화를 이루어야 합니다. 우리는 말과 행동과 생각의 진동을 통해서, 온 세상의 죄를 멸하고 자유롭게 할 수 있는 능력을 가지고 있을 뿐만 아니라 우리 자신도 스스로 자유인이 되든지 아니면 노예가 되든지 할 수 있습니다. 사고의 진동이 어느 일정한 수준에 이르게 되면, 우리가 전능자에 의해 움직여지고 있다는 사실을 깨닫게 됩니다. 우리가 전능자의 힘으로 스스로를 통제하게 되기까지는 훈련이 필요하지만, 어쨌든 그러한 능력이 우리에게 주어졌다는 것은 특권이 아닐 수 없습니다. 우리는 하느님의 마음의 진동과 우리의 진동을 일치시키는 훈련을 통해서 우리 자신은 물론 이웃까지도 무지로 말미암는 죄와 질병의 굴레에서 해방시킬 수 있는 것입니다.

예수의 치료 방법의 근본은 마음속에 있는 병의 원인을 제거하는 것이었습니다. 그러므로 우리도 예수와 같은 방법을 실제 생활에 적용할 필요가 있습니다. 어두운 상념 속으로 몇 줄기 빛만 들어와도 많은 죄가 소멸됩니다. 그러나 의식 속에 깊은 뿌리를 내리고 있는 어두운 상념을 몰아내기 위해서는 끈질긴 인내가 필요합니다. 그리스도의 용서와 사랑은 막지 않는 한 한없이 널리 퍼져나갑니다. 한 사람의 마음에서 시작되는 용서는 모든 사람을 깨끗하게 하고 축복합니다. 그것은 처음에는 사고의 개혁이고, 나아가서는 부활입니다. 하느님이 유일하게 우주적인 마음이며 그 마음은 순수하고 거룩하며, 순수한 생각들 속으로 우리를 인도한다는 것을 알게 되면, 그리스도의 마음이 자기 속에 완전한 형태로 거한다는 진리를 굳게 붙잡고 나갈 수 있습니다. 그리고 조화롭고 건설적인 사고의 흐름에 따를 수 있습니다. 그러면 하느님께서 당신의 자녀들에게 부어주시는 넘치는 사랑의 흐름 속에 늘 거하고 있다는 것을 알게 될 것입니다.

상념이 세상을 주관하는 시대가 급속히 도래하고 있습니다. 상념은 하느님의 마음과 이 세상의 육체적인 질병과 부조화 사이를 중재하는 가장 유력한 수단입니다. 만약 하느님의 마음, 즉 여러분 속에 존재하는 하느님의 나라만을 바라보는 훈련을 계속해나간다면, 어떠한 부조화한 상황과 만나더라도 즉시 신적인 이상을 향해 마음의 눈을 돌릴 수 있을 것입니다. 그러면 구하는 자를 치유해주기 위해 늘 준비하고 있는 신적인 사랑이 모든 부조화를 깨끗이 제거해줄 것입니다.

예수께서는 오늘도 인간의 의식 속에 있는 망상, 즉 죄와 그 결과를 실재하는 것으로 보는 잘못된 생각을 씻어내기 위해 애쓰고 계십니다. 그는 하느님의 사랑의 심정에 들어감으로써 인간과 하느님과의 관계에 대한 깨달음을 얻었습니다. 그리고 하느님의 영靈만이 유일한 능력이라는 것도 깨달았습니다. 그래서 하느님 법칙의 지고성을 두려움 없이 선포할 수 있었습니다. 하느님의 법칙을 이해하고 삶에 적용하면 고통 속에서 신음하는 인간이 환희의 광채를 발하는 빛나는 존재로 변화되어 이 땅에 이루어진 천국의 시민이 됩니다.”

자스트의 말은 여기서 끝났다.

＋＋＋
11

　태양은 이미 지평선 아래로 사라지고 평화로운 밤을 예고해주는 노을이 아름답게 불타오르고 있었다. 지난 열흘 동안 처음으로 바람과 폭풍이 없는 고요한 밤이었다. 대원들은 모두 잠잠한 가운데 화려한 색채의 향연에 취해 있었다. 고비 사막의 고요한 일몰 광경은 보는 이로 하여금 모든 생각을 잊고 몽상에 잠기게 하는 마력을 가지고 있다. 저녁 하늘을 수놓은 여러 가지 색깔은 밝게 빛나는 것은 아니다. 그것은 마치 보이지 않는 손이 색색의 탐조등을 켜놓은 것처럼 하늘을 빛의 띠로 수놓고 있었다. 때로는 오색 무지개가 하늘 전체를 뒤덮은 것처럼 여러 가지 색깔이 조화롭게 어울린 모양으로 나타나기도 한다. 그러다가 넓은 흰빛 띠가 나타나고, 거기에서 비스듬한 각도로 보랏빛이 띠 모양으로 퍼져나간다. 보랏빛 곁에는 남색이, 남색 곁에는 푸른색이 띠 모양으로 연결되어 나타나 하늘 전체가 색색의 띠로 꽉 채워진 것처럼 보였다. 그 모든 색깔들은 중앙의 넓은 흰빛 띠에 연결되었고, 연결된 부분에서는 서로 섞인 상태로 조용히 정지해 있었다.

　잠시 시간이 지나자 띠 모양을 하고 있던 색색의 빛이 부챗살 모양으로 사방에 퍼져나갔다. 그리하여 모든 색이 섞여 점점 황금빛으로 변했고, 그 빛을 받은 모래사막은 일렁이는 황금물결 바다처럼 보였다. 이 노을을 보며 한 대원은 왜 고비 사막이 황금물결의 땅이라고 불리는지 이제 알겠다고 말했다. 이러한 광경이 10분 정도 지속된 후, 하늘에서 내려보낸 밤의 장막처럼 보이는 여러 색으로 물들인 노을이 점점 더 어두운 빛으로 변했다. 그리고 어둠이 왔다. 어둠은 너무나 급작스럽게 다가왔다. 그래서 대원들 중에는 이렇게 빨리 어둠이 내릴 수 있는가 하고 놀라는 사람들도 있었다.

합동 탐사대 대장인 레이가 바게트 아이랜드를 향해 지금 우리 발밑에 묻혀 있는 폐허가 된 도시를 건설하고 이 지역에 거주하던 사람들에 대해 이야기해달라고 부탁했다. 그러자 바게트 아이랜드가 말하기 시작했다. "우리에게는 7,000년 이상 대대로 물려온 기록이 있는데, 그 기록에 의하면 지금 이 캠프 아래에 폐허가 된 채로 묻혀 있는 도시는 23만 년 이전에 건설된 것으로 되어 있습니다. 그러나 이 도시가 건설되기 훨씬 이전에 서부에서 개척자들이 이 지방으로 이주해왔고, 그들은 남부와 남서부 지방에 정착했습니다. 그들은 점점 더 번성해가면서 북부와 서부 지방에까지 진출하여, 결국 이 지방 전역에 사람이 거주하게 되었습니다. 비옥한 전답과 과수원이 형성되면서 개척 이주민들은 도시를 건설할 기초를 쌓게 되었는데, 처음에는 규모가 그리 크지 않았지만 과학과 예술에서의 공동 작업을 교환하기 위해서는 어떤 중심지가 있는 것이 편리하다는 것을 알고 큰 규모의 도시를 만들어가게 되었던 것입니다.

사원도 여러 개 건립되었습니다. 예배를 위한 장소는 아니었습니다. 왜냐하면 그들의 일상생활 자체가 예배였기 때문입니다. 그들의 삶은 항상 생명의 근원인 신께 바쳐졌고, 생명의 근원에 순응하여 살아가는 동안에는 생명의 기력이 소진되지 않았습니다. 그 시대에는 남자나 여자나 할 것 없이 수천 년을 사는 사람이 흔했습니다. 사실 그들은 죽음을 몰랐던 것입니다. 그들은 점점 더 높은 차원의 생명을 실현해갔습니다. 생명의 근원에 대한 자각과 믿음을 가지고 있었고, 생명의 근원은 한없는 풍요로움을 넘치도록 부어주었습니다. 이야기가 잠시 곁길로 흘렀군요. 그러면 이제 사원에 대해 얘기해보도록 하지요. 처음에 그 사원들은 그들이 이룩한 과학이나 예술이나 역사에 관한 업적을 기록한 문헌을 보관해두고 필요할 때 이용하기 위한 장소였습니다. 따라서 예배를 드리는 장소가 아니라 학문을 깊이 탐구하고 토론하기 위한 장소였던 셈입니다. 그들에게서 예배란 어떤 특정한 집단이 어떤 특정한 시간에 드리는 것이 아니라, 개인이 일상생활 속에서 가지는 생각과 행위 그 자체였습니다.

그들은 교통을 원활히 하기 위해서는 넓고 평탄한 길이 좋다는 것을 알고 도로를 포장하는 기술을 발달시켰습니다. 또 안락하고 튼튼한 집을 짓기 위해서 돌을 깎는 방법과 벽돌 만드는 방법, 그리고 그것들을 견고하게 접착시키기 위한 회반죽을 만드는 방법도 개발했습니다. 이 점은 발굴 과정을 통해서 여러분도 직접 확인하신 바 있습니다. 그들은 금이 녹슬지 않기 때문에 가장 유용한 금속이라는 것도 발견했습니다. 처음에는 모래에서 금을 채취하다가 다음에는 바위에서 그리고 마지막에는 제조하는 방법까지도 알아냈습니다. 그리하여 금이 일상생활에서 흔히 사용하는 금속이 되었습니다. 그들은 금뿐만 아니라 필요한 다른 금속을 제조하는 방법도 발견하여 부족함이 없는 금속 문명을 누렸습니다. 소규모 영농에 만족하지 못한 그들은, 광활한 토지를 대규모로 경작하는 기계 영농에도 눈떴습니다. 그리하여 그 중심지들은 자연히 규모가 커져서 10~20만 명 정도가 거주하는 도시로 발전하게 된 것입니다.

왕이나 통치자가 없었고, 모든 통치는 주민들이 직접 뽑은 고문단에 의해 자치적으로 이루어졌습니다. 공동체들 간에 서로 대표를 교환하기도 했습니다. 그러나 개인 생활을 통제하는 규칙이나 법률은 제정되지 않았습니다. 주민들 각자가 자신의 실상을 깨닫고 보편적인 법칙에 따라 조화롭게 살았습니다. 그러므로 어떤 법률도 제정할 필요가 없었고, 오직 현자의 지혜로운 충고와 제언만이 필요했던 것이지요. 그러나 세월이 지나면서 여기저기에서 정도를 벗어난 사람이 생겨나게 되었습니다. 그들은 영향력을 가지고 자기주장을 펴나갔고, 다른 사람들은 엉거주춤한 태도로 망설이게 되었지요. 아직은 백성들 전체가 사랑의 속성을 충분히 성숙시키지 못한 상태였기 때문에, 사람들 사이에 미묘한 분열이 생기기 시작했습니다. 분열의 폭은 점점 커져서 마침내는 강력한 지도력을 갖춘 사람이 스스로 왕이나 지도자를 자처하고 나서는 단계에까지 이르게 되었습니다. 처음에는 그들의 통치가 지혜로웠습니다. 그래서 그러한 왕과 백성의 분리가 어떠한 결과를 가져올 것인지를 예감하는 몇몇 사람을 빼고는 모든 백성이 그들의 통치에 순히 응했습니다.

그때부터 왕들의 통치에 반대하던 소수의 사람들은 자기들끼리 공동체를 형성하고, 백성들에게 지배 계급인 왕과 피지배 계급인 백성의 분리가 얼마나 어리석은 일인가를 일깨워주며 어느 정도는 세속에서 물러나 은둔 생활을 하기 시작했습니다. 그들은 점점 사제 집단으로 발전해나갔고, 왕을 비롯한 지배자들은 통치자 계급을 이루어나갔습니다. 그때부터 통치자 집단은 정도에서 벗어난 길을 걷기 시작했는데, 이러한 사실은 그들의 역사와 문명을 연구해보면 쉽게 밝혀질 것입니다. 단순한 진리의 가르침을 보존하고 따르는 사람은 극소수에 불과하게 되었습니다. 대부분의 사람들은 단순한 진리에 따라 창조주와 조화를 이루는 삶을 포기하고 매우 복잡한 삶을 살기 시작했습니다. 그들은 자기들의 삶이 복잡하고 고되다는 것을 인정하고자 하지 않았습니다. 또 창조의 원리에 순응해서 단순하게 사는 것이 보다 더 풍요로운 삶이라는 것도 까맣게 잊어버렸습니다. 그리하여 보다 더 나은 길을 발견하게 될 때까지 계속 하락의 길을 밟아나가지 않을 수 없었습니다."

여기에서 바게트 아이랜드는 말을 멈추었다. 그리고 입을 다문 채 그 자리에 그대로 서 있었다. 그러자 잠시 후 우리 눈앞에 영상이 나타났다. 그 영상은 앞에서도 이야기한 것처럼, 처음에는 정지된 것처럼 보이다가 점점 생기를 띠고 살아 움직이기 시작했다. 그리고 바게트의 설명과 함께 순간순간 장면이 바뀌었다. 우리가 질문하고 그가 대답할 때마다, 그의 마음대로 어떤 장면이 정지하거나 바뀌는 것처럼 보였다. 비쳐지고 있는 장면들은 우리 캠프 아래에 묻힌 고대 도시의 모습인 것으로 여겨졌다. 길이 넓고 잘 보수되어 있다는 점을 제외하면 오늘날 일반적인 동양 도시들과 다를 바 없는 모습이었다. 주민들은 품질이 좋은 옷을 입고 밝게 빛나는 명랑한 얼굴을 하고 있었다. 군인이나 빈민이나 거지는 어느 곳에서도 찾아볼 수 없었다. 튼튼하고 아름답게 지어진 건물들이 기분 좋게 늘어서 있는 것이 주의를 끌었다. 요란스럽게 겉치장을 한 건물은 없었지만, 웅장하고 아름다운 사원이 하나 있었다. 우리는 그 사원이 완전히 자원하는 사람들 손에 의해서만 건립되었으며 그 지역에서 가장 아름답고 오래된 것이라는 얘기를 들었다.

우리가 본 장면대로라면, 그 당시 주민들은 매우 만족스럽고 행복한 삶을 누리고 있었음이 분명했다. 바게트의 말에 따르면, 군인들은 첫 번째 왕조의 두 번째 왕이 통치를 시작한 이후 거의 200년이 지난 다음에야 비로소 생겼다고 한다. 그 당시 왕은 신하들을 먹여살리기 위해서 국민에게 세금을 부과하기 시작했고, 군인들이 그 세금을 징수하는 일을 맡았다고 한다. 그렇게 하여 약 50년이 지나자 시골에 사는 사람들 가운데 가난한 자들이 생겨나기 시작했다고 하는데, 왕국 제도와 지배자들에게 불만을 품은 사람들이 세속을 떠나 은거하기 시작한 것은 그 무렵부터인 것 같았다. 바게트 아이랜드는 그때 세속을 떠난 사람들의 직계 자손이라고 했다.

밤이 깊어졌다. 바게트는 아침 일찍 출발하는 것이 훨씬 좋을 것이라고 하면서 그만 들어가 쉬라고 했다. 한낮의 세 시간 동안은 너무 뜨거워서 길을 가기가 어려웠고 겨울 폭풍이 불어닥칠 시기도 가까워오고 있었다.

우리가 포함된 합동 탐사대는 예정된 발굴과 탐사를 좀더 면밀하게 수행하기 위해 일정을 최대한 빨리 진행시키기로 합의했다. 그래서 우리의 탐사 대장과 나를 포함한 조원 세 명은 문서 번역을 맡게 되었고, 다른 탐사대는 이 지역의 조사를 맡았다. 하지만 다른 탐사대 대장의 죽음으로 인해 우리의 계획은 예정대로 진행되지 못했다.

❖ ❖ ❖
12

　다음 날 아침 일찍 일어나 동이 트기 전에 바게트 아이랜드의 고향을 향해 출발했다. 12일째 되는 날 저녁 무렵에 그 마을에 도착했다. 사막에서의 마지막 날 오후에 불쑥 우리 캠프를 방문했던 대사들이 반갑게 맞아주며 며칠 묵어가라고 권했다. 우리에게 제공된 방은, 사막에서 여러 날을 지내고 온 우리에겐 차라리 화려하게 느껴질 정도였다. 우리는 30분 안에 저녁 식사가 준비될 것이라고 들었다. 주변을 정리한 후 방으로 가보니 많은 친구들이 기다리고 있었다. 그들은 당신네 마을처럼 생각하고 마음 편히 지내라고 하면서 따뜻하게 맞아주었다. 마을 촌장은 우리를 환영하면서 통역자를 통해, 자기 집에 저녁 식사를 마련해놓았으니 함께 가자고 했다. 우리는 즉시 출발했다.

　그 지방 풍습대로 두 무사武士의 호위를 받으며 촌장이 앞섰고, 레이와 겨울 숙소의 여주인, 우리 대장, 에밀 대사의 고향에서 만찬 사회를 보았던 아름다운 여인이 그 뒤를 따랐다. 그다음에 내가 에밀 대사, 그의 모친과 함께 걸었고, 나머지 대원들은 그 뒤에서 따라왔다. 얼마 가지 않았을 때, 군중들 틈에 끼여 있던 초라한 모습의 소녀가 그 지방 방언으로 에밀 대사의 모친에게 드릴 말씀이 있다고 하면서 다가왔다. 촌장은 왜 번거롭게 하느냐면서 그 소녀를 밀쳐내려고 했다. 그러나 에밀 대사의 모친은 곁에 있던 나와 에밀 대사의 팔을 잡고 멈추어 서서, 그 소녀의 말을 들으려고 대열에서 빠져나왔다.

그때 겨울 숙소의 여주인도 멈칫멈칫하다가 함께 들어야겠다며 대열에서 빠져나왔다. 결국 모든 사람이 멈추어 섰다. 에밀 대사의 모친이 촌장에게 잠시 후에 갈 터이니 먼저 가서 자리나 정리해놓으라고 하면서 자리 정리가 끝날 무렵에는 도착할 것이라고 말했다. 그러는 동안에도 그는 소녀의 손을 잡고 있었다.

일행이 움직이기 시작하자 그는 앉아서 소녀를 끌어안고 "애야, 무엇을 도와주련?"하고 물었다. 소녀는 그날 오후 자기 남동생이 높은 곳에서 떨어져 등뼈가 부러진 것 같다고 하면서, 동생이 무척 아파하니 가서 도울 수 있는지 봐달라고 청했다. 에밀 대사의 어머니는 일어나서 우리에게 상황을 설명했다. 그리고 자기는 그 소녀와 함께 갔다 오겠으니 먼저 가서 기다리고 있으라고 했다. 합동 탐사대 대장인 레이가 함께 가고 싶다고 청했다. 그러자 에밀 대사의 어머니는 좋다고 했다. 에밀 대사의 어머니는 소녀의 손을 잡고 앞서갔고, 우리는 그 뒤를 따랐다. 소녀의 발걸음은 기쁨이 넘치는 듯 가벼웠다. 그 모습을 보고 겨울 숙소의 여주인이 말하기를 저 소녀는 에밀 대사의 어머니가 자기 동생을 고쳐주리라 확신하고 있는 것 같다고 했다.

집에 도착하자 소녀는 뛰어들어가서 우리가 왔다는 것을 가족들에게 알렸다. 그 집은 형편없는 진흙 오두막이었다. 우리의 생각을 알아차린 에밀 대사의 어머니가 말했다. "오두막이긴 하지만 저 안에는 사랑의 고동이 맥박치고 있습니다." 그때 문이 열리더니 들어오라는 굵직한 남자의 목소리가 들렸다. 우리는 안으로 들어갔다. 밖에서 볼 때도 형편없는 집이었는데, 안은 더 형편없었다. 함께 간 일행이 들어갈 자리도 없었고 천장도 허리를 펴고 설 수 없을 정도로 낮았다. 소녀의 부모가 지저분한 바닥에 앉아 있었고, 희미한 등잔불 빛이 그들의 굳어진 얼굴을 비추고 있었다. 한쪽 구석에는 검불 더미와 냄새 나는 누더기 천 위에 다섯 살이 채 안 되어 보이는 어린 소년이 창백한 얼굴을 하고 누워 있었다. 소녀는 동생 곁으로 다가가 무릎을 꿇고 앉아서 양손으로 동생의 볼을 쓰다듬으며, 이제 훌륭한 아주머니께서 오셨으니 완전히 나을 것이라고 말했다. 그리고 볼에서 손을 떼고 자기 동생이 손님을 잘 볼 수 있도록 옆으로 비켜 앉았다. 소녀는 그때 함께 온 우리를 발견했다. 그러고는 깜짝 놀라는 듯이 몸을 움츠리더니 두 팔로 얼굴을 감싸고 흐느끼면서 "저는 아주머니 혼자 오시는 줄 알았어요" 하고 말했다. 에밀 대사의 어머니는 소녀를 감싸 안았다. 그리고 잠시 그대로 있었다. 그러자 소녀는 울음을 그쳤다.

에밀 대사의 어머니는 다른 사람이 있는 것이 싫으면 가라고 하겠다고 말하자 소녀는 아니라고 했다. 자기는 동생 일만 생각하고 있었기 때문에 우리가 함께 따라온 것을 알지 못했고, 그래서 갑자기 많은 사람이 나타난 것을 보고 놀랐을 뿐이라고 했다. 그러자 에밀 대사의 어머니가 "애야, 너는 동생을 참 사랑하는구나. 그렇지?" 하고 물었다. 아홉 살이 채 안 되어 보이는 그 소녀는 "예, 동생을 사랑해요. 그리고 저는 모든 사람을 사랑해요" 하고 대답했다.

우리는 그들의 말을 알아들을 수 없었기 때문에 그 대화는 에밀 대사가 통역해주었다. 에밀 대사의 어머니가 말했다. "네가 동생을 그처럼 사랑한다면 너도 동생이 낫도록 도와줄 수 있단다." 에밀 대사의 어머니는 소녀에게 양손을 동생의 얼굴에 얹어놓으라고 하고 자신은 한 손을 소년의 이마 위에 얹어놓았다. 그러자 신음이 그치고 창백하던 소년의 얼굴이 금세 밝아졌다. 소년의 몸은 긴장이 풀린 편안한 자세가 되었다. 완전한 고요가 방 안에 가득 찼으며, 소년은 편안하게 잠들었다. 에밀 대사의 어머니와 소녀는 잠시 그 자리에 그대로 앉아 있었다. 에밀 대사의 어머니는 왼손으로 누워 있는 아이의 얼굴에 놓여 있던 소녀의 손을 떼어놓으며, "얼마나 튼튼하고 아름답니!" 하고 말했다. 그러고 나서는 이마 위에 올려놓았던 자신의 손도 살며시 떼어내었다. 그때 바로 곁에 있던 나는 그가 일어나는 것을 도우려고 손을 내밀었다가, 그의 손에 내 손이 닿는 순간 전기에 감전된 것과 같은 짜릿함이 온몸을 관통하는 바람에 몹시 당황했다. 그는 가볍게 일어나더니 말했다. "죄송합니다. 저에게서 그렇게 큰 힘이 흘러나가는 것을 잠시 깜박했군요." 나는 즉시 자세를 바로잡았다. 다른 사람들은 소년이 치유된 사실에 깊이 몰두해 있었기 때문에 무슨 일이 일어났는지도 모르고 있었다.

소녀는 에밀 대사의 어머니 앞에 앉아서 에밀 대사 모친의 발을 어루만지며 양말 위에 거의 광적으로 입을 맞추었다. 에밀 대사의 어머니는 가만히 앉아서 소녀를 안고 눈물로 얼룩진 얼굴을 들어올려 눈물을 닦아주고 눈과 입술에 입을 맞추었다. 그 소녀는 에밀 대사 모친의 목을 꽉 끌어안았다. 그 둘은 그 자세로 움직이지 않고 앉아 있었다. 잠시 후 이상한 빛이 방 안에 퍼지며 점점 밝아지더니, 마침내는 방 안에 있는 모든 것이 빛으로 가득 차게 되었다. 그림자를 드리우는 것은 하나도 없었다. 방도 더 넓어진 것처럼 보였다. 그러자 굳은 표정으로 더러운 바닥에 앉아 있던 아이들의 부모 얼굴이 공포에 질린 듯 창백하게 변했다. 아버지 되는 사람은 일어나 도망을 쳤다. 얼마나 황급히 도망쳤는지 문 쪽으로 달려나가다가 하마터면 합동 탐사대 대장인 레이를 넘어뜨릴 뻔하였다. 아이들의 어머니는 에밀 대사 모친의 발 옆에 엎드려 떨면서 울고 있었다. 에밀 대사의 어머니가 그의 머리 위에 손을 얹고 작은 소리로 무슨 말인가를 했다. 그랬더니 그는 울음을 그치고 무릎을 꿇고 선 것도 아니고 앉은 것도 아닌 엉거주춤한 자세를 취하고 주위를 돌아보았다. 그는 실내가 변화된 것을 그때 비로소 알아차린 것 같았다. 그는 놀란 나머지 재빨리 일어나 도망치려고 했다. 그러자 에밀 대사와 에밀 대사의 고향에서 만찬의 사회를 보았던 아름다운 부인이 양쪽에서 그의 팔을 잡았다. 그대로 잠시 시간이 흐르자 그의 놀랐던 표정이 미소로 바뀌었다. 우리도 주위를 둘러보았다. 우리가 들어올 때는 지저분한 오두막이었는데 깨끗한 침대와 테이블과 의자가 정갈하게 배치되어 있는 안락한 집으로 변해 있었다. 에밀 대사가 곤히 잠들어 있는 소년을 안아다가 깨끗한 침대 위에 누이고 이불을 덮어주었다. 그러고 나서 마치 어머니처럼 그 아이의 이마에 부드럽게 입을 맞추었다.

에밀 대사의 모친과 소녀가 아이들의 어머니에게 다가갔다. 우리도 모두 그 주위에 둘러섰다. 아이들의 어머니는 무릎을 꿇고 에밀 대사 모친의 발등에 입을 맞추면서 떠나지 말라고 간청했다. 에밀 대사가 그를 떼어놓고 그들의 말로 조용히 무슨 말인가를 했다. 그러자 그가 일어났다. 그가 입고 있던 낡은 옷은 새 옷으로 변해 있었다. 그는 잠시 아무 말도 못하고 멍하니 있더니, 에밀 대사의 어머니에게 몸을 던졌다. 에밀 대사의 모친은 두 팔을 벌려 그를 꼭 끌어안았다. 잠시 후 에밀 대사가 그들의 팔을 풀어 둘을 떼어놓았다. 그때 소녀가 앞으로 뛰어나오면서 "보세요, 제 물건들이 모두 새것으로 변했어요" 하고 외쳤다. 에밀 대사의 어머니는 몸을 굽혀 그 소녀를 안아 올렸다. 소녀는 에밀 대사 모친의 목을 끌어안고 어깨 위에 얼굴을 걸치고 환한 미소를 지었다. 합동 탐사대 대장인 레이가 에밀 대사 모친의 등 뒤에 다가가 소녀에게 손을 내밀었다. 소녀는 레이의 두 손을 잡고 자기는 우리 모두를 사랑하지만 특히 이 아줌마(에밀 대사의 모친)를 더 사랑한다고 말했다.

에밀 대사가 아이들의 아버지를 데리러 간다고 나가더니, 잠시 후 아직도 놀라서 굳은 표정을 하고 있는 아이들의 아버지를 데리고 왔다. 에밀 대사의 어머니는 소녀를 아버지 곁으로 데려다주었다. 우리는 그의 표정이 굳어 있었지만 그 밑에는 깊은 감사의 심정이 서려 있음을 알 수 있었다. 떠날 채비를 하고 그 집을 나서는데, 아이들의 어머니가 자기 집을 다시 방문해줄 수 없느냐고 물었다. 우리는 다음 날 다시 방문하겠다고 약속하고 그 집을 떠났다.

우리는 너무 오래 기다리게 한 것이 아닌지 염려하면서 서둘러 촌장의 집으로 향했다. 여러 시간이 지난 것 같았는데 사실은 30분 정도밖에는 지체되지 않았다. 그 사건은 분명히 지금 내가 그 이야기를 기록하는 데 걸린 시간보다 훨씬 짧은 시간 안에 이루어졌다. 우리는 촌장과 함께 먼저 간 대원들이 식탁에 막 자리를 잡고 앉을 무렵에 도착했다. 합동 탐사대의 대장인 레이는 우리 대장 곁에 앉기를 요청했다. 그래서 그는 우리 대장과 나란히 앉았다. 그는 흥분의 빛을 감추지 못했다. 후에 우리 대장은 그가 그렇게 엄청난 사건을 목격한 것에 너무 감동받아 한시도 조용히 있질 못하더라고 말했다. 좌석은 상석에 촌장이 앉고 그 오른쪽으로 에밀 대사의 모친, 에밀 대사, 에밀 대사의 고향에서 만찬 사회를 보았던 아름다운 부인, 우리 대장, 그리고 합동 탐사대 대장인 레이가 차례로 앉았다. 촌장 왼쪽으로는 겨울 숙소의 여주인과 에밀 대사의 아들과 딸이 앉았다. 이렇게 앉은 순서를 언급하는 것은 후에 일어날 사건 때문이다. 모든 사람이 자리에 앉은 후에 식사가 시작되었다.

식사가 반쯤 진행되었을 때, 촌장이 바게트 아이랜드에게 방금 전에 하던 얘기를 계속해보라고 요청했다. 아마 그들이 무슨 이야기를 나누던 중에 다른 마을의 촌장이 오는 바람에 대화가 중단된 것 같았다. 바게트 아이랜드는 일어서더니 붓다와 예수의 삶이 유사하다는 것에 관해서 이야기를 나누고 있었는데, 우리만 좋다면 그 이야기를 계속해보고 싶다고 했다. 그리고 그 지방 관습상 촌장이 알아들을 수 있는 그 지방 말로 하겠다고 했다. 그러자 자스트가 영어로 통역해 주겠다고 나섰다. 촌장은 상황을 알아차리고, 참석한 대부분의 사람들이 영어를 할 줄 아니까 먼저 영어로 말하고 자스트가 그것을 자기에게 통역해달라고 했다. 바게트 아이랜드가 이야기를 시작했다.

"하느님의 영靈이 생각과 행동 전체를 지배한다면, 또는 예수의 말씀처럼 '성령이 임하면' 인간의 능력이 어느 정도가 될 것인지 상상할 수 있습니다. '성령이 임하면 권능을 받으리라'는 예수의 말씀은 하느님의 권능이 삶 전체를 결정하게 되는 상황에 대한 말씀입니다. 그리고 하느님의 권능이 삶 전체를 결정한다는 것은 하느님께서 육신 생활 속에서 자신을 나타내신다는 뜻입니다. 사실 이러한 일은 선견자나 예언자들이 자신의 삶이나 가르침을 통해서 어느 정도는 드러내 보였습니다. 즉 그들은 자신들이 깨달은 만큼, 자신의 삶을 통해 하느님을 드러낸 것입니다.

하느님으로부터 오는 계시를 통해 참다운 이상을 품고, 충실하게 그 이상을 따른 사람들은 고상한 인격과 순수한 영혼 그리고 고결한 도덕성을 성취했습니다. 그런데 그렇게 앞서간 사람들의 뒤를 따라 그들이 품고 있었던 이상을 자기의 이상으로 삼고 정진해나가는 사람들도 선배들이 성취한 삶을 이루어낼 수 있습니다. 이러한 일을 통해 세상은 모든 하느님의 자녀들이 아직 개현되지 않은 잠재된 가능성을 가지고 있다는 것을 알게 되겠지요.

그러나 믿음의 선배들 중에서, 하느님께서 당신의 자녀들을 위해 예비해두신 궁극적인 완전에 도달했다고 주장한 사람은 하나도 없습니다. 예수께서도 이렇게 말씀하셨습니다. '나를 믿는 사람은 내가 행하는 일을 그도 행할 것이요, 나보다 더 큰 일도 행할 것이다.' 그럼에도, 예수께서는 '하늘에 계신 너희 아버지께서 완전하신 것같이 너희도 완전하라'고 말씀하셨습니다. 이런 요지의 말씀은 붓다께서도 하신 적이 있습니다.

하느님의 자녀들은 신화적인 존재가 아닙니다. 그들의 삶과 행위는 시대를 거쳐 내려오면서 수많은 사람들의 가슴 속에 분명한 감명을 주었습니다. 물론 그들의 삶과 관련하여 신화와 전승이 만들어진 것은 사실입니다. 하지만 그들의 삶과 인간됨에 관심이 있는 사람이라면, 그들의 가르침이 진리인지 아닌지 자신의 삶에 적용해보는 것이 현명한 일입니다. 이 위대한 성현들에 의해 실현된 이상은 다른 모든 진정한 위인들의 삶도 지배했습니다. 이 사실 하나만으로도 그들의 가르침이 진리라는 충분한 증거가 될 것입니다. 위대한 종교들은 모두 위대한 성현들의 삶에서 비롯된 것입니다. 따라서 성현들의 삶을 부정하고자 하는 사람이 있다면, 그는 먼저 위대한 종교들이 어떻게 존재하게 되었는가를 스스로 물어보아야 할 것입니다. 위대한 종교의 창시자라고 할 수 있는 성현들은 인류의 보다 나은 장래를 위한 기초가 된 분들입니다. 이것은 부인할 수 없는 사실입니다. 그들의 삶과 가르침은 한계와 굴레에서 벗어나고자 하는 인류의 그 어떤 노력보다도 훨씬 더 오래도록 살아서 진리의 빛을 비출 것입니다.

그들의 삶에 관한 기록은 잘 보존되어 있습니다. 따라서 그 기록들은 마음을 열고 그들의 삶을 연구하려고 하는 자들에게 좋은 자료가 될 것입니다. 우리는 열린 마음으로 그들의 삶을 연구함으로써 그들의 가르침과 이상을 우리 것으로 삼을 수 있습니다. 그들의 삶에 동참하는 길은 그 방법밖에는 없습니다. 진정한 선견자들은 그들의 가르침과 이상을, 영감을 통해서 주어지는 메시지로 받아들였습니다. 예수와 붓다, 최소한 이 둘은 그들이 가르친 인간의 위대한 가능성을 현실에서 실현한 분들입니다. 그들은 공통적으로 '나는 모든 사람을 위한 길이요, 진리요, 생명의 빛'이라는 뜻의 말씀을 남겼습니다. 자신들의 신성을 자각한 그들은 '나는 세상의 빛이다. 나를 따르는 자는 어둠 속을 걷지 아니하고 영원한 생명을 얻으리라. 그리고 모든 제약과 속박에서 벗어나리라'라고 선언했습니다. 또 다음과 같은 말도 거의 비슷하게 남겼습니다. '나는 진리를 증거하기 위해 세상에 왔노라. 누구든지 진리에 속한 자는 내 음성을 들으리라.' 이러한 말씀은 하느님의 자녀들로 하여금 자기 속에 있는 그리스도를 나타내도록 하는 데 직접적인 영향을 끼쳐왔습니다.

세계의 모든 종교들은 감각의 제약에서 벗어나려고 몸부림치는, 인간 안의 보다 더 고상한 능력을 계시해주고 있습니다. 여러 다양한 종족이 보존해오고 있는 경전들 속에는 그러한 지혜가 담겨 있습니다. 여러분의 성경 속에 포함되어 있는 욥기의 기원은 서구의 역사가 시작되기 훨씬 이전으로 거슬러 올라갑니다. 사실 그 책은 고대에 번창한 문명이 존재했던 이 지방에서 기록된 것입니다. 민간전승이 첨부되는 등 여러 가지 변화를 겪었음에도 불구하고, 욥기 속에는 여전히 신비한 의미가 보존되어 있습니다. 욥기가 기록될 당시의 사람들은 거의 다 멸망했습니다. 하지만 욥기의 메시지는 영원히 사라지지 않을 것입니다. 왜냐하면 그 메시지는 전능자의 지고한 비밀 처소에서 나온 것이고 그 지고함을 완전히 이해한 것이기 때문입니다. 우리는 종교에서 경전이 나왔지 경전에서 종교가 나온 것은 아니라는 사실을 명심해야 합니다. 모든 경전은 종교의 산물입니다. 결코 경전이 종교를 만들어낸 것은 아닙니다. 종교는 삶의 체험에서 나오는 것이고, 경전은 종교에서 나오는 것입니다.

여러분은 어떤 바라는 바를 성취하기 위해서는, 목적과 목적을 이루기 위한 노력이 하나가 되는 것이 가장 효과적이라는 사실을 아실 것입니다. 온갖 것을 생각하고 끌어당기는 대신 그들은 하나 되어 생각할 것입니다. 그러면 사람들은 강하게 함께 모든 것을 끈다는 것이 무슨 뜻인지 알 것입니다. 하나가 되고자 하는 목적을 품고 그 목적을 이루기 위해 뜻을 합친다면 불가능한 일이 없을 것입니다. 의식 속에서 악마적인 이기심을 제해버리면 지구의 파멸을 가져올 곡^{Gog}과 마곡^{Magog} 전쟁도 일어나지 않을 것입니다. 그러나 이러한 일은 외부에 있는 어떤 신이 이루어주는 것이 아닙니다.

예수께서 '내 말이 곧 영이요, 생명이다'라고 말씀하셨을 때, 그것은 자기 내면에 있는 만물을 창조하는 신적인 말씀을 가리킨 것입니다. 그는 자신의 말이 생명으로 충만해 있으며, 원하는 것을 생성시켜낼 수 있는 능력을 가지고 있다는 것을 알고 있었습니다. 예수의 이러한 말씀을 듣고 공감하는 사람은 하느님으로부터 흘러나오는 영생의 샘에 이르는 길을 발견할 것입니다.

심장 바로 뒤에 있는 사랑의 자리인 그리스도의 보좌를 일념으로 응시하는 것을 통해서도 자기 속에 있는 그리스도가 나타나게 할 수 있습니다. 이것은 그리스도의 보좌에 정신을 집중하여 보좌에 앉아 계신 그리스도가 육체의 모든 행동을 하느님의 법칙에 완전히 일치하도록 지배하고 있다고 생각하며, 자신은 그리스도와 함께 신적인 마음에서 직접 오는 이상을 품고 있다고 생각하는 명상입니다. 세포, 섬유질, 근육, 그리고 신체 기관 하나하나가 그리스도에 의해 움직이고 있다고 생각을 확장해나가면 결국에는 몸 전체가 그리스도의 명령에 따르게 될 것입니다. 그러면 몸 전체가 하느님의 독생자 그리스도가 되며, 하느님께서 기쁘게 거하시는 깨끗한 성전이 됩니다.

여러분은 그리스도의 보좌로부터 신체의 각 신경총에 긍정적이고 지혜와 사랑이 넘치며 두려움을 모르는 능력의 메시지를 보낼 수 있습니다. 그리하여 하느님의 영과 하나 된 순결한 존재가 되어, 육체적인 욕망이나 불순한 것은 더 이상 접근하지 못하게 됩니다. 이것은 순결한 그리스도 속에 잠긴 상태입니다. 그리스도 안에 있는 생명의 성령이 여러분을 하느님의 성전으로 만듭니다. 그러면 이제는 '아버지, 모든 것 속에서 당신의 완전한 자녀인 그리스도를 보게 하소서'라고 기도하며 그리스도를 축복할 것입니다.

여러분 내면에 존재하는 그리스도를 실현해낸 다음에는, 만약 금이 필요하다고 손을 내밀기만 하면 금이 생겨날 것입니다."

이렇게 말하고 나서 바게트 아이랜드는 자신의 손을 내밀었다. 그의 양손에 영국에서 사용되는 1파운드짜리 금화보다 약간 큰 동그란 모양의 금덩이가 두 개가 나타났다. 그는 자기 양쪽에 있는 사람들에게 그 금덩이를 각각 건네주었다. 테이블에 앉은 모든 사람이 돌려가면서 관찰했다. (우리는 그 금덩이를 보관하고 있다가 후에 전문가에게 감정을 의

초인생활 ✦ 탐사록

뢰한 결과 순금이라는 통보를 받았다.)

"만약 다른 사람을 돕고자 한다면 도움을 받을 상대방 속에 있는 그리스도를 볼 수 있어야 합니다. 그리고 상대방 속에 있는 그리스도에게 얼굴을 마주 보고 말하듯이 직접 말해야 합니다.

또 당면한 문제나 어떤 사물에 대해 좀더 명확한 견해를 갖고자 한다면 정신적으로 여러분 속에 있는 그리스도가 사물이나 문제의 보이지 않는 혼에게 직접 묻도록 해야 합니다. 즉 사물이나 문제가 가지고 있는 혼에게 스스로에 대해 이야기하도록 해야 한다는 말씀입니다.

하느님의 완전한 계획이 이루어지기 위해서는 나무나 꽃이나 풀도 필요하지만 하느님의 자녀들 또한 꼭 필요합니다. 하느님의 자녀들은 하느님께서 원하시는 것이 실현되도록 하느님의 뜻에 협력해야 합니다. 그래야만 하느님의 뜻이 이루어집니다. 인간이 하느님의 완전한 계획에서 이탈함으로써 세상이 조화와 균형을 잃고, 그 결과 하느님의 자녀들이 파멸에 이르렀습니다. 조화롭고 균형 잡힌 세상으로 만드는 것은 하느님의 자녀들 가슴 속에 있는, 평안의 힘과 연합되어 있는 완전한 사랑의 상념입니다.

과거에 이 지역에 찬란한 문명을 건설했던 사람들이 사랑의 상념을 무시하고 대신 죄와 정욕의 상념을 품었을 때 세상은 균형을 잃었고, 그 결과 거대한 심판의 물결이 덮쳐와 거의 모든 사람이 죽고 그들이 이룩해놓은 문명도 완전히 파괴되어버리고 말았습니다. 그 당시 사람들은 오늘날보다도 훨씬 더 놀라운 문명을 이룩했습니다. 그러나 하느님께서는 인간의 생각을 강제로 움직이지 않으실 뿐만 아니라 인간 대신 세상의 균형을 잡아주시지도 않습니다. 사랑할 것이냐 미워할 것이냐, 또는 균형 잡힌 세상을 만들 것이냐 아니면 부조화로 균형을 잃은 세상이 되게 할 것이냐 하는 것은 전적으로 인간에게 달린 문제입니다. 하느님에게는 세상을 불균형에 빠뜨린 상념의 힘이 대격변을 통해 흩어지게 되면 세상이 다시 균형을 잡을 수 있도록 회복시키는 능력이 있습니다. 하지만 인간이 거부하면 하느님은 아무것도 하지 못합니다."

바게트 아이랜드는 여기서 말을 그치고 자기 자리에 앉았다. 촌장은 바게트 아이랜드가 이야기를 하고 있는 동안 줄곧 언짢은 표정을 지으며 흥분한 기색을 감추지 못했다. 바게트 아이랜드가 말을 그치고 자리에 앉자 매우 흥분한 상태로 "더러운 예수쟁이 놈들 같으니라고. 너희가 감히 거룩한 부처님의 이름을 더럽히다니, 천벌을 받을 것이다"라고 소리쳤다. 그리고 천장에 달린 줄을 잡아당겼다. 그러자 맞은편 쪽에서 문 세 개가 열리더니 칼을 든 30명가량의 병사들이 우르르 몰려나왔다. 촌장이 자리에서 일어났다. 그랬더니 식사하는 동안 그의 등 뒤에 서 있던 호위병 두 명이 그 옆으로 와서 섰다. 촌장이 손을 들고 명령을 내리자 병사 열 명이 앞으로 나와 바게트 아이랜드 뒤쪽 벽에 일렬로 늘어섰다. 그중 두 명은 바게트 아이랜드가 앉아 있는 의자 바로 뒤 양옆에 섰다. 병사들의 지휘관은 촌장 앞에서 얼마 떨어지지 않은 곳에 차려자세로 섰다. 우리 일행은 급작스러운 사태에 놀란 나머지 아무 말도 하지 못하고 얼어붙은 듯이 앉아 있었다.

잠시 무거운 침묵이 흐른 후 섬광처럼 밝은 빛이 촌장이 서 있는 바로 앞 테이블 위쪽에서 비치기 시작했다. 모든 사람의 눈이 마치 무슨 명령이라도 내릴 듯이 손을 들고 있는 촌장의 얼굴로 향했다.

그의 얼굴은 공포에 질린 듯 창백해졌다. 그때 그 앞에 어슴푸레한 형상이 나타나더니 매우 강하고 분명한 목소리로 "멈추어라" 하고 말하는 소리를 모든 사람들이 들었다. 그 말은 촌장과 어슴푸레한 형상 중간에 불 같은 글씨로도 나타났다. 꼼짝도 못 하고 동상처럼 서 있는 것을 보아서 촌장도 그 말을 이해한 듯했다. 어슴푸레한 형상은 점점 더 분명한 모습으로 변했다. 우리는 전에 본 적이 있는 예수인 줄을 알아차렸다. 그런데 또 다른 어슴푸레한 형상이 예수 곁에 나타났다. 우리는 대단히 놀랐다.

촌장과 병사들은 그 형상 앞에서 꼼짝도 못 하고 부동자세로 서 있었다. 그들은 새로 나타난 형상이 누구인지 아는 것 같았다. 예수께서 나타나셨을 때보다도 훨씬 더 두려워하며 굳은 채로 서 있었다. 두 번째 형상도 점점 그 모습이 분명해졌다. 그가 예수께서 하신 것처럼 오른손을 들었다. 그러자 병사들이 들고 있던 칼이 댕그랑 하는 소리를 내면서 바닥에 떨어졌다. 실내에는 깊은 침묵과 고요가 흐르고 있었기에 그 소리가 방 전체에 울렸다. 빛은 눈을 뜨고 바라볼 수 없을 정도로 훨씬 더 강렬하게 빛났다. 잠시 후 병사들의 지휘관이 먼저 정신을 차리고 "부처님, 세존世尊이시여" 하면서 팔을 앞으로 내뻗었다. 그러자 촌장도 "진짜 부처님이시다" 하면서 바닥에 넙죽 엎드렸다. 두 호위병이 그를 부축해 일으켰다. 그는 말을 잊은 채 꼼짝도 않고 그 자리에 서 있었다. 맞은편 끝에 서 있던 병사들은 "부처님께서 더러운 예수쟁이 놈들과 그들의 대장을 혼내주려고 오셨다"라고 소리치며 와르르 앞으로 몰려나왔다.

그때 붓다께서 모든 사람을 볼 수 있도록 테이블 뒤쪽으로 물러나더니 손을 들고 말했다. "멈추라고 한 것이 한 번도 아니고 두 번도 아니다. 세 번씩이나 멈추라고 했다." 그가 한 단어 한 단어 발음할 때마다, 예수께서 말씀하실 때와 마찬가지로 불꽃 글씨가 나타났다. 그 불꽃 글씨는 사라지지 않고 그대로 남아 있었다. 병사들은 그 자리에 꼼짝도 못 하고 서서, 붓다가 손을 쳐들 순간에 취한 자세대로 어떤 사람은 손을 들고 있는 채로 또 어떤 사람은 한쪽 발을 바닥에서 뗀 채로 그저 바라보고만 있었다.

붓다는 예수에게로 걸어가서 왼손을 들어올린 예수의 팔에 갖다대며 말했다. "다른 때도 그랬지만 이번에도 나는 여기 있는 나의 사랑하는 형제를 지지합니다." 그리고 자기의 오른팔을 예수의 어깨 위에 걸쳤다. 그들은 그 자세로 잠시 있다가 테이블 앞쪽으로 가볍게 걸어나왔다. 촌장과 지휘관과 병사들은 말을 잊은 채 창백한 얼굴을 하고 그 광경을 지켜보고 있었다. 촌장은 뒤로 물러나 벽에 기대어놓은 자신의 의자에 털썩 주저앉았다. 그때 비로소 사람들 사이에서 안도의 한숨 소리가 새어나왔다. 내 생각으로는, 우리 중에서 그러한 광경이 벌어지는 몇 분 동안 제대로 숨을 쉰 사람은 아무도 없었다. 붓다는 예수와 팔짱을 끼고 촌장 앞으로 걸어가서 벽이 울릴 정도로 강한 어조로 말했다. "우리의 사랑하는 형제들을 더러운 예수쟁이 놈들이라고 욕하다니, 그런 무례한 일이 어디 있나? 그대는 방금 전에도 동생을 고쳐달라고 간청하는 어린 소녀를 무자비하게 쫓아버린 일이 있다. 그러나 (에밀 대사의 모친을 가리키며) 이 훌륭한 분은 그 간청을 들어주었도다." 붓다는 예수와 끼고 있던 팔짱을 풀고 손을 편 채로 에밀 대사의 모친 앞으로 다가갔다.

그리고 몸을 반쯤 돌려서 에밀 대사의 모친과 촌장을 함께 볼 수 있는 자세를 취하고 이야기를 계속했다. 그는 촌장에게 물을 퍼붓듯이 말했다. 대단히 흥분해 있는 것 같았다. "어린 소녀의 요청에 제일 먼저 책임을 져야 할 사람은 그대였다. 그런데 그대는 그 책임을 회피했다. 그러고 나서도 그대의 책임을 대신 진 분을 더러운 예수쟁이라고 욕했다. 가서 고통으로 신음하던 아이가 어떻게 회복되었는지 보라. 또 오두막이 어떻게 변했는지 보라. 아마 그 집이 그렇게 형편없는 오두막이었던 데에는 그대의 책임도 있다. (에밀 대사 쪽으로 몸을 돌리고) 이분이 아이를 깨끗한 침대로 옮겨 뉘었다. 아이가 누워 있던 자리를 보라. 그야말로 쓰레기 더미이다. (다시 촌장 쪽을 보며) 그런데도 그대는 순결하고 고귀한 자나 입을 수 있는 자색 옷을 입고 편안하게 앉아서, 그대나 다른 누구도 해치지 않은 사람들을 더러운 예수쟁이 놈들이라고 욕했다. 그대는 정말 고집불통이다. 그러면서 어찌 부처의 제자랍시고 이 사원의 주지 노릇을 하고 있을 수 있나. 부끄러운 줄 알라."

말 한마디 한마디가 촌장과 그가 앉은 의자 그리고 그의 뒤에 드리워진 휘장을 때리는 듯했다. 촌장은 몸을 떨었고 휘장은 마치 강한 바람이라도 불듯이 펄럭거렸다. 붓다의 말은 우리 귀에 영어로 들렸다. 그런데 촌장에게는 자기들 말로 들리는지 다 알아듣는 것 같았다.

붓다는 몸을 돌려 금덩이를 들고 있는 두 사람에게로 다가가더니 금덩이를 받아볼 수 있느냐고 물었다. 그들이 그에게 금덩이를 건네주자 그는 금덩이를 가지고 촌장에게 다시 와서 손을 내밀라고 했다. 촌장은 몹시 떨면서 손을 내밀었다. 붓다는 촌장의 양 손바닥 위에 금덩이 두 개를 떨어뜨렸다. 금덩이는 촌장의 손 위에 떨어지는 순간 사라져버렸다. 붓다가 말했다. "보라. 금덩이조차도 그대의 손에서는 날아가버린다." 금덩이는 촌장의 손에 떨어지는 순간 원래 그것을 가지고 있던 두 사람이 앉아 있는 테이블 앞에 나타났다.

붓다는 촌장이 내밀고 있는 두 손을 꼭 잡더니 부드러운 목소리로 "형제여, 두려워 말라. 나는 형제를 심판하지 않는다. 형제를 심판하는 것은 형제 자신일 뿐이다"라고 말했다. 붓다는 촌장이 안정을 되찾고 마음이 가라앉을 때까지 그의 손을 잡은 채 조용히 서 있었다. 촌장이 안정을 회복하자 잡았던 손을 놓으면서 이렇게 말했다. "그대는 칼을 쓰는 데도 빠르지만 잘못된 점을 뉘우치는 것도 빠르군. 그러나 기억하라. 그대가 다른 사람을 판단하고 정죄하는 것은 그대 자신을 판단하고 정죄하는 일이라는 것을." 붓다는 예수 곁으로 다가가서 "우리는 인류 전체의 선과 형제애를 이루기 위한 공통의 목적을 가지고 있습니다"라고 말하며 다시 예수 팔에 팔짱을 끼었다. 붓다가 말했다. "형제여, 일이 다 잘 된 것 같군요. 이제 당신 일을 하시면 되겠어요." 예수가 대답했다. "정말 훌륭하십니다. 무어라 감사를 드려야 할지 모르겠군요." 그들은 서로 마주 서서 정중히 인사를 나눈 후 문으로 걸어나가 사라졌다. 실내는 즉시 왁자지껄 떠드는 소리로 시끄러워졌다. 촌장, 지휘관, 병사들, 그리고 그 자리에 참석하고 있던 다른 사람들 모두가 자기소개를 하면서 우리에게 악수를 청했다.

촌장이 에밀 대사에게 무슨 말을 하자 에밀 대사가 조용히 하라는 손짓을 했다. 실내가 잠잠해지자 에밀 대사는 모두 다시 자리에 앉기를 바란다는 촌장의 뜻을 전했다. 모두 자리에 앉고 실내는 다시 조용해졌다. 지휘관은 병사들을 테이블 양편과 촌장 뒤쪽으로 정렬시켰다. 촌장이 일어나서 말했다. 에밀 대사가 그의 말을 통역했다. "정말 부끄러워서 어찌할 바를 모르겠습니다. 제가 저지른 무례를 다시는 생각하고 싶지도 않습니다. 여러분은 제가 진심으로 사과

드리고 있다는 것을 아실 겁니다. 죄송하지만 바게트 형제께서는 일어나셔서 저의 사과를 받아주시지 않겠습니까? 다른 분들도 함께 일어나주시면 고맙겠습니다." 우리 일행이 모두 일어나자 그가 말을 이었다. "정말로 정중하게 사과드립니다. 제 사과를 받아주십시오. 여러분을 뜨거운 마음으로 환영합니다. 원하신다면 언제까지라도 이곳에 머무셔도 좋습니다. 여러분께서는 그럴 필요가 없다고 생각하시겠지만, 원하신다면 언제라도 여러분의 신변을 보호해드리겠습니다. 그렇게 할 수 있다면 더없는 영광으로 알겠습니다. 더 이상 드릴 말씀이 없군요. 편안한 밤이 되시길 바랍니다. 여러분이 이곳에 계시는 동안에는 제가 가지고 있는 것은 무엇이든지 여러분 마음대로 사용하십시오. 저와 병사들이 이렇게 여러분께 경례를 올립니다. 병사들이 숙소까지 여러분을 호위해줄 것입니다. 그러면 진실로 평안한 밤이 되시기를 천상의 부처님 이름으로 기원합니다."

지휘관도 사과를 하면서, 우리가 천상에 계신 부처님과 한 동맹인 것이 분명하다고 말했다. 그는 병사 다섯 명과 함께 숙소까지 우리를 호위해주었다. 그들은 떠나면서 정중하게 경례를 올렸다. 지휘관을 중심으로 반원을 그린 다음, 끝이 서로 닿을 정도로 칼을 들어올렸다. 그리고 재빨리 칼을 내린 다음 모자를 벗고 한쪽 무릎을 땅에 대고 머리를 깊이 숙이는 인사를 했다. 그러한 경례는 국가적인 행사 때에만 하는 것이라고 했다. 우리도 최상의 예의를 갖춰 답례를 했다. 그들이 떠난 다음 방에 들어갔지만 친구 대사들만 남겨두고 이내 그 방에서 나와 우리 텐트로 갔다. 그 방은 일행 모두를 수용하기에는 비좁았다. 그래서 우리는 집 뒤편 울타리 근처에 텐트를 쳐놓고 있었다.

텐트로 오자 레이가 간이침대에 걸터앉더니 이렇게 말했다. "피곤해 죽겠구먼. 그러나 밤을 꼬박 새우더라도 뭘 좀 확실히 알기 전에는 잘 수가 없겠어. 나는 오늘 뼛속 깊이 사무치는 인상을 받았는데, 당신들은 마치 모든 것을 알고 있는 양, 눈을 말똥말똥 뜨고 있으니 대체 어찌 된 영문입니까." 우리도 이 같은 경험은 한 적이 없으므로 그나 우리나 마찬가지라고 말해주었다. 누군가가 우리를 위해 꾸민 연극이 아니었겠느냐고 말했다. 레이는 펄쩍 뛰더니 "연극이라고! 그렇게 실제처럼 연기를 하는 사람이 있다면 일주일에 백만 불씩이라도 주겠소. 촌장이 파랗게 질리는 모습도 못 봤소? 그게 연극이었다면 내 목이라도 내놓겠소. 나도 사실은 그 사람처럼 놀랐어요. 어딘가 배후에서 그 늙은이가 우리 모두를 위해서 준비한 거라는 기미가 있었소. 감정의 폭발은 바게트 아이랜드에게만 향한 것이 아니오. 또 병사들이 몰려들어올 때 그들의 태도는 또 어떠했소. 마치 실제 전투에서 승리한 것처럼 의기양양하지 않았소. 목소리도 그랬고. 내 생각이 맞다면, 그들은 결코 연극을 한 게 아니오.

잠시 동안이긴 했지만, 그들은 실제 붓다께서 자기들을 도우러 오신 걸로 생각했잖소. 그러나 그게 아니라는 것을 알자마자 놀라서 벌벌 떨었고. 어디 그뿐이오. 들고 있던 칼도 떨어뜨리지 않았소. 그걸 어떻게 연극이라고 할 수 있겠소. 그가 촌장을 질책할 때 보니 붓다는 정말 능력이 있더구먼. 내가 보기에는 예수보다 더 능력이 있는 것 같았소. 하지만 그 상황에서 사기를 진작시켜주어야 할 사람은 우리가 아니라 붓다의 추종자들이었소. 그러나 이번 일로 촌장의 지위가 한층 더 향상되지 않겠소? 내가 보기에는, 그는 이때까지 자기 힘으로 무언가를 이룩해왔다고 생각하고 있었는데 붓다께서 손을 잡는

초인생활 ✤ 탐사록

순간 완고한 옛 자아의 껍질을 깨고 나오는 것 같았소. 내 생각이 틀리지 않다면 내일쯤에는 틀림없이 그에 대한 좋은 소문이 들릴 것이오. 그 사람은 이 지방의 세력자니까 그가 좋은 쪽으로 변하는 것은 바람직한 일이겠지. 그가 내가 생각할 수 없을 정도로 놀라운 비약을 한다면, 그의 부하가 된다고 해도 상관이 없을 거요."

우리는 새벽녘이 될 때까지 그동안 보고 들은 것에 대해 이야기를 나누었다. 레이는 기지개를 켜면서 말했다. "잘 사람 있어요? 저는 여러분 얘기를 듣고 나니 잠이 올 것 같지 않군요." 우리는 옷을 입은 채 자리에 누웠다. 아침 식사 전까지 한 시간 정도는 눈을 붙일 수 있을 것 같았다.

✠ ✠ ✠
13

아침 식사가 준비되었다는 소식에 제일 먼저 일어난 사람은 레이였다. 그는 마치 들뜬 학생처럼 급히 세수를 하더니 빨리 나가자고 서둘러댔다. 식사가 준비되어 있는 곳에 도착해보니 에밀 대사와 자스트가 이미 와 있었다. 레이는 그들 사이에 앉아서 식사가 끝날 때까지 계속 이런저런 질문을 해댔다. 레이는 식사가 끝나자마자, 그의 표현을 따르자면 어제 15분 만에 완성된 집을 보러 가자면서 자리에서 일어났다.

그는 자스트의 어깨에 자신의 팔을 얹고, 자기가 만약 에밀 대사나 그의 모친 같은 분 둘만 거느리고 있다면 여기저기 돌아다니면서 가난한 자들을 위해 집을 지어줄 것이라고 하면서 그게 얼마나 재미있는 일이겠느냐고 했다. 그는 말했다. "그러면 뉴욕에 살고 있는 지주와 집주인들이 앓아눕지 않겠어요? 그들은 세를 받아먹고 사는 사람들이니까 말입니다." 에밀 대사가 "당신이 집을 지어 가난한 사람들에게 나누어주는 것을 그들이 방해하면 어떻게 하지요?" 하고 물었다. 그러자 레이가 말했다. "아, 그래도 저는 어떻게 해서라도 집을 지을 것입니다. 그들이 그 집에서 살지 못하도록 방해한다면 모조리 잡아다가 그 집에 가두고 문을 잠가버리겠습니다." 그 말에 우리는 모두 큰 소리로 웃었다. 그의 입에서 이런 농담이 나오기 전까지는 그를 조용하고 진중한 사람으로만 알고 있었다.

그는 후에 말하기를 신기한 일들을 목격한 다음부터는 기분이 들떠서 무엇이든지 묻지 않고는 배길 수 없게 되었다고 했다. 자기는 세계 구석구석을 가보지 않은 곳이 없을 정도로 돌아다녔지만 이번 탐사만큼 흥미진진한 경우는 없었다고 했다. 그는 우리와 함께 탐사대를 다시 조직해서 친구 대사들의 도움을 받아 발굴 작업을 해보자고 했다. 그러나 그 계획은 그의 급작스러운 죽음으로 실현되지 못했다.

그는 당장 소년 소녀가 살고 있는 새집으로 가보고 싶어했다. 막을 수가 없었다. 그래서 할 수 없이 자스트와 다른 동료 한 명과 함께 갔다 오는 것으로 합의를 보았다. 그들은 30분쯤 후에 돌아왔다. 레이는 기뻐서 어쩔 줄을 몰라 했다. 그 집이 어제 변한 그대로 거기 있더라는 것이다. 그는 그 집을 보는 순간 요정들과 함께 돌아다니며 가난한 사람들에게 집을 지어주어 그들을 행복하게 해주리라던 소년 시절의 꿈이 되살아나더라고 했다. 그날 저녁에는 1년 전에 에밀 대사의 고향에서 있었던 것과 같은 집회가 있을 것이며 우리도 초대되었다는 말을 들었다. 우리는 대단히 기뻤다.

우리 일행은 너무 많아서 한꺼번에 그 작은 집을 방문하기에는 적합하지 않다는 생각에서 대여섯 명씩 그룹으로 나누어 교대로 가보기로 했다. 나는 에밀 대사와 레이 그리고 한두 명의 부인과 함께 첫 번째 그룹에 속했다. 막 출발하려고 할 때 에밀 대사의 모친과 겨울 숙소의 여주인이 우리 그룹에 가담했다.

집이 보이는 곳에 도달하자 소녀가 뛰어나오더니 자기 동생이 아주 건강해졌다고 하면서 에밀 대사 모친의 품에 안겼다. 문 앞에 도착하자 아이들의 어머니가 나와서 에밀 대사의 모친 앞에 무릎을 꿇고 앉아서 진심으로 경모한다는 말을 했다. 에밀 대사의 모친은 그의 손을 잡고 그를 일으켜 세우며 자기에게는 무릎을 꿇을 필요가 없다고 했다. 자기는 다른 사람들에게도 늘 하던 대로 했을 뿐이기 때문에 자기에게는 감사할 필요가 없고, 그 대신 은혜를 베푸신 위대한 하느님께 감사와 찬양을 돌리라고 했다. 이때 소년이 문을 열었다. 그러자 아이들의 어머니가 안으로 들어가면서 따라 들어오라고 손짓을 했다. 우리는 안으로 들어갔다. 그들의 이야기는 겨울 숙소의 여주인이 통역해주었다. 분명히 그 집은 거기에 있었다. 방이 네 개였는데 모두 안락한 분위기를 풍기고 있었다. 집 주위 삼면에는 처참한 모습의 오두막들이 있었다. 그런데 그 오두막에 살고 있는 사람들이 다른 곳으로 떠나려고 한다는 얘기를 들었다. 그들은 새롭게 변한 집을 악마의 집으로 여긴 나머지 거기 그대로 살다간 자기들까지도 해를 입을 것이라고 생각하고 그렇게 결정했다고 했다.

우리는 마을 촌장의 전갈을 받았다. 오전 11시쯤에 지휘관과 병사 몇 명이 와서, 촌장이 우리를 오후 2시 점심에 초대했다는 소식을 전했다. 우리는 그 초대를 받아들였다. 정해진 시간이 되자 촌장 집까지 우리를 안내할 병사가 기다리고 있었다. 그곳에는 다른 교통수단이 없었다. 그래서 우리는 가지고 있는 유일한 교통수단인 두 발로 걸어서 갈 수밖에 없었다. 도착해보니 근처에 있는 사원에서 주지를 포함한 여러 명의 라마승이 먼저 와 있었다. 그들이 속해 있는 사원은 라마 종단 내에서도 중요한 위치를 차지하고 있으며, 평소에 1,500~1,800명 정도의 승려가 기거하고 있다고 했다. 그리고 촌장은 그 사원의 고위 승직에 있는 사람이었다. 우리는 토론이 활발할 거라고 생각했는데, 예상 밖으로 그 자리는 우리의 얼굴을 익힐 단순한 목적으로 마련된 것이었다.

우리의 친구 대사들은 라마 사원의 주지와 잘 아는 사이였다. 그들은 이전에도 여러 차례 만난 적이 있으며 함께 일한 적도 있다고 했다. 그러나 촌장은 그날 아침까지도 그 사실을 까맣게 모르고 있었다. 라마 사원의 주지가 3년 정도 자리를 비우고 있다가 우리가 그 마을에 도착하기 바로 전날 돌아왔기 때문에 우리에 관한 이야기를 듣지 못했던 까닭이었다. 식사가 진행되는 중에, 우리는 라마 승려들이 교육 수준이 높을 뿐만 아니라 삶에 관한 식견도 폭넓다는 사실을 알았다. 여기저기 여행도 많이 했고, 그중 두 명은 미국과 영국에서 각각 1년씩 살았던 사람도 있었다. 촌장은 그들에게 이미 어제 저녁에 일어난 일을 얘기해주었다. 그래서 그런지 식사가 끝나기 전에 그들은 이미 우리에게 매우 친밀함을 느끼는 듯했다. 알고 보니 촌장도 상당히 사귈 만한 사람이었다. 이전까지는 이방인들에 대해 혐오감을 품고 있었는데, 어제저녁 일로 대단히 큰 깨달음을 얻었다고 했다.

모든 대화는 통역을 통해서 진행되었다. 그래서 서로가 깊은 생각을 주고받기에는 그리 만족스럽지 못했다. 떠나기 전에 그들은 내일 자기들의 사원을 방문해달라고 초청했다. 그렇게 하자는 에밀 대사의 제안에 따라, 우리는 다음 날 그 사원을 방문하여 기분 좋고 유익하게 하루를 보냈다. 그 사원의 주지는 대단히 탁월한 인물로, 그때 맺어진 친교는 이후로도 계속되어 우리 대장과는 상당히 오랫동안 형제처럼 친밀하게 교제를 나누었다. 그는 인접 지역에서 탐사를 계속하는 동안 말할 수 없이 큰 도움을 주었다.

✢ ✢ ✢

14

앞서 이야기하던 소녀와 그의 어머니도 참석하기를 원했기 때문에, 에밀 대사와 그의 모친과 나는 모임이 시작되기 전에 그들 모녀를 데리러 갔다. 그들과 함께 집회 장소로 가는 중에 다 쓰러져가는 진흙 오두막을 여러 개 지나쳤다. 그런데 소녀가 그중 어떤 집 앞에 서더니 거기에 눈이 먼 아주머니가 살고 있는데, 그가 원한다면 모임에 함께 참석하도록 하면 어떻겠냐고 했다. 좋다고 하자 소녀는 문을 열고 안으로 들어갔다. 우리는 밖에서 기다리고 있었다. 잠시 후 소녀는 문가로 나오더니 아주머니가 두려워한다고 하면서 에밀 대사에게 들어오라는 손짓을 했다. 에밀 대사는 소녀와 잠시 무슨 이야기를 주고받더니 둘이 함께 안으로 들어갔다.

에밀 대사의 어머니가 말했다. "저 아이는 이곳 사람들에게 큰 힘이 될 것입니다. 결단력을 가지고 자기가 맡은 일을 해내는 능력이 있으니까요. 우리는 저 아이가 일을 처리하는 것을 가만히 두고 볼 생각입니다. 물론 때에 따라서는 지도하고 돕겠지만 자기 스스로 일을 처리하도록 지켜보겠다는 것이지요. 저 아이가 눈먼 여인을 어떻게 집회에 참석시키는지 두고 보십시오. 이곳 사람들은 우리를 믿을 수 없을 정도로 두려워하고 있어요. 저 아이의 집이 새롭게 변했을 때 여러분은 많은 사람들이 몰려와서 자기들에게도 그런 집을 마련해달라고 요구하리라 생각하셨겠지만, 사실은 그 반대로 저 아이의 집 근처에서 모두 떠나려고 했지 않습니까. 그래서 우리는 저 사람들의 감정에 매우 세심한 주의를 기울인답니다. 이곳 사람들을 저 아이의 가정처럼 비참한 주위 환경에서 구출해주고 싶지만 우리가 나타났다 싶으면 모두 도망가버리고 말아요."

그러면 저 아이의 가정은 어떻게 도울 수 있었느냐고 묻자, 에밀 대사의 모친이 대답했다. "그건 저 아이 때문에 가능했던 것이지요. 저 아이는 그 가정의 균형을 이루는 중심축과 같아서, 우리는 저 아이를 통해서 저 아이의 가족과 이곳에 사는 다른 사람들에게 접근할 수가 있어요. 우리는 이곳 사람들과 친밀한 사랑을 나누게 되기를 간절히 원하고 있지요. (눈먼 여인이 있다는 집을 가리키며) 저 집에서 반드시 좋은 일이 있을 것입니다."

그때 에밀 대사와 소녀가 문 앞으로 나와서 말하기를 눈먼 여인이 잠시 후에 자기와 함께 가기를 원한다고 했다. 그래서 우리는 소녀와 그 여인을 남겨두고 먼저 떠났다.

집회 장소에 도착해보니 대부분의 참석자들이 이미 모여 있었다. 그날 저녁 설법자는 그 사원의 주지였다. 에밀 대사는 그 라마승과 18개월 전에 처음 만나서 교분을 두텁게 했다고 했다. 그때 그들은 이번 모임에 대한 계획을 세웠고 라마 승려의 요청으로 우리를 특별히 초청하기로 결정했다고 한다. 사막에서 마지막 밤을 보낼 때 그들이 우리 캠프를 방문했던 것도 이 일 때문이었다고 했다. 촌장은 주지 승려의 다음 자리를 차지하는 높은 위치에 있었다. 촌장의 지위가 한층 향상되어 존경을 받게 될 것이라는 레이의 추측은 대부분 그대로 들어맞았다. 그들은 이제 우리와 아무런 거리감도 느끼지 않는 듯했다. 에밀 대사의 말에 의하면, 주지와 촌장은 이전보다 훨씬 더 가까워졌는데, 라마 종단에서 그들 두 사람처럼 높은 지위에 올라가기는 아주 어려운 일이기 때문에 저들은 자기들의 현재 처지에 만족해한다고 했다. 우리는 또 어제저녁처럼 예수와 붓다가 나타나서 저들을 도운 경우가 세 번 있었는데, 저들은 우리가 그 장면을 함께 목격한 것에 대해서 대단히 기뻐하고 있다는 얘기도 들었다. 그들은 어제 일을 자기들의 승리로 보지 않았다. 그 대신 우리의 친구 대사들과 협력해서 일할 수 있는 기회를 만들어준 사건으로 보는 것 같았다.

이때 소녀가 눈먼 여인의 손을 이끌고 들어와서 뒤편 한쪽 구석에 자리를 잡고 앉았다. 눈먼 여인이 자리에 앉은 다음, 소녀는 눈먼 여인의 두 손을 잡고 잠시 그의 얼굴을 빤히 쳐다보더니 몸을 숙여 낮은 목소리로 무슨 말인가를 속삭였다. 그런 다음 몸을 펴더니 자신의 조그만 손을 그의 두 눈에 갖다대었다. 그의 이러한 행동은 주지 승려를 비롯하여 실내에 있던 모든 사람의 시선을 집중시켰다. 주지 승려는 빠른 걸음으로 그들에게 다가가 소녀의 머리 위에 손을 얹었다. 그러는 동안 참석자들은 모두 일어서서 그 광경을 바라보고 있었다. 소녀의 몸이 눈에 보일 정도로 떨렸다. 그러나 자세는 흐트러지지 않았다. 그 세 사람은 잠시 그 자세로 있었다. 이윽고 소녀가 여인의 눈에서 손을 떼더니 기쁨이 넘치는 목소리로 외쳤다. "아줌마, 당신은 이제 볼 수 있어요. 더 이상 장님이 아니란 말예요." 소녀는 눈먼 여인의 이마에 입을 맞추었다. 그리고 돌아서서 우리 대장이 있는 곳으로 왔다.

소녀는 약간 당황한 표정으로 말했다. "제가 영어를 하다니, 이게 어찌 된 일이지요?" 그리고 또 말했다. "저 아줌마는 이제 볼 수 있고, 자기가 더 이상 장님이 아니라는 것을 왜 모를까요?" 우리는 다시 눈먼 여인 쪽으로 눈을 돌렸다. 그는 일어서서 두 손으로 주지 승

　　　　　　　　　　　　초인생활 + 탐사록

려의 옷자락을 잡고 자신들의 방언으로 "아, 이젠 볼 수 있어요"라고 말했다. 그는 어리둥절한 표정으로 실내를 둘러보더니 "여러분이 모두 보입니다"라고 말하는 것이었다. 그는 주지 승려의 옷자락을 놓고 두 손으로 얼굴을 가린 채 자기 자리에 앉더니 흐느끼면서 말했다. "저는 볼 수 있어요. 이젠 모든 것이 보여요. 그런데 여러분은 모두 깨끗한데 저만 지저분하군요. 여기서 빨리 나가게 해줘요."

그러자 에밀 대사의 모친이 그의 등 뒤로 걸어가 진정시키려는 듯 그의 양어깨 위에 손을 얹었다. 주지 승려는 말없이 손을 들어올렸다. 그 순간 여인이 입고 있던 옷이 새것처럼 깨끗하게 변했다. 에밀 대사의 모친은 여인의 어깨 위에서 손을 거둬들였다. 여인은 어리둥절한 표정으로 두리번거렸다. 주지 승려가 무엇을 찾느냐고 묻자 자기가 입고 있던 더러운 옷을 찾는다고 했다. 주지 승려가 말했다. "낡은 옷은 찾지 마세요, 지금 당신은 깨끗한 옷을 입고 있지 않습니까." 그는 당황한 표정으로 잠시 그대로 서 있더니 이내 밝게 미소를 지었다. 그는 머리를 깊이 숙여 인사한 다음 자기 자리에 앉았다.

모여 있던 사람들은 모두 흥분을 감추지 못하고 웅성거렸다. 그런 와중에서도 합동 탐사대 대장인 레이는 소녀에게 다가가 낮은 목소리로 무슨 이야기를 주고받고 있었다. 그는 후에 말하기를 그 소녀가 영어를 매우 잘하더라고 했다. 이전까지는 겨울 숙소의 여주인이 통역을 해주었다. 우리는 후에 여인이 25년 전에 도적단들의 총알을 맞고 두 눈이 멀게 되었다는 얘기를 들었다.

누군가가 모두 자리에 앉아달라고 말했다. 사람들이 자리에 앉고 있는 중에, 눈을 뜬 여인이 일어나더니 자기 옆에 조용히 서 있던 에밀 대사의 모친에게 자기는 집으로 돌아갔으면 좋겠다고 했다. 소녀가 다가가더니 자기가 그 여인을 집까지 모셔다드리겠다고 했다. 그 때 주지 승려가 그 여인에게 어디에 사느냐고 물었다. 그는 여인이 사는 곳을 듣더니 그렇게 지저분한 곳으로는 다시 돌아가서는 안 된다고 했다. 그러자 소녀가 자기 집으로 모시고 가겠다고 하면서 그의 팔짱을 끼고 밖으로 나갔다.

자리에 앉자 마치 눈에 보이지 않는 손이 갖다놓는 것처럼 접시들이 테이블 위에 나타났다. 주지 승려는 놀란 눈으로 두리번거렸다. 똑같은 방식으로 음식이 나타나자, 자기 옆에 앉아 있던 에밀 대사의 모친에게 자기는 이런 것을 처음 보는데 당신들의 경우는 항상 이러냐고 물었다. 그리고 이번에는 설명을 구한다는 표정으로 통역을 하고 있던 에밀 대사 쪽으로 몸을 돌렸다. 그러자 에밀 대사가 자기들은 눈먼 여인을 치료할 때 사용한 것과 똑같은 능력을 사용해서 필요한 것은 무엇이든지 산출해낼 수 있다고 말했다. 그래도 그의 의문은 여전히 풀리지 않았다. 그러나 식사 동안에는 더 이상 아무 말도 하지 않았다.

주지 승려는 일어나서 자스트의 통역을 통해 말했다. "저는 지금 제가 이제까지 인간이 볼 수 있는 것이라고 상상한 것을 훨씬 능가하는 것을 보고 있습니다. 저는 일생을 승려 직에 몸담아오면서 나름대로 형제들을 위해서 봉사한다고 생각했습니다. 그러나 이 자리에서, 다른 형제들보다는 저 자신을 더 섬겨왔다는 것을 깨닫게 되었습니다. 저에게는 오늘 새로운 형제가 많이 생겼습니다. 우리는 지금까지 동족이나 같은 종교에 속한 사람들만을 형제로 생각하고 다른 사람들은 미워하며 편협하게 살아왔습니다. 그러나 이제 여러분도 우리와 마찬가지로 고귀한 존재라는 것을 깨닫게 되었습니다. 이러한 깨달음으로 말미암아 제 속에는 지금 기쁨이 용솟음치고 있습니다."

그는 여기에서 말을 멈추고 손을 반쯤 들어올렸다. 얼굴에는 놀라움과 기쁨의 빛이 뒤섞여 있었다. 그리고 다시 말을 이었다. "이건 이해할 수 없는 일입니다. 제가 영어를 할 수 있다니요? 어떻게 이럴 수 있지요? 이제야 인간의 능력에는 한계가 없다는 당신들의 말을 이해할 수 있을 것 같군요. 저는 지금 통역 없이 여러분에게 말할 수 있고, 여러분은 제 말을 이해하시지 않습니까?"

그는 생각을 정리하려는 듯 다시 말을 멈추었다가 잠시 후 영어로 말하기 시작했다. 우리는 후에 그가 영어를 전혀 모르는 사람이었다는 얘기를 들었다. 그가 말을 이었다. "통역 없이 직접 영어로 말할 수 있다는 게 얼마나 멋진 일인지 모르겠습니다. 이 일로 저는 큰 깨달음을 얻었습니다. 지금으로서는 사람이 어찌 형제를 적으로 생각할 수 있는지가 의아스러울 정도입니다. 우리는 모두 한 근원 한 뿌리에서 나온 한 가족이라는 사실이 명확해졌습니다. 우리에게는 모두 각자의 자리가 있습니다. 때문에 다른 형제가 우리와 견해가 다르다고 해도 그를 없애버려야 할 이유는 없겠지요. 저는 서로가 간섭해서는 안 된다는 것을 알았습니다. 만약 다른 사람의 믿음에 간섭한다면, 자신의 성장이 방해를 받을 뿐만 아니라 스스로 고립되고 말 것입니다. 그러면 우리가 믿고 의지하던 교리 체계가 머리 위로 무너져내려 우리를 깔아뭉개버리겠지요. 이제 저는 편협한 국수주의적인 신앙에서 벗어나, 모든 사람이 하나의 근원에서 나와 하나의 근원으로 돌아간다는 보편적인 믿음을 가지게 되었습니다.

저는 여러분이 믿는 예수님이나 우리가 믿는 부처님이나 모두 보편적인 믿음을 가지고 사신 분이라고 생각합니다. 그들의 삶은 보편적인 믿음을 가지고 살고 있는 다른 모든 사람들의 삶과 함께 하나의 근원으로 융합될 것입니다. 저는 이제 모든 사람이 하나가 되는 자리가 어디인지를 깨닫기 시작했습니다. 수정같이 맑고 투명한 빛이 저에게 쏟아지고 있습니다. 사람들은 깨달음을 추구합니다. 그러나 대부분은 자기가 깨달음을 얻었다고 생각하면 자기만 옳고 현명하며, 다른 사람들은 그르고 어리석다고 생각하는 경향이 있습니다.

아까 어린 소녀는 자신의 손을 눈먼 여인의 눈에 갖다대었습니다. 저는 그 소녀가 많은 지식을 가지고 있다고 생각하는 저보다 더 큰 깨달음을 가지고 있었다고 생각합니다. 즉 그 소녀는 저보다 훨씬 더 큰 사랑을 가지고 있었습니다. 예수님과 부처님도 깨달음, 즉 사랑을 통해서 서로 어깨동무를 할 수 있었습니다. 이전에는 예수님과 부처님이 어깨동무를 한다고 하면 무척 놀랐지만, 이제는 그게 오히려 당연한 일로 여겨집니다. 여러분을 받아들인다고 해도 우리에게 해가 되는 것은 아무것도 없고, 오히려 여러분이 가지고 있는 좋은 것으로 인해 우리가 더욱 풍요해지겠지요. 우리가 하나가 되면 여러분을 보호해주는 힘이 저도 보호해줄 것이라고 생각합니다. 또 저를 방어해주는 무기가 여러분도 방어해줄 것입니다. 그리고 여러분과 저를 보호해준다면 다른 모든 사람들 역시 보호해주지 않겠습니까? 그러면 나와 너 사이의 경계선은 사라져버릴 것입니다. 이것은 정말 위대한 진리입니다. 이제야 비로소 온 세상이 하느님의 세상이며, 가까이 있는 것이나 멀리 있는 것이나 모두가 하느님의 것이라는 여러분의 생각을 이해할 수 있을 것 같습니다. 먼 곳이나 가까운 곳이나 다 하나로 연결되어 있습니다. 그러니 우리는 결국 한 세계에서 살고 있는 셈입니다. 우리는 우리를 둘러싸고 있는 거대한 하나의 세계에서 한 부분을 차지하고 살아가고 있습니다. 이 사실을 깨닫고 받아들이면, 나와 만물을 둘러싸고 있는 거대한 하나의 세계의 힘, 즉 하느님께서 우리를 도우실 것입니다.

받아들일 준비가 되어 있는 자에게 문이 열린다는 거룩한 형제들의 말을 이해할 수 있을 것 같습니다. 다른 사람의 말에 귀 기울일 뿐만 아니라 나는 이런 사람이라고 스스로 말한 대로 그러한 사람이 되고자 하면서 자신을 낮춘다면, 위대한 인류 형제단의 일원이 될 것입니다. 끝까지 남는 것은 겉만 번지르르한 말이 아니라 진실한 행위입니다. 저는 다른 사람의 교리 체계뿐만 아니라 자신의 교리 체계도 성장에는 장애물이 된다는 것을 깨닫게 되었습니다. 교리 체계는 어떤 것이든 자기만이 최고라고 주장하며, 자기의 입장을 고수하기 위해 다른 사람의 견해를 비방하고 깎아내리는 경향이 있습니다. 그러나 삶의 에너지를 비방하고 싸우는 데 쓰는 대신에 서로 이해하고 하나가 되는 데 써야겠지요. 지고자至高者께서는 한 국가 한 사람만을 만드신 게 아니라 지구상의 모든 나라, 모든 사람을 만드셨습니다. 우리는 지금 교리 체계와 인류가 한 형제라는 생각 중에서 어느 하나를 선택해야 할 시점에 도달해 있습니다. 교리 체계는 인간을 환상에 빠지게 하고 있습니다. 교리 체계의 환상 속에 빠져 있는 한, 산을 옮길 만한 믿음은 가능성의 씨앗 속에서 잠자고 있을 수밖에 없습니다. 그러므로 인간에게는 아직 성취해야 할 높은 광휘의 세계가 남겨져 있는 것입니다. 어떤 기적이 이루어지기 위해서는 깨달음이 선행되어야만 합니다. 깨달음의 법칙은 사랑의 법칙이고, 사랑은 보편적인 형제애입니다.

이제 우리에게 필요한 것은 각자 자기 종교의 근원으로 돌아가,

인간이 덧붙여놓은 온갖 그릇된 해석을 제해버림과 동시에 나만이 옳다는 이기적인 교만을 버리는 일이라고 생각합니다. 그렇게 하면 위대한 연금술사인 하느님이 만들어놓은 순금, 즉 궁극적인 지혜를 얻게 될 것입니다. 여러분의 하느님과 저의 하느님은 다르지 않습니다. 하느님은 여럿이 아니고 하나입니다. 불타는 떨기나무 불꽃 가운데에서 모세에게 말씀하신 하느님, 아버지께서 자신에게 맡기신 일을 하면서 육체적인 고통을 당할 때 예수가 도움을 요청했던 하느님, 그리고 옥에 갇힌 베드로가 기도했을 때 그를 옥에서 풀어낸 하느님은 모두 다 똑같은 한 분 하느님입니다. 우리가 인류의 한 형제 됨을 위해 몸 바쳐 일하고자 한다면, 언제든지 전능한 능력의 도움을 요청할 수 있다고 생각합니다."

그는 여기까지 말하고 나서 유리컵을 집어들어 손바닥 위에 올려놓고 잠시 동안 꼼짝도 하지 않고 그대로 서 있었다. 유리컵은 그의 손바닥 위에서 부서져 가루로 변했다. 그가 말했다. "나팔을 불며 성을 도는 것으로 여리고 성벽을 무너뜨린 이스라엘 백성들은 이 능력을 알고 있었습니다. 바오로와 실라가 감옥에서 풀려났을 때 그들도 이 능력을 사용한 게 분명합니다."

그는 다시 침묵한 채로 서 있었다. 그랬더니 이번에는 터가 흔들리며 건물이 요동했다. 불꽃 모양의 섬광이 비쳤고, 1.5킬로미터 떨어진 산 언덕에 있던 큰 바위 두 개가 아래 계곡으로 굴러떨어졌다. 마을 사람들은 공포에 질려 집에서 나와 도망했고, 건물이 무섭게 흔들리는 바람에 우리도 도무지 마음의 안정을 찾을 수가 없었다.

그런 후 주지 승려가 손을 들자 사방이 잠잠해졌다. 그가 말을 이었다. "하느님께서는 이런 능력이 있으며, 그의 자녀들은 언제든지

초인생활 + 탐사록

이 능력을 사용할 수 있다는 것을 알면 육군이나 해군이 무슨 필요가 있겠습니까? 엄청난 군대라도 꼬마 아이가 엉겅퀴 꽃씨를 불어 날리듯 날려버리고, 거대한 군함이라도 이 유리컵처럼 부숴버릴 수 있지 않겠습니까." 그는 유리컵이 변한 가루를 담아놓았던 접시를 들어올렸다. 그랬더니 가루 대신 유리컵이 나타났다. 그리고 입김을 가볍게 불자 불꽃이 타오르더니 컵이 흔적도 없이 사라져버리고 말았다.

"이러한 하느님의 능력은 단순히 여러분의 일이나 저의 일을 위해서 주어지는 것이 아니며, 인간으로 하여금 도구로 사용하라고 주어지는 것도 아닙니다. 하느님의 능력은 인간으로 하여금 자기 삶의 주인으로 살아가도록 위로하고 용기를 북돋워줍니다. 하느님의 능력으로 파도를 잠잠하게 하고 바람을 제어하며 불을 정복할 수 있습니다. 또 많은 사람들에게 삶의 올바른 방향을 지도해줄 수도 있겠지요. 그러나 하느님의 능력이 자기 능력이라는 주인 의식이 있어야만 그 능력을 사용할 수 있습니다. 우리는 인류 전체의 유익을 위해서, 그리고 삶의 의미가 하느님의 뜻에 따르는 데 있다는 근원적인 깨달음을 얻게 하기 위해서 이 능력을 사용해야 할 것입니다. 자기 자신의 신성을 자각한 사람은 누구라도 이 능력을 사용할 수 있습니다. 그러나 이 능력은 자신을 보호해주기도 하지만 잘못 사용하면 자신을 파멸시킬 수도 있다는 것을 알기 때문에, 인류를 위한 봉사에만 사용하고자 할 것입니다."

여기서 그는 말을 잠시 멈추고 양손을 앞으로 내밀더니 경건한 목소리로 이렇게 기도했다. "아버지, 우리의 사랑하는 친구들이 오늘 밤 우리와 함께 있게 되어서 얼마나 기쁜지 모르겠습니다. 진실로 겸손한 마음으로 당신의 뜻이 이루어지기를 기도합니다. 우리는 저들을 축복합니다. 그리고 저들과 함께 온 세상을 축복합니다."

　기도를 끝내고 그는 마치 당연한 일이 당연히 일어났을 뿐이라는 태도로 조용히 자리에 앉았다. 친구 대사들도 아무 일 없었다는 듯이 잠잠히 앉아 있었다. 그러나 우리 대원들은 대단히 흥분해 있었다. 잠시 후 눈에 보이지 않는 성가대의 합창이 터져나왔다. "사람들아, 하느님의 능력을 알지라. 자신을 왕으로 선포하고 겸손한 마음으로 자기를 통치하라."

　하느님의 능력에 대한 주지 승려의 설법이 계속되는 동안에는 전혀 의식하지 못했는데, 성가대의 합창이 끝났을 때 비로소 대단히 긴장해 있었다는 사실을 깨달았다. 긴장을 풀기 위해서는 음악 같은 것이 필요할 것 같았다. 합창 소리가 사라진 다음, 우리는 자리에서 일어나 친구 대사들과 주지 승려 주위로 몰려갔다. 합동 탐사대 대장인 레이와 우리 대장은 여러 가지 질문을 했다. 주지 승려는 그들의 관심을 보고, 그날 밤 사원에서 묵으면서 대화를 계속하자고 했다. 그들은 대원들에게 저녁 인사를 하고 방을 나갔다. 우리는 다음 날 정오에 그 마을을 출발할 계획을 세웠다. 물자 보급 지점까지는 자스트와 찬더 센만이 동행하고, 에밀 대사는 거기서 우리와 합류하여 함께 겨울 숙소로 예정된 마을로 가기로 했다. 그러나 캠프로 돌아와서도 목격한 사실에 대한 얘기들이 너무나도 흥미진진하게 오가는 바람에 동이 틀 무렵까지 잠자리에 들지 못했다.

15

모든 준비를 마치고 우리 합동 탐사대는 12시에 그 마을을 떠났다. 마을 사람들은 우리의 행운을 빌어주며 작별인사를 했다. 저녁 6시쯤에 다음 정박지에 도착했다. 큰 강을 건너야 했는데, 강을 건너는 데만 다음 날의 거의 대부분을 보내야 할 것 같았기에 강기슭에서 하룻밤 묵어야 했다. 다리도 없고 배도 없었다. 그래서 가죽끈을 꼬아 만든 밧줄을 건너편에 묶고 그 밧줄을 타고 건너갔다. 사람들이 건너가는 데는 별문제가 없었다. 그러나 말과 나귀의 경우는 대단히 어려웠다. 이리저리 궁리한 끝에 가죽띠로 멜빵을 만들어 말과 나귀의 몸에 묶은 다음, 멜빵을 강을 가로질러 매놓은 밧줄에 걸어 반대편에서 끌어당기는 방법을 사용했다. 밧줄은 두 개가 필요했다. 하나는 말과 나귀를 반대편에서 끌어당기기 위해서, 다른 하나는 건너간 말과 나귀를 내려놓고 멜빵을 다시 끌어오기 위해서였다. 이런 식으로 물결이 거세게 흐르는 강을 무사히 건넜다. 강을 건넌 후로는 별다른 어려움이 없었다. 길도 이전보다 더 좋아졌다. 우리는 물자 보급 지점에 도착해서 합동 탐사대를 해체했다. 고향으로 돌아갈 사람들은 대상길을 따라 항구까지 갈 준비를 마쳤다.

다음 날 아침 서로 작별인사를 나누고 헤어졌다. 우리는 에밀 대사와 함께 지난겨울을 났던 마을을 향해 출발했다. 가는 도중에 이전에 며칠 머문 적이 있던 마적들의 마을에서 이틀간 휴식을 취했다. 거기서 우리를 따라왔던 그 마을 사람 두 명과도 헤어졌다. 일곱 명의 대원과 짐꾼들은 조사를 더 진척시키기 위해 인도와 몽골 지방으로 떠난 후였기 때문에 우리 일행은 세 명의 대사 친구를 포함하여 일곱 명으로 줄었다. 동행했던 두 사람은 여행 중에 목격한 놀라운 사실들을 동료들에게 전했다. 우리는 매우 극진한 대접을 받았다. 물론 에밀 대사와 자스트와 찬더 센은 더욱 정중한 대우를 받았다.

마적대 대장은 자기들이 이전에 입은 은혜에 보답하는 뜻으로 고대 도시의 유적지 근처에는 얼씬도 하지 않겠다고 약속했다. 후에 들은 얘기지만 그들이 그렇게 멀리까지 원정을 나가는 일은 좀체 드물다고 했다. 사막에서 활동하는 마적단은 산악 지역을 침범하지 않고, 산악 지대에서 활동하는 마적단은 사막을 침범하지 않는 것이 상례라고 했다. 사막 마적단과 산악 마적단은 서로 사이가 좋지 못해서 늘 싸우고 있으며, 그래서 서로의 영역을 침범하는 일이 거의 없다는 것이었다. 우리가 아는 한 고대 도시의 유적지를 침범하지 않겠다던 마적단 대장의 약속은 후에까지도 잘 지켜지고 있었다.

떠나는 날 아침, 마적단 대장은 우리 대장에게 영국 실링화와 크기와 무게가 비슷한 은화를 한 개 건네주었다. 거기에는 이상한 모양의 조상이 새겨져 있었는데, 만약 그 지방에서 마적단을 만나게 되면 그 은화를 보여주라고 했다. 그러면 즉시 풀려날 것이라고 했다. 그는 그 은화는 조상 대대로 물려내려오던 가보로 자기가 가장 아끼던 것인데, 존경의 표시로 우리 대장에게 준다고 했다. 후에 에밀 대사가 그 은화를 자세히 살펴보더니, 수천 년 전에 북부 고비 지역에서 사용하던 주화의 복제품이라고 했다. 주화에 새겨진 날짜에 의하면, 그 은화는 700여 년 전에 만들어진 것임을 알 수 있었다. 에밀 대사는 그 은화가 그 지역 토착 신앙에서는 일종의 부적과 같은 호신구

역할을 하는 것인데, 그들은 오래된 것일수록 효과가 더 크다고 믿는다고 했다. 그러니 그 은화가 마적단 대장과 그 동료들 사이에서 대단히 귀중한 것으로 여겨질 수밖에 없었던 것은 당연한 일이었다. 마적단 마을에서 출발하여 아무 사고 없이 예정된 날짜에 목적지에 도착했다. 우리가 도착하자 라마교 사원이 있는 마을로 가기 전에 사막으로 우리를 방문했던 대사들이 뜨겁게 맞아주었다.

지난겨울 묵었던 집의 여주인은 또다시 우리를 자기 집으로 초청했다. 우리는 그 초청을 기쁘게 받아들였다. 대원 중 일곱 명은 조사를 더 진척시키기 위해 인도와 몽골 지방으로 떠났기 때문에 남은 대원은 네 명뿐이었다. 흩어져서 작업을 진행하면 시간도 절약될 뿐만 아니라 더 많은 양의 고대 문서를 번역할 수 있다는 생각에서 그런 조처를 취했던 것이다. 동네는 참으로 조용했다. 그래서 번역 작업에 깊이 몰두할 수 있었다. 기록에 사용된 문자와 상징들을 정리해서 우리가 사용할 수 있도록 알파벳 체계를 만들었다. 그런 연후에 기록에 사용된 단어들의 의미를 조금씩 해독해나갔다.

이 일을 하는 데는 찬더 센의 도움이 컸다. 그는 늘 우리와 함께 있지는 않았다. 그러나 그가 없을 때는 숙소의 여주인이 도와주었다. 이 작업은 신년 축하 모임에 참석하기 위해 많은 사람이 몰려온 12월 마지막 날까지 계속되었다. 대부분이 거의 다 지난해 모임에 참석했던 낯익은 얼굴들이었다. 올해는 작년과 달리 앞에서 언급한 일이 있는 암벽을 파서 만든 사원의 다섯 개 방 중에서 가운뎃방이 모임 장소로 결정되었다고 했다.

우리는 모임이 시작되기 전에 참석한 사람들을 만나 이야기를 나누고자 31일 저녁 일찍 사원에 올라갔다. 이미 많은 사람들이 와 있었다. 여러 지방에서 온 그들은 이런저런 바깥세상 이야기를 들려주었다. 그들의 이야기를 들으면서 우리가 세상과 단절된 것이 아닌가 하는 느낌이 들었다. 그러나 우리는 시간 가는 줄도 모르고 일에 열중해왔고, 그렇게 한 것이 매우 만족스러웠다.

대화가 진행되는 중에 참석자 한 명이 들어오더니 밖에는 달빛이 매우 아름답게 비치고 있다고 했다. 우리를 포함하여 많은 사람이 밖으로 나가 선반 모양의 바위로 올라갔다. 앞에서도 언급했듯이 그 바위는 사원 꼭대기에 모자 차양처럼 돌출해 있었다. 그렇게 높은 곳에서 바라보는 경치는 참으로 장관이었다. 이제 막 떠오른 달이 구름층을 뚫고 솟아오르면서, 구름을 미묘한 색깔로 물들이며 그 빛으로 눈덮인 산과 계곡을 비추었다. 색깔은 시시각각으로 변했다. 그때 누군가가 종이 울릴 시간이 되었다고 말했다. 잠시 후 종이 울리기 시작했다. 처음에는 아주 먼 곳에서 치는 것 같은 종소리가 세 번 울렸다. 다음에는 더 작은 종이 가까이에서 울리는 듯 소리가 점점 더 가까워지더니, 마침내는 우리 발밑에서 아주 작은 종이 울리는 것 같은 착각에 빠졌다. 얼마나 실제 같았던지 종이 어디 있나 하고 발밑을 내려다볼 정도였다. 그 소리는 점점 더 많은 종소리가 합해지면서, 마침내 수천 개의 종이 절묘한 조화를 이루며 동시에 울리는 것 같다는 생각이 들 때까지 계속되었다. 우리가 서 있던 바위 아래로 구름이 지나갔다. 아래의 지면이 보이지 않았기 때문에 마치 구름을 타고 있는 것 같은 느낌이 들었다. 미묘한 색깔의 구름층이 물결치며 위로 떠올랐고 종소리는 구석구석에 메아리쳤다.

우리는 거대한 반원형의 야외극장 무대에서 희미한 형상의 수천 군중들과 함께 종소리를 듣고 있는 듯한 착각에 빠졌다. 그때 누군가가 힘찬 테너 목소리로 '아메리카'를 노래했다. 그러자 수천의 목소리가 종소리의 멜로디에 맞춰 합창을 시작했다. 노랫소리는 멀리 퍼져나갔다. 노래가 끝나자 우리 등 뒤에 서 있던 몇 사람이 "아메리카여, 우리는 너희를 환영한다"라고 말했다. 다른 사람들이 그 말을 받아 응답했다. "우리는 온 세계를 환영하노라."

뒤를 돌아보니 예수께서 라마 사원의 주지 승려, 에밀 대사와 함께 서 있었다. 그곳에 누가 있을 것이라고는 전혀 생각지 못했었기 때문에 깜짝 놀랐다. 그 세 사람이 방으로 들어가도록 모두 옆으로 비켜섰다. 방으로 들어가려고 예수께서 몸을 돌리자 그가 나타날 때늘 그랬듯이 환한 빛이 비쳤다. 그가 들어서자 온 방이 밝은 빛으로 가득 찼다. 참석자들은 모두 따라 들어가 자리에 앉았다. 예수께서는 첫 번째 테이블에 앉았고 주지 승려는 우리 테이블에 앉았다. 에밀 대사와 우리 대장은 주지 승려 양옆에 앉았다. 긴 테이블은 두 개가 길게 옆으로 놓여 있었는데, 테이블보는 덮여 있지 않았다. 그런데 어느 순간에 테이블 위에 흰 아마포가 덮였고, 빵을 제외하고 음식이 담긴 접시가 나타났다. 잠시 후 빵 한 덩이가 예수 앞에 나타났다. 예수는 그 빵을 잘라서 접시에 담았다. 그러자 어린아이 같은 희미한 형상이 그 접시를 받아들고 조용히 서 있었다. 이런 일은 빵 접시를 받아든 형상이 일곱이 될 때까지 반복되었다. 그렇게 빵을 잘라내어도 처음 빵 덩이는 그 크기가 줄지 않고 그대로 있었다.

마지막 접시에 빵을 떼어놓은 다음, 예수께서 일어나 손을 앞으로 내밀면서 말했다. "하느님의 순수한 생명을 상징하는 이 빵을 여러분에게 드립니다. 이 빵을 드시면서 하느님의 순수한 생명을 나누어 받으시기 바랍니다." 그는 빵 접시를 옆으로 돌리면서 말을 이었다. "저는 '내가 올라가면 모든 사람을 내게로 이끌리라'라고 말했습니다. 그때 저는 경험으로 미루어보아, 모든 사람이 언젠가는 제가 올라간 경지에 다다를 것이고 그러면 제가 깨달은 것을 확실하게 깨닫게 될 것이라고 확신하고 있었습니다. 저는 천국이 지금 여기에 살고 있는 사람들 중에 있다는 것을 깨달았습니다. 제가 깨달은 진리가 바로 이것인데, 이 진리가 사람들을 자유롭게 할 것입니다.

이 진리를 깨닫게 되면 양 무리도 하나뿐이고 목자도 하나뿐이라는 사실을 알게 되겠지요. 하느님은 양 한 마리가 길을 잃으면 아흔아홉 마리의 양을 놔두고 잃어버린 한 마리를 찾아나섭니다. 하느님께는 당신의 자녀들이 가장 소중하며, 하느님의 자녀들인 인간에게는 하느님이 가장 소중합니다. 하느님은 공중을 나는 참새나 들에 핀 백합화보다도 당신의 자녀인 인간을 더욱더 사랑하십니다. 하느님께서는 백합화를 아름답게 피게 하시며 공중에 나는 참새를 보호하십니다. 그렇다면 당신이 사랑하는 자녀들은 더욱 아름답게 성장하도록 하시지 않겠습니까. 하느님은 결코 들에 핀 백합화나 공중을 나는 참새를 심판하시지 않습니다. 그런 하느님께서 당신이 사랑하는 자녀들을 어찌 심판하시겠습니까. 아닙니다. 하느님은 결코 당신이 사랑하는 자녀들인 인간을 심판하지 않으십니다. 오히려 하느님은 당신의 위대한 계획 속으로 인간을 이끄십니다. 그러므로 하느님의 완전한 계획에서 제외된 인간은 하나도 없습니다.

지금 말씀드린 것과 같은 이상이 인간의 가슴 속 깊이 심어져 아낌을 받는다면, 그로 인해 인간은 진흙 구덩이에서 벗어나 흔들리지 않는 반석 위에 서게 될 것입니다. 그러면 바람이 불고 홍수가 나도 흔들리거나 쓰러지지 않을 것입니다. 일단 이러한 안정과 평화를 얻게 되면, 그다음엔 자연히 자신의 본래 면목을 찾기 위해 높이 상승하려고 애쓰겠지요. 그러나 높이 비상한다고 해서 높은 곳에서 천국을 발견하는 것은 아닙니다. 오히려 높이 비상하게 되면 천국은 '지금-여기' 인간들 사이에 있다는 것을 발견하게 됩니다. 천국은 고난과 슬픔과 역경을 딛고 한 걸음 한 걸음 전진해나가서 마침내 발견하게 되는 보물과 같은 것이 아닙니다. 천국은 물질적인 사고방식과 인간을 윤회의 굴레에 묶어놓는 탐욕을 버리기만 하면 당장 경험할 수 있는 세계입니다. 원하기만 한다면 지금 당장 앞으로 나아가 영원히 잃어버린 줄로만 알았던 천국이라는 보물을 집어들고, 그것과 일체가 되어 빛을 발할 수 있습니다.

천국이라는 보물을 얻으면 지금 여기에서 완전한 영적 깨달음과 해방을 경험하게 되며, 하느님과 자신의 관계가 부모와 자식의 관계와 같다는 사실을 알게 됩니다. 그리고 자기 속에 잠재된 신적인 가능성에 대한 명확한 견해를 가지고 자신의 뜻에 따라 그 능력을 사용할 수 있게 됩니다. 신약성서에는 천국에 대한 언급이 많습니다. 그것들은 죽은 후에나 이룰 수 있는 허황된 꿈 이야기가 아니라, 사랑과 섬김의 삶을 완전히 실현하도록 자극을 주는 이상이요, 푯대입니다. 그런데 그 이상은 다름 아닌 누구나 '지금-여기'에서 완전한 신적 생명을 성취할 수 있다는 것입니다.

제가 '들어가려고 애써도 들어가지 못할 사람이 많을 것이다. 영원한 생명으로 인도하는 문은 작고 그 길이 좁기 때문'이라고 한 말을 이해할 날이 올 것입니다. 그리스도에 대한 올바른 이해가 없으면, 또 지금 여기에서 하느님과 인간이 함께 일한다는 것에 대한 깨달음이 없으면 천국이라는 이상은 실현되지 않습니다. 그리고 실현되지 않으면, 천국에 대한 이상은 허황된 꿈과 신화가 될 수밖에 없습니다.

인간 내면의 영이 가지고 있는 전능한 힘과 변화의 비법에 이르는 문은 누구에게나 항상 열려 있습니다. 그 문을 여는 열쇠는 인간 자신의 생각입니다. 하느님의 은혜를 받고 구원에 이르는 서로 다른 길이 많은 것은, 인간의 생각이 그렇게 만든 것이지 결코 하느님께서 많은 길을 만들어놓은 것이 아닙니다. 다른 사람이 들어가지 못하도록 하느님의 은혜에 이르는 문을 닫는 사람은 스스로도 하느님의 은혜로부터 고립됩니다. 그런 자는 변화를 일으키는 영적인 빛과 그리스도로서 자신이 사용할 수 있는 전능한 능력과도 단절됩니다.

그러나 자기 속에 전능한 능력이 잠재되어 있다는 사실을 깨달은 사람은, 손만 대도 문둥병이 낫고 말라비틀어진 팔이 펴지며 온갖 마음과 육체의 질병을 소멸시킬 수 있습니다. 정신을 집중하여 명령을 내리면 빵 덩이가 부풀어나고 물고기가 늘어날 것입니다. 빵을 떼어 나누어주고 기름을 쏟아부어준다고 해도 결코 줄어들지 않고 언제까지나 풍성하게 남아 있을 것입니다. 그들이 명령을 내리면 바다의 풍랑이 멈추고 인력^{引力}의 영향을 받지 않고 공중으로 떠오를 수도 있을 것입니다. 그것은 그들의 명령이 곧 하느님의 명령이기 때문입니다. 그렇게 되면 제가 성전을 떠나면서 '때가 찼고 하느님의 나라가 가까이 왔다'고 한 말과 '하느님을 믿는 자에게는 능치 못한 일이 없다'고 한 말의 의미를 알게 되겠지요. 믿는 자는 제가 하는 일을 행할 것이요, 저보다 더 큰 일도 이룰 수 있을 것입니다. 참된 믿음과 앎으로 살아가는 사람에게는 절대로 불가능한 것이 없기 때문입니다.

사람 속에는 하느님의 영이 거하고 있습니다. 하느님의 영은 과거에도 그랬듯이 오늘날에도 사람의 심령 속에서 말씀하고 계십니다. 따라서 마음을 열고 그 목소리를 듣는 사람은 자기가 곧 세상의 빛이며, 이 빛 가운데 거하는 자는 어둠 속을 헤매지 않는다는 것을 알게 될 것입니다. 내면에서 울리는 성령의 목소리에 따르는 사람은 자기가 생명의 빛 가운데로 들어가는 문이며, 이 문을 통과하는 자는 영원한 평화와 기쁨을 얻게 되리라는 것을 압니다. 그리고 지금이 바로 그런 것을 얻을 때라는 사실도 깨닫습니다.

성령의 목소리에 따르는 사람은 영혼의 문을 여는 존재가 자기 내면의 그리스도이며, 자기 속에 거하는 영은 하느님께서 창조하신 우주가 한계가 없는 것과 마찬가지로 무한한 능력을 가지고 있는 연금술사라는 사실을 알게 될 것입니다. 내면에 거하는 연금술사는 모든 질병을 치료하고 죄악으로 얼룩진 인생을 깨끗하게 씻어줍니다. 또 영혼에 완전한 지혜의 빛을 비추어주고, 인생을 얽어매고 있는 모든 어둠과 속박의 사슬을 끊고 생명의 빛 가운데로 이끌어들입니다. 따라서 성령의 목소리에 따르는 사람은 자신이 육체를 가지고 있는 자연의 아들임과 동시에 모든 것을 초월하는 하느님의 아들이라는 사실을 깨닫게 되겠지요. 이러한 깨달음을 통해 한 개인의 인생은 완전해지며, 한 개인의 인생이 완전해지면 인류 전체도 완전을 향해 한 걸음 더 전진해나가는 것입니다. 성령의 목소리에 따르는 사람은 신적인 영감을 통해 인류의 미래 운명에 대해 예언할 수 있게 됩니다. 또 아버지와 아들이 '하나임'을 선포하게 됩니다. 이 상태가 바로 모든 상황과 환경의 주인으로 다시 태어나는 신생新生입니다."

예수께서는 여기서 말을 멈추었다. 실내를 밝히던 빛이 점점 더 강해지더니 영상映像이 나타나면서 찬란하고 화려한 장면을 보여주었다. 손 하나가 나타나서 화면에 손을 대자 더욱 아름다운 장면으로 변했다. 장면은 바뀌어서 큰 전쟁의 모습이 보이기 시작했다. 사람들이 싸우고, 대포가 불과 연기를 뿜어내고 있었다. 군중들의 머리 위로 포탄이 날고 사람들은 갈팡질팡 갈피를 잡지 못하고 있었다. 전쟁의 소음과 사람들의 아우성도 들렸다. 우리가 실제로 전쟁터에 있는 것 같은 착각에 빠질 정도로 실감나는 상황이었다.

그러던 중에 아까 나타났던 손이 화면 위에 나타나자 순간적으로 모든 것이 조용해졌다. 방금 전까지도 끔찍한 전쟁을 벌이고 있던 사람들이 화면 위에 나타난 손을 올려다보았다. 그 손은 불꽃 글씨를 써내려가기 시작했다. 다음과 같은 내용의 불꽃 글씨는 점점 퍼져나가 화면 전체를 뒤덮었다. "평화, 평화, 하느님의 평화의 축복이 너희를 둘러싸고 있노라. 너희는 육체를 파괴할 수는 있지만 하느님의 자녀는 해할 수 없다. 너희는 모두 하느님의 자녀다. 그러므로 서로 해하거나 죽여서는 안 된다."

잠시 후 사람들은 싸움을 다시 시작하기로 결정한 듯했다. 많은 사람들, 특히 지도자들의 얼굴에서 그것을 읽을 수 있었다. 그러나 싸움을 계속하겠다는 의지가 강해질수록 무력을 사용할 명분이 점점 사라지는 듯했다. 또 무기를 사용하려고 하면 할수록 화력도 점점 더 약화되었다. 그리하여 결국 사용할 수 있는 무기는 하나도 남지 않은 상태에 도달했다.

손이 다시 나타나서 화면 위에 글씨를 썼다. "보려고만 한다면 전쟁의 먹구름 뒤에서도 하느님을 발견할 것이다. 전쟁의 먹구름은 하느님이 아니라 인간이 만들어낸 것이다. 저 너머를 보고자 하는 사람은, 하느님께서는 언제나 평화를 선포하는 손을 들고 계시다는 것을 발견하게 되리라. 전쟁은 하느님의 뜻이 아니다. 서로 전쟁을 벌이는 것은 하느님의 섭리와 권능에서 벗어나 인간이 만든 상황에 매몰되는 행위이다. 하느님은 인간이 만들어낸 전쟁에 어떤 식으로도 개입하시지 않는다. 사람들은 아마 전쟁과 같은 싸움이 헛되다는 것을 깨닫기 이전에는 싸움을 그치지 않을 것이다. 하느님의 권능에 대한 확고부동한 깨달음 속에서 하느님의 권능과 협력할 때 자신의 능력이 어떠할지를 안다면, 그리고 하느님의 권능과 협력해간다면 즉시 전쟁을 멈추게 할 수 있을 것이다. 앞서 화면 속에서 순간적으로 전쟁이 멈추었던 것처럼 말이다."

이때 예수께서 말을 이었다. "저는 십자가를 선택했습니다. 제가 십자가를 진 것은 아버지께서 결정하신 것이 아니라 저 자신이 선택한 것입니다. 저는 육체를 파괴해도 보다 더 영광스러운 몸으로 다시 살아날 수 있다는 사실을 보여줌으로써, 사람들로 하여금 자기들도 완전한 생명을 얻을 수 있다는 것을 깨닫게 하기 위해서 그 길을 선택했던 것입니다."

밝게 빛나던 빛이 점점 더 밝아지기 시작하더니 드디어는 모든 경계가 사라져버렸다. 벽도 지붕도 바닥도 모두 사라져버렸다. 마치 끝없는 무한 공간 속에 떠 있는 느낌이었다. 열두 제자가 나타나 예수 곁에 섰다. 그러나 예수를 둘러싸지는 않았다. 예수에게서는 다른 사람들보다 훨씬 더 밝고 순수한 광채가 비쳐나오고 있었다. 눈에 보이지 않는 성가대의 합창이 터져나오기 시작했다. "인간을 위해 설립된 그의 나라가 여기 사람들 가운데에 있다. 그 나라는 사람들의 나라이다. 이제부터 영원토록 한 분 하느님과 하나의 인류만이 있으라."

화면에 나타났던 손이 다시 나타나 글씨를 써내려갔다. "그의 나라가 지금 여기 사람들 가운데에 있다. 이제부터 영원토록 한 분 하느님과 하나의 인류만이 있으리라." 그 손은 예수의 머리 바로 위에 "전체는 하나를 위하여, 하나는 전체를 위하여"라고 썼다.

붓다가 나타나 예수의 오른편에 섰다. 주지 승려와 에밀 대사가 그들 앞으로 걸어가더니 에밀 대사는 붓다의 오른쪽에, 주지 승려는 예수의 왼쪽에서 무릎을 꿇었다. 예수가 반쯤 들어올린 붓다의 손을 잡았다. 그들은 나머지 손을 무릎을 꿇고 앉아 있는 에밀 대사와 주지 승려의 머리 위에 올려놓고 축복했다. "평화! 평화! 평화! 영광스러운 평화가 모든 이의 머리 위에 머물지어다. 우리가 사랑하는 형제인 너희를 하느님 사랑의 공회원公會員으로 받아들이노라. 사랑과 우정은 전 세계를 포용하리라." 참석자들은 모두 머리 숙여 인사를 하고, 옆으로 비켜서서 그 4인이 지나갈 수 있도록 길을 열었다. 그들이 나갈 때 열두 제자와 여러 명의 참석자가 그 뒤를 따랐다. 그들은 모두 나가서 우리의 시야에서 사라져버렸다.

그들이 회중 사이를 통과해서 지나갈 때 눈에 보이지 않는 성가대의 합창 소리가 들렸다. "우리는 이 위대한 사랑의 형제들을 위하여 길을 여노라. 그들의 강한 사랑이 죄를 구원하고, 온 인류가 하느님의 사랑의 공회원으로 하나 되게 하도다. 그 사랑이 인간과 하느님을 하나 되게 하도다." 그들이 시야에서 사라져갈 때 큰 범종이 열두 번 울렸다. 그 뒤를 이어 수많은 종이 낭랑하게 울렸고, 모든 사람이 일시에 새해를 축하하며 온 세계가 밝아지기를 기원하는 인사를 나누었다.

위대한 영혼들과 함께한 두 번째 해도 이렇게 막을 내렸다.

부기

✢

    이렇게 2부를 마무리하면서, 우리가 번역한 문서들을 싣지 못하는 것에 양해를 구한다. 전문을 싣기에는 내게 주어진 지면이 한정되어 있는 상황이 어쩌면 우리 동료들만의 자료로 남겨두라는 뜻일지도 모르겠다는 생각이 든다.

    독자들 중에는 저자인 나 혹은 내 동료가 참여한 모임에서 흘러나간 이야기와 무단으로 출판된 책들에 대한 사실 여부를 궁금해하는 사람도 있을 것이다. 분명히 말하면 그런 내용들은 내가 검토하거나 허락하지 않은 것이다.

✥

1897년

머리말

✤

독자 여러분도 이제 이 책에 나오는 모든 사람들과 친구이다. 나는 그들을 직접 만나 대화를 나누었다. 그러니 이 책을 읽는 독자 여러분도 나와 마찬가지로 그들을 만나 대화를 나눈 것과 다름없다. 나는 그들이 여러분을 알 뿐만 아니라 친한 친구로 여기고 있다고 확신한다. 그들은 신적인 생명과 사랑과 지혜의 빛으로 여러분을 영광스럽게 감싸고 있다. 그들은 그렇게 함으로써 여러분의 이해를 돕고 있다.

그들은 영원히 현존하는 신적인 생명과 사랑과 지혜의 빛을 방사하여, 그 빛으로 여러분을 감싸고 있다. 그들은 여러분을 항상 무소부재한 신적인 현존 속에 살고 있는 존재로 본다. 그들은 여러분이 진정한 왕과 여왕으로서 자신의 왕좌에 앉아, 신적인 현존을 통해 그리고 신적인 현존에 의해 삶을 지배해나가는 존재로 여긴다. 그들은 여러분이 자신의 신적인 사명을 깨닫고 그 사명을 완수하기를 고대하고 있다. 그리하여 여러분이 영원히 살아 있는 신적인 존재로서 평화와 행복을 누리기를 바란다. 그들은 여러분뿐만 아니라 온 인류 가족을 순수하고 신적인 존재로 여긴다. 또 모든 피조물을 하느님의 형상과 모양대로 창조된 신적인 존재로 본다. 어떤 특별한 사람이나 특별한 종파 또는 어떤 특정한 교리를 신봉하는 사람들이 아니라, 온 인류와 만물을 그렇게 보는 것이다.

그들의 성스러운 위치와 사고방식을 인정하지 않고 수용하지 않는 사람들은 그 위대한 사람들을 올바로 평가하기가 어려울 것이다.

그들은 우주 자체의 일부인 진리를 몸소 실행하는 사람들이다. 우리에게 주어진 생명의 기원은 아득히 먼 과거로까지 거슬러 올라간다. 우리에게는 오랜 세월을 거쳐 내려오면서 성숙해진 생명이 주어진 것이다. 그런데 오늘날 우리의 삶은 여러 가지 제약과 인습에 속박되어 있다. 그러나 그들 위대한 사람들은 끝없는 희열과 행복을 누리며 영원한 삶을 살아가고 있다. 생명이 존속하는 기간이 길면 길수록 기쁨이 더 크며, 그만큼 삶의 의미도 더 커진다. 그들을 이해하고 사랑하는 사람은 그들의 가르침을 의심하지 못하며, 그들의 따뜻함을 나누어 받고 있기 때문에 그들의 우의도 의심할 수가 없을 것이다.

이제 서구 세계는 눈을 밖으로 돌려 그들의 옷자락을 잡는 과정에 있다. 동양은 이미 그 옷을 입고 있다. 결코 개켜서 장롱 속에 보관해놓고 있지 않다. 서양이 등잔을 닦으면 동양은 그 등잔에 불꽃을 일으킬 것이다. 그러면 그 불빛은 훨씬 더 밝게 비칠 것이다. 서양은 그 배후에서 영적인 비전이 타오르고 있는 세계를 향해 눈을 돌리기 시작했다. 이제야 진정한 지식을 찾기 시작한 것이다. 동양은 인간의 내면에서부터 타오른 영적인 비전의 불꽃이 육체 전체를 밝히고, 육체를 밝힌 다음에는 정오의 태양처럼 눈부신 빛을 외부 세계를 향해 발산해야만 한다는 사실을 알고 있다.

서양인들은 스스로를 물질적이라고 여긴다. 그러나 동양인들은 진정으로 영적인 삶을 살고 있다. 그들은 인간이 생명의 역사를 주권적으로 섭리하는 성령에 의해 살아가고 있다는 사실을 알고 있다. 히말라야의 고지대에서 눈 속에 파묻혀 살든, 복잡한 도시에서 살든, 아니면 외딴 수도원에서 은거 생활을 하든지 간에 인간은 모두 성령에 의해 살아가고 있다는 것이다.

서양인의 눈에는 성령을 받아들이고 성령의 힘으로 살아갈 때, 즉 인간이라는 모습 속에서 하느님이 살아갈 때 평안함이 온다는 힌두 사상이 기이하고 믿을 수 없는 것으로 보일 것이다. 그러나 동양인들은 인간의 이해를 초월하는 차원이 있음을 잘 알고 그에 순응하며 살아간다. 그리하여 지금까지 그 어떤 철학이 꿈꾸었던 것보다도 훨씬 더 높은 차원의 삶을 살아가고 있다. 그러므로 나는 이 책에 대해 변명할 필요를 느끼지 않는다.

만약 여러분이 성취에 대한 명확한 비전을 가지고 기대하는 마음을 품는다면, 마음속에 품고 있는 이상을 실현시키는 능력을 갖게 될 것이다. 그것은 여러분의 몫으로 주어지는 하느님의 유업이다. 하느님께서는 오랜 세월 동안 그래왔던 것처럼, 오늘날에도 신성을 실현한 인간(the God-Man)을 통해 말씀하신다. 이 책에 나오는 사람들이 전해주는 지식은 서구 세계에 새로운 빛을 던져주고 있다. 하지만 새로운 가르침은 결코 아니다.

그들은 사랑으로 타오르는 순수한 지식을 통해 인류를 깨달음으로 인도하는 것을 자신들 삶의 주된 목표로 삼고 있다. 인간이 가지고 있는 이상을 실현하는 위대한 능력을 통해 평화와 조화에 이르는 길을 닦는 것이 그들의 위대한 사명이다. 그들은 진정한 과학과 종교와 철학의 가장 위대한 친구들이다. 그들은 진리가 하나인 것처럼 모든 인간도 한 형제라고 선언한다. 그들의 말을 받아들인다면 과학은 진주를 꿴 황금실이 될 것이다.

이미 과거의 잘못된 신 관념에서 깨어난 사람들이 많다. 그들은 '믿음만으로'라는 가르침에 근거한 신앙을 버렸고, 선하게 살면 죽은 후에 천국에서 보상을 받는다는 가르침이 잘못된 것임을 깨달았다. 사실 영원토록 천국에서 거문고를 뜯으며 기쁜 노래를 부르는 보상을 받기 위해 선을 행해야 한다는 가르침은 저속하기 그지없는 것이다. 그들은 이러한 가르침이 이기적인 관심의 표명일 뿐, 신성을 온전히 실현한 그리스도의 가르침과는 전적으로 다르다는 것을 깨달은 것이다.

죽음이라는 관념은 하느님의 목적에 전적으로 배치되는 생각일 뿐만 아니라 진동장振動場으로 이루어져 있는 우주 법칙에도 부합하지 않는다. 또 예수의 가르침과도 일치하지 않는다. 예배당과 묘지가 한마당 안에 있는 것은 흔히 있는 일이다. 이것은 그리스도의 가르침을 제대로 이해하지 못했다는 직접적인 증거이다. 그리스도는 "만약 사람이 나를 믿는다면 영원히 죽지 아니하리라"라고 말씀하셨다. 그리고 들을 귀가 있는 자는 그 말씀을 들었다.

신성을 실현한 인간은 죄 가운데 있을 때 혹은 죄로 가득 찬 진동에 휩싸여 살 때 죽음에 도달한다는 사실을 안다. "죄의 삯은 사망"이라는 것을 아는 것이다. 그러나 신성을 실현한 인간에게는 영원한 생명이라는 하느님의 은혜가 주어진다. 하느님은 지금-여기에 현존하는 하느님의 나라에서 신성을 실현한 인간에게 자신을 나타낸다. 하느님의 진동과 조화를 이루어 살 때, 그리고 온전히 그 진동의 파장 안에 살 때 인간의 육체는 완성되어 완전한 몸이 된다. 이 책에 등장하는 사람들은 하느님을 초자연적이고 미신적인 영역에서 끌어내어 진동이라는 구체적인 차원에 자리하게 했다. 그들은 신적인 진동 안에 자신들의 몸을 두면 영원히 늙지 않고 죽지도 않는다는 사실을 알고 있다.

육체의 진동이 낮아지거나 낮아지도록 방치한다면 그 결과로 죽음이라는 현상이 일어난다. 이 책에 나오는 사람들이 알고 있는 사실

은 이러하다. 인간이 죽을 때 생명의 진동이 몸이라고 하는 사원에
서 흩어져 빠져나감으로써 진동이 낮아진다. 그리고 육체에서 빠져
나간 생명의 진동은 애당초 그 육체에 생명이 들어갈 당시의 형태로
다시 결합한다. 그 생명의 진동은 지성을 가지고 있으며, 생명의 진
동을 끌어당기는 힘을 가지고 있는 중심핵 혹은 중심 태양 주위를 돈
다. 그러면 지성이 있는 생명의 진동에 둘러싸인 중심핵은 점차 구체
적인 형태를 띠면서 새로운 사원(육체)을 지을 질료를 끌어들인다. 그
리고 이 모든 일은 지성, 즉 사람이 살아 있을 동안에 자기 몸 주위에
형성해놓은 생명 사이클과 완전히 상응해서 일어난다. 그런데 만약
지성의 진동이 낮다든지 혹은 약하다면 생명의 방사 에너지와 접촉
점을 잃고, 그러면 생명 에너지는 육체(또는 생명의 방사 에너지가 빠져나간
이후의 흙덩이와 같은 육체)로부터 완전히 떠난 근원으로 돌아간다. 이것이
완전한 죽음이다. 그러나 지성이 활동적으로 강하게 진동한다면 새
로운 몸을 즉각적으로 형성해낸다. 이것이 부활이다. 인간은 이러한
부활을 통해 육체 속에서 완전한 존재가 된다.

　나는 모든 사람이 이러한 계시를 이해하고 받아들일 수 있을 것
으로는 기대하지 않는다. 그러나 "들을 귀가 있는 사람은 들으라.(마
가복음 4:9)" 영적인 이해력이 충분히 성숙한 사람은 이 계시를 이해할
수 있으리라. 인류는 한때 하느님을 알지 못하고, 신성을 실현한 인
간이 볼 수 있는 시각을 잃어버렸다. 그러나 이제는 많은 사람들이,
과학의 발전을 통해 하느님은 인간과 인류 안에 항상 존재해오셨다
는 사실을 다시 발견하기 시작했다.

　나는 이 책을 대사들에게 바친다. 나는 사랑스럽고 친밀한 그들
의 발 앞에 최고의 존경과 찬사를 바친다. 그러나 내가 아무리 존경

과 찬사를 바친다 해도 그들이 받아야 할 영광에는 미치지 못할 것이다. 우리는 의심하면서 그들에게로 갔다. 그러나 돌아올 때는 그들 모두를 사랑하는 마음을 가지게 되었다. 생명과 진정한 삶의 과학에 대한 깊은 통찰력을 얻었다는 느낌과 함께.

✤ ✤ ✤
1

　신년 하례식에 모였던 사람들이 모두 떠난 후에도 나와 동료들은 엄청난 변화의 장면을 목격한 자리를 떠나기가 아쉬워서 그곳에 그대로 남아 있었다. 모임이 끝날 즈음에 받았던, 영혼이 하늘 높이 들려올라간 느낌은 말로는 도저히 표현할 수가 없었다.

　'전체는 하나를 위하여, 하나는 전체를 위하여'라는 불꽃 글씨는 처음 나타났을 때와 마찬가지로 밝게 타오르고 있었다. 우리는 말없이 앉아 있었다. 아니 아무 말도 할 수가 없었다. 날이 밝아올 때까지 그대로 앉아 있었지만 방 안에 갇혀 있다는 느낌은 전혀 들지 않았다. 우리 몸에서 빛이 방출되는 것 같았다. 그리고 분명히 바위를 뚫어 만든 방에 있었음에도 불구하고, 이리저리 걸어보아도 벽에 걸려 막히는 일이 없었다. 발밑을 받치는 바닥이 있다는 느낌도 없었고, 어느 방향으로든지 자유롭게 움직일 수 있었다.

　그때의 생각과 느낌은 말로는 도저히 설명이 불가능하다. 벽에 걸려 막히지도 않았고, 낭떠러지가 있어도 상관없이 우리가 원하는 곳으로 자유롭게 움직일 수 있었다. 입고 있던 옷과 주위의 모든 것들이 밝은 빛을 방출하고 있는 것처럼 보였다. 해가 뜬 후에도 그 빛은 사라지지 않고 오히려 더 밝게 빛났다. 우리는 엄청난 광휘 속에 둘러싸여 있는 것처럼 느껴졌지만, 그 수정같이 밝게 빛나는 빛을 직시할 수 있었다. 태양조차도 저 멀리 아지랑이 속에서 가물거렸다. 우리가 있던 곳과 비교해보면 태양이 오히려 차갑다는 느낌이 들 정도였다. 흰 눈으로 덮여 있는 그 지역 일대에 아침 햇살이 밝게 비치고 있었다. 온도계의 눈금은 영하 40도를 가리키고 있었다. 그러나 우리가 있던 곳은 표현할 수 없는 따사로움과 평화와 아름다움으로 감싸여 있었다. 살다 보면 말로는 표현할 수 없는 상황을 경험할 때가 있는데, 그때 우리의 경우가 바로 그랬다.

우리는 그 방에서 사흘을 더 머물렀다. 그러나 쉬어야겠다든지 에너지를 재충전해야겠다는 생각은 전혀 들지 않았다. 지금 와서 돌이켜보면 그 사흘이 눈 깜짝할 사이에 지나가버린 것 같다는 생각이 든다. 그러나 시간이 지나고 있다는 것을 의식하고 있었던 점으로 미루어보아 현실을 완전히 망각하고 있었던 것은 아니었다.

해가 뜨는 일도 지는 일도 없었다. 대낮과 같이 밝은 날만 계속되었다. 흐릿한 꿈이 아니라 실제가 그러했다. 우리 앞에 앞날에 대한 전망이 열렸던 것이다! 지평선은 영원히 저쪽으로 사라져버린 듯했다. 우리 대장은, 지평선이 생명의 맥박이 고동치는 무한하고 영원한 대해大海 속으로 빨려들어가버린 것 같다고 했다. 가장 아름다운 점은 이러한 일이 몇몇 사람만을 위한 것이 아니라 모든 사람을 위한 것이라는 사실이었다.

나흘째 되는 날 우리 대장이 제안하기를, 기록들이 보관되어 있는 아래층으로 내려가 번역 작업을 계속하자고 했다. 그래서 내려가기로 하고 막 몸을 움직이려는데, 순간 모든 대원들이 이미 기록들이 보관되어 있는 방에 도착해 있었다. 그때 우리가 얼마나 놀라고 기뻐했는지는 설명할 길이 없다. 우리는 어떻게 그런 일이 일어날 수 있는지도 모르는 상태에서, 육체의 어느 부분도 쓰지 않고 순식간에 두 층을 내려왔던 것이다. 우리는 분명히 번역 작업을 하던 기록들이 보

초인생활 ✦ 탐사록

관되어 있는 방에 도착해 있었다. 그 방은 밝은 빛으로 꽉 차 있었고 안온하고 상쾌한 분위기를 풍기고 있었다. 우리는 전혀 힘들이지 않고 어디든지 원하는 곳으로 이동할 수 있었던 것이다.

서판 한 장을 꺼내 독서대 위에 올려놓자, 신기하게도 문장의 의미가 완벽하게 번역된 상태로 보였다. 이번에는 번역된 문장을 옮겨 쓰려고 하자 그 순간 우리가 꺼내놓은 종이에 이미 번역문이 베껴져 있었다. 우리는 번역문이 다 옮겨진 종이를 챙기기만 하면 되었다.

이런 식으로 작업을 계속해서 그날 오후 2시쯤에 모든 서판의 번역이 끝났다. 우리는 번역문이 옮겨진 종이를 각각 400쪽 남짓한 분량으로 나누어 모두 열두 묶음으로 철했다. 우리는 전혀 피로를 느끼지 않았다. 그저 즐거울 뿐이었다.

우리는 하던 일에 너무 몰두해 있었기 때문에 방에 누가 들어온 것도 알아차리지 못했다. 대장이 누군가에게 반갑게 인사하는 소리를 듣고서야 돌아다보니 예수와 에밀 대사와 찬더 센이 와 있었다. 아시다시피 찬더 센은 우리가 처음 만났을 때는 노인 모습이었으나 이제는 '젊은이' 모습을 하고 있었다. 또 바게트 아이랜드와 우리에게 '람찬 라'라고 소개된 낯선 사람도 함께 와 있었다. 우리는 후에 이 낯선 사람이 보통은 '부드 라'라고 불리고 있다는 것을 알게 되었다.

식사를 위해 깨끗한 식탁이 마련되었다. 우리는 말없이 자리에 앉아 있었다. 잠시 후에 예수께서 기도를 하기 시작했다.

"만물 속에 편재한 대원리인 전능하신 아버지시여, 우리 내면에서 승리하게 하는 당신의 빛이 세상을 향해 비치게 하시니 감사합니다. 우리는 지금 그 아름다운 사랑의 빛을 체험하고 있으며, 원한다면 언제까지라도 그 빛을 바라볼 수 있습니다. 우리는 지금 사랑과 조화와 지혜, 그리고 겸손함과 헌신의 불이 꺼지지 않고 타오르는 이 제단 앞에 경배합니다. 이 제단에서 타오르는 거룩한 불빛은 지금 이 자리에 모인 형제들의 영혼에서 영원히 비쳐나올 것입니다. 우리는 이 제단에서 아버지의 같은 아들로서 형제가 되었습니다. 신성의 빛이, 가까이 있는 사랑하는 이 형제들로부터 온 세상 구석구석으로 퍼져나가고 있습니다. 그리하여 모든 영혼이 꺼지지 않는 이 사랑의 불빛을 경험하게 될 것입니다. 아버지시여, 당신의 제단에 모인 이 사랑하는 영혼들의 가슴을 통하여 당신의 아름답고 순수한 빛이 온 세상으로 퍼져나가고 있습니다. 우리는 지금 우리를 통해 퍼져나가는 이 사랑의 빛이 만물을 포용하며, 모든 인류를 변화시키고 하나로 융합하여 조화를 이루도록 한다는 것을 깨닫고 있습니다.

이렇게 각 개인 모두가 발하고 있는 것은 다름 아닌 그리스도의 빛입니다. 지금 하느님과 하나인 그리스도를 얼굴과 얼굴을 맞대고 볼 수 있다는 것에 대해 감사를 드립니다. 우리 속에 계시며, 우리를 통해 밖으로 퍼져나가시는 아버지 하느님께 다시 한번 감사를 드립니다.”

예수께서는 이렇게 기도를 드린 후에 신년 하례식이 있던 방으로 올라가자고 말씀하셨다. 그래서 모두 일어나 문을 향해 걸어가려는 순간 이미 목적한 방에 도착한 사실을 알았다.

이번에는 우리 몸이 이동하는 것을 의식할 수 있었다. 하지만 어떻게 그럴 수 있는지는 여전히 알지 못했다. 위층으로 올라가려고 마음을 먹자마자 위층에 도달해 있었다. 어둠이 짙게 깔려 있었지만 우리가 통과하는 길은 환했다. 도착해보니 방도 우리가 그 방을 떠날 때와 마찬가지로 밝고 아름다운 빛으로 충만해 있었다.

독자들은 우리가 방금 떠나온 기록들이 보관되어 있는 방에서 찬 더 센이 죽음에서 소생한 사실을 기억하고 있을 것이다. 우리에게는 그 방이 무한한 가능성의 빛을 발하는 성소聖所처럼 여겨졌다. 그때까지 알고 있던 필멸의 존재로서의 인간이 성취할 수 있는 모든 것을 뛰어넘어 앞으로 한 걸음 더 전진해나갈 수 있는 계기를 만들어준 거룩한 장소였던 것이다.

그날부터 그 마을을 떠나던 4월 15일까지 하루도 거르지 않고, 최소한 한 시간 이상은 신년 하례식이 있던 방에서 모임을 가졌다. 그 동안에는 그 방이 바위를 파서 만든 것이라고는 전혀 생각되지 않았다. 마치 바위벽을 통과하여 무한한 공간으로 들어갈 수 있을 것만 같았다. 의식을 속박하고 있던 모든 제약의 굴레가 그 방에서 벗겨졌다. 앞날에 대한 전망이 열린 것도 그 방에서였다. 모두 자리에 앉자 예수께서 다시 말씀하셨다.

"무엇을 성취하려면 이상에 초점을 맞추고 상념을 집중하여, 여러분 자신이 모든 사물을 움직이는 중심이 되어야 합니다. 이상에 초점을 맞추지 않고는 아무것도 실현되지 않습니다.

과거에 인간은 자기가 모든 움직임의 중심이라는 사실을 완전히 자각하고, 자신의 본래 영역, 즉 흔히 말하는 천국 상태에서 살았던 때가 있었습니다. 그러나 오늘날에는 극히 일부분을 제외한 대부분의 사람들이 인류의 진정한 유산인 신적 속성을 완전히 잃어버린 상태로 살아가고 있습니다.

그러나 과거에 할 수 있었던 일이라면 오늘날에도 할 수 있습니다. 신적 원리는 여러분을 비롯하여 만물의 배후에서 작용하고 있습니다. 모든 만물도 여러분과 마찬가지로 신적인 생명을 가지고 있기 때문입니다. 과학은 머지않아 물질이 단순한 물질이 아니라 유기적인 생명체라는 사실을 알게 될 것입니다. 모든 사물이 진동에 의해 서로 영향을 주고받는 상태에서 완전한 조화와 균형을 이루고 있으며, 궁극적으로는 어떤 보편적인 근본 요소를 공통적으로 가지고 있다는 사실을 발견하게 될 것이기 때문입니다.

우주 속에 편재한 보편적인 근본 요소나 우주를 구성하고 있는 근본 입자들을 결합시켜 어떤 특정한 형태를 이루도록 하려면, 그렇게 되도록 하는 처음 움직임이 필요합니다. 그런데 어떤 구체적인 형태를 마음속으로 그리고 거기에 상념을 집중할 때 비로소 그렇게 되도록 하는 처음 움직임이 시작됩니다.

이렇게 어떤 사물이 형성되는 힘은 입자 내부에 있는 것이 아니라, 인간의 상념의 진동이 입자의 진동과 영향을 주고받으면서 생겨나는 것입니다. 아직은 과학자들도 이해하고 있지 못하지만, 머지않아 생각의 진동이 힘을 가지고 있다는 사실을 그들도 인정하지 않을 수 없는 때가 올 것입니다.

상념의 힘이 어떤 것인지를 충분히 이해하고 그 힘을 실제로 사용한다면, 보편적인 우주 에너지를 어떤 특정한 영역 속에서 특정한 형태로 나타낼 수 있습니다.

여러분이 물질세계라고 생각하는 이 우주는, 생각의 힘으로 질서 있는 전개 과정을 거쳐 형성된 다양한 사물들로 이루어져 있습니다. 그런데 질서가 있으려면 먼저 이루어진 것이 그다음에 이루어질 것보다 더 진보된 것의 토대가 되어야만 합니다. 생각과 행동이 조화를 이룬 상태에서 질서 있게 진보해가려면, 여러분 자신이 우주적인 힘과 하나 된 다음 그 힘 스스로가 목적을 이루기 위한 수단을 선택하도록 해야 합니다. 그러면 질서 있는 우주적인 진보 과정 속에서 생명과 에너지를 나누어주는 데 부족함이 없을 것입니다.

이 우주는 물질로 이루어진 것이 아닙니다. 물질세계라는 것은 여러분의 생각일 뿐입니다. 우주는 보기에 따라서는 영적인 근원에서 비롯된 질서 있는 영적인 세계입니다. 영적인 세계라고 해서 비과학적인 것이 아닙니다. 오히려 지성을 가지고 있는 생명으로 이루어진 지성적인 세계이기 때문에 과학적인 우주인 것입니다.

지성과 결합되어 지성에 의해 인도되는 생명은 의지가 됩니다. 그리고 의지를 통해, 생명은 자신의 소유가 아니라 신명神命으로 받아들여집니다.

영靈이야말로 모든 만물을 살아 움직이게 하는 근원적인 힘입니다. 여러분은 단지 그러한 영이 존재하고 있다는 것을 알고 받아들이기만 하면 그 힘을 사용할 수 있습니다. 여러분 자신의 뜻에 따라 영적인 능력을 자유자재로 활용할 수 있다는 말입니다. 그렇게 되면 여러분 속에서 영원히 멈추지 않고 생명의 샘물이 솟아날 것입니다.

그렇게 되기 위해서 오랜 연구나 힘든 훈련이 필요한 것은 아닙니다. 또 금욕 수행이 필요한 것도 아닙니다. 단지 영적인 생명의 진동이 존재한다는 사실을 알고 인정한 다음, 그 진동이 여러분을 통해 흘러가도록 하기만 하면 됩니다.

여러분은 우주의 실체인 창조적인 마음(Great Creative Mind Substance)과 일체이기 때문에 만물이 존재함을 알고 있습니다. 그런데 거기에 더하여 위대한 신적 원리가 우주를 가득 채우고 있다는 사실과 여러분 자신이 신적 원리이며 그리스도임을 안다면, 여러분의 생각과 말과 행동을 통하여 신적 원리가 활동하게 될 것입니다. 여러분에게서 신적인 능력이 흘러나가면 그 영향을 받는 다른 사람도 자신의 실상을 깨닫고 하느님의 능력을 사용하게 되겠지요. 신적인 능력은 베풀면 베풀수록 더 많이 채워질지언정 결코 고갈되는 법이 없습니다.

하느님의 능력을 사용하기 위해 사념을 집중한다고 해서 문을 걸어 잠그고 골방에 들어앉아 있을 필요는 없습니다. 지금 있는 그 자리에서, 때로는 혼란하고 괴로운 상황 속에서라도, 영혼의 고요함을 유지하는 법을 배워야 합니다. 그러면 삶이란 결코 혼란스러운 것이 아니며 오히려 고요하고 명상적이라는 사실을 깨닫게 될 것입니다.

지금 여러분이 체험하고 있는 상념 집중에 비하면 외적인 행위는 아무것도 아닙니다. 상념 집중은 어떤 행위보다도 힘이 있는 행위입니다. 상념 집중이란 있는 그 자리에서 수족보다도 가깝고 호흡보다도 가까운 하느님이 여러분 내면에서부터 발출發出되어가는 것을 바라보며, 그 하느님께 온 생각을 모으는 것을 말합니다.

그러면 하느님은 누구이며, 여러분이 생각을 모으고 있는 하느님은 어디 계십니까?

하느님은 외적인 존재가 아닙니다. 즉 외부에서 끌어들였다가 다시 밖으로 내보낼 수 있는 그런 존재가 아니라는 말씀입니다. 하느님은 인간의 상념 작용에 의해 활동하기 시작하는 힘입니다. 이 힘은 여러분 내면에 있으면서 동시에 여러분을 둘러싸고 있습니다. 그러나 여러분이 이러한 힘이 존재한다는 것을 인정하고 사용하려고 하기 전에는 활동하지 않습니다. 하지만 존재를 인정하고 사용하려고만 하면 여러분 속에서 한없이 흘러나오는 것이 이 힘입니다. 여러분이 이 힘을 세상으로 내보내면 세상을 유익하게 하는 것입니다. 또 무엇을 생각하고 무엇을 행하든지, 선을 이루시는 아버지 하느님께서 그 배후에서 모든 것을 성취하십니다. 그러면 여러분은 모든 것을 성취하는 하느님과 같은 존재가 됩니다. 사실 하느님은 여러분 내면에서 발출되는 힘 이외의 다른 무엇이 아닙니다.

여러분 자신이 아버지 하느님이며, 씨 뿌리는 농부입니다. 또 하느님의 계획을 확실히 성취해 그 뜻이 이루어지는 범위를 확장해나가는 일종의 증폭기 역할을 하는 존재입니다. 따라서 모든 영들이 여러분의 명령에 복종합니다.

하느님은 거룩한 성전에 계신데, 그 성전은 다름 아닌 여러분의 육체입니다. 여러분은 하느님이 계신 성전인 여러분 자신 속에서 하느님과 일체인 그리스도입니다. 여러분의 몸은 하느님이 거하시는 거룩한 처소이기 때문에 그 안에는 만물이 깃들어 있다고 볼 수 있습니다. 이러한 사실을 깨닫고 자신의 육체를 귀히 여기게 되는 순간, 여러분의 육체는 신적인 원리를 쏟아내는 그릇, 즉 생명 에너지를 발산하는 도구가 됩니다. 그리고 일단 그렇게 되고 나면 여러분이 사랑하는 하느님, 아니 여러분 자신인 하느님을 점점 더 많이 쏟아내게 될 것입니다.

끝없이 확장되는 사랑으로 하느님을 찬양하고 예배하며 모든 인류에게 하느님을 쏟아줄 때, 그들은 하느님이며 동시에 인간인 그리스도가 승리자의 모습으로 출현하는 것을 바라보게 될 것입니다.

이제 여러분은 넘치는 환희 속에서 '누구든지 원하는 자는 다 와서 이 생명수를 마시라'고 말할 수 있습니다. 이 생명수를 마시는 사람은 다시는 목마르지 않을 것입니다. 여러분이 이렇게 사용하며 방출하고 있는 이 힘이 곧 하느님입니다. 아들은 아버지가 하시는 일을 그대로 하며, 아버지의 큰 능력 앞에서 겸손하게 머리를 숙입니다.

겸손은 무력한 자기 비하나 굴복이 아닙니다. 아버지와 같은 추진력과 성취하는 힘을 가지고 있으면서도 겸손한 태도를 취하는 아들의 겸손이 진정한 겸손입니다.

언제나 하느님의 능력을 찬양하고 축복하며, 늘 그 힘에 마음을 쏟고 감사한다면, 점점 더 강력한 능력이 여러분에게서 흘러나올 것입니다. 그리고 그 능력을 사용하기가 점점 더 쉬워질 것입니다.

그러므로 쉬지 말고 기도하라고 말하는 것입니다. 쉬지 않고 기도해야 된다는 것은 일상생활 자체가 기도가 되어야 한다는 뜻입니다.

신적인 능력이 존재한다는 사실을 알고 철저한 신뢰심을 가지고 그 힘을 사용하기 시작하면, 머지않아 그 힘이 여러분 속에 충만할 뿐만 아니라 여러분 주위에 편만하다는 것을 완전히 깨닫게 될 것입니다. 여러분이 그 힘을 흘려 내보내면 매 순간 그 힘이 여러분에게 다시 몰려옵니다. 내보내고 나면 비어버리는 것이 아니라 다시 흘러들어온다는 말씀입니다. 그러므로 자신이 하느님이라는 자각과 확신을 가지고 다른 사람을 위해 그 힘을 사용하십시오. 여러분 속에는 아버지 하느님이 계시고 여러분은 그분과 일체입니다. 여러분은 종이 아니라 아들, 즉 제1 원인자(First Primal Cause)의 아들입니다. 여러분 자신이 하느님이기 때문에 하느님이 가지고 계신 것은 모두 다 여러분 것입니다.

일하는 자는 내가 아니라 내 속에 계신 아버지 하느님입니다. 내 속에 계신 아버지께서 위대한 일을 이루십니다. 아버지와 함께 일할 때 제약이나 한계는 사라집니다. 이렇게 제약과 한계를 초월하여 무엇이든지 성취할 수 있는 것은 여러분에게 주어진 신적인 권리입니다.

제가 아버지의 참 아들 독생자 그리스도를 따르는 것처럼 여러분도 그리스도를 따르십시오. 또 제가 제 속에 있는 하느님을 나타내는 것처럼 여러분도 각자의 내면에 있는 하느님을 나타내십시오. 그리하면 여러분 모두가 하느님이라 일컬음을 받게 될 것입니다.

가장 위대한 설교는 '하느님을 보라(Behold God)'는 한마디입니다. 이 말의 의미는 여러분과 다른 모든 사람들에게서 방출되는 영광에 휩싸인 하느님을 깨달으라는 것입니다. 다른 것은 전혀 보지 않고 하느님만을 바라볼 때, 하느님만 사랑하고 그에게만 경배할 것입니다. 그때 여러분 자신은 율법의 제정자요 시행자인 주主가 될 것입니다.

외적인 장소로서의 골방이 아니라, 자기 영혼의 은밀한 처소로 들어가 기도하십시오. 영혼 깊은 곳에서 내면의 아버지께 기도드리면 은밀한 중에 보시는 아버지께서 공개적으로 이루어주실 것입니다. 그러므로 온 세상에 하느님의 능력을 더 많이 흘려내보낼 수 있도록 해달라는 기도를 쉬지 말고, 그렇게 해주실 것을 믿고 항상 감사드리시기 바랍니다.

지금까지 드린 말씀이 여러분에게 보다 높은 이상과 넓은 전망을 가져다주었다면 더 바랄 게 없겠습니다."

예수의 말씀은 여기서 끝났다. 일동은 모두 자리에서 일어났고, 예수와 또 함께 온 대사들은 저녁 인사를 하고 떠나갔다. 우리는 그 방에 남아서 그날 밤의 체험에 대해 이야기를 나누었다. 얼마 후 마을에 있는 숙소로 돌아가기로 결정하고 자리에서 일어났다. 그때 '밖은 어두운데 등불 없이 어떻게 갈 수 있을까?' 하는 생각이 들었다. 사실 대장을 제외한 모든 대원이 그렇게 말했다. 그러나 대장이 말했다.

"이토록 고정관념에 사로잡혀 있다니, 습관이 얼마나 무서운지 알겠군요. 지금 우리가 있는 이곳은 밝지 않습니까. 예수와 대사들이 떠났지만 빚은 조금도 줄어들지 않았어요. 지금이 우리 힘으로 한 걸음 전진해나갈 수 있는 좋은 기회가 아니겠습니까. 지금까지 체험했던 일들을 우리 자신의 힘으로 이루어볼 수 있는 기회가 아니겠느냐는 말입니다. 다른 사람들이야 어쨌든, 적어도 우리만이라도 용기를 내어 지금까지 깨달은 바를 실천에 옮겨봅시다.

지금까지는 친구 대사들에게 너무 의지해온 까닭에 그들이 떠나고 나니까 허전하고 두려운 마음이 드는 것은 사실이에요. 그러나 이 작은 일도 스스로의 힘으로 해나가지 못한다면 더 큰 일은 꿈도 꾸지 못할 것입니다. 저는 우리에게 스스로의 힘을 발휘할 수 있는 기회를 주기 위해서 대사들이 떠났다고 확신합니다. 그러니 이제 일어나서 한번 이 일을 해결해보도록 합시다."

막 떠나려고 할 때 대원 한 명이 어떻게 갈지 생각해보고 출발하자는 제안을 했다. 그러자 대장이 단호한 어조로 말했다. "아닙니다. 가려면 지금 그냥 가는 것입니다. 지금까지 보고 들은 것만으로도 충분하지 않습니까? 뭘 더 생각해보자는 것입니까? 지금까지 경험하고도 이만한 일 하나 스스로 해나갈 수 없다면 우리는 아무짝에도 쓸모없는 인간이 되고 말 것입니다." 그 말을 듣고 우리는 즉시 출발했다. 계단을 내려가 다른 방들을 지나서 터널을 빠져나왔다.

그리고 사다리를 타고 지상에 내려간 다음 마을로 향했다. 지나가는 길이 환하게 밝았고, 몸은 체중이 느껴지지 않을 정도로 가벼웠다. 그래서 아주 쉽게 숙소에 도착했다. 도착하고 나니 우리도 해냈다는 기쁨에 넘쳤다. 그날 이후 그 마을을 떠나던 날까지, 어느 때 어느 곳을 가더라도 인공적인 불빛 없이 왕래할 수 있었다. 숙소에 들어가니 실내가 환하게 밝아졌고 표현할 수 없는 따뜻함과 아름다움이 감돌고 있었다.

　우리는 즉시 잠자리에 들어 이튿날 아침까지 한 번도 깨지 않고
평안히 쉬었다.

$$\begin{array}{c}\clubsuit\ \clubsuit\ \clubsuit\end{array}$$

2

이튿날 아침, 숙소에서 아침 식사를 하고 곧바로 사원 위층 방으로 올라갔다. 우리는 힘들여 움직인다는 생각 없이 이방 저방을 자유롭게 옮겨다닐 수 있었다. 움직임을 제한하는 것은 아무것도 없었다. 아래층 방으로 내려가려고 마음먹으면 그 순간에 이미 그곳에 도착해 있었다. 이러한 일들은 친구 대사들이 없는 상태에서 이루어졌기 때문에, 우리는 비로소 그들이 우리 곁을 떠난 이유를 알게 되었다. 그들은 우리가 우리 자신의 힘으로도 그들과 같은 일을 해낼 수 있다는 것을 체험하도록 우리만 남겨놓고 떠났던 것이다. 하여튼 우리는 우리도 해냈다는 생각에 의기양양해졌다.

눈 깜짝할 사이에 4월이 되었다. 사원에 보관되어 있는 기록물을 번역하는 일을 끝낸 후에는 사원 외벽 바위에 새겨져 있는 다양한 문자와 조각을 대충 옮겨그리는 작업에 착수했다. 그 작업은 순조롭게 진행되었다. 우리는 그 작업에 정신을 몽땅 뺏기고 몰두했다. 그러던 어느 날 낯선 사람이 마을에 나타났고, 마을 사람들이 그 주위로 모여들었다. 무슨 심상치 않은 일이 생긴 게 분명했다. 우리는 일손을 멈추고 마을로 내려갔다. 숙소의 여주인은, 그 낯선 사람은 산적단이 계곡 아래 동네를 습격해왔다는 소식을 전하러 온 사람이라고 일러주었다.

이전에도 자기네 마을이 산적단의 습격 목표가 되었던 적이 여러 번 있었던 까닭에 마을 사람들은 대단히 불안해했다. 산적단이 그렇게 습격해왔던 것은 T자형 사원에 많은 보물이 숨겨져 있다는 소문이 널리 퍼져 있었기 때문이었다. 그러나 그들의 습격은 번번이 실패로 돌아가고 말았다. 도적들은 그렇게 실패하게 된 원인이 아랫마을 주민들의 저항 때문이라고 생각했다. 그래서 이번에는 인접해 있는 지역에 거주하는 사람들의 기를 꺾은 다음에 사원을 약탈하고자 하는 의도로, 여러 산적 떼가 연합으로 결성한 4,000명에 달하는 무장 기마대가 처들어왔다고 했다. 하여튼 그들은 그런 방법으로 쉽게 성공할 수 있으리라고 기대했던 것이다.

산적단의 습격 소식을 가지고 달려온 사람은 남아 있는 주민들을 구해달라고 호소했다. 이미 많은 사람이 죽었고 저항도 한계에 달했다는 것이었다. 그러나 마을에는 나설 만한 사람이 없다고 말했다. 이때 우리 숙소의 여주인이 그를 안심시키면서 더 이상 아무도 다치지 않을 것이니 마음 놓고 마을로 돌아가라고 말했다. 우리는 사원으로 돌아와 하던 일을 계속해나갔다. 그러나 마을 사람들이 여전히 불안에 떨고 있음을 느낄 수 있었다.

다음 날 아침, 이미 번역해놓은 기록에 참고가 될 것이 분명하다는 생각에서 하던 일을 빨리 끝내려고 다시 작업에 착수했다. 우리는 그 일이 완성되면 역사를 정확하게 재구성할 수 있고, 또 그와 유사한 다른 기록이 보관되어 있는 장소에 대한 언급도 찾아낼 수 있을 것이라고 확신하고 있었다. 따라서 그 작업이 끝나면 지금은 오지로 변해버린 지역에서 번창했던 고도로 발달한 고대 문명의 역사를 알 수 있을 것이라고 생각했다.

그동안 번역하고 모아놓은 자료들은 사원의 기록 보관실에 있었다. 그 사원이 그동안 빈번한 산적단의 습격에도 약탈을 모면해왔다는 사실을 잘 알고 있었음에도 불구하고, 이번 산적단의 습격으로 그 자료들을 몽땅 잃어버리는 것은 아닌가 하고 걱정했다.

그날 저녁, 숙소의 여주인에게 하필 이런 때 친구 대사들이 없는지 모르겠다고 하면서 마을 사람들을 도울 계획을 세우자고 말했다. 그러자 그가 말하기를, 전령이 우리에게 도움을 청한 이상 산적들은 습격을 중지하거나 파멸하거나 둘 중 하나를 택하지 않을 수 없을 것이라고 했다.

그동안 우리 자신의 안전에만 급급한 나머지 전전긍긍하던 우리는, 그의 말을 듣고 비로소 안심했다. 그날 밤은 평안히 보냈다. 다음날 아침 일찍 일어나 작업에 들어가려고 준비하고 있을 때 도적 떼의 습격을 알렸던 사람이 다시 나타나 새로운 소식을 전했다. 도적들이 인근 마을의 습격을 중지하고 30킬로미터 아래 지점에 총집결했다는 것이다. 최종 공격 목표인 우리가 있는 작은 마을로 쳐들어오기 위한 조치임이 분명했다.

소식을 가지고 달려온 사람이 숙소의 여주인과 우리 대원, 그리고 둘러선 마을 주민들과 이야기를 나누고 있을 때 말을 타고 우리 쪽으로 달려오는 사람이 있었다. 우리를 향하여 오는 중에 곳곳에 몇 명씩 모여 있는 주민들 사이를 통과할 때, 주민들은 그가 누구인지를 알아보고 무서워하며 도망쳤다. 그가 우리 쪽으로 가까이 오자, 누구다 하고 그의 이름을 외치며 소식을 가지고 온 전령은 다른 사람들처럼 도망쳤다. 필시 그의 뒤에는 도적 떼가 따라올 것이라는 생각에서 두려워하는 것이 분명했다.

다른 사람들은 모두 도망치고 숙소의 여주인과 우리만 남았다. 우리는 그 자리에서 그가 가까이 다가오기를 기다렸다. 그는 고삐를

　　　　　　　　　　　　　초인생활 ✛ 탐사록

잡아당겨 말을 세우더니 우리 대장에게 기분 좋은 태도로 인사를 했다. 그리고 자기들은 우리가 외국인이며 뭘 하는 사람들인지를 잘 안다고 말했다. 물론 그는 우리가 알아들을 수 없는 방언으로 말했다. 그는 우리를 둘러보면서 누가 통역해줄 수 없느냐고 물었다. 숙소의 여주인이 몸을 돌려 말을 타고 있는 그를 올려다보며 자기가 통역하면 안 되겠느냐고 했다. 그 순간 그는 강한 전기에 감전된 듯했는데, 즉시 자세를 바로잡더니 말에서 내려 숙소의 여주인 앞으로 달려가면서 손을 앞으로 내밀고 의외라는 듯이 "당신께서 여기 계셨습니까?" 하고 말하는 것이었다. 그 말은 우리도 알아들을 수 있었다. 그는 두 손을 이마에 대고 그 앞에 엎드려 용서를 빌었다. 그러자 여주인은 일어나서 뭣 하러 왔는지 바른대로 말하라고 호통을 쳤다. 순간 여주인의 몸은 굳어졌고 분노로 불타오르고 있었다. 그의 감정이 얼마나 격하게 표현되었던지 도적은 물론이고 우리조차도 깜짝 놀랄 정도였다. 여주인이 다시 소리쳤다. "이 겁쟁이 살인자, 뭐 하러 왔는지 어서 말하지 못하겠소!" 도적은 다시 그 앞에 무릎을 꿇었다. 그러자 숙소의 여주인이 "일어나시오! 일어나지도 못할 만큼 비굴하단 말이오?" 하고 쏘아붙였다.

도적이 두려워 떠는 것도 무리는 아니었다. 우리조차도 꼼짝 못하고 못 박힌 듯이 그 자리에 서 있을 수밖에 없었으니 말이다.

인간의 힘으로 할 수 있는 일이었다면 그 도적도 일어나 그 상황에서 도망갔을 것이다. 그러나 그는 우리와 마찬가지로, 말할 기력조차 잃고 그 자리에 주저앉았다. 그는 입을 벌린 채 생기 잃은 눈만 멀뚱멀뚱 뜨고 숙소의 여주인을 바라보고 있었다.

여주인이 그렇게 격렬하게 감정을 표현하는 일은, 우리가 탁월한 능력을 지닌 대사들과 함께 지내면서 경험한 유일무이한 경우였다. 우리도 도적과 마찬가지로 무서워서 떨었다. 엄청난 폭발이 일어날 때와 같은 충격적인 진동이 우리를 때렸다. 전기에 감전된 듯 입술과 근육이 마비되었다. 그때의 상황을 달리 설명할 길이 없다. 생각해보 시라. 가냘프고 연약한 몸매의 여인에게서 어찌 그런 강력한 진동이 나올 수 있는지 놀랍지 않은가?

물론 이런 상태가 오래 지속되지는 않았지만, 긴장이 풀리고 근 육이 이완되기까지는 여러 시간이 지난 것처럼 느껴졌다. 우리는 동 상처럼 움직이지 못하고 그 자리에 서 있었다. 그러나 잠시 후 도적 에 대한 연민의 감정이 휩쓸고 지나가면서 그 도적이 도움을 받기를 바라게 되었다. 모든 사람이 동일한 느낌을 가졌지만 숙소 여주인의 처분만을 기다릴 수밖에 없었다.

그때 거의 순간적으로 상황이 바뀌었다. 숙소 여주인은 자신의 태도에 흠칫 놀라는 듯하더니 금세 자애로운 표정을 띠었다. 우리가 늘 대하던 그런 얼굴이었다. 우리는 연민의 감정에 사로잡혔다. 우리 는 모두 땅바닥에 주저앉아 있는 도적에게 몰려갔다. 숙소의 여주인 은 몸을 굽히고 그 도적의 손을 잡아 일으켰다. 신비스러운 일이었 다. 우리는 다만 '이런 신기한 일이 언제까지 계속 일어날지?' 하며 고개를 흔드는 수밖에 없었다.

도적은 곧 정신을 차렸다. 우리는 그를 일으켜 세운 다음 가능한 한 편안한 자세로 근처의 의자에 앉게 했다. 집 안으로 들어갈 것을 권유했지만 그것만은 한사코 거절했다.

숙소의 여주인은 격한 감정을 표현한 것은 우리와는 상관없는 일 이었다고 사과했다. 그럼에도 불구하고 우리의 몸은 떨리고 있었고,

　　　　　　　　　　　　초인생활 ✤ 탐사록

안정을 되찾기까지는 어느 정도의 시간이 필요했다.

여주인의 설명에 따르면, 그 도적은 고비 지역에서 출몰하는 극악한 여러 도적 떼 중 한 그룹의 두목이라고 했다. 그는 두려움을 모르는 극악무도한 자로 악명 높으며, '지옥에서 풀려난 검은 악당'이라는 뜻의 별명을 가지고 있다고 한다. 또 악한 영들을 쫓아내기 위해 그의 얼굴을 본떠 만든 가면을 주술적인 목적으로 사용하는 부락도 여럿 된다고 한다.

숙소의 여주인은 이전에 두 번 그를 만난 적이 있는데, 그는 대사들 때문에 두 번 모두 약탈하고자 하는 목적을 이루지 못했다고 한다. 그래서 그는 그와 다른 대사들을 증오하며 심한 욕설이 담긴 편지를 보내는 등 여러 가지로 괴롭혀왔다는 것이다. 그러나 대사들은 그의 행패를 무시해왔는데, 그가 갑자기 나타나자 과거에 받았던 모욕감이 불현듯 되살아나 감정을 억제하지 못하고 분노를 폭발하게 된 것이라고 했다.

여주인은 마음의 평정을 완전히 회복한 다음, 의자에 앉아 있는 도적에게로 다가갔다. 그는 일어나려고 애썼다. 그러나 일어나지 못하고 두려운 듯이 몸을 더 깊이 움츠렸다. 마치 중풍 걸린 사람처럼 떨고 있는 동작 하나하나에서 증오의 빛을 읽을 수 있었다. 숙소의 여주인은 냉정하고 침착했다. 두려움이나 격한 감정의 흔적은 찾아볼 수 없었다. 극히 정교한 예술품처럼 아름다운 여주인의 모습과 두려움에 떨고 있는 도적의 모습은 극히 대조적이었다.

우리는 그 도적을 즉시 돌려보내도록 하고 싶었다. 아무 말도 하지 않았지만 숙소의 여주인은 우리의 그러한 생각을 알아차리고 가만히 있으라고 손짓을 했다. 대장은 돌아가는 상황을 즉시 알아차리고, 숙소의 여주인에게 모든 것을 맡기고 물러가 있자고 했다. 괜히 나섰다가는 우스운 꼴이 될지도 모른다는 것이었다. 숙소의 여주인은 낮은 목소리로 도적에게 무슨 말인가를 했다. 우리는 그 소리가 들리지 않을 정도로 멀찍이 물러나 있었다. 잠시 후 도적이 입을 열었다.

그가 말을 시작하자 숙소의 여주인이 우리에게 가까이 오라고 손짓했다. 우리는 될 수 있는 한 편안한 분위기를 만들어보려고 그들 두 사람 앞의 땅바닥에 앉았다. 긴장되고 불안한 분위기를 누그러뜨리는 일이라면 무엇이라도 하고 싶었다. 도적은 다른 두목들을 설득한 결과 평화 협정을 맺기 위해서 자기가 온 것이라고 말했다. 즉 T자형 사원에 있는 보물을 순순히 내주면 더 이상 약탈을 하지 않고 포로로 잡은 아랫마을 주민들(그의 말로는 3,000명이 넘는다고 했다)을 풀어줄 것이며, 그 지역에서 즉시 떠나는 동시에 다시는 그 계곡에 있는 주민들을 괴롭히지 않겠다는 협정을 맺자는 뜻을 전하기 위해서 자기가 파견되었다는 것이다.

숙소의 여주인이 그 사원에는 당신들이 찾는 보물 같은 것은 없다고 말했다. 만약 못 믿겠다면 직접 사원을 조사해보고 그 밖에도 원하는 곳이 있으면 어디든지 살펴보라고 했다. 그는 펄쩍 뛰며 자기를 인질로 잡으려고 그러는 것이 아니냐고 했다. 우리 대원들이 안심시켜보려고 했지만 헛수고였다. 숙소의 여주인이 우리가 거짓말하는 것이 아니라고 재차 설득하자 그제야 비로소 우리 말을 믿기 시작했다. 그러나 그는 자기가 난처한 상황에 빠진 것을 곧 알아차렸다. 사실은 이번 습격과 약탈 계획을 짜고 보물을 차지할 수 있다고 다른 도적들을 부추긴 장본인이 바로 그였다. 그는 보물을 약탈하여 거부

$\Delta^{\hat{m}}$가 되기를 꿈꾸었다. 그래서 보물을 얻으면 함께 나누어 갖기로 약속하고 다른 도적단 다섯 그룹을 이번 계획에 끌어들였다. 그리고 자신이 연합 도적단의 총 두목이 되었던 것이다.

상황이 이러니 그가 돌아가서 T자형 사원에는 보물이 없다고 한다면 당장 배신자로 낙인찍혀 그에 합당한 처벌을 받게 될 것이 뻔했다. 게다가 그동안 엄청난 보물이 있으니 그걸 차지해서 부자가 되자고 부추겨온 사람이 이제 와서 보물이 없다고 하면 다른 도적들이 그 말을 믿어줄 리도 없고, 따라서 그들은 계획대로 마을을 습격할 것이 분명했다.

그는 진퇴양난이었다. 우리도 몹시 걱정스러웠다. 그런데 숙소의 여주인이 자기가 도적단의 캠프에 함께 가겠다고 나섰다. 만류해보았지만 일언지하에 거절당했다. 여주인은 즉시 떠날 채비를 하며 아무 일 없을 것이라고 우리를 안심시켰다. 우리가 함께 가면 다른 도적들이 의심하게 되고 그러면 위험한 일을 당하게 될지도 모르니 자기 혼자 다녀오겠다고 했다. 우리는 그 말을 따를 수밖에 없었다.

도적은 숙소의 여주인을 자기 뒤에 태우고 말을 타고 떠났다. 그들이 마을을 떠나던 당시의 모습은 결코 잊을 수 없는 장면이었다. 앞에 탄 도적은 어리둥절한 모습이 역력했고, 숙소의 여주인은 저녁까지는 돌아올 것이라고 우리를 안심시키며 따뜻한 미소를 보냈다. 그들이 떠난 후 일할 맛을 잃은 우리는 해 질 무렵까지 할 일 없이 마을을 돌아다녔다.

여주인을 기다리기 위해 숙소로 돌아오니 식탁에 음식이 차려져 있었다. 그리고 놀랍게도 여주인이 식탁 머리에 앉아 환한 미소로 인사했다. 말문이 막힐 노릇이었다. 여주인은 짐짓 오만한 자세를 취하고 "신사 양반들, 먼저 인사부터 하는 게 예의 아닙니까?" 하고 간단하게 말했다. 물론 분위기를 부드럽게 하기 위한 농담이었다. 멍청히 서 있던 우리는 그제야 인사를 주고받았다.

여주인이 말했다. "그들을 설득하는 데 실패했어요. 하지만 사흘 안에 가부간 회답을 해주겠다는 약속은 받아냈지요. 물론 공격하겠다는 대답이겠지요. 그러나 최소한 그때까지 여기 왔던 도적의 목숨은 구한 셈이지요. 하여간 그들이 습격 계획을 포기하고 돌아갈 것 같지는 않으니 포위 공격에 대비할 준비는 해야 할 것 같군요."

무사할지도 모른다고 막연히 생각했던 보랏빛 꿈은 산산조각이 났다. 여주인은 우리의 생각을 알아차리고 이런 시를 읊어주었다.

앞길을 가로막는 홍해를 만났을 때,
있는 힘을 다해도
돌아갈 길은 보이지 않고
바다로 들어가는 길밖에 없을 때,
고요한 영혼으로 하느님을 바라보라.
어둠도 폭풍도 지나가고
바람은 고요하고 물결은 잔잔해지리라.
그때 하느님 말씀하시리니,
"전진하라! 전진하라! 전진하라!"

3

식사가 끝난 후 여주인을 따라 정원으로 나갔다. 우리는 깜짝 놀랐다. 예수와 에밀 대사와 자스트 그리고 부드 라가 정원에 앉아 있었던 것이다. 우리도 그들 사이에 앉았다. 우리 사이에서 나지막한 한숨 소리가 터져나오는 것을 느끼면서 우리가 그들을 얼마나 의지했었는지를 깨달을 수 있었다. 마치 강철 띠로 우리 자신을 그들에게 묶어 맨 듯한 느낌이었다. 어느 면에서는 그렇게 해서는 안 된다는 생각도 있었다. 인생에서 자신에게 주어진 역할은 스스로 수행해야만 하며 꼭두각시가 되어서는 안 되는 것이다. 우리는 자신의 발로 서야만 하며 전적으로 자신을 의지해야만 한다. 만약 그렇지 않으면 그들 쪽에서 먼저 묶인 줄을 끊지 않으면 안 된다고 여길 것이다. 우리 대장도 이 점에 대해서 언급했다.

아직 이른 저녁이었고 사라져가는 태양이 드리우는 낙조가 부드럽게 만물을 비추고 있었다. 경험해보지 않고는 결코 알 수 없는 아름다운 광경이었다. 바람 한 점 없는 고요한 분위기가 우리를 감싸고 있었다. 방금 전까지만 해도 무겁게 마음을 짓누르던 도적단에 관한 생각이 말끔히 사라져버렸다.

고요하고 평화로웠다. 경험해보기 전에는 알 수 없는 편안한 느낌이 들었다. 마치 천천히 움직이는 거대한 빛의 흐름 속에 놓여 있는 듯했다. 그때 예수의 음성이 들려오고 있음을 깨달았다. 예수의 음성은 입으로가 아닌 마음에서 마음으로 전달되었다. 굳이 설명하자면, 말 대신 생각으로 리드미컬하게 전달되는 마음의 진동을 느낄 수 있었다. 그 리듬과 억양은 어떻다고 표현할 길이 없지만, 여하간 말로 하는 것보다 훨씬 더 강력하게 전달되었다. 전혀 새로운 경험이었다. 생각이 흘러들어와 우리 마음에 화살처럼 꽂히는 것 같았다.

우리는 예수로부터 흘러들어온 생각을 속기 문자로 기록했다. 후에 속기 문자로 기록했던 것을 완전한 문장으로 번역하여 틀리지 않았는지 확인하기 위해 대사들에게 보였다. 그 내용은 다음과 같았다.

"저는 신인(God-man)의 출현을 주목하며, '보라, 하느님의 아들 그리스도가 여기 있다'고 말했습니다. 저는 그때 이 육체가 하느님의 참성전이며, 창조의 대원리가 통과하는 통로나 도구라는 사실을 깨달았습니다. 그러므로 이 육체는 더럽혀지지 않은 하느님의 형상이며, '내가 곧 하느님'이라는 것을 알았던 것입니다. 이러한 확신으로 나는 모든 상황의 지배자, 즉 승리의 그리스도가 되었습니다. 저는 이와 같은 이상을 품고 있습니다. 그리고 제가 실현하는 것은 바로 제가 품은 이상 이외의 다른 그 무엇이 아닙니다. 만약 온 인류가 스스로 존재하는 자존자(I AM) 하느님이 아니라면 그 외에 다른 하느님은 없습니다. 그러나 자신이 스스로 존재하는 자존자임을 확실히 깨닫는다면 모든 상황을 지배하는 승리의 그리스도가 됩니다. 그러면 하느님과 인간이 손에 손을 잡고 하나되어 행진해나가며, 하느님과 인간이 분리된 상태가 아니라 오직 하나의 대원리(one Principle), 즉 하나의 대인간(one Man)만이 존재하게 됩니다."

대원 한 사람이 잠시 생각한 후에 이렇게 질문했다. "어떻게 이러한 빛을 얻을 수 있으며, 또 이 빛을 유용하게 사용하는 방법은 무엇입니까?" 그러자 이런 대답이 나왔다.

초인생활 ✛ 탐사록

"여러분의 육체를 창조의 대원리를 방사하는 발전기로 만드십시오. 창조의 대원리가 여러분의 육체를 통과할 수 있도록 하라는 말입니다. 창조의 대원리 속에는 모든 힘이 들어 있습니다. 그러므로 여러분의 육체를 그 에너지를 받아들여 증폭시키는 도구로 만들어가십시오. 여러분의 육체에서 방사되는 창조 에너지가 순수한 백색 광선의 흐름으로 변할 때까지, 그리하여 여러분에게 저항하는 것이 여러분을 해칠 수 없게 될 때까지 그렇게 하십시오.

　　여러분에게서 방사되는 광선의 흐름에 강력한 전기 에너지를 실어서 여러분을 해치고자 하는 자의 육체를 파괴할 수도 있습니다. 만약 이 에너지에 저항하면 힘과 속도가 즉각적으로 증가하여 저항하고자 하는 자 자신이 스스로 해를 입게 됩니다. 그러나 아무런 저항도 하지 않으면 이 광선 에너지는 받아들이는 자를 치유하는 힘을 발휘하게 됩니다.

　　이 광선 에너지는 하느님의 빛이고 힘입니다. 자유롭게 흐르는 흐름의 저항을 받지 않으면 이 에너지는 다른 힘과도 융합하여 높은 진동으로 공명하게 됩니다. 그렇게 되면 하느님의 진동과 연합된 것이므로 모든 힘의 진동들이 완전한 조화 속에서 공명하게 되며, 아무것에도 해를 받지 않게 됩니다. 진동은 생명입니다. 그러므로 하느님의 진동, 즉 하느님의 생명에 저항하지 않는 한 해를 입는 일은 절대 없습니다. 여러분은 항상 하느님과 하나 된 상태에서 살고 있다는 사실을 깨달아야 합니다. 하느님과 하나라는 사실을 깨달으면 하느님은 하느님이고, 나는 나라는 분리 의식이 사라집니다. 그러나 하느님의 생명의 진동에 저항하면 분리가 생겨나 삶이 부조화하게 됩니다.

　　하느님과 하나 되어 깨달음의 정상인 거룩한 산에 서면 해로운 것이 범접하지 못합니다. 이것은 몇몇 사람만을 위한 특권이 아니라 모든 사람에게 해당하는 진리입니다. 모든 사람이 절대 원인 또는 궁극적인 근원인 자존자 하느님과 일체라는 말이지요. 모두가 우주적인 법칙(The Law)인 신적인 사고의 진동 속에서 살고 있습니다. 모든 사람의 본향인 이 영역 속으로는 조화롭지 못한 진동이 끼어들지 못합니다. 여러분이 차지할 하느님의 왕국은 바로 이 영역을 가리키는 말입니다.

신적인 광선 에너지를 여러분에게 밀려오는 거짓이나 해로운 생각, 욕망을 물리치는 데 사용할 수도 있습니다. 원한다면 해하고자 하는 진동이 있을 때 신적인 광선 에너지로 그 진동을 증폭시키고 변화시킨 다음 빛의 속도로 그 진동의 발원지로 반사시킬 수가 있습니다. 그때 여러분에게서 반사되어나가는 진동은 해하고자 처음 임했을 때의 저급한 진동이 아니라 순수한 백색 광선의 형태를 띠게 됩니다. 이 백색 광선이 저급한 진동을 내보낸 자에게 도달하면 강력한 힘으로 그의 육체를 파괴할 수도 있습니다. 누가 어디서 그 진동을 보냈는지 몰라도, 반사 광선은 어김없이 그 발원처로 되돌아갑니다. 이것을 일컬어 복수의 날 또는 심판의 날이 임했다고 하는 것이지요. 준 만큼 되돌려 받을 것이며, (하느님의 뒷박으로) 넘치도록 되돌려 받게 되는 것이 법칙입니다.

여러분은 하느님의 힘을 변형시켜 저항할 수 없는 강력한 진동으로 방사할 수 있습니다. 여러분이 보시는바, 제 몸에서 발산되고 있는 빛이 바로 하느님의 광선 에너지입니다. 단지 아직 강력하지 못하다는 점에서 차이가 날 뿐이지 이 광선 에너지는 여러분의 몸에서도 발산되고 있습니다. 지금은 미약하지만 하느님의 법칙에 순응하여 사용해간다면 그 힘은 점점 더 강력해질 것입니다. 그리고 선한 목적을 성취하기 위해 이 광선 에너지를 의식적으로 조정하는 법도 배울 수 있게 될 것입니다.

화가가 그려놓은, 겟세마네 동산에서 기도하고 있는 저의 모습을 보면 빛이 하늘에서 내려오는 것이 아니라 제 몸에서 나가고 있지요. 그 빛은 제 안에서 생성되어 에너지 센터를 통해 밖으로 방사되는 하느님의 힘입니다. 그런데 이러한 유의 광선은 자신의 실상인 하느님의 자리에서 하느님과 하나인 그리스도가 되면 누구에게서나 발산됩니다.

하느님과 하나가 되는 것은 온 인류의 목표가 될 수 있습니다. 사실 인류의 목표는 하느님과 하나인 그리스도가 되는 것입니다. 온 인류가 모두를 포용하는 하느님과 하나 된다면 형제들 사이의 불화와 반목은 자연히 사라지지 않겠습니까?

이제 여러분에게 흘러들어온 하느님의 광선 에너지를 여러분의 뜻에 따라 만 배 혹은 천만 배로 증폭시켜서 발산하십시오. 그러면 그 힘의 진동은 흘러간 길을 따라 다시 여러분에게 되돌아올 것입니다. 그 힘의 진동이 퍼져나갈 때 그것이 하느님으로부터 왔다고 여기고 받아들이는 사람은 이전에 그가 발산했던 해치고자 하는 생각이 말끔히 지워진 상태에서 용서받게 됩니다. 그러면 악의를 품었던 자나 그 악의의 대상이었던 여러분이나 모두 상처를 입지 않게 되지요. 상대방을 나와 마찬가지로 하느님과 하나인 자로 대하면 부조화를 대신하여 완전한 조화가 찾아오며, 다시 하나가 될 수 있을 것입니다.

해치고자 하는 상념의 진동을 보낸 자가 여러분이 발산하는 신적인 광선 에너지의 진동을 받아들이지 않으면 그의 육체는 파괴되고 맙니다. 스스로 일을 성취하도록 허용한다면, 이 순수한 백색 광선은 모든 악의와 부조화한 진동을 지워버릴 것입니다. 완고히 저항해도 그 힘의 진동은 백색 광선의 힘 앞에서 완전히 지워지고 맙니다. 저항하면 역으로 창조 원리의 힘의 저항을 받지 않을 수 없습니다. 그리고 그 힘은 애초에 자기가 내보낸 힘보다 네 배나 강력합니다.

그러므로 여러분이 발산한 상념의 진동은 선한 것이든 악한 것이든 네 배로 증강되어 되돌아온다는 것을 알아야 합니다.

선과 하느님의 힘을 방사하는 주†의 입장에 확고히 서야 합니다. 그러나 겸손해야 합니다. 심판해서는 안 됩니다. 오히려 발산하는 광선 에너지에 가지고 있는 사랑 모두를 실어서, 여러분이 생성시켜 방출하는 것이 순수한 하느님의 사랑이 되어야 합니다. 그렇게만 한다면 수많은 선한 영들이 여러분의 명령에 따를 것입니다. 그래도 여러분은 겸손하고 부드럽게 신적인 빛을 따르도록 하십시오. 여러분이 따르는 하느님의 빛은 순수하고 아름다운 사랑이요, 생명입니다. 그리고 그 생명은 영원하며 근원적인 것입니다.

인간의 몸에는 하느님의 빛을 반사하는 일곱 개의 센터가 있습니다. 여러분은 이 센터에서 이 세상의 어떠한 빛보다도 밝은 빛이 비치도록 할 수 있습니다. 원한다면 그 빛이 강력한 힘을 가지고 어떠한 전기 광선보다도 훨씬 더 멀리 뻗어나가게 할 수도 있습니다. 일곱 개의 센터가 동시에 빛을 발하면 그 어떤 것도 뚫고 들어오지 못하는 갑옷을 입는 것과 마찬가지가 됩니다.

여러분에게서 발산되는 하느님의 순수한 백색 광선에 활기를 불어넣어 내보낸다면, 그때 육체는 정오의 태양보다 훨씬 더 밝게 빛납니다. 그것은 여러분이 만군의 주이신 창조주를 나타내는 상황입니다. 여러분은 승리자가 된 것입니다. 사랑과 평화의 하느님께서 여러분 내면의 왕좌에 좌정하시므로 여러분의 육체가 빛나는 영적 몸이 되는 것이지요."

이 같은 진동이 우리에게 전달되는 그 순간에 예수를 비롯한 대사들의 몸에서 똑바로 쳐다보기 어려울 정도로 밝은 빛이 뿜어나왔다. 마치 도가니에서 끓고 있는 금물 같은 빛이 물결치듯 퍼져나가며 사물을 꿰뚫고 있었다. 모든 감각이 명확히 깨어 활동하고 있음에도 불구하고 그들의 모습을 명확히 구별할 수가 없었다. 이때 진동이 다시 부딪쳐왔다.

"여러분도 이와 같은 방법으로 육체의 시야에서 사라질 수 있습니다. 하느님의 순수한 백색 광선에 온 정신을 집중한 다음, 그 광선을 일곱 개의 반사 센터를 통해 일제히 발산하면 그렇게 됩니다.

여러분은 그 광선을 타고 광선이 비치는 어떤 방향으로든지 나아갈 수 있으며, 해치고자 하는 사람들 앞에 여러분이 원하는 모습으로 나타날 수도 있습니다. 그 광선을 타고 빛의 속도로 이동하기 때문에 가고자 하는 곳에 즉시 도달하게 됩니다. 그때 육체적인 감각 차원에서 살고 있는 사람들에게는 여러분의 몸이 보이지 않게 됩니다. 그들은 자기들이 이해할 수 없는 일이 생겼다고 생각할 것입니다. 하지만 여러분이 원하는 대로 나타내는 모습은 알아봅니다. 그들은 자기들이 이해하지 못하는 것은 초자연적인 신비라고 여기는 미신적인 사고로 쉽게 잘못된 길로 접어듭니다. 여러분이 해야 할 일은 해치고자 하는 사람이 발산하는 악한 진동에 사랑을 실어 반사시키는 것입니다. 그러면 결과야 어떻든 그 에너지 진동은 최초에 발산한 사람에게로 돌아가게 되어 있습니다.

육체적인 인간은 상대방을 서로 적으로 생각하고 미워하며 싸웁니다. 그러나 그것은 실제로 자기 자신의 저급한 자아와 싸우는 것입니다. 이런 사람들은 가까운 친구를 적으로 만들고 형제끼리 총부리를 겨눕니다.

이번에 습격해온 도적들도 공격을 중지하지 않고 계속 약탈하는 생활을 한다면, 자기들끼리 물고 뜯고 싸워서 결국에는 자멸하지 않을 수 없을 것입니다. 저들에게는 지금, 약탈을 중지하고 더 이상 주민들을 괴롭히지 않거나 아니면 지금까지와 같은 행태를 계속하거나 둘 중 하나를 선택할 수 있는 기회가 주어져 있습니다. 하지만 지금과 같은 행태를 계속하는 쪽을 선택한다면 스스로를 파괴하는 결과를 낳을 것입니다. 형제를 해치는 사람은 자신도 똑같은 운명에 처해진다는 것을 알아야 합니다. 이 점에 있어서는 예외가 없습니다. 우리는 하느님 사랑의 순백 광선만을 내보내면 됩니다. 저들이 미움과 증오와 복수심으로 이 사랑의 진동에 저항한다면, 그것은 저들 스스로가 사랑의 진동을 파멸시키는 불꽃으로 바꾸는 꼴이 됩니다. 두려워하지 마십시오. 우리는 오직 사랑의 진동만을 발산할 뿐이니까요. 하지만 우리가 내보내는 진동을 받아들이라고 강요할 수는 없습니다. 다행히 받아들인다면 아무 문제도 생기지 않을 것입니다. 사실 사랑의 진동을 보냄으로써 우리는 명분을 얻은 것입니다."

이때 전갈을 가지고 온 사람이 마을로 들어서고 있다는 연락이 왔다. 우리는 그를 만나보기 위해 밖으로 나갔다. 그는 도적들이 습격을 중지하고 T자형 사원에서 약 30킬로미터 떨어진 지점에 캠프를 치고 있다고 전했다. 현재로서는 주민들을 괴롭히거나 약탈하는 일을 중지한 상태라는 것이다. 그러나 앞으로 있을지도 모르는 주민들의 저항에 대비해서 사로잡은 포로들을 계속 인질로 삼고 있다고 했다. 그는 또 내일까지 보물을 넘겨주지 않으면 이틀이나 사흘 뒤에 공격해올 것이라는 소문이 끊임없이 나돌고 있다는 얘기도 전해주었다.

소식을 가지고 온 전령은 사로잡힌 사람들의 문안도 가지고 왔다. 모두가 마을을 지키기 위해서 목숨까지도 내놓을 각오가 되어 있다는 것이었다. 전령은 아무도 희생되지 않을 것이며 주민들의 헌신적인 태도에 깊이 감사한다는 이쪽의 회답을 가지고 돌아갔다.

4

두려운 생각이 말끔히 사라졌다. 그래서 이튿날 아침부터는 새로운 마음가짐으로 하던 일을 열심히 계속해나갔다. 이틀째 되는 날 우리는 계곡 바위벽에 새겨진 도형들을 복사하고 있었다.

갑자기 우리가 일하는 맞은편 언덕에서 망을 보고 있던 마을 파수꾼의 움직임에 주의가 쏠렸다. 그는 보다 넓은 지역을 내려다보기 위해서 높은 곳에 자리 잡고 있었다. 그가 마을로 신호를 보내는 모습이 망원경에 들어왔다.

마을 사람들은 그의 신호를 받자마자 몸을 숨기기 위해 산속 깊은 골짜기를 향해 이리저리 내달리기 시작했다. 주민들 모두가 심하게 동요했다. 마적단이 진격해오는 소리가 나지막한 천둥소리처럼 들렸다. 상황을 살펴보기 위해서 우리 대원 한 명이 높은 곳으로 기어 올라갔다. 그는 마적단이 우리가 있는 계곡 입구를 향해 구름처럼 먼지를 일으키며 달려오고 있다고 소리쳤다. 우리는 장비를 근처 바위틈에 숨긴 후에 먼저 올라간 대원이 있는 곳으로 올라가 바위로 둘러쳐진 은신처에 숨었다. 거기서는 마적단의 동정을 잘 살펴볼 수 있었다. 계곡 입구에 들어선 마적단은 일시 정지하더니, 선발대 50명이 먼저 앞으로 나가고 나머지는 그 뒤를 따랐다. 그들은 전속력으로 말을 몰면서 계곡을 달렸다. 너럭바위 위를 달리는 말발굽 소리에 도적들의 고함소리가 섞여 마치 천지가 진동하는 듯했다. 나쁜 일만 아니었다면 그렇게 엄청난 숫자의 기마대가 달리는 모습은 일대 장관이 되었을 것이다.

우리는 거의 수직에 가까운 계곡 벽 위에 숨어 있었기 때문에, 저항할 수 없는 엄청난 파도처럼 계곡을 휩쓸고 지나가는 도적단 무리를 직접 내려다볼 수 있었다. 선발대가 우리가 있는 곳을 지나가자 곧이어 나머지 본대의 선두가 빠른 속도로 뒤따라왔다. 우리는 망원경을 잠시 마을 쪽으로 돌려보았다. 마을은 혼란의 도가니 속에 빠져 있었다. T자형 사원의 선반 모양 바위에서 작업하고 있던 우리 대원 하나는 일손을 놓고 진격해오는 도적 무리를 바라보았다. 우리는 그가 몸을 돌려 사원의 가운뎃방에서 선반 모양의 바위로 나오는 출입구 쪽을 바라보는 것을 목격할 수 있었다. 우리의 망원경은 그 출입구를 통한 선반 모양의 바위로 걸어나오는 예수의 모습에 초점이 맞추어졌다. 그는 망설이는 기색도 없이 바위 가장자리까지 뚜벅뚜벅 걸어나와 당당한 자세로 잠시 그 자리에 서 있었다.

그 선반 모양의 바위는 우리가 숨어 있는 곳보다 250미터 정도 높은 위치에 있었고, 거리도 거의 5킬로미터는 되었다. 우리는 망원경을 통해 예수께서 말씀을 시작하시는 모습을 보았다. 그런데 그가 말하는 것을 알아차린 바로 다음 순간 그의 목소리가 분명하게 우리 귀에 들려왔다. 예수와 함께 선반 모양의 바위 위에 있던 동료가 자리에 앉아서 예수의 말씀을 속기로 기록하기 시작하는 모습도 보였다. 나도 들려오는 예수의 말씀을 속기로 기록했다. 후에 그가 기록한 것과 내가 기록한 것을 비교해보니 내용이 일치했다. 예수의 목소리는 진격하는 마적단이 내는 엄청난 소음을 넘어서 우리에게까지 정확하게 전달되었던 것이다. 후에 들은 바로는 그때 예수께서는 목소리를 높이지 않았고 평상시처럼 자연스럽게 말씀하셨다고 한다.

예수의 말씀이 시작되자 마을 주민 전체가 조용해졌다. 다음은 그 당시의 말씀을 예수께서 친히 영어로 번역해주신 것이다. 나에게 간절한 기도가 있다면, 그것은 1만 년을 산다 해도 그 말씀을 결코 잊지 않게 해달라는 기도가 될 것이다.

빛

"나의 아버지 하느님이시여, 제가 당신의 장중한 침묵 속에 홀로 서 있을 때 저의 내면에서는 순수한 빛이 발합니다. 그 빛은 제 존재 전체를 세포 하나하나까지 광휘로 채웁니다. 저의 내면은 생명과 사랑과 능력과 순수함과 아름다움과 온전함으로 충만합니다. 저의 내면을 채우고 있는 빛의 중심을 응시하면 물과 같이 부드러우며 빛나는 황금처럼 찬란한 또 다른 빛이 보입니다. 그 빛은 제 몸을 부드럽게 감싸는 신적인 불을 산출하면서 동시에 흡수하고 있습니다. 나는 지금 내가 하느님이며 하느님의 우주 전체와 하나임을 알고 있습니다. 아버지 하느님께 속삭이고 있는 저에게는 아무런 불안이 없습니다."

침묵 속에서도

"이 완전한 침묵 속에서도 하느님의 위대한 역사役事는 계속됩니다. 나는 동요하지 않으며 완전한 침묵이 나를 감싸고 있습니다. 이제 이 빛의 광채가 하느님의 광대한 우주로 퍼져나가, 내가 아는 모든 곳에는 의식意識 있는 하느님의 생명이 존재하고 있습니다. 저는 다시 두려움 없이 말합니다. 내가 하느님이라고. 저는 침묵합니다. 그리고 두려워하지 않습니다.

나는 내 속에 있는 그리스도를 높이고 하느님을 찬송합니다. 내 노래에는 영감이 흘러넘치며, 내 속에는 위대한 어머니께서 새 생명을 노래하는 소리가 날마다 점점 더 크고 명확하게 들려옵니다. 흘러들어오는 영감은 나의 의식을 하느님의 리듬과 조화를 이룰 때까지 고양시킵니다. 나는 다시 그리스도를 높이며, 기쁨의 노래를 듣기 위해 귀 기울입니다. 내 노래의 주조는 조화이며 내 노래의 주제는 하느님입니다. 그리고 하느님께서는 내 노래를 진실이라고 증거해주십니다.

나는 다시 태어났다. 보라, 그리스도가 여기 있노라

"아버지 하느님, 저는 당신의 성령의 빛으로 해방되었나이다. 당신의 증거의 인印이 제 이마에 찍혔고 저는 그것을 받아들이나이다.

아버지 하느님, 제 손에는 당신의 등불이 높이 들려졌고, 저는 또다시 그것을 받아들이나이다."

예수의 말씀이 끝나자 그의 몸의 태양신경총 부위에선 눈부신 백색 광선이 비쳐나왔다. 그 광선은 마적단의 선발대가 달리고 있는 바로 앞, 즉 계곡 아래에서 왼편으로 꺾어지는 지점까지 방사되었다.

그러자 광선이 끝나는 지점에 바위벽처럼 보이는 방어물이 순식간에 생겨났다. 그리고 그 방어벽에서 불화살 같은 것이 계속해서 발사되었다.

미친 듯이 달리던 말들이 갑자기 정지했다. 그 바람에 도적들이 말에서 떨어지기도 했다. 말들은 앞발을 공중으로 쳐들고 힝힝대더니 돌아서서 오던 길로 달려 내려가기 시작했다. 도적들은 말을 통제할 수 없었다. 그 말들이 본대의 선두에 이르자, 아직까지 말 등에서 떨어지지 않고 붙어 있던 자들이 고삐를 당겨 제어하려 했으나 소용없는 일이었다. 게다가 기수를 잃은 말들이 계속 달려오고 있는 본대를 향해 뛰어들었다. 이렇게 하여 앞길이 막힌 선두가 혼란스럽게 되었는데, 그 사실을 알지 못하고 후속 대열이 덮쳐와 우리 아래의 계곡은 순식간에 인마가 뒤엉킨 아수라장으로 변했다.

거칠게 달려온 선발대가 본대의 선두와 충돌하자 놀란 도적들과 미친 듯이 날뛰는 말들이 지르는 비명소리가 요란하게 들렸다. 실로 끔찍한 일이 벌어지고 있었다. 기수를 잃은 말들은 말에서 떨어진 자들을 짓밟으며 제멋대로 날뛰었고, 말을 타고 있는 사람들조차도 말을 억제하지 못함으로써 혼란은 가중되었다. 말들은 힝힝거리며 마치 앞을 보지 못하는 동물처럼 마구 날뛰었다. 잠시 후에는 우리 아래 계곡의 마적단 전체가 이러한 대혼란에 휩싸였다. 이렇게 되니 서로 빠져나가려고 닥치는 대로 칼을 휘두르는 자들이 있는가 하면, 인마를 가리지 않고 자기 앞을 가로막는 것을 향하여 총을 쏘아대는 자들도 있었다. 계곡은 순식간에 살벌한 적자생존의 전투장으로 변해버렸다. 이 참극은 인마의 도살장에서 운 좋게 살아남은 자들이 시체더미와 수많은 부상자를 남겨두고 도망가버리는 것으로 끝났다.

우리는 할 수 있는 한 부상자들을 도우려고 급히 아래로 내려갔다. 모든 마을 사람들과 대사들도 함께 그 일에 참여했다. 그리고 도움을 요청하기 위해 사방으로 사람을 보냈다. 우리는 다음 날 아침 해가 떠오를 때까지 밤새도록 부상자들을 구하는 일에 매달렸다. 우리는 될 수 있는 한 빨리 부상자들을 구해서 예수와 대사들에게 넘겨주었다. 부상자들을 구해내는 일을 끝낸 후 우리는 아침 식사를 하기 위해서 숙소로 돌아왔다. 집에 들어서면서 우리는 깜짝 놀랐다. 에밀 대사가 검은 악당과 이야기를 나누고 있었기 때문이다. 그때까지 우리는 에밀 대사가 거기에 와 있다는 것을 알지 못하고 있었다. 그는 우리가 놀라는 모습을 보더니 "뒤에 이야기하도록 하지요"하고 말했다.

식사를 끝낸 후 우리는 대장과 함께 밖으로 나갔다. 다음은 그때 대장이 전해준 이야기이다. 검은 악당은 자기가 타고 있던 말에 깔려 큰 부상을 입고 움직이지 못하는 상태에서 대장과 에밀 대사에 의해 구출을 받았다. 그들은 그 도적을 발밑에서 구해내, 임시 보호소로 옮긴 다음 될 수 있는 한 편안하게 해주었다. 그리고 숙소의 여주인에게 치료를 맡겼다. 그는 여주인이 상처를 다 싸매고 나자 당신처럼 되려면 어떻게 해야 되는지를 당신의 신께 물어봐달라고 요청했다. 또 기도하는 방법을 가르쳐달라고 요청하기도 했다.

여주인이 온전하고 건강하게 되기를 원하느냐고 묻자, 그는 "예, 당신처럼 온전하게 되기를 바랍니다"라고 대답했다. 그러자 여주인은 "당신이 지금 온전하게 되기를 구한 기도는 응답되었습니다. 이제 당신은 아무 흠도 없는 온전한 사람입니다"라고 말했다.

그 남자는 곧 깊은 잠에 빠졌다. 대장이 밤중에 그를 살펴보기 위해 가보니 상처는 흉터 하나 없이 깨끗이 나아 있었다. 그 남자는 일어나 옷을 입고서는 부상자를 구출하는 일을 돕겠다고 자청하고 나섰다. 우리는 수많은 사람들이 막 숨이 넘어갈 것 같아 보이는 상태에서 완전히 회복되는 모습도 보았다. 그들 중 어떤 사람들은 대사들이 접근하는 것을 두려워했는데, 그 정도가 심해서 다른 사람들로부터 격리시킬 필요가 있을 정도였다.

부상자들을 구출하는 일을 끝낸 후에 '검은 악당'은 부상당한 자기 동료들 사이로 돌아다니며 그들을 안심시키려고 애썼다. 고문을 받고 끔찍하게 죽임을 당할 것이라는 두려움에 마치 덫에 걸린 짐승처럼 떨고 있는 사람들이 많았다. 사실 그 지역의 법에 따르면 사로잡힌 도적들은 마땅히 그런 운명에 처하게 될 것이 분명했다. 그들은 분명히 그렇게 되리라고 생각하고 있었기 때문에 자기들에게 베풀어지는 친절에 전혀 반응을 보이지 않았다. 건강이 회복된 후에 더 오래 고문을 받게 될 것이라고 생각하며 두려워하고 있었던 것이다.

마침내 모든 사람의 상처가 다 나았다. 완쾌되기까지 몇 달이 걸린 사람도 몇몇 있었는데, 그들은 상처가 나으면 고문을 받을 것이라 생각해서 낫기를 바라지 않음이 분명했다. '검은 악당'은 후에 부상에서 회복된 사람들 중에서 자기와 함께 하기를 원하는 자들과 함께 앞으로 있을지도 모르는 도적들의 습격에 대비해서 수비대를 조직했다. 그는 또한 마을 주민들도 수비대에 가담하도록 설득했다. 후에 들은 바로는, 그때 이후로는 그 지역 일대에 도적단의 습격이 한 번도 없었다고 한다.

훗날 우리 탐사대의 두 그룹이 고비 지역으로 가는 도중에 그 지역을 통과할 일이 있었다. 그때 '검은 악당'은 자기 동료들을 지휘하며 자기 지역은 물론 600킬로미터 이상 떨어진 인접 지역을 통과하는 동안 안전하게 호위해주었다. 그러면서도 아무도 봉사에 대한 대가를 받으려 하는 사람이 없었다. 우리는 그가 그 지역 일대에서 선한 일에 힘쓰고 있다는 소문을 여러 차례 들었다. 생애 전체를 대가를 바라지 않고 남을 돕는 일에 바치고 있다는 이야기였다.

‡ ‡ ‡
5

부상자들을 돌보는 일은 이틀째 되는 날 정오가 되어서야 끝났다. 우리는 시체 더미 속에 혹시 살아 있는 부상자가 남아 있는지 마지막 조사를 끝내고, 배도 고프고 몹시 피곤하기도 했기 때문에 점심을 먹고 쉬기 위해서 숙소로 돌아왔다. 돌아오는 길에 대원 하나가 이렇게 말했다. "도대체 이런 대량 살상의 참극이 벌어지는 이유가 무엇입니까?" 그는 우리 모두가 여러 시간 동안 마음속으로 깊이 생각하고 있던 것을 대신해서 말했던 것이다.

우리는 뼛속까지 욱신거릴 정도로 지쳐 있었을 뿐만 아니라, 정신적인 충격으로 완전히 녹초가 되어 있었다. 구조 작업이 시작된 처음 몇 시간 동안은 대부분의 일을 우리가 떠맡아서 했다. 마을 사람들은 도적들에 대한 두려움을 가지고 있었기 때문에 저만치 떨어져서 바라만 보고 있었다. 심지어는 우리가 말 밑에 깔린 자들을 구해낸 후에도 도와달라고 설득하기가 대단히 어려웠다.

마을 사람들은 자기들의 생명을 위협하던 도적들을 살려내는 일을 도와야 할 이유를 알지 못하겠다는 태도였다. 게다가 대부분의 사람들이 말이나 사람이나 죽은 시체에 손을 대는 것을 극히 꺼려했다. 그 상황에서 대사들이 없었다면 마을 사람들은 즉시 떠나가버렸을 것이고 다시는 돌아오지 않았을 것이다. 어쨌든 이런 이유로 해서, 우리는 살아오면서 경험한 일들 중에서 가장 끔찍한 일을 겪어서 피곤하고 지친 상태였다.

숙소에 돌아온 우리는 대충 몸을 씻고 나서 축 늘어진 채 식탁에 둘러앉았다. 잠시 후 음식이 나오기 시작했다. 대장은 한두 명의 대사와 린추, 즉 '검은 악당'과 함께 계곡 아래로 내려갔기 때문에 그 자리에는 우리만 있었다. 식사를 끝내고 방에 들어가 자리에 누웠다. 다음 날 오후 늦게까지 푹 잤다. 그때까지 자리에서 일어난 대원은 하나도 없었다.

일어나 옷을 입고 있는 동안 누군가가 우리가 성소聖所라고 부르는 사원 윗방에 가보지 않겠느냐고 제안했다. 그래서 숙소를 나와 사원을 향해 출발하여 동굴 입구로 통하는 사다리가 내려져 있는 곳에 도착했다. 거기까지는 이전에 늘 하던 대로 걸어서 갔다. 그때 선두에 서 있던 대원이 사다리의 첫 번째 계단에 발을 올려놓은 상태에서 이렇게 말했다. "이게 도대체 무슨 일입니까? 엊그제만 해도 7층천의 기쁨에 사로잡혀 있던 우리가 아닙니까? 그때는 그렇게 되기 위해서는 몇 년은 족히 걸릴 것이라고 생각하던 일을 단 석 달 만에 이루어서 원하는 곳에 즉시 옮아갈 수 있었지 않습니까? 전혀 힘들이지 않아도 원하는 대로 음식도 나타나고 말입니다. 그런데 지금은 과거의 습관에 다시 얽매여버렸군요. 저는 이렇게 옛 습관으로 되돌아가게 된 데에는 오직 한 가지 이유밖에는 없다고 생각합니다. 즉 우리 모두가 오랜 습관인 과거의 경험에 의존했기 때문에 이렇게 된 것이지요. 그렇습니다. 바로 과거의 습관이 지금 우리를 방해하고 있습니다. 여러분은 어떻게 생각하시는지 몰라도 저는 이제 과거의 습관을 끊어버리겠습니다. 과거의 습관은 제 것이 아닙니다. 과거의 습관을 애지중지하고, 과거를 과거로 흘러가버리도록 내버려두지 않고 집착하기 때문에 거기에 얽매이게 되는 것이라고 생각합니다. 저는 과거는

초인생활 ✦ 탐사록

과거로 돌려버리고 이 상태에서 한 단계 더 높고 좋은 상태로 전진해 가겠습니다. 과거를 확실히 단절해버리겠습니다." 이렇게 말한 후에 그는 우리가 바라보고 서 있는 상태에서, 시야에서 사라져버렸다.

우리는 그 친구가 성취해낸 것을 보고 잠시 어리둥절했다. 그러나 우리는 과거의 습관이라는 것이 추호도 쓸모없는 것이라는 사실을 잘 알고 있었음에도 불구하고, 아무도 우리를 뒤로 잡아끌고 있는 옛 습관을 끊어버리려고 하지 않았다. 결국 우리는 사다리를 기어 올라가서 터널과 아래층 방들을 거쳐 위층으로 올라갔다.

도착해보니 우리 눈앞에서 사라진 동료는 이미 거기에 있었다. 그가 이룬 일에 대해 이야기를 나누고 있을 때 예수와 다른 대사들과 우리 대장이 나타났다. 그들은 선반 모양의 바위로 통하는 문을 통해 방 안으로 들어왔다. 모두 자리에 앉자 예수께서 입을 열었다.

"자기가 하느님의 자녀이며 아버지가 가지고 계신 모든 것을 가지고 있다고 선언한 사람이 많습니다. 그러나 다음 발걸음을 떼어놓는 용기를 가지고, 자신을 하느님으로, 즉 하느님의 존재 전체와 하나인 존재로 보기 전에는 아버지께서 가지고 계신 모든 것을 가지고 있다는 선언은 사실이 되지 않습니다. 자신을 하느님으로 보아야만 자신이 하느님의 아들이며 아버지가 가지고 계신 모든 것을 가지고 있다는 선언이 진실이 되는 것입니다. 제한된 육체적인(mortal) 사고를 하는 사람이 그리스도의 출현을 보게 될 때, 육체보다 훨씬 더 미묘한 몸이 빛을 발하는 것을 보게 됩니다. 이렇게 내면의 그리스도를 밖으로 투사하는 자는 육체적인 자아가 보는 것보다 훨씬 더 확장된 비전을 명료하게 볼 수 있습니다. 그에게는 자신이 보고 있는 육체보다 훨씬 더 높게 진동하고 있는 또 다른 몸이 보입니다.

그러면 그는 두 개의 몸이 있는 줄 여기고, 높이 진동하고 있는 몸을 자기와는 별개인 그리스도의 몸이라고 생각합니다. 그러나 자신이 그리스도라는 것을 믿지 않기 때문에 둘로 보이는 것이지 실제로 두 몸이 존재하는 것은 아닙니다. 자신이 그리스도라고 선언하고 그것을 사실로 받아들이면 그 순간 두 몸은 하나로 융합되어 그리스도가 됩니다. 그리스도는 이때 비로소 당당하게 나타납니다. 여기서 한 걸음 더 나아가 하느님의 그리스도가 나타났다고 선언하면, 그 순간 자신이 하느님의 그리스도가 되는 것입니다. 그러면 하느님의 아들인 그는 아버지 하느님과 하나가 되어 아버지께로 곧장 나아갈 수 있습니다. 그러나 여기서 멈추어서는 안 됩니다. 육체적인 생각으로 말미암는 모든 두려움과 제약을 말끔히 지워버리는 중대한 결단이 있어야만 하기 때문입니다. 이 결단을 통과하여 만물의 근원이신 아버지 하느님께 나아가, 과거의 일이나 미신적인 사고 또는 인간이 만든 교리를 두려워함 없이, 자신이 하느님이며 하느님과 완전히 녹아서 하나 된 존재라는 것을 분명히 깨닫고, 그 사실을 선언해야 합니다. 자신이 신적인 사랑, 신적인 지혜, 신적인 지성이라는 사실을 선언해야 합니다. 또 자신이 실체(substance)이며, 아버지 하느님의 모든 속성을 지닌 존재이고, 우주의 근원이자 원리라는 사실을 선언해야 합니다.

그러나 하느님을 나타내는 자는 겸손해야만 합니다. 하느님의 본질과 속성은 겸손한 자를 통해 세상으로 흘러나갑니다. 겸손한 자에게는 불가능한 일이 없으며, 겸손한 자를 통해서만 하느님은 나타날 수 있습니다. 여러분 자신과 하느님을 융합시키면 아무것도 이루지 못할 것이 없게 됩니다. 하느님과 하나로 융합되면 아버지가 가지고 계신 모든 것을 가지게 될 뿐 아니라 아버지와 동일한 존재가 됩니다. 그때 여러분은 인간(man-Christ), 그리스도(Christ of God), 하느님 (God) 이 셋이 '하나'로 존재하는 삼위일체적 존재가 됩니다. 여러분 속에는 창조 행위의 주체인 우주적인 영(Whole-I-Spirit), 즉 하느님의 거룩한 영이 거합니다. 여러분이 이러한 사실을 받아들이면, 이미 먼 저 받아들인 다른 사람들과 마찬가지로, 예수라는 한 개인이 아니라 그리스도라는 우주적인 이름의 능력을 찬양하게 될 것입니다. 천사 들도 만유의 주 그리스도께 면류관과 왕관을 바치며 엎드려 절합니 다. 여러분은 한 개인 예수에게가 아니라 우주적인 그리스도께 왕관 을 씌워야 합니다. 그리스도야말로 가장 장엄한 왕의 면류관을 받기 에 합당합니다. 승리의 그리스도에게는 가장 크고 가장 신성한 왕관 이 씌워져야 합니다. 여러분은 원하는 자는 누구나 나와서 승리의 그 리스도가 될 수 있다는 것을 깨닫고, 원하는 자는 누구나 나올 수 있 게 해야 합니다.

여러분은 여러분 자신이 하느님임을 알고 '하느님'이라는 말을 사 용하십시오. 하느님은 여러분이 나타내는 대로 나타납니다. 하느님 을 자만심이 강하고 편협한 이기주의자로 볼 수는 없습니다. 그렇다 면 하느님의 형상과 모양이자 신적인 인간(God-man)인 그리스도 또 한 자만심이 강한 편협한 이기주의자일 수 없습니다. 여러분은 신적 인 인간이며 하느님과 똑같은 존재가 될 수 있습니다. '나는 아버지 안에 있고 아버지는 내 안에 있다'는 말은 진실입니다. 나와 아버지 는 하나입니다. 아버지의 온유함과 전능함이 나의 것이며, 하느님과 온 인류는 하나로 연합된 전능한 존재입니다.

하느님과 하나가 되면 부정한 생각이 말끔히 지워지고, 그 결과 여러분의 소위 정결치 못한 사고는 영광스러운 것으로 승화됩니다.

즉 고상한 이상을 품으면 세속적인 생각이 신적인 생각으로 변한다는 말입니다.

지금 이 순간이야말로 세속적인 혼란의 늪에서 빠져나와 하느님의 평화와 축복이 넘치는 세계로 들어가 하느님의 빛에 휩싸일 수 있는 절호의 기회입니다. 지극히 겸손한 마음으로 그리스도의 왕관을 자신의 머리에 쓰십시오. 여러분 자신 이외에는 그 왕관을 여러분에게 씌워줄 자가 없습니다.

위로 올라가 만물의 근원인 흰 보좌의 일부가 되십시오. 이미 그와 같은 위대한 일을 성취한 다른 사람들과 하나가 되어, 하느님과 하나 될 뿐만 아니라 실제로 하느님이 되십시오. 그러면 여러분은 온 세상에 하느님의 속성을 나타낼 수 있게 될 것입니다. 하느님의 에너지는 인간을 통해서 현실화됩니다. 신적인 진동과 같은 종류의 진동을 방출할 수 있는 유기체는 이 세상에 인간밖에 없습니다. 인간은 지고한 신적인 에너지를 지각하고 생성하고 변화시킬 수 있는 고도로 성숙한 유기체입니다. 그래서 하느님은 인간을 통해 자신을 세상에 표현하시는 것입니다. 하느님은 여러분이 고도로 성숙한 유기체가 될 때, 즉 여러분이 자신의 육체를 완전히 제어하여 완전한 몸을 이룰 때 여러분을 통하여 당신 자신을 세상에 표현합니다.

자신의 육체를 온전히 제어할 수 있는 자가 대사이자 메시아요, 진정한 제자입니다. 여러분이 성 삼위일체(the Holy Trinity)의 모든 속성의 완전한 지배자가 되면 육체를 제어하여 완전한 조화 속에 있을 수 있습니다.

여러분의 참자아(I AM)는 인간이며, 동시에 그리스도이자 하느님의 그리스도입니다. 더 나아가 여러분은 이 셋이 지고한 존재인 하느

초인생활 ✦ 탐사록

님과 결합된 존재입니다. 다른 말로 하자면 여러분이 곧 하느님인 것입니다.

모든 인류는 비전을 확장하여 자신에 관한 진리, 즉 속세의 경험보다 한층 높은 차원의 질 좋은 삶이 존재한다는 사실을 깨달아야 합니다. 그런데 이러한 사실은 사랑과 존경과 예배하는 마음으로 자신의 이상을 동경하고, 그 이상에 합당한 생활을 하며, 신적인 능력을 올바로 사용하는 길(right-used path)을 따를 때 깨달아집니다.

먼저 인성人性만을 가지고 있는 인간이 하느님의 독생자인 그리스도 성을 가진 인간이 되고, 그다음에는 자기 속의 그리스도 성을 응시함으로써 하느님의 그리스도가 되어야 합니다. 여기서 만물의 근원인 아버지 하느님께 나아가기 위해서는 그리스도 성을 가진 인간과 하느님의 그리스도가 하나로 결합되어야만 합니다. 여러분은 인성만을 가진 인간에서 출발하여 그리스도 성을 가진 인간이 되었고, 또 그리스도 성을 가진 인간을 하느님의 그리스도 또는 주 하느님으로 변형시켰습니다. 이제 여러분에게 남은 길은 하느님의 그리스도를 영원히 살아 계신 하느님에게 접합시키는 일입니다. 별개의 두 존재로 보이는 그리스도와 만물의 아버지 하느님이 결합하여 한 존재가 되어야 합니다. 여러분이 올바로 사용하는 길(path of right-use-ness)을 저버리지만 않는다면 모든 일이 가능합니다. 여러분은 온 세상 사람들이 무어라 하든 개의치 말고 두려움 없이 진리를 따르십시오. 자신의 진정한 영역에 대한 깨달음과 하느님과 '하나임(at-one-ment)'이라는 확신이 흔들리지 않는다면, 영원토록 만물의 지고한 원리 되시는 아버지와 하나가 되는 것입니다.

이상의 진리에 입각해서 올바로 이해하고 사용한다면, 여러분이 가지고 있는 성서의 이야기들은 인간의 영적인 진보와 성취에 대한 훌륭한 비유로 받아들여질 것입니다.

나를 그린 그림 중에서 하늘로부터 나에게 빛이 쏟아져내리는 것이 있는데, 실은 그 빛은 내 몸에서 밖으로 방사된 것입니다. 그런데 그 빛이 하늘에서 왔다는 말도 맞습니다. 왜냐하면 하늘이란 우리를 둘러싸고 있는 빛의 진동이기 때문입니다. 그러므로 내 몸의 내부가 하늘의 중심 또는 출발점이 되고, 천상의 빛은 나에게서 방출되어가는 것입니다. 자신의 참자아가 그 빛의 정수를 받아들인 다음, 그 빛 에너지를 자기 속의 자존자(I AM) 하느님께서 원하시는 농도로 생성 변화시켜 밖으로 방사해야 합니다. 그렇게 방사되는 순수한 빛의 능력에 저항할 수 있는 것은 아무것도 없습니다. 여러분이 보신바, 겟세마네 동산에서 기도하는 나의 모습에 그려진 내 몸에서 방사되고 있는 광선이 바로 이 빛입니다. 그 광선은 하늘에서 내려오는 것이 아니라 내 몸에서 밖으로 방사되고 있는 것입니다.

저와 마찬가지로 여러분도 하느님의 능력을 아무것도 저항하지 못하는 엄청난 힘으로 변형시켜 밖으로 내보낼 수 있습니다. 하느님의 능력은 여러분 주위를 감싸고 있습니다. 여러분은 그 능력을 받아들여 새롭게 생성 변화시킨 다음 여러분 내부에 있는 반사 센터를 통해 밖으로 방사할 수 있다는 것을 아셔야 합니다. 이러한 일은 자신의 신적인 유산을 깨닫고 하느님과 하나 된 사람들에 의해 이미 성취된 것입니다. 사실 이러한 일을 성취하는 것이야말로 온 인류가 지향하는 신성하고도 분명한 목표라고 할 수 있습니다.

인류가 이 치료하는 빛에 가까워지면 가까워질수록 부조화는 점점 더 빨리 사라지게 될 것입니다. 자신이 온 세상의 빛인 이 신적인 빛의 진동 안에서 자유롭게 살면서 다른 사람들도 이 빛 안으로 이끌어들인다면, 여러분은 인간 본연의 자리에 보다 더 가까이 접근하게 됩니다. 그때 여러분은 신적인 참자아가 온 세상의 빛이라는 사실을 깨닫게 될 것입니다. 하느님 나라의 잔치는 이미 시작되었습니다. 하느님의 전능자인 참자아를 앙망^{仰望}하십시오. 몸을 고양시켜 하느님께 바치고 자신의 머리 위에 만유의 주의 왕관을 쓰십시오.

여러분 스스로 왕관을 써야 합니다. 여러분을 대신해서 여러분에게 왕관을 씌워줄 자는 아무도 없습니다."

6

마적단과 관련된 며칠 동안의 체험을 자세히 언급한 이유는, 한 사람[*]이 자신의 신적인 권리를 완전히 행사할 때 어떠한 능력이 발휘되는지를 가능한 한 분명하게 알리기 위함이다. 그는 거대한 무법자의 무리가 발산한 에너지와 열정을 다시 그들에게 되돌려보냄으로써 자기 자신과 그 지역 일대를 털끝만큼도 다치지 않게 수호했다. 그의 방어는 단순한 방어가 아니었다. 마적단이 내뿜는 에너지와 열정은 대단한 것이었다. 그래서 예수께서 그 에너지와 열정을 증폭시켜 다시 되돌려보냈을 때 도적들은 자기들이 내보낸 힘에 의해 자멸하지 않을 수 없었다. 도적들 수는 마을 사람 수보다 최소한 세 배는 더 되었고 주민들에게는 이렇다 할 무기가 없었음에도 불구하고, 한 사람의 힘으로 마을 전체가 완전히 방어되었던 것이다. 우리는 지난 며칠간의 충격과 흥분이 가라앉자마자 새로운 열정으로 하던 일을 다시 시작했다. 부활절이 다가오고 있었다. 우리는 인도로 돌아가기 위해서 그 지방에서의 작업을 마무리 짓고자 했다.

우리는 서둘러서 작업을 마무리해나갔다. 그리하여 부활절 전날에는 인도로 돌아갈 모든 준비가 끝났다. 부활절에는 하루 종일 쉬기로 하고 그 시간이 오기를 기다렸다.

부활절 날 이른 새벽 동이 트기 훨씬 전에 사원을 향해 출발하려

---

* 예수를 말함.

는데 정원에 앉아 있던 찬더 셴이 일어나 우리와 동행했다. 그는 사원 위층 방 성소에서 우리 대장을 만나게 될 것이라고 말했다. 그는 또 인도로 가기 위해서는 라사에서 케더르나트까지 이어지는 길을 통해 히말라야 산맥을 넘은 다음 묵티나트를 거쳐 다르질링으로 가는 것이 좋을 것이라는 이야기도 해주었다. 사원 입구로 통하는 사다리 밑에 도착했을 때 우리는 동이 트는 광경을 보기 위해서 잠시 서 있었다. 찬더 셴은 터널 입구로 올라가려는 듯이 한 손을 사다리 위에 올려놓고 서 있었다.

그는 그 자세로 이야기하기 시작했다. "빛은 어둠을 모릅니다. 어둠을 관통하여 비치기 때문이지요. 예수께서는 유다가 자기를 배반하리라는 것을 알았을 때 이렇게 말씀하셨습니다. '이제는 인자가 영광을 받게 되었고 하느님께서도 인자를 통하여 영광을 받게 되셨다.' 그는 '유다가 나를 배반하였다'고 말하지 않았습니다. 유다에 대해서는 한마디도 언급하지 않았지요. 그때 예수께서는 자기를 통하여 나타나는 하느님의 영광스러운 그리스도의 온전함만을 바라보고 있었습니다. 그렇습니다. 우리는 하느님은 인간을 영광스럽게 하고 인간은 하느님을 영광스럽게 하는 상호작용 속에서 온갖 부조화가 사라진다는 사실을 깨달아야 합니다. 여러분은 이렇게 기도하십시오. '그리스도여, 점점 더 밝히 나타나셔서 당신이 나임을 알게 하소서.' 사실 우리는 지금 온전한 우주적인 원리와 한 마음, 한 몸, 한 영혼입니다. 여러분이 자존자(I AM)이며 우리는 모두 하느님이라는 말씀입니다."

그가 말을 끝낸 순간 우리는 T자형 사원의 성소라고 할 수 있는 위층 방에 도착해 있었다. 우리 대장을 포함한 몇 사람이 예수와 함께 선반 바위로 나가는 문을 통해서 들어왔다. 우리는 흥분을 진정하기가 어려웠다.

그들이 들어오자 환한 빛이 방 안을 가득 채웠다. 서로 인사를 나눈 후 그들과 함께 들어온 낯선 사람이 우리에게 소개되었다. 그는 나이가 꽤 들어 보였으나 생기가 넘치고 있었다. 그는 무니Muni(은둔수행자)들이 관리하며 은거하고 있는 하스티나푸르 근처에 있는 한 동굴에서 수행하고 있는 무니라고 했다. 그리고 지금은 하스티나푸르로 돌아가는 중인데 우리와 동행했으면 좋겠다고 했다. 그는 위대한 리쉬Rishi(현자 또는 계시자) 베가스Vegas와 알고 지내며, 경치가 좋은 외딴 곳에 위치한 암자에서 은거하고 있는 리쉬 아가스탸Agastya를 만나본 적도 있는 사람이었다. 우리는 그를 만나게 된 것을 대단한 행운으로 여기며 기뻐했다.

우리는 둥그렇게 원을 그리고, 탁자 위에 손바닥을 올려놓은 채 잠시 깊은 침묵에 잠겼다. 아무도 말하는 사람이 없었다. 그러나 실내는 알 수 없는 이상한 진동의 기운으로 가득 채워졌다. 우리는 생전 처음 경험해보는 완전히 색다른 그 느낌에 압도당했다. 바위조차도 음악적으로 공명하며 떨리고 있었다. 이러한 상태는 아주 잠깐 동안밖에 지속되지 않았다. 침묵이 깨지면서, 우리는 그날 아침에 우주가 창조되는 모습을 생생하게 보게 될 것이라는 얘기를 들었다. 우리의 우주가 탄생되는 사건을 그림처럼 보여주겠다는 것이었다.

우리는 문을 통해 바위 선반으로 나가 가장자리까지 걸어갔다. 해가 뜨려면 아직도 한 시간은 더 있어야 했다. 죽음처럼 고요한 정적이 우리를 감쌌다. 새로운 탄생이 시작되는 상서로운 시간이었다. 우리는 갈망과 기대감을 품고 무한한 공간을 응시하며 그 속으로 빨려들어갔다. 무니가 이야기를 시작했다.

초인생활 ✦ 탐사록

"세상에 존재하는 모든 것은 다음 두 가지 경우 중 하나에 속합니다. 첫째는 인간의 의식이 활동을 시작하기 전부터 존재해왔으며 지금도 존재하고 있고 앞으로도 영원히 존재할 진리로 말미암아 존재하는 것이고, 둘째는 인류가 생각해왔고 또 앞으로 생각할 인간의 생각에 의해 존재하는 것입니다.

의식이 활동을 시작하기 전부터 존재하는 것은 영원하며, 인류의 생각은 가변적이고 영원치 못합니다. 의식이 활동하기 이전부터 존재하는 것은 절대 진리이며, 인류가 진리라고 생각하는 것은 그렇게 생각하는 자들에게만 진리가 되는 상대적인 진리입니다. 절대적인 진리의 법칙이 의식 속으로 들어오면 인류가 지금까지 그릇되게 생각해온 모든 잘못이 말끔히 지워질 것입니다.

각 개인이 가지고 있는 과거의 기억과 현재 직면하고 있는 것에 대한 생각과 미래에 대한 조망이 모두 합해져서 전체적인 인류의 의식을 형성합니다. 이러한 인류의 의식은 여러 세기를 통한 진화 과정에 의해, 인간의 정신 속에서 물질적인 사고방식이 벗겨져나감에 따라 절대 진리 또는 우리가 부르는 용어로 '근원적인 우주적 사실 (original cosmic fact)'을 향해 방향을 돌리게 됩니다. 인류의 의식은 이렇게 반복해서 근원적인 원리를 향해 회귀합니다. 그리고 인류는 이런 반복적인 회귀를 통해, 신적인 창조는 영원하지만 인간이 창조하는 것은 작용 반작용의 법칙에 의해 항상 변한다는 사실을 깨닫게 됩니다. 진리의 절대 법칙은 인간이 창조하는 일이 극에 달하면 인간 자신이 원초적인 상태에 직면하도록 만듭니다. 즉 우주적인 법칙은 인간이 어떤 한계를 넘어가는 것을 허락하지 않는다는 말씀입니다. 우주적인 법칙은 항상 균형과 조화를 이루는 쪽으로 작용하고 있습니다.

인간이 만들어놓은 여러 가지 우상과 신조가 인간의 생각을 지배함에도 불구하고, 진리의 법칙은 절대적인 실재와 완전히 하나 되는 방향으로 인간을 밀고 나갑니다. 진리의 절대 법칙이 인간의 의식을 지배하게 되면 우주적인 법칙과 조화를 이루지 못하고 분리된 것은 모두 사라지게 됩니다. 절대 진리가 나타나면, 반쪽의 진리로 불완전한 창조를 하는 인간의 사고는 포기될 수밖에 없는 것입니다. 결국 세상은 우주적인 절대 법칙에 따라 움직일 수밖에 없습니다. 인류가 실재의 법칙에 따라 생각하고 말하고 행동한다면, 점차 절대 법칙 또는 실재 자체의 세계로 진입해가게 되겠지요. 고대인들은 말했습니다. 하늘에 계신 아버지께서 여러분 속에 심지 않은 나무는 뽑혀버리게 될 것이라고 말입니다. 예수께서는 '소경이 소경을 인도하면 둘 다 한 구덩이에 빠지지 않겠느냐?'고 말씀하셨습니다.

소경이 소경을, 사실과 실제가 아니라 인간의 생각을 믿는 자들이 만들어낸 무지와 미신과 환상의 구렁텅이로 인도하던 시대는 이제 종말에 가까워오고 있습니다. 이제 한 시대의 종말을 맞이하여 환상과 미신의 토대 위에 세워진 문명은 구렁텅이로 빠져들어가고 있습니다. 인류는 잘못된 생각으로 만들어낸 자신의 창조물로 인해 고통과 비극을 경험하고 있습니다. 그 결과 새로운 인류 의식이 깨어나기 시작했고, 새로운 탄생을 향한 문이 활짝 열리는 중입니다.

이제는 보다 더 높고 진보된 의식 차원으로 나아가는 길밖에는 없습니다. 인류가 자기들이 현재 믿고 있는 것을 끝까지 고집하려고 하는 경향은 대우주의 진동에 거스르는 것입니다. 구시대의 환상을 단호히 잘라버리지 못하고 거기에 집착하면 우주적인 사고의 광대한 공간으로 나아갈 수 없습니다. 자신의 인간적인 생각을 끝까지 고집하는 사람은 막다른 골목에 처할 때까지 여러 가지 믿음을 연구해보고 이것저것 체험해보고자 할 것입니다. 그러나 어떤 극한 상황에 도달하게 되면 절대 법칙의 활동으로 말미암아 질병이나 손실 등으로 고통을 당하게 될 것이고, 그러면 자기가 이상이라고 믿고 있던 거짓된 이상 속에 저주가 숨겨져 있었다는 사실을 깨닫고 새로운 차원으로 전진해나갈 마음을 먹게 될 것입니다.

만약 어떤 종족이나 민족이 실제로 존재하는 실재가 아니라 인간의 생각으로 만들어낸 것들을 포기하지 않는다면, 저들의 진보 과정에 필연적으로 진리의 법칙이 작용하기 시작합니다. 즉 진리의 법칙에 따라 저들이 축적해놓은 진동이 저들 자신에게 반사되는 것입니다. 그러면 전쟁, 투쟁, 불화 등으로 인해 저들 종족이나 민족은 자멸하게 됩니다. 그러나 그러한 과정을 통해 인류는 한 차원 상승된 창조의 새로운 차원으로 올라갑니다. 즉 진리의 법칙에 의한 멸망을 통하여 인간의 의식이 활동을 시작하기 전부터 존재해온 근원적인 원리와 새로운 접촉을 다시 시작하게 되는 것입니다. 현대 문명은 대대적인 파괴를 통한 재창조의 길에 급속히 다가서고 있습니다. 지금은 토대가 튼튼하고 견고한 것 같이 보이는 모든 것들이 머지않아 흔들려 뿌리가 뽑힐 것입니다. 진리에 의해 심어진 나무가 아니면 모두 뽑혀버리겠지요. 대격변의 시기가 멀지 않았습니다. 현재의 사회, 정치, 경제 그리고 종교적 제도들은 새로운 시대에 적합한 모습으로 변할 것입니다. 그것은 인류를 현재의 인류 의식 이전부터 존재해온 근원적인 원리에 보다 더 가깝게 접근시키기 위함입니다. 인간들은 지금까지 그 근원적인 원리를 무시한 채 자신들의 문명을 발전시켜왔습니다. 진리는 인간들이 항상 존재하고 있는 근원적인 원리를 깨달고 받아들이기를 기다리고 있습니다. 아주 조심스럽게 그리고 사랑스러운 은혜의 빛을 비추면서 그렇게 하고 있습니다.

인류는 이제 이전 세대의 요람에서 나와 앞으로 전진하기 시작했습니다. 한층 승화된 개성과 영적 분별력을 갖춘 새로운 세대가 빠른 속도로 나타나고 있습니다. 그들에게는 과거 세대가 지금까지 만들어놓은 것들이 아무런 가치도 갖지 못한 것으로 받아들여질 것입니다. 과거 세대의 환상과 인습과 미신적 사고는 이제 종말을 향해 치닫고 있습니다. 어느 면에서 보면 저들이 이룩한 문명도 진리임에 틀림없습니다. 하지만 그것은 지금 막다른 골목에 다다르기 일보 직전인 유아기 의식에나 적합한 것입니다. 인류는 지금 유아기에서 벗어나려고 보채고 있습니다. 그러나 사제나 교사들은 저들을 교묘히 짜놓은 요람에 묶어두고 잠재우려고 과거의 환상이라는 자장가를 부르며 토닥거리고 있습니다. 하지만 미래를 내다보는 자는 울지도 않고 그 자장가에 잠들지도 않습니다.

이미 요람은 더 이상 자기에게 적합한 곳이 아니라는 사실을 깨닫고 비진리의 세계를 떠나 담대하게 진리의 세계로 발을 들여놓는 자가 많습니다. 그것은 저들이 절대 차원을 직접 깨달았기 때문입니다. 담대히 진리의 세계로 들어가는 용기 있는 자들의 눈에는 항상 존재하고 있는 절대 차원이 보이는 법입니다. 생명력 넘치는 새로운 의식은 이렇게 진리의 세계로 들어간 사람들로부터 탄생됩니다. 새로운 의식을 탄생시킨 사람들은, 동료들이 따라주기를 바라는 마음에서 만들어놓은 과거 세대의 모든 우상을 과감히 제거해버리고 창조의 새벽부터 존재해온 영원한 이상을 인류 앞에 새롭게 제시합니다.

사람들을 가르치고 인도하며 인류 의식을 고취하는 자들이 해야 할 일이 있습니다. 인류의 교사들은 사람들로 하여금 일상적인 삶의 차원에서 떠나 잘못이나 모순이 있을 수 없는 더 높은 차원, 즉 잘못 해석될 여지가 없을 정도로 단순한 진리의 세계로 들어갈 수 있도록 인도해야 할 것입니다. 더 높은 차원의 지성과 영성을 자각하고 있는 호랑이는 다시 잠드는 것을 거부할 것입니다. 왜냐하면 그는 과거의 잘못된 신념에서 비롯된 고통을 경험하며 충분히 실망했고, 그래서 과거의 그릇된 신념의 편린들을 말끔히 쓸어내버렸기 때문입니다. 잠에서 깨어난 호랑이에게는 과거의 신념이 아니라 진리 자체에 근거한 보다 더 강하고 생명력 있는 사고가 요구됩니다.

이제는 많은 사람들이 오랜 세월 동안 자신들을 결박해온 교리의 전통에서 벗어나, 인류의 가슴과 삶 속에 새롭게 태어나고 있는 근원적인 메시지에 귀 기울이고 있습니다. 이 새롭게 태어나고 있는 근원적인 메시지는 사제와 승려들의 기도와 염불 소리를 압도하며, 전장에 출정하라는 나팔 소리처럼 울리고 있습니다. 이 소리는 정치, 경제, 산업, 그리고 종교적인 모순을 은폐하려는 거짓말보다 훨씬 더 분명하고 크며, 전장의 함성보다도 우렁차게 울리고 있습니다.

교리와 신조에 얽매인 자들이 아무리 자신들의 주장을 굽히지 않으려 해도, 하느님과 그리스도와 인간 그리고 삶과 죽음에 대한 저들의 우상화된 전통적인 견해는 모두 사라져버리지 않으면 안 됩니다. 인류는 과거의 전통적인 생각이 만들어진 토대를 허물고 그로부터 완전한 자유를 얻어야만 합니다.

전적으로 새로운 의미의 구원의 시대가 수평선 위로 떠오르고 있습니다. 이미 확실한 비전과 분명한 깨달음을 얻은 새로운 세대가 있습니다. 그들은 하나의 생명이 만물 안에 그리고 만물을 통하여 역사하고 있다는 심오한 깨달음을 얻게 될 모든 민족과 백성의 선구자들입니다.

아직도 환상의 굴레에서 벗어나지 못하고 구시대의 그릇된 사고에 집착하는 수많은 대중이 있음에도 불구하고 하느님, 인간의 그리스도 성, 하느님의 그리스도, 참자아, 그리고 삶과 죽음 등에 대한 고상한 전망이 그 지평을 넓혀가고 있습니다. 바야흐로 온 세상에 새로운 정신 사이클의 여명이 밝아오고 있으며, 혼란과 소용돌이를 뚫고 맑고 투명한 수정인류水晶人類의 시대가 다가오고 있는 것입니다.

(수정인류의 시대가 되면) 어떤 민족이나 백성이 절대자로서의 하느님을 생각할 때, 저들은 자기들이라는 토대 위에 하느님이 존재한다는 것을 알고 자기들이 곧 하느님이라는 믿음을 가지게 될 것입니다. 저들은 이런 이상적인 믿음을 사랑하며 귀히 여길 것이고, 그러한 태도를 통하여 점차 하느님이 되어갈 것입니다. 그리하여 때가 차면 우주적인 하느님의 영 안에 간직되어 있는 자신들의 가장 중요한 유산을 차지하게 될 것입니다. 개인의 경우도 마찬가지입니다.

누구나 자기라는 토대 위에 하느님이 존재한다는 사실을 깨닫고 자기 자신이 곧 하느님임을 알게 될 것입니다. 인간 안에 생명의 숨이 불어넣어졌다는 것은 인간이 하느님이 되었다는 말과 다르지 않습니다. 우주적인 계시에 대한 이러한 이해를 통해 인간은 인간의 의식이 생겨나기 전부터 존재한 하느님을 발견하게 되고, 그 하느님은 어제나 오늘이나 영원토록 변함이 없는 존재라는 사실을 알게 될 것입니다.

무너져버린 정통의 잿더미 속에서 사람의 손으로 세우지 아니한 진정한 성전이 서서히 솟아오르고 있습니다. 그 영원한 성전은 하늘,

즉 인간의 내면에 있습니다. 새롭게 생각하는 위대한 신인종新人種이 당당한 발걸음으로 역사의 무대로 나서고 있습니다. 머지않아 커다란 파도가 세상을 휩쓸고 지나갈 것입니다. 그때 진화라고 하는 무거운 짐을 지고 나아가는 인류의 앞길에 흩어져 있던 환상과 미혹의 편린들이 모두 씻겨져나갈 것입니다.

사실 이러한 일은 이미 성취되었습니다. 수없이 많은 사람들이 이미 영혼과 육체의 자유를 얻었고 본능으로부터도 해방되었습니다. 새로운 시대의 주인공이 될 그들은 아직 태어나지 않았지만, 그들의 생명의 맥박은 힘차게 고동치고 있습니다. 저에게는 그들이 하느님과 손에 손을 잡고 시대를 가로질러 걸어오고 있는 모습이 보입니다. 그들을 향하여 영원의 해변으로부터 지혜의 물결이 밀려오고 있습니다. 저들은 담대히 나아가 자기들은 영원한 하느님과 영원한 그리스도의 한 부분이며, 하느님과 인간과 영원한 생명은 하나라고 선언합니다. 저들은 또 인간이 이루어놓은 일이라는 게 사실은 앞을 보지 못하는 장님의 작품과 다를 바 없는 허망한 것이라고 담대히 선언합니다.

생명의 맥박으로 이렇게 고동치고 있는 의식이야말로 새롭게 밀려오고 있는 인류 의식이라는 파도의 물마루입니다. 새로운 의식으로 사고하는 신인종은 인간, 즉 자기 자신을 이 행성에서 최고로 성숙한 신성神性의 표현으로 봅니다. 그는 생명이라는 공통분모를 통해 하느님과 자기는 하나라고 보며, 필요로 하는 모든 것은 생명 자체로부터 흘러들어온다는 사실을 압니다. 이러한 신인종은 우주의 영적인 계획 속에 일점일획의 오류도 있을 수 없다는 절대적인 확신을 가지고, 완전한 우주에서 완전한 상황과 조건 속에서 완전한 사람들과 함께 살 수 있다는 것을 압니다.

새로운 인류는 하느님을 만물 속에 편재한 우주적인 정신(Cosmic Spirit)으로 볼 것입니다. 그리고 자기 자신이 놓여 있는 위치와 자기를 자기 되게 한 근거를 예민한 마음과 섬세한 사고력으로 검토하는 일을 주저하지 않을 것입니다. 그리하여 자신의 근원과 다시 하나가 될 것입니다. 그들은 자신의 근원이란 다름 아닌 자기 마음속에서 영원히 침묵하고 있는 하느님이며, 자신이 그 무한심(Infinite Mind)과 하나로 융합되어 있다는 사실을 알게 될 것입니다.

이 새로운 인종은 영고성쇠의 어떤 경우에도 비탄에 잠기지 않으며 사랑과 참평화에 대한 영혼의 참된 찾음이 신과 인간의 진리임을 이해합니다. 이 인종은 전체 인류에서 미망의 강보를 벗기는 것을 주저하지 않습니다. 오랫동안 무지로 인해 약하고 의심 많은 에고 ― 인간의 발을 속박한 못된 허깨비는 깡그리 지워질 것입니다. 그는 완전히 일어선 자신의 참된 자아를 통해 모든 한계를 무너뜨렸음을 자각합니다. 그는 자신을 인간에서 신인으로, 그리고 신에까지 높인 것입니다."

✤ ✤ ✤
7

잠시 동안 휴식을 취한 후, 멀리 지평선 위로 햇살이 비치기 시작
하자 무니가 일어나 다시 입을 열었다.

"제 주위에는 아버지 하느님께서 인류를 위해 배려하신 여러 가
지를 깨달은 사람들이 있습니다. 그들은 영적인 차원에 대한 밝은 이
해를 가지고 있습니다. 그래서 그들의 시야(vision) 속에는 온 세상이
다 들어옵니다. 그들은 인류가 막연히 느낄 뿐인 것을 '알고' 있기 때
문에 사람들이 소원하는 바를 이루도록 도와줄 수 있습니다. 그들은
또한 인간의 귀에는 들리지 않는 소리도 듣습니다. 이를테면 그들은
가청 영역을 벗어난 파장으로 진동하는 새들의 노랫소리, 이제 막 껍
질을 깨고 태어난 개똥지빠귀가 내는 소리, 또는 멀리 들판에서 들려
오는 귀뚜라미 울음소리 등도 들을 수 있습니다. 그 소리들 중에 어
떤 것은 진동수가 1초 동안에 만 5,000회나 되는 것도 있습니다. 하
여튼 그들은 이런 소리들 이외에도 인간의 귀로는 들을 수 없는 수많
은 소리를 들을 수 있습니다.

그들은 또한 귀에는 들리지 않지만 인간에게 유익한 정서적인 느
낌, 이를테면 사랑이나 평화, 조화로움, 그리고 완전함의 느낌을 불러
일으키는 소리를 느끼고 조정할 수 있을 뿐만 아니라 그런 소리를 발
산하기도 합니다.

그들은 또 풍요와 큰 기쁨의 진동을 증폭하여 외부로 발산하기도
합니다. 그들이 발산하는 그러한 진동은 온 인류를 감싸며 관통해 지

나갑니다. 그러므로 원하는 자는 누구라도 그러한 진동을 받아들여 자기 것으로 삼을 수 있습니다. 이러한 일이 실제로 일어나고 있다는 사실을 안다면, 모든 사람이 그러한 진동을 증폭하여 발산하는 일에 동참하게 되겠지요. 그리고 그렇게만 된다면 인류가 바라고 필요로 하는 모든 것들이 구체적인 형태를 띠고 나타나게 되겠지요. 즉 소원이 성취된다는 말입니다. 어떤 소원에서 비롯되는 진동이 일단 활동을 시작하여 진동하기 시작하면 아무도 그 진동을 멈추게 하지 못합니다. 이렇게 해서 인간들이 바라는 온전한 소원은 모두 실제적인 형태로 구체화되어 나타나는 것입니다.

창조적이고 무제한적인 우주, 즉 활동하고 있는 하느님의 광대한 바다는 수정처럼 맑고 투명합니다. 그러나 그 바다는 진동하는 에너지로 충만하게 차 있습니다. 그리고 끊임없이 에너지를 발산하고 있습니다. 이 우주적 에너지의 바다는 진동에 반응하여 언제라도 구체적인 형태로 응축될 준비를 갖추고 있으며, 질료들이 조화로운 관계를 유지하며 녹아 있는 수용액처럼 존재하고 있다고 알려져 있습니다. 그러므로 전체와 주고받는 인간의 상념을 통해 적절한 진동이 시작되면 우주적 에너지의 바다에 녹아 있는 질료들이 응축하여 소원하는 것이 구체적인 형태를 띠고 생성되어 나오는 것입니다. 이것은 절대적인 법칙입니다. 일단 진동이 시작되면 그 진동에 상응하는 형태가 구체화되는 것은 아무도 막을 수 없는 것이지요.

하나의 오르간이 매우 낮은 저음으로 연주된다 합시다. 먼저 귀에 안 들리도록 더 낮은 음으로 연주해봅시다. 우리가 경험한 소리의 감정 또는 정서는 여전히 어른거립니다. 그렇지 않습니까? 귀로는 들을 수 없지만 사실 진동은 계속되고 있는 것입니다. 이번에는 음정을

초인생활 ✛ 탐사록

높여 더 이상 귀로는 들을 수 없을 때까지 높여봅시다. 느낌은 여전히 남습니다. 우리 귀에는 들리지 않지만 고음의 진동은 계속되고 있는 것입니다. 우리는 육체적인 귀로는 들을 수 없는 음역에서 울리는 소리라 할지라도 그 진동의 영향력은 결코 사라지지 않는다는 사실을 알게 됩니다.

이렇게 육체를 초월한 영역을 우리는 영靈이라고 부릅니다. 육체의 통제력이 한계에 달할 때 영이 통제를 시작합니다. 영은 육체보다 훨씬 더 넓은 영역에서 진동하며, 상념의 진동에 훨씬 더 민감하게 영향을 끼칩니다. 그것은 상념이 영과 밀접하게 결합하여 작용하기 때문입니다. 따라서 영의 통제는 육체의 통제보다 훨씬 더 명료하고 확실합니다.

물질은 몸에 속박되어 있어서 몸 밖으로 확장되어갈 수 없습니다. 몸의 활동은 물질적인 육체에 영향을 끼칩니다. 그러나 물질인 육체가 몸의 활동을 제한하지는 못합니다. 몸의 활동에 영향을 끼치고 제한하는 것은 영입니다. 우리가 영을 이렇게 정의한다면 우리는 육이 아니라 영입니다. 물질적인 몸은 우리의 참존재인 영의 제한을 받는 것이지요.

영은 육체를 이루는 모든 원자들 속에 침투해 있습니다. 뿐만 아니라 고체든 기체든 모든 질료의 가장 미세한 부분에까지 침투해 있습니다. 영은 자신 안에서 만물의 원형을 만들어내는 힘입니다. 영이 만든 원형 속에는 질료가 채워지고 그래서 다양한 형태의 사물이 생성되어 나옵니다. 이러한 과정은 질료가 다양한 형태의 사물로 생성되는 유일한 길입니다. 여기서 인간은 질료가 구체적인 형태를 취하도록 상념으로 원형을 투사하는 투영자 내지는 조정자일 뿐입니다.

잠깐 다른 각도에서 설명해보겠습니다. 여러분은 지금 우리의 우주 (태양계)의 중심인 태양이 찬란한 광채를 발하며 지평선 위로 떠올라 새로운 시대의 새날이 밝아오고 있는 광경을 바라보고 계십니다. 이제 새로운 부활절이 시작되고 있는 것입니다.

우리의 우주인 태양계는 태양을 중심으로 돌고 있습니다. 그러나 태양계는 또 다른 중심 태양 주위를 돌고 있는 91개의 우주들 중의 하나에 불과합니다. 태양계가 포함된 91개 우주의 중심 태양은 자기 주위를 돌고 있는 91개 우주를 모두 합친 것보다 9만 1,000배나 더 큽니다. 그 중심 태양은 너무나 거대해서, 그 주위를 돌고 있는 91개의 우주들은 마치 원자핵 주위를 돌고 있는 소립자들처럼 미세한 자리밖에 차지하지 못하고 있습니다.

이 91개의 우주가 거대한 중심 태양 주위를 1회 공전하는 데는 2만 6,800년이 걸립니다. 그것은 북극성의 세차歲差와 정확히 맞추어 움직입니다. 위대한 신적인 능력이 우주를 지배하고 있다는 사실을 이래도 의심할 수가 있습니까? 자, 그러면 다시 관찰을 해봅시다.

나타나고 있는 영상을 자세히 보십시오. 지금 필름 위에 거대한 중심 태양이 흰 공 모양으로 나타나고 있습니다. 흰 공 모양의 중심 태양 위에 동그란 붉은 점이 하나 생겨나고 있지요. 좀더 자세히 보시면 동그란 붉은 점 속에서 순수한 백색 광선을 발하는 또 다른 작은 점이 보일 것입니다. 이 백색 광선은 빛줄기가 아니라 연속적으로 방출되는 빛의 점인데, 하나하나 빛의 점 속에는 각각 새롭게 태어나고 있는 생명의 불꽃이 간직되어 있습니다. 생명의 불꽃을 간직하고 있는 이 빛이 여러분에게는 아주 작은 점으로밖에 보이지 않겠지만 가까이에서 보면 엄청나게 거대한 것입니다. 지금은 상당히 기이하게 생각되겠지요. 하지만 머지않아 여러분의 시력을 보조해줄 기구의 도움으로 이 모든 것을 자세히 보게 될 날이 올 것입니다. 그러면 인류는 대단히 놀라운 일을 깨닫게 될 것입니다.

거대한 중심 태양은 오랜 세월 동안 조화롭게 맥동하며 고동치는 방사 에너지, 즉 언젠가는 자연히 발산되거나 아니면 폭발하여 흩어지지 않으면 안 되게 되어 있는 에너지를 자신에게 끌어들여왔습니다. 그런데 보십시오. 그 태양에서 거대한 구름 모양의 가스 덩어리(가스 성운)가 터져나왔습니다. 여러분이 지금 영상을 통해서 보고 계신 것은 해왕성이 탄생하는 모습입니다. 탄생 당시의 해왕성은 엄청나게 큰 힘을 가지고 모체 태양에서 방출된 미세한 우주 입자들의 거대한 덩어리입니다.

그런데 태양에서의 분출이 끝나기 전, 즉 가스 성운의 형성이 완료되기 직전에, 아직은 형태가 명료하지 않은 성운 중심부에 밝게 빛나는 점이 하나 생겨났습니다. 그 광점光點이 바로 가스 성운의 핵으로서 성운 자체의 중심 태양 역할을 합니다. 중심핵인 그 광점은 모체 태양에서 흩어져 나온 크고 작은 입자들을 잡아당겨 결합시키는 힘을 가지고 있습니다.

가스 성운을 보시고 여러분은 폭발이 일어나서 태양의 입자들이 우주 공간으로 흩어진 것이라고 생각하시겠지요. 그러나 실제로 일어난 일을 생각해보십시오. 미세한 입자들과 가스는 서로 엉겨붙어서 분명한 구형球形을 이루었습니다. 어떻게 그런 일이 일어난 것입니까? 그렇게 된 배후에는 완전한 질서와 조화 가운데서 인도하는 지성적인 법칙이 있는 게 아니겠습니까? 그렇습니다. 결코 우연히 이렇게 된 것이 아닙니다. 이렇게 된 것은 분명 일점일획도 오차가 없는 완전한 우주 법칙의 조화로운 작용에 의한 것입니다.

광점 또는 중심핵은 인류가 그를 중심으로 도는 인류의 그리스도, 모체 태양의 아들이라고 할 수 있습니다. 중심 불꽃이라고 부를 수도 있는 광점은 확고한 영적인 힘이며, 이 법칙이 모든 인류 단위를 지도합니다. 즉 성운 중앙에서 빛나는 순백의 광점이 바로 중심 불꽃, 즉 성운의 원초 세포에 침투해 있는 그리스도인 것입니다. 원초 세포는 확장하고 분열하면서 자신의 빛을 다른 세포들에게 전달하는데, 성운상의 모든 세포들은 우리가 '사랑'이라고 부르는 결합력에 의해 서로 밀접한 관련을 가지고 공존하고 있습니다.

성운상의 입자들은 마치 어머니가 자녀를 품에 안고 젖을 먹이듯이 중심핵에 밀접하게 연결되어 양육됩니다. 성운의 중심핵은 그 안에 모체가 되는 태양의 핵을 간직하고 있는 모체 태양의 자녀입니다. 성운의 핵은 자기를 낳아준 부모의 형상이자 모양입니다. 성운의 핵은 부모로부터 방출되자마자, 자기를 낳은 부모처럼 자기 주위에서 진동하는 방사 에너지를 끌어들여 응집시키는 힘을 가지게 됩니다. 에너지를 끌어들여 응집시키는 것은 자신의 생명과 성장을 위해서는 필수불가결한 일이지요. 이렇게 해서 결국에는 우리의 우주인 태양계에서 가장 먼 궤도를 달리는 행성이 탄생한 것입니다.

해왕성이 처음 태어날 때, 그 중심핵은 에너지를 끌어들였습니다. 그 에너지의 대부분은 부모가 되는 중심 태양에서 오는 것이었지요. 중심핵 원자는 이렇게 에너지를 끌어들여, 태어나기 이전에 이미 투영된 원형에 따라 점차 그 형태를 형성해갔습니다. 형태를 가지기 시작한 해왕성은 현재 수성이 차지하고 있는 궤도 내측의 궤도, 즉 요람 궤도(cradle orbit)라고 알려진 궤도를 돌기 시작했습니다. 요람 궤도를 돌고 있던 갓 태어난 행성인 해왕성은, 부모 태양으로부터 가까이 있었던 만큼 자신의 성장에 필요한 양분인 질료를 끌어당겨 공급받기가 그만큼 더 쉬웠습니다. 이렇게 부모로부터 질료를 끌어오는 반복적인 과정을 통해서 해왕성은 점차 자신의 형태를 응결시켜갔습니다. 구름 모양의 가스 증기 상태에 포함되어 있던 화학적인 원소들이 분리와 결합을 시작했고, 그 화학적 활동의 결과로 생겨난 고체들이 엄청난 열과 압력을 받으며 서로 엉겨붙어 바위 구조를 이루기 시작했습니다. 그러나 아직은 견고한 바위가 아니라 용암과 같은 반* 액체 상태였습니다. 그러나 표면의 온도가 내려가면서 표피가 형성되기 시작했고, 냉각화 과정과 더불어 외부로부터 날아온 입자들이 쌓이면서 표피는 점점 더 밀도가 높아지고 견고해져갔습니다. 그러다가 표피가 회전하는 덩어리를 감쌀 수 있을 만큼 강해졌을 때, 그때 비로소 그 내부는 반 액체 상태의 용암을 간직한, 행성이 될 바윗덩어리가 된 것입니다. 표피가 단단한 바위로 변한 후, 아직까지 외부에서 휘돌고 있던 가스와 수증기는 결합하여 물을 생성해내기 시작했습니다. 이 단계가 되어 성운은 이제 더 이상 성운이 아니라 견고한 행성이 된 것입니다. 이렇게 태어난 해왕성은 생명을 유지할 수 있는 상태를 향해 빠른 속도로 진화해갔습니다. 그러나 해왕성에 유기적인 생명체가 출현하기까지는 오랜 세월 동안 외부로부터 계속 입자들을 받아들이는 과정과 내부의 용암이 냉각되는 과정을 거쳐야만 했습니다. 그리하여 대기권의 화학적 상태와 표피층의 상황이 유기 생명체를 유지할 수 있는 단계가 될 때까지 기다려야만 했던 것입니다.

이 시점에서 모체 태양은 후에 천왕성이 될 또 다른 원자를 배출하기 시작했습니다. 그 원자가 배출될 때 발산된 엄청난 힘에 의해 해왕성은 요람 궤도에서 밀려나 보다 더 먼 궤도, 즉 현재 수성이 차지하고 있는 궤도를 돌게 되었습니다. 성운 형태의 신생아인 천왕성이 부모 태양으로부터 양분을 공급받아 행성으로 성장할 수 있도록, 요람 궤도를 물려주기 위해서는 그럴 수밖에 없었던 것이지요.

변화된 상황이 다시 정착되고 오랜 세월 동안 순조로운 성장이 계속되었습니다. 먼저 태어난 해왕성은 성장을 거듭해서 생명체를 유지할 수 있는 상태에 가까이 도달하게 되었고, 소금기 있는 탁한 물과 내해內海에서 아메바 형태의 단세포 생물이 출현하기 시작했습니다. 그즈음 모체 태양은 장차 토성이 될 또 다른 원자를 배출하기 시작했는데, 그때 방출된 엄청난 힘에 의해 천왕성은 현재 수성이 차지하고 있는 궤도로 밀려났고, 해왕성은 현재 금성이 차지하고 있는 궤도로 밀려나게 되었습니다.

해왕성의 표면 온도가 생명체가 살 수 있을 정도로 충분히 내려갔을 때 식물이 자라기 시작했습니다. 바로 이 해왕성의 궤도*에서 오늘날의 지구에서 누리고 있는** 인간 생명을 유지하고 양육할 수 있는 조건을 가지게 되었지요. 이 단계에서 인간적인 생명 요소가 인간 형태의 나타냄을 준비하는 데 필요한, 특별히 선택된 아메바와 결합했습니다.

이렇게 해서 태어난 원초 인류는 이제 더 이상 동물적인 아메바가 아니라 인간적인 아메바였습니다. 즉 진화 과정을 단축할 수 있고, 또 실제로도 단축하는 특별한 형태와 성격을 가진 지성적인 인류

---

* 지금의 금성 궤도를 말함.
** 현재의 지구와 같은 조건이 아니고 인류와 같은(humanlike) 생명의 씨앗의 조건이 생긴 것임.

가 탄생한 것입니다. 당시 해왕성은 인류가 발전하는 데 최적의 상태를 유지하고 있었습니다. 그리하여 신생 인류는 빠른 속도로 발전해 나갔습니다.

해왕성에는 하등한 동물 유기체가 없었기 때문에 동물적인 생명은 당연히 발전할 수 없었지요. 행성 전체가 뛰어난 인간적인 존재들로 뒤덮였고, 그들은 자기들에게 필요한 모든 것을 용액 상태의 우주 원질(Cosmic or Aqueoussub-stance)로부터 직접 취하는 능력을 가진 완전한 인류로 빠르게 발달해갔습니다. 그래서 그들은 해왕성의 신들이라고 부를 수 있는 존재들이었습니다. 오늘날까지 전해오고 있는 신화와 전설 중에서 많은 것들이 그 위대한 인류의 출현과 활동을 전해주고 있습니다. 그들은 자기들을 존재케 한 원리를 꼭 빼어닮은 존재들이었습니다. 그들은 자기들의 능력을 통해 아름다움과 완전함을 표현해냈고, 주위를 온통 완전한 아름다움으로 가득 채워갔습니다. 그리하여 그들은 자기들의 행성을 아름답고 완전한 낙원으로 만들었습니다.

그들은 자신들이 모든 원소를 완벽하게 통제하여 획득한 완전한 상태를 영원토록 유지하려고 했습니다. 그리하여 그들 위대한 인류는 자기들이 바라는 것을 즉각 성취해가는 삶을 누렸습니다.

그러나 세월이 지나면서 태만함과, 동료들보다 더 높아지려고 하는 이기심이 나타나기 시작했습니다. 그로 말미암아 분열이 생겨났고, 분열은 불화와 충돌의 원인이 되는 이기심과 탐욕을 불러일으켰습니다. 그들은 봉사와 진보에 써야 할 시간을 싸움과 경쟁으로 소비했습니다. 그들은 자기들의 근원에서 점점 더 멀어졌고, 근원에 굳건히 서서 스스로를 방어한 소수의 사람들을 제외하고는 결국 대부분의 사람들이 고귀한 것을 잃어버리고 말았지요. 이로 말미암아 해왕성 주위에는 소용돌이가 일어나게 되었습니다.

하느님의 완전한 계획에 순응했더라면 자기들의 행성을 신성으로 충만한 완전한 우주로 만들 수 있었을 것입니다. 그러나 그들은 하느님의 계획에서 멀어져갔고, 그 결과 다음 폭발 내지는 새로운 핵의 방출이 일어나게 되었지요. 그때 탄생된 성운은 대단히 큰 규모였습니다. 그래서 그 성운이 응결했을 때에는 그때까지 생성된 어떤 별보다도 덩치가 큰 목성이 탄생하게 되었습니다. 중심 태양에서 목성이 될 성운이 배출되면서 방출된 과도한 에너지는, 요람 궤도를 돌고 있던 토성을 현재 수성이 차지하고 있는 궤도로 밀어냈지요. 태양계는 그때 일어난 거대한 폭발로 생긴 엄청나게 많은 소유성小流星*군들로 가득 찼고, 이리저리 날아다니던 그 소유성체들은 토성 주위에 정렬하게 되었습니다. 그러나 서로 극성極性이 맞지 않았기 때문에 토성과 결합하지는 못하고, 독립적으로 토성 주위를 도는 소유성들의 띠를 이루게 되었는데, 보통 그것을 토성환土星環이라고 부르고 있지요. 그런데 토성환을 이루고 있는 유성들 중에 어떤 것은 행성만큼 큰 것도 있답니다.

목성이 될 성운이 배출될 때 방출된 에너지는 아름답고 거대한 해왕성에도 영향을 끼쳤습니다. 그리하여 해왕성은 현재 지구가 돌고 있는 궤도로 밀려났고, 그 과정에서 그 장엄함은 대부분의 해왕성 주민들과 함께 날려가 멸망해버리고 말았습니다. 그러나 신적인 유산을 지키며 자신들의 육체를 완성시킨 극소수의 사람들은 91개의

---

* 원문의 'asteroid'는 소행성을 가리키는 단어이지만 문맥상 소행성이 아님. meteoroid(소유성체)의 착오인 듯하다.

우주를 감싸며 관통하고 있는 영권(Spirit Sphere)의 방사되는 빛 안에서 안전하게 자신을 지킬 수 있었습니다.

신적인 유산을 지키며 육체를 완성시킨 자들은 자신들의 본성과 지식을 보존하며 신성에 합치된 삶을 살았는데, 그들의 그러한 삶과 앎은 영원히 소멸되지 않고 지속될 것입니다. 오늘날 우리의 앎과 삶도 그들이 품고 따르던 이상에 의해 또 그 이상을 통하여 이루어지고 있습니다. 그래서 우리는 그들 위대한 종족들과 한 핏줄이라고 선언하는 것입니다. 그들은 인류의 뿌리입니다. 그들에 의해 인류라고 하는 이상, 즉 하느님이 인류에 대해서 품고 있는 이상과 인간의 신성이 보존되고 유지되어왔기 때문입니다.

목성이 될 성운이 하나의 행성으로 형태를 갖추기까지는 오랜 세월이 필요했습니다. 그리고 목성은 거대한 별이기 때문에 아직도 다 식지 않아서 뜨거운 상태에 있습니다.

시간은 급속히 흘러가서 태양이 다섯 번째 성운을 배출했고, 그 결과 피처럼 붉은 행성인 화성이 탄생했습니다. 화성이 될 성운이 배출될 때 거대한 목성에 이상한 현상이 나타나기 시작했습니다. 돌연 주위에 거대한 붉은 점이 나타나 목성의 많은 부분이 그리로 빨려들어간 것입니다. 그 붉은 점은 목성의 위성인 달이 되었습니다. 태양에서 화성이 될 성운이 배출되면서 방출된 에너지와 목성 자체의 달이 생겨날 때 방출된 에너지에 의해 목성은 화성에게 요람 궤도를 물려주고 현재의 수성이 차지하고 있는 궤도로 밀려났습니다.

목성이 새로운 궤도를 점유하자, 그때까지 목성의 본체에 결합하지 못하고 성운 형태로 휘돌고 있던 입자들은 우주 공간으로 뿔뿔이 흩어져 해왕성, 천왕성, 토성, 화성 등의 영향권 안으로 들어가게 되었습니다. 그러나 그들 행성들과는 극성이 달라 결합하지는 못하고 떠돌아 유성이 되었지요. 그들 유성들은 태양 둘레를 질서정연하게 도는 행성으로 발전할 수 없었습니다. 그래서 일정한 리듬이 없는 상태에서 엄청나게 빠른 속도로 우주 공간을 날아다니다가 다른 행성의 표면에 처박히든지 아니면 충돌 시의 충격으로 산산조각나버리게 된 것이지요.

향방 없이 우주 공간을 날아다니던 미세한 입자들은 스스로 녹아서 액체 상태가 되기도 했으며, 액체 상태가 된 후에는 중심 태양에 흡수 동화되어 다른 행성이 될 성운이 배출될 때 함께 배출되기도 했습니다.

다음 폭발 시에는 현재의 지구가 될 성운이 배출되었습니다. 그러자 화성은 이제 막 태어난 지구가 될 성운에게 자신이 차지하고 있던 요람 궤도를 물려주었으며, 먼저 태어난 행성들도 모두 한 자리씩 뒤로 물러났습니다. 다음에는 금성이 태어났고, 이번에도 앞선 경우와 마찬가지로 먼저 태어난 행성들은 갓 태어난 아이에게 요람을 만들어주기 위해 모두 한 걸음씩 뒤로 물러났습니다. 다음에는 수성이 태어났습니다. 수성이 태어났을 때에도 먼저 태어난 행성들은 한 자리씩 먼 궤도로 밀려났습니다. 그리고 수성이 행성의 형태를 갖춘 후에는 오늘날의 천문학이 관찰할 수 있는 여덟 개의 행성으로 이루어진 태양계의 형성이 완결되었습니다.

그러나 실제로는 아홉 개입니다. 왜냐하면 현재 수성이 차지하고 있는 궤도는 요람 궤도가 아니며, 요람 궤도는 아직 응결된 형태를 갖추지 않았기 때문에 보이지는 않지만 새로 태어난 아기 성운*이 차지하고 있기 때문입니다. 지금 요람 궤도는 분명히 아기 성운이 차지하고 있으며, 그 영향력도 느껴집니다. 이렇게 우리 지구가 속해 있는 태양계는 중심핵인 태양을 중심으로 각각 자기의 궤도를 따라 한 치의 오차도 없이 공전하고 있는 아홉 개의 행성으로 이루어진 것입니다. 여러분이 지금까지 보신 영상은 태양계가 창조되는 과정을 순서에 따라 묘사한 것입니다.

지금 태양으로부터 가장 멀리 떨어진 궤도를 돌고 있는 해왕성에 새로운 현상이 일어나고 있습니다. 해왕성은 성숙할 만큼 성숙해서 이미 그 속도가 한계에 도달했습니다. 빛도 가득 충전되어서 하나의 태양이 될 모든 준비가 다 갖추어진 상태입니다. 새로운 성운이 형성되기 시작함에 따라 해왕성은 쇠퇴의 길로 접어들었고, 태양은 이미 열 번째 성운을 배출할 모든 준비를 완료한 상태입니다. 이 열 번째 성운이 탄생하는 폭발이 일어나기 전에, 해왕성이 중심 태양 주위를 공전하는 속도는 그 한계에 도달하게 될 것입니다. 그리고 한계 속도에 도달하게 되면 우주 공간으로 날아들어 폭발하게 되고, 다시 액체 상태로 환원되어 중심 태양에 흡수될 것입니다. 그러면 중심 태양의 에너지는 더욱 커져서 다른 행성 또는 원자를 배출할 수 있게 될 것입니다.

우리의 지구가 속해 있는 우주가 태양을 중심으로 공전하는 행성을 동시에 가질 수 있는 숫자는 아홉 개가 그 한계입니다. 그렇기 때문에 탄생, 응결, 확장, 한계 속도에 도달함, 우주 공간으로 날아듦,

---

* 비교(esotericism)에 의하면 형태를 갖춘 행성 Vulcan이 수성 안쪽에 있음. 현재 해왕성 바깥에 명왕성이 발견되어 있음. 또 두 개의 숨은 행성이 더 있어 모두 열두 개라 함.

폭발, 분해, 그리고 새로운 탄생을 위한 태양으로의 재흡수 과정이 순서에 따라 영원히 반복되는 것입니다.

태양은 액체 상태가 된 행성을 흡수하여 다시 액체 상태로 배출하여 새로운 별을 만들어냅니다. 새로운 별의 탄생을 통해 우주가 새롭게 되는 이러한 과정은 영원히 계속될 것입니다. 이러한 과정은 태양계가 속해 있는 91개 우주 모두에서 각각 자기들의 태양을 중심으로, 그리고 91개 우주 전체가 91개 우주의 중심 태양을 중심으로 계속 일어나고 있습니다. 그렇지 않다면 질료 상태로 존재하는 무한한 세계 속으로 이 우주 전체가 환원되어 들어가버리고 말았을 것입니다.

핵이 방출되고 공간 속에서 그것이 점점 형태를 이루어 성숙해나가는 행진은 편재하는 우주적 지성의 작용에 의한 것입니다. 태양 또는 중심핵은 결코 늙거나 죽지 않고, 받아들여 흡수한 다음 결합 정리하여 새로운 원자를 탄생시켜 배출합니다. 자기가 방출한 것을 다시 받아들여 흡수하는 과정이 영원히 지속되기 때문에, 새로운 원자를 방출한다고 할지라도 태양 자체는 결코 줄어들지 않습니다. 이리하여 재생과 재탄생이 언제까지나 계속되는 것입니다. 우주를 구성하고 있는 모든 천체는 어느 한계까지 확장한 다음 본래 자기가 나온 근원으로 되돌아갑니다. 이렇게 해서 낮은 차원에서 높은 차원으로, 그리고 높은 차원에서 더 높은 차원으로 진보가 연속되는 것입니다.

우리의 지구가 포함되어 있는 91개 우주로 이루어진 은하는 더 큰 우주를 구성하고 있는 또 다른 91개 우주 중의 하나일 뿐입니다. 그리고 우리의 은하가 포함된 91개 은하군은, 우리 은하계의 중심 태양보다 9만 1,000배나 더 큰 중심 태양을 중심으로 회전하고 있습니다. 그리고 이 은하군과 같은 은하 91개가 모여 또 다른 우주를 형성합니다. 이러한 반복은 거의 무한정 계속되어 그 결과 여러분이 은하수라고 부르는 무한한 우주가 형성되는 것이지요. 간혹 이 무한한 우주를 '원자열선(the Heat Ray)'이라고 부르기도 하는데, 원자열선은 태양열의 근원입니다.

은하수는 수많은 별들로 이루어진 게 아니라, 방금 전에 언급한 거대한 우주의 중심 태양에서 방출된 일종의 성운입니다. 여러분은 지금 영상을 통해 이 성운 속에 자리 잡고 있는 거대한 우주의 중심 태양을 보고 계십니다. 그런데 여러분이 보고 계신 것은 태양 자체가 아니라 태양에서 방사되는 광선의 일부입니다. 우주의 중심 태양에서 방사되는 이 광선은 물체를 통과하면서 휘어지고 각도가 변한 다음 반사됩니다. 그래서 실제로 태양이 위치하고 있는 곳과는 다른 위치에서 태양의 영상을 빚어내게 된 것입니다. 그런데 이 태양의 반사광이 너무나도 명료하기 때문에 실제 태양을 보고 있는 듯이 착각하게 되는 것이지요. 이와 같은 상황은 다른 많은 별들의 경우에서도 마찬가지입니다. 실제로는 별들의 숫자가 적지만 수없이 많은 별들이 있는 것처럼 보이는 까닭도 여기에 있습니다. 그러나 우리가 생각하는 것보다 적다는 것일 뿐이지 실제로 엄청나게 많은 별들이 존재하는 것은 사실입니다.

영상을 자세히 보면 성운들 또는 그들의 태양들이 원반 형태가 아니라 공 모양이라는 것과 극지대極地帶가 우리 지구의 극지대처럼 평평하다는 사실을 알게 될 것입니다. 그런데 우리 눈으로는 평평한 극지대만 볼 수 있기 때문에 원반처럼 보이는 것이지요.

우주의 중심 태양의 거대한 질량은 엄청나게 큰 힘을 가지고 있기 때문에 광선들은 반사되어 우주를 한 바퀴 돕니다. 또한 빛들이 대원자선 혹은 대우주선(the Atomic or Cosmic rays)과 부딪혀 영향을 받아 우주 속을 돌고 돌기 때문에 실제보다 많은 행성과 별이 넓은 지역에 퍼져 있는 것과 같은 영상이 생겨나게 됩니다. 그리고 반사 시의 굴절 때문에 수많은 행성과 별들이 실제로 존재하는 곳이 아닌 위치에 있는 것처럼 보이며, 실제 위치가 아닌 곳에서 빛나고 있는 영상에서 또다시 반사가 일어나 엄청나게 더 많은 행성과 별이 있는 것처럼 보이게 되는 것이지요.

지금 우리가 동시에 보고 있는 동일한 별의 두 영상 중에 하나는 몇십만 년 전에 반사된 것이고, 다른 하나는 수십억 년 전에 반사되어 우주 공간을 돈 다음 이제야 우리 시야에 들어오게 된 것입니다. 그런데 이러한 일은 거대한 우주 전체에서 일어나고 있습니다. 우리가 보는 별의 대부분은 엄청나게 오래된 과거에 반사된 빛입니다. 따라서 우리는 머나먼 과거를 보고 있는 셈입니다. 그리고 지금 보고 있는 별빛이 우주를 다시 한 바퀴 돌아 다시 비칠 것이기 때문에 미래를 보고 있다고 말할 수도 있겠지요.

영적인 명령은 수십억 배로 증폭된 우주 심장 내지는 우주 상념의 충동에 의해 전달되는데, 우주는 온 우주를 조정하는 눈에 보이지 않는 그와 같은 힘에 의해 하나로 연결되어 있습니다. 이 우주심의 맥동은 지성을 통해 전달되며, 우주심의 맥동을 전하는 지성은 자신의 영적인 짝인 우주를 둘러싸고 있는 액체 상태의 우주 물질(the Aqueous) 속에 편만하게 깃들어 있습니다. 우주심의 맥동은 우주 내의 모든 원자들 속에 생명의 흐름을 흘려보내 그것들이 완전한 질서와 리듬을 갖고 움직이게 합니다. 이 광대무변한 우주 속에는 병들거나 부조화한 개체가 존재할 수 없습니다. 만약 그런 개체가 존재한다면

초인생활 ✦ 탐사록

우주 전체가 조화를 잃고 혼돈 속에 빠지고 말 것입니다. 그것은 어떤 사람이 조화롭지 못한 생각을 함으로써 마음이 흔들릴 때 존재 전체가 혼돈 속에 빠지게 되는 것과 마찬가지 이치이지요.

우리가 '신성(Godhead)'이라고 부르는 것은 바로 이와 같은 우주심의 중앙 통제를 일컫는 말입니다. 그리고 비록 미미한 존재이기는 하지만, 인간의 심장은 우주심의 맥동과 상응하여 고동치는 것입니다.

인간은 액체 상태의 우주 물질을 통제하는 우주적 지성의 활동으로 창조된 존재이며, 우주적 지성의 형상과 모양대로 창조되었습니다. 인간은 자신의 근원인 우주 물질 속에 거하면서, 거대한 우주 물질의 저수지에서 필요한 것을 이끌어냅니다. 그것은 우주의 중심 태양이 근원인 우주 물질로부터 열과 빛을 이끌어내는 것과 마찬가지입니다. 하지만 인간은 근원을 지배하는 우주적 지성과 일체이기 때문에 이끌어내는 정도가 중심 태양보다 훨씬 더 큽니다.

인류를 구성하고 있는 개체로서의 인간은 우주 전체에 비하면 극히 미미한 존재에 불과합니다. 하지만 인간은 그 자체로 완벽한 신적인 우주이며, 신성체神性體인 자신에게 맡겨진 책임을 수행하는 한 꼭 필요한 존재입니다. 왜냐하면 그는 태초로부터 온 우주에 대한 신적인 계획을 조정하는 위대한 우주적 지성과 일체이기 때문이지요. 그러므로 온 우주가 파괴된다 해도, 인간은 액체 상태의 우주 물질과 가장 저급한 물질적인 존재까지 관통하며 그 속에 편만하게 깃들어 있는 원초적인 우주 지성과 완벽하게 협력하여 새로운 빛을 방사하여 우주를 재건할 수도 있습니다. 우주가 붕괴되는 대격변이 일어난다 해도 인간은 자신을 해체시켜 더 이상 파괴가 존재하지 않는 원초적인 우주 지성 속으로 환원되어 들어갈 수 있는 능력을 가지고 있습니다. 아니, 인간은 그러한 힘 자체입니다. 인간이 원초적인 우주 지성 속으로 환원되어 들어가면 침묵 가운데서 조화가 회복되기 시작합니다. 그리하여 우주가 건설되는 새로운 과정이 시작될 수 있는 완전한 상태에 도달하기까지 몇 억겁의 세월이 걸릴지는 모르는 일이지만 그것은 인간이 염려할 문제는 아닙니다. 인간은 단지 무한한 우주 지성과 일체 상태를 유지하며 새로운 우주가 탄생되는 순간이 오기만을 기다릴 수 있을 뿐입니다. 그리하여 마침내 새로운 우주가 탄생되기 시작하면, 인간은 자신의 의식 속에 간직하고 있던 과거의 경험을 바탕으로 보다 더 완벽하고 지속적으로 유지될 수 있는 우주를 건설하는 일에 좋은 협력자가 될 수 있을 것입니다. 그 일을 함에 있어서 인간은 결코 실패하지 않을 것입니다. 왜냐하면 인간은 우주 내의 그 어떤 것보다도 훨씬 더 확실한 존재이며, 그의 의식 지평에는 실패라는 관념이 새겨져 있지 않기 때문입니다.

이리하여 극히 미미한 존재가 무한자(the infinite)가 됩니다. '나는 늙지도 않고 죽지도 않는 영원한 존재이다. 우주 생명 또는 빛 속에 존재하는 것 중에서 어느 하나 나 아닌 것이 없다'고 말했을 때, 이 말을 한 현자는 방금 전에 여러분께 말씀드린 인간 존재의 비전을 깊이 들여다보고 있었던 것입니다. 진정으로 인간은 신성체입니다. 그리고 신성과 하나 되는 승천昇天은 진정으로 인간의 몫입니다."

✛ ✛ ✛
8

무니의 이야기가 끝났을 때 비로소 우리는 태양이 이미 자오선을 넘어가 있다는 것을 깨달았다. 우리는 무니가 이야기하는 동안 눈앞에 펼쳐졌던 웅대한 조망에 실제로 포위된 듯한 느낌에 사로잡힌 채 그 자리에 그대로 앉아 있었다.

한계의 상징인 지평선은 사라져버렸고, 우리는 무한 속에서 무한의 일부가 되어 있었다. 정말 놀라운 일이었다. 가슴을 열고 무한을 받아들였을 때 무한은 우리의 것이 되었던 것이다. 우리가 누구이며 어떤 길을 걸어왔는가? 그리고 장엄한 우주의 계획 속에서 우리가 차지하고 있는 위치는 어떤 의미를 지니고 있는가? 이전에는 이런 질문에 대한 답을 얻을 수 없었다. 세상이 우리가 깨달은 인간 존재의 위대함을 받아들일지 어떨지는 알 수 없다. 하지만 우리는 분명히 머나먼 과거를 들여다보았다. 미래는 살아 있는 현재를 살아가는 과정에서 차츰차츰 열릴 것이다. 하지만 우리는 장구하게 흘러온 과거가 어떠했는지 두 눈으로 똑똑히 보았다.

우리는 미래에 위대한 성취의 날이 올 것이라는 기대를 가지고 있다. 그런 기대를 가질 수 있는 이유는 우리 눈앞에 펼쳐져 보인 장구하게 흘러온 과거의 역사가 미래로 계속될 것이기 때문이다. 우리는 이전까지 가지고 있던 낡은 신조들을 버렸고, 또 그것들의 잘못된 점들도 모두 잊어버렸다. 우리는 단지 위대한 일들이 성취될 날이 반드시 오리라는 기대를 가지고 있을 뿐이다. 우리는 단순한 희망이 아니라 그렇게 되리라는 것을 분명히 알고 이러한 기대를 가지게 되었다. 한계에 속박된 낡은 믿음은 안개처럼 사라져버리고, 수정처럼 맑은 대우주가 우리 눈앞에서 빛나고 있는 것이다.

밝은 태양이 빛을 발하고 있었다. 그러나 우리는 그 배후에서 태양의 빛마저도 무색하게 할 정도로 더 밝은 후광이 빛나고 있음을 깨달았다.

우리는 그동안 정리한 노트를 모아가지고 성소 입구 쪽으로 몸을 돌렸다. 그런데 첫발을 내디디려고 마음먹은 순간 어느새 광선을 타고 성소 내부에 들어와 있었다. 분명히 실내로 들어왔지만 행동을 제한하는 방의 벽은 이미 사라지고 없었다. 대우주가 우리를 휘감고 있었다. 도대체 우리가 이 거대한 우주의 일부로서 이 우주에 얽혀 있는 존재라니? 우리는 우리를 둘러싸고 있는 우주의 장엄함 앞에 머리 숙이지 않을 수 없었다.

우리는 자리에 앉아 완전히 침묵에 젖어들었다. 아무도 말하는 사람이 없었다. 누군가가 저녁 식사가 준비되었음을 알릴 때까지 시간 가는 줄도 모르고 그렇게 앉아 있었다. 살아가는 동안 먹는 일도 하나의 즐거움인 것은 분명하다. 그러나 전 생애를 통해 그때 우리가 경험했던 것과 같이 즐거운 시간은 없었다. 식사를 끝낸 후 다시 바위 선반으로 나왔을 때에는 지평선에 걸린 태양이 빠른 속도로 자취를 감추고 있었다.

해지는 모습은 황홀하리만치 장관이었다. 그것은 일몰이 아니라, 마치 우리를 위해 영원이 자신의 모습을 한 토막 보여주는 듯했다. 그리고 우리 곁에는 한 토막 한 토막 영원을 살아가는 사랑하는 친구들이 있었다. 그들이 불멸의 삶을 살아가고 있다는 것이 놀라운가?

우리가 그들을 대사들이라고 부른다고 해서 그것이 이상한가? 우리가 그들에게 "당신들을 대사들이라 불러도 될까요?"라고 물어보았을 때, 그들은 "아들들이여, 우리는 진정으로 여러분과 일체입니다"라고 대답했다. 이 얼마나 아름답고 단순한 대답인가. 우리는 왜 그들처럼 아름답도록 겸손하지 못한 것일까.

처음에는 계단을 통해 암반에서 내려갈까도 생각했었다. 그러나 다른 방법으로 내려갈 생각으로 준비를 마치고 암반 가장자리로 걸어나왔다. 그런데 가장자리에 이르는 순간 우리 모두는 이미 숙소의 정원에 도착해 있었다. 대원들 중에서 무슨 일이 일어났는지를 아는 사람은 한 사람도 없었다. 허공을 통과한 것도 아니었고 무슨 움직임을 느낀 사람도 없었다. 그러나 그때는 이미 놀라는 일에는 익숙해 있었기 때문에 우리는 그저 일어난 일을 받아들일 뿐이었다.

우리는 정원을 떠나 마을로 들어갔다. 내일 아침 일찍 떠날 수 있도록 모든 준비가 완료되어 있었고, 고갯마루에 3~4미터 정도 높이로 쌓인 눈 사이로 길을 내기 위해서 이미 여러 명의 마을 사람들이 마을을 떠난 상태였다. 마을에서 약 80킬로미터 정도 떨어진 곳에 위치한 그 고개는 높이가 해발 3,600미터나 되었다.

그 지역은 대부분 지형이 험해서 통행이 상당히 어려운 곳이었다. 그곳 사람들은 길을 떠나기 하루 전에 눈을 밟아서 길을 낸다. 그러면 밤사이에 그 길이 얼어붙어 사람과 동물이 통행하기 쉽게 되는 것이다.

우리는 동이 트기 훨씬 전에 일어났다. 떠날 준비는 세세한 부분에 이르기까지 완료되어 있었다. 자스트와 무니가 우리를 수행할 것이었다. 우리에게 행운을 빌어주기 위해 온 마을 사람들이 모여들었다. 우리는 두 해 겨울을 지낸 그 마을에서 떠나야만 한다는 것이 몹시 서운했다. 우리는 마을 사람 한 사람 한 사람에게 깊은 애정을 느끼고 있었고, 그들 역시 우리에게 마찬가지 애정을 느끼고 있음을 알고 있었다. 그들은 순박하고 친절한 사람들이었다. 많은 사람들이 8~9킬로미터 떨어진 곳까지 따라나와 자신들의 애정을 보여주며 헤어짐을 아쉬워했다. 우리는 작별인사를 나눈 후에 인도를 향해 출발했다. 히말라야 산맥의 남쪽 사면을 보게 되려면 적어도 몇 개월은 걸려야 되는 여행이었다.

짐꾼들은 함께 걷는 중에, 우리가 전혀 힘들이지 않고 걷고 있다는 사실을 깨달았다. 마치 환상처럼 보였던, 앞에 있는 어떤 지점이 명확하게 보이는 순간 이미 그곳에 도착해 있는 경우도 여러 번 있었다. 그리하여 어떤 때는 짐꾼들보다 몇 킬로미터 앞으로 나서게 되기도 했다. 정오에 우리는 불이 피워지고 음식이 마련되어 있는 곳에 도착했다. 마을 사람 세 명이 우리보다 먼저 출발하여 점심때 우리가 당도할 만한 지점에서 그 일을 준비했던 것이다. 그들은 점심 식사가 끝난 후 마을로 돌아갔다. 눈 덮인 고개를 쉽게 넘을 수 있도록, 길을 내기 위해서 앞서간 사람들도 있다는 얘기도 들었다. 밤을 지낼 캠프도 즉시 사용할 수 있도록 준비되어 있었다. 고개를 넘어 아래로 기아마누추 강이 흐르는 계곡에 당도할 때까지 우리에게 필요한 모든 것이 완벽하게 미리 준비되어 있었다. 우리보다 앞서갔던 마을 사람들을 만난 것은 강이 흐르는 계곡에 다다랐을 때였다. 그들은 우리가 험한 산악 지대를 안전하게 통과할 수 있도록 하기 위해서 여러 가지 수고를 아끼지 않았던 것이다. 계곡을 따라가는 길은 비교적 평탄했다. 그래서 마을 사람들과 우리는 거기에서 헤어졌다.

우리가 떠나온 마을의 단순하고 소박한 주민들이 우리에게 베풀어준 호의를 이렇게 언급하는 이유는, 라사까지 가는 전 여행 과정에서 만난 모든 사람들이 그들처럼 친절했다는 것을 밝히고 싶어서이다. 티베트를 여행한 많은 사람들이 쓰기 좋아하는, 잔인하고 지독하다는 사람들은 거의 만나보지 못했다.

우리는 기아마누추 강이 흐르는 계곡을 따라 내려가다가 다시 그 지류를 따라 올라가 통주노르 중 고개에 이르렀다. 그 고개를 넘은 다음에는 브라마푸트라라고도 불리는 찬푸 강의 지류를 따라 라사에 당도하였다. 라사 주민들은 우리를 반갑게 맞아주었다.

도시 전체가 한눈에 들어오는 지점에 도착했을 때, 우리는 마치 타오스^{Taos} 족의 석조 가옥 부락에 온 듯한 느낌을 받았다. 도시 가운데로 들어서니 사방이 석조 가옥 천지였다. 티베트의 통치자인 달라이 라마의 궁전은 그 도시의 유일한 보석인 양 우뚝 서서 그 위용을 자랑하고 있었다. 그러나 그 도시는 현상계의 수도에 불과할 뿐, 실제로는 살아 있는 부처(活拂)인 달라이 라마가 온 티베트의 영적인 수도였다. 티베트인들은 살아 있는 부처가 세계의 중심인 신비한 도시, 즉 영적인 수도 샴발라^{Shamballa}를 통해 자신들을 통치한다고 믿고 있었다. 사람들은 그 도시가 고비 사막 모래 가운데에 묻혀 있다고 생각하고 있었는데, 우리의 가장 큰 소망 중에 하나가 그 영적인 도시 샴발라를 방문하는 일이었다.

우리는 호위하는 사람들과 함께 마을로 들어가서 우리를 위해 마련된 숙소에서 짐을 풀었다. 백인들이 그 마을을 방문하는 일은 좀처럼 드물었다. 그래서 우리 얼굴이라도 한번 보려고 모여든 군중이 여러 시간 동안 숙소 주위에서 서성거리고 있었다.

우리는 다음 날 아침 10시에 승원僧院을 방문해달라는 초청을 받았다. 그리고 우리를 돕는 것이 특별한 기쁨이 되는 일이니 원하는 것은 무엇이든지 서슴지 말고 말해달라는 얘기도 들었다. 어디를 가든지 호위하는 사람이 동행했고, 라사의 주민들은 남의 집을 예고 없이 방문하는 일을 대수롭지 않게 여기고 있었기 때문에 우리가 어느 집 안으로 들어가면 불쑥 들어오는 사람들을 제지하기 위해서 그가 문밖에서 지켜주었다. 그들에게는 우리가 신기할 수밖에 없었을 것이다. 그러므로 그들이 우리에게 호기심을 가지는 것을 탓할 수 없었다. 우리 대원 중에 누구라도 혼자 밖으로 나가면 사람들이 우르르 몰려와서 진짜 사람인지 아닌지를 확인해볼 양으로 이리저리 살펴보며 집적거렸다. 때로는 그들의 그러한 행동이 우리를 몹시 당황하게 하기도 했다.

다음 날 아침 우리는 상쾌한 기분으로 일찍 일어났다. 승원으로 가서 우리 보다 불과 이틀 앞서서 도착한 승원장을 만나보기 위해 출발할 준비가 완료되어 있었다. 승원으로 가기 위해 호위하는 사람을 대동하고 거리로 나서니 주민들 모두가 우리에게 경의를 표하는 듯한 태도를 보여주었다.

승원에 가까이 가자 승원장이 마중을 나왔다. 그런데 에밀 대사와 에밀 대사의 모친이 승원장과 함께 왔기 때문에 우리는 대단히 놀랐다.

그것은 놀라운 만남이었다. 승원장은 어린애처럼 들뜬 기분으로, 자기는 오래전부터 에밀 대사든지 아니면 다른 대사 누구라도 한번 만나보는 것이 소원이었다고 말했다. 그는 스스로 아직 모르는 것이 많다고 생각하며 보다 더 완전한 깨달음을 얻기 위해 대사들을 만나 그들과 대화를 나누기를 원하고 있었던 것이다.

그는 자기가 관할하고 있는 그 마을에서 어떤 가난한 자의 집을 우리 친구 대사들이 새집으로 만들어준 일에 대해서도 이야기를 전해주었다. 그는 영어를 유창하게 구사했다. 그리고 앎에 대한 열정이 있었다. 우리는 라마 사원으로 갔다. 그 사원은 방문객인 우리를 맞을 만반의 준비를 갖추어놓고 있었다. 승원장이 에밀 대사의 모친을 바라보며 이렇게 말했다. "아버지 하느님의 활동적인 대원리는 힘으로 나타나지요. 그 힘은 항상 건설적으로 활동합니다. 하느님의 활동과 나타남에는 지나침도 부족함도 없습니다. 그리고 하느님은 활동적이지만 실패하는 법이 결코 없습니다. 하느님의 대원리는 항상 건설적인 방면으로 역사하고 있습니다. 저는 하느님의 활동적인 대원리와 완전한 조화를 이루고 그것이 나를 통해 나타나도록 할 뿐입니다." 여기서 에밀 대사의 모친이 그의 말을 받아서 이렇게 말했다.

"당신은 한 걸음 더 나아가서 분명히 말할 수도 있습니다. '나는 나의 육체에 이 신적인 불꽃을 담는다. 그리하여 나의 육체는 순수한 질료로 변하여 하느님의 대원리와 하나가 된다'고 말입니다.

당신은 하느님 의식을 받아들이고, 그리하여 당신의 의식을 하느님 의식에까지 확장시킬 필요가 있습니다. 그러면 당신은 지고하신 하느님과 하나가 되어 하느님 안에 거하는 당신 자신의 모습을 발견하게 될 것입니다. 인간은 원래 지고하신 하느님과 하나입니다. 인간은 만물의 본질(essence)과 하나이며, 실로 하느님입니다. 하느님과 인간 사이의 구별은 존재하지 않습니다. 인간은 스스로의 선택에 의해 하느님이 될 수도 있고 악마가 될 수도 있다는 사실을 아셔야 합니다. 인간이 만약 하느님의 진동권 안에 산다면 하느님의 진동권 전체가 인간이 거하는 영역이 될 것입니다. 하느님의 진동권은 인간이 거할 유일한 영역이지요. 또 하느님의 진동권 안에 거해야만 인간은 하느님과 하나가 되어 하느님을 나타낼 수가 있겠지요. 하느님의 진동권 안에 거하는 인간은 분명히 세속적인 인간관을 초월한 인간이 됩니다.

당신은 인간의 상상이 만들어낸 악마의 영역에 속한 존재가 아니라 하느님 나라에 속한 자입니다. 아니, 당신 자신이 하느님 나라입니다. 인간은 본래 하느님이기 때문에 하느님이 될 수 있습니다. 이것은 과학적이고 논리적인 사실입니다. 그렇다면 스스로를 하느님의 나라에서 소외시켜 자기는 악마의 영역에 거하고 있다고 상상함으로써 악마의 영역이 실재하는 것인 양 착각할 수 있다는 것 또한 논리적이고 과학적이지 않겠습니까? 이에 대한 판단은 당신 스스로가 해보시기 바랍니다.

이것이야말로 인류가 흥하느냐 아니면 망하느냐를 판가름하는 유일한 문제입니다.

당신이 선택할 수 있는 과학적인 진리는 단 하나뿐입니다. 그리고 그 선택은 당신을 자유롭게 할 것입니다. 스스로의 선택에 따라 당신은 하느님이 되든지 아니면 종이 될 것입니다.

잠시 멈추어서 시작도 없고 끝도 없는 최초의 원인 또는 하느님이 전체가 된다는 사실과, 그 전체가 당신을 둘러싸는 온 우주를 포용하고 있다는 것을 생각해보십시오. 이러한 사실을 받아들이고 하나의 하느님, 하나의 전능한 존재만을 경배한다면, 당신은 당신 육체의 진동이 인간의 차원에서 하느님 또는 시원적始源的인 진동의 차원으로 변화되어감을 알게 될 것입니다. 하느님의 진동과 하나라는 생각으로 살고 활동하면 그 진동과 하나가 되고, 그것이 곧 하느님을 예배하는 것입니다. 그리고 당신은 당신이 이상화시켜 예배하는 존재로 점점 변형됩니다. 이것은 온 인류에게 적용되는 진리입니다. 오직 하나의 하느님, 하나의 그리스도, 하나의 결합, 하나의 인간만이 존재합니다. 그리고 모든 형제자매와 우주 만물이 하나로 결합된 우주적인 가정이 있을 뿐입니다.

하느님을 한 인간의 모습이나 인격적인 상징으로 표현할 수는 없습니다. 하느님은 만물 안에 깃들어 있으며 동시에 온 우주를 포괄하고 있는 존재로밖에는 표현할 수가 없지요. 하느님을 인격화시키는 것은 헛된 우상을 만드는 행위입니다. 그리고 하느님을 우상화시키면 하느님에 대한 진정한 이상을 잃게 됩니다. 하느님은 우상처럼 죽은 하느님이 아니고 살아 있는 하느님이며, 죽은 구원자가 아니라 살아 있는 구원자입니다. 하느님이 당신에게 살아 있는 존재가 되게 하려면 당신 자신이 하느님이라는 것을 알고 그렇게 생각해야만 합니다.

그렇게 알고 생각할 때, 당신에게 하느님은 그 무엇보다도 활기 있게 살아 있는 존재가 될 것입니다. 이것이 당신 존재에 관한 신적인 과학입니다. 당신이 하느님을 알고 그렇게 생각할 때 당신의 구원자 그리스도가 살아나서 당신과 하나가 됩니다. 실로 당신 자신이 그리스도입니다. 이러한 앎은 당신의 삶 전체에 동기를 부여하고, 당신으로 하여금 스스로를 구원하도록 만들 것입니다. 당신은 진정으로 하느님과 하나이며 참하느님입니다. 이러한 생각을 마음속에 고이 품고 사랑하면 이 생각이 이상이 될 것이고, 이 생각을 이상으로 품고 있는 당신 속에서 하느님이 활동할 것입니다."

에밀 대사 모친의 이야기는 여기서 끝나고, 샴발라에 갈 수 있을지 어떨지로 화제가 옮겨졌다. 승원장은 자기도 샴발라를 방문하는 것이 가능한지를 물었다. 그는 육체를 방기했다가 재조직할 수만 있다면 샴발라를 방문하는 것이 별로 어렵지 않을 것이라는 대답을 들었다. 샴발라 방문단은 초저녁 무렵에 우리가 묵고 있는 숙소에서 만나 그날 저녁에 출발하기로 되었는데, 우리 대장도 함께 가기로 했다. 그들은 숙소로 돌아온 후 우리와 짧은 대화를 나누고 나서 문밖으로 나갔다. 그 이후 우리는 여러 날 동안 그들을 볼 수 없었다.

샴발라 방문단이 떠나 있는 동안 승원의 이모저모를 살피며 그림으로 옮기는 작업에 몰두했다. 그러던 어느 날 그 오래된 승원의 지하에 있는 한 방에 들어가 잡동사니를 뒤지다가 대리석 석판을 하나 발견했다. 우리는 그 석판을 밖으로 가지고 나와 깨끗이 닦았다. 얼마나 아름답고 정교한 솜씨로 글씨가 새겨져 있는지 놀라지 않을 수 없었다. 라마승들도 놀라는 표정이었다. 한 노승^{老僧}이 그 대리석 석판에 대해 다음과 같은 이야기를 들려주었다.

그 노승은 아주 어렸을 때 그 사원을 관장하고 있던 대라마승들 중 한 사람의 제자가 되었다. 그 당시 우리가 발견한 대리석 석판은 벽감^{壁龕}에 안치되어 있었는데, 그의 스승은 매달 첫 번째 월요일 아침 9시에는 그 석판 앞에서 명상을 하도록 명령했다. 그런데 제자들이 그 대리석 석판이 안치되어 있는 벽감 앞에 서서 3~4분 정도 침묵을 지키고 있노라면, 그 석판의 역사와 거기에 새겨져 있는 큰 사건들을 노래하는 사람의 목소리가 들려오곤 했다고 한다.

그 노래에 따르면 우리가 발견한 석판은 현재 아메리카 대륙으로 알려진 대륙 대부분의 지역에서 수십만 년 전에 번성했던 위대한 백색 문명의 역사를 기념하기 위해 새긴 두 개의 석판 중 하나이며, 나머지 다른 하나의 석판도 그 석판을 최초로 만들어낸 대륙에 현존하고 있어서 그와 같은 대륙과 문명이 실재했음을 증명해주고 있다는 것이다.

우리는 그 노래가 전하고 있는 자료를 정리했다. 노래에 의하면 나머지 다른 하나의 석판은 두꺼운 벽 속에 안치되어 있었다. 여러 해가 지난 다음 우리는 그 석판을 발견하기 위해 노래에 나오고 있는 장소를 찾아나섰다. 그 결과 노래가 말하고 있는 벽은 지금은 폐허가 되어버린 중앙아메리카에 있는 한 고대 사원의 벽이라는 사실이 입증되었다. 그때 우리는 전설과 노래를 통해 전해져오던 역사가 실제로 존재했었다는 사실을 충분히 밝혔다.

승원 지하실에서 발견한 석판과 노승이 전해준 노래가 반복적으로 언급하고 있는 전설에 관심을 기울인 덕분에 우리는 또 다른 기록과 자료에 접근할 길을 얻었다. 그리고 그 기록과 자료는 그 후의 탐사 작업에 말할 수 없을 정도로 큰 도움을 주었다. 즉 석판의 기록과 노래의 내용에 힘입어, 우리는 오랜 세월 동안 그 사원과 활불인 달라이 라마의 궁전에 비밀리에 보관되어온 다른 기록물들로 통하는 문을 열게 되었던 것이다. 그 기록들을 보관하고 지키는 사람들은 그것들이 얼마나 중요한 것인지를 전혀 모르고 있었다. 물론 두 개의 석판에 비한다면 복사물에 지나지 않지만, 어쨌든 우리가 그 기록들에 관심을 가지게 된 것은 노승이 전해준 노래가 말하고 있는 전설 때문이었다. 그 복사 기록물들은 아주 정성스럽게 만들어진 것으로, 원본에 접근할 수 있는 길을 가르쳐주는 것이었다.

우리는 그 작업에 몰두해 있었기 때문에 우리 대장과 대사들이 돌아올 날이 지났음에도 불구하고 돌아오지 않고 있다는 사실조차 생각지 못하고 있었다. 그렇게 외진 지역에서는 예기치 못한 일로 인해서 일정이 며칠 정도는 늦어질 수도 있을 것이라고 생각했기 때문에 별로 걱정하지는 않았다. 하여튼 그 기간 동안 그곳 주민들은 우리와 친숙하게 되었고, 우리 역시 그들의 삶의 방식에 익숙하게 되었다.

상호 간의 호기심이 우정으로 발전했다. 그래서 그들과 우리는 스스럼없는 사이가 되었다. 12일째 되는 날 아침, 승원으로 가려고 준비하고 있는데 밖에서 웅성거리는 소리가 들렸다. 나가보니 샴발라 방문단 일행이 돌아와 있었다. 그들의 여행은 성공적이었다. 샴발라라는 곳이 실제로 존재하고 있다는 것을 목격했던 것이다. 우리는 아직까지도 원형 그대로 보존되어 있는 샴발라의 예술과 문화에 대해서 많은 이야기를 들었는데, 그들이 목격한 샴발라의 예술과 문화는 무엇과도 비교할 수 없을 정도로 아름답고 장엄했다고 한다.

✛ ✛ ✛

9

다음 날 정오가 되었을 때, 달라이 라마가 자신의 궁전에서 우리를 만나보고자 한다는 전갈이 왔다. 그날 저녁에는 접견 의식을 가르쳐주기 위해 승원장이 우리 숙소로 왔다. 그는 보통의 경우라면 신청한 후에 한참을 기다려야만 달라이 라마를 접견할 수 있는데 이번에는 의외로 속히 승낙이 떨어졌다고 하면서 대단히 기뻐했다. 그의 말에 의하면 샴발라에서 온 전령이 우리가 샴발라를 방문했었다는 소식을 달라이 라마에게 전하자마자 즉시 접견을 허락했다는 것이다. 그는 또 우리 친구 대사들이 가난한 자의 가옥을 새집으로 만들어준 사실도 전해 들어 알고 있다고 했다.

우리는 티베트 전역에서 탐사 작업을 수행할 수 있도록 허락을 받고자 했다. 그래서 될 수 있는 대로 좋은 인상을 주고자 했다. 우리는 전령을 통해 그 지방의 지방 장관 격인 보고도 라마^{Bogodo Lama}가 내일 정오 전에 도착할 예정이며, 그는 최선을 다해 우리를 돕고자 한다는 소식도 전해 들었다. 정말 놀라운 소식이었다. 그렇다면 내일은 여러 가지 일이 벌어져 우리 대원들에게 기억할 만한 날이 될 것이 분명했다. 우리는 다음 날 아침 일찍 일어나 격식을 차리고 지방 장관을 만나기 위해 밖으로 나갔다.

그는 우리의 환영을 대단히 만족스럽게 받아들이며 달라이 라마를 접견하고 돌아올 때 자기의 손님이 되어달라고 초청했다. 우리는 그의 초대를 기꺼이 받아들였다. 그와 함께 궁전에 도착하여 안내자를 따라 귀빈실로 갔다. 그리고 다시 정식 접견을 준비하는 첫 번째 의식이 진행될 방으로 갔다.

준비 의식이 행해질 방에 들어가보니 카펫이 깔린 높은 의자에 고승 세 사람이 앉아 있었고, 그보다 낮은 계급의 승려들은 가부좌를 틀고 마룻바닥에 앉아 있었다. 붉은색 법복을 입은 라마승 두 명이 높은 발판 위에서 영창*을 지휘하고 있었고, 우리의 친구인 승원장은 의전용 우산 아래 앉아서 지방 장관이 들어오기를 기다리고 있었다.

상당히 넓은 이 라마 사원의 아문衙門 안뜰은 오늘 행사를 위해서 1417년에 있었던 사건을 재현해놓은 장식물들로 아름답게 꾸며져 있었다. 개혁자 쫑카파Tsongkappa가 승원의 석조 제단 위에 서 있는 모습과 대중을 향하여 인간이 성취할 수 있는 위대함에 대한 설법을 마치고 모습이 변화되어 사라지는 장면이 묘사되어 있었다. 그리고 다시 돌아와 라사를 중심지로 삼아 황모파(Yellow Order)로 일컬어지는 티베트 개혁 교단을 설립하는 모습도 그려져 있었다.

잠시 후에 지방 장관이 호위를 받으며 들어왔다. 그는 곧장 승원장이 있는 곳으로 갔다. 그는 자리에서 내려선 승원장과 함께 나란히 서서 우리를 맞이한 후에 달라이 라마 접견실로 안내했다. 화려한 비단으로 둘러쳐져 있는 거대한 접견실은 노란색으로 칠이 된 가구들로 장식되어 있었다.

호위하는 시종이 시키는 대로 우리는 달라이 라마 앞에서 잠시 무릎을 꿇었다. 그런 다음 우리가 앉을 자리로 인도되었다. 승원장이 대변인이 되어 우리의 방문 목적을 설명했다. 달라이 라마는 일어나

---

* 기독교의 찬송에 해당함. 경전 구절을 가락에 맞춰 읽는 것.

초인생활 ✤ 탐사록

더니 우리를 보고 가까이 오라고 손짓했다. 그러자 시종 한 명이 왕좌 앞에 마련된 자리로 우리를 안내했다. 승원장과 지방 장관은 줄의 양쪽 끝에 각각 자리를 잡고 앉았다. 그러자 달라이 라마가 자리에서 내려와 우리 앞에 섰다. 그는 시종에게서 홀笏을 건네받고 우리에게 다가오더니 각 사람의 이마에 가볍게 그 홀을 갖다대었다. 그는 승원장을 통역관으로 삼아 티베트에 온 것을 환영한다고 말했다. 또 얼마든지 오래 머물러도 좋으며, 티베트에 머무는 동안에는 라사에서든지 아니면 다른 어느 곳에서라도 국빈으로 대접하겠다고 했다.

우리는 여러 가지를 질문했다. 그러나 대답은 다음 날 해주겠다는 언질을 받았다. 궁전 지하실에 보관되어 있는 석판과 기록물들을 조사해보아도 좋다는 허락도 받았다. 그는 시종 한 사람을 불러 무언가 지시를 내렸다. 그것은 통역되지 않았는데, 후에 들은 바로는 궁전 안에서의 우리의 활동을 제한하지 말라는 지시였다고 한다. 달라이 라마는 우리를 축복한 다음 모든 사람들과 돌아가며 뜨거운 악수를 나누었다. 우리는 우리에게 배정된 숙소로 안내를 받았다. 동행한 승원장과 지방 장관은 나누고 싶은 이야기가 많은데 들어가도 좋으냐고 물었다. 숙소에 들어오자 승원장이 입을 열었다.

"당신들이 저 작은 마을에서 우리와 함께 지낸 이래 우리에게 여러 가지 신기한 일이 많이 일어났습니다. 승원에 묻혀 있던 석판 몇 개를 살펴보았는데, 그 모두가 고비 지역에 존재했던 고대 문명에 대해서 언급하고 있다는 사실도 발견했습니다. 모든 문명과 종교적인 신앙은, 언제부터 그러한 문명과 신앙이 존재했는지는 모른다고 하더라도, 하나의 근원에서 나왔다는 것이 우리의 생각입니다. 저희는 고대 문명과 종교에 대한 그 기록들이 수천 년 전에 살았던 그 당시 사람들의 생각이 반영된 것이라는 사실을 추호도 의심하지 않습니다. 여기에 키수 아부의 어떤 순례승이 고대의 문명과 종교에 대한 기록을 번역해준 것을 요약한 것이 있는데, 허락하신다면 읽어보도록 하겠습니다.

그런데 읽기 전에 말씀드리고 싶은 것이 있습니다. 우리는 현재 우리가 가지고 있는 종교와 관련된 생각들이라는 게 사실은 약 5,000년 전에 살았던 당시 사람들의 사상과 믿음에 기원을 둔 일종의 혼합물에 불과하다는 사실을 잘 알고 있습니다. 그들의 사상과 믿음은 신화나 설화의 형태로 전승되어오고 있으며, 개중에는 순수한 영감에 의해 형성된 것도 더러 있습니다. 그러나 그들 중에 아무것도 인간이 성취할 수 있는 가장 지고한 것, 즉 모든 사람이 하느님의 그리스도라는 이상을 가지고 그 이상에 따라 그리스도가 되는 삶을 살 수 있다는 사실을 가르쳐주는 것이 없습니다. 그런데 그 같은 내용을 담고 있는 석판이 우리 가운데에 이토록 오랜 세월 동안 간직되어왔는데 어찌 그것을 모르고 있었는지 참으로 알 수 없는 일입니다. 저는 지금 붓다를 비롯한 깨달음을 얻은 위대한 영혼들은 모두 자신이 그리스도라는 이상을 가지고 있었다는 것을 의심하지 않게 되었습니다. 오랜 세월 그 위대한 영혼들을 모신다고 하면서도 그들의 가르침의 참뜻을 깨닫지 못했었다는 것은 참으로 이상한 일입니다.

존경하는 쫑카파께서는 자신의 삶을 통해서 그와 같은 경지에 이르셨다고 생각합니다. 여러분이 오늘 만난 승려들과 달라이 라마는 그 경지를 향해 상당히 높이 올라간 사람들이라고 알고 있습니다. 제가 목격한 바에 의하면 달라이 라마께서는 그 경지를 자유롭게 왕래하십니다. 그러나 일반 대중들은 성직자들의 지배를 받으며 삶에 짓

눌려 비참한 상태에서 신음하고 있습니다. 왜 이 같은 일이 생기는 것입니까? 어째서 사람들은 위대하고 유일한 법칙을 배우려고 하지 않는 것일까요? 제가 알고 있기로는, 고대 문명 시대에는 모든 사람이 위대하고 유일한 이 법칙을 알고 이 법칙에 따라 완전한 상태에서 살았습니다. 완전하지 않은 현상이 나타났다면 그것은 순전히 인간의 책임입니다. 완전한 법칙에 대한 인간의 무지가 완전치 않은 현상이 나타나도록 만든 것이지, 법칙 자체가 모든 인간에게 적용되기에 부족했기 때문에 그런 현상이 나타난 것은 아니라는 말씀입니다. 완전하지 않은 현상이 나타나도록 만든 사람들이 의지했던 것은 법칙의 어느 한 부분이라고 할 수 있습니다. 부분이 전체에서 떨어져나와 독자성을 주장한다면 근원과의 연결 고리가 끊어진 고립된 개체가 됩니다. 그러면 그 고립된 개체는 자신의 고유한 궤도를 가지지 못한 채 우주 공간을 떠돌게 될 것이며, 그렇게 떠도는 동안에는 결코 근원과 하나 되지 못하겠지요.

이러한 예는 우리의 태양계 안에서 특히 화성과 목성 사이에서 얼마든지 찾아볼 수 있습니다. 화성과 목성 사이의 공간에는 무수한 입자들이 떠돌고 있습니다. 그것들은 마치 태양과 관련되어 태양 주위를 도는 것처럼 보입니다. 그러나 그것은 근원인 태양 주위를 도는 것이 아니라 자신들의 모성母星인 목성이 움직이는 대로 따라 움직이는 것입니다. 그것들은 목성이 배출될 때 함께 배출되었지요. 그러나 목성이 하나의 행성으로 굳어져갈 때 함께 결합되지 못하고, 자신들의 진정한 근원인 태양과의 관련은 완전히 상실한 채 지금까지도 목성이 움직이는 대로 따라 움직이고 있는 것입니다. 우리는 그들 속에 근원인 태양을 향한 극성極性이 존재하지 않기 때문에 이런 현상이 일어난다고 생각합니다. 이 경우 잘못이 목성에게 있는 것일까요? 아니면 태양에게 있는 것일까요? 아닙니다. 목성이나 태양에는 잘못이 없습니다. 잘못은 분명 홀로 떨어져나간 입자들 자신에게 있습니다. 인간의 경우도 마찬가지라고 생각합니다. 근원이신 아버지나 위대한 깨달음을 얻은 성자들에게 잘못이 있는 것이 아니라 깨달음이 부족한 인간들 자신에게 문제가 있었던 것이라고 봅니다. 잘못은 전적으로 위대한 깨달음을 얻은 성자들이 도달한 경지에 이르기를 거부하는 무지한 대중들에게 있다는 말씀입니다."

그러고 나서 이번에는 에밀 대사를 보고 이렇게 말했다.

"당신을 만난 이후에 저는 큰 것에 둘러싸여 있음에도 불구하고 작은 것에 집착하여 살았던 잘못이 전적으로 저 자신에게 있다는 사실을 깨닫게 되었습니다. 이제는 번역문을 읽어보도록 하겠습니다. 사실 이 번역문이 제 생애에 일대 전기를 마련해주었다고 해도 과언이 아닙니다.

대원인, 즉 우주의 지도 원리는 그의 아들을 완전한 인간인 그리스도로 만들었습니다. 그는 자기의 아들을 보고 말했습니다. '너는 나의 존재의 법칙인 주 하느님이다. 내가 하늘과 땅과 그 사이에 있는 모든 것을 다스리는 권한을 너에게 주었다. 나의 완전한 이상이 모든 한계를 초월하는 것처럼, 완전한 자인 너 또한 어떠한 물질적인 개념에도 속박될 필요가 없다. 너는 내가 가지고 있는 모든 권세와 능력을 가지고 있다. 그러므로 나는 내 존재의 주 하느님을 통하여 너에게 말한다.

내가 너에게 하는 말은 명령이 아니다. 네가 신적인 창조 의지 안에서 나와 함께 협력하는 한 너는 아무런 결핍도 느끼지 않을 것이며, 나와 네 앞에 어떠한 우상도 만들어놓을 필요가 없을 것이다. 너는 네 안에 자존자인 내가 깃들어 있는 하느님이며, 내가 가지고 있는 권세를 모두 가지고 있다는 사실을 알 것이다. 아들아, 이제 나에게로 가까이 오라. 나와 하나로 융합하여 자존자와 너 자신이 하나가 되도록 하라. 그리하면 너와 나는 함께 하느님이 될 것이다. 너의 몸은 인류가 형태를 가지고 출현하기 이전부터 존재한, 이상적인 몸, 즉 하느님의 몸이다. 하느님이 창조한 모든 인류의 운명이 이와 같다. 자신의 진정한 모습을 받아들인다면 모든 인류가 이 완전한 모양과 형상을 가지게 될 것이다. 이 완전한 몸은 인간에게 속한, 그리고 인간을 위한 완전한 하느님의 성전인 것이다.

너는 하늘에 있는 것이나 땅 위에 있는 것이나 물속에 있는 그 어떤 형상을 본뜬 우상도 만들지 말라. 어떠한 재료로도 우상을 만들지 말라. 모든 질료는 너희의 필요에 따라 항상 넘치도록 주어지는, 너희에게 종속된 너희 것이기 때문이다. 어떠한 피조물 앞에서도 머리를 숙이거나 경배해서는 안 된다. 질투하지 말라. 후대에까지 그 형상을 남기는 죄나 불의는 어떠한 것도 범하지 말라. 항상 원인 세계에 마음을 두고 흔들리지 않도록 하라. 그리하여 원인 세계에 심어놓은 너의 이상이 사그라들지 않게 하라. 그리하면 내가 나타내 보이는 사랑을 너도 보일 수 있을 것이다.

궁극적인 원인, 즉 우주의 지도 원리를 부모로 알고 공경하라. 그리하면 바닷가의 모래알보다도 더 많은 수壽를 누리리라.

다치게 하거나 파괴하거나 죽이고자 하지 말라. 모든 피조물은 너희가 창조한 너희의 자녀요 형제이기 때문이다. 내가 너를 사랑하는 것 같이 그들을 사랑하라.

간음하지 말라. 네가 행하는 것은 무엇이나 네가 사랑하는 부모와 형제와 자매에게 행하는 것이기 때문이다. 궁극적인 원인은 너를 사랑하는 것처럼 그들도 사랑하신다는 사실을 잊지 않도록 하라.

도적질하지 말라. 누군가에게서 무엇을 훔친다는 것은 결국 궁극적인 원인으로부터 훔치는 것이고, 그것은 곧 너 자신의 것을 훔치는 것이기 때문이다.

누구에 대해서든 거짓 증거를 하지 말라. 누구에 대해서든 거짓으로 증거하는 것은 너 자신인 궁극적인 원인에 대해 거짓말을 하는 것이기 때문이다.

탐심을 품지 말라. 욕심을 가지는 것은 결국 너 자신인 궁극적인 원인의 것에 대해 탐욕을 품는 일이기 때문이다. 궁극적인 원인과 하나인 상태에 견고히 서 있다면 진정으로 모든 것이 너의 소유가 될 것이다.

금이나 은으로 우상을 만들고 그것을 너희의 신으로 섬기지 말라. 오히려 너 자신을 지순한 것과 동일체로 보라. 본래 너는 순수한 자이다.

그러면 너는 아무것도 두려워하지 않게 될 것이며, 너 자신 이외에 너를 증거하기 위해 올 신이 따로 없다는 것을 알게 되리라. 또 인격을 초월한 궁극적인 원인이 만물을 위해 존재하며, 영원토록 만물을 감싸고 있다는 사실도 깨닫게 될 것이다.

너는 제단을 쌓고, 그 제단 위에서 우주의 지도 원리인 하느님의 꺼지지 않는 불이 영원토록 타오르게 하라. 너는 너 자신을 참원리, 즉 궁극적인 원인의 완전한 독생자 그리스도로 여기라.

확실히 그렇게 여길 때, 네가 말하는 것은 무엇이든지 그대로 나

초인생활 ✤ 탐사록

타날 것이다. 너는 만물 위에, 만물 안에, 그리고 만물을 통하여 역사하는 신적인 지도 원리인 하느님과 일체인 창조자이기 때문이다.

온 하늘은 하느님의 목소리에 복종하고, 소리 없는 하느님의 목소리는 인간의 입을 통해 말한다. 하느님은 언제나 인간을 통해서 말씀하신다. 그러므로 인간이 말하는 것이 곧 하느님이 말씀하시는 것이다.'"

승원장은 계속 말을 이었다.

"이상과 같은 말씀은 저에게 보다 명확한 견해를 갖도록 해주었습니다. 또 생각과 말과 행동이 분명해야 한다는 것과, 이 확고부동한 원리에 따라 살아야만 한다는 것을 일깨워주기도 했지요. 그리고 무엇인가를 생각하고 그 생각에 합당한 말과 행동이 뒤따르면 생각한 것이 현실로 나타난다는 것, 즉 내가 생각하고 표현해내고자 하는 이상이 구체적인 형태로 가시화된다는 것을 알았습니다.

저는 칠흑같이 어둡고 암담한 시간에도 하느님은 존재하신다는 사실을 압니다. 두려움이 엄습해올 때 저는 제 속에 계신 아버지 하느님을 더욱 굳세게 붙잡습니다. 아버지 하느님께서 제 속에 계시다는 확신을 가질 때 평안한 안식을 취할 수 있고, 모든 것이 잘 되어가며 지금 온전히 완전한 상태에 있다는 것을 압니다.

하느님은 모든 것을 포용하는 마음이자 아버지임을 압니다. 그리고 저는 모든 인간이 아버지 하느님의 모양과 형상인 그리스도라는 사실을 확실히 압니다. 근원이신 아버지와 저는 하나입니다.

천천히 그러나 확실하게 절대적이고 영적인 비전이 다가오고 있습니다. 저는 지금 이 순간이 바로 절대적이고 영적인 비전이 활짝 펼쳐지는 순간이라고 생각합니다. 절대적이고 영적인 비전은 완전하고 충만한 상태로 '지금-여기'에 존재합니다. 저는 절대적이고 영적인 비전을 찬양하며, 나의 고귀한 이상이 지금 성취되고 있는 것에 대해 아버지께 감사드립니다.

무슨 일을 하든 하느님 의식, 즉 결코 폐할 수 없는 하느님의 법칙과 하나가 된 상태에서 해야만 한다는 사실을 늘 의식하고 있어야만 합니다.

저는 지금 '나는 세상이 주는 것과 같지 아니한 내 평안과 사랑을 너희에게 준다'는 말씀의 의미를 이해하고 있습니다.

또 '자존자인 내가 너희 중에 거할 성전을 너희 속에 세우라'는 말씀의 의미도 알고 있습니다. 내면에 자존자가 거할 성전을 세운다면 자존자가 우리의 하느님이 되며, 우리는 자존자와 같은 존재가 됩니다. 자존자가 거하는 성전이란 어떤 종파나 교회 조직을 의미하는 것이 아니라, 만물의 근원이신 하느님이 거하시는 인간 내면에 존재하는 진정한 평화의 성전을 말하는 것입니다. 사람들은 참이상인 내면에 거하는 자존자를 예배하기 위해 함께 모이는 장소로 장막*을 건립했습니다. 그러나 얼마 지나지 않아 장막 자체가 숭배의 대상이 되어 공허한 우상이 하나 생겨난 꼴이 되고 말았지요. 저는 오늘날의 교회도 그와 같은 형편에 처해 있다고 봅니다.

진실한 이상을 꽉 붙잡고 있을 때, 저는 저 자신의 내면에서 울려나오는 하느님의 목소리를 듣습니다. 그 계시의 목소리는 위로와 영감을 주며 인생길을 인도합니다. 두세 사람이 참자아인 자존자의 이름으로 모일 때, 자존자는 항상 그들 중에 계십니다. 이 말은 진실입

---

* 이스라엘 백성이 가나안 땅에 정착한 이후에는 성전이 되었음.

486   초인생활 ✦ 탐사록

니다. 자존자는 늘 사람 속에 현존하기 때문입니다.

진보하고자 한다면 전심전력으로 노력해야 합니다. 결코 낙심하거나 좌절해서는 안 됩니다. 나는 아버지께서 기뻐하시는 하느님의 이상인 그리스도, 아버지 하느님의 독생자입니다.

나는 아버지와 함께 보고 듣고 협력하는 유일무이한 자이며, 하느님께서 아시는 하느님의 독생자입니다. 그런데 하느님은 모든 사람을 다 아십니다. 그러므로 모든 사람이 '다 이루었다'고 선언할 수 있는 것입니다."

✦ ✦ ✦

10

　다음 날 아침 승원장을 기다리고 있는데 전령이 와서 그날 오후 2
시에 달라이 라마를 접견하게 될 것이라는 소식을 전했다. 우리는 승
원장을 찾아보려고 궁전 안으로 들어가다가 접견실에서 나오는 그를
만났다.

　그는 우리가 언제라도 자유롭게 그 나라에 들어올 수 있다는 내
용의 허가증을 손에 들고 환한 얼굴을 하고 있었다. 그는 전령이 가
지고 온 명령서를 읽고 난 후에 말했다. "이것은 명령서가 아니라 초
청장입니다. 아마 자유 입국 허가증을 주기 위해 만나려는 것일 겁니
다." 그때 우리 일행은 모두 모여 있는 상황이었는데, 누군가가 궁전
의 기록물을 보러 가자고 제안했다. 그래서 우리는 무리를 이루어 기
록물이 보관되어 있는 곳으로 갔다.

　도착해보니 놀라운 일이 우리를 기다리고 있었다. 글씨가 새겨진
수천 장의 점토판과 동판들이 있었다. 또 글씨가 아름답게 새겨진 두
툼한 흰 대리석 석판도 있었는데 생전 처음 보는 종류의 것이었다.
우리는 그것을 당장 조사해보기로 결정했다. 승원장은 자기도 그것
은 처음 보는데, 원래 페르시아인들이 만든 것을 가져온 것이라는 얘
기를 들은 적이 있다고 했다. 그는 그 석판에 대해 잘 알고 있는 승려
를 찾아보겠노라고 하며 밖으로 나갔다. 그가 나간 후에 석판을 자세
히 살펴보았지만 우리 중에 그 석판 기록에 사용된 문자를 아는 사람
은 하나도 없었다. 그 석판은 두께가 6밀리미터쯤 되는 것으로 희고

깨끗한 대리석 두 장을 합판을 만들 듯이 접착제로 붙여서 만든 것이었다. 사용된 접착제가 무엇인지는 알 수 없었다. 가장자리 네 면은 비스듬하게 깎여 있었고, 판 전체를 빙 둘러가며 5센티미터 정도의 여백에 그림이 양각으로 조각되어 있었다. 그리고 대부분의 그림이 순금으로 상감되어 있었다. 반면에 제목으로 여겨지는 문자들도 순금으로 상감되어 있기는 했지만 판 위로 돌출되어 있지는 않았다. 조 단위로 세심하게 번호가 매겨져 있었고, 각 조마다 일련번호가 붙어 있었다. 연도와 날짜는 덩굴과 잎으로 장식된 화환을 가지고 표시했다. 예를 들어 1894년 1월 1일이라고 하면, 아직 꽃봉오리가 나오지 않은 꽃대를 옥으로 상감해서 1월을 표시하고, 이제 막 꽃봉오리를 틔워낸 꽃대를 순금으로 상감해서 1일을 표시하는 식이었다. 그리고 이제 막 벌어져서 암술이 보이기 시작하는 꽃봉오리를 금으로 상감해서 1894년의 1을 표시하는데, 이때 꽃잎은 라피스 라즐리로 상감하고, 암술은 금으로 상감하고 다이아몬드를 박는다.

8은 여덟 개의 수술이 보이는 활짝 핀 꽃으로 표시하는데, 암술을 둘러싼 여덟 개의 수술은 금으로 상감하고 거기에 암술에 박은 것보다 작은 다이아몬드를 박는다.

9는 아홉 개의 꽃잎을 가진 활짝 핀 장미로 표시하는데, 각각의 꽃잎에는 라피스 라즐리와 옥과 옥수玉髓를 번갈아 사용해서 상감한다. 이렇게 세 종류의 보석을 번갈아 사용해서 0부터 9까지의 숫자를 헷갈리지 않게 표시했다.

4는 한 개의 암술과 세 개의 수술이 보이는, 피어나고 있는 백합으로 표시한다. 이 경우 꽃받침은 엷은 색의 옥으로 상감하고, 수술은 붉은색 오팔로 상감한 다음 작은 다이아몬드를 박아넣고, 암술은 라피스 라즐리로 상감한 위에 다이아몬드를 박아넣는다.

본문 사이의 여백은 금으로 상감된 실같이 가느다란 줄기로 윤곽이 그려져 있었고, 줄기에 돋아난 잎사귀는 비취빛 옥으로 상감되어 있었다. 모든 부분이 정교한 솜씨로 완전무결하게 만들어져 있어서 석판 그 자체가 보석이었다. 석판의 형태나 날짜를 기록하는 방법으로 미루어볼 때 아틀란티스 문명 초기의 작품인 듯했다. 만약 이것들을 판다면 석판 한 장이 왕의 몸값에 해당할 것처럼 보였다.

석판 앞에서 이런저런 생각에 잠겨 있는데 승원장과 지방 장관이 기록물을 책임지고 있는 노승을 데리고 왔다. 우리는 시간 가는 줄도 모르고 노승이 설명하는 역사 이야기에 심취했다. 얼마쯤 지났을까, 승원장이 우리의 주의를 일깨우며 달라이 라마를 만날 시간이 가까웠음을 알려주며, 예복으로 갈아입고 접견장에 나가야 한다고 말했다.

숙소에는 우리가 입을 예복이 준비되어 있었다. 그러나 입는 방법이 몹시 까다로웠다. 접견 예정 시간이 너무 임박해서 부랴부랴 서둘러 갈아입을 수밖에 없었는데, 후에 보니 제대로 입은 사람은 몇 되지 않고 뒤집어 입은 사람도 있고 앞뒤를 바꿔 입은 사람도 있었다.

도착해보니 달라이 라마가 접견실로 들어가기 위해 호위병을 거느리고 큰 문을 향해 홀을 가로질러 가고 있는 모습이 보였다. 그는 얼굴에 밝은 미소를 띠고 있었다.

우리는 우리가 들어갈 옆문이 열리기를 조용히 기다렸다. 이윽고 문이 열렸고, 들어가보니 눈이 부실 정도로 휘황찬란하게 꾸며진 방이었다. 그런 방을 볼 수 있다는 것은 행운이 아닐 수 없었다. 천장 중앙은 돔 형식으로 둥글게 되어 있었는데, 거기에 뚫린 세 개의 창을 통해 쏟아져 들어오는 햇살을 받는 실내는 말로는 형용하기 어려울 정도로 휘황찬란하게 빛나고 있었다.

벽면은 금색 바탕에 은실로 수놓은 커튼으로 둘러쳐져 있었다. 약간 높은 방 중앙 부분은 황금빛 천이 덮여 있었고, 그 위에 자주색 실과 은실로 수놓은 황금색 법복을 입은 달라이 라마가 앉아 있었다.

우리는 줄 양 끝에 서 있던 승원장과 지방 장관의 안내를 받으며 달라이 라마 앞으로 나갔다. 달라이 라마는 인사말을 건넨 후 상좌에서 내려와 우리 앞으로 다가왔다. 그 앞에 무릎을 꿇자 그는 손을 들어 우리를 축복했다.

우리는 그의 축복이 끝난 다음 무릎을 펴고 일어났다. 달라이 라마는 우리 대장에게 다가가 가슴에 브로치를 달아주면서 통역을 통해 말했다. "이것은 당신과 당신 동료들이 이 나라를 자유롭게 통행할 수 있는 증표입니다. 이것을 달고 있으면 티베트 시민과 동등한 자격을 가지게 됩니다. 이 증표를 달아드림과 아울러 저는 당신에게 '대고비의 주인(Lord of the Great Gobi)'이라는 칭호를 부여합니다." 그는 우리가 서 있는 줄을 따라 내려가면서 대원 한 사람 한 사람의 가슴에 대장 것보다는 약간 작은 브로치를 달아주었다. 그리고 말했다. "이것은 여러분에 대한 존경의 증표입니다. 이것을 달고 있으면 티베트 전역을 자유롭게 왕래하실 수 있습니다. 일종의 통행증인 셈이지요." 그런 다음 달라이 라마는 승원장에게서 자유 입국 허가증 두루마리를 건네받아 우리 대장에게 넘겨주었다.

브로치는 금으로 만들어져 있었는데, 중앙에 박힌 옥에는 살아 있는 듯한 달라이 라마의 초상이 새겨져 있었다. 우리에게는 귀중한 보물이 아닐 수 없었다. 이렇게 달라이 라마를 비롯하여 우리가 만난 그곳 사람들의 친절함과 우아함은 말로 표현하기 어려울 정도였다.

우리는 단지 고맙다는 말밖에는 할 말이 없었다.

기록물을 책임지고 있는 노승들이 들어와서 그날 저녁은 달라이 라마와 함께 식사를 하게 될 것이라고 알려주었다.

식사가 끝난 후 대화는 자연스럽게 대리석 석판에 대한 이야기로 전개되어나갔다. 달라이 라마는 통역관을 통해 그 석판의 역사에 대해 자세하게 설명해주었다. 낮에 노승이 이야기해준 것과 같은 내용이었다. 우리는 그가 이야기하는 것을 자세히 기록해두었는데 다음과 같은 내용이었다.

그 석판들은 순례 중이던 한 불교 승려가 폐허가 된 고대 페르시아의 사원 창고에서 발견한 것이다. 그 승려가 전하는 석판 발견 내력은 다음과 같다. 하루는 그가 폐허 위에서 가부좌를 틀고 명상에 잠겨 있는데 아름다운 노랫소리가 들려왔다. 노래가 아름답고 그 노래를 부르는 목소리가 너무 명확했기 때문에 자연히 주의가 끌렸다. 그래서 노랫소리가 들려오는 곳을 향해 발길을 옮기다가 결국에는 폐허가 된 창고를 발견하게 되었다. 노랫소리는 땅 밑에서 들려오는 듯했다. 그러나 아무리 찾아보아도 아래로 내려가는 입구는 보이지 않았다. 그래서 그는 폐허 더미를 파헤쳐서라도 노랫소리가 들리는 곳을 찾아내고야 말겠다고 결심하게 되었다.

그는 몇 가지 조잡한 연장을 가지고 폐허 더미를 파헤치기 시작했다. 그러다가 창고의 마룻바닥으로 여겨지는 판석을 발견했다. 바닥까지 드러났지만 아무것도 없었기 때문에, 폐허를 스치고 지나가는 바람 소리를 노랫소리로 잘못 들은 줄 알고 몹시 실망했다.

그는 그곳을 떠나기 전에 잠시 명상에 잠긴 채 앉아 있었다. 그런데 아까보다 더 명확하고 분명한 소리가 들리며 계속 진행하라는 명령을 하고 그쳤다. 그가 죽을 힘을 다해 마룻장처럼 보이는 커다란 판석을 옆으로 제치자 아래로 내려가는 입구가 나타났다. 입구를 통해 아래로 내려가려고 발을 들여놓자마자 알 수 없는 곳에서 비치는 빛이 통로를 환하게 비추었다. 그는 앞에서 비치는 밝은 빛을 따라 큰 돌로 막혀 있는 창고의 입구에 다다랐다. 그 앞에 잠시 서 있으려니 돌쩌귀가 소리를 내면서 거대한 돌문이 서서히 열렸다. 그는 열린 문을 통해 창고 안으로 들어갔다. 그가 문지방을 넘어설 때, 마치 안에 주인이라도 있는 양 부드럽고 낭랑한 목소리가 들려왔다. 문 앞에서 멈춘 듯하던 빛은 방 한가운데로 이동해 실내를 구석구석 비추었다. 창고 벽에는 벽감이 설치되어 있었고, 그 벽감 속에는 먼지로 뒤덮인 석판들이 보관되어 있었다.

몇 장의 석판을 조사해본 그는 그 석판들이 너무나 아름답고 귀한 것임을 알게 되었다. 그래서 그는 석판들을 안전한 장소로 옮기는 데 함께 참여해줄 믿을 만한 동료 두세 명을 찾아보기로 했다. 그는 창고에서 나온 후에 판석으로 다시 입구를 막은 다음 부서진 기와 조각들로 그 위를 덮어놓았다. 그런 다음 자기 이야기를 믿고 자기 계획에 동참해줄 동료들을 찾아나섰다.

그가 동료들을 찾기까지는 3년의 세월이 걸렸다. 그의 이야기를 듣는 대부분의 사람들은 그를 미쳤다고 했다. 그러나 그는 결국 동료들을 찾았다. 그는 과거 순례길에서 만난 일이 있던 3인의 승려를 비슷한 순례를 하는 도중에 다시 만났던 것이다. 처음에는 그들도 회의적이었다. 그런데 어느 날 밤 9시 정각에, 모닥불 주위에 둘러앉아 있던 그들에게 석판들에 관한 노래가 들려왔다. 다음 날 그들 네 사람은 순례 대열에서 빠져나와 폐허를 향해 발길을 옮기기 시작했다. 그날부터 날마다 밤 9시가 되면 그 노랫소리가 어김없이 들려왔다. 그것은 그들이 피곤하고 지쳤을 때 큰 위로와 힘이 되었다.

폐허에 거의 다 이른 어느 날 오전 11시경, 가냘픈 모습의 소년이 그들 앞에 나타나서는 노래를 부르며 폐허로 인도했다. 폐허에 도착한 그들은 판석을 젖혀내고 즉시 안으로 들어갔다. 창고 앞에 다가가자 돌문이 열렸고 그들은 안으로 들어갔다. 석판을 잠시 살펴본 그들은 자기들이 대단히 가치 있고 귀중한 것을 발견했음을 깨달았다. 그들은 너무 흥분한 나머지 사흘 동안 잠도 자지 못했다. 그들은 석판들을 안전한 곳으로 운반하는 데 필요한 낙타와 물자를 구하기 위해 110킬로미터 정도 떨어진 마을을 향해 급히 서둘러서 출발했다.

마침내 그들은 열두 마리의 낙타를 구해 그 위에 안장을 지워가지고 돌아왔다. 그들은 석판들을 손상되지 않도록 잘 포장해서 새로 구해온 세 마리의 낙타를 포함한 열다섯 마리의 낙타 등에 싣고, 페르시아의 아프가니스탄을 거쳐 페샤와르에 이르는 기나긴 여행길에 올랐다.

그들은 페샤와르 근처의 한 동굴에 짐을 풀어놓고 5년 동안 거기에 석판들을 숨겨두었다. 그동안 석판을 지키기 위해 동굴 입구에서 교대로 좌선을 하며 한시도 자리를 비우지 않았다. 석판은 페샤와르에서 펀잡 지방의 란다로 옮겨졌다. 거기서 다시 10년을 지체한 다음, 천천히 여러 단계를 거치면서 달라이 라마의 궁전에까지 옮겨지게 되었다. 이렇게 하는 데에는 40년이 넘는 시간이 걸렸다.

그들은 다음에는 석판들을 달라이 라마의 궁전에서 샴발라로 옮길 계획이었다. 그러니 우리는 옮겨지는 도중에 있는 석판들을 발견한 셈이었다.

이야기가 이쯤에 이르렀을 때, 시종 한 사람이 석판 넉 장을 가져와 우리가 앉아 있는 식탁에서 마주 보이는 높은 곳에 정성스럽게 놓았다. 시곗바늘은 마침 정각 9시를 가리키고 있었다. 그때 아직 채 성숙되지 않은 소년티가 나는, 고음이지만 경쾌하고 감미로운 어조의 노랫소리가 들려왔다. 다음은 석판에 기록된 내용을 될 수 있는 대로 충실하게 번역한 것이다.

"전지全知한 지성적인 영이 있다. 무한하고 신적인 이 지성은 만물 속에 침투해 있다. 이 사실들은 부인할 수 없다. 만물 속에 침투해 있는 이 지성은 무한하며 만물의 근원이다. 이 지성은 신적이다. 그리고 이 지성의 신성은 눈에 보이고 생각할 수 있는 대상, 즉 만물이라는 객관적인 사실로 나타난다.

당신은 각 사물에 이름을 부여하듯이 이 전지한 지성적인 영을 하느님, 궁극적인 선善, 또는 원하는 그 무엇으로 부를 수도 있을 것이다. 인간에게는 무엇인가에 이름을 붙이면 그 이름에 해당하는 것이 나타나도록 하는 힘이 주어져 있다. 진정한 존경과 경배와 찬양의 심정으로 이름을 붙이면, 그는 자기가 이름을 붙인 것과 같은 차원에 있을 수 있고 사실 또 그렇게 된다.

그래서 인간은 스스로의 선택에 의해 하느님이 될 수도 있고 동물이 될 수도 있다. 자신이 따르는 이상에 부합하는 사람이 되는 것이다. 이렇게 생각해보면 사람은 하느님의 독생자가 될 수도 있고 동물의 독생자가 될 수도 있다는 사실을 쉽게 이해할 수 있을 것이다. 인간은 스스로의 선택에 의해 악한 것을 바라보면 악마가 되지만 하느님을 바라보면 하느님이 되는 것이다.

전지한 지성적인 영은 무형의 상태로 침묵 중에 관조하고 있었다. 그러나 형태가 없음에도 불구하고 지성적인 영은 분명히 현존하고 있었다. 그 지성적인 영은 자기 자신을 모든 호흡이 있는 생물과 무생물의 창조자로 여기고 있었다. 전지한 지성적인 영은 침묵 속에서 아무것도 수정할 것이 없는 완전한 우주의 상(像)을 그린 다음 자기가 그린 대로의 우주를 창출해냈다. 우주는 지성적인 영이 침묵 속에서 그린 완전한 상, 즉 신적인 계획에 따라 형태를 취하게 된 것이다. 우주가 태어나는 데에는 그 외에 아무것도 필요치 않았다.

신적인 마음이 그린 이상적인 상은 눈에 보이는 완전한 형태를 가지고 나타났다. 그것이 바로 오늘날 우리가 보고 있는 우주이다. 이 우주는 완결된 것이 아니라 아직도 신적인 완전한 계획에 따라 이루어져가고 있는 중이다.

이 전지한 지성이 바로 신적인 마음이 그린 이상적인 상을 받아 그대로 성취시켜나가는 지휘자이다.

전지한 지성은 호흡이 있는 생명체를 창출해내고, 그 생명체에게 자기 자신을 완전히 표현해낼 수 있도록 필요한 모든 잠재력을 부여해주어야 할 필요가 있다는 사실을 알았다. 그래서 전지한 지성은 불멸의 인간상을 마음속으로 그리게 된 것이다. 다양한 형태로 분화 발전해가는 신적인 이상은 결국 인간의 불멸성으로 그 초점이 모아진다. 인간은 지성적인 전지한 영이 품고 있던 신적인 이상에 따라 태어난 존재이기 때문에, 만물과 모든 상황을 지배하는 우주적인 대원리의 아들이다. 아들이라 함은 종처럼 종속된 존재가 아니라 아버지와 일체인 자라는 뜻이다. 아들은 완전한 선택의 자유를 가지고 있어 노예나 꼭두각시가 될 필요가 없는 것이다.

이 불멸성에 대한 이상 속에는 만물의 근원이 되는 중심적인 존재

초인생활 ✛ 탐사록

의 불꽃이 간직되어 있다. 이 불꽃에서 첫 번째 세포가 탄생되며, 그 세포는 결국 인간의 육체가 된다. 즉 중심적인 존재의 불꽃이야말로 영원히 꺼지지 않는 생명의 불이라는 말이다. 중심적인 존재의 불꽃에서 탄생된 첫 번째 세포를 그리스도라 한다. 이 첫 번째 세포는 수없이 갈라져 분열에 분열을 거듭하지만 그 안에 심어져 있는 신적인 영의 이미지는 결코 소멸되지 않는다. 그 이미지는 인간의 생각으로 왜곡시킬 수 없다. 그러므로 인간은 언제나 신적인 존재인 것이다.

인간이 상념을 통해 왜곡시키지만 않는다면, 첫 번째 세포는 분열에 분열을 거듭하면서 자신 속에 심어져 있는 신성을 각 세포들에게 전한다. 새로이 태어나는 세포들이 모여 인간의 육체를 이룬다. 그러므로 인간의 육체는 신성을 담고 있는 그릇이자 전달하는 매체인 셈이다. 신성이 인간의 육체 속에 담긴 후에도 그 본질, 즉 신적인 영은 변화되어가는 현상을 통찰하는 전지한 지성을 여전히 가지고 있다. 따라서 인간이 자신의 궁극적인 차원에 설 때 그는 곧 하느님의 영인 것이다.

인간의 내면에 존재하는 이 고귀한 자아를 깊이 생각하고 찬양하며 경배해야만 한다.

먼저 신적인 자아가 내재하고 있다는 신앙을 가져야만 한다. 신앙이 있으면 신적인 자아가 자신의 내면에 깃들어 있다는 것을 알게 된다. 앎이 생긴 다음에는 내면의 신적인 자아를 축복하고 감사드리면 신적인 자아가 눈에 보이는 형태로 나타난다. 인간은 참으로 신적인 자아 그 자체이다. 신적인 자아가 나타나도록 하는 것이 모든 지식을 얻는 길이다.

두뇌는 다른 세포들보다 일층 정교한 세포 집단이기 때문에, 언뜻 보기에는 두뇌 자체가 무엇을 인지하는 주체처럼 보인다. 그러나 사실은 영적인 진동을 받아들여 인간이 인지할 수 있도록 증폭하는 세포 집단일 뿐이다. 두뇌는 자기가 받아들인 진동을 어디로 보낼 것인가를 선별하여 신적인 질서에 순응하는 다른 기관들로 전달한다.

인체의 각 기관과 신경 중추는 각기 진동의 증폭기 역할을 수행하며, 그들이 증폭시킨 진동이 유기적으로 결합되어 완전한 한 인간이 된다. 각 기관과 신경 중추에서 증폭된 진동들이 서로 조화를 이루고 협력할 때 인간에게는 모든 능력과 권세가 주어지며, 전지한 지성적인 영, 즉 성령의 능력으로 창조적인 행위를 하게 된다. 성령의 창조적 행위를 수행할 때 인간의 영혼과 육체는 하나가 되어 그 행위의 구심점이 된다. 의식적으로든지 아니면 무의식적으로든지, 영혼과 육체가 하나로 통일된 이 구심점에 모든 능력을 집중시키지 않고는 아무것도 이루지 못한다. 이 구심점은 능력의 자리이며, 인간 속에 내재한 그리스도, 즉 인간이 설 수 있는 가장 고귀한 영역이다.

부조화나 죄와 질병 같은 것은 인간이 마음속에 그런 것들을 생각함으로 해서 존재하게 된다. 만약 생각하지 않으면 존재하지 않을 것이고, 그렇다면 그런 것들이 어찌 인간을 괴롭힐 수 있겠는가? 언제 어디서나 전지한 지성적인 영에만 생각을 집중한다면 죄와 질병과 같은 부조화한 것들은 아예 머리에 떠오르지도 않을 것이다. 생각을 항상 맑은 물처럼 깨끗하게 하고 지고한 이상만을 품음으로써 인간은 하느님이 된다. 그는 항상 내면의 목소리에 확실하게 응답하는 것이다.

의지의 배후에는 욕망이 있다. 의지 자체는 아무것에도 물들지 않은 순수한 힘이다. 의지는 욕망에 의해 활동하기 시작한다. 어떤 성향이나 방향성이 주어지지 않는다면 의지는 활동하지 못한다. 그러므로 욕망과 의지의 힘을 조화시킬 필요가 있다. 의지와 욕망이 조화를 이루면 그 즉시 활동력이 생겨 영의 명령을 수행하기 시작한다. 여기서 요구되는 것은 그 명령이 신적인 질서에 부합되는 것이어야 한다는 것 하나뿐이다.

무수한 세계가 존재하고 있다. 그러나 그 모든 세계는 그 세계들을 마음속으로 그린 한 가지 상념에서 비롯된 것들이다. 이것은 결코 예외가 없는 법칙이다. 창조된 피조물들은 선택의 자유를 가지고 있다. 그러므로 그들이 무질서로 인해 고통을 당하고 미움과 두려움과 저주 속에서 산다면 그것은 전적으로 그들 자신의 책임이다. 왜냐하면 그들 자신이 그런 것들을 창조해낸 것이기 때문이다.

이 우주의 대원리는 변하지 않는 황금률이다. 이 원리는 멀리 있지 않다. 바로 너 자신의 내면에 있다. 그 빛 속에 너 자신을 두라. 그러면 만물의 실상을 똑똑히 보게 될 것이다.

가장 중요한 것은 네 생각대로 온 세상이 창조되어 나온다는 사실을 아는 것이다. 너라는 존재 전체가 이 한 가지 사실을 확실히 알도록 하라.

무질서의 흑암과 그로 인한 인류의 고통에서 벗어나 평화를 가져다주는 질서의 세계가 열리지 않으면 안 된다. 일단 아름다움과 능력과 안식의 상념과 자신이 일체라는 사실을 배우고 나면, 자신의 마음의 소망을 빼앗아갈 자는 아무도 없다는 사실을 알게 될 것이다. 그는 대원리의 빛 가운데에 서서 그것을 끌어당겨 자기 것으로 삼을 것이다.

내 아들아, 네가 원하는 상像, 즉 진리만을 마음에 품으라. 네 마음속의 진실한 욕구에 대해서만 명상하라. 그렇게 한다고 해서 해를 받는 사람은 없으며, 오히려 그것이 인간이 할 수 있는 가장 고귀한 일인 줄을 알라. 네가 마음속에 품은 것은 물질적인 형태를 가지고 나타나 너의 소유가 될 것이다. 이것이 네 마음의 소원을 이루는 법칙이니라.

번개를 끌어다가 누군가를 해치려는 사람은 먼저 자신의 영혼과 육체가 번갯불에 태워질 것이라는 점을 명심하라."

더 깊이 조사해보면 그 석판의 내용이 더 오래된 원본에서 복사된 것이라는 사실이 입증될지도 모른다. 만약 복사물임이 밝혀진다고 해도 아마 초기 인도-아리안 시대에 만들어진 것임에 틀림없을 것이다. 오늘날 현존하는 유물들 중에는 그와 비교될 만한 것이 없다. 어쨌거나 그 석판의 내용은 유일자(The One)로부터 유래된 것이 아니겠는가? 유일자로부터 흘러나온 이야기가 오랜 세월 동안 노래로 불리고 시로 음송되어오다가 기록물로 남은 것임에 틀림없다.

사람아, 너의 왕관이 어디 있느냐?
그것은 영원 전부터 전해온다.
너의 영혼은 어디 있는가?
영원히 영원히
무한자가 너의 영혼을 키우노니
이것이 너의 운명이니라.

네 개의 석판이 우리 앞에 놓여 있었다. 그것은 하나하나가 왕의 몸값에 해당할 정도로 가치 있는 것이었다.

✥✥✥
11

이야기가 주제에서 빗나간 것을 독자들께서는 이해해주실 줄로 믿는다. 우리가 생각하는 것보다 훨씬 더 오래전에 예술과 문화가 높은 경지에 이른 몇몇 문명이 존재했었던 사실을 입증해주는 증거가 광범위한 지역에서 발견되었다는 사실을 밝히기 위해서, 그리고 그들 문명이 고도의 경지에 다다를 수 있었던 사상적인 기반과 동기를 간단하게나마 알려줄 필요가 있다고 생각되었기에 그렇게 한 것이다. 그런데 지금도 그들과 같은 고도의 진화를 성취한 소수의 사람들이 있다. 저들은 자기들이 성취한 것을 통해 어느 정도는 인류의 횃불 역할을 하고 있다. 인류는 저들의 인도를 받아 또 다른 높은 문명을 향해 진보의 행진을 해나가고 있는 것이다. 그러나 참길을 찾지 못하고 방황하는 사람들도 있다. 현재 대부분의 사람들이 걸어가고 있는 잘못된 길이 언제까지 대중들을 압도할지, 그리고 언제까지 저들로 하여금 자신의 실상을 깨닫지 못하도록 미혹할지는 인류의 결정 여하에 달려 있다.

현재 속에 미래가 담겨 있다는 것이 우리의 비전이다. 지금 성취되지 않은 것은 미래에도 성취되지 않는다. 현재가 완전하면 미래도 완전할 수밖에 없다. 인류에게는 오직 이 한 길만이 주어져 있다. 현재 완전해질 수 있는 것을 나중으로 미룰 수는 없다. 미래의 완전은 현재의 완전이 가져다주는 것이기 때문이다. 현재를 완전하게 산 사람들은 세계의 어느 곳에나 있다. 역사를 살펴보면 항상 현재의 성취여하에 따라 미래가 결정되었다는 사실을 알게 된다. 미래가 현재와 다른 방향으로 진행되어가는 일은 없기 때문이다. "내일 일을 염려하지 말라"라는 명령은 그래서 생겨난 것이다. 이 명령이 말하고 있는 내용은 "현재를 진실하게 살아라. 미래는 현재와 같을 수밖에 없다"는 것이다.

티베트인들의 민간전승이나 노래 또는 기도문 통(prayer wheel)에 새겨진 기도문에는 이러한 사상이 표현되어 있다. 티베트인들이 매우 즐겨 추는 악마춤은 그들이 가지고 있는 선한 생각이나 의식을 파괴하려는 악인을 몰아낸 사건에 기원을 두고 있다. 그러나 세월이 지나면서 악령을 몰아내기 위한 단순한 의식으로 전락하고 말았다. 저급한 영들의 세계에 몰입한 나머지 모든 것을 포용하고 있는 우주적인 영을 잃어버리고 만 것이다.

이러한 퇴보는 비단 티베트인들뿐만 아니라 모든 종족, 모든 종교에 만연된 현상이다. 악마춤의 첫 번째 장면은 아름다움과 순수함으로 꽉 차 있어서, 악은 털끝만큼도 끼어들 수 없는 상태를 묘사하고 있었다.

우리는 중국인들이 '모래 바다'라고 부르는 고비 사막에서 들려온다고 하는 요괴 소리에 대한 이야기도 조사해보았다. 고비 사막의 여러 곳에서 이상한 소리가 들린다. 우리도 우리의 이름을 부르는 소리를 여러 차례 들었다. 많은 사람들이 바로 곁에서 떠드는 듯한 소리도 들은 일이 있다. 때에 따라서는 여러 가지 악기 소리에 맞춰 아름다운 목소리로 노래 부르는 소리도 들었다. 신기루도 여러 번 보았고, 모래들이 움직이는 소리도 들었다.

우리는 사막에서 이렇게 소리가 들리는 것은, 사막 상공의 대기가 어느 정도 올라가면 상당히 맑아지고, 어떠한 일정한 조건을 갖추게 되면 음향판 역할을 해서 아래에서 올라간 소리를 반사하는 현상 때문이라고 결론지었다. 우리가 목격한 중세 시대의 사건도 같은 원리에 의해 재생된 것이라고 믿는다. 즉 어떤 장면이 일정한 조건을 갖춘 대기층에 비치면 반사되어 실제와는 다른 곳에 그 장면이 나타나는 신기루가 되는 것처럼 말이다. 일에 열중하다 보니 시간이 바람처럼 지나가버리는 것 같았다. 우리는 노승의 지도에 따라 석판과 다른 기록물들의 내용을 복사하고 여러 가지 그림을 옮겨 그렸다.

출발하는 날 아침이 밝아왔다. 맑고 쾌청한 날이었다. 달라이 라마 궁전 안에 있는 사람들과는 모두 인사를 나누었다. 거리에 나오니 행운을 빌어주기 위해 수많은 사람들이 모여들었다. 저들은 손을 흔들며 또 어떤 사람들은 기도를 하며 우리의 안전을 빌어주었다. 앞에 서는 한 무리의 환송단이 기다란 장대 끝에 달린 기도문 통을 돌리면서 상당히 멀리까지 우리를 인도해주었다. 브라마푸트라 강 상류의 쉬가체까지 동행해준 사람도 50명이나 되었다.

티베트 제2의 도시인 쉬가체에 가까이 오자 도시에서 1,600미터가량 떨어진 곳에 자리 잡고 있는 거대한 타쉬룬포 승원이 눈에 들어왔다. 승원에서 나온 환영단이 5킬로미터나 떨어진 곳까지 우리를 마중 나와 환영해주었다. 그들은 그곳에서 머무는 동안 승원에서 묵을 것을 권하며 우리를 손님으로 초청해주었다. 만나는 사람마다 우리를 따뜻하게 맞이해주었다. 승원에 들어가는 순간 고요하고 평화로운 분위기가 꽉 차 있는 것을 느낄 수 있었다. 어떤 위대한 존재가 임재해 있는 듯했다. 우리의 다음 목적지는 돌마 호수와 산스라와르였는데, 그곳으로 떠날 때까지 묵을 수 있는 이상적인 휴식처였다. 우리는 그 승원에 보관되어 있는 기록물들을 빨리 조사해보고 싶었다. 왜냐하면 포라타트상가 사원에 주석하고 있는 바가반찌 대사에 대한 면회를 이미 신청해놓은지라 될 수 있는 한 빨리 떠나고 싶었기 때문이다.

라마 승려들과 함께 저녁 식사를 마친 후 여러 아름다운 사원들에 대해 이야기를 나누었다. 그러다가 서로 상이한 종교적인 믿음에 대한 이야기 쪽으로 자연스럽게 대화의 주제가 옮겨졌다. 한 노승이 말했다. "라마 승려들과 요기들은 믿음이 다르지요. 요기들은 누구의 가르침이라도 그것을 최종적인 것으로 받아들이지 않아요. 그들은 모든 인간이 자기 자신 속에 지혜로 통하는 통로를 가지고 있다고 믿어요. 하지만 라마승들은 붓다만을 신봉합니다. 아마 궁극적으로는 모든 사람이 자신의 위대함을 실현하게 될 것입니다. 그리스도인은 그리스도 의식에까지 도달하고, 불교도는 붓다께서 성취한 경지에 다다르게 되겠지요. 그리고 다른 종교인들은 또 그들 나름대로 도달할 곳이 있을 겁니다. 모든 사람이 각기 자기들의 신을 가지고 있는데, 거의 공통적으로 신적인 존재가 자신의 형상대로 인간을 만드셨다는 내용의 말을 합니다. 그럼에도 불구하고 모든 나라 모든 민족이 각기 다른 신을 섬기고 있습니다.

불을 신으로 섬기는 사람들이 있는가 하면 풍성한 수확을 가져다주는 신을 섬기는 사람들도 있습니다. 또 다른 사람들은 다른 신을 섬깁니다. 그들은 모두 자기들이 섬기는 신이 다른 사람이 섬기는 신보다 더 우월하다고 생각합니다. 그런데 이해하기 힘든 것은, 각 사람이 서로 다른 신을 섬기고 있는 상태에서 어떻게 신적인 존재가 자신의 형상대로 인간을 만드셨다고 말할 수 있겠는가 하는 것입니다. 그보다는 오히려 각 사람이 자기 형상대로 자기가 섬기는 신을 만들었다고 하는 편이 낫지 않겠습니까?"

우리는 돈주머니나 바랑도 없이 여기저기 떠돌아다니는 방랑 수도승 여섯 명이 일단의 라마승 집단의 지도자라는 사실을 알았다. 그들은 탁발도 하지 않고 자선을 요구하지도 않는다. 또 누구로부터도 돈이나 음식을 받지 않는다. 그들 여섯 명은 언제나 서로 연락을 취하며, 사찰에 남아 있는 다른 여섯 승려들과도 항상 관계를 맺고 있다. 그들 말고도 세 개의 말사**를 관장하고 있는 주지가 세 명 있다. 그래서 그들 집단의 지도자는 아홉 명인 셈이다. 말사들은 서로 다른 지방에 있으며, 각 사찰마다 주지 승려가 모든 것을 책임지고 있다. 말사의 주지 승려들은 지도자 격인 여섯 방랑 수도승과 항상 유대 관계를 가지고 있다. 그들은 소위 상념 전달 방법을 통해 서로 연락을 취한다. 마땅한 말이 없어서 상념 전달이라는 용어를 사용했지만, 우리가 아는 한 이만큼 미묘하고 정확한 의사 전달 방법은 없다. 그들은 어떤 매개체도 사용하지 않고 '아트마Atma'라고 하는 영혼과 영혼이 직접 대화하는 것이다. 우리는 이들 라마 승려들을 만나 다음 날 점심을 함께했다.

우리와 대화를 나누던 노승은 거기에서의 일을 끝내고 포라타트 상가로 떠날 때 우리와 동행하겠다고 자청하고 나섰다. 우리는 그의 요청을 기쁘게 받아들였다. 그 노승은 안내자 겸 통역자로 수고하고 있던 무니의 친구였다. 그 두 사람은 승원의 기록물을 조사하는 일을 여러모로 도와주었다.

이런저런 이야기를 나누는 중에 그 노승이 무심코 이렇게 말했다. "지난여름에 당신들과 헤어진 동료 두 사람이 오늘 1시 30분에 캘커타에 도착할 예정입니다. 원하신다면 그들과 연락을 취해드리도록 하지요." 그래서 대장이 편지를 썼다. 곧바로 다르질링으로 가서 처리해야 할 일을 처리한 다음 8월 24일에 우리 일행이 도착할 때까지 그곳에서 기다리라는 내용이었다. 편지 말미에는 날짜를 적어놓고, 복사본을 만든 다음 원본을 노승에게 주었다. 노승은 편지를 한 번 읽고 난 다음 잘 접어서 치웠다. 8월 24일에 우리는 다르질링에서 동료들을 만났다. 그들은 캘커타에 도착한 지 20분도 채 안 되어서 받았다는, 대장이 쓴 편지를 보여주었다. 그들은 대장이 미리 사람을 보내 편지를 전달한 것으로 생각하고 있었다. 우리는 그 일을 통해 라마승들 가운데에는 그런 특이한 능력을 가지고 있는 사람들이 있다는 것을 확실히 알게 되었다. 그런데 이렇게 보통 사람이 가지고 있지 못한 어떤 능력을 계발하여 가질 수 있다면, 그 외의 다른 능력들도 계발하여 가질 수 있으리라는 것은 당연한 일일 것이다.

우리는 포라타트상가로 가는 길을 재촉했다. 그때쯤에는 많은 사람들이 포라타트상가 사원으로 모여들기 때문에 방문하기에 가장 적당한 시기라고 여겨졌기 때문이었다. 우리는 간체를 지나가게 되었는데, 그곳 사원에 가면 '웃음의 제자'라고 알려진 대단히 좋은 사람을 만나게 될 것이라는 이야기를 들었다. 그의 노래와 웃음은 그 자신과 주위에 있는 동료들로 하여금 어려움을 이기게 해주고, 그가 노래를 부르면 병이 낫는다고 했다.

사원 경내에 들어가니 건장하게 생긴 사람이 우리를 반갑게 맞으면서 그곳에 머무는 동안 자기들의 사원을 숙소로 삼아주었으면 좋겠다는 뜻을 전했다. 우리는 이튿날 아침에 파리 고개를 향해 급히 출발하고자 한다고 말했다.

그가 말했다. "예, 당신들이 포라타트상가로 가는 중이라는 것을

초인생활 + 탐사록

잘 알고 있습니다. 저도 내일 아침에 그곳으로 돌아갈 것입니다. 원하신다면 기꺼이 동행해드리겠습니다." 우리는 그의 제안을 받아들였다. 그는 기쁘게 웃으며 숙소인 큰 방으로 우리를 안내했다. 그는 우리가 편안히 쉴 수 있도록 해준 다음 내일 아침 일찍 오겠다는 말을 남기고 나갔다. 그는 아주 좋은 음성으로 노래를 부르며 갔다. 그가 바로 '웃음의 제자'였던 것이다. 이튿날 이른 아침 우리는 그가 부르는 노랫소리에 잠이 깼다. 아침 식사는 이미 준비되어 있었다.

우리는 그곳 승려들에게 작별인사를 했다. 그들은 우리를 축복해주며 파리 고개를 넘는 데 필요한 모든 준비를 갖추어주었다. 그 덕분에 파리 고개와 캉라 고개를 무사히 넘을 수 있었다. 오름길은 대체적으로 험난했다. 그러나 그중에서도 아주 힘든 곳에 이르면 웃음의 제자가 앞서가며 웃는 얼굴로 노래를 불러주었다. 어려운 곳일수록 그의 노랫소리는 낭랑하게 울렸고, 그로 말미암아 힘들이지 않고 올라가게 되는 것 같았다. 그렇게 해서 오후 3시에 고갯마루에 도착했다.

앞에 험산 준령이 가로막혀 있을 것이라고 생각했는데, 고갯마루에 올라서보니 의외로 아름다운 골짜기가 펼쳐져 있었다. 추비라고 불리는 계곡이었다. 높이가 해발 만 3,000미터나 되는 고지임에도 불구하고 계곡 양옆은 녹음이 우거진 울창한 숲으로 뒤덮여 있었다. 멀리 마을이 몇 개 보였고 아름다운 사찰도 간혹 눈에 띄었다. 우리는 계곡을 지나지 않고, 지름길을 통해 타치초종을 지나 목적지인 포라타트상가를 향해 전진했다. 생각보다는 길이 좋았다. 얼마 가지 않아서 여기저기에 실개천이 흐르는 아름다운 숲속에 들어서게 되었다. 산새들이 지저귀고 야생동물이 이리저리 뛰어다니고 있었다. 그러나 여행이 끝날 때까지 육식동물은 보지 못했다. 어쩌면 그래서 야생동물이 많은 것일까.

다음 기착지는 마하 무니였다. 요새처럼 생긴 사원이 우리의 흥미를 끌었는데, 늘 그러했듯이 거기서도 따뜻한 영접을 받았다. 책임자가 말하기를 푸리지 대사는 사두와 요기와 구루들이 많이 모이는 포라타트상가 사원으로 이미 떠나 부재중이기 때문에 우리가 오래 머물 것을 기대하지는 않는다고 했다. 그리고 마지막 날 여행에서는 좋은 친구들을 많이 만나게 될 것이라는 이야기도 들려주었다.

다음 날 이른 아침에 순례자들이 모여들었다. 모두 푸리지 대사와 만날 약속을 지키기 위해 길을 서두르고 있었다. 그들은 포라타트상가 사원을 보게 될 것이라는 기대감에 들떠 있었다. 그들은 포라타트상가 사원은 세계에서 가장 높은 곳에 자리 잡은 사원으로서 바위 사이에 끼어 있는 보석이라고 말했다.

웃음의 제자가 노래를 부르기 시작했다. "이렇게 큰 보물이 우리를 기다리고 있는데 어찌 마하 무니에서 머물고 있겠나? 오, 아니야. 잘 있거라 마하 무니여. 포라타트상가로 가는 길은 피할 수가 없네. 하지만 우리는 너를 사랑해. 부드러운 너의 품으로 다시 돌아오리라." 일행은 말을 타고 출발했다. 거대한 에베레스트 산이 아침 햇살을 받아 수정 외투를 걸친 듯 밝은 빛을 반사하며 눈앞에 서 있었다. 마치 몇 걸음 앞으로 다가와서 옷자락을 만져보라고 손짓하는 것처럼 보였다. 그러나 몇 걸음 앞으로 나가보아도 그 거대한 몸체는 여전히 우리에게서 멀리 있었다. 우리가 넘어온 7,300미터의 초몰하리 산은 눈앞의 거인과 비교해보니 작은 꼬마로밖에 보이지 않았다.

길은 바위 사이로 몹시 험하게 나 있었다. 그러나 별 힘을 들이지

        초인생활 ✛ 탐사록

않고 목적지에 거의 다 이르렀다. 웃음의 제자가 계속해서 부르는 노래와 웃음이 우리에게 날개를 달아주었고, 그래서 힘들지 않게 전진할 수 있었던 것이다.

오직 앞으로 나가겠다는 일념만을 가지고 있었기 때문에 위험에 대한 생각 따위는 머리에 떠오르지도 않았다. 한순간에 목적지에 도달한 듯이 느껴졌다. 한 걸음만 내디디면 에베레스트에 닿을 듯한 환상을 불러일으키게 했던 태양도, 이제는 말로는 표현할 수 없는 에베레스트의 웅대한 경관을 자세히 비춰주고 있었다. 눈에 뒤덮인 봉우리들이 수정으로 지붕을 얹은 사원인 양 즐비하게 늘어서 있었다. 그리고 대ㅅ에베레스트는 그 뭇 봉우리들을 거느리고 의연한 자세로 눈 앞에 서 있었다.

우리는 달빛을 받고 있는 에베레스트와 여명이 밝아오는 순간의 에베레스트, 그리고 이마에 첫 키스를 받듯 이제 막 떠오른 태양이 내비치는 햇살을 받는 에베레스트를 보았다. 한낮의 태양이 내리쏟는 찬란한 빛을 온몸으로 받고 있는 에베레스트도 보았으며, 뉘엿뉘엿 해가 질 무렵 작별을 고하는 햇살을 받으며 석양의 장엄함 속에 파묻힌 에베레스트도 보았다. 그런 다음 에베레스트의 거대한 산마루들이 하늘을 향해 여광을 내뿜는 장관도 목격했다.

독자들은 이제 그 여행이 어째서 지루하지도 않고 힘들지도 않았는지를 알 것이다. 우리에게는 모든 것이 일순간에 지나간 일처럼 여겨졌다. 여러 사원에서 방출되고 있는 힘과 평화와 능력과 조화의 진동이 우리로 하여금 쉽게 험산 준령을 넘도록 힘을 주었던 것이다. 아무 두려움 없이 히말라야 산맥을 넘었다는 것이 이상하지 않은가? 시인이 그 산의 장엄함을 결코 지치지 않고 노래할 수 있다는 것이 이상하지 않은가?

밤이 되었다. 우리는 넘어야 할 험산 준령을 다 넘고 드디어 가쁜 숨을 몰아쉬며 식탁처럼 생긴 상당히 넓고 평평한 바위 위에 올라섰다.

저 멀리로 여러 개의 암자들이 그 모습을 드러내 보이고 있었다. 그러나 포라타트상가 사원은 눈부신 빛을 받으며 우리가 서 있는 곳에서 600미터나 높은 곳에 서 있었다. 마치 수직으로 깎아지른 절벽 사이에 걸어놓은 커다란 아크등^燈처럼 주위에 있는 바위와 암자들을 향해 빛을 발하고 있었다.

우리가 올라서 있는 암반에는 로마의 원형극장과 같은 곳이 있었다. 그곳에 수많은 남녀가 운집해 있었다. 여자들이 참가하는 것을 금지하지 않고, 원하는 자는 누구나 포라타트상가 순례에 참가할 수 있다는 것이 놀라웠다. 들은 바로는, 위대한 현자들이 이 암반 위에서 살았던 일이 있다고 한다.

니리^{Niri} 현자도 이 길을 지나갔다. 에밀 대사도 세 번이나 이 길을 지나갔는데 혼자서 한 번, 모친과 함께 한 번, 그리고 온 여성의 영광이요 자랑인 다루파티^{Darupati} 여사와 함께 지나간 일이 있다고 한다. 지금은 그곳에서 위대하면서도 순수하고 겸손하기 그지없는 요기 산티^{Santi}가 깊은 삼매에 빠진 채로 앉아 있었다. 우리가 물었다. "이들은 도대체 어떻게 음식을 구하고 어디에서 잡니까?" 웃음의 제자가 노래로 응답했다. "먹을 음식이나 쉴 집에 대해 염려하지 말지라. 음식과 집과 의복은 누구에게나 넘치도록 주어지느니."

웃음의 제자가 아주 부드러운 목소리로 모두 자리에 앉아달라고 요청했다. 일행이 자리에 앉자마자 따뜻한 음식이 가득 담긴 큰 그릇들이 나타났다. 요기 산티가 일어나 웃음의 제자와 다른 몇 사람의 도움을 받아가며 음식을 돌렸다. 음식을 배불리 먹은 다음 밤을 지내기 위해 각각 무리를 지어 근처에 있는 암자를 찾아갔다. 웃음의 제자가 우리를 인도한 암자는 우리가 서 있던 곳에서 약 20미터 정도 높이의 절벽 위에 있었다. 절벽에 선반 모양으로 돌출한 암반이 있었는데 그 위에 세운 암자였다. 절벽 아래로 다가가보니 위에 있는 선반 모양의 암반에서부터 우리가 서 있는 곳까지 기다란 장대가 설치되어 있었는데, 그것이 암자로 올라가는 유일한 수단으로 보였다. 우리는 아래에 서서 위를 올려다보았다. 그러는 사이 다른 그룹의 사람들이 다가와 합류했다.

우리가 보고 있는 첫 번째 암반 위에도 바위가 움푹 파인 곳에 자리잡은 또 다른 암자가 여럿 있었다. 절벽에 매달린 장대를 타고 오르느냐 못 오르느냐에 따라 쉴 수 있는 안식처를 얻느냐 못 얻느냐가 달려 있는 것처럼 보였다. 웃음의 제자가 말했다. "서두르지 마십시오." 이어 그의 입에서 폭발하듯이 노래가 흘러나왔다. "오, 사랑하는 분이시여. 이 축복받은 밤에 당신을 통해 안식처를 얻기 원하나이다."

조용히 둘러서 있던 일동은 목소리를 합하여 이렇게 외쳤다. "이것이 신의 능력이다. 아움$^{A\cdot U\cdot M}$." 그 순간 일행 모두는 선반 바위 위에 올라와 있었다. 우리는 다른 사람들과 함께 암자를 향해 발걸음을 옮겼다. 우리에게 배정된 암자에 도착하는 순간 모든 피로가 싹 가시는 듯했다. 우리는 어린애처럼 곤히 잠들었다. 우리와 함께 절벽을 올라온 사람들이 방사하는 에너지라면 산이라도 평지로 만들어버릴 것 같다는 생각이 들었다.

✢ ✢ ✢

12

다음 날 새벽 4시, 웃음의 제자가 부르는 노랫소리에 눈을 떴다. 그는 맑게 울리는 큰 목소리로 이렇게 노래를 불렀다. "자연이 깨어나고 있네. 자연의 자녀들아, 너희도 이제 그만 일어나라. 새날의 여명이 밝아오고 있구나. 한 날의 자유가 너희를 기다리고 있단다. 아움."

우리는 장대가 매달려 있던 암반 끝으로 갔다. 그런데 놀라운 것은 어제 저녁에는 분명히 장대가 매달려 있었는데 간밤에 사다리로 바뀌어 있는 것이 아닌가. 사다리를 타고 내려가면서 간밤에 꿈을 꾼 것이 아닌가 의심할 정도였다.

웃음의 제자가 사다리 아래에서 우리를 맞으면서 말했다. "여러분은 꿈을 꾼 게 아닙니다. 실은 지난 밤에 푸리지 대사께서 여러분의 편의를 위해 절벽에 사다리가 놓인 꿈을 꾸셨는데 그 결과로 이렇게 사다리가 놓인 것입니다. 그러므로 여러분은 꿈이 현실화된 장면을 목격하고 계신 것입니다."

그 지역에서 2주일을 머무는 동안 항상 따뜻하고 맛있는 음식을 먹었다. 한 번도 식사를 위해 음식을 준비하는 모습을 보지 못했다. 그럼에도 불구하고 언제나 배불리 먹었다. 웃음의 제자와 다른 한 명이 포라타트상가를 향해 산을 출발했다. 바위를 쪼아내서 만든 조잡한 계단을 지난 다음, 아래로 깊은 협곡이 입을 벌리고 있는 바위와 바위 사이에 걸쳐놓은 두꺼운 판자 위를 지났다. 올라가는 곳에서는 위에 있는 바위틈에 단단히 매놓은 밧줄의 도움을 받았다. 그들 두

　　　　　　　　　　　　　　　　　　　초인생활 ✛ 탐사록

사람은 두 시간가량을 올라간 다음에, 겨우 출발한 곳에서 150미터 정도 위에 있는 두 번째 암반에 도착했다. 그래서 그들은 더 올라가는 것을 단념해야 할 것 같다고 생각했다.

그들이 그렇게 망설이고 있을 때, 그들이 곤경에 처한 것을 알아차린 요기 산티가 "어려우면 그만 내려올 것이지 왜 그러고 있지?" 하고 그들을 향해 외쳤다.

웃음의 제자가 대답했다. "내려가려 해도 그게 잘 되지 않습니다. 못 내려갈 것 같아요." 그들은 암벽을 타는 일에 경험이 많은 사람들이었다. 그래서 오르기보다는 내려가기가 더 어렵다는 것을 잘 알고 있었던 것이다.

요기 산티가 "그럼 내일 음식을 좀 장만해가지고 갈 테니, 그때까지 계속 거기에 붙어 있게" 하며 놀리듯이 말했다.

그러면서도 그는 그들이 처한 어려움을 잘 알고 있었으므로, 절대로 동요하지 말고 침착하게 행동하라고 일렀다. 그들은 세심하게 일러주는 산티의 지시에 따라 세 시간 만에 겨우 우리가 있는 곳으로 내려왔다. 산티는 탄식하듯이 중얼거렸다. "젊은 날의 정열은 이렇게 해서 식어가는군."

두 젊은이는 동경의 눈빛으로 위를 올려다보며 말했다. "만약 푸리지 대사가 저 위에 계시다면 우리는 억세게 운이 나쁜 거야. 우리 힘으로는 도저히 올라갈 수가 없으니 말일세."

그러자 산티가 말했다. "걱정하지 말게. 자네 자신보다 훨씬 더 위대한 분이 책임지실 테니 이제 그만 쉬게나. 그렇게 출발을 시도해본 것만으로도 훌륭한 일이야."

여러 사람이 푸리지 대사를 언제 만날 수 있을 것인지를 묻자 산티는 "오늘 저녁"이라고 대답했다. 우리는 기어 올라가기도 힘든 곳에 어떻게 사원을 세울 수 있었을까 의아스러웠다. 저녁 식사 도중에 푸리지 대사가 우리에게 와서 함께 이야기를 나누었다. 사원에 올라가려던 시도가 실패로 끝난 것에 대한 이야기도 언급되었다. 푸리지 대사는 자기들이 성공한 것은 첫 번째 실패에 좌절하지 않고 다시 시도했기 때문이라고 말했다.

다음 날 오후 4시, 우리는 모두 사원이 있는 절벽 밑에 모였다. 산티는 삼매에 든 듯한 자세로 앉아 있었다. 일행 중 세 명이 평평한 큰 바위를 향해 가더니 마치 기도라도 드리려는 듯이 그 위에 앉았다. 잠깐 있노라니 그들이 앉아 있던 바위가 공중으로 떠올랐다. 그들은 이렇게 바위 위에 앉은 채 사원에 도착했다.

산티가 웃음의 제자와 다른 두 사람에게, "자, 준비되었지요?"하고 물었다. 그들은 흥분된 어조로 일제히 "예" 하고 대답한 다음 곁에 있는 바위 위에 앉았다. 그러자 즉시 바위가 부드럽게 떠오르기 시작하더니 그들 모두를 사원 옥상 위로 옮겨놓았다. 다음은 우리 차례였다. 무리를 지어 한 곳에 모여 서라고 하여 시키는 대로 했다. 사원에 있는 사람들은 모두 옥상으로 나와서 한목소리로 '아움A·U·M'을 합창하기 시작했다. 그러자 어느 사이에 우리도 옥상으로 올라와 있었다. 그래서 일행 모두가 순식간에 세계에서 가장 높은 곳에 있는 사원에 모이게 되었다. 자리에 앉자 푸리지 대사가 입을 열었다.

"여러분 중에는 육체가 공중에 뜨는 공중부양 현상을 본 적이 없는 사람이 몇 있어서 오늘 일을 이상하게 생각하고 있습니다. 그러나 육체가 공중에 뜨는 것은 전혀 이상할 것이 없습니다. 그것은 본래 인간에게 갖추어져 있는 능력이기 때문입니다. 공중부양은 예로부터 전해오는 요가의 지혜입니다. 과거에도 많은 사람들이 육체를 부양시킬 수 있었지만 그것을 기적이라고 생각하는 사람은 없었습니다. 고타마 붓다께서도 공중부양 방법을 사용해서 멀리 떨어진 곳을 방문했던 적이 여러 번 있었습니다. 저는 육체를 부양시킬 수 있는 방법을 터득한 사람을 상당히 많이 만나보았습니다. 그들 중에는 육체를 부양시키는 것보다 훨씬 더 큰 능력을 가지고 있는 사람들도 있었습니다. 완전히 통제할 수만 있다면, 인간에게서는 산을 옮길 만한 거대한 힘도 나온다는 것을 직접 보실 날이 있을 것입니다.

여러분은 속박과 두려움으로부터 벗어나는 자유와 해탈을 찬미합니다. 그러나 속박이라는 생각 자체를 버리지 않는 한 속박은 늘 존재하는 것입니다. 그리고 속박이 존재하는 한 자유는 없습니다. 요가 수행법은 모든 사람에게 적용되는 완전한 해탈의 메시지입니다.

먼저 아움^A-U-M에 대해서 설명해보도록 하지요. 영어로는 간략하게 옴^OM으로 표기하는데, 힌두어의 표기법에 따르면 아움^A-U-M이 맞습니다. 그러므로 힌두어의 표기법에 따라 생각해보도록 합시다.

'아^A'는 목구멍에서부터 소리를 내는 후음입니다.

'우^U'를 발음하려면 입술을 앞으로 내밀어야만 합니다.

'음^M'은 내밀었던 입술을 다물고 벌이 웅웅대듯이 내는 공명음입니다. 아움은 그 안에 모든 것을 담고 있는 무한하고 기본적인 만트라입니다. 이 속에는 모든 이름과 형태가 다 포함되어 있습니다.

형태를 가지고 있는 것은 언젠가는 소멸됩니다. 그러나 형체가 있기 전에 존재하는 실재, 즉 우주적인 영은 영원히 소멸되지 않습니다. 이런 이유로 해서 영원히 소멸되지 않는 실재를 우리는 아움으로 표현하는 것입니다.

위대한 교사는 자신의 제자들에게 '타투 마누 아시^{Tattoo-Manu-As}'라
고 말합니다.

깊은 명상을 통해 절대적인 진리를 깨닫게 되면, 제자들은 '수함
^{Su-ham}'이라고 대답합니다. 교사가 학생에게 한 말은 '너는 신이다'라
는 뜻이고, 학생의 대답은 '나는 그이다'라는 의미입니다.

그러면 자신의 신성을 깨달은 제자의 대답인 '수함'에 대해 보다 깊
이 생각해봅시다. 이 말은 s와 h라는 두 개의 자음과 a와 u라는 두 개
의 모음, 그리고 자음과 모음의 중간 음절인 m으로 구성되어 있습니다.

자음은 모음과 결합될 때에만 발음됩니다. 그래서 발음의 세계에
서는, 자음은 소멸하는 것을 나타내고 모음은 소멸하지 않는 것을 나
타냅니다.

그러므로 수함에서 소멸하는 것을 나타내는 s와 h를 빼고 나면
영원의 상징인 A-U-M만 남습니다.

진리의 탐구자는 아움이 위대한 신인 줄 압니다. 현자는 만물이
아움에 의해 유지되고 있음을 깨닫습니다. 아움의 첫째 부분인 A에
대해서 명상하는 자는 맑게 깬 상태에서 신을 관조합니다. 둘째 부분
인 U에 대해 명상하는 자는 내면세계와 우주적인 영을 엿봅니다. 셋
째 부분인 M에 대해 명상하는 자는 신을 그 자신으로 보며 밝은 깨
달음 속에서 즉각적인 자유를 얻습니다. 그러므로 궁극적인 자아인
아움에 대해 명상하는 사람은 유형, 무형의 만물을 자기 속에 포함하
게 됩니다.

저는 지금 밝게 빛나는 거대한 우주 저 멀리를 바라보고 있습니
다. 순수한 빛에 둘러싸여 얼굴에는 자애로운 미소를 머금고 서 있는
사람의 모습이 보입니다. '너는 영원하고 영원하다'는 목소리가 들려

와 그를 둘러쌉니다. 그 목소리의 주인공은 점점 더 가까이 다가와 다시 이렇게 말합니다. '지금이 너의 때이다. 너를 시작도 없고 끝도 없는 온 인류의 제사장으로 삼노라!' 이것은 온 인류가 신성이라는 하나의 근원에서 나왔음을 보여주는 영상입니다. 인류의 제사장직은 어떤 특수한 계층이나 계급에게만 주어진 것이 아닙니다. 제사장직은 어떠한 계층이나 계급도 생기기 이전에, 시초부터 온 인류 모든 사람에게 주어졌습니다. 이 시초의 상태에 대해서는 아직 들어본 일이 없습니다. 제사장직은 지구가 하나의 행성으로 응결되어 자기 궤도를 가지고 태양 주위를 돌기 훨씬 전에, 그리고 지구가 될 성운이 생겨나기도 전에 이미 인류에게 주어진 것입니다.

이것이 완전한 통제권을 가지고 지구 성운의 원자들을 결합시키기 시작한 최초 인간의 영상입니다. 이 최초 인간의 주위에서 들리는 목소리에 귀 기울여보십시오. 그 목소리가 '빛이 있으라'고 말합니다. 그러자 눈부신 백색 광선이 뻗어나오고, 그가 그 광선의 초점을 중심태양에 맞추는 순간 지구의 성운이 분출됩니다. 이제 지구 성운의 중심핵이 주위의 원자들을 끌어들입니다. 지구 성운은 원자들이 결합되면 결합될수록 점점 더 밝게 빛납니다. 무수한 광선이 하나의 초점으로 모이고 지구가 형체를 취하는 배후에는 그렇게 되도록 만드는 의식적인 존재가 있습니다.

그 의식적인 존재가 말하는 소리가 들립니다. 그의 목소리는 우리가 읽을 수 있도록 황금빛 문자로 기록됩니다. '오 지구여, 나는 너를 지키기 위해 빛의 대우주에서 왔노라. 너에게 속한 입자들을 끌어들여라. 그 모든 입자들을 향하여 영원한 생명의 빛을 방사하라. 아버지의 빛, 생명의 빛, 생명의 대원리의 빛을 비추어라. 내가 선언하

노니, 너는 자존자(I AM)이니라.'

그의 말을 알아듣는 다른 형체의 존재들이 보입니다. 그들 중의 하나가 말합니다. '빛의 대우주인 아버지로부터 온 자 중에 가장 사랑스러운 자가 누구입니까?' 그러자 배후의 의식적인 존재가 속삭이듯이 나직이 대답합니다. '다스리는 권세를 가진 존재는 나 자신으로부터 나왔다. 왜냐하면 내가 권세를 가지고 있기 때문이다. 내가 다스리는 세계는 나를 통해 나타나고 있다.' 이것은 분명 크리슈나, 크리스토스, 그리스도의 음성, 즉 삼위三位가 일체一體로서 존재하는 분의 목소리입니다.

그는 계속 말합니다. '나는 스스로 존재하는 자존자이다. 너희 또한 자존자이다. 저 위를 보라. 신의 목소리가 나를 통해 말씀하신다. 나는 신이다. 너희 또한 신이다. 원시의 순수한 상태 속에서는 모든 영혼이 신이다. 침묵 속에서 지켜보고 있는 존재들이 다음과 같은 소리를 듣고 있다. 보라, 인간은 신이며 대우주에서 온 하느님의 그리스도이다.'

이것은 술 취한 소리나 감상에 빠져 하는 소리가 아닙니다. 지금까지의 이야기는 하느님으로부터 나온 인간, 모든 주권과 권세를 가지고 있는 인간에 대한 명확한 비전입니다. 온 인류에게는 주권이 주어져 있습니다. 주권을 가지지 못한 사람은 아무도 없습니다. 인간의 배후에는 깨끗한 수정처럼 빛나는 눈부신 백광이 비치고 있습니다. 인간은 순수한 백광으로부터 왔으며, 그 빛으로 이루어진 존재입니다. 그러므로 인간은 순수한 백광입니다. 순수한 백광은 하느님의 생명입니다. 하느님의 순수한 생명의 빛은 인간을 통해서만 나타나 빛을 발합니다. 이러한 비전은 이상에 온 정신을 집중하는 명상을 통해 생명력을 얻고 현실화됩니다. 우리 자신이 이러한 비전과 하나가 될 때까지 명상을 계속해나가면, 마침내 나와 비전과 하나 되어 내가 '그것(That)'이 되는 순간이 옵니다. 그때 우리는 온 인류를 향해 '나는 하느님의 표현인 너 자신이다'라고 말하게 됩니다. 이러한 깨달음 속에서 잉태하면 무염시태無染始胎를 하게 됩니다. 무염시태를 통해 태어나면 신생新生할 필요가 없습니다. 신생을 필요로 하지 않는 존재, 이것이 바로 남성성과 여성성이 하나로 조화된 하느님이며 모든 인간이 가지고 있는 신성입니다. 남자 여자를 막론하고 모든 영혼은 신성, 즉 아트만인 것입니다.

여성은 온전한 인간이 되기 위해서 없어서는 안 될 협력자요, 공존자입니다. 여성과 남성이 하나 되는 것이 인류의 이상입니다. 자신 속에서 여성성과 남성성이 하나로 조화될 때, 여자들은 모든 어머니의 자랑이요, 이상적인 여성인 다루파티Darupati가 됩니다. 모든 여성은 돕는 자이자 짝으로 창조된 영원한 존재입니다. 인간의 역사 속에서 여성은 여러 번 고립되었지만, 우주의 궁극적인 계획 속에서는 일체가 될 운명을 지니고 있습니다.

여성의 진정한 역할은 그리스도를 잉태하여 세상에 출현시키는 거룩한 제단에 자신의 육체를 바치는 것입니다. 죄와 불의 가운데에서가 아니라, 진실한 생각과 말과 행동을 하는 여인이 흠 없는 가운데에서 잉태한 아기는 하느님으로 말미암아 수태된 순결하고 거룩한 존재로서, 하느님에게서 태어난 하느님의 형상 또는 하느님의 그리스도가 됩니다. 그렇게 태어난 사람은 거듭남(rebirth)을 필요로 하지 않습니다. 그러나 육체적인 정욕을 통해 잉태된 아기는 육체적인 존재로 태어납니다. 그리고 육체적인 존재로 태어난 사람은 육체적인 죄와 정욕에 사로잡히게 되고 부모와 불화하게 됩니다. 신생은 바로 그런 사람들에게 필요한 것입니다.

여인이 자기 내면에 그리스도를 받아들이면, 그 자신이 그리스도가 될 뿐만 아니라 그에게서 태어나는 아이도 예수처럼 그리스도가 됩니다. 그러면 그리스도를 낳은 여인은 얼굴과 얼굴을 마주하고 그리스도를 보게 될 것입니다.

여인이 남성성과 여성성을 하나로 결혼시키는 자신의 진정한 소명을 수행할 때, 그의 순결한 육체는 그리스도라는 순결한 자를 세상에 출현시킬 준비가 된 것입니다. 그리고 여인의 이러한 순결한 몸은 세상이 생겨나기 오래전에 이미 예비된 것입니다."

여기서 이야기를 끝낸 푸리지 대사는, 여러 명의 요기들이 삼매에 들어 있는 커다란 동굴을 함께 방문해보자고 했다.

우리는 주위에 있는 암자와 그 동굴에서 아흐레 동안 지냈다. 상당수의 요기들이 여러 해를 동굴 속에서 지내고 있었다. 그들이 여러 해 동안의 은둔을 끝내고 나올 때는 여러 가지 기적적인 능력을 보인다고 한다.

우리는 순례자들의 모임 일정이 끝나면 산스라왈 호수와 묵티나트를 지나 인도로 돌아가려는 사람이 여러 명 있다는 사실을 알았다. 그리고 묵티나트에서 다르질링까지는 아주 편하게 갈 수 있다는 얘기도 들었다.

그것은 대단히 기쁜 소식이었다. 그 범상치 않은 사람들과 함께 여행할 것을 생각하니 하늘을 날 것 같았다.

우리는 이 동굴 저 동굴로 요기와 현자들을 찾아다니며 그들과 많은 이야기를 나누었다. 그들의 대부분은 여름과 겨울을 동굴에서 보낸다고 한다. 정말 놀라운 일이었다. 눈이 많이 내리면 어떻게 견딜까 걱정이 되었다. 그러나 그들의 말에 따르면 그 지역에는 눈이 오지 않으며 폭풍이나 안개도 없다고 한다.

시간은 날개 달린 듯 쏜살같이 지나, 어느새 그곳에서의 마지막 날 밤이 되었다.

$$\maltese\ \maltese\ \maltese$$

13

출발하는 날 아침이 되었다. 웃음의 제자가 부르는 노랫소리에 잠이 깼다. 그가 잠시 나와보라고 했다. 그래서 우리는 무슨 심상치 않은 일이 일어나고 있구나 하고 생각했다.

밖으로 나가보니 포라타트상가 사원으로부터 엄청나게 밝은 빛이 뿜어져나와 그 일대를 대낮처럼 환하게 비추고 있었다. 암자 한쪽 구석에 서 있던 웃음의 제자가 침묵을 지키고 명상하라고 일렀다. 엄청난 수의 순례자들이 모두 하늘을 향해 손을 들어올리고 있었다. 누군가의 입에서 터져나온 소리로 침묵이 깨졌다. "푸리지 대사께서 노래를 하신다. 만세, 만세, 만세." 이어 수천의 목소리가 그 만세 소리에 합세하자 골골에 메아리가 울렸다. 푸리지 대사의 설법은 새벽의 정적을 타고 똑똑하게 들려왔다.

"인도인의 신, 몽골족의 신, 유대인의 신, 기독교인의 신이 따로 있는 것입니까? 아닙니다. 오직 진정한 보편 원리, 즉 근원적이고 무한한 신성만이 존재합니다. 그 원리의 중심 불꽃을 우리는 신 또는 하느님이라고 부릅니다. 하느님이라면 모든 것을 포용해야만 합니다. 사실 하느님은 모든 것을 포용합니다. 그러므로 만물이 하느님과 일체입니다. 한 사람만을 위한 하느님은 존재하지 않습니다. 하느님은 모든 자를 위한 하느님이기 때문입니다.

하느님에 대해 말할 때 우리는 만물 안에 존재하며, 만물을 통해 역사하는, 만물을 위한, 만물의 하느님을 말하는 것입니다. 만약 인도인이 자신이 섬기는 신에게 이름을 붙이고 그 외에는 다른 신이 있을 수 없다고 한다면, 그의 사고는 분리된 것입니다. 유대인이나 그리스도인이 그렇게 한다고 해도 마찬가지입니다. 각각의 구조물이 분리된 집은 무너져버릴 수밖에 없습니다. 그러나 하나로 결합되면 영원토록 견고히 섭니다. 분리와 결합 중에서 어느 쪽을 택할 것인가는 여러분 자신의 결정에 달렸습니다. 분리는 실패와 죽음을 낳습니다. 그러나 부모 원리(Father-Mother-Principle) 안에서의 일치는 영원한 진보와 영광과 권세를 가져다줍니다. 아움. 아움. 아움."

그의 마지막 '아움' 소리는 온 세상을 울리는 듯했다. 우리는 사원에서 울리는 종소리처럼 깊이 메아리치는 그 소리를 적어도 10분 이상 들을 수 있었다.

주위에 있는 바위들조차 '아움' 소리를 내는 것처럼 느껴질 때도 있었다. 그 소리의 반향이 점차 사라져가자, 모든 사람이 밑에 있는 원형극장 모양의 바위에 모였다. 우리도 그 자리에 함께 참석했다.

우리가 자리에 앉자 요기 산티가 머리 위로 손을 들어올렸다. 그러자 모든 사람이 일제히 '아움' 소리를 내기 시작했다. 또다시 바위들이 '아움'의 진동을 발하는 것 같았다. 그러한 상태는 식사가 끝날 때까지 지속되었다.

식사가 끝난 후, 모두 일어나 잠시 침묵 가운데 서 있었다. 잠시 동안 침묵이 흐른 후 웃음의 제자가 노래를 부르기 시작했다.

"우리는 당신들께 작별을 고하려 합니다. 지극히 은혜로운 당신들 곁을 떠나면서 최고의 축복을 빌고자 합니다. 다음에 다시 올 때 따뜻이 맞아주시길 바랍니다. 막상 떠나려니 망설여지는군요. 벌써부터 다시 뵈올 날이 기다려집니다. 안녕히 계세요. 거룩한 은혜가 당신들 위에 풍성히 부어지기를 바랍니다."

그러자 한 사람의 대답이 들려왔다. "사랑하는 자들이여, 공간이 우리를 갈라놓는 것처럼 보일지라도 우리는 결코 헤어지는 것이 아닐세. 공간은 우리를 갈라놓을 힘이 없다네. 왜냐하면 여러분과 신이 온 공간에 편만하게 깃들어 있기 때문이지. 여러분은 가지도 오지도 않고, 언제나 여기에 있다네. 작별이란 없네. 흘러가는 시간이란 없으며, 항상 현재만이 여기에 있을 뿐. 그러므로 미래도 없는 것이지. 우리는 모두 '지금-여기'에서 신 안에 함께 있지 않은가? '지금-여기'에서 떠나지 말고 '지금-여기'로 오게. 그러면 여러분은 항상 여기에 있게 될 걸세."

우리는 허공에서 들리는 듯한 마지막 말을 들으며 출발했다. 발걸음은 앞으로 나아가고 있었으나 마음은 여전히 그곳에 머물고 있었다. 이별이란 없었다. 이후로도 우리는 그 성스러운 곳을 떠났다고 느낀 적이 결코 없었다.

오후 2시에는 조용한 동네 마하 무니에 다시 도착했다. 그러나 그 마을에서 머물지는 않고 계속 앞으로 나갔다. 그날 하루 동안 약 110킬로미터를 열여섯 시간 여행하는 강행군을 했지만 전혀 피곤하지 않았다. 도착한 곳은 산스라왈이었다. 우리는 호수 주변에 있는 아름다운 암자로 안내되었다. 히말라야 산맥을 통과하는 길을 떠나기까지 거기에서 이틀 동안 휴식을 취했다. 그곳은 지상 낙원이었다. 큰 산을 배경으로 나지막이 호수가 깔려 있고, 주위 숲속에서는 산새들이 지저귀고 있었다.

우리와 동행한 순례자들 대부분은 그 마을 사람이었다. 그래서 그들과는 그곳에서 헤어지고, 우리는 웃음의 제자와 요기 산티와 동행해서 묵티나트로 떠날 계획을 세웠다. 묵티나트로 가는 길은 대단히 험하다는 얘기를 들었다. 그러나 오랜 여행으로 지쳐 있었음에도 불구하고 별 어려움 없이 예정된 시간에 묵티나트에 도착했다. 에밀 대사를 비롯한 여러 명의 친구들이 묵티나트에서 우리를 기다리고 있다가 반갑게 맞아주었다.

그들을 다시 만나게 된 기쁨을 무어라 표현할 수 없었다. 그동안 긴 여행을 하면서 극진한 대접을 받아왔다. 그러나 그들을 다시 만나자 고향에 온 듯한 기분이었다. 그날 밤 우리가 겪은 몇 가지 일을 얘기하니 에밀 대사가 이렇게 말했다.

"티베트인들이 6,400미터의 고지에서 등에 무거운 짐을 지고도 어려워하지 않는 이유를 이제야 아셨군요. 여러분은 그들이 에베레스트 산을 어떻게 올라갈 수 있는지를 아신 겁니다. 그들은 뭇 산의 신이라고 여기고 에베레스트 산을 오릅니다.

무거운 짐의 신(god)을 극복하듯 산의 신을 극복하지요. 즉 마음속에서 짐이라는 생각을 떨쳐내버리면 실제로 짐이 존재하지 않게 되는 것이지요. 하느님의 형상이자 진정한 하느님인 인간(God-man)의 어깨 위에 짐을 지울 수 있는 사람은 아무도 없습니다. '수고하고 무거운 짐 진 자들아, 다 내게로 오라. 내가 너희를 편히 쉬게 하리라'라는 예수의 말씀을 생각해보십시오. 그 말씀의 참뜻은 '자존자인 내가 너희를 쉬게 하리라'라는 것입니다. 여러분이 만약 여러분의 참자아인 자존자 안에 거한다면, 무거운 짐은 사라지고 안식과 평화라는 하느님 차원을 누리게 될 것입니다. 모든 짐을 안식의 하느님께 맡기면, 여러분이 져야 할 짐은 사라집니다. 어떤 상황에 직면하더라도 올바로 생각하고 올바로 행동하는 인간의 능력이 곧 아버지 하느님인 것입니다.

하느님은 인간을 티끌 속에서 뒹구는 벌레로 보지 않습니다. 인간을 그렇게 보는 것은 그렇게 보는 인간의 의식에서 비롯된 것일 뿐 실제가 아닙니다.

화살을 과녁에 명중시키려면 과녁 중심에 온 정신을 집중해야만 합니다. 그리고 명중시키겠다는 일념만을 품고, 과녁 이외의 것에는 눈을 돌리지 않아야 합니다. 그리하여 화살이 과녁 중심에 꽂히면, 그때 여러분은 어느 정도 신성을 실현하는 것입니다.

하느님은 여러분의 모든 생각과 행동을 집중시켜야만 하는 신성한 이상입니다. 하느님께 집중하면 신성한 영적인 인간, 즉 말씀이 육신이 된 하느님의 그리스도가 될 수 있습니다. 여러분 자신을 목표로 삼으십시오. 그리고 기꺼운 마음으로 대원리인 하느님과 함께하는 지혜로운 협력자가 되십시오. 만물을 통찰하는 여러분 내면의 하느님, 그 신성한 영적 생명을 목표로 곧장 전진하십시오. 순수한 생각의 거울 속에 목표(하느님)를 새기고 거기에 온 마음을 집중하지 아니하고는 아무것도 이룰 수 없습니다. 그 자신이 하느님이 되어 행동하게 하는 것은 생각의 힘입니다. 생각의 힘이 목표(하느님)에 마음을 집중케 하여 목표가 성취되도록 만드는 것이지요. 하느님이 목표로 설정되었을 때, 마음으로 원하는 것을 그리면 그대로 실현됩니다. 이것이 절대적인 사실이 아니라면, 여러분은 마음에 소원을 가지지도 않았을 것이며, 가질 수도 없었을 것입니다. 여러분의 소원은 이렇게 신성한 법칙을 통해 성취됩니다. 항상 자신의 신성을 목표로 하고 있다면 여러분의 소원은 이미 신적인 질서 속에 심어진 것입니다. 그 씨가 언제 싹이 터 자라나올는지는 전적으로 여러분 자신에게 달려 있습니다. 여러분에게는 항상 명령을 내릴 권한이 주어져 있습니다. 만물은 여러분의 명령에 묵묵히 복종할 것입니다.

이제 여러분은 분명하게 말할 수 있습니다. '내 안에 있는 그리스도보다 더 위대한 능력은 없다. 내가 그리스도의 말을 선포하면 모든 것이 그대로 이루어지리라. 그리스도의 말보다 더 큰 힘은 없나니, 이제 내가 그 말을 축복하고 찬양하며 완전한 조화 가운데에서 세상에 발하노라.' 이렇게 함으로써 여러분의 진정한 소원은 표현된 것입니다. 그러므로 다시는 청원할 필요가 없습니다. 재삼재사 청원하는 것은 의심에서 나오는 것입니다. 구한 것은 이미 얻은 줄로 알고 앞으로만 나아가십시오. 여러분은 여러분 내면의 그리스도의 말을 발했습니다. 여러분에게는 명령권이 있습니다. 그러므로 여러분이 말한 것은 그대로 성취된 것입니다. 이것인 신적인 법칙입니다.

생명과 빛을 풍성하게 주시니
아낌없이 베푸시는 하느님, 감사합니다.
한없는 부요와 능력과 완전함,
그리고 속박 없는 자유를 주시는 하느님
감사드리나이다.

혼자는 할 수 없을지라도, 둘이 영적인 힘을 합치면 세계라도 정복할 수 있습니다. 여기서 둘이란 하나의 목적으로 합한 하느님과 여러분 자신을 말합니다. 같은 목적과 신실성을 가지고 있는 사람 하나가 더 결합된다면, 여러분의 힘은 배가 될 것입니다. 그리고 모든 사람이 하느님과 함께 여러분과 결합되면 힘이 네 배로 증강되겠지요.

하느님과 하나 된 두 사람이 함께 무엇인가를 구하면 아버지께서 들어주실 것입니다. 나의 하느님이 여러분의 하느님이고, 여러분과 저는 함께하는 존재입니다. 하느님과 함께할 때, 인간은 하느님답지 않은 것을 정복합니다.

여러분 자신의 골방, 즉 여러분의 신적인 자아 속으로 들어가 문을 닫으십시오. 외적인 것에 대해서는 눈을 감고 오로지 여러분 자신의 신적인 자아만을 바라보십시오. 그리고 영적인 수용성을 가지고 조용히 기다리며 이렇게 기도하십시오.

'나는 하느님의 대원리에 집중한다. 나는 우주적인 생명 에너지와 일체다. 지금 그 에너지가 나를 통해 흐르고 있음을 알 뿐만 아니라 느끼고 있다. 모든 것을 이룰 수 있는 능력을 주신 아버지 하느님께 감사드린다.'

여러분의 참자아가 우주적인 생명 에너지와 직접 연결된 상태에서 기도드릴 때에는 우주적인 생명 에너지를 무한대로 사용할 수 있습니다. 여러분은 전지한 지성적인 영을 하느님이라고 부릅니다. 그 지성적인 영은 모든 인간을 둘러싸고 있으면서 동시에 그들의 내면에도 깃들어 있습니다. 여러분은 여러분 속에 있는 하느님이 여러분을 통해 당신 자신을 외적으로 표현하도록 해야 합니다. 지식이나 도움을 밖에서 구하는 것은 쓸데없는 일입니다. 여러분 속에 모든 지식과 진리를 이해하는 영이 잠재되어 있기 때문입니다. 보편적인 영인 하느님께서 내면에 깃들어 계신데 무엇 때문에 밖에서 지식을 구합니까? 이 점을 확실히 이해하십시오. 그리고 무엇인가 이루기를 바랄 때는 언제나 이 원리를 마음에 떠올리십시오. 내면에 깃들인 하느님이 최고의 선생이라는 사실을 늘 기억하시기 바랍니다.

여러분이 가지고 있는 힘이란, 여러분이 처음에 품은 생각을 속에서 증폭시켜 원하는 무엇인가를 이루기 위해 발산하는 것이라는 점을 이해하셔야 합니다. 여러분이 갖는 힘은 먼저 여러분에게 이끌어지고 여러분의 몸 안에서 생성되고, 여러분이 나타나도록 지시하는 바를 이루도록 방출됩니다. 그 하느님은 인격적인 존재가 아니고 만물을 포용하는 여러분 내면의 초인격적인 존재입니다. 속에 있는 하느님이 나타나도록 하면, 결국 모든 상황을 주관하는 하느님과 연결됩니다. 내면의 하느님을 귀히 여기고 그 하느님이 여러분을 통해 나타나도록 하는 것이 온 인류 속에 깃들어 있는 참신을 예배하는 것입니다. 외부에 있는 신을 섬기면 우상 숭배에 빠집니다. 내면의 하느님을 섬기고, 그 하느님이 온 세상에 나타나도록 하십시오. 그리고 언제 어디서나 신적인 생명과 빛의 진동 속에서, 밝게 깨어 있는 의식을 가지고 그것들과 접촉하십시오.

여러분 안에 없는 신이 밖에 있다는 것은 말이 되지 않습니다. 안이고 밖이고 모두가 신성의 에너지로 진동하고 있습니다. 여러분을 둘러싸고 진동하고 있는 신적인 에너지는 여러분의 내면에서도 흘러나오고 있습니다. 온 우주는 물론 여러분의 몸을 구성하고 있는 원자 하나하나까지도 신적인 진동으로 떨고 있습니다. 그러므로 하느님은 어디에나 존재하는 것입니다. 만물이 하느님에 의해 둘러싸여 있으며, 만물 안에 하느님이 깃들어 있습니다. 하느님에게서 흘러나오는 빛과 생명의 에너지를 가지고 있지 않은 원자는 하나도 존재하지 않습니다."

이상으로 말을 끝낸 에밀 대사는 하르드와르에서 다시 만날 것을 약속하며 작별을 고했다.

✦ ✦ ✦

14

묵티나트에서 하룻길 정도를 가서 하르드와르 근처에 웰든이라는 한 미국인의 집에서 여장을 풀었다. 그는 우리를 따뜻이 맞아주며 며칠 묵어가라고 간곡히 권했다.

웰든은 인도에서 여러 해 동안 거주하고 있는 잘 알려진 작가였다. 그는 우리가 하는 작업에 공감하며 깊은 관심을 보여왔다. 그동안에도 우리 탐사대에 참가하고 싶다는 의사를 표시한 일이 여러 차례 있었지만 우리의 사정이 그를 받아들일 만한 처지가 아니었다. 다음 날 그의 정원에 앉아서 우리가 경험한 일들에 대한 이야기를 나누고 있을 때, 웰든이 갑자기 자기는 나사렛 예수라는 사람의 생애와 그에 관한 역사를 완전히 받아들일 수가 없다고 했다. 여러 가지 기록을 자세히 연구해보았지만 모두 애매하고 불확실한 것뿐이었다는 것이다. 그래서 그러한 인물이 실재했었다는 것에 대한 의심만 커지고 실망한 나머지, 결국에는 연구도 포기해버렸다고 했다. 그러자 대장이 그에게 만약 예수와 대면할 기회가 있다면 그를 알아볼 수 있겠는가, 또 알아볼 수 있다면 그가 예수인지 확인할 수 있는 방법이 있느냐고 물었다.

웰든이 대답했다. "저는 방금 당신이 말씀하신 것을 제 인생의 가장 중요한 문제로 여겨왔습니다. 당신은 아마 나사렛 예수라는 사람이 이 땅에서 살았던 실재 인물이라는 증거를 찾기 위해 제가 얼마나 많은 관심을 기울여왔는지 모르실 겁니다. 그 증거를 찾기 위해 노력하는 동안 해마다 의심만 더해갔습니다. 결국 확신할 수 있을 만한 증거를 찾기 어려울 것 같다는 생각에 실망하고 포기하기에 이른 것입니다. 그럼에도 불구하고 가슴 밑바닥에는 한 가닥 희망의 빛이 희미하나마 꺼지지 않고 남아 있었습니다. 즉 언제 어디선가 그를 만나게 된다면, 비록 겉으로는 그가 나사렛 예수라는 표시가 전혀 없을지라도 확실하게 그를 알아볼 수 있을 것 같아요. 이런 말은 한 번도 해본 적이 없지만, 분명히 알아볼 수 있을 것 같습니다. 저는 지금처럼 이렇게 확실한 느낌을 가져본 일이 없었습니다. 같은 말을 되풀이해서 죄송합니다만, 저는 분명히 그를 알아볼 수 있을 것입니다."

저녁에 잠자리를 준비하고 있는데 대장이 말을 꺼냈다. "오늘 오후에 예수라는 인물에 대해 웰든 씨가 말하는 것을 모두 들으셨지요. 여러분은 그가 진실한 친구라는 것을 아셨을 겁니다. 그를 우리 탐사대에 참가시키면 어떻겠습니까? 우리가 목적지로 정해놓은 곳에 나사렛 예수라는 인물이 있을지 어떨지는 알 길이 없습니다. 우리는 그가 어디서 어떻게 나타날지 모릅니다. 하지만 우리가 가려고 하는 그곳에 그가 분명히 있었다는 것만은 알고 있습니다. 우리가 웰든 씨를 데리고 갔는데, 정작 예수께서 나타나지 않는다면 실망만 하게 되는 좋지 않은 결과가 생기겠지요. 하지만 웰든 씨가 우리와 함께 가기를 강력히 바라고 있으니 함께 갑시다. 예수께서 나타나실지도 모르는 일 아닙니까? 저는 이번이 아주 좋은 기회라고 생각합니다." 우리는 대장의 의견에 모두 동의했다.

다음 날 아침 대장은 웰든 씨에게 동행할 것을 권했다. 그 순간 웰든 씨의 얼굴은 기대감으로 밝게 빛났다. 그는 잠시 생각하더니 할 일이 있어서 다음 주 수요일까지는 돌아와야 한다고 말했다. 그날이 목요일이었으므로 앞으로 엿새의 여유가 있는 셈이었다. 대장은 그 정도 시간이면 충분하다고 생각하고 그날 오후에 출발하기로 결정했다. 여행은 순조로웠다. 우리는 이틀째 되는 날 정오가 되기 전에 목적지에 도착했다.

우리가 들어갈 숙소 정원에 열두 사람이 모여 앉아 있었다. 우리가 다가가자 그들은 모두 자리에서 일어났다. 숙소의 주인이 다가와 우리를 반갑게 맞아주었다. 우리는 그 사람들 중에 예수가 함께 계신 것을 알았다. 누가 무슨 말을 꺼내기도 전에 웰든 씨가 두 손을 들고 앞으로 나가면서 환성을 울렸다. 그는 "아, 저는 당신을 압니다. 저는 알아요. 이 순간이야말로 제 생애 최고의 순간입니다" 하며 예수의 손을 덥석 붙잡았다. 무슨 일이 벌어진 것인지를 알아차린 순간, 우리도 웰든 씨가 느끼고 있는 것과 같은 신성한 기쁨에 젖었다. 우리는 반갑게 인사를 나눈 후 일동에게 웰든 씨를 소개했다.

점심 식사를 끝내고 정원에 나와 있을 때 웰든 씨가 예수께 말했다. "무슨 말씀이든 좀 해주세요. 저는 일생 동안 이 순간이 오기를 얼마나 기다렸는지 몰라요." 잠시 침묵이 흐른 후 예수께서 입을 여셨다.

"지금 침묵하는 중에 저는 마음속으로 빌었습니다. 즉 제 안에 계신 아버지께서는 다른 모든 사람들에게도 사랑스러운 아버지시며, 그들 안에도 계시다는 사실을 여러분이 알게 되기를 말입니다. 제가 아버지와 친밀한 것처럼 여러분도 모두 아버지와 친밀하게 되기를 바랍니다.

한줄기 신비로운 숨결이 순수하고 신성한 생명으로 진동하는 마음을 스쳐 지나갑니다. 너무나도 순수한 그 느낌에 침묵마저도 정지하고, 마음은 귀를 기울입니다. 내면에 존재하는 위대한 지혜자의 손가락이 여러분의 손에 부드럽게 와닿습니다. 그리고 늘 그랬듯이 사랑스러운 아버지의 음성으로 말을 건넵니다. '나는 너와 함께 있는 것을 안다. 너와 나는 하느님이다.' 이것은 여러분 내면의 목소리가 여러분에게 하는 말입니다. 하느님의 그리스도가 나타납니다. 이제 모든 제약을 벗어던지고 나와 함께 영적인 자유로움을 누리지 않겠습니까? 여러분은 지금 제가 하는 이 말보다 더 위대한 말을 들어본 적이 없습니다. 이보다 더 위대한 생각은 없기 때문입니다. 사람들이 그럴 수 없다고 말하는 것은 문제가 되지 않습니다. 제가 세상을 이기고 승리자가 된 것처럼, 여러분 각자도 세상을 정복하고 완전한 주권을 가진 신적인 주관자가 되어야 합니다. 지금이 바로 그때입니다. 여러분 안에 있는 신적인 주관자가 품는 순수한 생각은 어김없이 여러분의 영혼과 육체의 행위로 열매를 맺습니다. 신적인 명령이 여러분을 통해 완전히 성취되는 것이지요. 저와 함께 이 지고한 천상의 세계로 올라갑시다. 육체를 고양시켜 몸에서 순수한 백광이 발산될 때, 그때 우리는 만물의 근원이신 아버지께 돌아가게 됩니다.

아버지 하느님은 순수한 빛입니다. 진동하는 그 빛으로부터 만물이 나왔으며, 그 진동 안에 있음으로써 하느님과 함께 있는 것입니다. 신적인 빛의 진동 안에 있을 때 모든 물질적인 사고는 사라져버리며, 무형의 세계로부터 유형의 만물이 창조되어 나오는 모습과 그것들이 매 순간 새로워지고 있음을 보게 됩니다. 신적인 질료인 액체 상태의 원시 우주 속에 만물이 존재하고 있습니다. 그러나 그 진동은 대단히 높아서 우리처럼 육체의 진동을 높여 영적인 차원에 들어가지 않고는 누구도 그것을 보지 못합니다.

이제 우리는 한순간도 쉬지 않고 창조가 진행되는 모습을 볼 수 있습니다. 창조는 대우주 속으로 신적인 빛의 진동이 방사됨으로써 이루어집니다. 이 신적인 빛은 만물을 유지하는 우주적인 생명 또는 빛 에너지입니다. 이 신적인 빛은 모든 진동의 아버지라 불립니다. 이 진동으로부터 여타의 모든 진동이 파생되어 나오기 때문이지요. 이 진동의 영향을 받으면 다른 진동수를 가진 것들은 밀려납니다. 그러나 실제로는 밀려나는 것이 아니라 제자리를 찾아가는 것입니다.

육체의 진동이 우주적인 영의 진동과 동조하게 되면, 우리는 모든 진동의 아버지인 하느님의 빛의 진동과 일체가 됩니다.

이러한 우주 광선이 물질을 파괴하는 가공할 만한 위력을 가지고 있다는 사실이 머지않아 입증될 것입니다. 이 광선은 에너지의 근원, 모든 원소의 아버지, 즉 모든 원소가 나오는 근원에서 발산됩니다. 이 광선이 하는 일은 파괴가 아니라, 소위 물질이라는 것을 영적인 형태로 변화시키는 것입니다.

우주 광선이 엄청난 투과력을 가지고 있다는 사실, 그래서 어떤 물질이라도 뚫고 들어가 핵심이 되는 원자핵을 해체시켜서 더 고차원적인 질료로 변화시켜 전혀 다른 물질을 창조해낼 수 있다는 것도 머지않아 밝혀질 것입니다. 그러면 고차원적인 빛의 상태 내지는 생명 자체를 향해 창조가 진행되고 있다는 것을 알게 되겠지요.

가공할 만한 투과력을 가지고 있는 우주 광선은 지구나 태양이나 별들이 내는 빛과는 근본적으로 다릅니다. 그러한 빛의 진동들은 모두 우주 광선의 통제하에 있습니다. 우주 광선은 눈에 보이지 않는 보편적인 근원에서 발산되는 것입니다. 지구는 강력한 힘으로 물질의 원자를 쪼개서 무한한 다른 입자들로 변화시키는 이 광선의 지배하에 있습니다. 이러한 사실도 곧 밝혀질 것입니다. 사람들은 우주 광선이 원자핵을 때리면 원자핵이 분열된다는 사실도 알게 될 것입니다. 우주 광선은 원자를 작은 입자들로 부수어 전혀 다른 성질의 질료를 만들어냅니다. 즉 저급한 차원의 물질을 고차원적인 물질로 변화시키는 것이지요. 우주 광선은 결코 물질을 파괴하지 않습니다. 다만 저급한 것을 고차원적인 것으로, 물질적인 것을 영적인 것으로 변화시킬 뿐입니다.

영적인 상태로 변화된 것을 고차원적이라고 하는 이유는, 사람들이 보다 고상한 목적을 위해 사용하는 것을 고차원적이라고 하기 때문입니다. 영적인 진동을 발하는 사람은 우주 광선을 마음대로 조절하여 그 활동을 통제할 수 있습니다. 영적인 진동 안에 있는 사람에게는 늘 변화가 일어납니다. 그의 주변도 항상 변합니다. 깊은 의미에서 보면 변화란 결국 창조입니다. 그러므로 모든 것이 자기가 서 있는 자리에서 창조되는 것입니다. 창조는 결코 멈추지 않고 영원히 계속됩니다.

우주 광선은 대우주에서 발산되는 빛, 즉 폭발하듯 터져나오는 빛의 탄환입니다. 대우주는 보다 작은 소우주들을 둘러싸고 있습니다. 소우주가 발산하는 에너지는 각각의 태양에 모아지고, 소우주의 태양들은 자기의 우주에서 받아들인 에너지를 대우주의 중심 태양으로 보냅니다. 그러면 대우주의 중심 태양이 그 에너지를 받아들여 보존하며 또 방출하여 새로운 우주를 형성합니다. 대우주의 중심 태양은 맥동하는 에너지의 진동으로 충만해지고, 그 에너지가 응축하여 소위 빛의 탄환이 되어 강력한 힘으로 발산됩니다. 그 강력함이란 원자핵을 부술 정도입니다. 그러나 원자핵이 산산조각 난다고 해도 그것은 파괴된 것이 아닙니다. 조각난 입자들은 다른 성질을 가진 입자들로 변화되어 결국에는 새로운 생명을 가진 입자로 다시 태어나는 것입니다.

생명이란 소위 광탄환光彈丸의 포격에 의해 방출되는 에너지입니다. 방출된 에너지가 입자로 흡수되면 그 입자는 생명을 가지게 되고, 흡수되지 않은 에너지는 다시 그 본래의 자리인 대우주로 되돌아갑니다. 되돌아간 에너지는 다시 응축된 다음 원자들을 향해 발사됩니다. 그 빛의 탄환을 맞은 입자들은 부서져서 전혀 새로운 물질의 원자핵이 태어납니다.

진동이 낮아져 형태가 탄생하는 창조는, 이렇게 확산과 응축을 되풀이하면서 영원히 계속됩니다.

이 지성적인 방사 에너지가, 곧 본래 물질적이지 않고 영적인 우리의 육체와 우리 주위의 우주를 통제하는 하느님입니다.

빛의 탄환에 맞아 성질이 변한다고 해서 그것이 붕괴를 의미하는 것은 아닙니다. 극히 일부의 광탄환만이 그것도 한꺼번에가 아니라 점차적으로, 완전한 법칙에 따라 원자의 핵을 치도록 우주 광선 자체의 지성이 스스로 조정하고 있기 때문에 우주의 균형이 깨지는 일은 없습니다.

이 궁극적인 지성과 하나가 된 사람은 광탄환의 충격력을 질서 있게 높여서 자기가 원하는 것을 즉시 이루어낼 수 있습니다. 그러면 자연 상태에서는 한없이 오래 걸리는 일이 순식간에 이루어집니다. 이렇게 한다고 해서 자연 법칙이 파괴되는 것은 아닙니다. 저급한 수준의 자연 법칙 대신 고차원의 진동을 사용하는 것일 뿐입니다. 이런 이유로 저는 추수할 때가 아직 멀었는데도 '눈을 들어 밭을 보라. 이미 곡식이 익어서 추수하게 되었다(요한복음 4:35)'라고 말할 수 있었습니다. 모든 것이 진동이기 때문에, 모든 것은 결국 진동의 장場이라고 할 수 있습니다. 여기서 진동의 장이란 지구를 둘러싸고 있는 띠 모양의 층層을 말하는 것이 아닙니다. 지구를 둘러싸고 있는 띠 모양의 층은 이온층으로서, 지구에서 발산되는 진동은 지구로 되돌려 반사시키지만 우주 광선의 출입은 막지 못합니다. 그래서 변화 또는 창조가 늘 진행될 수 있는 것입니다. 우리의 육체도 저차원에서 고차원으로 변화를 계속하고 있습니다. 우리는 상념의 힘을 통해, 육체를 의식적으로 높은 진동수에 동조시킴으로써 육체의 진화를 의식적으로 지휘할 수 있습니다. 육체를 의식적으로 높은 진동수에 동조시킬 때 우리는 그 진동 자체가 됩니다.

이렇게 육체의 진화를 의식적으로 지휘할 수 있는 사람이 대사입니다. 그런데 여러분이 바로 대사입니다. 여러분은 지금 모든 상황을 통제할 수 있는 지배자가 될 수 있습니다. 신적인 창조의 영광스러움과 그 법칙은 물질적인 사고방식을 훨씬 초월한다는 것을 명심하시기 바랍니다.

모든 상황의 지배자가 되기 위해서는 먼저 생각과 마음과 육체의 활동을 완전히 통제해야 합니다. 그때 여러분은 모든 생각과 행동을 하느님 또는 그리스도의 생각이나 행동과 하나 되게 해야겠다는 지고한 이상을 품고 있어야 합니다. 일할 때나 쉴 때나, 언제 어디서나 그 생각을 품고 있어야 합니다. 그리고 그 상태가 이미 여러분 안에 내재하고 있음을 깨달아야 합니다. 그러기 위해서는 하느님의 그리스도 상태가 곧 여러분의 진정한 자아임을 보는 훈련을 해야 합니다. 그런 다음 한 걸음 더 나아가서, 여러분 존재의 중심에서 방사되어

나오는 순수하고 눈부신 신적인 빛을 보아야 합니다. 여러분 육체의 모든 세포와 근육과 섬유 조직과 각 기관에서 그 찬란한 빛이 발산되는 것을 볼 수 있도록 훈련해야 합니다. 그리고 하느님의 그리스도가 순수하고 완전하고 영원한 승리자의 모습으로 나타나는 것을 보아야 합니다. 나(예수)의 그리스도가 아니라 여러분 자신의 그리스도를 보도록 훈련하십시오. 여러분 자신의 그리스도가 바로 아버지 하느님의 독생자, 곧 하느님의 참아들이며, 승리의 정복자인 여러분의 신성 神性입니다. 이렇게 전진해나가면서 여러분의 신적인 권리를 담대히 선포하십시오. 그러면 그것이 여러분의 소유가 될 것입니다.

'하느님'이라는 말을 할 때마다 여러분 자신이 하느님을 나타내고 있는 존재라는 사실을 확실히 기억하십시오. 그러면 여러분이 저를 하느님의 그리스도라고 세상에 알리는 것보다 훨씬 더 큰 봉사를 세상에 하게 될 것입니다. 자기 자신을 하느님의 그리스도로 보는 일, 자신을 통해 하느님을 세상에 나타내는 일, 그리고 자기 자신을 하느님으로 보는 일은 저를 그리스도로 높이는 것보다 훨씬 더 고상하고 위대한 일입니다.

여러분은 뒤로 물러나 앉아서 저를 중보자로 삼아 기도를 합니다. 여러분이 저를 하느님의 그리스도로 세상에 알리는 것은 좋은 일입니다. 또 하느님의 성품이 저를 통해서 나타났다고 선포하는 것도 좋습니다. 그러나 저를 우상화시켜서 우상이 된 저에게 기도해서는 안 됩니다. 저의 형상을 만들어놓고 거기에 대고 기도하는 것은 저를 격하시키는 일일 뿐만 아니라 여러분 자신을 격하시키는 일이기도 합니다. 저나 다른 누가 나타내 보인 이상을 여러분 자신의 이상으로 삼으십시오. 그러면 하느님과 분리되지 않으며, 세상을 이길 수 있습니다. 우리와 함께 하느님과 하나 됨으로써 위대한 일이 성취되는 것을 보고 싶지 않으십니까?

사랑과 존경, 그리고 헌신과 숭배의 마음으로 여러분 자신의 신성을 계발해나가면, 그것이 여러분의 습관이 되고 일상생활이 됩니다. 그러면 머지않아 여러분은 신성을 나타내는 존재가 될 것입니다. 이렇게 될 때 여러분은 잃어버린 하느님의 맏아들로서 신적인 그리스도의 자격을 다시 획득하게 됩니다. 여러분은 근원적인 영, 대우주의 에너지와 하나입니다. 이 큰 빛을 실제로 느끼고 붙잡으십시오. 그리고 수용하고 선포하십시오. 그 큰 빛이 여러분 자신의 것이라는 사실을 확실히 아십시오. 그러면 머지않아 여러분의 육체에서 실제로 그 빛이 발할 것입니다.

어느 시대 어떤 상황에서도, 이 지고한 빛은 광대무변한 우주 속에 늘 존재해왔습니다. 이 빛이 생명입니다.

무엇인가가 명백히 밝혀지면 우리는 거기에 대한 어떤 깨달음을 얻습니다. 그 깨달음의 빛은 우리 의식에 밝은 빛을 비추어줍니다. 모든 위대한 영혼들이 그랬듯이, 여러분도 곧 생명의 빛을 보게 될 것입니다. 생명의 빛을 보았던 위대한 인물들의 초상화를 보면 대부분 그들에게서 밝은 빛이 방사되고 있는 모습으로 그려져 있습니다. 여러분의 눈에는 보이지 않는다 하더라도, 그 빛은 여러분의 몸에서도 방사되고 있습니다. 그 빛은 실제로 존재하는 생명의 빛이기 때문입니다.”

이때 웰든 씨가 성경에 대해 몇 가지 물어도 좋으냐고 했다. 그러자 예수께서는 쾌히 응낙했다. 우리는 자리에서 일어나 다 함께 정원으로 나갔다. 웰든 씨가 큰 소리로 말했다. “기가 막힌 일이군요. 멀리

서 오신 여러분은 이렇게 훌륭한 어른들과 접촉을 갖고 있었는데 저는 근처에 살고 있으면서도 이분들을 모르고 있었다니 말입니다. 하여간 저에게는 오늘이 계시의 날입니다. 새로운 세계, 새로운 빛, 새로운 생명을 깨닫게 되었으니까요."

웰든 씨에게 어떻게 예수님을 알아볼 수 있었느냐고 물었다. 그러자 그가 대답했다. "제가 그분을 예수님이라고 알아본 것이 이상할 것입니다. 저도 어떻게 그분을 알아보았는지 모르겠지만 하여간 그냥 알았습니다. 누가 무어라 해도 저는 그분이 예수님이신 줄을 알았을 것입니다."

우리는 그가 예정된 할 일을 하려면 다음 월요일에는 출발해야 할 것이라고 알려주면서, 마침 우리 대원 두 명이 그날 다르질링으로 출발할 예정이니 함께 가는 게 좋겠다고 했다.

그러자 그가 말했다. "떠나라고요? 이미 사람을 보내서 제가 할 일을 다른 사람에게 부탁해놓았어요. 저는 여기에 남아 있겠습니다. 설마 쫓아버리지는 않겠지요."

✣ ✣ ✣

15

마을 이곳저곳을 돌아다니면서 여러 흥미 있는 곳을 구경하기도 하며 즐거운 하루를 보내고 저녁 8시쯤에 숙소에 돌아왔다. 친구 대사들은 정원에 모여 있었다. 이런저런 이야기를 나누는 중에 예수께서 "웰든 씨가 신비에 취한 것을 모두 아시지요" 하면서 말씀을 시작하셨다.

"지금부터 하는 말을 명심해 들으시기 바랍니다. 제 이야기를 진실로 여기고 여러분 자신의 것으로 소화한다면 더 바랄 게 없겠습니다. 절대 상투적인 말로 치부해버리지 마십시오. 배울 자세가 되어 있다면 제 말을, 상념을 신적인 원리에 일치시키기 위한 도구로 사용할 수 있을 것입니다. 이를테면 '어느 한 점에 생각을 모으는 훈련'을 할 때 제가 하는 이 말을, 생각을 집중하는 목표로 삼을 수 있다는 말입니다.

여러분이 하느님을 내재하는 지고한 원리로 안다면, 그리고 그 원리가 여러분을 관통해서 흐르고 있다는 것을 안다면 '하느님'이라는 말을 자주 사용할수록 유익합니다. 우리의 생각을 거듭 말씀드리자면 '하느님이라는 말은 아무리 자주 사용해도 지나침이 없다'는 것입니다.

하느님이 자기를 관통해서 흐르는 창조 원리라는 사실을 깨닫고 그 원리에 생각을 집중하여 활력을 불어넣으십시오. 그리하여 창조 원리가 보다 더 역동적인 힘을 갖고 흘러나가도록 하십시오. 창조 원리는 외부 세계에서 작용하고 있을 뿐만 아니라 항상 여러분을 관통해서 흐르고 있습니다. 그렇기 때문에 여러분은 존재의 온 힘을 거기에 실어서, 창조 원리가 더 큰 위력을 가지고 외부 세계로 흘러나가게 할 수 있습니다. 인간의 몸은 더 큰 힘으로 더 큰 일을 이루기 위해 창조 원리의 힘을 증폭시키는 매개체입니다.

한 사람일지라도 완전한 지배력을 가지고 창조 원리의 힘을 발산하면 그로써 세상을 정복할 수가 있습니다. 그럴진대 많은 사람이 동시에 창조 원리의 힘을 증폭시켜 방출한다면 얼마나 큰일을 이룰 수 있겠는가 생각해보십시오.

하느님이 여러분 속에 내재하고 있는 신적인 대원리라는 사실을 알고 있을 때는 그 이름을 부르면 부를수록 그만큼 육체의 진동이 높아집니다. 한 사람 한 사람의 진동은 서로 영향을 주고받으며 신적인 진동에 감응하는데, 신적인 진동이란 곧 하느님을 의미합니다. 의미를 확실히 알고 '하느님'이라는 말을 사용하면, 그 말을 사용하기 이전과 사용하고 난 이후의 육체의 진동이 달라집니다. 제가 드리는 이 말씀을 명심하시고 여러분 자신의 것으로 받아들이십시오. 원하기만 하면 여러분은 그렇게 할 수가 있습니다. 하느님에 대한 이런저런 생각은 밖에서 오는 것이 아니라 여러분 자신에게서 나오는 것입니다. 사실이 그러한지 아닌지 잠시 생각해보십시오. 여러분이 하느님에 대해 생각할 때마다, 여러분 자신의 생각이 곧 하느님의 생각이라는 점을 기억하십시오. 이것은 제 말이 아니라 여러분 자신, 곧 하느님의 그리스도 말씀입니다. 인간 예수는 하느님의 순수한 빛을 드러내는 존재가 되었을 때 비로소 그리스도가 되었습니다. 이 점을 잊지 않도록 하십시오.

초인생활 ✛ 탐사록

만유^{萬有}가 나를 통해 흐르고 있는 아버지 하느님의 신적인 대원리입니다. 모든 것이 자존자 하느님의 표현이며, 나는 하느님의 그리스도, 곧 신인^{神人}입니다. 아버지 하느님의 표현인 모든 것은 신인을 위해 주어졌습니다. 그러므로 나의 참자아인 자존자에게는 모든 질료를 사용할 수 있는 자격이 주어져 있는 것입니다. 사실 아버지 하느님은 신인에게 모든 질료를 무한정 공급해주고 있습니다.

아버지의 신적인 대원리와 하느님의 그리스도인 나의 참자아는 완전한 일체입니다. 그러므로 하느님이 가지고 있는 모든 것이 곧 하느님의 그리스도 소유인 것입니다. 그러면 '하느님'이라는 말이 그렇게 큰 힘을 갖고 있는 이유는 무엇일까요? 그것은 '하느님'이라는 말이 표현될 때 생겨나는 진동 때문입니다. 하느님이라는 말은 가장 높은 진동수를 갖고 있는, 아주 강력한 대우주의 진동입니다. 이 진동은 대우주 광선을 타고 와서 방사형의 고밀도 진동장^{振動場}을 형성합니다. 이 진동장은 만물을 포용하고 있으며, 만물 속에 침투되어 있습니다. 만물이 이 진동장의 지배를 받는 것이지요. '하느님'이라는 말이 형성하는 이 진동장이 모든 에너지의 활동을 조정하며, 빛과 생명은 이 진동을 타고 운반되어옵니다. 우리는 방사형의 진동장 배후에서 그 모든 것을 지배하고 있는 지성을 하느님이라고 부릅니다. 하느님, 즉 지배하는 지성은 방사형의 진동장을 통해 만물 안에 침투해 있습니다. 그리고 이 방사형의 진동장으로부터 빛과 생명이 흘러나옵니다. 사람이 이 진동을 받아들이면 육체와 진동이 동화되어 진동과 하나가 됩니다. 그러면 그의 육체는 빛의 진동에 즉각적으로 반응하게 되어 몸에서 빛이 발합니다. 그 자신이 하느님의 진동이 되는 것입니다. 이렇게 하느님의 진동장에 있는 사람은 낮은 차원의 진동장에 있는 사람의 눈에는 보이지 않는 일이 종종 있습니다. 이상이 '하느님'이라는 말이 어째서 그렇게 강력한 힘을 가지고 있느냐에 대한 대답입니다.

성경이 오랜 세월 동안 그 영향력을 잃지 않고 있는 이유는, 이렇게 강력한 진동을 가지고 있는 '하느님'이라는 말이 담겨져 있기 때문입니다. 성경 속에 '하느님'이라는 말이 얼마나 많이 사용되고 있는지 생각해보십시오. 문자로 기록되었거나 말로 표현되었거나 '하느님'이라는 말에서는 생명과 에너지의 빛이 발산됩니다. '하느님'이라는 말을 하는 자나 듣는 자나 보는 자의 영혼은 이 말이 가지고 있는 진동의 영향을 받고 거기에 응답합니다. '하느님'이라는 말의 진동에 의해 영혼이 고양된 사람은 당연히 그 말이 기록되어 있는 성경을 높이게 되고, 그 결과 성경은 생명과 능력과 불멸성을 주는 책이 된 것입니다. 성경이 생명을 주는 책이 된 것은 그 안에 기록되어 있는 '하느님'이라는 말 때문이라는 얘기입니다. 그러므로 성경을 하느님의 말씀이라고 볼 수 있습니다. 물론 문자적인 의미가 아니라 영적인 의미에서 말입니다.

성경의 영적인 의미에는 주의를 기울이지 않고 문자적인 의미만을 찾고 있는 사람들이 많습니다. 그러나 그렇게 몰지각한 사람들이 있다고 해도 성경이 가지고 있는 힘에는 별 지장이 없습니다. 왜냐하면 성경의 영적인 진동이 그렇게 몰지각한 사고방식에서 비롯되는 진동을 소멸시켜버리기 때문입니다. 단 한 번이라도 '하느님'이라는 말을 생각하거나 말한다면, 그 진동의 힘이 그들의 몰지각함을 보충해주고도 남을 것입니다.

성경은 '하느님'이라는 말이 가지고 있는 진동의 힘 때문에 살아

남을 수 있었습니다. 그러나 이것이 비웃고 비평하는 자들에게는 오히려 걸림돌이 되었습니다. 무신론자들은 어째서 '하느님'이라는 말이 '악'이라는 말을 완전히 제압하고 지배할 수 있는지 전혀 설명하지 못합니다.

잠깐 '하느님'이라는 말을 반복해서 부른 다음 그때 몸으로 느껴지는 진동과 악이라는 말을 할 때 느껴지는 진동을 비교해보십시오. 지금까지 이런 실험을 해본 적이 없다면 좋은 경험이 될 것입니다. 유신론有神論은 불가능한 가설이라고 주장하는 과학자들이 많지만, 그들의 말에는 신경 쓸 필요가 없습니다. 왜냐하면 그들이 불가능하다고 했던 많은 일들이 오늘날에는 성취되고 있기 때문입니다.

지금이 자신의 집 안으로 들어가서 '하느님'이라는 말이 여러분을 위해 무엇을 어떻게 해주는지를 확인해볼 좋은 기회라고 생각지 않으십니까? 잠깐 주의를 기울이고 '하느님'이라는 말이 여러분 속에 있는 모든 차별성과 대립을 해소시키는 모습을 지켜보십시오. 온 영혼으로 '하느님'을 부른 다음, 그 하느님이 형제를 보다 더 사랑하게 하고 공정히 대하게 하는 모습을 지켜보며 기쁨을 느껴보십시오. 하느님과 직면하십시오. 그러면 길고 긴 세월 동안 여러분의 눈을 가려온 미망의 안개가 구름 걷히듯이 사라져버릴 것입니다. 이렇게 얘기하면 지성인이라고 자처하는 사람들은 눈살을 찌푸리겠지요. 그러나 그들의 태도에는 신경 쓰지 마십시오. 그들은 수없이 오류를 범해온 사람들입니다. '하느님'이라는 말로 자신의 내면을 채우고 담대히 나아가십시오. 그러면 다툼과 혼란으로 가득 찬 세상이 여러분을 절대 괴롭히지 못할 것입니다.

하느님이라는 지고한 진동이 존재하고 있다는 것과 그것 자체가 힘이라는 사실을 알 때, 무엇인가를 이루기 위해 그 힘을 사용할 수 있습니다. 그 힘은 여러분의 몸을 이곳에서 저곳으로 옮겨놓을 수도 있습니다. 여러분이 다른 어떤 곳에 가고 싶은데도 여전히 이곳에 붙들어두는 것은 하느님이 아니라 여러분 자신입니다. 다른 곳으로 옮겨가고 싶음에도 불구하고 있는 자리에 그대로 남아 있는 것은 하느님의 능력을 제한적으로 사용한 결과입니다. 비본질적인 자아가 만들어낸 제한을 버리고, 자신이 하느님의 그리스도이며 하느님의 진동과 능력이 자신과 하나라고 선언하십시오. 자신이 곧 하느님의 진동임을 분명히 하는 순간 여러분은 스스로 운명의 주인이 될 것입니다. 생각하는 것만으로는 일이 이루어지지 않습니다. 무엇인가를 성취하기 위해서는 확실히 알아야 하고 아는 대로 행해야만 합니다. 그리고 행할 수 있는 충분한 힘이 생길 때까지 근원자 또는 원리를 사랑하고 경배해야 합니다.

신앙은 올바른 생각을 통해 바른길을 보여줍니다. 또 자신이 곧 하느님의 진동이라는 신앙이 있어야만 하느님의 그리스도로서 실제적인 명령을 내릴 수 있습니다. 하느님의 진동에 대한 완전한 명령권을 가질 때 행동할 수 있는 힘이 생깁니다. 사랑과 경배의 심정을 통해 알게 된 것이 성취를 가져옵니다. 방사되고 있는 하느님의 진동이 느껴지지 않는다고 해서 그것이 존재하지 않는다고 말할 수는 없습니다. 우리는 그것이 존재하고 있다는 신앙을 통해서 그것이 존재하고 있음을 압니다. 이렇게 신앙을 통해서 바로 알게 되면 그 힘이 실재하고 있음을 느낄 수 있게 되고, 그러면 그 힘을 사용할 수 있습니다.

여러분이 내보내는 진동이 보다 높은 진동장에 조율되어 있을 때에는, 낮은 진동장 중에 있는 사람 눈에는 여러분이 보이지 않게 됩니다. 여러분의 육체가 빛의 속도로 진동한다면 빛을 볼 수 없는 사람의 눈에는 여러분이 보이지 않습니다. 빛은 생명입니다. 그러므로 빛의 진동 중에 온전히 거한다면 여러분의 몸은 순수한 생명이 됩니다. 빛과 생명은 하느님입니다. 그러므로 하느님의 진동 가운데에서 사는 사람은 누구나 하느님인 것입니다.

성서는 이렇게 말하고 있습니다. '낮의 해가 너를 비출 필요가 없고, 밤의 달이 너를 비출 필요가 없으리라. 주께서 너의 영원한 빛이 되고, 너의 하느님이 너의 영광이 되리라.(이사야 60:19)' 자신의 육체 진동이 하느님의 진동과 하나가 될 때 더 이상 외적인 빛이 필요치 않게 됩니다. 그의 육체는 정오의 태양보다 훨씬 더 밝은 빛이 됩니다. 주 하느님 또는 하느님의 법칙은 예수 혹은 인간을 통해 자신의 순수한 생명(빛)을 표현하고 있습니다. 하느님의 생명을 표현해내는 사람은 지상의 그리스도가 됩니다. 주 하느님의 법칙을 완전히 이해하고 그에 따라 사는 사람은 누구나 그리스도가 됩니다.

내가 말했습니다. '나, 곧 자존자가 세상의 빛이다. 나를 따르는 자는 어둠 속에 다니지 않고 생명의 빛을 얻을 것이다.'

그러자 바리새인들은 이렇게 공격했습니다. '당신이 스스로 자신에 대하여 증거하니 당신의 증거는 참되지 아니하다'고 말입니다. 내가 그들에게 대답했습니다. '비록 내가 나 자신에 대하여 증거할지라도 내 증거는 참되다. 나는 내가 어디서 왔고 어디로 가는지를 알고 있기 때문이다. 그러나 너희는 내가 어디서 왔는지도 모르고 어디로 가는지도 모른다. 너희는 인간적인 방식으로 판단한다. 나는 아무도 판단하지 않는다. 그러나 내가 판단한다면 내 판단은 참되다. 그것은 나 혼자서가 아니라 나를 보내신 이가 나와 함께 판단하시기 때문이다. 너희의 율법에는 두 사람이 증거하면 그 증거가 참되다고 기록되어 있다. 내가 나의 증인이며 나를 보내신 아버지께서도 나를 증거해 주고 계시다. 그러므로 나의 증거는 참되다.'

그러자 바리새인들이 물었습니다. '당신의 아버지가 어디 계신가?' 내가 대답했습니다. '너희는 나와 내 아버지를 알지 못한다. 나를 알았더라면 내 아버지도 알았을 것이다.(요한복음 8:12~19)'

하느님과 손을 잡고 다닌다면 어떻게 어둠 속에서 다닐 수 있겠습니까? 하느님으로 하여금 일을 하시도록 한다면 여러분이 성취하는 모든 것은 영원할 것입니다. 하느님의 진동에 순응하며 그 빛 속에서 사는 한 결코 멸망하거나 변하지 않을 것입니다. 그리고 그 진동이 영원히 계속될 것입니다.

고귀한 삶을 살며 귀한 업적을 이루어낸 많은 사람들이 있습니다. 그들은 모두 하느님의 진동을 통해 그같이 살았고 또 하느님의 진동을 통해 그러한 일을 이루어낸 것입니다. 그들은 진동을 낮추어 액체 상태의 질료를 형체를 가진 것으로 창조해내는 능력을 가지고 있었습니다. 액체 상태의 질료 속에는 만물을 구성하는 모든 요소가 포함되어 있습니다. 앞으로 과학자들은 물질을 구성하는 모든 요소가 액체 상태로 환원될 수 있다는 사실을 발견하게 될 것입니다. 액체 상태에서는 모든 질료가 같은 진동수로 진동합니다. 그러므로 원소의 입자들이 융합되는 수준까지 진동을 떨어뜨려서 원하는 물질을 만들어낼 수 있습니다.

여기에서는 방사되고 있는 우주 광선이 중요한 역할을 합니다. 우주 광선의 힘으로 물성物性의 변화가 일어나는 것입니다. 많은 위대한 영혼들이 이 땅에서 살다 갔지만, 저들이 이룬 일도 저들과 함께 가버렸습니다. 그것은 저들이 자기들을 지탱시켜주는 힘에 대해서 무지했기 때문입니다. 따라서 저들은 자기들이 이룬 일에 대해서도 무지했고, 그 결과 저들이 이룬 일도 잊어버리고 만 것입니다. 저들이 만약 자기들을 지탱해주는 능력을 분명히 인식하고 그 힘에 대한 올바른 생각을 가지고 무슨 일인가를 이루어냈다면, 저들이 성취한 업적은 마치 이집트의 피라미드처럼 오늘날까지도 인류 앞에 우뚝 서서 영원히 흔들리지 않는 거대한 산으로 남아 있었을 것입니다.

그리스도의 삶을 사는 것이 가장 위대한 삶 아니겠습니까? 이것을 여러분의 이상으로 삼는 것이 가치 있는 일 아니겠습니까? 그리스도의 삶을 산다는 것은 허섭스레기 같은 잡다한 일에서 해방되는 것입니다. 용감히 나아가 그리스도의 삶을 살았던 사람들을 보십시오. 그들과 같은 삶을 성취할 때, 여러분은 변화산 위에 서는 것입니다.

율법과 예언서는 사라져버리고 그리스도만이 홀로 서게 될 것입니다. 그러나 홀로 서 있다고 해서 외로운 것은 아닙니다. 여러분은 그리스도의 삶을 살 수 있고, 다른 모든 사람들도 자신이 원하면 그렇게 할 수 있습니다.

여러분은 아버지와 일체입니다. 여러분 자신과 아버지께서 이 사실을 함께 증거하고 있으므로 이 증거는 참됩니다. 그러므로 여러분이 무엇인가를 판단한다면 그 판단은 참됩니다. 여러분이 어디서 왔는지를 말한다면 그 말도 참됩니다. 아버지로부터 온 것을 알고 언제나 아버지를 알고 있는 이상 결코 멸망에 이르지 않을 것입니다. '만약 저들이 아버지를 알았더라면 내가 누구인지도 알았을 것입니다.' 왜냐하면 나의 진동은 아버지의 진동과 완전히 일치하고 있기 때문입니다. 이 점에 관해서는 요한이 다음과 같이 기록하고 있습니다.

나는 성전에서 가르칠 때에 큰 소리로 말했습니다. '너희는 나를 알고 또 내가 어디서 온 것도 알고 있다. 그러나 나는 내 마음대로 온 것이 아니다. 나를 보내신 이는 참되시다. 너희는 그분을 알지 못하지만 나는 그분을 안다. 내가 그분에게서 왔고 그분이 나를 보내셨기 때문이다.'

사람들이 나를 잡으려 했으나 아무도 손을 대는 사람이 없었습니다. 그것은 그의 때가 아직 이르지 않았기 때문이었습니다. 무리들 가운데 많은 사람이 나를 믿었습니다. 그들은 '그리스도가 오시더라도 이분보다 더 많은 기적을 행하지는 못할 것이오' 하고 말했습니다.

무리가 나에 대하여 이렇게 말을 주고받는 것을 바리새파 사람들이 들었습니다. 그래서 대제사장들과 바리새파 사람들이 나를 잡으려고 성전 경호원들을 보냈을 때 나는 그들에게 말했습니다. '나는 잠시 동안 너희와 함께 있다가 나를 보내신 이에게로 갈 것이다. 그러면 너희는 나를 찾아도 만나지 못할 것이다. 내가 있는 곳에 올 수도 없을 것이다.(요한복음 7:28~34)'

그리스도 안에는 영적인 것과 물질적인 것이 융합되어 있습니다. 그리스도의 영은 자신이 '스스로 온 것이 아니라 아버지의 보내심을 받고 왔다'는 사실을 알고 있습니다. 성전인 육체는 그리스도가 빛을 발하는 순수한 통로가 되어야만 합니다. 누군가에게서 그리스도가 빛을 발하기 시작하면 그는 제가 행했던 것보다 더 큰 기적을 행하게 될 것입니다. 보고자 한다면 여러분은 제 속에서 그리고 여러분 자신 속에서 그리스도를 발견하게 될 것입니다. 뿐만 아니라 다른 모든 형제들 속에서도 그리스도를 발견할 수 있을 것입니다.

여러분 모두가 자신 속에 내재해 있는 그리스도를 발견할 때가 올 것입니다. 그러면 여러분은 그리스도 의식을 고양시키고, 제가 아버지를 높인 것 같이 아버지를 영광스럽게 하겠지요. 마태복음 27장 46절에는 '나의 하느님, 나의 하느님, 어찌하여 나를 버리셨나이까?'라는 말이 기록되어 있습니다. 이것은 제가 십자가상에서 한 마지막 말입니다. 그러나 이 구절은 완전히 잘못된 번역입니다. 제가 실제로 한 말은 '나의 하느님, 나의 하느님, 당신은 결코 나를 버리시지 않았습니다. 또 다른 누구도 버리시지 않았습니다. 제가 당신께로 온 것 같이 당신의 모든 자녀도 당신께 나아올 수 있기 때문입니다. 저들은 제가 산 삶의 방식을 이해할 수 있습니다. 저들은 결국 저와 같은 삶을 살게 될 것입니다. 그리하여 저들도 그리스도와 연합하고 당신과 하나 될 것입니다.'

저의 이 말 속에는 버림을 받는다든지 아니면 분리된다든지 하는 생각이 조금도 들어 있지 않습니다. 그 말을 하기 훨씬 전에 하느님의 그리스도는 이미 똑똑히 나타나 있었습니다. 저들이 저의 몸을 불에 태워버렸다고 해도, 저는 한 줌의 재 속에서 원소들을 다시 취해 파괴된 것처럼 보이는 육체를 다시 원래대로 환원시킬 수가 있었습니다. 저들이 제 육체를 조각내었다고 해도, 저는 아무 일도 없었던 것처럼 즉시 원래의 모습대로 제 몸을 다시 구성할 수가 있었습니다.

인간이 하느님의 그리스도를 깨닫고 그리스도가 되면 지성이 있는 에너지를 방출하게 됩니다. 그때 지성이 있는 에너지가 저를 완전히 감싸게 되므로, 육체가 파괴되고 생명 요소가 육체를 구성하고 있던 입자들과 분리된다고 해도 지성적인 생명 원리가 그것들을 다시 결합시켜 원래의 모습대로 육체를 재생시킬 수 있습니다. 본래부터 존재하고 있는 육체의 원형은 파괴할 수 없는 질료로 이루어져 있습니다. 필요한 것은 다만 이전과 동일한 생명 요소가 간직되어 있는 질료를 원형 속에 채우는 일뿐입니다. 그렇게 하면 이전과 완전히 동일한 모습의 육체가 재건됩니다.

이제 여러분은 제가 십자가에서 처형되었지만 그럼에도 불구하고 아무런 해를 받지 않았다는 사실을 아셨을 것입니다. 상처를 입은 것은 오직 그리스도 원리를 해치고자 했던 사람들뿐입니다. 저의 경우는 온 인류가 따라야 할 대원리의 법칙이 실현된 하나의 예입니다. 저를 따라 하느님의 그리스도가 되는 자는 인간의 이상인 불멸성을 얻게 되는 것입니다. 사실 저의 육체는 파괴된 적이 없습니다. 저의 육체는 파괴되지 않을 정도로 높은 진동을 가지고 있었습니다. 그러므로 저들이 저를 십자가에 매달아 처형한 것은, 육체적인 인간이 육체에 대해 할 수 있는 최종적인 것을 저에게 행했다는 상징적인 의미만을 지니고 있을 뿐입니다. 육체에 가할 수 있는 마지막 제약을 완전하게 하기 위해서, 저들은 시체를 무덤 속에 넣고 그 입구를 커다란 돌로 막은 다음 철저하게 봉인했습니다. 그래서 저는 '다 이루었다'고 말한 것입니다.

육체적인 제약이 완전무결하게 이루어졌지만, 바로 그때 불멸성 또한 완전해졌습니다. 바위를 파서 만든 무덤이라도 불멸성을 획득한 인간의 몸을 가두어놓을 수는 없습니다. 필요하다면 바위를 녹여서 무덤 속에 갇힌 육체를 해방시킬 수 있는 것입니다. 여러분은 이 모든 것이 인간이 하느님으로부터 유산으로 물려받은 권리를 상징적으로 보여주고 있다는 사실을 아시기 바랍니다."

16

이 같은 모임이 며칠 계속된 다음, 고든 웰든 씨와 나는 그곳에 계속 머물고 대장과 다른 대원들은 다르질링으로 돌아가서 그동안 우리가 확보한 자료들을 종합하여 정리하기 위한 본부를 세우기로 결정했다.

대장과 대원들이 떠난 다음 우리는 캠프를 보다 더 튼튼하게 설치했다. 대장 일행은 12월에 돌아올 예정이었는데, 그때까지는 본부로 사용해야 하기 때문이었다.

우리 캠프는 주산맥에서 계곡을 향해 뻗어내려온 곁줄기 정상에 자리 잡고 있었다. 높이는 계곡 바닥에서부터 약 150미터 정도 되었다. 가보고 싶은 곳을 쉽게 왕래할 수 있는 메인 캠프를 치기에 적당한 위치였다.

캠프는 수목이 울창한 숲속에 세워졌다. 주봉主峰에서부터 캠프가 있는 곳으로 완만한 경사가 이루어져 있어서, 마치 아래쪽 계곡을 청중석으로 하는 반원형 극장의 무대 중심에 자리 잡고 있는 듯이 느껴졌다. 해는 계곡 저 너머로 지면서 주위를 온통 황금바다로 물들였다. 그 빛은 저녁마다 우리 뒤의 산등성이를 비추며 무대의 배경이 되어주었다. 뒤쪽의 주산맥은 춤을 추는 색채의 바다에 잠겨 마치 화려한 빛을 발하는 거대한 후광처럼 보였다.

마지막 태양 빛이 수평선 너머로 자취를 감출 때 침묵 속에 서 있노라면, 수 킬로미터 밖에까지 찬란한 빛을 반사하는 황금빛 두루마기를 입은 위대한 존재가 두 팔을 벌리고 어깨를 감싸 안는 듯한 느낌을 받을 수 있었다. 어느 날 저녁 해 지기 직전 모닥불 주위에 앉아 있는데, 그날따라 태양이 유난히 밝은 빛을 발했다. 대원들은 상당히 특이한 그 광경을 넋을 잃은 채 바라보았다. 누군가가 방금 전에 도착한 수행승을 향하여 "태양이 작별인사를 하기 전에 한층 더 아름답게 보이고 싶은 모양이지요"라고 말했다. 그러자 그 수행승이 대답했다. "좋은 일이 생길 전조입니다. 잠시 후에 지고자를 모신 위대한 영혼들이 이곳에 나타날 것입니다. 조용히 해주십시오." 즉시 외계에서 온 듯한 침묵이 주위를 감쌌다. 잠시 후 돌연 정적이 깨지면서 아름다운 멜로디의 천사들의 합창이 울려퍼졌다. 그러자 고음으로 노래하는 수천 마리의 코킬라kokila 새소리가 합창과 섞이면서 천상의 칸타타로 생각할 수 밖에 없는 음악으로 변했다. 만약 독자 여러분도 그 음악을 직접 들었다면 내가 최상급 표현으로 그 광경을 묘사하고 있는 이유를 이해할 수 있으리라 생각한다.

얼마 후 코킬라 소리는 멈추었다. 그러나 노랫소리는 보다 더 장중하게 퍼져나갔다. 봉우리에서 내려오는 경사면에 천사처럼 보이는 두 여인의 모습이 나타났다. 은빛 찬란한 치마를 입고 나타난 그들의 어렴풋한 모습은 신비롭기 그지없었다. '어찌 말로 표현하여 그 아름다움을 더럽힐까?'라고밖에는 달리 할 말이 없을 정도로 신비로웠다.

잠시 동안 수행승도 우리도 숨을 죽인 채 그 모습을 지켜보았다. 돌연 수천 명이 부르는 합창이 들리더니 이윽고 그들의 모습이 나타나기 시작했다. 그들은 두 여인을 중심으로 원형으로 모였다. 문득 노랫소리가 그치고 그들의 모습도 사라져버렸다. 절대적인 침묵이 감도는 중에 또 다른 거대한 형체가 나타났다. 그는 앞 사람들보다 훨씬 더 찬란한 빛깔의 광채를 발하고 있었다. 햇빛이 점점 더 엷어짐에 따라 그의 모습도 점차 작아지더니 사람과 같은 크기가 되었다. 균형 잡힌 체격에 윤기가 흐르는 머리를 기른 남성이었다. 그는 멋있게 접혀서 양어깨에서 흘러내리는 흰 두루마기를 입고 허리에 은백색 띠를 느슨하게 매고 있었다. 그는 바닥에 있는 풀을 옷자락으로 부드럽게 스치며 우리에게로 다가왔다. 그리스 신화에 나오는 그 어떤 신이라도 그보다 더 장엄할 수는 없을 것 같았다.

그는 가까이 다가와서 말했다. "우리는 서로 형식적으로 소개할 필요가 없습니다. 저는 여러분을 진정한 형제로 여깁니다. 제가 손을 내밀어 여러분의 손을 잡는다면 그것은 제 손을 잡는 것과 똑같습니다. 그러니 제가 저 자신을 포옹하는 데 뭐 주저할 필요가 있겠습니까? 저는 여러분을 저 자신처럼 사랑합니다. 우리는 하느님의 원리 속에서 온 세상을 사랑합니다. 저는 여러분과 마찬가지로 이름도 없고 나이도 없는 영원한 존재입니다. 우리는 신성의 바닷속에 함께 잠겨 있는 존재들인 것입니다."

그 어른이 잠시 말을 멈추고 서 있자 그가 입고 있던 옷이 우리가 입고 있던 옷과 똑같은 것으로 변했다. 그 곁에는 커다란 라즈푸타나 호랑이가 한 마리 나타나 서 있었다. 석양에 비친 그 호랑이의 털은 명주실처럼 아름답게 윤기가 흘렀다. 처음 한순간은 공포를 느꼈으나, 당시 일어나고 있던 일에 정신을 빼앗긴 나머지 호랑이의 존재는 의식하지 못했다. 호랑이는 몸을 웅크리고 앉았다. 그러나 그 어른이 무어라 말을 하자 일어나 그 앞으로 다가와 그가 내민 손에 얼굴을 갖다 비볐다. 그 순간 우리는 공포에서 해방되어 안정을 되찾았다. 그 어른은 모닥불 앞에 앉았고 우리는 그 주위에 모여 앉았다. 호랑이는 조금 떨어진 곳으로 가더니 땅에 배를 깔고 엎드렸다.

그 어른이 말했다. "이렇게 따뜻하게 맞아주시니 감사합니다. 제가 끼어드는 것이 방해가 안 된다면 영적인 모임(mella)이 있을 때까지 여러분과 함께하고 싶군요." 우리는 그의 손을 잡으려고 동시에 손을 내밀었다. 그만큼 열심히 그를 환영했던 것이다.

그는 우리에게 감사하다는 뜻을 전하며 이야기를 이어나갔다. "어떤 동물이라도 두려워할 필요가 없습니다. 두려워하지 않는다면 그들은 절대로 사람을 해치지 않습니다.

여러분은 전에 주민들을 보호하기 위해서 마을 입구에 자신의 몸을 죽은 시체처럼 놓아두었던 사람을 보신 일이 있을 겁니다. 그것은 두려움을 갖지 않으면 맹수도 해치지 않는다는 것을 주민들에게 보여주는 하나의 상징적인 표시였습니다. 그의 몸은 움직이지 않는 채로 버려져 있어서 맹수가 얼마든지 해칠 수 있는 상황이었습니다. 그럼에도 불구하고 그는 아무런 해를 입지 않았습니다. 그리하여 그 광경을 목격한 마을 사람들은 마을을 습격하던 맹수에 대한 두려움을 버리게 되었지요. 공포심이 사라진 순간 그들이 내보내던 공포의 진동도 멈추게 되었고, 공포의 진동이 없으니 맹수도 그 진동에 감응하지 않게 되어 이전에는 적으로 여기던 사람들을 이제는 마치 주위에 있는 나무나 풀이나 오두막처럼 보게 된 것이지요. 그 맹수는 늘 하던 대로 마을을 돌아다니며 잡아먹을 사람을 찾았을 것입니다. 극도의 공포심을 발산하는 사람이 그 대상이 되었을 것입니다. 여러분은 그 맹수가 마을 입구에 누워 있는 사람을 그냥 넘어서 마을로 들어가서는 자기를 두려워하고 있는 사람을 찾아 돌아다니는 모습을 보셨을 것입니다.

여러분은 그 맹수가 6미터 정도밖에 떨어지지 않은 곳에 있던 두 어린아이를 거들떠보지도 않고, 그보다 더 멀리에 있는 어른을 공격하는 광경도 목격하셨을 것입니다. 공격당한 사람은 맹수를 두려워하던 사람입니다. 그러나 어린아이들은 너무 어려서 두려움이 뭔지도 몰랐기 때문에 맹수의 공격을 받지 않았던 것입니다."

그 어른이 말하는 중에 과거의 경험이 떠올랐다. 그러면서 공포가 무엇인가에 대해 별로 심각하게 생각해보지 않았기 때문에 그 의미도 깊이 이해하지 못했다는 것을 깨닫고 반성하게 되었다.

그는 말을 이었다. "어떤 동물을 사랑하면 그는 반드시 사랑으로 응답합니다. 여러분이 사랑하는데도 저항해온다면, 여러분을 해치기 전에 먼저 자기 자신이 해를 입습니다. 동물은 이런 사실을 사람보다 훨씬 더 잘 알고 있습니다."

그는 호랑이를 힐끗 바라보면서 말했다. "여기 우리 형제에게 사랑을 보내고 그 반응을 보도록 합시다."

우리는 호랑이가 과연 어떤 반응을 보일까 주의를 기울여 관찰했다. 호랑이는 기뻐서 어쩔 줄 모르겠다는 듯이 뛰고 구르며 우리 쪽으로 다가왔다. 리쉬가 다시 말했다. "동물을 적으로 여기고 다가가면 적이 되지만 형제로 여기면 친구가 되고 보호자가 됩니다."

티베트의 T자형 사원에서부터 우리와 동행해온 무니가 일어나더니 영적인 모임에 몰려올 순례자들에게 봉사하기 위해 하르드와르로 돌아가야겠다고 하면서 작별인사를 하고 떠났다. 그는 우리와 함께하는 동안 거의 말이 없었지만, 그가 보여준 동지애는 말로 표현할 수 없을 정도로 깊었다. 그 위대한 땅에는 그 같은 사람들이 많다. 그들은 아무 말도 하지 않고 있지만 사람들은 그들의 위대함을 느끼는 것이다.

무니가 떠난 후 텐트 안으로 들어와 막 자리를 잡고 쉬려는데 에밀 대사와 자스트와 찬더 센이 들어왔다. 인사를 교환한 다음, 우리는 자리에 앉아서 그 나라 대부분 지역을 돌아다닐 여행 계획을 세웠다. 여행 계획이 세워진 후에 에밀 대사는 우리가 방문하게 될 장소에 얽힌 매우 흥미 있는 전설을 많이 들려주었다. 여기서는 그 가운데 하나만 소개해보겠다. 이 이야기는 우리가 캠프를 설치하고 있던 지역과 관련이 있는데, 그곳에서 12년마다 열리는 영적인 모임인 마하 쿰바 집회와 매우 밀접한 관련을 가지고 있기에 특별히 소개해보고자 하는 것이다. 그 지역의 사원들에는 해마다 다른 지역보다 많은 순례자가 모여드는데, 약 50만 명 정도가 모인다고 한다. 그러나 12년에 한 번씩 열리는 마하 쿰바 집회에는 100만 명 이상이 참석하는데, 그 해가 바로 마하 쿰바 집회가 열리는 해였다. 그래서 그런지 주위에는 벌써부터 상서로운 분위기가 감돌고 있었다.

집회 기간 동안에는 모든 순례자들에게 무료로 음식이 제공된다. 하르드와르는 가장 거룩한 성지로 알려져 있다. 브린다반에는 스리 크리슈니가 살았었다. 그는 이 계곡에서 성장했다. 그 지역 일대는 낙원과 같은 곳으로, 아름답게 노래를 부르는 새인 코킬라의 고향이기도 하다.

이 지역에는 보석이 박힌 이정표가 몇 개 서 있는데, 술병에서 흘러넘친 영원한 감로수가 떨어진 자리에 나타난 것이라고 한다. 감로수 병은 인도가 영적인 삶의 폭넓은 의미에 눈뜨기 시작하던 시기에, 영적인 것의 상징인 신 데바토스와 물질적인 것의 상징인 악마 아수라의 싸움이 끝나고 바다에서 건져올린 것이라고 한다. 이 감로수 병은 대단히 귀중한 것이라서 이 병을 차지하기 위한 싸움이 데바토스와 아수라 사이에서 두 번이나 있었다. 그런데 감로수 병을 두 번째 차지한 신 데바토스가 아수라를 피해 멀리 달아나려고 급히 서두르는 바람에 감로수가 쏟아졌고, 그 자리에 보석이 박힌 이정표가 출현했다는 것이다.

이 이야기는 깊은 영적인 의미를 내포하고 있는 전설이다. 이 전설 속에 포함되어 있는 영원하고 심오한 의미는 뒤에 밝혀질 것이다.

우리는 리쉬와 함께 그 지역 일대의 사원들을 차례로 돌아보았다. 12월에는 대장과 다시 만나 남쪽으로 향하여 아부산까지 갔다가 다시 브린다반과 하르드와르로 되돌아왔다. 돌아온 다음에도 여러 사원들을 방문하여 그곳 사람들과 상당히 친숙한 관계를 맺었다. 그러나 그들과 만나 맺은 관계와 그들에게서 들은 가르침 등은 공개할 수가 없다. 만약 공개하려면 개인적으로 소수의 사람들에게만 하기를 바란다는 그들의 부탁이 있었기 때문이다. 글로 써서 공개하지 말고 원하는 사람에게만 직접 말로 전달해달라는 것이 그들의 부탁이었다.

엄청난 수의 성직자와 순례자의 모임은 결코 잊을 수 없는 경험이었다. 엄청난 군중이 서두르지 않고 질서정연하게 하나의 목적지를 향해 나아가고 있었다. 모든 사람에게서 사랑과 친절함이 흘러넘쳤다. 그들은 모두 전능하신 지존자의 이름을 불렀는데, 그 소리에는 지극한 경외심이 담겨 있었다. 그것은 시간이라는 길고 긴 복도를 동시에 울리는 영적인 음향이었다.

서양에서는 시간이라는 것이 대단히 중요한 개념이지만, 대부분의 동양 세계에서는 시간이 그리 중요한 의미를 가지고 있지 않다.

모인 숫자도 어림잡아 40만~50만 명쯤은 되겠다고 추정할 뿐이지 실제로 정확한 수를 헤아릴 길은 없었다.

그 거대한 규모의 영적인 집회가 시작되기 전날 저녁, 모닥불 앞에 앉아 있을 때 리쉬가 그 모임의 목적을 우리에게 설명해주었다.

인도에서 열리는 이러한 모임의 거의 대부분은 겉으로 나타나는 것보다 훨씬 더 의미가 깊다. 즉 되풀이해서 반복되는 전설이 암시하고 있는 것 이상의 의미를 가지고 있다는 말이다.

17

리쉬가 계속 말했다. "성경에는 이런 말씀이 기록되어 있습니다. '눈으로 본 적이 없고 귀로 들은 일도 없고, 사람의 마음에 떠오르지도 않았던 일을 하느님께서는 그를 사랑하는 자들을 위하여 예비해 두셨다(고린도전서 2:9)'고 말입니다. 그런데 '그를 사랑하는 자들을 위하여'라는 구절은 '하느님의 그리스도를 사랑하고 하느님의 그리스도를 나타내는 자를 위하여'라고 읽어야 할 것입니다.

생명의 원리 또는 생명의 목적을 깨닫고 있는 사람은 소수에 지나지 않습니다. 원리를 이해한다는 것은 본질을 꿰뚫어보는 것으로서, 무언가를 이해하기 위해서는 가장 중요한 것입니다. 그러므로 '네가 가진 모든 것을 다 바쳐 이해를 얻으라'는 속담은 진정한 금언이라고 할 수 있습니다. 이해라는 것은 사물의 밑바닥에 있는 목적을 깨닫는 것을 말합니다. 솔로몬은 이해력을 통해 만물에 능통하게 되었습니다. 그는 만물을 이해하는 자가 되고자 이해의 기초가 되는 지혜를 구했습니다. 그렇게 구한 그에게 지혜의 샘이 열렸습니다. 그 결과 그는 권좌에 앉아 부와 명예를 누리며 만물에 능통한 왕으로 칭송을 받았습니다. 솔로몬에게 '천 명의 후궁이 있었다'는 언급은 이러한 사실을 상징적으로 말해주는 표현입니다.

솔로몬 시대에는 아내라는 말이 위대한 재능을 상징했습니다. 즉 우주의 전체 역사, 그리고 그것이 인류와 각 개인과 갖는 관계를 꿰뚫어보는 완전한 이해를 상징적으로 아내나 처라고 표현했던 것입니다. 솔로몬이 자신의 지혜를 백성들의 유익을 위해 사용했을 때, 그의 창고에는 '3,000배나 더 많은 물건'이 쌓였고 그가 만든 지혜로운 노래는 '1,005편'이나 되었습니다. 성경은 '하느님께서 솔로몬에게 지혜와 슬기를 한없이 주셨으므로 그의 박식함이 바다의 모래벌판 같았다(열왕기 상 2:29~32)'고 말하고 있습니다.

솔로몬은 죽으면 그만인 일반적인 의미의 왕이 아닙니다. 그는 자기 자신과 백성들을 사랑과 지혜로 다스린 진정한 의미의 왕이었습니다. 그는 왕좌에 앉아서 지혜로운 재판을 구하는 백성들에게 사랑과 정의와 풍요로움을 베풀었습니다.

솔로몬은 백성들이 구하는 대로 사랑과 지혜로 정의와 풍요로움을 베풀어주었습니다. 그가 '강철같이 굳은 지팡이'로 다스렸다는 말이 기록되어 있지만 그것은 결코 폐할 수 없는 율법으로 다스렸다는 상징적인 표현입니다. 그가 베푼 것은 수만 배로 되돌아왔습니다. 그는 율법과 하느님의 그리스도라는 보고寶庫 속에 무엇이 저장되어 있는지를 알았습니다. 그래서 그는 자신의 참자아가 하느님께 순종하여 원리를 드러내는 삶을 살았습니다. 그가 그렇게 하느님의 원리에 순종했을 때, 온 땅에라도 다 담을 수 없을 만큼의 많은 재물을 보상으로 받았습니다.

보상을 바라지 말고 베푸십시오. 그러면 측량할 수 없을 만큼 되돌아옵니다. 먼저 하느님을 사랑하고 그다음 온 세상을 사랑하십시오. 그 사랑은 온 세상을 뒤덮을 정도로 커져서 돌아올 것입니다. 생각해보십시오. 여러분이 내보낸 사랑의 진동은 수없이 많은 사람들의 가슴 속을 통과하면서 증폭되어 돌아올 텐데 그 크기를 어찌 측량할 수 있겠습니까?

초인생활 ✛ 탐사록

이렇게 함으로써 하늘과 땅은 속박에서 풀려나 조화로움이 넘치는 낙원이 될 것입니다. 솔로몬은 자신의 지혜와 이해와 정의와 풍요를 아낌없이 베풀었습니다. 그 결과 그는 온 땅을 채우고도 남을 정도의 풍성함을 누렸습니다. 그가 처한 상황은 더 이상 땅이 아니었습니다. 그것은 하늘이었습니다.

당시 사람들이 솔로몬을 위대한 왕이라고 부른 것은 하나도 이상할 것이 없습니다. 그들은 솔로몬 앞에 엎드려 그를 경배했습니다. 자기들이 필요로 하는 모든 것을 공급해줄 수 있는 존재로 보았던 것이지요. 그런데 여기서 바로 일이 잘못되었습니다. 저들은 솔로몬을 자기들이 따라가야 하는 이상으로 보았어야 했는데 그러지 못했던 것입니다. 하느님은 솔로몬에게 '온 세상에 너와 같은 자가 없다'고 말씀하셨습니다. 사실 세상에는 그와 같은 사람이 있을 수가 없었습니다. 그는 이미 땅(세상)에서 떠나 하늘에 속한 존재가 되었기 때문입니다. 그는 자신의 삶을 통해 인간의 유산인 하느님을 나타냈습니다. 다른 모든 사람들도 그의 뒤를 따라 하느님을 나타냈어야만 했습니다. 그러나 그들은 그러지 못하고 오히려 솔로몬을 숭배하는 어리석음을 범하고 말았습니다.

그 같은 위대한 왕은 자기 신하 누구에게도 사형을 언도할 수 없습니다. 만약 그렇게 한다면 그것은 자기 자신에게 사형을 선고하는 것과 마찬가지일 뿐만 아니라 오히려 수천 배 더 괴로운 형벌을 받는 꼴이 될 것이기 때문입니다. 그와 같은 위대한 왕은 정의로 다스립니다. 정의로 다스리는 것은 다른 왕들 위에서가 아니라 그들과 함께하는 것입니다. 따라서 허세를 부리거나 과장된 위엄을 나타내 보일 필요가 없습니다. 그러한 왕은 자신의 왕관을 자랑하지 않습니다. 모든 인류가 이미 그 왕관에 대해 알고 있기 때문입니다. 이러한 왕이 진정한 통치자, 즉 소수만을 다스리는 자가 아니라 모든 인간을 다스리는 통치자인 것입니다. 이러한 왕이 통치하게 되면 사실은 모든 사람이 그와 함께 다스리는 셈이 됩니다. 이것이 통치의 왕도입니다. 통치의 왕도가 이루어졌을 때, 그것을 '이스라엘의 집'이라고 합니다. 이스라엘의 집은 나무처럼 뿌리를 내리고, 자라나 꽃을 피워 그 영적인 향기를 온 인류에게 발산합니다.

이스라엘의 집을 이룬 자들은 과거에도 있었고 앞으로도 있을 것입니다. 망설이지 마십시오. 천국은 이미 여기에 존재하고 있습니다. 모든 사람이 그렇게 되기를 바라고 그렇게 만든다면 말입니다. 이러한 부름에 응답하지 않는 사람들은 태어남과 죽음을 반복하며 시련과 고통으로 가득 찬 삶을 살 것입니다. 태어남과 죽음의 반복은 궁극적인 영적 지각이 확고하게 생길 때까지 계속될 것입니다. 그러나 궁극적인 영적 지각이 생기면 온 인류를 한 가족으로 하는 거대한 집이 세워질 것입니다.

궁극적인 영적 지각을 획득한 사람은 태어남과 죽음을 반복하는 윤회의 굴레에서 해방됩니다. 그에게는 더 이상 카르마(業)가 존재하지 않습니다. 카르마란 불화와 부조화를 초래한 데 대한 일종의 보응하는 힘입니다. 카르마의 보응을 피하려면 카르마의 원인을 제거하는 길밖에는 없습니다. 카르마의 원인은 마음속에 존재하는 생각입니다. 원인을 제거하면, 즉 고차원적인 깨달음을 얻으면 카르마의 원인이 되는 저급한 생각은 저절로 소멸됩니다. 때문에 육체의 진동을, 카르마가 존재하는 영역을 초월한 경지로 끌어올려야만 하는 것입니다.

죽음은 결코 카르마를 소멸시키지 못합니다. 파괴하거나 없애기

　　　　　　　　　　　　　　　초인생활 ✛ 탐사록

는커녕 훨씬 더 강하게 만듭니다. 그래서 사람들은 카르마의 무게에 눌려 신음하고 있는 것입니다. 그러나 죽음과 재생에 대한 생각의 끈을 놓는 순간 죽음과 카르마로부터 풀려납니다. 죽음과 카르마가 모두 소멸되어버리는 것입니다. 그리고 소멸된 것은 잊혀지고, 잊혀진 것은 다시는 나타나지 않습니다.

생명의 절대적인 영속성에 대한 깨달음이 확실하지 못한 단계에서라도 죽음이라는 잘못된 생각에서 구제받을 수 있는 길은 있습니다. 즉 재생 내지는 환생이 바로 그 구제책입니다.

환생은 죽음이라는 암흑 길을 헤매고 있는 자들을 인도하는 불빛입니다. 그 빛을 따라, 다시 말해 거듭거듭 다시 태어나 이 땅에서의 경험을 축적하는 과정을 통해 죽음을 극복하는 단계에 도달할 수 있습니다. 경험이 가르쳐주는 교훈을 통해 우리를 억누르고 있는 인간이 만든 교리나 신조의 틀에서 벗어날 수 있습니다. 인간이 만든 교리나 신조의 틀에서 벗어나면 하느님의 영광의 빛 가운데로 들어가게 됩니다. 그 빛은 언제나 밝게 빛나고 있습니다. 그러나 아버지의 집, 즉 인간이 만든 교리나 미신적인 생각이 섞이지 않은 순수한 참자아의 집에서 멀리 떠나 방황하고 있는 동안에는 희미하게밖에는 보이지 않습니다.

참자아의 집을 향해 한 발짝 한 발짝 걸음을 내디딜 때마다 그 빛은 점점 더 밝아집니다. 그리고 집 안으로 들어가게 되면, 그때까지 자신의 잘못된 생각 때문에 희미하게밖에는 보이지 않던 그 빛이 본래대로 밝고 따뜻하고 아름답게 타오르고 있음을 알게 됩니다. 거기에는 고요와 평화와 안식이 있습니다. 참자아의 집에 들어간 사람은 그것을 마음껏 누릴 수 있습니다. 인간이 만든 교리와 미신적인 생각의 길에서 방황하지 않고 일찍이 그 집으로 돌아왔다면 그것은 오래전에 우리 것이 되었을 것입니다. 그러나 어쨌든지 방황을 끝내고 돌아온다면 과거의 괴로움은 모두 잊혀지고 본래 상태를 회복할 수가 있습니다.

성경은 '고요한 중에서 네 속에 있는 주의 구원을 보라'고 말합니다. 외부에서 어떤 일이 벌어지더라도 마음은 온전히 평정을 지키며, 자신의 참자아인 하느님의 주 그리스도의 역사로 완전한 구원이 이루어지는 것을 바라보십시오. 제가 지금까지 깨달은 대로 말씀드린 것은 오래전에 아브라함이 사용했던 법칙입니다. 이 법칙은 그 시대에나 오늘날에나 변함이 없는 진리입니다. 여러분이 믿음에 따라 생각하고 말하고 행동하는 것을 통해 그에 상응하는 현상이 나타납니다. 생각이 좋지 않을 경우 그 유일한 치료법은 생각을 바꾸는 것입니다. 그리고 아직은 존재하고 있지 않지만 마치 이미 존재하고 있는 것처럼 원하는 것을 불러내면 됩니다.

성경은 원문에서 오늘날의 형태로 번역될 때 오류가 많았습니다. 그래서 마치 거짓 예언처럼 되어버린 부분이 많습니다. 이들 중 많은 것은 문자나 상징에 대한 번역자들의 이해 부족에서 비롯된 것입니다.

저들은 자기들이 이해할 수 있는 범위 내에서는 양심적으로 번역을 했으므로 이는 변명의 여지가 있습니다. 그러나 대다수가 이스라엘 집의 원시 복음을 신비화하고 오도하고 왜곡하기 위한 의도적인 비열한 날조였습니다.

이스라엘은 원래 '이스-라엘Is-rael'로 수정인종 또는 순백인종을 가리킵니다. 이 종족은 지상에 출현한 최초의 인종이며, 이들에게서 나머지 다른 모든 종족들이 파생되어 나왔습니다. 이들을 순수한 빛의 종족이라고도 하는데, 종족이라는 말은 대부분의 경우 광선을 의미합니다. 그러므로 순수한 빛의 종족이라 함은 곧 순수한 광선을 가리키는 것이지요. 하여튼 이들 종족에게서 아리안 족이 나왔습니다.

성경에서 왜곡된 부분의 대부분은 기원후 1세기와 2세기 사이에 그렇게 되었습니다. 그중에서도 다니엘서와 에스라서와 느헤미야서는 특히 엄청나게 잘못되었습니다. 요세푸스를 비롯한 다른 고대 저술가들의 기록도 예외 없이 왜곡되었습니다. 그 당시에 존재하고 있던 잘 알려진 과거의 역사와 자료를 숨기기 위해 의도적으로 그렇게 했다고밖에는 달리 생각할 수 없을 정도로 왜곡의 도가 심했습니다. 이러한 허위 조작으로 말미암아 인간의 의식이 시작된 이래 이스라엘인들에 의해 보존되어온 정확한 연대기적 기술 방법과 역사도 파괴되어버렸습니다. 진실한 사건에 수천의 날조된 역사가 원래의 기록을 대신하게 되었고, 그 결과 진실한 역사적 자료의 대부분이 파괴되고 말았습니다.

순백인종에서 직접 파생되어 나온 아리안 족은 정확한 연대기적 역사 기술 방법을 사용했으며, 그들에 의해 그 방법이 순수하게 보존되어왔습니다. 그 방법과 비교해보면 왜곡되고 대체된 것을 쉽게 찾아낼 수 있습니다. 우리는 순수하게 보존된 히브리 민족의 정확한 연대기를 가지고 있습니다. 우리가 가지고 있는 연대기와 비교해보면 성경의 왜곡은 솔로몬 시대에까지 이르고, 그의 후궁들의 가계家系와 이스라엘 집의 10지파와 그들 지파의 지도자들과 장로들에 관한 역사도 왜곡되어 있음을 알 수 있습니다.

솔로몬 이후 이스라엘 12지파가 남북으로 분열되었을 때, 뿌리가 되는 북왕국 10지파는 이스라엘의 집 또는 이스라엘 왕국이라고 불렸고 남왕국을 형성한 2지파는 유다 종족이라고 일컬어졌습니다. 유다 종족도 이스라엘 백성입니다. 그러나 이스라엘 백성 속에는 유다 종족이 포함되는 것이 사실이지만, 유다 종족이 이스라엘 백성 전체는 아닙니다. 아브라함과 이삭과 야곱을 유대인이라고 하는 경우가 흔히 있지만 이것은 잘못된 것입니다. 야곱의 열두 아들 중에서 유다의 후손만을 유대인이라고 부르는 것이 맞습니다. 그러므로 북왕국 10지파나 또는 이스라엘 12지파를 유다 종족 또는 유대인이라고 부를 수는 없습니다.

다시 말하지만 이스라엘 종족은 유대인이 아닙니다. 그러나 유대인은 이스라엘 종족에 포함됩니다.

유대인이라는 명칭은 유대 지파가 바빌론의 포로가 되어 팔레스타인을 떠났을 때 최초로 그들에게 적용된 이름입니다. 오늘날 유대인이라고 알려진 사람들은 포로에서 풀려나 팔레스타인으로 귀환한 유다 지파의 남은 자들의 후손입니다. 포로에서 귀환한 자들의 몸속에는 주변 민족들의 피가 상당히 섞여 있었습니다. 그래서 오늘날 스스로 유대인이라고 자처하는 사람들 중에도 순수한 유대인의 피는 3분의 1도 채 되지 않습니다.

유대인들은 이스라엘 종족, 즉 아리안 족과 섞여 사는 동안에는 번성했습니다. 그들은 이스라엘인들과 함께 살면서 끈질김도 배웠습니다. 세월이 지나면 유대인들은 자신들을 보호하고 지키기 위해서는 별수 없이 이스라엘인들과 동화하지 않으면 안 될 것이라는 점을 깨닫게 될 것입니다.

이스라엘인들과 결합하여 유럽 전역으로 이주한 유대 종족 사람들은 오늘날 우리가 유대인이라고 알고 있는 사람들과는 종족이 다른 사람들입니다. 영국의 여러 섬과 지중해 연안 지방에 정착한 이스라엘인들과 그들을 구별하기는 불가능합니다. 그들은 서로 통혼을 했을 뿐만 아니라 기타 주변 상황에 의해 종족의 특성을 모두 잃어버렸기 때문입니다. 저도 그 종족에 속한 사람입니다. 그래서 그 사정을 잘 알고 있지요.

우리와 함께 생활하고 있는 유대인들이 있습니다. 그래서 유다의 집 시대에서부터 유다 종족 시대까지, 그리고 현재에 이르기까지 그들의 역사를 낱낱이 알 수가 있습니다. 저들은 순수한 하느님 신앙을 보존하고 있는 위대한 종족으로서 인류 앞에 하나의 상징물처럼 서 있는 존재입니다. 상징물로서의 그들 역할은 모든 종족이 각 개인의 삶을 지배하는 하느님의 그리스도를 중심으로 하나 될 때까지 계속될 것입니다. 즉 인류의 모든 종족이 이산 분리하기 전에 가지고 있던 순수한 하느님 신앙을 회복할 때까지 유대인들이 푯대 역할을 할 것이라는 말씀입니다.

예루살렘을 떠난 이후의 이스라엘의 발자취를 추적해보는 것은 그리 어려운 일이 아닙니다. 영국의 여러 섬에 정착한 그들의 행로는 쉽게 판별이 가능합니다. 단^{Dan} 지파의 행로도 쉽게 찾을 수 있습니다. 그들 지파의 이름과 역사를 그들이 정착해 살고 있는 곳의 지명과 비교해보면 사실이 쉽게 판명됩니다. 다뉴브 강은 그들의 지파 이름인 단에서 유래된 이름입니다. 다뉴브 강이 지금은 온갖 선박이 자유롭게 출입하는 정박지가 되었지만, 이스라엘이 각각의 종족으로 분파된 이후에는 그 강을 통하여 영국으로 건너간 종족들이 많습니다. 훗날 데인^{Dane} 족, 주트^{Jute} 족, 픽트^{Pict} 족 등등의 이름으로 불리게 된 종족들이 모두 그들입니다. 그들은 스칸디나비아, 아일랜드, 스코

틀랜드 등 다른 여러 지역으로도 들어가 각기 새로운 이름으로 불렸습니다. 영국에 정착한 이후에 다시 아메리카로 건너간 사람들도 있습니다. 사실 아메리카는 그들의 옛날 고향이었습니다. 저들의 씨는 아메리카에서 퍼지기 시작했기 때문입니다. 그러나 다시 돌아갔을 때에는 떠날 당시에 가지고 있던 종족적 특성이 사라진 지 오래였고 언어도 변해 있었습니다. 그러나 현재 사용되고 있는 언어는 머지않아 떠나기 이전에 사용하던 언어로 통일될 것입니다.

저들은 집을 떠나 길고 긴 세월을 방황했지만, 이제 다시 고향으로 돌아왔습니다. 저들의 고향 땅은 남아메리카와 오스트레일리아 그리고 뉴질랜드와 남양군도에까지 뻗어 있으며, 멀리 일본과 중국에까지 미칩니다.

일본인들과 중국인들은 그다지 이동이 심하지 않습니다. 저들은 인류의 모국인 무^{Mu} 대륙이 해저에 가라앉기 전에 그 땅에서 이주해 나온 생명력이 넘치는 종족들입니다. 무 대륙에서 처음 이주해 나온 그들은 위구르^{Uiguar} 족 또는 방랑 족이라고 불렸는데, 몽고 족은 바로 그들의 후손입니다. 과거 백색 인종은 자신들의 고향에서 고도의 문명을 꽃피웠습니다. 그들은 방사 에너지를 사용했고, 원자 에너지를 이용해 유용한 일을 하기도 했습니다. 그들은 또 공중부양법도 개발하여 이곳에서 저곳으로 마음대로 옮아다녔습니다. 그들은 이교도의 예배나 교리, 신조 또는 미신적인 사고에 물들지 않은 철학을 가지고 있었습니다. 그들은 인간은 하느님처럼 신적인 존재라는, 전 인류 속에 스며들어 있는 참원리를 숭배했습니다.

이스라엘-아리아 족은 유일하고 지혜로운 왕권과 문화의 상징입니다. 이 종족에게 깊은 뜻이 있는 교훈이 주어졌는데, 그것을 기록한 것이 성경입니다.

인간 속에 있는 그리스도가 그들이 품고 있던 이상입니다. 그 이상은 저들에게 꺼지지 않는 횃불이자 홀笏의 머리였습니다. 횃불이 영원히 타오르도록 바람을 불어넣기 위하여, 그리하여 그 교훈을 잊어버리지 않도록 하기 위하여 한 권이 아니라 열두 권의 성경이 기록되었습니다.

그 교훈이 파괴되거나 변질되는 것을 막기 위하여, 서로 상응하는 열두 권의 성경을 돌에 새겨서 인류의 모국인 무 대륙 곳곳에 흩어서 보관했습니다. 그러다가 그 교훈을 영원한 것으로 만들기 위해 한 권으로 결집한 다음, 거대한 피라미드를 세우고 그 속에 한 권으로 결집된 성경을 보관했습니다. 그리하여 문명의 토대인 그리스도에 대한 이야기를 기록하고 있는 성경이 이 땅의 인간들 속에 견고히 자리 잡게 되었습니다. 다시는 손상되거나 지워질 염려가 없었습니다. 그것은 밝은 빛을 발하는 등대로서, 그리고 그 빛을 반사하는 반사탑으로서 인류 가운데에 영원히 존재할 것입니다. 성경은 빛을 반사할 뿐만 아니라 계속해서 들려오는 하느님의 명령을 전해줍니다. 그 명령은 이런 것입니다. '빛을 잃었다면 내면으로 들어가라. 그러면 과거에 기록된 교훈이 새로운 빛을 발하며 너에게서 발산될 것이다. 길을 잃고 어둠 속에서 방황하는 양 같은 너에게서 빛이 발하리라.'

하느님에게는 빛(생명)을 잃고 방황하는 자는 모두 무리에서 떠난 길 잃은 양입니다. 그런데 양 떼는 항상 지금 여기에 있습니다. 보고 돌아오기만 하면 되는 것입니다. 목자이신 그리스도는 무리 가운데로 다시 들어오고자 하는 자들의 길을 밝혀주기 위해 횃불을 높이 치켜들고 기다리고 있습니다. 사람들은 그리스도를 잊고 오랜 세월을 보냈지만, 그리스도는 빛을 찾아오는 자들을 위해 항상 있던 곳에 계십니다.

우주에서 최초로 존재한 것은 '빛이 있으라'는 하느님의 말씀입니다. 이 말씀의 진동이 번갯불처럼 퍼져나감과 동시에 생명이 출현했습니다. 생명은 하느님과는 결코 분리될 수 없습니다. 이 사실은 대지 위에 굳건히 서서 왕관도 쓰지 않은 머리를 하늘로 치켜든 거대한 피라미드가 증거하고 있습니다.

인간이 자신의 진정한 유산, 즉 자기의 참자아가 하느님의 그리스도라는 사실을 확실히 깨닫는 순간 피라미드의 머리 위에는 왕관이 씌워집니다. 그러면 왕관이 씌워진 피라미드는 인간이 다시는 양떼를 떠나 방황하지 않을 것이라는 사실을 영원히 증거하는 기념비와 같은 존재가 될 것입니다.

거대한 피라미드는 돌에 새겨진 성경입니다. 결코 파괴될 수 없는 이 성경 속에는 하느님이 선택한 백성들이 성취한 업적과 방랑의 역사가 기록되어 있습니다. 하느님이 선택한 백성이란 어느 특정한 민족을 가리키는 말이 아닙니다. 그리스도의 빛을 받아들이는 사람은 누구나 하느님이 선택한 백성입니다. 하느님이 선택한 백성이 된다고 해서 그리스도 이하의 존재가 되어 그리스도보다 못한 행동을 해도 된다는 면허증을 받는 것은 아닙니다. 오히려 하느님이 선택한 백성이 된다고 하는 것은 자신의 참자아가 그리스도라는 사실을 잊고 어둠 속에서 방황하고 있는 사람들 앞에 자신에게서 비쳐나오는 그리스도의 모습을 밝게 비춰주는 햇불이 된다는 의미를 가지고 있습니다.

세월이 흐르면서 무 대륙의 문명이 쇠퇴하기 시작했습니다. 무대륙에 찬란한 문명의 꽃을 피웠던 그들이 어둠의 길을 걷기 시작하면서부터 종족의 특성을 잃어버리고 야만인으로 완전히 전락해버렸습니다. 그러나 인류에게 주어진 순수한 교훈을 끝까지 붙잡고 있던 소수의 사람들이 남아 있었습니다. 그들은 세속을 피해 은둔생활에 들어갔습니다. 그것은 인류를 보호하기 위한 빛을 발산하기 위해 힘을 합치기 위해서는 그렇게 하지 않으면 안 되겠다고 생각했기 때문입니다.

그들 소수의 그룹을 통해서 세상에는 구원자가 필요하다는 가르침이 전파되었습니다. 그들은 모든 사람 각자가 그리고 그다음엔 인류 전체가 생각과 말과 행동을 통해 나타내야 하는 신인(God-man)을 세상의 구원자라고 가르쳤습니다. 비록 활동이 정지된 상태이긴 했지만, 구원자 그리스도는 모든 사람들 속에 여전히 존재하고 있습니다.

그리스도의 빛은 저들의 무지와, 저들이 그리스도로서의 삶을 거부했기 때문에 어두워진 것입니다. 그리스도의 빛이 어두워진 후에, 은둔자들은 구원자가 나타날 것이라는 사실을 개인적으로 혹은 집단적으로 선포했습니다. 때가 되면 지고자께서 택하신 고귀한 이상을 품은 구원자가 인간들 가운데 나타날 것이라고 말입니다.

지고자께서는 자신의 신성을 한 그룹의 사람들에게 부어주었습니다. 그것은 그들로 하여금 지고자의 명령을 전달하도록 하기 위함입니다. 지고자의 명령이란 다른 것이 아닙니다. 인간들 가운데 나타날 구원자에게 사람들을 이끌기 위해, 그가 나타날 때와 나타나는 방법 그리고 나타나는 목적을 모든 사람들에게 알리라는 것이었습니다. 심지어는 십자가 처형의 정확한 날짜까지도 알리도록 했습니다.

구원자의 가르침에 무게와 생명력을 더해주고, 이방신을 섬기며 방황하고 있는 많은 사람들의 의식의 초점을 구원자에게로 돌리기 위해서는 그렇게 미리 알릴 필요가 있었습니다. 그 당시 인류는 아버지의 집에서 너무 멀리 떠나 있었기 때문에 영적인 죽음을 목전에 두고 있었습니다. 그래서 메시아 혹은 구원자가 처형당하여 그의 시체가 바위를 파서 만든 무덤에 갇힐지라도, 그럼에도 불구하고 완전하게 부활할 것이라는 내용의 복음이 선포될 필요가 있었던 것입니다. 인류는 사람의 아들이 하느님의 아들, 즉 항상 하느님과 일체로 존재하는 하느님의 그리스도가 되는 것을 다시 목격하게 될 것입니다. 인류가 그러한 사실을 목격하게 되면 다시는 어둠의 구렁텅이로 되돌아가지 않을 것입니다. 그때가 되면 모든 사람이 신적인 생명을 누리며 온 땅을 사랑과 평화로 뒤덮게 되겠지요. 성경은 만물이 존재하기 전부터 이러한 상태가 이미 존재하고 있다고 가르쳐줍니다. 구원자는 인류의 진정한 유산인 이러한 상태를 사람들에게 가르쳐줄 것입니다. 구원자 그리스도는 어느 시대에나 존재하고 있었지만 사람들의 눈에는 가려져 있었습니다. 그러나 그의 가르침을 통하여 하느님의 섭리의 강물이 흐르고 대지의 과실이 익어 인간의 필요에 따라 무한정 공급될 것입니다.

성경에 기록되어 있는 이러한 예언들이 예수가 탄생하기 이전에 이미 왜곡되었고, 오늘에 이르기까지 그 잘못된 것이 바로잡히지 않고 있습니다. 그리스도교의 가장 기본적인 요소들이 시대적으로 앞선 타종교들로부터 빌려온 것이라고 믿고 있는 사람들이 많습니다. 그들은 그리스도교의 근본 요소가 영원 전부터 존재하고 있던 인류의 가장 고귀한 이상이라는 것을 알지 못합니다.

장차 자신의 가르침을 받을 사람들 사이에서 성장하게 될 아기 그리스도의 죄 없는 탄생을 위해, 그를 낳고 양육할 어머니 육체와 외적인 보호자가 될 아버지 육체가 각각 준비되어 하나로 결합했습니다.

어머니는 마리아였고 아버지는 요셉이었는데, 둘 다 참빛을 밝혔던 다윗의 후손이었습니다. 다윗은 또 아브라함의 후손이었습니다. 아브라함^Ah Brahm이라는 이름에는 대우주로부터 오는 완전한 빛을 발산하는 자라는 뜻이 있습니다.

사람의 아들들은 심각할 정도로 퇴보해 있었기 때문에 저들의 육체 진동은 동물 이하로 떨어져 있었습니다. 그래서 예수께서는 오랫동안 잊혀져 있던 그리스도의 이름으로 사람들 앞에 나타나면서 저들이 자기 육체를 동물보다 훨씬 더 참혹하게 파괴할 것이라는 점을 잘 알고 있었습니다. 인간의 지각이 그리스도 빛의 인도를 받지 못할 때, 저들은 동물보다 저급한 차원으로 떨어져버리고 맙니다.

그는 자신의 내면에서 자기와 그리스도를 명확히 하나이게 해서, 자기가 원해서 스스로 선택하지 않는 한 저들이 자기의 머리카락 하나도 다칠 수 없게 해야 함을 알고 있었습니다. 그러나 그는 고난받는 메시아 역할을 두려워하지 않고 선택했습니다. 그러한 역할을 선택하는 사람은 그 길이 그리스도의 삶을 살았던 과거의 선배들이 택했던 길임을 알고 겸손해야만 합니다.

이번에 열리는 영적인 집회는 이러한 그리스도의 이상을 보다 더 명확하게 강화시켜줄 것입니다. 여러분은 여기에 모인 수많은 겸손한 영혼들이 말없이 내뿜고 있는 힘이 얼마나 큰 영향력을 가지고 있는지 아시게 될 것입니다. 자신의 신성을 온전히 발현하고 있는 사람이 한 명만 있어도 세상과 죽음이 정복됩니다. 그 한 사람의 힘에 그와 똑같은 힘을 가지고 있는 사람의 힘이 합해진다면 네 배로 강력한 힘이 생겨납니다. 이런 식으로 수많은 사람들이 힘을 합친다면 온 세상을 덮고도 남을 만한 힘이 발산되지 않겠습니까?

이렇게 집중된 힘이 남김없이 발산되면, 사람들이 그 사실을 알든지 모르든지 그 즉시 세상은 다시 태어나 새로운 생명력을 얻어 갱신됩니다. 이러한 집회는 해왕성이 태어나기 오래전부터 시대를 따라 내려오면서, 12년마다 1회씩 장소를 바꾸어가면서 열려왔습니다. 초창기에는 참석자들의 수가 그리 많지 않았습니다. 그러나 그들에게서 소리 없이 발산되는 빛이 점차 다른 사람들을 그 모임에 끌어들였습니다.

참가자의 수가 증가함에 따라 다른 그룹이 형성되었고, 이러한 일은 열두 개의 새로운 그룹이 형성될 때까지 반복되었습니다. 그리하여 첫 번째 그룹을 포함하여 모두 열세 개의 그룹이 형성되었지요. 이번 집회에 참석하는 사람들은 새로운 그룹으로는 마지막인 열두 번째 그룹에 속하는 분들입니다. 이분들이 이번에 모이는 것은 앞서 형성된 다른 열두 그룹과 결속하여 하나의 완전한 그룹으로 만들기 위함입니다. 물론 다른 그룹들은 모이기 편리한 장소를 택해 서로 다른 곳에서 모입니다.

이들은 어떤 조직체를 만들 생각을 가지고 있지 않을 뿐만 아니라, 엄격한 규율 따위도 가지고 있지 않습니다. 각 그룹이 유기적인 인체의 조직처럼 서로 내면적으로 결합하고 있을 뿐입니다. 이들이 모이는 장소는 일반인들에게는 공개되지 않습니다. 이 한 가지 사실만으로도 이들이 어떤 조직체를 구성하고자 하는 마음이 없다는 것을 증명해줄 수 있을 것입니다.

내일 12시에 집회가 시작되면 열세 그룹 모두가 하나의 유기체로 결합될 것입니다. 먼저 열두 그룹이 인간 속에 있는 그리스도의 이상이 완성된 것을 상징하는 피라미드를 구성하고, 마지막 열세 번째 그룹은 그 피라미드의 왕관이 될 것입니다.

열세 그룹은 전에 자기들이 모이던 장소에서 각기 따로따로 모이게 됩니다. 그렇지만 모든 그룹이 지도자 격인 그룹을 중심으로 한자리에 모이는 것과 똑같은 결과를 가져올 것입니다.

열세 그룹이 하나로 결속하는 것과는 별도로, 열두 그룹에서 각기 열두 명씩 나와서 다른 그룹 열두 개를 만드는 데 협조하게 될 것입니다. 이들이 새로 만든 열두 그룹이 또다시 각각 열두 개의 그룹을 만들면 모두 144개의 그룹이 형성되겠지요. 그리고 이들 144개의 그룹이 새로운 회원을 받아들여 가지를 뻗어나갈 것입니다. 이러한 증식은 열두 명 단위의 그룹으로 이루어진 피라미드가 온 땅을 뒤덮을 때까지 계속될 것입니다.

이 그룹의 일원이 되기 위해서 필요한 것은 오직 그리스도를 이상으로 품고 생각과 말과 행동을 통해 그리스도를 나타내는 것뿐입니다. 그러면 여러분은 이 위대한 그룹 전체와 하나가 됩니다. 저들은 여러분이 하느님을 만나는 곳에서 여러분과 만납니다. 여러분의 집이나 골방, 아니면 세상에서 멀리 떨어진 오지나 산꼭대기 또는 바쁘게 돌아가는 시장바닥일지라도 여러분이 하느님을 만나는 바로 그곳에서 저들은 여러분을 만나는 것입니다. 요는 저들과 하나 되느냐 못 되느냐 하는 것은 오직 하느님과 하나 되느냐 아니냐 하는 문제에 달려 있다는 말씀입니다. 생각을 그리스도에게까지 끌어올리는 순간 육체는 그리스도의 진동에 동조하게 됩니다. 그때 여러분이 내보내는 진동의 영향력은 성자들이 내보내고 있는 진동과 결합하여 힘이 증가하게 됩니다. 그러면 여러분이 품고 있는 그리스도의 이상은 엄청난 힘을 가진 진동을 통해 온 세상에 전파됩니다. 여러분의 영향력은 성자들 전체가 내보내는 힘과 결합하여 거대한 상념의 파도가 되어 점차 확대되어나갈 것입니다.

이렇기 때문에 초창기에는 은둔할 필요가 있었지만, 이제는 은둔하지 않고도 그리스도의 이상을 온 세상으로 퍼뜨릴 수가 있는 것입니다. 이 그룹에 속한 자들에게는 인류의 신성 이외에는 달리 지도자가 필요치 않습니다. 또 어떠한 형태의 조직이나 종파나 신조도 필요로 하지 않습니다.

여러분 자신을 그리스도라고 선언하고 자아로 하여금 생각과 말과 행동을 통해 그 이상에 따라 살도록 명령하십시오. 그러면 여러분 속에 내재되어 있는 그리스도가 나타날 것입니다. 일단 그리스도의 진동이 나타나기 시작하면 스스로 그 진동을 느끼지 못할지라도 결코 줄어들지 않습니다. 의식할 수 없다 하더라도 계속 그 상태를 유지하다 보면 언젠가는 몸으로 느끼게 되는 날이 옵니다. 이것은 중대한 체험입니다. 이 체험으로 말미암아 이미 형성된 초점이 진실하고 확고해져서 결코 지워지지 않게 됩니다. 모든 인간은 점차적으로 이 초점을 향해 이끌려올 수밖에 없습니다. 그리스도의 삶을 사는 사람에게는 광대한 우주의 전망이 열리며 속박하는 모든 제약이 사라집니다. 이 같은 비전은 진동의 영역 속에 존재하고 있기 때문에 눈에 보이지 않습니다. 지금 진동 영역 속에 있는 사람의 모습이 여러분의 눈에는 보이지 않겠지만, 우리는 그들이 여기에 있음을 분명히 의식하고 있습니다. 먼 길을 때로는 걸어서 또 때로는 말을 타고 오면서, 여러분은 이러한 사실을 언뜻언뜻 보셨습니다. 만약 그렇지 않았다면 여기에 오시지도 않았을 것입니다.

이렇게 인류가 결합한다면 곡Gog과 마곡Magog의 싸움이나 아마겟돈 전쟁 같은 것은 일어나지 않을 것입니다. 인간이 만든 법이 아무리 강하다 해도 하느님의 법을 이길 수는 없습니다. 하느님의 법은 힘의 원천인 동시에 모든 힘을 다스리는 초월적인 힘입니다. 신인(God-man)의 경지에 도달한 사람이 말하는 것은 그대로 이루어집니다. 그것은 모든 것이 그와 일체이며 모든 것이 그의 진동에 감응하기 때문입니다. 특별히 힘을 들일 필요도 없습니다. 낮은 진동 차원에 거하는 사람이 해치려는 힘을 내보내도, 그 힘을 모아 거기에 사랑과 축복을 실어 되돌려보낼 수 있습니다. 만약 되돌아오는 진동을 받아들이지 않고 저항한다면, 사랑의 에너지를 보내는 쪽에서는 손하나 까딱하지 않아도 그들은 스스로 파괴되고 말 것입니다.

이들 성자들이 이룬 그룹은 세월이 흘러도 파괴되지 않는 거대한 피라미드처럼 증거의 기념비로 서 있습니다. 이들은 이 땅에 인류가 출현하기 오래전에 이미 인간 속에 그리스도가 자리 잡고 있었다는 사실과, 그리스도로서의 인간은 한 번도 신성으로부터 분리된 적이 없었다는 사실을 온 인류 앞에 증거하고 있습니다. 성자들이 이룬 이 거대한 증거의 피라미드는 오랜 세월 동안 그 순수한 형태와 지적인 가치를 유지하며 존속해왔습니다. 성자들이 이룬 영적인 피라미드는 이집트의 거대한 피라미드가 수천 년 동안 파괴되지 않고 보존돼 온 것처럼 흠 없이 보존돼왔습니다. 사람들은 온갖 지식을 다 동원해서 이집트의 거대한 피라미드에 숨겨진 과학적인 정보를 해명하기 위해 노력했지만, 인간의 과학적인 진보는 아직 그 비밀을 온전히 해명해내지 못하고 있습니다.

인류에게는 아직도 그 역사의 유구함과 놀라운 구조가 미스터리로 남아 있습니다. 피라미드의 거대한 구조 속에는 정확한 과학적인 방법과 정밀한 양식으로 표현된 우주의 비밀이 숨겨져 있습니다. 우주의 비밀을 간직한 이런 구조가 주어진 것은 인류로 하여금 이 구조가 간직하고 있는 비밀을 깨달아가면서, 하느님의 그리스도가 되어 하느님과 하나로 융합하는 조화로운 미래를 향해 나아갈 수 있도록 하기 위함입니다. 인류가 이 피라미드의 구조가 간직하고 있는 비밀을 완전히 깨닫게 될 때, 즉 하느님의 그리스도가 되어 하느님과 온전히 일체가 될 때 위대한 피라미드의 머리 위에는 기념비적인 왕관이 씌워질 것입니다.

18

리쉬의 강화가 끝났을 때, 대여섯 명의 사람들이 우리 캠프를 향해 걸어왔다. 그들 중에는 예수도 함께 있었다. 우리는 그들이 캠프에서 약간 떨어진 봉우리의 경사면에 모여 있는 것을 보았지만, 여기저기에 사람들이 그렇게 모여 있었기 때문에 그것도 그저 그런 모임이려니 하고 별로 주의를 기울이지 않고 있었다.

그들이 가까이 오자 웰든 씨가 일어나서 앞으로 가더니 예수의 두 손을 잡았다. 그들은 모두 리쉬와 예수의 절친한 친구들이었으므로 별도로 소개가 필요치 않았다. 그 당시 우리는 우리 자신이 땅만 있으면 어느 구석에라도 뿌리를 내릴 만반의 준비가 갖추어져 있는 작은 씨와 같다고 느끼고 있었다.

우리는 모두 모닥불을 중심으로 둘러앉았다. 웰든 씨가 예수께 성경 이야기를 해주실 수 없느냐고 했다. 우리도 모두 그렇게 요청했다. 그러자 예수께서 말씀하셨다.

"시편 23편에 실린 다윗의 기도에 대해 생각해봅시다. 다윗은 '주는 나의 목자이시니 내게 부족함이 없으리로다'라고 기도하고 있습니다. 이것이 무엇을 구하는 기도가 아니라는 것은 아시겠지요. 이 기도의 의미는 유일한 대원리가 우리가 가야 할 곳으로 우리를 인도한다는 것입니다. 즉 대원리가 우리를 앞서가기 때문에 굽은 길도 쉽게 갈 수 있다는 뜻이지요. 대원리는 목자가 자기를 믿고 의지하는 양 떼를 좋은 길로 인도하듯이 우리를 인도합니다. 그러므로 우리는

'아버지께서 인도하시니 음산한 죽음의 골짜기를 지날지라도 두려울 것이 없네'라고 말할 수 있습니다.

선한 목자는 자기 양 떼에게 필요한 맑은 물과 좋은 풀이 있는 곳이 어디인지를 잘 알고 있습니다. 그러므로 우리는 다윗처럼 '내게 부족함이 없으리로다'라고 말할 수 있습니다. 자존자가 모든 해로운 것에서 우리를 지켜줄 것이기 때문입니다.

우리의 육체가 필요로 하는 것은 모두 공급됩니다. 우리는 푸른 목초지에서 배불리 먹을 뿐만 아니라, 먹고 남을 정도로 공급받을 것입니다. 그러면 필요한 모든 것이 이미 주어졌고 또 계속 공급될 것이라는 확신 가운데에서 평안히 쉬게 됩니다. 모든 피로를 씻어버리고 다윗처럼 '주께서 나를 푸른 초원에 눕게 하시고 잔잔한 물가로 인도하시도다'라고 노래할 수 있습니다. 푸르게 비치는 맑은 물은 영혼에 깊은 평화를 주며 의식의 파도를 잔잔하게 해줍니다.

마음과 육체가 휴식을 얻을 때, 지고한 원리에서 비롯되는 천상의 영감이 순수한 생명과 능력의 빛으로 우리 영혼 속에 스며듭니다. 또 우리 내면의 빛이 우리 모두가 하나라는 주의 법칙의 영광과 함께 타오릅니다. 이 영적인 빛은 우리의 이해를 새롭게 해주며 우리로 하여금 진정한 자아를 드러내도록 해줍니다. 그리하여 우리는 무한자와 일체이며, 각자가 완전한 아버지의 원리를 나타내도록 아버지의 원리로부터 보냄을 받은 존재라는 사실을 알게 됩니다. 영혼의 고요함 속에서 우리의 진정한 자아를 회복하고 우리가 곧 전체라는 사실을 아는 것이지요. 그러면 비로소 '주께서 내 영혼을 소생시키니, 내가 사망의 음침한 골짜기에 다닐지라도 해 받음을 두려워하지 않으리라'라는 노래를 부를 수 있을 것입니다. 하느님의 대원리가 보호해

초인생활 ✤ 탐사록

주는데 무엇을 두려워하겠습니까? 하느님으로 말미암아 우리의 영혼과 육체가 휴식을 얻고, 하느님으로 말미암아 마음의 파도가 잔잔해집니다. 이렇게 될 때 우리는 남을 위해 섬기는 자가 됩니다. 내면으로부터의 준비가 완전하면 외적인 시련이 우리를 두렵게 하지 못합니다. 또 어떤 악한 것이라도 우리를 해칠 수 없습니다. 하느님은 항상 우리 모두의 내면에 계셔서 우리가 곤경에 처했을 때 도움을 주십니다. 우리는 하느님 안에서 살며 움직이고 있습니다. 그러므로 목소리를 합하여 '모든 것이 좋다'고 말할 수 있습니다.

이제 우리는 '하느님의 사랑이 나를 양 떼 가운데로 인도하신다. 내가 양 떼를 떠나 방황할 때 그 사랑이 나에게 바른길을 보여주시고 바로잡아주신다. 하느님의 사랑의 힘이 나를 아름다운 곳으로 이끄시므로, 나를 해치던 모든 것이 이제 나에게서 떠나갔다'고 말할 수 있습니다.

우리는 다윗처럼 '주께서 나와 함께하시며, 주의 지팡이와 막대기가 나를 안위하나이다'라고 노래할 수 있습니다.

이러한 상태에 이르기 위한 수행의 첫 번째 단계는 진리, 즉 모든 생명의 근저에 놓여 있는 근본적인 과학적 사실과 거기에 이르는 길을 인지하는 것입니다. 일단 이 첫걸음을 내딛게 되면 깨달음의 기쁨이 솟아나 수행을 계속해나갈 마음이 저절로 생깁니다. 그러나 곧 의심과 두려움과 좌절이 찾아와 도저히 진전이 없는 듯이 느껴지는 단계가 옵니다. 이렇게도 해보고 저렇게도 해보아도 도저히 길을 찾을 수 없을 것처럼 생각될 것입니다. 그러면 애당초 이러한 투쟁은 인간으로서는 감당할 수 없는 것이었다고 자위하며, 이때까지의 노력을 부질없는 짓으로 돌리려 할 것입니다.

사람들은 말합니다. 하느님의 자녀들이 죽어가고 있으며, 제가 실현한 이상인 영원한 생명과 평화와 조화와 완전을 성취한 자가 자기들 세대에는 없다고 말입니다. 그들은 그러한 일은 죽은 다음에라야 가능한 일이니 이생에서는 그저 그런 대로 시류를 따라 흘러가는 것이 편하지 않겠는가라고 말하며, 퇴보의 대열에 자신을 던져버립니다.

인류 의식에는 역류逆流하는 측면이 있습니다. 위대한 영적인 깨달음과 이해를 얻어 신성을 성취할 수 있었던 사람이 실패하여 인류 의식은 속박을 얻게 됩니다. 이러한 부정적인 인류 의식은 세대를 거듭하면서 점점 그 속박하는 힘이 강해집니다. 그 결과 인간의 본성이 나약해지는 것은 하나도 이상한 일이 아닙니다. 그 뒤를 따라가는 사람은 영원히 돌아가는 쳇바퀴 속으로 들어가게 되고, 소경을 좇아가는 소경처럼 영원한 망각의 늪에 빠지게 됩니다. 그러면 결국 거대한 소용돌이에 휘말려 육체가 파괴되고 부패될 뿐만 아니라, 영혼도 멈추지 않고 돌아가는 맷돌에 갈려 가루가 되지 않겠습니까? 이 모든 것은 인간의 잘못된 생각과 실수가 낳는 결과입니다.

여러분이 제가 깨달은 바를 깨닫는다면 그리고 저와 같은 깨달음을 얻은 사람들처럼 깨닫게 된다면, 선과 악에 대한 인류 의식을 점점 축적하여 단단한 껍질을 만드는 것보다는 단 한 번의 이 땅에서의 삶을 통하여 그것에서 해방되는 쪽이 훨씬 더 쉽다는 것을 알게 될 것입니다. 부정적인 인류 의식은 세대에서 세대로 이어지는 삶의 경험을 통하여 겹겹이 쌓여 두꺼운 껍질을 이루었습니다. 그리하여 그 껍질을 부수고 참자아를 해방시키기 위해서는 초인적인 힘과 철퇴가 필요할 지경에 이르렀습니다.

그 껍질을 깨뜨리고 참자아를 해방시키기 전에는 어쩔 수 없이 소용돌이 속에서 괴로움을 겪을 것입니다. 여러분은 참자아를 충분히 해방시켜 '장엄한 조망'이 열리는 지평선을 바라볼 수 있을 때까지 수행을 계속해나가야 합니다. 그 상태가 되면 투쟁은 끝나고 정신적인 비전이 명확해집니다. 그러나 육체는 여전히 껍질 속에 그대로 남아 있습니다. 알을 깨고 나오고 있는 병아리가 머리를 껍질 밖으로 내밀었다고 해도 몸 전체가 껍질 밖으로 나오기 위해서는 계속 몸부림을 쳐야만 합니다. 새 생명은 이전에 자기를 감싸고 있던 환경인 껍질로부터 완전히 빠져나올 때 비로소 시작됩니다.

여러분은 제가 저의 부친 요셉과 함께 목수 일을 하던 소년 시절에, 하느님에게서 태어난 인간에게는 짧은 인생으로는 끝날 수 없는 고귀한 생명이 있다는 사실을 깨달았다는 것을 알지 못할 것입니다. 그 당시 사람들은 70 평생을 인간이 만든 율법과 미신과 인습이라는 맷돌 틈에 끼여 고생하더라도, 죽어서 천국에 가면 거문고를 타며 찬송을 부르는 영광을 얻게 될 것이라는 전혀 논리에 닿지 않는 제사장들의 말에 속으며 살고 있었습니다.

저는 그 엄청난 내적인 깨달음을 얻은 후에, 오랜 기간 동안 오직 저 자신만 벗하며 홀로 침묵의 은둔 생활을 했습니다. 자아가 극복된 다음에는, 제가 깨달은 것이 이 땅에 태어난 모든 하느님의 자녀들에게 길을 비쳐주는 밝은 등불이 된다는 사실을 알았습니다. 그래서 저는 사랑하는 그들에게 저의 깨달음을 전해주려 했습니다. 그러나 그들은 오히려 쓰디쓴 고통을 제게 안겨주었습니다.

여러분은 저를 줄곧 사로잡고 있던 유혹이 얼마나 컸는지를 모르실 겁니다. 미신과 부조화와 불신의 어두운 벽을 넘을 수 있는 참생명의 빛이 언뜻언뜻 비치기는 했지만, 목수로 돌아가서 제사장들과 정통 종교에서 말하는 짧은 인생을 살아보고 싶다는 유혹도 수없이 받았습니다.

제가 깨달은 것을 전해주려고 했던 사람들에게서는 물론이고, 형제와 친척들에게서조차도 모욕과 육체적인 고통을 받은 적이 한두 번이 아닙니다. 그것을 이겨내기 위해서는 저 자신의 의지보다 강한 의지가 필요했는데, 그 강한 의지가 시련에 굴하지 않도록 저를 붙잡아주었습니다. 여러분은 제가 겪은 시련과 고투, 그리고 유혹과 패배를 아시기 힘들 것입니다. 빛이 있음을 알고 있는데 이제 깜박이며 꺼져가는 것이 아닌가 하는 생각이 들 때, 그리고 깜박이던 최후의 빛마저도 사라지고 그림자만이 남아 있는 것이 아닌가 하는 생각이 들 때 이를 악물고 두 주먹을 불끈 쥔 적이 얼마나 많았는지 모릅니다. 그러나 그런 순간에도 저의 내면에는 강하게 지배하는 그 무엇이 있어서, 그림자의 배후에서도 빛은 여전히 비치고 있음을 볼 수 있었습니다. 저는 그림자를 제치고 전진했습니다. 그러자 일시적인 어둠 이후에 더 밝은 빛이 비치듯이 더 밝은 세계가 열렸습니다. 십자가라는 어둠 앞에서도 저는 그 너머에 있는 빛을 보았습니다. 그것은 두려움과 의심과 미신에 잠겨 있는 인간적인 사고를 초월한, 궁극적인 승리의 새벽빛이었습니다. 이러한 깨달음이 저로 하여금 세상으로 나아가 저에게 주어진 잔을 마지막 한 방울까지 마시도록 했습니다. 저는 실제 체험을 통해 저의 깨달음이 진실됨을 압니다. 자유 의지, 자유로운 생각, 순수한 동기를 가진 하느님은 신성한 존재입니다. 그리고 하느님의 모양과 형상대로 창조된, 하느님의 아들인 인간도 아버지 하느님이 신성한 것처럼 신성한 존재입니다. 이 신성이 곧 모든 사람이 깨달아야 하는, 하느님의 모든 자녀들 속에 존재하는 그리스

초인생활 ✦ 탐사록

도입니다.

그리스도는 세상에 태어난 모든 사람에게 비치는 빛입니다. 아버지 하느님의 그리스도 안에서, 그리스도를 통하여, 그리고 그리스도에 의하여 우리는 영원한 생명과 빛과 사랑을 얻고 온 인류는 한 형제가 됩니다. 그리스도 안에서, 그리스도를 통하여, 그리고 그리스도에 의하여 하느님과 인간의 진정한 부자 관계가 이루어집니다.

이 진리의 빛 속에 거하는 자에게는 왕이나 여왕이나 왕관이 필요치 않습니다. 교황이나 제사장도 필요하지 않습니다. 참다운 깨달음 자체가 왕이자 여왕이고 교황이자 제사장이기 때문입니다. 여러분 자신과 하느님만이 하나로 존재합니다. 이 깨달음을 확대하여 여러분의 확대된 깨달음이 우주 만상을 포용하도록 하십시오. 하느님이 주신 창조 능력으로, 하느님이 품고 계신 이상대로 만물을 완전하게 창조해내시기를 바랍니다."

부기

✦

'아리아^Arya'라는 단어는 교양있는, 세련된, 고상한이라는 의미를 가지고 있다.

'아리아바르타^Aryavarta'는 종족 문화에 지대한 관심을 가지고 있던 사람들이 살고 있던 땅이다.

'아리아브바하^Arya-bhava'는 고대에 최고의 덕성을 일컫던 말이다.

'아리아마르가^Arya-marga'는 고상한 삶의 길을 가리킨다.

이 개념들은 수없이 오랜 세월 동안 전해온 것이다.

고대 인도의 문화는 지극히 인간적이었다. 그들은 "위대한 나라를 위한 위대한 사람들"이라고 생각하고 있었다. 우리는 그러한 문화적인 전통을 가지고 있는 인도에서 완전한 형제애로 사랑과 존경을 나누는 위대한 사람들을 발견할 수 있다. 그들은 모든 인간이 신적인 존재라는 사실을 알고 있는, 진정으로 겸손한 영혼들이다. 그들 사이에서는 어떠한 형태의 다툼이나 경쟁도 없다. 오히려 그들의 중요한 특징은 진정한 세계의식을 건설하기 위해 상호 간에 밀접한 관련을 맺고 있다는 것이다.

아리아인들은 꿈꾸며 사색했다. 그러나 그들의 꿈은 허황된 것이 아니라 지극히 실제적이었다. 그들은 하느님을 꿈꾸었을 뿐만 아니라, 하느님은 온 인류의 가슴 속에 자리 잡고 계시며 모든 인간의 진실과 아름다움의 원천이 되신다는 사실을 알고 있었다.

세계에 대한 이러한 철학과 관점과 태도를 가지고 있지 않은 사람은 지성인이라고 할 수가 없다. 신성을 실현한 인간의 눈을 통해 보는 것보다 더 좋은 관점은 있을 수 없다. 신성을 실현한 인간과 같은 자세를 가질 때 인류는 보다 풍요롭고 조화로운 삶을 살게 된다.

아리아인들의 메시지는 "당신의 남성성과 여성성을 온전히 실현하라. 그리고 온 인류가 하나 되게 하라"는 것이다. 이 메시지를 따르면 육체를 거스르는 소위 죄라고 하는 것을 피할 수가 있다. 이 땅에서의 나그네 인생길이 이러한 이상을 실현할 수 있는 더할 나위 없이 좋은 기회라는 것을 깨닫고, 올바른 균형 감각을 가지고 넘치는 젊음의 힘을 어머니의 사원(Mother's Shrine)에 제물로 바친다면 이 이상은 실현된다. 그러면 여러분은 자신의 영혼 내면에 존재하는 천국에 들어가는 열쇠를 발견하게 될 것이다.

이러한 일은 지금 여기에서 성취될 수 있다. 여러분은 물질세계를 갈아엎으며 앞으로 나아갈 수 있다. 다시 말해 물질적인 사고방식의 그물을 찢고 전진하여 밝게 빛나는 중심 광선인 성령, 즉 모든 사람 속에 존재하는 그리스도에게 점차 다가갈 수 있다는 말이다. 하느님의 부성과 모성이 한 인간의 내면에서 온전히 실현되는 이 성취야말로 모든 종족, 모든 교리, 모든 종교의 궁극적인 목적이다.

일단 자기 속에 있는 그리스도를 통한 자기 통제가 실현되면, 그때부터는 주님께서 영원토록 인도한다.

아리아인 남성은 아리안 문화를 지켰다. 그리고 아리아인 여성은 이 문화의 가장 위대한 수호자 역할을 해왔다. 아리아인 여성들은 수없이 오랜 세월 동안 도덕적이고, 사회적이고, 정치적인 생명에 영양분을 공급해왔다. 그들의 직관과 동정과 연민에서 비롯되는 신비주의는 아리아인들의 이상을 방어하는 튼튼한 방파제 역할을 해왔다.

아리스토텔레스는 고대 인도의 가르침과 문화에 통달한 인도인 선생을 만나고 싶어했다. 그가 만나고자 했던 인도인 선생은 지적이며 육체적으로는 강인하고 도덕적으로는 고결한 인간, 즉 진정한 의미에서 참인간이라고 할 수 있는 사람이었다.

기도는 항상 응답받는다는 것이 하느님의 약속이다. "내가 너희에게 이르노니, 구하라 그러면 받을 것이요, 찾으라 그러면 얻을 것이요, 두드리라 그러면 열릴 것이니라. 누구든지 구하면 받고, 찾으면 얻고, 문을 두드리면 열릴 것이다."

달리 표현하자면, 그리스도께서는 "대원리에 거역하지 말고 순응하라"고 훈계하고 계신 것이다. 대원리에 거역하는 것은 하느님의 뜻이 아니다. 그것은 하느님의 약속을 믿지 못한 데서 오는 우리 자신의 실수다. 하느님의 약속은 반드시 지켜진다. 그러나 하느님의 약속 위에 굳게 서는 자는 극소수에 불과하다. 자신의 내면에 묶여 있는 그리스도가 풀려나기 전에는, 어떤 어려움이 있더라도 하느님의 약속만을 굳게 붙잡을 수 있는 자가 거의 없다.

하느님의 약속보다 더 분명하고 더 지속적인 것은 없다. 하느님은 언제까지나 그 약속으로 우리를 초대하고 계신다.

하느님의 대원리는 받을 준비가 되어 있는 자에게 언제나 최고의 깨달음을 준다. 하느님이 대적에게서 구원해주시기를 호소하는 사람들이 있지만, 그보다는 자신들이 정화되고 깨달음을 얻기를 먼저 구해야 한다. 그러면 대적이 원수가 아니라 친구라는 사실을 알게 될 것이다. 왜냐하면 대적들 때문에 끊임없이 하느님의 대원리를 찾게 되기 때문이다.

"대원리는 절대로 무너질 수가 없다"는 것이 하느님의 약속이다. 그러므로 우리는 하느님의 권능에 거역하는 악한 생각과 원리를 지워버릴 수 있는 힘을 구해야 한다. 모든 능력의 원천이신 하느님은 분명히 우리의 기도를 들어주신다.

하느님은 유일한 말씀이고, 그의 뜻은 영원히 패하지 않는다.